U0604826

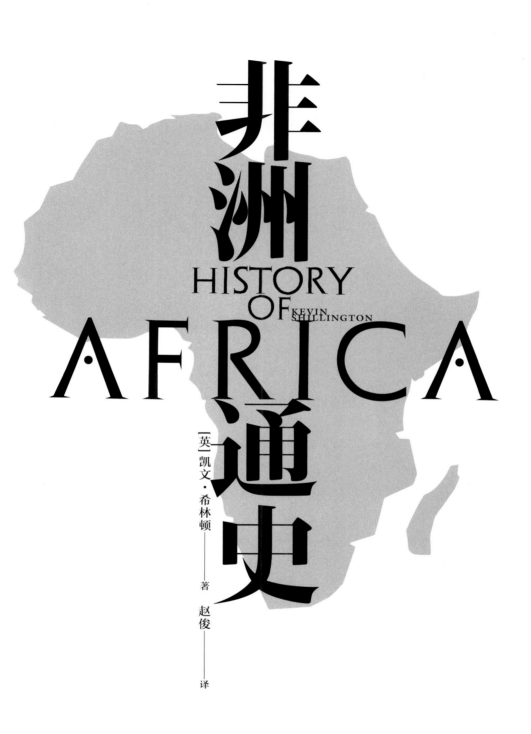

# 非洲通史

# HISTORY OF AFRICA

KEVIN SHILLINGTON

〔英〕凯文·希林顿————著

赵俊————译

九州出版社

JIUZHOUPRESS

# 目 录

# 前　言

　　《非洲通史》（第四版）旨在为读者提供一个用词平白、基础性强且图文并茂的文本，介绍非
洲漫长而迷人的历史，既便于非专业的普通读者、学生理解，又基于最新的研究成果。本书主要
论述了非洲社会、经济、政治、宗教的发展及其对普通人生活产生的影响。同时，我以编年体的
形式对非洲大陆的主要发展历程和诸多社会的基本状况进行了评论。本书还触及了近几十年来历
史学家颇为关注的许多主题。

　　本书从最早期的人类进化写起，循着非洲历史的轨迹，论述了远古时代、中世纪时代非洲国
家与社会的兴衰浮沉。在论述晚近数个世纪欧洲人不断干预非洲的时候，我仍然注重非洲本土的
视角、发展、能动性。最后，我把非洲后殖民地时代的政治、社会、经济发展问题置于非洲本身
的历史场景，借此避开论述当代非洲的许多作品所持有的负面论调。

　　《非洲通史》（第四版）的内容做了大量重要调整和变化。一些调整和变化是基于帕尔格雷夫
出版公司（Palgrave）从学者那里收到的建议而完成的。北美、英国、南非的许多历史学家和教
师使用或准备使用本书作为教材，他们为我修订前几版的内容提出了诸多建议，还就我拟定的第
四版内容做了评论。对此，我深表谢意。在第四版的修订过程中，我牢记他们的建言，并尽可能
地吸纳他们的意见。很多历史学家希望第四版中能增加史学争论、历史解释等内容，并认为历史
不只是记事。但我自认为本书一大特色就是用词平白，表述清晰。为了不影响阅读的流畅度，我
将相关材料放在了出版公司的网站 ① 上。自第三版出版后，我多次修订、完善了这些材料。

　　无论是外观还是内容，做过调整和改动的第四版都焕然一新。全书分为 11 篇，按照主题把
相关章节纳入各篇中。我希望这能让读者便于把握非洲历史的重点。每一篇开头都配有导言，用
来解释篇目下各章涉及的主题。第七篇"欧洲人'瓜分非洲'前的 19 世纪"包括 6 章内容，而
其他各篇只有两三章。很多章节（包括段落）都有改动，为了更好地揭示这些主题，我还增加了
一些新的内容。

　　与前几版一样，我在全书写作中做了一些小幅修订，添加了一些补充和说明，以此展现近
年来相关研究和作品的新观点。同时，我也扩写、大幅度地修订甚至完全重写了一些内容，比如
论述地理部分的导论是重写的，以此强调环境与人类的历史联系。第一篇的主题令人着迷，而人
类进化部分必然要做出修订和更新，只有如此才能展现该领域知识的发展。为了更有逻辑、按照

---

① 　网站地址为 www.macmillanihe.com/shillington-hoa-4e。

编年体的形式论述远古时代和发展变迁，我重写了关于古埃及和努比亚的内容。在第二篇中，我将阿克苏姆王国的历史提早到了早期铁器时代，修订、更新了关于班图人迁徙的论述。为了更好地论述相关主题，我重新调整了其他篇目中的章节。其中，依据古斯塔夫斯·瓦萨（Gustavus Vassa）的自传和新证据，我大幅度地调整了跨大西洋奴隶贸易的内容。我几乎重写了18世纪末、19世纪初南部非洲国家的形成。我还扩写了跨大西洋奴隶贸易的终结，让其独立成章，即第十七章。第十篇"殖民统治的终结"里的3章大体没动。我扩写了第十一篇"独立后的非洲"中的第三十、三十一章，重写了第三十二章"当代非洲"。

前文提及的出版公司网站已经有所更新，里面的内容做了大量修订，还增加了一些令人激动的新材料，包括试题库和时间轴。网站材料与文本内容融为一体。这一网站还有本书特制历史地图的电子版。读者可以比较非洲各时期、各地区的历史变化。为了便于读者理解，本书的"文本框"提供了相关主题的更详细的信息。读者也可以更深入地讨论网站上关于史学史和有争议的内容。本书加上网站材料，不但能帮助学生理解和学习非洲史，而且也能让读者了解史学的发展。我希望学生在学习本书与网站材料后能明白，一切历史都未必是确凿的，所有的一切皆是解释。

我一直获益于非洲历史学家。书尾处"进一步阅读建议"的网站上，每章材料都列出了非洲历史学家的著作。我广泛地阅读了他们的作品，只希望我的解释没有曲解原意。我要感谢乔恩·皮科克（Jon Peacock）及帕尔格雷夫出版公司的团队，他们热情高涨，付出了辛勤劳动。尤其是索菲娅·阿里（Sophiya Ali），她在插图方面做了大量工作，其中很多插图都是新加入《非洲通史》（第四版）的。最后，一如既往地，我把本书献给皮帕（Pippa），没有她不遗余力的鼓励与支持，我绝完成不了本书新版的写作。

凯文·希林顿

多塞特郡

2018年4月

# 导　论

在开始论述非洲大陆历史之前，我们需要先了解一下非洲历史的记录方法——"史学史"——
的发展。同时，了解非洲气候和自然环境对非洲历史的影响，是非常有益的。

## 史学史

数个世纪以来，非洲历史的书写方式多种多样。古埃及人发明了世界上最古老的文字之一的象形文字①。他们在纸莎草卷轴上，在神殿和陵墓墙壁上记录了古埃及的历史，还把历史刻在坚固的岩柱上。古埃及人希望未来的人们了解他们的历史，即使它通常只是一些国王的名字和统治者英勇作战的奇异故事。同一时代，苏丹地区努比亚王国（Nubia）的人也能断文识字。后继的麦罗埃王国（Meroe）至少在公元前 6 世纪就有了文献记录，但这些文献记录迄今尚未破译。公元前 5 世纪，埃塞俄比亚人也有了读写能力。至少在 9 世纪后，埃塞俄比亚人在宗教、王室卷本及其他文献中记录了他们的历史。9—16 世纪，最杰出的非洲历史记录者是说阿拉伯语的北非学者。他们记录了北非社会和撒哈拉以南"黑人之地"（al-Sudan）的历史。北非学者通过贸易联系听说过"黑人之地"，甚至有北非学者还亲自访问过"黑人之地"。而记录"黑人之地"历史的不只有"外人"。17 世纪，廷巴克图穆斯林学者阿卜杜勒·拉赫曼·萨迪（Abd al-Rahman al-Sa'di）在《黑人之地史》（Ta'rikh al-Sudan）中，以编年体的形式记录了桑海帝国（Songhay Empire）的历史。在东非沿海地区的贸易城镇，当地说斯瓦希里语的学者记录了东非地区的历史，他们的书写语言是基于阿拉伯字母的斯瓦希里语。这些早期的非洲历史著述很大程度上依赖于其时其地的口述传统。对于今天的我们来说，这些著述是理解非洲远古时代的基础。

在撒哈拉以南非洲的大部分地区，一些没有出现文字系统的社会也有自己记录和解释历史的方法——一代又一代人将口述传统传承下去。有些口述传统，如史诗《松迪亚塔》（Sundjata）②，还以表演艺术的形式延续至今。与古埃及和其他地方的早期书面记录一样，这些口述传统往往侧

---

① 象形文字，hieroglyphics，该词源于希腊语 hieros 和 glyphein。hieros 的意思是"神圣的"，glyphein 的意思是"雕刻"。实际上，埃及象形文字既表音又表意。——编者注

② 也拼写为 Sunjata、Sundiata。——编者注

重于歌颂先辈统治者的英勇和功绩。

18世纪末，欧洲人基于严格的考据、解释原则，确立了现代历史学科。他们搜集了涉及生活各方面的大量书面记录，尤其是官方活动的记录，新兴的历史学家所撰写的历史以官方书面记录为首选史料。19世纪的欧洲历史学家普遍认为，没有书面记录就没有历史可言。在19世纪末的殖民时期，他们将这一观点应用于非洲，并得出结论：在欧洲人到来之前，撒哈拉以南非洲几乎或根本没有历史。这一结论恰好与他们的种族优越感契合，而且他们还以种族优越感来为殖民征服正名。至少在接下来的半个世纪里，种族主义偏见严重阻碍了非洲历史的研究和撰写。

在动荡不定的殖民征服时期，尽管欧洲史学界主流有种族主义倾向，但少数受过西方教育的非洲人借助口述传统和书面记录，撰写了重要的历史作品，如卡尔·克里斯蒂安·赖因多夫（Carl Christian Reindorf）的《黄金海岸与阿散蒂帝国史》（*A History of the Gold Coast and Asante*，1895年）、塞缪尔·约翰逊（Samuel Johnson）的《约鲁巴人史》（*History of the Yorubas*，1897年）、阿波罗·卡格瓦（Apollo Kaggwa）的《布干达王国列王》（*The Kings of Buganda*，1901年）。

第二次世界大战后，非洲民族主义觉醒，非洲历史研究和撰写出现了大复兴。欧洲大学纷纷设立非洲研究中心，并在东非和西非设立新学院。非洲历史学家及其欧洲的同行一道，就前殖民地时代的非洲历史撰写了开创性的作品。这一时期，特别重要的方法论作品是让·范西纳（Jan Vansina）的《以历史看口述传统》（*Oral Tradition as History*，1961年），这本书展示了现代专业历史学家将口述传统转化为有效史料的方法。到20世纪60年代中期，在非洲以外的地区，美国的大学成为非洲历史研究的领军者，在美国攻读博士学位的非洲研究生也越来越多。

受"非洲主义"（Africanist）的激励，独立时期的史学主要有两方面主张。第一，非洲历史至少与欧洲历史处于同等地位。这一主张必然导致历史学家只关注非洲大国和曾经的帝国，而忽视了所谓"非国家状态"（stateless）的小型社会。第二，历史学家希望撰写"民族国家史"，以迎合20世纪50、60年代获得独立的新兴民族国家的需要。"民族国家史"旨在强调殖民地时期确立的边界线内各民族共同的历史，但"民族国家史"通常只是人为编造出来的。

20世纪70年代，独立时的兴奋消退，希望也幻灭了。新的政治精英以欧洲发展模式为圭臬却以失败告终。此时，马克思主义历史学派出现了。马克思主义历史学派以阶级斗争的视角来认识非洲社会，并认为非洲的问题源于资本主义制度的剥削，而资本主义制度是殖民统治强加于非洲身上的。沃尔特·罗德尼（Walter Rodney）的《欧洲如何使非洲欠发达》（*How Europe Underdeveloped Africa*，1972年）一书影响力颇大。罗德尼认为，非洲当前不发达的根源可以追溯到奴隶贸易，奴隶贸易是欧洲工业发展的基础。罗德尼是圭亚那的学者，20世纪70年代任教于达累斯萨拉姆大学。其时，朱利叶斯·尼雷尔（Julius Nyerere）总统意欲把坦桑尼亚转变为社会主义国家。《欧洲如何使非洲欠发达》一书旨在为尼雷尔的主张提供历史根据。虽然许多非洲历史学家并不赞同罗德尼的激进观点，但他和其他人成功地将这一时期历史研究重心从过去的伟大帝国转向了普通民众：农民、移民劳工、佣人。在殖民地时期，这些普通人在资本主义制度内展开了"英勇"斗争。对于后殖民地时代尚未解决的问题来说，他们的斗争明显具有启发意义。

1991 年苏联解体，马克思主义理论随之式微。研究非洲的历史学家更加自由地涉猎社会、经济、政治等方面，从非洲历史中的性别研究到宗教、族群研究，议题广泛。这一转向旨在更好地理解当前的非洲问题。当代相关议题受到了关注，但前殖民地时代的非洲历史研究却被或多或少忽视了。也许在一些历史学家看来，前殖民地时代的非洲历史与现实问题太遥远，甚至觉得那段历史已经被"研究透了"。无论何种观点，显然都没有把握住历史的惯性。其实，对于历史学家来说，前殖民地时代的非洲历史研究仍是一项充满挑战性的任务。

一个被称为"非洲中心主义"（Afrocentrism /Afrocentricity）的历史学派在北美特别有影响力。实际上，非洲中心主义是对欧洲中心主义的反动。20 世纪 70、80 年代，非洲中心主义推动了非洲历史研究中的马克思主义阶级分析。非洲中心主义源于塞内加尔历史学家谢赫·安塔·迪奥普（Cheikh Anta Diop）。1954 年，迪奥普的《文明的非洲起源：神话抑或事实？》（*The African Origin of Civilization: Myth or Reality?*）法文版面世，1974 年又出了英文版。他认为，古埃及文明是一个非洲黑人文明，而希腊、罗马和现代欧洲文明都建立在古埃及文明基础之上。确实，他注意到了古埃及人的非洲性（Africanness），后来其他人的研究也基本上证实了这一点。他进一步认为，非洲的所有文明都源于古埃及文明。这就是说，若没有外部影响，其他地方的非洲人就不能创造出自己独特的文明。然而，近几十年来，作为一个历史学派，非洲中心主义已经超越了迪奥普的观点，并为当前的黑人赋权运动提供了智识支持。无论是北美的非洲裔美国人，还是后殖民地时代的南非等国，都有类似的黑人赋权运动。

本书介绍、概述了非洲从古至今的历史，借鉴了非洲研究中已有的方法和路径。读者可以在前殖民地时代的论述中看到非洲主义的传统，也可以在现代非洲历史的论述中看到马克思主义批判和后马克思主义的传统。

## 非洲历史上的气候与环境

现代地图集通常把地球平整地铺开。如此一来，北半球的面积会感觉比较大，而横跨地球中心线的非洲的真实面积则显得比较小。其实，非洲是世界第二大洲，仅次于亚洲，面积远远超过北美洲。非洲也是唯一横跨热带地区的大陆。热带地区是夏季太阳直射的最北端与最南端（南北回归线，即南北纬 23°26'）之间的地区。北回归线穿过撒哈拉沙漠中部，而在好望角以北约 1200 公里处，南回归线穿过纳米比亚的沙漠地区和卡拉哈里沙漠（Kalahari）。因此，从北部沿海一带的地中海地区到南部的开普地区（Cape），非洲气候复杂多样。

自数百万年前的人类进化以来，尤其是在约 30 万年前出现了现代人类后，非洲气候发生了多次变化。今天的非洲气候也正在发生变化，人们也能测量气候变化的幅度，但气候变化已经延

4

续了 5000 年。基于今天的非洲气候，我们简要地介绍一下非洲的气候与环境。

北非地中海沿岸地区冬季降雨。因此，北非西边的沿海平原适合发展农业，北非人一直在此种植温带农作物，如小麦、大麦、葡萄、橄榄等。也正因为西边的沿海平原农业潜力大，历史上这里的人口数量高于东边的利比亚。北非东部地区的气候比西部更加干燥，因此相比种植业，这里更适合发展畜牧业。至于埃及，这里几乎没有降雨，几千年来，它一直是沙漠地区。但是，非洲最大的水系，即尼罗河的主要河段位于埃及境内。历史悠久的埃及位于北回归线以北，却受益于夏季降雨的东非热带地区，尤其是埃塞俄比亚高原。埃塞俄比亚高原的土壤每年都随洪水冲刷至埃及，进而形成了尼罗河流域的洪泛平原。尼罗河一直被誉为埃及的"命脉"。埃及也因此成为前工业化时代人口最多的非洲国家。只是在过去的一个世纪里，尼日利亚才取代埃及，成为非洲人口最多的国家。

在北非地中海沿岸地区以南，世界上最大的沙漠——撒哈拉沙漠横跨北回归线，面积达非洲大陆面积的 1/3。但是，撒哈拉沙漠也并非只有沙子，几千年来，这里一直有着人类活动——当地人居住在一片片孤立的绿洲中，他们吃苦耐劳，种植棕榈树，开采盐矿。即使在最干旱的时候，撒哈拉沙漠也从未成为人类贸易的障碍。其实，撒哈拉沙漠在历史上是一条重要的贸易路线。在北非商人眼中，撒哈拉沙漠是一片海洋：依靠骆驼，经验丰富的旅行者完全可以在这片"海洋"中航行。跨撒哈拉贸易一直是沙漠南北地区的财富来源，也是国家形成的助力。

与撒哈拉沙漠接壤的西非有一片干燥的草原，被称为萨赫勒（Sahel）[①]，仅适合发展畜牧业和设立跨撒哈拉贸易的贸易点。西非历史上的第一个贸易帝国加纳就位于萨赫勒地区。再向南，伴随着夏季降水渐渐增多，萨赫勒地区也逐渐让位于林地。林地是萨赫勒地区和热带森林之间的过渡区，环境最为复杂多样。这里既适合发展农业，又适合发展畜牧业，为人类定居提供了机会。历史上，这一地区的人口规模较大，技术先进，实非巧合。河流也极大地推动了西非人的发展，尤其是尼日尔河（Niger）。尼日尔河起源于非洲西部的几内亚高原，远离海岸和沙漠，流向东北。穿过稀树草原，尼日尔河变成了一片沼泽地，形成了"内陆三角洲"，这里是早期农业定居区，以及技术、制度创新的重要中心，后来还成为中世纪一个伟大帝国的核心地带。尼日尔河在接近萨赫勒地区的地方向东流转，形成了一个大河曲，为原本干燥的草原提供了大量淡水，特别有利于发展渔业和畜牧业。而且这里的河段可以通航，长久以来都是重要的贸易路线。过了中游的大河曲后，尼日尔河流向东南方向，流经数个瀑布后，奔向尼日利亚南部的森林地带。在尼日利亚南部，尼日尔河形成了一个巨大的三角洲，一直延伸至几内亚湾。而在肥沃的森林地区尼日尔河形成的多条内陆水道，极大地推动了小型社会的形成。人们一直在尼日尔河、塞内加尔河等西非大河两岸定居，这些河流一直是重要的贸易路线，有时也是政治权力的基础。

每年的 3 月和 9 月，约南北纬 8° 间的赤道地区被太阳直射，这两个月也是一年中最热的时

---

① 萨赫勒指的是最靠近撒哈拉沙漠南部的稀树草原地区。该词源于阿拉伯语 sahil，意思是"海滨"。阿拉伯人将撒哈拉沙漠看作是一片海洋，sahil 就是沙漠海洋和适合人居住的草原之间的边界。

候。在这段时间大量海水会被蒸发出来，洋流和季风会将这些水分带到大地，一年两次，为这里带来强降水。因此，西非沿海低洼地区皆是雨林植被。近几个世纪以来，西非沿海低洼地区一直是非洲油棕的主要种植区。

中部非洲主要为刚果盆地的赤道雨林所覆盖。在历史上，当地人主要从事狩猎、采集、捕鱼。现代伐木技术出现前，即前工业化时代的几个世纪里，森林中有很多自然形成的空地，农民

5

**地图 0.1**　　现代非洲的植被

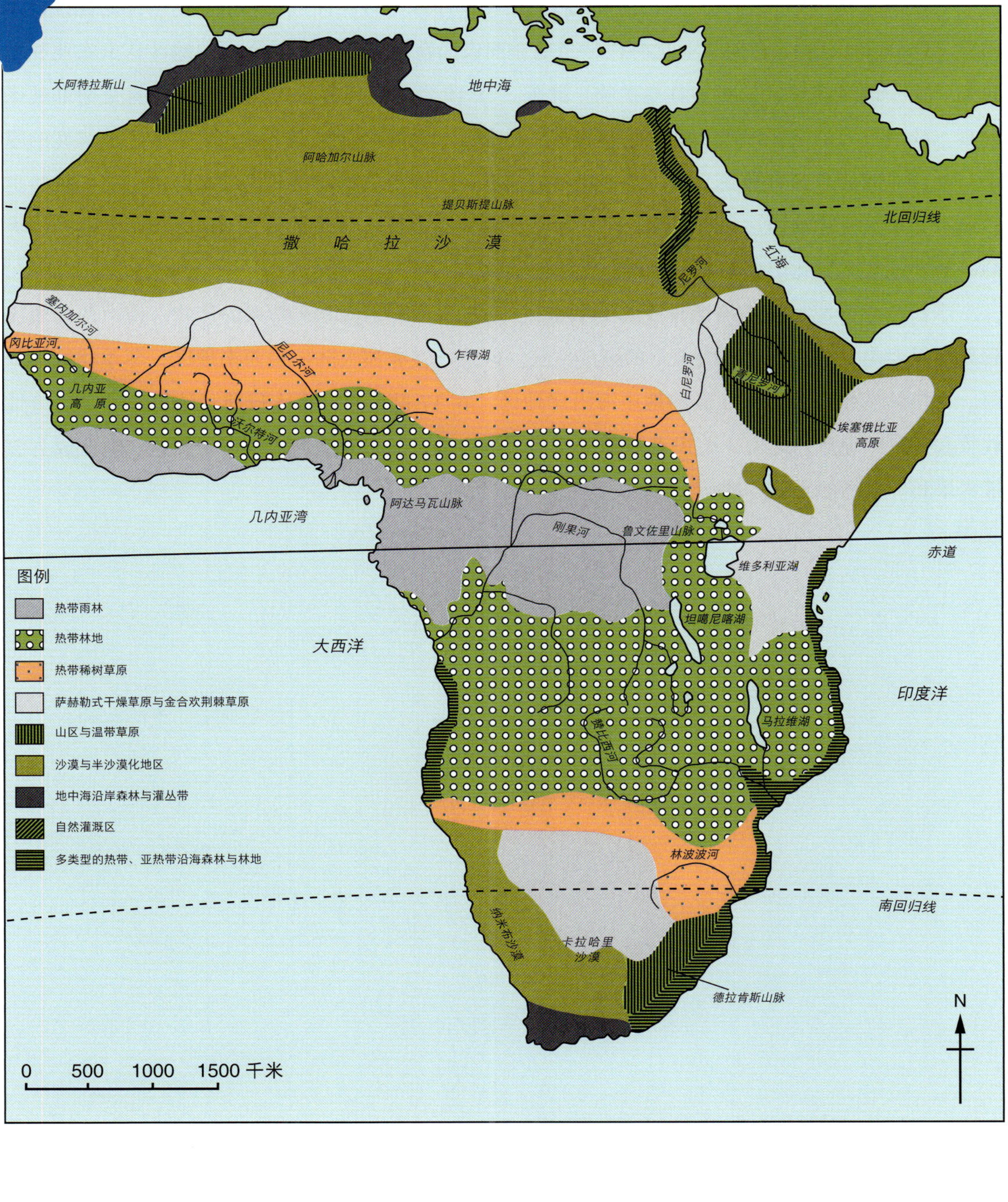

图例

- 热带雨林
- 热带林地
- 热带稀树草原
- 萨赫勒式干燥草原与金合欢荆棘草原
- 山区与温带草原
- 沙漠与半沙漠化地区
- 地中海沿岸森林与灌丛带
- 自然灌溉区
- 多类型的热带、亚热带沿海森林与林地

能够对其进行开拓。这里雨量充沛，可能有相当密集的定居点。生活在森林边缘，特别是在森林南部边缘的高原地区生活的人推动了技术的发展，也建立了国家。

在刚果盆地的东部，地势陡然上升，便形成了鲁文佐里山脉（Ruwenzori）和东非高原。尽管处于赤道地带，但凉爽的高原阻止了雨林植被的生长。该地良好的气候条件适合发展农业和畜牧业，也将移民吸引过来，文化变得丰富多彩。北部的东非高原是埃塞俄比亚高原，深谷纵横、土壤肥沃，再加上红海的贸易和文化交流，古王国应运而生。东非沿海地区也是贸易、文化的交汇处，从索马里南部、莫桑比克到马达加斯加北部，斯瓦希里贸易文化获得了蓬勃发展。

在刚果森林边界的南部，林地、海拔较高的稀树草原一直延伸至今天南非东南部的德拉肯斯山脉（Drakensberg）。在前工业化时代，当地非洲农民在南至点①夏季降雨的地区从事农业和畜牧业。这一地区富含铁矿石和其他矿物。此外，在 19 世纪殖民者入侵前，养牛一直是南部地区财富、政治权力的主要来源。南部非洲的季风将南印度洋的含雨云层吹来，并带来了季节性的降雨。南部非洲的东部有降雨，越往西，降雨量越低，卡拉哈里沙漠则几乎没有降雨。但卡拉哈里沙漠不完全是一片沙漠，也有干燥的草原地带，覆盖有金合欢荆棘灌丛，类似于撒哈拉沙漠边界的萨赫勒地区，因此历史上那里适合狩猎和夏季放牧。

卡拉哈里沙漠以西的纳米布沙漠（Namib）是南大西洋寒流和离岸风的产物。南大西洋寒流和离岸风卷走了纳米比亚沿海上空的潮湿空气。但是，在非洲大陆的最西南地区，冬季往往会降雨。这里的气候更类似于北非的地中海沿岸地区。在 17 世纪殖民者入侵前，这里一直是季节性放牧和狩猎的地区。然而，殖民者夺走了当地人土地后，舶来的欧洲农业技术使这一地区成为温带水果和葡萄酒的重要产地。

---

① southern solstice，太阳能照射到南半球的极值地。——译者注

# 第一篇

## 早期与晚期史前史

第一、二章追溯了人类在非洲的最初演进，从进化的起源、数千年的狩猎和采集生活到种植业和畜牧业的出现。这一远古时期通常称为"史前史"，即个体或群落可清晰辨识前的一个时期。今天，"史前史"一词常常有"原始""落后""过时"之意。史前史似乎不值得学习，是一个不重要、没有时间界限的时期，也没有大事发生。事实并非如此。史前人类不得不面对气候和环境变化、移民、平均主义与财富的急剧分化、社会的政治和经济组织、权力的使用和滥用。这些都是与当今世界密切相关的主题。史前人类可以教导我们很多东西。

相较于今天的我们，史前人类只是缺乏我们积累的技术知识和记录下来的经验教训而已。对于今天的我们来说，有些事情不证自明，例如狩猎的专用武器——弓箭。对于史前人类来说，他们必须发明弓箭——思索、试验、改进。他们没有先例可循，更没有书籍或互联网可查。他们是人类思想和经验的先驱者。他们与所居的各种环境和谐相处，一旦气候和环境条件发生变化，他们便学着去适应。我们今天的"复杂"社会完全可以从中得到启示。他们是技术的先驱者，制造出简单的石制工具、用来磨面的碾磨石，还烧制出用于储存和烹饪食物的陶器。

他们发展出了宗教思想，并将其与周围的世界联系起来，特别是他们所依赖的动物、雨、太阳。他们组建了各种形式的社会组织：从小型的狩猎-采集者群落，到大型的、更复杂的、从事畜牧业和种植业的社会组织。后者加剧了贫富分化，并出现了强大的首领。伴随着社会组织的变化，宗教信仰的功能也发生了变化——首领的权力常常以宗教为基础。

第一章追溯了人类进化的起源，分析了化石、环境的证据，并介绍了 DNA 分析。第一章还论述了狩猎-采集生活方式的发展、非洲现代主要语群的传播和分布，直到农业革命的到来。第二章论述了约 1 万年前的作物栽培和畜牧业的出现，以及两者在非洲的传播和影响。种植业最大的政治影响是能够供养城市人口，这尤其体现在尼罗河下游流域的独特环境中。因此，第二章以古埃及作为结尾。古埃及是从史前史过渡到有记载的历史的经典案例国家。结尾部分最引人注目的主题是极端的专制统治。古埃及的政治权力可以发展至如此程度——既使用权力，又滥用权力。

# 第一章

# 非洲早期史前史

## 人类的进化

对于进化论而言，新证据的不断出现和旧证据的再解释是至关重要的。非洲是早期人类和现代人类（与我们大脑完全一样）形态最先演进的大陆，这一结论经受住了时间的检验。人类起源于非洲，并最终散居到世界各地。

## 证据

人类演进的物质证据包括古代骨骼、化石、石制工具和其他人工制品。陷于烂泥里的动植物遗体，受到强大的地质压力挤压后形成了岩石，而化石就形成于这一构造过程。后来，岩石因自然或人为因素裂开，有机物印迹（化石）就显露出来了。人们使用地质科学方法，可以测出岩石及化石形成的大致年代。

对于距今 100 万年的岩石，钾氩定年法（potassium-argon dating）可以测量岩石内两种元素的变化比例。这种方法对埃塞俄比亚和东非大裂谷的岩石特别有用。放射性碳定年法可以测量有机物内碳 14 的放射变化，如测量骨头和木炭，但该方法通常用于测量距今不到 4 万年的有机物。虽然放射性碳定年法不能测量出有机物的精确年龄，但能估算出大概的年代范围，这对于只需估测大致年代而非精确时间的研究来说大为有用。

现代基因研究日臻完善，DNA 分析已经成为一种重要研究工具，用以追踪非洲和其他大陆早期人类及其活动之间的联系。

## 气候变化

近年来，考古学家开始重视气候变化对早期人类发展和行为的潜在影响。地球存在几十亿年，经历了多次气候变化。科学家从冰层（特别是在格陵兰岛）深处和海底取样，可以推知远古时代的气候变化。

在远古时代，世界气候有时远比当今寒冷得多，极地冰延展到欧洲、亚洲、北美的温带地区。这些极寒时段常常延续数千年，通常称之为"冰河时代"。在冰河时代，世界上的很多淡水

10    和降雨都固化在冰中。非洲位于南北冰层之间，也经历了极度干燥的时期。在极度干燥的时期，沙漠扩大了，雨林缩小了，有时非洲雨林只有刚果盆地中心的森林"孤岛"。很多动物无法应对环境变化而灭绝了。面对如此环境，早期人类不得不去适应，否则就会死亡。

在远古时代，世界气候有时也远比当今温暖得多。在这些时段，冰层消融，大量水汽进入空气，非洲降雨量很大。雨林扩大，河水流到如今已是沙漠的地方，撒哈拉沙漠也曾是稀树草原。

## 最早的人族

从进化方面来说，现代人类属于灵长目人科人族。人族是对具有更大脑容量，能双腿直立行走的人及类人动物在生物学上的总称。现代人类是数万年来唯一生存下来的人族动物。但是，在人类进化的早期阶段，地球上生活着很多不同种类的人族动物。化石证据显示，最早的人族动物是数百万年前从其他灵长类动物——非洲森林猿类（包括山地大猩猩和黑猩猩）演变而来的。

由于化石证据缺乏连续性，人们对最早的人族动物知之甚少。距今 1000 万—500 万年前，可能是在雨林减少的某个冰河时代的干燥时期，最早的人族动物走出热带丛林，迁徙到东部非洲更广阔的稀树草原和林地。在那里，他们发展出直立和两腿行走技能。从生存和进化的角度来说，这两项技能具有明显的好处。在开阔的稀树草原，直立可以让他们更好地观察草原，便于发现以他们为捕食对象的狮、豹等食肉动物。那些直立能力最强的人可以生存更久、繁衍更多，并把这一优势遗传给了后代。两腿行走的优势更重要，解放了的双手可以捉拿食物和使用工具。人类不需要在森林树枝间攀爬，因此手指不再短粗有力。早期人族动物进化出细长的手指，可以完成复杂的劳作，最终制造出工具。

## 南方古猿与能人的早期进化

随着早期人族动物化石在东部、南部非洲和撒哈拉地区的持续发现，500 万年前的化石证据不断得到扩充。150 万年前的化石证据，展现了大量早期人族动物相关物种进化和灭绝的复杂历史。其中，大多数属于南方古猿（Australopithecus），主要为食腐动物，也有一些为食草动物或食肉动物。他们的脑容量不及现代人脑容量的 1/3。他们是工具的使用者而非制造者，他们只使用随手可得的树枝和石头。

1964 年，古人类学家玛丽·利基和路易斯·利基（Mary and Louis Leakey）在坦桑尼亚的奥杜瓦伊峡谷（Olduvai Gorge）发现了人族新种类的头盖骨化石。这一化石可追溯到 250 万年前。据推测，这一人族新种类能使用石制工具，且这些工具明显为制造出来的。这是早期人族动物进化过程中的重要变革。黑猩猩等很多动物会用树枝和其他工具觅食。但是，制造工具、使用工具猎取和寻找食物的能力，一直被认为是只有人类才具有的特征，从而使得人类和南方古猿等其他动物区别开来。根据这一头盖骨化石，我们可推测其脑容量不及现代人脑容量的一半，但它被认为是最早的人类，被命名为能人（Homo habilis）。他们的石制工具在奥杜瓦伊峡谷被首次发现，

**图 1.1** 奥杜瓦伊峡谷，联合国教科文组织世界遗产地，位于东部非洲坦桑尼亚的塞伦盖蒂（Serengeti）。20 世纪 60 年代初，玛丽·利基和路易斯·利基正是在这里发现了奥杜瓦伊型工具和能人的第一块化石。图片来源：*Chris Crafter/iStock*。

于是便被命名为奥杜瓦伊型（Oldowan）①工具。这些石制工具只是简单的砍砸器、刮削器，通过砍凿火山岩石碎片形成锐边而制成。一些碎片可能用来切割或刮削兽皮，也可能用来削砍树枝。但是，石头本身的形状基本上决定了工具的最终形状。

　　南方古猿在发展后期仍然和能人在一起生活。但是，与效率更高的能人相比，他们的食物竞争能力变得越来越弱。在距今 150 万年又一个重大进化出现前，南方古猿已全部灭绝了。

## 技术与非洲的"石器时代"

　　20 世纪中叶后，考古学家和历史学家习惯将非洲石制工具时期分为 3 个"时代"：早期、中期和晚期石器时代。这种分期将早期能人的简单砍凿器和刮削器列为一端，将智人（Homo sapiens）狩猎-采集者精心打凿的细石器列为另一端。然而，今天的考古学家认为这种分期过于简单化，甚至会造成误导。这种分期必然意味着，简单工具就是原始的，复杂的细石器就是智力

---

① 1936 年，英国古人类学家路易斯·利基使用 Oldowan 一词描述奥杜瓦伊峡谷发现的石制品。Olduvai Gorge 旧称 Oldoway Gorge，故又有"奥杜威峡谷"的汉译名。Oldowan 是路易斯·利基自创的形容词，后广泛使用于考古学和人类学研究中，常见的译名有"奥杜威型""奥都威型""奥杜韦型"。本译本中的 Olduvai 从音译，译为奥杜瓦伊；为了避免混乱，Oldowan 从意译，故亦译为奥杜瓦伊型。——译者注

地图 1.1    人类在非洲的演进

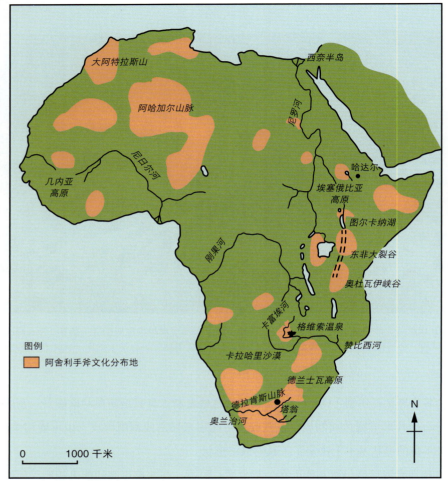

先进的。简单工具和细石器常常同时并存，使用简单工具并不意味着使用者就更原始。

因此，今天的考古学家和历史学家不把特定技术及其使用者纳入一个特定"时代"，而是关注技术本身，分析工具使用者从而得出相关信息。

## 气候变化与现代人类的演进

在过去的 200 万年间，地球经历了多个冰河时代，有些冰河时代延续了数十万年，有几个冰河时代则只延续了数千年。每个冰河时代又有数个温暖潮湿期。随着气候变化历史证据的增加，考古学家已经意识到，冰河时代的周期循环对人类及其技术演进产生了影响。就非洲而言，冰河时代的寒冷干燥气候给人类的环境适应带来了巨大压力。

在距今 180 万—160 万年特别漫长而干燥的寒冷时期，直立人（Homo erectus）进化并取代了早期的能人。直立人是从能人还是另一个人科动物直接进化而来，我们并不清楚。直立人脑容量更大，达到现代人脑容量的 2/3，体格也更大，能穿越开阔的稀树草原，活动范围也更大。他们是第一个能按照预定形状制造精良石制工具的人科动物。直立人最有名的工具为手斧，通常被称为"阿舍利文化"（Archeulian），因最早发现于法国南部的圣阿舍尔而得名。尽管手斧以法国发现地而命名，但大多数阿舍利文化的工具后来发现于非洲。手斧是一种坚硬、锋利、厚重的工具，两边均打凿成预定形状，可用于切割、剁劈或采掘。

考古学家已经发现了一些精良的阿舍利手斧样本，这些手斧需要熟练的工匠耗费数个小时才能制造出来。一些手斧甚至可能还有象征性的礼仪功能。直立人在安葬亡者时，肯定具有一些礼仪或早期宗教的形式。而且，有迹象表明直立人过着规律的季节性营地生活，并且开始合作狩猎，而不再只是简单地觅食。他们也学会了控制和使用火，用于烤肉是无疑的，也可能用于狩猎和取暖。

直立人是第一个走出非洲、进入亚洲和欧洲南部的人族动物。直立人遗址及直立人距今 100万—50 万年制造的工具，大部分发现于非洲各地，同时欧洲南部、甚至远至亚洲的中国和爪哇也有发现。

距今 100 万年—50 万年是气候和环境变动不居的一个时期。这给非洲直立人的人口数量带来了巨大压力。化石证据表明，海德堡人（Homo heidelbergensis）[①] 和智人在距今 60 万年取代了直立人。直立人被认为是尼安德特人（Homo neanderthalensis）[②] 和智人的共同祖先。1921 年，在赞比亚卡布维（Kabwe）[③] 发现的一个头盖骨，年代在距今 40 万年内，明显是海德堡人的非洲样本。从遗址考古证据来看，海德堡人的社会组织规模在距今 50 万年已经扩展至约 150 人。该发现提升了一个说法的可靠性，即人类的早期语言在这一时期已经形成，语言是这一规模社会组织得以建立的唯一途径。在随后的 20 万年间，石制工具技术越趋复杂，人类逐渐用石头、木头和骨头制造出混合型工具。

到距今 30 万年，海德堡人进化出和现代人同样大小的脑容量，开始迁入亚洲和欧洲。正是从这之后，亚洲和欧洲的海德堡人开始演进。同时，留居非洲的海德堡人被现代智人取代。近些年，人们一直认为这一过程发生于距今 20 万年某个短暂时期的东部和南部非洲。然而，2017 年6 月科学期刊《自然》（Nature）刊登的研究揭示，摩洛哥马拉喀什（Marrakesh）附近的一处洞穴里发现了大量现代人化石，年代在距今 30 万年前后。[④] 研究者称现代智人的演进源于非洲（a pan-African origin）。而且，这一过程比以前所认为的更加缓慢，可能在距今 40 万—20 万年发生于非洲的不同地区。

---

① 早期现代人，遗址发现于欧洲南部和亚洲部分地区。

② 尼安德特人属早期的现代人，其遗址在南欧、亚洲部分地区都有发现。

③ 旧称布罗肯山（Broken Hill）。

④ J.-J. Hublin, A. Ben-Ncer, S.E. Bailey et al. (2017) 'New fossils from Jebel Irhoud, Morocco and the pan-African origin of Homo sapiens', *Nature*, 546 (7657). pp. 289—292.

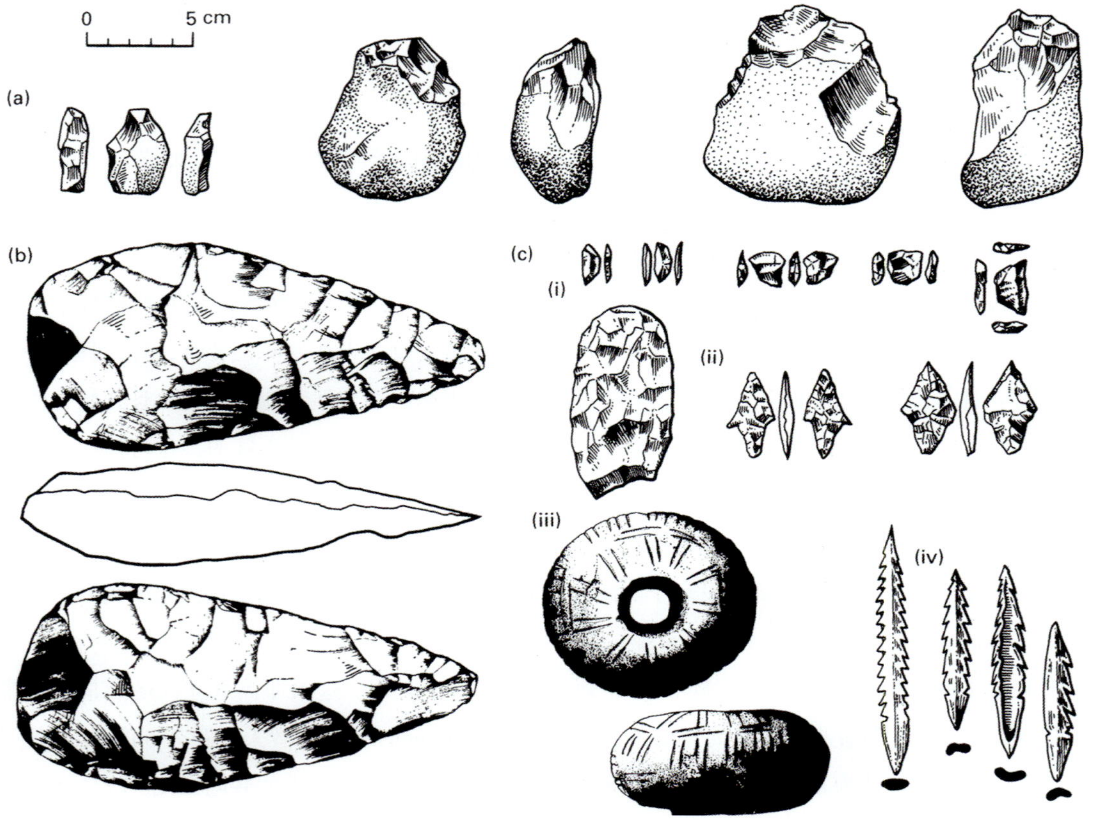

**图 1.2**　非洲石器时代的细石器与人工制品（a）奥杜瓦伊峡谷的奥杜瓦伊型工具；（b）刚果（金）南部卡莫阿（Kamoa）具有阿舍利文化特征的手斧；（c）（i）细石器；（ii）斧头与箭头；（iii）用来加重挖掘棒并经过装饰和钻孔的石器；（iv）骨制鱼叉头。图片来源：The Hunterian, University of Glasgow, 2018。

## 不断发展的研究

　　如前所述，人类进化科学也在不断演进。近些年，肯尼亚北部图尔卡纳湖（Turkana）岸边发现了距今 330 万年的奥杜瓦伊型工具，这将奥杜瓦伊型工具和能人工具起源年代提前了 100 万年。假定这些工具为能人制造，但同时期的能人化石迄今没有被发现；或者，假定这些工具为其他人科动物所制造，但相关化石也没有被发现；又或者，这些制造的工具能够将人的出现时间进一步提前？这些问题是当前人类进化科学研究的挑战。2013—2014 年，研究者在南非的一个洞穴里发现了大量早期人类骸骨，随后做了初步估算。[①] 这些骨头是 15 人的骸骨，有男有女，还有小孩。它们的脑容量很小，具有南方古猿的早期特征，但主要呈现出能人特征。骸骨化石挖掘者李·伯杰（Lee Berger）根据发现地迪纳勒迪（Dinaledi）将它们命名为纳勒迪人（Homo naledi）。由于是洞穴里的骸骨，而不是可测量年代的化石，它们的确切年代依然是一个谜。假定它们都是相同时代的真实骸骨，我们也不知将它们放在人类复杂进化史中的哪个位置，这可能需

---

① *National Geographic*, October 2015, pp. 30—57.

要一些时间。李·伯杰在分析尚未完成、同行没有评议前就抢先刊文将此发现公布于世，此举遭到了科学家同行的批评。

## 智人的世界

早期人类最终在非洲东部和南部的林地地区进化为现代人。这些人的脑容量大小和现代人相同，可以像现代人一样思考。事实上，他们和现在的我们完全一样，唯独缺少我们习得的经验和积累的知识。因此，他们是人类思想、哲学、宗教和技术的先驱者。用今天的标准衡量，他们的人口数量很少。但是，到距今 9 万年，智人已经遍及非洲大陆大部分地区。现代 DNA 分析显示，所有现代人的祖先都可以追溯到非洲。可能在距今 10 万年，一些智人已经迁入西亚（中东），但智人第一次大规模"走出非洲"发生在距今 6 万年。那是一个特别干燥的时期，生活在非洲的智人数量下降到岌岌可危的境地。事实上，一些科学家认为智人在这一时期几近灭绝，通过迁移其种群才得以延续。智人"走出非洲"的第一次大迁移，究竟是经西奈半岛到达西亚，还是从吉布提跨过曼德海峡（Bab el-Mandeb）到达阿拉伯半岛，学界依然存在争议。无论迁移路线为哪条，他们确实从亚洲南部扩散到马来西亚，再到澳大利亚。距今 5.5 万—4 万年，智人在非洲内外又发生了几次大迁移，正是那时他们到达了中国和欧洲南部。距今 1.5 万年，他们跨过当时还是陆地的白令海峡进入了阿拉斯加。距今 1.2 万年，他们抵达南美洲，完成了向世界主要区域的扩散。

智人最早出现于热带非洲，肤色可能为棕色，体貌类似于当今非洲的诸多民族。伴随着他们的足迹遍及非洲，并迁移到世界其他大陆，他们适应了气候和环境的变化。生活在热带非洲中心地区的智人，肤色最黑，以避免热带太阳有害光线的直接伤害；那些迁移到气候寒冷地区的智人，肤色较浅，以吸收更多有益的太阳光线。因此，世界民族之间的"种族区别"，只是肤色深浅而已，只是对不同气候、饮食和环境的适应而已。所有人类都起源于非洲，属于一个物种。

智人的石器技术主要体现在细石器上。石头碎片被打凿、再加工成精致的细小石尖和刀片，有时加工成具体的几何形状，如三角形和月牙形。通过进一步打磨刀片边缘，刀片变得尖锐且锋利。这些刀片被安装在木柄上，制成矛和箭。而弓箭的出现，也代表着智人狩猎技术的重大进

近期，研究者使用 DNA 技术分析英格兰南部一个洞穴里发现的一具距今 1 万年的人体骸骨。结果表明，早期人类离开非洲后，肤色变化并没有立即出现。著名的"切达人"（Cheddar Man）有深棕色皮肤、黑色卷发和蓝色眼睛。切达人的眼睛告诉我们，他来自一个定居下来的欧洲人群。深肤色揭示出：人类肤色变浅的年代，比以前所认为的晚近得多。研究者认为，人类饮食后来发生了变化，以谷物为主，维生素 D 摄入量低，需要从太阳光中吸收更多维生素 D。因此，一直到相对晚近时期，浅肤色才得以形成。

更多信息，参见 www.nhm.ac.uk/discover/cheddar-man-mesolithic-britain-blue-eyed-boy.html。

步，那时距今 4 万年。同时，他们也制造出各式各样的骨制工具：锥子、针、鱼钩、箭倒钩和鱼
叉。更有证据显示，智人在艺术上也有重大发展：非洲很多地区都发现了艺术考古证据，既有装
饰用的薄珠，又有伟大的岩画、岩刻作品。

# 智人，狩猎-采集者

在粮食作物种植技术和动物驯化技术出现前，人类生存依赖狩猎野生动物和采集土地上自然
生长的植物。甚至，他们的工具和装饰品——由石头、骨头、羽毛或蛋壳制成——都是采集而来
的自然物品。

我们对狩猎-采集者的很多认识源于大量考古研究，特别是过去 50 年来的考古研究成果。非
洲稀树草原和干燥林地都发现了细石器技术的证据。其中，赞比亚中部卡富埃河流域（Kafue
valley）的格维索温泉（Gwisho springs）地区的发掘物可能最为丰富。卡富埃河流域的沼泽地渍
水土壤，保存了一系列独特的植物、石制骨制材料和 30 多具人类骸骨。这一遗址的年代在公元
前 2000 年前后。它和东部、中部及南部非洲的其他较不知名的遗址，一道展现了一幅相当清晰
的狩猎-采集生活画面，这或许是那时的人类在非洲稀树草原地区的典型生活。

最生动的证据是古人在洞穴和居所的岩壁上作的绘画和雕刻。此类绘画和雕刻的分布北抵撒

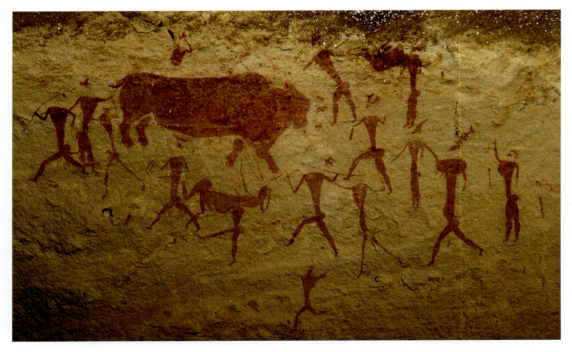

图 1.3　南非夸祖鲁-纳塔尔省（KwaZulu-Natal Province）乌卡兰巴-德拉肯斯公园（uKhahlamba-Drakensberg
Park）巨人堡（Giants Castle）竹山（Bamboo Hollow）的桑人岩画。图片来源：*Roger de la Harpe/Getty Images*。

哈拉沙漠中部，南至德拉肯斯山脉的非洲干燥地区。岩画所用主要颜色有红色、黄色、橘黄色和白色。这些颜料是用植物对动物脂肪进行染色制成的，用树枝和羽毛涂抹在岩壁上。绝大多数岩画展示了自然状态下动物和人的生活景象，一些岩画描绘了狩猎、捕鱼或舞蹈的场景，另一些岩画比较抽象，可能受到宗教信仰的启发，反映出人类对生命、死亡和精神世界的思考。

## 狩猎

细致研究营地遗址中发掘出的动物骸骨和石制品，可以获得智人的狩猎信息。在非洲稀树草原地区，他们狩猎的动物种类广泛，既有大型动物，也有小型动物。特制细石器固定在木柄上，便成了多刺的长矛。但是，最重要的狩猎武器很可能是弓箭。箭杆装上石制或骨制的箭镞，这些箭镞被精心准备的植物毒汁处理过，狩猎小组借此能够捕获在非洲平原上奔跑的大型羚羊和野牛。虽然起效慢，但只要中了毒，哪怕是大型动物最终也会倒地不起。很多小型动物还可以用陷阱、圈套，可能还有网来进行捕捉。在茂密的热带雨林，轻质的弓箭并没有被广泛使用。在那里，当地人更喜欢用大型的简单工具和武器来狩猎，例如圈套、坑洞、矛、斧子。

狩猎而得的动物不仅仅是肉类食物：骨头可用来制造工具和装饰品，皮革也是有用的原材料。动物的皮被锋利的拇指大小的石制刮削器刮过之后，再经过干化、柔化，最后可做成衣服、遮蔽物、皮带、采集袋或携带孩子的吊兜。

## 捕鱼

大多数智人会充分利用任何易于获得的食物资源，包括河流和湖泊里的鱼。鱼类含有丰富的蛋白质。人们一旦掌握技术，就能够非常容易地捕获到大量的鱼。在一些地区，如南部和西部非洲，海岸岩石间采集到的贝类生物是人类食物的主要来源，这也在很大程度上影响了该地区人类的生活方式。这种采集所需的技巧十分简单，季节性营地生活也得以形成。在特定的季节里，人类可以捕获到搁浅的海豹。人类还使用带有骨尖的鱼叉、潮汐陷阱，甚至用网来捕鱼。

## 采集

狩猎、捕鱼的考古证据非常容易找到，但发现采集的考古证据却不那么容易。植物不同于矛、箭上的动物骨尖或石尖，难以历经几个世纪仍可以很好地保存下来。20世纪，人们对少量保存下来的狩猎–采集者群落遗址的研究发现，采集提供了当时人类日常食物总量的2/3。因此，采集活动在遥远的古代非常重要。

采集可能主要由女人承担，用的工具是挖掘棒和携运袋。她们采摘各种各样的野生水果、坚果和瓜，从地里挖掘可食根茎和块茎。她们也采集白蚁、毛虫和蝉等。从很多方面来说，植物食品的采集比狩猎更可靠。因为，人类每年都可以从树上和灌木丛中获得果实。而有经验的采集者还会根据不同植物的收获季节不断地更换采集地。

## 18    社会组织

从营地遗址证据可以发现，狩猎-采集者群落通常过着家庭规模般大小的群体生活。在干燥地区，这些群落通常不超过 20 人。在潮湿地区，猎物和可食用植物丰富，群落的规模可达 50 人甚至 100 人。无论规模多大，群落可能都是以家庭为单元，被松散地组织起来。从狩猎-采集者群落的情况来看，群落间为了婚嫁或其他目的也存在自由流动。在洞穴和悬石处，人类会把它们作为遮蔽处。在开阔的地方，人类用树枝、草和石头建成临时的防风屋。在一些地区，季节性帐篷会使用数周或数月，这些圆锥形遮蔽处可能是用弄弯并捆绑在一起的树枝建成的，并覆盖着茅草。

20 世纪，人们对卡拉哈里沙漠桑人（San）狩猎者的研究揭示出，狩猎-采集者群体的生存依赖合作劳动和集体努力，这是狩猎-采集者群体的最重要特征。男人和女人之间存在劳动分工，但是地位没有高低之分，他们认识到彼此间互相依赖的关系。一天结束时，采集和狩猎到的食物被带回营地，在群体中平均分配，优秀的狩猎者没有被赋予特殊的地位。

# 19    气候变化、适应与非洲语言的起源

公元前 2 万—前 1.6 万年，非洲的气候、植被和近几十年的情况类似。刚果盆地乃至西非大部分沿海地区和塞内加尔南部，植被以热带雨林为主。刚果盆地以北和以南地区则主要为干燥的森林、广阔的林地、大草原、干草原和沙漠。东部、南部非洲的高原，主要为稀树草原和大草原。然而，公元前 1.6 万—前 1.15 万年，非洲气候变得更加干燥：雨林减少，沙漠扩大。环境的改变使旧式狩猎-采集技术变得不合时宜，人口数量迅猛减少，人类面临危机。然而，适应了新环境的人群将技术、文化和语言传播到非洲大陆各个角落。现代非洲本土四大语系的起源可追溯到他们。

研究非洲语系的语言学家已经在非洲东北部、尼罗河中上游地区找到四大语系可能起源地中的三个。在努比亚①的尼罗河瀑布、红海和埃塞俄比亚高原之间，当地人的语言属亚非语系（Afro-Asiatic language families）。他们擅长收集野生草茎，烘烤种子，用碾磨石把这些种子和干化的茎碾磨成粉，再烘焙面粉做成扁面包。他们向南扩散到埃塞俄比亚高原及其周边地区，经非洲之角（Horn of Africa）和东非高原，成为说库希特语（Cushitic-speaking）族群的祖先。他们也把脱粒和碾磨技术向北传到埃及和西亚。他们还向西扩散到整个北非，同化了卡普萨（Capsian）②狩猎-采集者，成为说柏柏尔语（Berber-speaking）族群的祖先。

在亚非语系使用者的南方，即努巴山脉（Nuba Mountains）和尼罗河中游之间的草地，当地人的语言属尼罗-撒哈拉语系（Nilo-Saharan language family），他们有自身的起源。他们擅长用

---

① 位于今天苏丹共和国北部。

② 位于北部非洲的石器文化，持续年代为公元前 8000—前 2700 年，以突尼斯城市加夫萨（Gafsa）命名，加夫萨旧称 Capsa。——译者注

图1.4 20世纪中叶卡拉哈里沙漠里的一处桑人狩猎者营地。尽管城市化在推进，但许多桑人家庭更愿意维持传统狩猎-采集生活方式，与自然和谐相处。枪支日渐取代了弓箭，桑人从事季节性畜牧，必要时也会从事其他工作。近几十年来，桑人狩猎已经受到限制。1961年建立的卡拉哈里沙漠野生动物中央保护区（Central Kalahari Game Reserve）允许桑人继续过着狩猎生活，但如今已经转变为吸引游客的狩猎保留地。桑人狩猎已经受到极大限制，像图片所示的营地如今已成往事。图片来源：*Eye Ubiquitous/Alamy Stock Photo*。

投矛来狩猎食草的大型羚羊，其狩猎对象可能还包括后来被驯化的撒哈拉野牛。他们沿着撒哈拉以南的草原，向西一直扩散到乍得湖（Lake Chad）和尼日尔河河曲。尼日尔河中游地区说桑海语的人（Songhay-speakers）便起源于此。说尼罗-撒哈拉语系语言的人还向南扩散到大湖地区（Great Lakes）和埃塞俄比亚高原的西南部，成为希鲁克人（Shilluk）、丁卡人（Dinka）、努尔人（Nuer）和阿乔利人（Acholi）的祖先。

在尼罗-撒哈拉语系使用者的西南方向，居住着说尼日尔-刚果语系（Niger-Congo language family）语言的人。他们擅长用弓、毒箭在西非林地上狩猎，挖野生薯类，用钩、线，可能还有篮子来捕鱼。尼罗河中游以西的科尔多凡人（Kordofan）的语言和尼日尔-刚果语系关系密切。一些语言学家认为，科尔多凡人可能是后来向西迁徙到西非的尼日尔-刚果语系人的祖先。然而，另一些语言学家的观点恰恰相反，认为科尔多凡人的语言只是尼日尔-刚果语系的一个遥远分支而已。考古学家称之为卢彭巴文化（Lupemban tradition）的石器时代刚果森林里的狩猎者，可能是现代姆布提（Bambuti）、特瓦（Batwa）①狩猎者的祖先。公元前1000年前后，他们的早期语

① Bambuti、Batwa是Mbuti和Twa的复数形式，前缀Ba-表示复数是班图语族语言的语法特征。——译者注

地图 1.2 公元前 1.5 万—前 1 万年非洲语言的分布

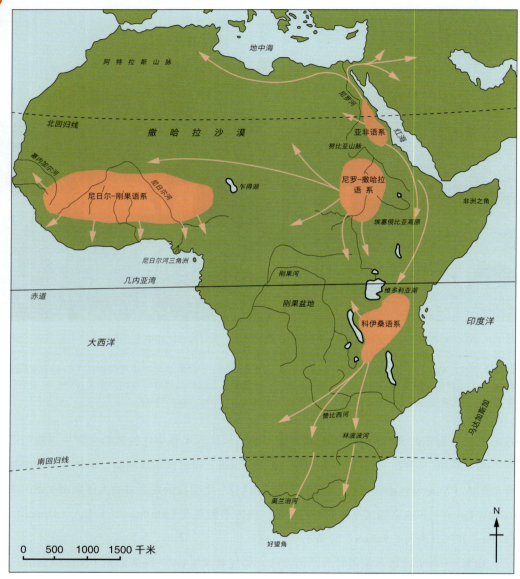

言被尼日尔-刚果语系班图语族①吸纳，已经消失了。

20　　　　科伊桑语系（Khoesan language family）起源于东非的坦桑尼亚。科伊桑人（Khoesan）②擅长狩猎和采集，广泛应用细石器，包括弓、毒箭和挖可食块茎的挖掘棒。挖掘棒还被钻过孔的石

---

① 　Bantu-language subgroup，又常译为班图语支，或班图亚语族，但现在使用班图语族的译名已成趋势。——译者注
② 　科伊桑人不是非洲单一族群。准确地说，科伊桑人是说科伊桑语系语言的诸多族群的简称。在此次修订过程中，译者曾想直接使用"说科伊桑语系语言的人"，但中文语感太差，也过于冗长，只能以脚注加以说明。但是，几个后接族群、氏族等词组的语句，依然保留了"说科伊桑语系语言"的译法。——译者注

**图 1.5** 1900 年前后津巴布韦一位桑人狩猎者的照片。一直到 20 世纪,津巴布韦仍有少数桑人。图中人物便是其中的一位。图片来源: *National Archives of Zimbabwe*。

21    头加重过。科伊桑人扩散到整个中南部和南部非洲，并同化了早期的狩猎-采集者。他们的技术特别适用于南非、博茨瓦纳和纳米比亚等干燥的半沙漠地区，这可能是这些地区到现代还保存着狩猎-采集文化的原因。公元纪年后，东部、中部、南部非洲大多数地区的科伊桑人被尼日尔-刚果语系的说班图语族语言的人同化。科伊桑人的后代仅存于坦桑尼亚，即哈扎人（Hadza）和桑达韦人（Sandawe）。

22    这一部分所描述的语言和文化的扩散，是一个同化而非取代的过程。在某些情况下，是技术及与之关联的文化和语言在扩散，而非实际的人口在大规模扩散。然而，为了在不同环境下寻求生存，说这些语系语言的人的新技术取得了成功，并对非洲晚期史前史产生两个重大影响：第一，他们的语言、社会习惯和宗教信仰开始主导、同化非洲大陆上所有先前的语言和文化，新旧结合产生了独特的新的地区文化和新方言，成为非洲各族群的历史起源；第二，一旦气候更适宜，农耕和畜牧便随之出现，而他们在不同环境下狩猎-采集的知识和经验为此奠定了基础。

# 第二章

# 晚期史前史：热带非洲、古埃及的种植业与畜牧业

约 1 万年前，非洲人类社会的石器技术已经发展到了相当高的水平。但是，非洲人主要还是狩猎者和采集者。他们的食物和生计完全来源于狩猎和采集。大约自公元前 8000 年后，伴随着种植业和畜牧业的出现，远古人类的生活方式发生了重大变革。

## 作物栽培、驯化与种植业的起源

作物栽培可能始于野生谷物的采集，前文对此曾有叙述。人类一般会将注意力转向称为"谷类植物"的产量丰硕的"草"。这些"草"在西亚和埃及主要是小麦和大麦；在夏天降雨的热带非洲稀树草原，这些"草"则主要为高粱和粟。作物栽培需要对野生谷物进行精心保护、除草、选种、重新播种。块根植物的栽培也一样。人类很快认识到，选择最强壮植物的种子，来年收成最好。在这样的原则下，植物经过多轮培育后，便会依赖于人类的栽培。如果没有人类的干预和保护，这些以新形态出现的植物会竞争不过杂草，无法在野生状态中存活下来。此时，植物被"驯化"，真正的种植业出现了。从野生作物的栽培到驯化了的作物的种植，这一过程是渐进的，很难在考古材料中得到佐证。

动物驯化和畜牧业的出现过程也与之类似。最初，那些最能满足人类需要的野生动物得到了保护，放牧于一个又一个牧场。这些动物得到很好的喂养，无须躲避野生食肉动物。历经几代繁殖，这些动物的体格渐渐地大了起来，也变得比较笨拙，单靠自身很难存活下来。较大体形的动物有两个好处：第一，放牧者从动物身上可以获得更多的肉或奶；第二，在人类的保护下，动物（牛、绵羊、山羊）的生命更长，繁殖能力更强。当动物依赖于人类时，动物便会以新的形态而出现，无法再在野生状态下生存，它们被"驯化"了。

## 农业的影响

随着种植业的出现，人类的定居点逐渐扩大、使用时间也更久了，他们不再为了寻找野生食物而不停迁移。他们把定居点设在土壤肥沃的地区，并在周边种植作物。食物供应因此变得更

加稳定，食物种类也越趋丰富，人口随之增加。人类在比较固定的村落生活后，女人可以生育更多的孩子。不同于狩猎-采集者村落，这里的孩子不再是负担，其他家庭成员可以照料孩子，并为其提供安全保护。更大规模的家庭意味着农业劳动力的增加。孩子在较小的年纪就可以下地劳作、吓跑鸟雀、给作物除草、照管牲口。因此，更大规模的家庭可以生产出更多的食物，从而又使满足更多人口的食物需求成为可能。

伴随着人类长时间地定居在一个地方，他们开始建造更为坚固的房屋。这些房屋通常构造简单，由泥浆、木杆、编织后的麦秸和茅草建造而成。有时，房屋本身或围绕定居点的围墙会用石头建造。当时，人们既是种植者，又是狩猎者和采集者，所以需要更多种类的工具。由于生活在历时更久的定居点，需要有储存东西的器皿，于是人类焙烧黏土，做成陶器，用来储存、运送、烧煮食物和水。陶器残片和由于多年碾磨谷粒而变得平滑的碾石，通常是证明古代早期农业村落存在的考古学证据。渐渐地，人类制作出的工具越加精密。这一时期特有的工具为磨制石斧。在阿舍利文化中，人类仅仅是把岩心砍凿成所需形状。而此时的工具制造者已会在更坚硬的岩石上磨制石器。锐利的边缘处有了一个平滑的斜面，像是现代的金属斧头。考古学家和历史学家称这种新式石制技术为"新石器"（Neolithic）[①] 技术。

种植业的出现带来了重大的社会和技术变革。食品供应需要社会组织、村落内的合作与规划。人类不得不在一起规划未来几个月的生产：种植多少？何时种植？在哪种植何种作物？何时收获？人们不但要有生产计划，而且还要储存充足的食物，以保证上一年的收获能一直维持到来年。他们此时已经有了盈余食物，也就是说，食物超出了直系家族的吃用需要。储存食物是一种重要的保证，可以应付干旱、洪涝等自然灾害给作物带来的损失。这也意味着一个村落可以供养很多不直接从事食物生产的人：专业工匠、宗教人员、行政管理人员和掌管、组织社会规划的首领。盈余食物可以在邻近的定居点进行交易，换取本村落并不生产的原材料、奢侈品或其他物品。

最后，在农业和畜牧业社会，狩猎-采集者的平等、集体分配食物制度消失了。随着盈余食物、非食物生产阶层的出现和个人财产的增加，社会逐渐出现贫富分化。在不同的社会中，贫富分化的程度各异。一般来说，那些支配生产的非生产者比较富有，而非生产者所依赖的食物生产者依然贫穷。

## 畜牧业

豢养牲口（牛、绵羊或山羊）与作物栽培有类似的优点。这些动物可以提供食物，特别是奶。人们通常很少吃牲口，只在必要的情况下才会将它们直接作为食物，例如干旱或作物歉收的时期。在那些主要人口是畜牧者而非作物种植者、或混合型种植者的地区，人们的居住地往往不是固定的。为了寻找季节性牧场，他们需要不断地迁移。但是，由于家畜是可靠的食物来源，他

---

① Neolithic 来源于希腊语单词 *neos* 和 *lithos*，*neos* 的意思是"新"，*lithos* 的意思为"石头"。

们仍然生活在大型村落。当从一个季节性牧场迁徙到另一个季节性牧场时，他们可以用动物来驮 25
运财物甚至建房用的材料，如木杆和席子。

### "农业革命"

　　传统意义上，"农业革命"是指：一旦人类知道如何种植粮食，他们的生活便彻底发生了变革。种植业带来的变革和优势确实非常重大，但这不意味着人类一旦学会了种植，所有的群落就都会过上固定的农业生活方式。历史学家在非洲的研究发现，人类走向作物种植的过程比以前所认为的更加缓慢。种植业的劣势是显而易见的：虽然种植业可以养活更多人口，但人类也可能会陷入干旱或洪灾等自然灾害所造成的饥荒中。无论如何，作物种植和豢养家畜只是两种经济选择而已。在很多早期农业群落里，狩猎、采集甚至捕鱼仍然是食物和日常生活的重要保证。南部非洲的科伊桑人从事畜牧业，因为畜牧与他们迁徙狩猎的生活习惯比较契合，所以他们没有从事种植业。在他们看来，种植业可能会带来重大而不必要的变革。

　　一旦依赖种植业，人们的世界观便会迎来重大的改变。人们不再完全受制于自然，但也更依赖气候的变化。人们在精神世界中构建了人与自然的新关系。因此，非洲本土宗教的起源或许可以追溯到这个时期。非洲的宗教思想、宗教活动、神殿一向与肥沃的土壤和"求雨"、耕作、播种、收获等季节性仪式密切相关。今天的一些学者认为，牛在非洲之所以被驯养，可能与牛在宗教方面的重要地位有关。在尼罗河上游地区，牛被裹上席子，以葬人的方式被埋于地下。由此可见，牛已经被视为神兽。人们保护、驯化牛的初衷也可能是出于这一缘故。此外，畜牧者也认为驯养的牛是神兽，因为牛是他们食物的来源、生活的支柱。

## 热带非洲的种植业和畜牧业的起源

　　约从公元前1.1万年开始，非洲气候特别干燥的阶段终于结束了，降雨量恢复到较高的水平。公元前1.1万—前9000年，非洲进入了一个新的"潮湿"时期，那时非洲的降雨量达到了顶峰，比现在还要大，并持续至公元前6000年。此后，降雨量逐渐减小，直到公元前3500年，降雨量减少至与今天非洲的普遍降雨量差不多的程度。在潮湿阶段，雨林扩大，沙漠减少，撒哈拉地区是一片可供人居住的开阔稀树草原。发源于撒哈拉中部的阿哈加尔山脉（Ahaggar）和提贝斯提山脉（Tibesti）的河流奔流直下。当时的乍得湖比现在大上很多倍，是一个巨大的水域。那时，尼日尔河上游"三角洲"和尼罗河上游的"苏德沼泽"（Sudd）可能是湖泊。这些新水域为渔民定居点的出现提供了机会。从尼日尔河河曲、乍得湖至东非的图尔卡纳湖，贯穿非洲中部的一带都有渔民定居点的遗迹。非洲种植业的起源便可以追溯到这一潮湿阶段。

地图 2.1　公元前 7000 年的非洲：最后一次大潮湿阶段的湖泊和河流概况

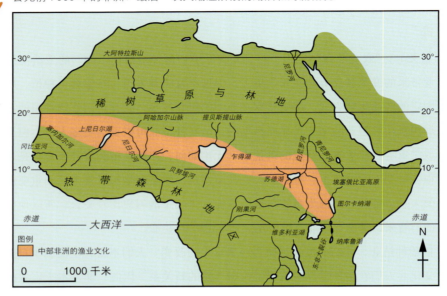

图 2.1　尼日尔的牛群。这些长角牛可能与乌干达安科莱牛（Ankole cattle）有亲缘关系，也可能是驯化了的撒哈拉野牛的后代。图片来源：*Melba Photo Agency/Alamy Stock Photo*。

**图 2.2**　当代的一个珀尔（Peul）牧民在萨赫勒地区放牧牛群。这些长角牛可能与古代的撒哈拉野牛有亲缘关系，而撒哈拉野牛可能是 1 万年前在红海山区被驯化的。图片来源：*Frans Lemmens/Alamy Stock Photo*。

## 尼罗-撒哈拉人的起源

从公元前 9000 年起，撒哈拉沙漠东部地区的尼罗-撒哈拉人[①]，引入北邻即说亚非语系语言的人的谷物采集和碾磨技术，并将之应用于尼罗河中游的热带草原。采集与碾磨的作物有高粱和珍珠粟。公元前 8000 年，为了用碾磨后的谷物煮粥，尼罗-撒哈拉人还发明了陶器。关于高粱和粟被驯化的确切时间，我们难以辨析，但肯定在公元前 7000 年之前。公元前 8000—前 6000 年，尼罗-撒哈拉人的栽培技术和制陶技术向北传播到埃及，并穿越撒哈拉沙漠一路向西传播。到公元前 5000 年，尼罗-撒哈拉人驯化了葫芦科植物、西瓜和织布用的棉花。约在公元前 9000—前 8000 年，尼罗-撒哈拉人驯化了红海山区的野牛，这比亚洲的野牛驯化时间早了 1000 年。他们在尼罗河边的草地上放牧牛群，他们的畜牧技术最终还向西传播到撒哈拉沙漠的中部地区。

## 舌蝇在畜牧业早期扩展中的重要影响

非洲畜牧业的传播局限于热带某些特定地区，一个重要的原因是这些地区没有一种叫舌蝇（tsetse fly）的吸血昆虫。某些舌蝇的唾液中携带一种寄生虫，这种寄生虫会导致"昏睡病"，这对人和牛都是致命的。后来，人和牛对舌蝇所造成的疾病产生了一定的免疫力。但是，无免疫力

---

① 尼罗-撒哈拉人是说尼罗-撒哈拉语系语言的人的简称，包含诸多族群。——译者注

的畜牧者四处迁徙寻找新的牧场时，通常要规避舌蝇聚集的地区。舌蝇一般聚集在湿润、地势低洼的山谷和丛林茂密的地区，因为这些地区有它们赖以为生的大量野生猎物。因此，撒哈拉沙漠南部、东非高原、南部非洲高原上的干燥、开阔草原，成为专门从事畜牧业的地区。

## 28    撒哈拉沙漠的畜牧者

公元前4000—前2500年是撒哈拉沙漠地区畜牧业的伟大时代。到公元前4000年，撒哈拉沙漠中部的阿哈加尔山脉，确立了以牛为主的畜牧业。畜牧者可能主要是尼罗-撒哈拉人，也可能还包括把西亚绵羊带过来的说亚非语系语言的人。从撒哈拉沙漠地区畜牧者留下的一系列著名岩画中，我们可以了解到关于他们的大部分信息。岩画发现于今天撒哈拉沙漠最干燥的地区。大部分岩画的年代可以追溯到公元前3500—前2500年。这些岩画几乎反映了当时家庭生活的各个侧面。绘画者特别展现了当地人放牧长角牛和绵羊的场景。岩画中人物形象是各种类型的地中海沿岸的人和非洲黑人。岩画中的人物穿着织物，佩戴精美饰品，留有发型，还纹有文身。岩画中的人物用圆底罐装奶和牛血，用皮袋装水，用驮牛运输货物。在撒哈拉沙漠畜牧者的定居点还发现了碾磨石，这揭示出他们也种植粮食。

**地图 2.2**　　公元前 5000—前 1000 年北非与中部非洲的新石器时代的种植业与畜牧业

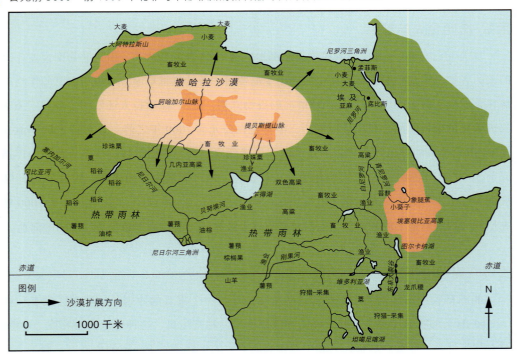

**图 2.3**　阿杰尔高原（Tassilin-Ajjer，撒哈拉沙漠地区）的史前岩画：一个村庄（图中白圈处）的牛群。临摹自公元前 2000 年的一幅岩画。图片来源：*akg-images/Erich Lessing*。

## 东北非的畜牧业与种植业

东北非说亚非语系语言的库希特人（Cushites）把红海山区驯化了的牛向南带入埃塞俄比亚高原的山麓和东非高原地区的牧场。到公元前 3500 年，南方的库希特人在埃塞俄比亚高原南方，即图尔卡纳湖地区养牛、绵羊、山羊。在这里，库希特人遇到了东南部的尼罗-撒哈拉人。后者种植高粱、粟、扁豆。库希特人吸纳了尼罗-撒哈拉人的种植技术和圆草屋建筑模式，即荆棘栅栏围着的中央牛舍，圆形草屋再环绕着荆棘栅栏。库希特人制作出石碗，石碗正是能表现出其文化特征的器具。公元前 3500—前 1000 年，库希特人的定居点遍及整个东非。同时，埃塞俄比亚高原上的说亚非语系语言的人驯化了当地特有的作物，其中比较重要的有：苔麸（tef），一种种子较小的谷物，今天仍是埃塞俄比亚的重要农作物；小葵子①，一种油料作物；象腿蕉，一种像香蕉的粗梗植物，其梗杆含有大量淀粉和纤维。

## 南部非洲科伊桑人的畜牧业

科伊桑人可能从东非的库希特畜牧者那里学会了蓄养牛羊的技术。公元前 500 年，科伊桑人把畜牧技术向南传给博茨瓦纳北部说科伊语（Khoe-speaking）的人。公元纪年前后，说科伊语的人向南放牧，远至好望角。科伊桑人在南部非洲的干燥草原从事畜牧业，总的来说并没有从事种

①　拉丁学名 Guizotia abyssinica，常写作 noog, nug, niger 等。——编者注

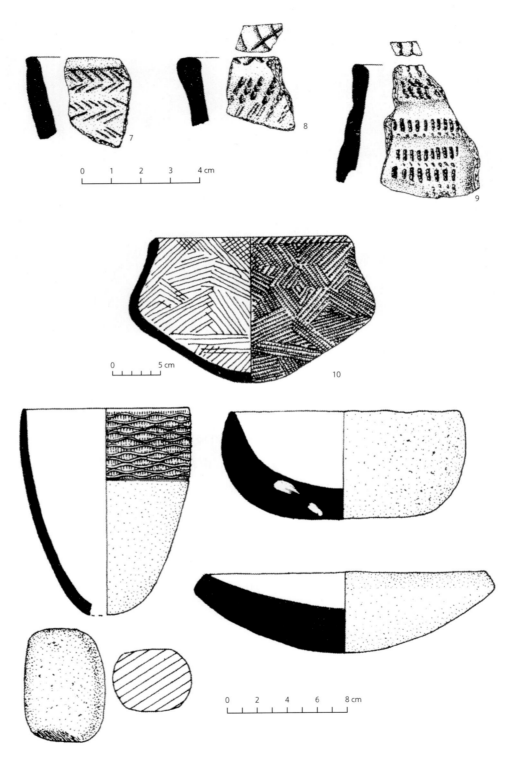

**图 2.4**    石器时代种植者和畜牧者定居地和墓穴中的人工制品。图片顶部的陶器碎片，有装饰性纹路，由黏土烧制而成。图片中部的两块薄片，从形状上看应该是陶罐片。图片下方右侧的两个厚壁罐是用石头凿成的，深石罐可能用来盛放食品。图片底部左侧巴掌大小的石头，应该是用来在图片底部右侧的浅石碗里碾磨谷物的。

植业。之所以如此，可能是因为他们需要季节性地迁徙到一个又一个牧场，种植业并不适合他们的生活方式，而且科伊桑人还具备高效、适用范围广的狩猎和采集技能。科伊桑人没有遇到经济或环境方面的压力，也就无须改变原有生活方式去从事种植业。

## 西非的农业

不同于尼罗-撒哈拉人，西非的尼日尔-刚果人 [1] 在公元前 9000—前 5500 年的潮湿阶段扩大了的林地地区发展出了种植业，特别是种植薯蓣属作物。他们还发展出了石斧制造技术，他们把石斧打磨得很是圆滑，非常精细。男人可能用石斧清理林地以种植薯蓣属作物和其他作物，包括用来榨油和酿酒的油棕、豌豆、花生、可乐果（Kola nut）。很多年前，考古学家在尼日利亚发现了一只独木舟，年代约为公元前 8000 年。这只独木舟是世界上最古老的独木舟。当地人可能用独木舟来捕鱼、渡人、运货，甚至还可能用其从事贸易。独木舟是用一根硬木制作而成的，开凿精细，舟尾呈尖形。由此可见，独木舟并不是当时才出现的，其制作应该可以追溯到更久远的历史时期。到公元前 3000 年，他们驯化了珍珠鸡，并开始种植酒椰棕榈用来织布。公元前 3000—前 1000 年，他们在尼日尔上游内陆三角洲的湿地 [2] 上驯化了一种西非稻，并在后来传播到几内亚、利比里亚、科特迪瓦等降雨丰富的森林边缘地区。

薯蓣属作物的种植者主要是妇女。因而，尼日尔-刚果文化中妇女的地位较高，这也是尼日尔-刚果人实行母系制度的原因。在母系制度下，虽然氏族和村庄的首领都是男人，但首领职位的继承取决于母系一支，即母亲和姐妹。

尼日尔-刚果语系的东部语族是班图语族，即班图人，他们此时迁入尼日尔河三角洲东边、几内亚湾附近的雨林地区。班图人乘着独木舟，在尼日尔河两岸建立了定居点。他们在河里捕鱼，在林中狩猎，带来了山羊和珍珠鸡，并在林中的天然空地上定居下来。他们种植薯蓣属植物、油棕、豌豆、葫芦。公元前 3000—前 2500 年，他们把定居点向南扩展到刚果盆地，并在约公元前 2000 年抵达刚果河流域。一些班图人沿乌班吉河（Ubangui）向东北直上，再沿森林北部边缘东进。约在公元前 1000 年，其他班图人穿过刚果南部的森林，沿开赛河（Kasai）及其支流溯河直上，进入森林南方、海拔较高的林地。

## 政治权力

在非洲及其以外的地区，农业会导致定居群落与政治权威的出现。这些群落可能始于扩展了的家族。一些家族会吸纳日子不太好过的邻居。群落里虽然会出现社会分化，但是政治权威源于家庭和基于亲缘关系的权力观念，而且统治者依然从事生产劳动。在晚期史前史，只有尼罗河上流流域 [3] 发展出了完全不同的政治观念，即王权制度和国家。

---

[1]　尼日尔-刚果人是说尼日尔-刚果语系语言的人的简称，包含诸多族群。——译者注
[2]　位于今天的马里共和国境内。
[3]　埃及南部地区、苏丹北部地区。

# 古埃及与努比亚

## 畜牧者与农民

自古至今，尼罗河水系一直是埃及的命脉，尼罗河两岸狭长、明亮的绿色植被带即为明证。尼罗河两岸的植被带在东面阻断了延伸至红海的沙漠，在西面阻断了撒哈拉沙漠的扩展。这是事实，但事实也并非总是如此。

从潮湿阶段 ① 降雨量最大的时期到公元前 4000 年，今天非洲东部和西部的沙漠是稀树草原。夏季的雨后，东非平原上的季节性浅滩和水坑便会充满了水。在这个时节，尼罗河上游地区的半游牧牧民就会将牧群赶到这里来放牧。到了凉爽干燥的月份，这些人又会把牧群赶回尼罗河。在那时，人们的生活异常艰难：一方面他们需要照顾好牧群，以防牲畜落入肉食猛兽之口；另一方面他们又要应对复杂多变的气候。尤其是在公元前 4000 年前后，当地人开始感受到了气候变化所带来的影响。等级森严的统治、社会性别的固化出现了：男性首领拥有牧群的所有权，并统治着普通畜牧者；女性则不再从事农耕，转而主要负责家务、抚养孩子、采集野生食物，社会地位较低。

从当地人的墓穴中，我们可以看出，牛在当地人心目中是非常神圣的。非洲东部沙漠山脉的岩画、岩刻证实了这一点。这些岩画、岩刻以牛为主要对象，也包括狩猎仪式和船只。养牛群体的统治者似乎自称拥有神权。

在干燥季节，养牛群体与尼罗河流域定居的农耕者联系密切。一旦夏季没有降雨，这种联系就更加密切了。公元前 3600 年前后的 100 年间，尼罗河上游地区没有降雨，半游牧状态的畜牧生活结束了。畜牧者永久性地迁居到尼罗河流域，带来了社会分层、神权观念。如此一来，今天我们所称的"古埃及"这一独特文明便出现了。由此可知，畜牧者在古埃及文明的诞生过程中起到了至关重要的作用。

尼罗河的重要性，远不止于其常年水流不断。今天尼罗河上的阿斯旺大坝阻断了第一瀑布以北洪泛平原的年度性洪水。但是，在 20 世纪前的数千年中，每到炎热夏季的 8 月，青尼罗河的洪水便会夹带着埃塞俄比亚高原的肥沃淤泥，直冲到努比亚的第三瀑布，再一路向北，流过尼罗河在埃及的宽阔河段，抵达尼罗河三角洲。数周后，洪水逐渐退去，不仅留下了肥沃的土壤，也为农业灌溉提供了水源，这些水源足以维持到来年的汛期。历经千年的淤泥冲刷，尼罗河两岸的地势比周边的平原高出不少。携带着淤泥的洪水，流速快，流域广。一旦尼罗河水位上涨，洪水就会冲破河堤，涌到两岸的陆地。洪水退去后，农民便能开渠灌溉。

公元前 5000—前 4000 年，专门从事农耕的农民在尼罗河上游、埃及南部地区建立了永久性定居点。他们靠着尼罗河每年的定期泛滥发展出自己的农业技术。其文化被称为"巴达里文化"

---

① 公元前 1.1 万年一直到公元前 9000 年的潮湿阶段。——译者注

（Badarian），得名于埃及中部城镇巴达里（el-Badari）。20 世纪 20、30 年代，考古学家在巴达里发现了大量墓穴和人工制品，展现出了成熟的农耕文化。定居点的地理位置优越，西边是前往绿洲的沙漠路线，东边则有前往红海的路线。通过这两条路线，巴达里人与稀树草原地区的畜牧者开展贸易，建立了紧密的联系。

约公元前 3500 年，其他畜牧者陆续迁移了过来，埃及南部地区的人口迅速增加。为了获得牧场和可耕地，当地人展开了激烈的争夺，甚至爆发了战争。当地人被迫迁入拥有防御工事的城镇以寻求庇护。由此，城镇化和集约型农业出现了。在第一瀑布以北地区，农民主要在洪泛平原

图 2.5　前王朝时代的埃及岩画，发现于东部沙漠的瓦迪马尼（Wadi Manih）。岩画中还描绘了长颈鹿和驯化后的牛。图片来源：*Getty Images/Jason Larkin*。

地图 2.3    古埃及前王朝时期国家

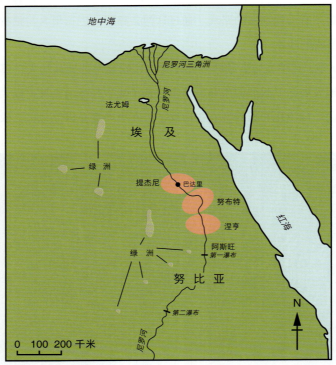

上从事灌溉农业。在南边的努比亚，洪泛平原狭窄得多，但这里夏季降雨，农民可以依靠雨水，种植热带谷类作物，豢养牲畜。这两个农耕群落都已经出现了社会分层。在高度社会阶层化的沙漠移民影响下，这里的社会分层更加明显。

## 王权的起源

在动荡时期，群落首领会组建政治联盟，互相保护。3 个地区集团应运而生。它们出现于后来的上埃及（Upper Egypt），位于阿斯旺的第一瀑布与巴达里之间，纵横 500 公里。这 3 个原始国家是提杰尼（Tjeni）、努布特（Nubt）、涅亨（Nekhen）。它们恢复了地区秩序，重新开辟和发展了古老的贸易路线，跨过沙漠到努比亚搜寻黄金、乌木、象牙。这些贸易路线还延伸至红海地区，甚至远抵西亚，而贸易物品则助推了王权的形成。

统治者通过限定贵重品的使用来提升自身的统治权威，比如规定黄金、宝石限于统治阶层和王宫工匠使用。在巴达里人的悠久传统中，他们会在墓穴里放入陶器、工具、饰品等陪葬品。新兴王国 [1] 的统治者更进一步，他们为自己修建了陵墓，除了在陵墓中放置日常用品，如盛放食品

---

[1]  提杰尼、努布特、涅亨。——译者注

的盒子、酒杯，以待来生享用，还放置了珠宝和其他贵重物品。这些贵重物品的制作材料有努比亚的黄金、东部沙漠的铜、西部沙漠的紫水晶，甚至还有来自阿富汗的罕见青金石。王家陵墓可以追溯到这一时期。[①] 在一个陵墓中，一块陶片的正面刻有王权象征的装饰图案——插在头发中的羽毛和锤击敌人的权标头（mace）；背面描绘了一位国王正在锤击 3 个俘虏的场景。通过这些陵墓我们可以看出，统治者并不仅仅在为来生做准备，他们还期待自身能成为神。考古学家在阿卜朱（Abdju）[②] 发现了属于这一时期的大型陵墓，陵墓里有一根象牙权杖——神圣王权的象征物和印有象形文字的酒杯。这些酒杯是已知最古老的带有象形文字的文物。

34

## 古埃及的统一

　　这 3 个王国不久后便开始争夺贸易路线的控制权。通过巨大的城墙、破碎的头骨等考古证据可以推断出王国之间发生过战争。约公元前 3100 年，上埃及只剩下了唯一一位国王。在这位国王或其下一任继承者统治时期内，上埃及的国王派遣大军，沿尼罗河北上，征服了下埃及（Lower Egypt）位于尼罗河三角洲的王国，将上、下埃及都置于其统治之下。如此一来，这位国王便建立了古埃及的第一王朝。很多学者认为这位国王的名字是纳尔迈（Narmer）[③]。

### 纳尔迈调色板（Narmer palette）

　　100 多年前，考古学家在上埃及最初 3 个王国最南端的历史名城奈科卜（Nekheb）[④] 发现了一块刻有图案的粉砂岩调色板，其年代为公元前 3100—前 2950 年。调色板描绘了一位戴着象征上埃及的白色王冠的国王，他正在用一根权杖锤击敌人，荷鲁斯（Horus，埃及鹰神）在上方俯视着一切。调色板两面都刻有图案，展现了经典的古埃及艺术，既有人面牛头女神，又有与前王朝时期信仰密切相关的其他神兽。学者对调色板的含义和制作意图一直存有争议。有些学者认为，国王将神权和世俗权力联系在一起，调色板是为了称颂国王的权势；也有些学者强调，国王是秩序和稳定的源泉，压制了内外的敌对势力；还有一些学者指出，国王上方刻有象形文字"纳尔迈"，由此，他们坚持认为调色板只是为了记录古埃及的统一。现在的学者一般认为，关于纳尔迈调色板的上述 3 种解释都有道理。

35

---

① 公元前 3500 年前后。——译者注
② 今天的阿拜多斯（Abydos）。
③ 又称阿哈（Aha）或美尼斯（Menes）。
④ 又译涅克伯。——译者注

### 关于古埃及的历史编纂学

古埃及的金字塔、神殿、艺术品、象形文字和墓室，辉煌宏伟，年代确凿，令人难以置信，但这确实是埃及的真实历史。独特的古埃及文明延续了近 3000 年。由于历史跨度太大，人们很可能会认为古埃及的历史几乎没有变化。然而，如果我们仔细观察历史年表，便能看出政治权力的浮沉以及古埃及历史的不断发展与演进。变化有时是因为内部冲突而引起的，有时是对外部影响或侵袭的回应。

古埃及国王擅长政治宣传，旨在提升自己的权威和神圣的统治权。他们使用现在称之为"象形文字"的图画，在自身雕像、神庙支柱上记录其丰功伟绩。又在墓室墙壁上刻下国王名字，以示世系。许多个世纪之后，约公元前 300 年，为了更好地理解古埃及历代国王的年表，埃及祭司、历史学家马内托（Manetho）利用这些信息，创制了一个王朝表。马内托记录了 31 个王朝，从纳尔迈一直到公元前 332 年古希腊占领亚历山大。马内托认为，纳尔迈是第一王朝的奠基者。在阅读古埃及国王夸耀其丰功伟绩的象形文字时，研究者需要格外谨慎，细心选择。古埃及国王有时会"杜撰史实"甚至会擦除先王的名讳，来宣称一些丰功伟绩乃自己所为。

为了便于理解古埃及的历史年表，研究者一般将古埃及王朝分为 3 个时期：古王国时期、中

**图** 2.6    上埃及阿布辛贝神庙（Abu Simbel Temple）岩壁上的象形文字。受拉美西斯二世（Ramesses Ⅱ）之命，古埃及人修建了阿布辛贝神庙。拉美西斯二世是新王国时期统治时间最长的国王，也是在他的统治下埃及帝国权力达到顶峰。如图所示，拉美西斯二世用了两个象形茧（cartouches），表明他既是"拉（太阳神）之子"，又是"上、下埃及之王"。图片来源：*violnconverto3/iStock*。

王国时期、新王国时期。在一些王朝的统治瓦解之后，研究者还在 3 个时期中间加入了中间期（Intermediate Periods）。王朝和王国的年代只是估约值，不同研究者各有不同算法。

## 政治统治与经济

在古埃及王国漫长的历史中，其文化显示出两个特征。从第一王朝到后来的所有王朝，乃至国王的一切丰功伟绩都能反映这两个特征：第一，国王残酷无情的专制统治；第二，对普通农民的剥削。古埃及社会依赖于农民的辛勤劳作。早期国王通过暴力获得权力，从权标头到权杖，这些权力象征物都证实了这一点。国王并不关心臣民的福祉，而是蔑视臣民。国王自视为神，可能像锤击敌人一样去屠杀臣民。

在非洲早期文明中，很多首领利用宗教来为其统治正名。然而，古埃及国王并不依赖众神的力量。在埃及，君主制本身就是宗教。埃及古物学家托比·威尔金森（Toby Wilkinson）认为："在古埃及，国王就是神"。[①] 除了征服敌人之外，古埃及国王主要忙于修建陵墓、神庙或纪念碑，为来生做准备。沙漠族群的首领有木乃伊化（Mummification）的悠久传统。古埃及实现统一的时候，埃及人将这项技术发展到了极致。只有国王及服侍国王多年的臣仆才可将遗体木乃伊化。普通百姓死后，没有必要木乃伊化，埋在地下的浅坑里便算了事。盛放国王遗体的神庙、陵墓的规模，既要展现出其超凡能力、震慑臣民，又要给众神留下深刻印象，以示新神的尊贵身份。第一王朝国王的陵墓里还埋有殉葬"忠臣"的尸体，这样他们便能在来生里继续为国王效忠。第一王朝后，古埃及国王废止了这一做法。在威尔金森看来，古埃及国王也许认为此举实在是浪费人才。

上、下埃及统一后，古埃及王国的政治比较稳定，前三个王朝历时长达 400 年。其间，古埃及王国疆域纵深 800 公里，从第一瀑布直至地中海。洪泛平原的肥沃土壤带来了粮食盈余，这些均为国王所有。王宫富足而荣华的生活正依赖于此。尼罗河便于航行，而埃及人又被沙漠包围，这也就意味着所有人都处于王权统治之下。基于前王朝时期的传统群落，古埃及王国划分为 42 个省（nome），各省总督（nomarch）直接向国王负责。

象形文字的发明使得全王国的经济都处于国王的掌控之下。普天之下，莫非王土。借助象形文字，国王的文士能够汇报、记录作物产地和种植者。

农民住在洪泛平原沙丘上的小泥屋里，以面包、洋葱、啤酒、鱼为食，种植小麦、大麦、亚麻等作物。他们还种植各种蔬菜和水果，如无花果和葡萄。他们放牧牛和山羊，养鹅，在尼罗河上捕捞鲈鱼，在沼泽地上捕捉野鸟，但他们几乎不吃肉。农民只能保留少量粮食，

大部分粮食都以赋税的形式上缴给了政府。一些盈余谷物储藏于地方大粮仓，以供不时之需，而余下的盈余谷物则用于维持国王的奢靡生活。

---

① 　T. Wilkinson (2010) *The Rise and Fall of Ancient Egypt* (Bloomsbury, London), p. 49.

**图 2.7**　测量和记录收成；底比斯的一座陵墓中一幅第十八王朝的壁画。注意看壁画上部的绳子，绳子用来测量土地面积。在壁画下部，位于左右两侧的抄写员在记录位于中部的人舀取的谷物数量。

## 古埃及的早期王朝与古王国时期

第一王朝的国王在阿拜多斯修建了泥砖陵墓。自前王朝以来，阿拜多斯就一直是王家墓地之所。第二王朝的第一位国王在萨卡拉（Saqqara）修建了新墓地。萨卡拉位于今天开罗、吉萨（Giza）偏南一点的地方，靠近上、下埃及的传统分界线。陵墓被坚固的岩石隔成走廊和房间，就像一所住房。第二王朝最后几位国王的陵墓铺满了光滑的石灰岩块，还盛放着通过长途贸易得来的水果。除了用沙漠产的宝石、努比亚的黄金装饰的人工制品外，墓室里还有黎巴嫩的雪松木和锡。雪松木用于造船，锡加上埃及人的纯铜可以炼成质地更坚硬的青铜。古埃及在那时显然已经进入青铜器时代，古埃及国王建造了更加雄伟的墓葬纪念碑。

乔塞尔（Djoser，约公元前 2650—前 2620 年在位）是第三王朝的第一位国王，令工匠为其陵墓建造了一座金字塔。这座金字塔必须是当时的最大建筑，以匹配新王朝创始者的身份。建筑师伊姆霍特普（Imhotep）意识到，建造一座巨大而完美的金字塔需要大量石头，也需要万分小心，确保金字塔地基不会下沉，或造成墓室坍塌。伊姆霍特普修建了 5 个尺寸递减的"阶梯"，从而解决了问题。这便是萨卡拉的阶梯金字塔。金字塔时代由此到来。

**地图 2.4**　公元前 3500—前 1000 年的古埃及

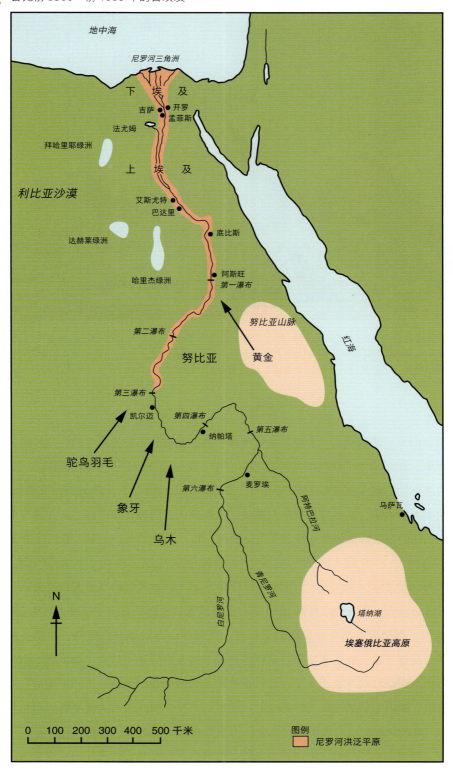

**图 2.8**　吉萨陵墓的金字塔。右边的是胡夫大金字塔，也是当时世界上最大的建筑。中间的是胡夫幼子哈夫拉（Khafra）金字塔。在这张照片中，哈夫拉金字塔离相机最近，也故意建在更高的地面上。因此，给人的印象是，哈夫拉金字塔比胡夫金字塔更大，实情并非如此。这也是古埃及国王刻意标榜、夸耀自身地位的一个印证。

## 金字塔时代

当时埃及的天空晴朗无云，也没有现代的光污染，在夜晚星辰清晰可辨，这样的景象今天的我们只能想象。在两端地平线之间的深蓝色夜空中，星星是众神凝望世间的目光，也是天文学、数学发展的基础。古埃及天文学家研究太阳、月亮、星辰，创制了世界上第一个将每年分 12 个月、共计 365 天的历法。正是借助数学与星辰，古埃及人才能确立固定点，如此精准地设计、建造金字塔。早期的金字塔是数学计算和反复试验的产物，动用了成千上万名劳工建造完成。

到第四王朝，古埃及人掌握了完美金字塔的建筑规则。第四王朝的第二任国王胡夫（Khufu，约公元前 2545—前 2525 年在位）下令建造了当时世界上最高的人造建筑——吉萨大金字塔（Great Pyramid of Giza）。直到 1889 年，巴黎埃菲尔铁塔的高度才超过吉萨大金字塔。

以前的国王都想建造出一座完美的金字塔：让每层巨石略微向内倾斜，如此一来，金字塔的外表面就会变得平整。但事实证明，这样建造起来的金字塔并不稳固，会出现下陷或坍塌。吉萨大金字塔则不同，石块与地面齐平，每层石块稍微朝向中心，垒砌而成的"阶梯"一直延伸至顶，但"阶梯"都填上了经过抛光打磨过的三角形石灰石，因此吉萨大金字塔的白色外表面非常平滑。今天，人们仍然可以在吉萨的一座金字塔顶部看到一些填补"阶梯"的石块。

据计算，胡夫金字塔约有 230 万块石灰石，这些石灰石采自吉萨高原的边缘地区。每块石灰

**图 2.9**　胡夫大金字塔（左边景深处）是埃及最大的金字塔。胡夫之子哈夫拉的金字塔位于右边。哈夫拉金字塔顶部保存了一些石灰石。由此可见，这两座金字塔的表面都曾为石灰石所覆盖。据说，狮身人面像（位于图片中央）也是哈夫拉下令建造的，狮脸是哈夫拉自己的脸。

石至少重 1 吨。墓室内坚硬的花岗岩石块采自第一瀑布，沿尼罗河船运而来。参与建造胡夫金字塔的有精英阶层的专家——测量员、工程师、技术熟练的石匠，但开采、运输、放置成品石块等大部分繁重工作是由农民服劳役完成的。胡夫轮番从村庄强行招募农民服劳役，因此对农业轮耕所造成的破坏很小。胡夫对这些服劳役的农民进行军事化管理，将他们分为群组，其总数从未少于 4000 人。胡夫统治埃及长达 20 年，对农民的劳役也持续了 20 年，每天他们要辛苦工作 10 个小时，才最终完成了胡夫金字塔的建造。

　　胡夫儿子、继任者杰德夫拉（Djedefra）①宣称太阳神拉（Ra）是最重要的神。他在吉萨南部的孟菲斯（Memphis）附近建造了他的金字塔。从吉萨望去，杰德夫拉金字塔仍在视线之内。杰德夫拉的弟弟哈夫拉继位后，又回到了吉萨，在更高的地面上建造了哈夫拉金字塔，因此哈夫拉的金字塔看上去比其父王胡夫的金字塔还大。为了彰显权力和尊贵，哈夫拉还在其金字塔附近建造了一座神殿，神殿大厅里放置了 23 座真人大小的哈夫拉雕像，每座雕像的后颈处都有鹰神荷鲁斯。不止于此，哈夫拉还让石匠在附近的砂岩山上雕凿了狮身人面像。巨型狮子斜躺在地，脸

---

① 　Djedefra 的意思是"太阳神拉说"（Ra，he speaks）。

却是哈夫拉的。然而，由于大型金字塔耗费了大量资源，哈夫拉之后的其他国王再没有修建如此大型的建筑。也许是为了恢复古埃及王国的财富，第五王朝的国王将王国扩张至努比亚，最远处抵达第二瀑布，直接控制了努比亚的金矿。他们还进一步地控制了东西部沙漠的矿井和贸易路线，并控制了途径巴勒斯坦的贸易。

## 古王国时期的终结

41

纳尔迈创立的统一王国延续了近 1000 年。然而，多个世纪以来，尼罗河流域的地方亲王通过对外贸易积累了越来越多的财富。约在公元前 2300 年后，地方亲王像古埃及统一前的先辈一样，开始重塑地方权力。尼罗河连续多年泛滥不足又导致了饥荒，古埃及人对国王的权力失去了信心。在统一王国虚名之下，中央权力机构全面崩溃，古埃及王国陷入地方割据状态。历史学家认为，公元前 2300 年前后，古埃及王国结束古王国时期，进入"中间期"。赋税不再上缴中央王廷，国王权力被大大削弱，而地区间则爆发了内战。在上、下埃及，有数位国王都自称是上、下埃及王国王位的真正继承者。库施王国（Kush）的努比亚人夺回了第一瀑布附近的地区。其间100 多年，埃及未再建造金字塔——这也是王室权力崩溃的必然结果。

## 中王国时期

底比斯（Thebes）[①]在内战中崛起，其国王孟图霍特普一世（Mentuhotep Ⅰ）[②]恢复了古埃及王国的神圣一统。他的大军镇压了尼罗河中游流域的反叛省份，控制了众多国王陵墓所在的阿拜多斯。接着，孟图霍特普一世挥师北上，征服了下埃及的三角洲王国（Delta kingdom）。

42

孟图霍特普一世的统治历时约 50 年（约公元前 2010—前 1960 年），恢复了神圣王权的绝对统治。孟图霍特普一世任命亲信[③]取代各省总督，这些亲信在重兵护佑下对各地征收惩罚性的重税。后继的国王再次击败了努比亚人，将王国疆域向南推进至第二瀑布，并恢复了与西亚之间的贸易。埃及国王享受着进口的珍贵奢侈品，用开采的黄金、铜、宝石来制作珠宝和雕像。凭借这些财富，中王国时期的国王可以重现古王国时期埃及的辉煌景象。他们的金字塔比古王国时期国王的金字塔稍小一些。他们偏爱建造神庙和雄伟的国王雕像，以示国王的权力与荣耀。

中王国时期是珠宝、雕像、饰品制作工艺精湛的时代，也是文学繁荣的时代。象形文字书写不再局限于税收账簿和歌颂国王。纸莎草卷轴上记录了诗歌、寓言，以及普通人的故事和哲学思想。

中王国时期，宗教信仰发生了微妙变化。以前，只有国王配有来生。但是，在中间期[④]，

---

① 今天的卢克索（Luxor）。
② 原文为孟图霍特普二世（Mentuhotep Ⅱ），但今日学界普遍认为是孟图霍特普一世。——译者注
③ 通常是忠诚的底比斯人。
④ 此处指第一中间期。——编者注

**图 2.10** 努比亚人向法老进贡。约公元前 1420 年的一幅壁画。有时，库施王国的努比亚人被迫承认埃及人的统治权威；有时，努比亚人又宣称独立，此时，两个王国的贸易地位更加平等。

地方首领也宣称自己拥有来生，还为自己修建了陵墓。自此，来生观念在中王国时期普及开来，甚至普通百姓也有来生。阿拜多斯出现了奥西里斯崇拜（cult of Osiris）。奥西里斯是地下世界的统治者，他将主持最后的审判：坏人将被火烧掉，好人将随水获得新生。这些信念不断发展，并对后来的世界宗教产生了深远的影响。其实，在后来第十八王朝的某段时期，埃赫纳吞（Akhenaten）[①] 曾信奉一神论。但是，埃赫纳吞去世后，传统宗教复兴，多神论也得以恢复。

古王国时期、中王国时期的埃及国王没有必要维持一支常备军。其南部有瀑布，东部、西部有沙漠保护。埃及人控制了尼罗河流域近 1500 年，从未受到挑战。公元前 1670 年，埃及外部的安全环境被打破。西亚的希克索斯人（Hyksos）越过西奈沙漠，侵入尼罗河三角洲。希克索斯人

43

①　又译为阿肯那顿、埃赫那吞。埃赫纳吞，即阿蒙霍特普四世（Amenhotep Ⅳ，约公元前 1352—前 1336 年在位）。据说，埃赫纳吞是古埃及历史上最丑的法老，但娶了古埃及历史上最美丽的女人。埃赫纳吞实行了宗教改革，奉"阿吞神"（Aten）为最高神。Akhenaten 源于 Aten，意思为"阿吞的光辉"。——译者注

乘坐当时最先进的武器——马拉战车——侵入下埃及，那时正值古埃及王国发生一系列的王位继承权纠纷、王权受到削弱之际。埃及人毫无防备，一败涂地。希克索斯人统治尼罗河三角洲长达一个多世纪。希克索斯人切断了上埃及的对外贸易联系，进一步地削弱了埃及国王的权力。

然而，上埃及的国王从希克索斯人的侵略中汲取教训，设立了一支常备军，配备战车和青铜武器。约公元前 1540 年，第十八王朝的底比斯国王将希克索斯人驱逐出下埃及，并重新统一了王国。

## 新王国时期

在新王国时期（约公元前 1540—前 1070 年），埃及成为世界主要大国。在常备军的支持下，新王国时期的法老征服了东北部的巴勒斯坦和叙利亚，并进入努比亚地区，王国疆域向南推进至第四瀑布，从而建立了一个帝国。在此期间，图特摩斯三世（Thutmose Ⅲ）始称"法老"。埃及帝国的都城从下埃及的孟菲斯迁至上埃及核心地区的底比斯。象牙、黄金、香（incense）、硬木等贸易得到发展，此类贸易沿红海南下，直达非洲之角东北部沿海的"彭特之地"（Land of Punt）。

沿着尼罗河流域建造起来的巨大雕像和神庙，展现了新王国时期法老的权力和财富。新王国时期的法老将世界上最大规模的宗教建筑，始建于中王国时期的卡纳克（Karnak）神庙建筑群，扩建到了卢克索附近。不止于此，法老还通过斯芬克斯大道，将卡纳克神庙建筑群与南面 1.5 公里处卢克索新的巨大神庙建筑群连接起来。在底比斯，尼罗河以西的平原上还建有多座神庙、雕像、葬祭纪念碑。法老没有建造金字塔陵墓，而是在底比斯以西的山上开凿出华丽的墓室。这些墓室，大多数在古代都遭到了盗劫。只有图坦卡蒙（Tutankhamun），第十八王朝的一个小法老的陵墓保存完整，直到 1924 年才被发现。其陵墓内的黄金制品是毫无疑问的瑰宝，这也让人不禁去猜想那些被盗劫的大法老陵墓，例如第十九王朝拉美西斯二世的陵墓，本会有些什么。

埃及历史上出现过很多女性"国王"。她们最初为摄政王，替未成年男性亲属监政，从而手掌大权。可一旦掌权，她们俨然就是真正的国王。第十八王朝的女王哈特谢普苏特（Hatshepsut），曾派出一个大型贸易商队从红海南下抵达"彭特之地"。

## 末期

随着时间的推移，埃及的外部势力又蠢蠢欲动。在公元前 1100 年之后的几年里，埃及帝国衰弱了。外部势力从西部的沙漠、北部的地中海发动多次侵袭，新王国时期也由此宣告结束。公元前 1050 年，巴勒斯坦和努比亚脱离埃及帝国。与之前的 2000 年相比，古埃及王国末期（公元前 1100—前 330 年）比较动荡。埃及遭受了一系列外部入侵——努比亚人、亚述人（Assyrian）、波斯人（Persian），而利比亚-柏柏尔雇佣军则控制了埃及的军队。外部势力在埃及建立了王朝，后又被埃及本土王朝推翻。公元前 728 年，库施王国的努比亚人国王趁埃及帝国衰落之际，侵入

图 2.11　图坦卡蒙下葬时所戴的纯金面具，镶嵌有宝石和玻璃；1924 年，考古学家在埃及底比斯帝王谷（Valley of the Kings）发现了法老图坦卡蒙（第十八王朝）的陵墓。

埃及，并建立了第二十五王朝。直到亚述人入侵埃及，并将努比亚人驱逐出下埃及，努比亚人统治了上、下埃及 70 年。努比亚人国王撤退回第二、第四瀑布之间的原库施王国地区。

　　古埃及在之后的历史中也有数个安宁和恢复期，例如第二十六王朝时期。第二十六王朝将亚述人驱逐了出去，再次实现了埃及的统一。第二十六王朝的法老尼科二世（Pharaoh Necho，公元前 610—前 595 年在位）开凿了一条运河，旨在打通尼罗河与红海，这项工程完工于接下来的波斯王朝。近两个世纪后，希腊历史学家希罗多德记载说，尼科二世曾派遣了一支船队渡红海南下，绕"利比亚"（非洲）航行，以测算非洲大陆面积。希罗多德没有记录他们是否完成了任务，鉴于希罗多德一贯将传说当作事实，环航一说恐为不实。[①]

---

[①]　这段论述与希罗多德在《历史》中的记载不完全符合。据希罗多德记载说：尼科二世派腓尼基人从红海出发，环绕利比亚航行。腓尼基人耗时两至三年才回到埃及。腓尼基人回到埃及后说，在环绕利比亚的时候，太阳在他们的右手。因此，希罗多德不信此事为真。但是，船只绕过好望角后，南半球的太阳就在船只的右手。因此，希罗多德不相信的情节反而证实此事可信。在希罗多德生活的时代，当时的人们通常只知道亚细亚、欧罗巴、利比亚。利比亚即非洲。感兴趣的读者可参见（古希腊）希罗多德：《历史》，王以铸译，商务印书馆 1959 年版，第 280—281 页。——译者注

图 2.12    镀金王座背面的画显示，王后安赫塞纳蒙（Ankhesenamun）正在为国王梳妆打扮。该画出于法老图坦卡蒙的陵墓。

　　公元前 332 年，希腊人征服了最后一个独立的埃及王朝，埃及从此纳入马其顿的亚历山大 [①] 帝国。他将埃及王国交付其部将托勒密（Ptolemy）统治。直到公元前 30 年克利奥帕特拉（Cleopatra）[②] 去世和罗马人的征服，埃及王国一直处于希腊托勒密王朝统治之下，

---

① 　即欧洲历史所称的"亚历山大大帝"。

② 　即克利奥帕特拉七世（约公元前 70—前 30 年），古埃及托勒密王朝最后一任女法老，俗称埃及艳后。——译者注

## 遗产

在漫长的历史中，古埃及的很多雄伟建筑变成了废墟，或被拆除，所得材料用于修建其他建筑。有些建筑为沙漠中的流沙所掩埋。这些建筑是古埃及3000年历史的主要遗产。古埃及历代国王和法老将专制统治推至极端，残酷无情地剥削农民，而农民无休止的劳动成为他们统治的基础。在随后的两千年里，埃及的专制统治延续如初，任何对专制统治的挑战都会被迅速地镇压下去。

# 第二篇

# 早期铁器时代

第三、四章将论述非洲地区铁器的传播和影响。铁是一种坚硬、可塑性强的原材料。引入铁后，非洲人可以更有效率地生产盈余食物和开采矿物。这促进了贸易的发展，在一些地区甚至还促进了强国的出现。早期铁器时代到来前，撒哈拉以南非洲人与大自然和谐相处。即便早期铁器时代到来，撒哈拉以南非洲人的活动范围依旧有限。在尼日尔河中游的洪泛平原（位于今天马里共和国境内），一系列以农业生产为基础的城市彼此互相依赖却没有形成国家。而铁器时代的东北部非洲则出现了两个国家：麦罗埃王国与阿克苏姆王国。人口集中，王权统治随之出现。伴随着人口密度的增加，麦罗埃王国与阿克苏姆王国的当地人与环境形成了一种新的关系：他们能够主宰自然，并依自己意愿改造自然。数个世纪以来，就统治阶级的财富和权力而论，这两个王国非常成功：麦罗埃王国延续了 900 年，阿克苏姆王国延续了 700 年。在两国漫长而稳定的历史当中，它们的国民破坏了当地环境，造成了深远的影响。他们可能没有意识到，或不愿意承认。对我们当代世界来说，这是经验教训。

人口密度取决于已知技术从环境中摄取资源、满足人们基本需求的能力。人口增长至一个临界点后，新技术的出现或许会让社会安然度过危机，但如果社会无法适应，就会出现自然危机——干旱、洪灾、疾病——或者经济衰退，社会也就随之崩溃或消散。麦罗埃王国消逝了，而阿克苏姆王国则分散到高原的内陆地区。

另一方面，在赤道以南非洲的大部分地区，拥有铁器加工技术的农民，一小群一小群，零零散散又持续不断地扩散至人烟稀少、无人耕种过的地区。如此一来，迁移者与原住民彼此融合，与环境和谐相处，只留下冶炼炉、陶器碎片的历史证据。迁移者不断扩散，在人数达到顶峰后，铁器时代的国家便随之形成了。接着，人们便开始争夺最好的耕地和牧场，而统治者也认识到了长途贸易所蕴含的潜力。

**时间轴：非洲铁器时代的起源与扩展**

公元前 1000—前 600 年：中北部非洲（非洲铁器时代起源地）

公元前 800—前 600 年：迦太基与北非地中海地区（源自西亚）

公元前 670—前 600 年：埃及（亚述人入侵）与尼罗河上游流域（麦罗埃王国）

公元前 600 年：东非（包括大湖地区，源自中北部非洲）

公元前 500—前 400 年：西非人的扩散（诺克与尼日尔河中游流域）

公元前 100—公元 400 年：班图人的扩散，经中部、南部非洲

# 第三章

# 铁器在北非与西非的影响

## 早期金属加工技术的传播与影响

作物栽培和畜牧出现后，处于石器时代的非洲人的生活方式发生了重大变革。由于金属加工知识和技术的出现与传播，这些变革被进一步加快。

作为一种优良的原材料，早期人类用金属制作工具、武器和装饰品。与石头相比，金属能以更多的方式被打造、连接、锐化和装饰。铜是最早被开采和使用的金属之一。铜相对柔软，有时会以纯金属形式在自然界出现。因此，对石器时代的工匠来说，制作铜锤等各式工具或铜制的装饰品并不那么困难。但是，包括铜在内的大多数金属，通常是作为矿石，也就是含金属的岩石，被开采出来的。早期工匠适时地学会了加热矿石从而提取金属的技术。经过熔炼，铜或锡便会从矿石中熔化出来。人们很快发现，把铜和锡放在一起熔炼可以制作出一种更坚硬的金属。这是一种合金，也就是我们所知道的青铜。青铜可以用于制作更多种高效工具和武器。

迄今所知最早的铜矿开采地是西奈半岛，它是连接非洲和西亚的一小块地方，位于埃及的东北角。这里的早期铜加工可追溯到公元前 4000 年。铜和青铜在古埃及得到广泛的应用。

### 作为贸易物品的金属

在远古世界，金属既是金属加工业所需的基础性原材料，又是一种重要的贸易物品。铜、锡以及像铅、黄金这类的贵金属，不能广泛获取，只在有限的地方才可被发现。群落若控制了金属开采和加工，就等于控制了一种潜在的财富来源。这些财富可以用来与邻近群落交换奢侈品或原材料。一些金属因需求量较大而价值不菲，它们跨越长途，从一个地方交换到另一个地方，有时甚至远离其最初产地达数千公里，譬如黄金。

黄金特别稀缺，并且质地比铜更软。由于太软、太稀缺，黄金不能用来制作工具。但是，黄金易于加工，不会锈蚀，历经多年也不会失去光泽。黄金的这些品质，以及其稀缺程度，使得它一直是一种最值钱也最受欢迎的金属。在古埃及时代，人们将在努比亚山脉开采出的黄金，沿着尼罗河运送下来，与美索不达米亚地区展开贸易。控制黄金贸易是埃及法老聚集大量财富的重要途径。在埃及，法老的工匠们广泛地用黄金制作象征着高贵身份的精美的陵墓陪葬品和珍宝。

50　西非的铜

　　古埃及新王国时期，青铜加工技术沿着北非地中海沿岸传播开来。西部非洲、撒哈拉南部的阿伊尔山脉（Aïr）也有早期铜加工的痕迹。在今天毛里塔尼亚（Mauritania）的阿克茹特（Akjoujt），当地人在公元前 1000—前 500 年期间就使用铜，并用它与当地使用石器的部落进行交易。尼日尔河中游地区的阿泽里克（Azelik）和阿加德兹（Agades），也有类似的早期铜熔炼痕迹。在这两个地方，有些新石器时代的人群使用过大量诸如矛尖的铜制品。在西部非洲，早期铜加工技术可能是当地自身发展出来的，但加工规模小，且似乎没有对当地石器使用者的生活方式产生重大影响。

# 铁器加工的起源与传播

## 炼铁

　　铁的熔炼技术非常复杂，也很难掌握。铁是由矿石经过化学加工提炼出来的，而非仅仅是从矿石中熔化出来的。早期熔炼铁的熔炉有两个基本类型：地面下挖沟，或者是搭建起来一两米高的圆形黏土建筑。为了促进空气流通，熔炉周边还插着特制黏土管（tuyère）。击碎后的矿石和硬木炭以适当比例分层放置在熔炉内，再加入助熔剂，如石灰（有时用海贝），来辅助熔炼，接着点燃熔炉，借助风箱通过黏土管泵入空气。空气既提高了熔炉内的温度，又为化学过程增加了氧气。

　　经过长时间熔炼后，人们打开熔炉，从底部倒出炽热的铁液。粗铁需要反复加热、锤炼才能剔除杂质，进而锻造出实用的武器和工具。但是，铁容易生锈，远古时代的铁制工具和武器很少能保存下来。非洲早期炼铁的主要考古证据，通常为熔炉倒出的废渣和黏土管。

## 铁的优点

　　炼铁确实是一个有难度的复杂过程。然而，一旦人们掌握了炼铁技术，加工而成的铁制工具和武器便远胜于铜制品与青铜制品。铁是一种更加坚硬的金属，可以锐化成一个更薄的边刃。此外，热带非洲的大部分地区都可以开采到铁矿石。炼铁的一个弊端是，熔炼铁矿石需要大量硬木炭，可能毁林严重。正如下文中的麦罗埃的情况，严重的毁林造成大规模炼铁业无法为继。

## 非洲铁器加工的起源

　　在古代世界，由于炼铁的专业性，人们曾断定炼铁技术不可能在多个地方独立"发明"出来。迄今所知人类留下的最古老的铁器冶炼痕迹发现于安纳托利亚（今土耳其），可以追溯到公元前 1500 年，西亚的铁器加工技术直到公元前 670 年才传到埃及。长期以来，人们认为铁器加

51　工技术是从埃及传到非洲其他地区的。但非洲考古学家和历史学家认为，这种单一起源地的"扩

**图 3.1**　19 世纪，西非使用早期和晚期铁器时代出现的传统炼铁技术。注意空气管道的大小，它们可让熔炉产生高温；非洲冶炼的铁，质量高，广受赞誉。1872 年《发明手册》（*Buch der Erfindungen*）上的木刻画。图片来源：*Bettmann/Getty Images*。

散论"并不成立。许多民族独立地"发明"了不同动植物的驯化。事实上，不同地区独立地"发明"了农业，这些地区远至公元前 5000 年的中国黄河流域和公元前 3000 年的中美洲。因此，我们没有理由认为古代非洲人不会炼铜，且不能独立地在炼铜技术的基础上解决炼铁问题。考古证据显示，公元前 1000—前 600 年，东非大湖地区和乍得湖之间的地区便存在早期的炼铁活动，而这时西亚技术尚未传到埃及。直到公元纪年前后，铁器加工知识和技术才经东非进一步传播开来：铁器加工知识利用铜的贸易网络，向西传播到撒哈拉南部的西非林地地区。

## 西非的早期铁器时代

　　与铜矿石不同，铁矿石在撒哈拉以南非洲分布广泛。铁器加工技术的传播只需要关于熔炼技术的知识。西非林地是铁器铸造的理想地。铁制矛尖和箭头提高了狩猎效率，铁斧和铁锄则让古代农民能更高效地清除林地、种植农作物。而林木可以提供炼铁所需的大量木炭。到公元前 400

年，铁器加工技术在西非林地已经广泛传播开来，铁制工具加速了农耕群落的扩展。

53　　　　这一时期，尼日尔河中游地区的洪泛平原（内陆三角洲）已存在一种特殊的城市化形式。西非稀树草原的干燥草地总会季节性变为洪泛平原，至迟在公元前 400 年，这里就有了掌握铁器加工技术的群落。这些群落最初是建立在土丘上的村落，周边是复杂的河道和洪泛平原特有的沼泽地。这些群落有自身的特长，能适应当地特殊的土壤、降雨和洪水环境。除了高粱、粟、棉花和家禽外，他们还拥有多达 42 种非洲人自己驯化的稻谷。到公元 400 年，这些村落演变为人口稠

**地图 3.1**　　铁器加工技术在非洲的传播

密的城市，公元 750 年前后是城市化顶峰时期。最大定居点是东南部的杰内-杰诺（Jenne-Jeno）。一些定居点有技术高超的铁器加工者，他们用稻米和棉花换取铁矿石，就地炼出近似于钢的高质量铁。

这一城市化进程的独特性在于它没有出现等级管理制度：没有出现统治者，也没有出现正式的管理机构。该地区各群落间的相互依赖才是城市化获得成功的关键。专业技能者之间进行合作、互相展开交易，每个群落成员的需求都能满足，使得城市体系能以一个整体来运转。公元 1100 年后，这些群落的合作程度开始下降；一些村落遭到废弃，另一些村落则变成了独立的城镇。至此，这种非正式整合已经存在了 1500 年。

公元前 500 年，位于西非尼日尔河-贝努埃河（Benue）交汇处北部的乔斯高原（Jos Plateau）已经出现了铁器铸造。这个中央集权群落被历史学家称为"诺克文化"（Nok Culture），因其文物于 1928 年在尼日利亚中部塔努加（Taruga）附近诺克村被首次发现而得名。从这些遗址中发掘出来的主要物件是大量精制的赤陶（焙烧黏土）像。这些塑像有人头像，也有大象和其他动物的塑像。诺克文化的塑像与后来著名的伊费（Ife）和贝宁的青铜器之间，有着明显的艺术联系。有证据显示，尼日尔河中游地区的诺克文化从石器时代一直延续到公元 200 年。因此，诺克赤陶制作者肯定是石器时代农耕者的后裔，先辈农耕者还将铁器加工技术传给了他们。人们在遗址上发掘出小型焙烧黏土碗和蒸煮罐，还有一些铁制用具和熔炉残骸。

一直到公元 1000 年，铁器加工技术渐渐地传播到整个西非地区。在这一过程中，人口逐渐增加，像尼日尔河内陆三角洲等地区，村落合并为更大的政治单元乃至国家。正是在这一时期，古加纳帝国（Ancient Ghana）崛起了。

## 东北非的铁器起源

北非和东北非的铁器加工技术是从西亚传来的。早在公元前 1500 年，安纳托利亚的赫梯人（Hittites）就已掌握了这项技术，竭力将之作为秘密防止外传。由此，赫梯人拥有了独一无二的铁制武器，从而取得了对周边地区的军事优势。然而，炼铁技术还是渐渐地在西亚传播开来。

公元前 1000 年后的埃及人墓地里开始出现一些铁制品，但数量较少，可能是进口来的。制约埃及人自己发展出炼铁技术的主要原因是埃及长期缺少制作木炭的木材。直到公元前 670 年亚述人进犯时，埃及人制作工具和武器的金属主要是青铜。亚述人的铁制武器使得埃及军队溃不成军，迅速败下阵来。第二十五王朝，或称"埃塞俄比亚"王朝的努比亚统治者不得不将宫廷迁至第二瀑布南部尼罗河上游的努比亚地区。在接下来的世纪里，这里成为热带非洲第一个真正进入铁器时代的国家。

## 54    铁器时代的麦罗埃王国

### 起源：库施的兴起

在古埃及统一（公元前 3100 年）前，尼罗河上游地区已经出现了一系列努比亚王国。古王国时期，埃及从努比亚进口黄金、象牙、鸵鸟羽毛和乌木。此外，我们对努比亚王国知之甚少。在中王国时期，即公元前 1900 年前后，埃及将疆土向南扩展到第二瀑布地区。努比亚人则在第三瀑布南部的新都城凯尔迈（Kerma）周边重新组织起来。然而，新王国时期开始不久，即公元前 1500 年前后，埃及人的直接统治越过第四瀑布、延伸到努比亚的核心区域，目的可能是为了进一步地控制贸易。沿着尼罗河流域这一肥沃的狭窄地带，埃及人建造了城镇和神庙。在埃及人直接统治的 500 年期间，当地的努比亚统治阶层在很多方面吸收了埃及文化，包括宗教、语言和文字。

**图 3.2**　公元前 500—前 200 年的尼日利亚古诺克文化的赤陶雕像。这些雕像所体现的艺术观念形成于本土，并对后来著名的伊费、贝宁青铜器艺术产生了影响。图片来源：*Werner Forman archive/Alamy Stock Photo*。

在新王国时期，埃及衰落，埃及人从努比亚撤回。自公元前 1100 年开始，努比亚当地的统治者重新确立了自身的文化并宣布国家独立。他们在第四瀑布附近的纳帕塔（Napata）建立了一个新的宗教和政治中心，并将其确立为都城。埃及人称这个新的努比亚国家为库施王国（Kingdom of Kush）。库施王国地理范围从第三瀑布向南，越过尼罗河洪泛平原，一直延伸到热带夏季降雨地区。因此，库施的农业经济基础是在远离尼罗河的地区种植高粱、粟和养牛。

库施统治者在文化上仍然深受埃及影响，王国治理也以埃及为样板。努比亚人扩大了与埃及的贸易，国王渐渐地积累了财富和权力。事实上，努比亚人将自己看作上埃及王国的守护者。公元前 730 年，埃及王室权力衰退，库施国王进攻埃及，并在底比斯获得了埃及的统治权。库施国王统治埃及 60 余年，在埃及历史中，这段时期被称为第二十五王朝或"埃塞俄比亚"王朝。然而，这些国王彻底埃及化了，并没有给埃及带来重要的文化变革。他们戴着上、下埃及的双重王冠，崇拜埃及人的神灵，并在埃及神庙中刻下自己的名字。

公元前 670 年，亚述人侵入下埃及，库施宫廷就此撤回努比亚且再也没有回到埃及，但在第二瀑布南部建立起一个强大的独立王国。

## 迁往麦罗埃

库施统治者从埃及撤回后所建的这一王国，起先以第四瀑布附近的纳帕塔为中心，不久便将统治中心转到南方省城麦罗埃（Meroe）。之所以迁移王国中心，最初的原因是受到埃及的威胁。公元前 593 年，一支埃及军队入侵到第四瀑布地区，并洗劫了纳帕塔。

"麦罗埃岛"（island of Meroe）位于尼罗河和阿特巴拉河（Atbara）之间，具有不少独特的经济优势。首先，麦罗埃周围地区，既盛产铁矿石，又盛产制作木炭所需的硬木。由于遭受过亚述人的侵犯，使得努比亚统治者决定要将新的麦罗埃王国建立在铁器生产和使用的基础上。铁改进了麦罗埃人的防卫武器，还提供了用于狩猎的矛和箭，很快狩猎就成了麦罗埃经济的重要组成部分。麦罗埃人还用铁斧砍伐木材、清理农地，用铁锄翻耕土壤。

其次，麦罗埃南部地区降雨丰富，具有发展农业的潜力。在尼罗河下游、埃及的洪泛平原上，土地的清理和翻耕并非难事，其实不需要用到铁制用具。但是，在第二瀑布上方，努比亚地界的尼罗河流段狭窄，可耕作的洪泛平原面积较小。纳帕塔没有充足的农业用地，无法养活大量的城市人口。而"麦罗埃岛"属热带夏季降雨地区，这里适合种植高粱和粟等热带谷类作物，而且可以在远离尼罗河的地区推广种植业。分列东西两侧的平原适合养牛和其他家畜。因此，借助铁制工具，麦罗埃人成功发展出一种混合型农业经济。

最后，麦罗埃是一个南方城镇，地理位置优越，便于发展贸易。第五瀑布北方到埃及的贸易，需要向北翻越沙漠，再重返到今天尼罗河流域的法拉斯（Faras）附近。这条路线较短，可避开第三、第二瀑布的危险，并且可在尼罗河上航行，直达第一瀑布、与埃及的交界处。此外，麦罗埃与埃及的关系不时会变得紧张起来。在红海贸易方面，麦罗埃更具优势。在希腊和罗马统治埃及的时期，红海日趋重要，成为地中海、印度和远东之间的贸易要道。热带非洲的麦罗埃王国直接加入了这一不断扩大的贸易网络，出口象牙、豹皮、鸵鸟羽毛、乌木和黄金等传统产品。希腊和罗马的繁荣时代，也正是麦罗埃王国财富和权力达到顶峰的时期，这并非是一种巧合。

**地图 3.2**　公元前 1500—公元 350 年的埃及、库施与麦罗埃

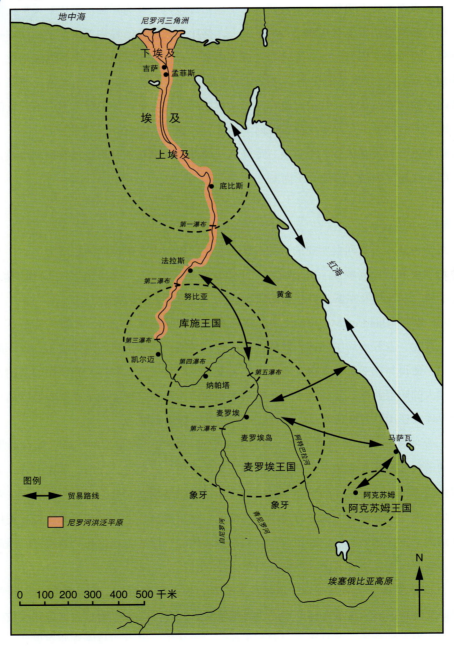

## 麦罗埃文化的发展

最初，麦罗埃统治者的文化、语言、文字和宗教都深受埃及影响。事实上，如同库施国王，在结束对埃及的统治多年后，麦罗埃的早期统治者依然自称为上、下埃及国王。埃及语是行政管理机构的官方语言，而且人们用埃及象形文字来书写，在神庙里供奉埃及神，还在统治者的陵墓上修建了金字塔。

然而，本土文化渐渐地脱颖而出，麦罗埃发展出自己独特的文化形式。被历史学家称为麦罗埃语（Meroitic）的本土语言，开始取代埃及语成为宫廷语言。在本土语言的影响下，象形文字有所改进，发展出一种流畅的字母型书写体。不幸的是，今天没有人懂麦罗埃语，独特的麦罗埃文字也仍然没有被破译。

在宗教上，麦罗埃人保留了埃及神，尤其是阿蒙神，但是也增添了他们的本土神和神庙。在麦罗埃人增加的神中，最重要的是狮神阿佩德马克（Apedemak）[①]。今天，人们依然能在穆萨瓦拉特（Musawwarat）看到狮神庙遗址。麦罗埃的雕像和雕刻通常将阿佩德马克刻画为狮首蛇身或是狮首人身。有一处特别的神庙，那里的祭司喂养了大量象征着永生神的活狮子。在麦罗埃王国，祭司阶层有钱有势。事实上，在努比亚人将都城迁至南方麦罗埃后的几百年里，新的统治者不得不到纳帕塔神庙去见祭司，祈愿神灵护佑王国。

麦罗埃的艺术与建筑同样有自己的特色。麦罗埃主要的艺术形式是绘画、雕刻和雕像。其内容主要是狮子、鸵鸟、长颈鹿、大象等热带非洲动物。当地人制造两类陶器：一类是在转轮上制作而成的，主要是精美的、上过漆的奢侈品；另一类是较重的、手工制作的家用物件，一般用于烹饪和储存物品。前一类陶器的形状和设计以埃及样式为基础，但显然是当地制造的，有独特的麦罗埃风格。后一类陶器似乎源于更早期的努比亚文化。他们的金字塔在风格上也具有鲜明的麦罗埃特色。这些金字塔规模比较小，也没有顶尖，但规模和形状上都很规则，迥异于埃及法老的王家陵墓。在古埃及彻底停止修建金字塔的数个世纪后，麦罗埃才开始建造金字塔。

## 麦罗埃的经济与政治组织

麦罗埃王国在经济、政治上与埃及完全不同。麦罗埃正好位于夏季降雨区的北界内，可以在远离尼罗河的土地上种植热带谷类作物。这种农业生产模式影响了麦罗埃的社会与政治组织。

大部分麦罗埃人是牧人和农民，散居在广袤的地区。他们住土坯茅屋，群居在小型村落，由酋长和家族（family clan）首领来统治。因此，相较于埃及尼罗河洪泛平原上的牧人或农民，他们似乎很少直接受到政治控制。他们可能每年向国王进贡，而麦罗埃王国并未实行埃及的税收制度。埃及的税收制度主要表现为官员先确定详尽的预估税额（pre-assessed taxation），后以此标准收税。麦罗埃东西两侧的稀树草原适合放牧牛群。牧人处于半游牧状态，赶着畜群穿梭于夏季

---

[①] 亦拼写为 Apecemac。原文为 Apedemek，疑有误。——编者注

**图 3.3**    公元前 200 年，纳加（Naga）狮神庙红色祈愿石刻副本，描绘的是一位穿着长袍的国王向狮神阿佩德马克献祭。石刻上的文字是麦罗埃文。图片来源：*Werner Forman archive/Alamy Stock Photo*。

**图 3.4**    刻在麦罗埃铜碗边缘的图案，展示了农村景象，揭示出畜牧在麦罗埃经济中的重要地位；一位牧人在向统治者进贡。篮子里盛有酸奶酪，这也是牧人的主食。图片来源：*Thames and Hudson Ltd. Reproduced with permission from Meroe: A Civilisation of the Sudan (1967) by P.L. Shinnie*。

**图 3.5** 麦罗埃城遗址北部国王、王后墓穴上的金字塔，年代为公元前 300—公元 400 年。麦罗埃金字塔比古埃及的金字塔小不少，但有着鲜明的特征。在埃及停止修建金字塔 1000 多年之后，麦罗埃的金字塔依然是王家陵墓的标识。图片来源：*mg81/iStock Photo*。

和冬季牧场之间。只要每年进贡牲畜，他们可以不受中央政府的控制，有相当的政治自由。

统治者、官员及职业匠人住在城镇，其中最重要的据点便是麦罗埃城。国王作为具有绝对权力的君主对国家进行统治。相较于古埃及，麦罗埃国王似乎更需要得到臣民的拥护。君主出身于单一世系的王室家庭，但继承并不是随意决定的，而是需要得到贵族的同意和祭司的支持。一个不受欢迎的君主偶尔也会被换掉。国王的母亲也是一个重要的政治角色，这可能是为了确保朝代更替时的稳定和王朝的延续。

麦罗埃国王的个人财富源于对贸易的控制。王国的主要出口物是开采出的矿物与狩猎到的物品，这两项贸易均由国王直接控制。装备着铁制武器的狩猎者深入南方草原和林地，搜寻大象、鸵鸟和豹。狩猎者是常备军的基础。人们在战争中会使用大象，受训后的大象还从麦罗埃出口到埃及，并被用于埃及军队。

麦罗埃的主要工艺是炼铁和铸造铁制工具。熔炉掏出的废渣堆积成山，至今还矗立在当地铁路的两边，证明着古麦罗埃王国巨大的铁产量。麦罗埃王国的成功、壮大和财富，一定程度上可归因于铁的出现与使用。

## 麦罗埃王国的兴衰

在公元纪年到来前的最后一个世纪，麦罗埃国王的统治已经扩展到第一瀑布和第二瀑布之间的下努比亚（Lower Nubia）。这导致了麦罗埃与埃及的罗马统治者之间的冲突。公元前 23 年，麦罗埃军队攻击边镇西恩纳（Syene），捣毁、夺取了大量雕像和其他珍宝。考古学家 1912 年在麦罗埃发现的罗马皇帝奥古斯都（Augustus）的青铜头像，可能就是在这次侵袭中夺取的。麦罗埃的劫掠激起了罗马的反击，罗马军队曾侵入纳帕塔，造成大量的破坏。当罗马军队撤回埃及时，他们携带着数千名将被贩卖为奴的俘虏。尽管遭到如此程度的军事入侵，麦罗埃王国在国王奈特卡玛尼（Netekamani，前 12—12 年在位）的领导下，重返权力和艺术成就的顶峰。在奈特卡玛尼统治期间，麦罗埃王国的版图南起埃塞俄比亚山麓，北到第一瀑布地区。在这一时期，王国的财富主要体现在神庙和王宫的建造上。在接下来的两个世纪里，麦罗埃与埃及之间关系友好，麦罗埃也助力罗马的贸易范围跨越红海，进入印度洋。

公元 300 年后的某个时期，麦罗埃王国灭亡。自那时起就没有了王家墓地，麦罗埃城也在公元 300—350 年遭到遗弃。多方面因素导致了麦罗埃王国的衰落。麦罗埃的早期权势建立在炼铁、农业和外贸财富的基础上。公元 200—300 年，麦罗埃逐渐丧失了这些优势。由于过度开发，环境退化，农业逐渐衰落。废渣堆揭示了早期炼铁的规模，但这么大规模的炼铁会消耗掉大量木炭。相较于新树木生长的速度，树木砍伐的速度快得多。这导致的水土流失，使支撑众多人口达 1000 余年的土地失去了肥力。

此外，麦罗埃也丧失了有利的贸易地位。麦罗埃的贸易与罗马统治下的埃及紧密联系在一起。罗马人财富减少了，对麦罗埃奢侈品的需求也就随之降低。同时，在从红海到印度洋的贸易中，麦罗埃被近邻阿克苏姆王国（Aksum）取代，后者的地理位置更具优势。公元 350 年前后，阿克苏姆国王埃扎纳（Ezana）的军队侵入"麦罗埃岛"。但在这之前，麦罗埃城已遭遗弃，处于阿克苏姆人称之为"诺巴人"（Noba）的控制下。我们无法确知诺巴人究竟为何许人，他们可能是从南方或西南方入侵而来的游牧群体，也可能是曾经处于附属地位的努比亚人，在麦罗埃统治者权力崩溃后重新掌控了这一地区。

## 阿克苏姆的兴衰

### 起源

至少从公元前 3000 年开始，说亚非语系语言的当地人就已经在埃塞俄比亚北部边界的高原、提格雷（Tigray）、厄立特里亚（Eritrea）和苏丹东部确立了混合型农业。当时大多数人可能分散居住，到公元前 1000 年，他们建立了大量小规模的定居点。这些涌现出来的酋邦的统治者或首领可能受益于与古埃及的贸易往来。古埃及商人称这一地区为"彭特之地"。"彭特之地"的商人把黄金、木材、芳香油和兽皮经红海出口到埃及。树立的石制建筑物是埃塞俄比亚酋邦的重要墓地，当地人的房屋由石头搭建起来，还带有木架屋顶。随着尼罗河流域王国——先是库施、后是公元前 1000 年后的麦罗埃的崛起，"彭特之地"的贸易活动变得不再重要，逐渐衰落。

地图 3.3　　公元 100—700 年的阿克苏姆王国

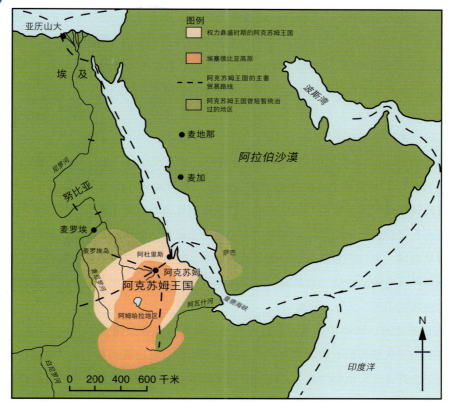

　　公元前6世纪的某个时期，阿拉伯半岛西南部萨巴（Saba）[①]的狩猎者和商人越过红海，在厄立特里亚沿海地区建立了小型贸易定居点。萨巴人已经在阿拉伯半岛一角的山区发展出梯田耕作技术和灌溉技术。虽然萨巴人生活在沙漠为主的半岛，但得益于这些技术，他们也能从事农业生产。萨巴人生活的地区正处于红海与印度洋之间，具有贸易上的优势地位，他们也充分利用了这一点。萨巴人跨越红海进入东北非搜寻大量象牙，从而与波斯和印度展开贸易。作为技术高超的农耕者，他们很快意识到提格雷和阿姆哈拉（Amhara）肥沃的丘陵和河谷地带的农业潜力。至晚到公元前 500 年，随着萨巴人与当地人的融合和通婚，他们的狩猎和贸易活动扩展到了这一地区。随后，当地的盖兹语（Ge'ez）取代了萨巴语。今天埃塞俄比亚的阿姆哈拉语（Amharic）就源于盖兹语。他们还具有读写能力，创造了独有的盖兹字母。

　　这些说盖兹语的人生活在内陆，但在阿杜里斯（Adulis）建立起一个繁荣的海港。希腊人在埃及实行殖民统治后，红海贸易随之获得发展，说盖兹语的人充分利用了这一点。事实上，正是

---

[①]　萨巴王国是也门上古时期最著名的王国，建立于公元前 12 世纪前后，繁荣于公元前 8 世纪—3 世纪。萨巴人主要从事商业和农业，商业范围东达印度，西至埃塞俄比亚。萨巴也曾是中国与西方贸易的中转站。——译者注。

萨巴和阿杜里斯商人，将希腊货物经曼德海峡运到印度洋港口。他们又从那里带回了东方丝绸、平纹细布和香料。

62　　到1世纪，基于内陆的阿克苏姆，说盖兹语的东北非农耕者和商人建立了一个强大的国家，政治上独立于阿拉伯半岛。1世纪中期的希腊航运手册《红海回航记》（*The Periplus of the Erythraean Sea*）上说，阿克苏姆的红海港口阿杜里斯是东北非地区最重要的象牙市场。从这可清楚地看出，非洲象牙贸易从内陆的麦罗埃王国转移到了阿克苏姆。

## 阿克苏姆的兴起

考古研究发现，3、4世纪的阿克苏姆相当繁荣。统治者进口白银、黄金、橄榄油和酒，主要出口物品为象牙，可能也有最终沦为奴隶的战俘。到公元300年，阿克苏姆开始铸造自己的货币，这有力地促进了阿杜里斯的贸易发展，也使得阿克苏姆取得了比其近邻的麦罗埃更大的优势，后者从未有过自己的货币。阿克苏姆的工匠也制造玻璃、黄铜和铜制品，并将之出口到埃及和东方的罗马帝国。出口到希腊和罗马的其他重要物品还有用于葬仪的乳香和具有重要医疗作用的没药。这两种具有较高价值的物品取自特定树木的树脂，而这些树木主要生长在阿克苏姆和阿拉伯半岛西南部的山区。

萨巴人没来之前，埃塞俄比亚人就已经有了石质建筑和葬祭建筑物的观念。然而，早期的萨巴定居者引入了大规模的石质建筑和一种特别的石刻。石质建筑和石刻的结合产生了一种独特的阿克苏姆纪念碑文化。他们为富有的统治阶层建造神庙、宫殿和墓地。在诸多石质建筑中，令人印象最深刻的是巨型纪念碑，其中有些纪念碑矗立到今天。这些用坚固石头制成的高大纤细的"石柱"提醒我们，其所在之处也是统治者的墓地所在。这些墓地的建成年代在公元300年前后。这些石碑样式独特，形如一座狭窄的多层住所。现已倒塌的最高石碑高达33米，由700吨石料建造而成。

4世纪，亚历山大的基督教学者将基督教带到阿克苏姆。阿克苏姆国王埃扎纳（Ezana，约320—350年在位）在统治后期接受了基督教。他可能想借此巩固与地中海东部希腊语世界之间的贸易联系。这一时期阿克苏姆纪念碑上的盖兹文字中夹杂着希腊文字，反映出此时阿克苏姆与希腊之间的联系。可以肯定，此时的阿克苏姆处于繁荣和扩张的时期。埃扎纳国王在公元350年前后入侵"麦罗埃岛"。两个世纪后，即努比亚皈依基督教时，叙利亚的基督一性论派（Monophysite）的修道士也抵达阿克苏姆。这些修道士的修道传统为独特的阿克苏姆基督教会所吸纳。

在阿克苏姆王国内，国王在都城附近的中央地区直接行使权力。中央之外的地区统治者向国王纳贡。在阿克苏姆建国前，这些地区可能是酋邦。国王的财富和权力主要源于对外贸的控制。在阿杜里斯，国王的官员们对所有进出口商品征税。除了外贸，王国的经济基础还有灌溉农业和梯田耕作。我们的确可以知道中央王权虚弱的具体时期，但不知道农耕者与国家之间的关系。中央王权的衰落是一个正常现象，主要原因在于王室纠纷和贸易衰落，各个地区借此拒绝朝贡宣布独立。

## 阿克苏姆的衰落

6 世纪，阿克苏姆一度势力强大，版图横跨红海，涵盖萨巴地区。但到了 6 世纪末，阿克苏姆人被强大的贸易对手波斯人赶出了阿拉伯半岛。7 世纪伊斯兰教的兴起及其在西亚和北非的快速扩张，进一步地削弱了阿克苏姆的贸易地位。印度洋和地中海东部之间的大部分贸易不再经红海而是经波斯湾展开的。

8 世纪，阿克苏姆衰落了。阿克苏姆的衰落在很大程度上是因为它丧失了与波斯人和阿拉伯人的贸易，但与麦罗埃一样，这或许也与环境退化有关。长期砍伐树木和过度开发土地，导致了

图 3.6　至今依然矗立在阿克苏姆的最高石碑。此类"多层"建筑是由单个石块雕镂而成的，树立在阿克苏姆国王墓穴的上方。图片来源：*Werner Forman archive/Getty Images*。

地图 3.4 　公元 300 年前的早期跨撒哈拉贸易路线

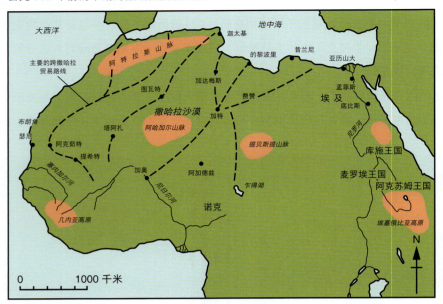

如同今天那种典型的土地侵蚀现象。作为一个具有重要象征意义和宗教意义的地方，阿克苏姆一直延续到现代，但到公元 800 年，这个版图大幅度削减的王国的政治都城已经迁往南部，进入埃塞俄比亚内陆中部的高原地区。虽然阿克苏姆的国王依旧宣称保有阿杜里斯的沿海地区，但是外贸的地位逐渐下降，国家陷入更加孤立的境地，沦为一个由地主贵族统治的高原农业群落。希腊人和阿拉伯人的影响开始弱化，在封闭的高原上，更具独特性的埃塞俄比亚的非洲基督教文化开始崭露头角。

## 铁器时代的北非与早期的跨撒哈拉贸易

### 北非的腓尼基人

　　腓尼基人（Phoenicians）是一个海上民族，起源于今天的黎巴嫩。从公元前 1000 年开始，腓尼基人开始使用铁器，其财富建立在地中海沿海地区的贸易基础上。为了寻求金、铜、银、铅等贵重金属，腓尼基人进入西地中海，沿着北非海岸建立一系列贸易点。到公元前 800 年，腓尼基人把他们的主要定居地变成殖民地，而这些殖民地逐渐地独立于母国腓尼基。最著名的殖民地是迦太基（Carthage），即今天的突尼斯。

　　腓尼基人在迦太基与北非使用青铜器的柏柏尔人定居在一起。在突尼斯平原和阿尔及利亚沿海低地上，柏柏尔人是定居的农耕者，为腓尼基人的城镇供应粮食。作为交换，腓尼基人为他们引进了铁器加工技术。腓尼基人，也就是现在的"迦太基人"，连同柏柏尔人成为北非文化的错综复杂的组成部分。迦太基成为西北非大西洋沿海地区的一个贸易据点。公元前 400 年前后，迦太基人到达了最南方的定居地——毛里塔尼亚沿海地区布朗角（Cape Blanc）南部一个叫瑟尼（Cerne）的地方。

## 早期的跨撒哈拉贸易

公元前 600 年，腓尼基人的迦太基已经成为西地中海地区的一个大国。迦太基的部分财富建立在跨撒哈拉的热带非洲货物贸易上。腓尼基人本身并不从事这项贸易。他们依赖于阿特拉斯山脉（Atlas Mountains）和撒哈拉北部地区的柏柏尔牧民，让后者作中间人。柏柏尔人一直是跨撒哈拉联系的先驱者，甚至可追溯到撒哈拉变成沙漠之前。沙漠里的柏柏尔人小型定居点，紧邻着沙漠中孤立的天然井，即绿洲。沿着贯穿整个撒哈拉地区的绿洲，定居点之间保持着联系。此时的贸易，并非直接穿越沙漠，而是将货物从一个绿洲运到另一个绿洲。从沙漠运到南方的主要物品是盐，用来交换食物。渐渐地，热带西非地区的铜、黄金等贵重物品，开始跨越沙漠运到北方

图 3.7 撒哈拉沙漠的一幅岩画：双马赛车。在北非地中海地区，这样的车辆用于竞赛，而不是人们原先认为的那样，是跨撒哈拉贸易的运输工具。图片来源：*Werner Forman archive/Getty Images*。

的沿海居民地。

公元前 800—前 500 年，迦太基的崛起极大地推动了跨撒哈拉贸易的发展。贸易规模在撒哈拉地区多处遗址中的一系列著名岩画中有所展现。曾在一段时间内，岩画中的双轮马车被认为是跨撒哈拉贸易中的轮式车辆，用来将货物从沙漠的一端运到另一端。现在，人们认为这是不可能的。首先，数世纪的历史显示，马车不可能在松散的沙地上行驶。其次，通过对岩画细节的研究发现，这些岩画描绘的是北非地中海城镇富人竞技用的赛车。为了保证速度，这些赛车结构简洁，没有承载货物的空间。但是，这些岩画确实揭示出北非与撒哈拉绿洲之间的广泛联系。或许，跨撒哈拉贸易是用驮畜，比如驴子、骡子或马来运输货物的。直到 1 世纪，阿拉伯人的骆驼才在北非得到广泛使用，并产生了重要影响。

早期的跨撒哈拉贸易是一项极具风险的事业。除了明显的环境问题，以及在绿洲间行进途中难以补水的危险外，商人还可能会遭遇洗劫。居住在费赞（Fezzan）的加拉曼特人（Garamantes）就因抢劫而臭名昭著。他们不但洗劫过往商队，还洗劫绿洲居民和乍得湖以南的居民。俘虏被用来在撒哈拉采盐，或者被运到北非卖作奴隶。跨撒哈拉贸易从其最初开始就带有奴隶制特征。跨撒哈拉贸易中的通货主要是撒哈拉中部的盐。此外，北非的布匹、珠子和金属制品被用于交换西非的黄金、象牙，以及卖作奴隶的俘虏。

# 第四章

# 早期铁器时代的中部、东部与南部非洲

## 铁器加工传播的证据

到 5 世纪，整个中部、东部和南部非洲发展较好的地区都已经拥有了铁器加工与作物栽培的知识和技术。一般认为，铁器加工技术能快速在这片广袤区域传播开来，得益于说班图语族早期语言的小型农耕群落。通过结合语言学家和考古学家的证据，历史学家得出了上述结论。然而，这一结论并不十分确切。后续研究不断发现"早期铁器时代"农耕起源、特征、时代、方向和影响的新证据。由此，旧观点得以修订，新观点得以提出。关于"说班图语族语言的农耕者对铁器进行传播"的问题依然是非洲史前史的重大争论之一。

## 语言学的证据：班图人 [①]

所有有生命力的语言都在不断变化和发展。在当代世界快速便利的沟通方式出现前，一组人群离开另一组人群迁移出去后，双方很可能就此失去所有的正式联系。最初，他们的语言是一样的，但随后语言将独立地且以不同方式发生演变。每个群体都将形成自己的方言，出现独有发音，选择或创造新词以适应环境的变化。在新领地里，如果一个群体中的成员开始与其他群体的人联系，并把其他群体的人吸纳进自己的社会，他们的语言便会出现更大的变化。最终，经过数代演变后，一个群体不再能轻易理解另一个群体的语言了，虽然两者的语言源于共同的母语，同属一个基础语系。这就标志着一种用来交流的新语言出现。

研究具有共同特征却是不同语言的语言学家，可以将一个语系追溯到它们的语源。通过建立一种语言的系谱，论证出语系分支的演变，进而确定那些离开语源地的人口迁移。随着语言学的证据越来越多，班图语族的流动现在变得愈加清晰。

"班图"是现代语言学家给一种特殊的非洲语言群体所起的名字，这种特殊的非洲语言群体隶属于覆盖撒哈拉以南非洲大部分地区、使用范围更广的尼日尔-刚果语系。词根 ntu 或与此非

---

① "说班图语族语言的人"，其实比较准确。班图人似乎已经是约定俗成的译名。但是，本书少数地方保留了"说班图语族语言"的译法。同时，班图偶尔也成为定语，修饰后面所接的群体。如班图农耕者，如果使用班图人农耕者，语感太差。准确的译法是说班图语族语言的农耕者。农耕者、农民实际上也有细微差别：农耕者强调职业，农民更倾向于阶层。此次修订，分别使用了农耕者与农民，但用意不同。敬请细心的读者甄别指教。——译者注

常相近的词根，是这一语族的共同词根。它的意思是"个人"（person）。前缀 ba- 通用于大多数语言，是复数表达形式。因此，ba-ntu 的字面意思是"人"（people）。从地图 4.1，我们可以看到在地理上，班图语族在说尼日尔-刚果语系语言的人群中分布最广。但是，单词"Bantu"不是任何一种语言或族群的真正名称。

班图语族约有 450 种已知语言，包括北方的刚果语与基库尤语（Gigikuyu），南方的茨瓦纳语（Setswana）与科萨语（Isixhosa）。班图语族的"祖先"[语言学家称之为班图语族原型（proto-Bantu）]被认为形成于今天的喀麦隆地区。班图语族的"祖先"从喀麦隆沿着刚果丛林北部边缘地区向东传播，向南的传播则穿过森林抵达了更远的林地。

地图 4.1　17 世纪的非洲语言

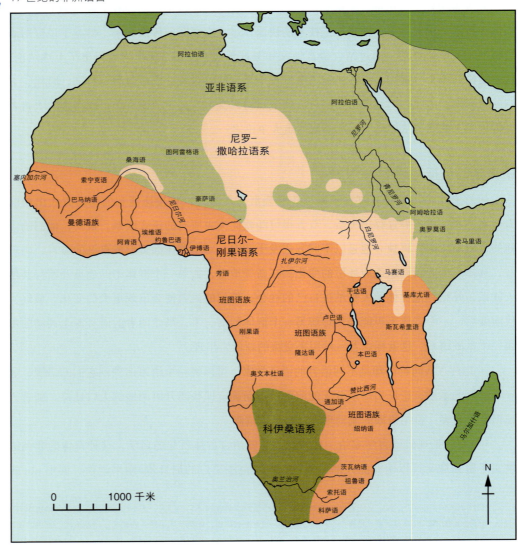

## 考古证据：冶炼者、制陶者与农耕者

铁器加工技术出现和传播的主要证据来自考古遗址。放射性碳和其他测定远古物质年代的科学方法，可以更精确地测定出铁器时代定居点所处的年代。对于测定年代来说，最有用的材料是木炭和炼铁产生的废渣。另一种重要证据是陶器。

农耕者和畜牧者群落需要陶罐装奶、盛水及烹饪食物，特别是烹制以干燥谷物和捣碎的谷物为原料的糊。在考古遗址发现黏土陶器碎片，通常意味着这里是一个固定的农耕者群落。铁器时代的农耕者已经能熟练焙烧黏土陶器。他们手艺高超，可以用精心加工的纹路和规则的印制图案来装饰陶器，这是一种文化标签，或曰一个商标。这使得陶罐更为美观，而这些装饰图案反映的是本地风俗，互相联系的群体会使用类似的陶器，并有着相近的风格。因此，通过制作方法、形状、风格和图案，考古学家可以辨识以某种方式保持联系的群体。不同风格的陶器也有助于测定有着明显联系的考古遗址的年代。

同时，考古学家必须谨慎，不能认为不同风格的陶器必然由文化不同的群体制作而成。最近，考古学家在远离加蓬海岸的科里斯科岛（Corisco）上的一处定居点发现了两种不同风格的陶器，但经测定两者同属一个年代。在有限的空间里，两种不同文化群体、两种不同传统并存，这几乎是不可能的。最终结论是，一种轻度火烤的陶器，不能用于日常生活，主要用于葬礼；另一种重度火烤的陶器，坚硬瓷实，有不同装饰，主要用于烹饪等日常家用。科里斯科岛的情况揭示出人工制成品和传统是复杂的，考古证据必须谨慎处理。

农耕的考古证据并不总是直接证据。几乎没有谷物能够历经时代变迁而保存下来，但是研究者可以从用旧了的碾磨石，储存坑或贮藏库的遗迹来推测曾经的农业状况。在一些遗址中，考古学家已发掘出整个村落，如赞比亚境内赞比西河中游北部的库马德祖洛（Kumadzulo）和博茨瓦纳东部图茨维地区（Toutswe）的加斯韦（Kgaswe）。从这些和其他小型村落，我们可以了解早期铁器时代人们的生活方式。

## 班图人的"迁徙"

在放射性碳测年法出现与20世纪50年代后大量考古研究展开前，研究者一般认为，班图人晚近时期才扩散到东部、中部和南部非洲。主要证据是口述传统，但是口述传统几乎不可能追溯到500年前的状况。因此，研究者曾认为，在如此短的时间内，班图人分布得如此广泛，一定发生了大规模征服性迁徙。然而，研究者现在认为，早期班图人最初的迁移规模很小，他们渗入新领地，与当地人通婚或并入当地狩猎-采集群落。这一过程历时漫长，至少一直延续到公元纪年后的头几百年。因此，在今天，将班图农耕者的扩散称为"迁徙"是一种误解。

**图 4.1**　1972 年赞比亚西部的一个铁匠，还在使用传统双孔风箱。此类风箱可能早在铁器时代就已经出现了。图片来源：*Kevin Shillington*。

## 赤道以南非洲早期铁器时代的起源

70

公元前 1000 年，早期班图农耕者就已经扩散到整个刚果森林。那时，他们依然使用石制工具。为了便于耕种，他们只得寻找天然的林中空地和森林边缘地。他们种植的主要作物是油棕、坚果和薯蓣等块根作物，这些作物都适合在降雨丰富的森林地区种植。他们还不会种植谷类作物，谷类作物更适合种植在南方相对干燥、夏季降雨的稀树草原地区。在苏丹的稀树草原地区，当地人已经驯化了粟和高粱等谷类作物。就在同一时期，东非大裂谷和大湖地区（有时指湖间地区）也已经出现某种形式的畜牧业和谷类种植业。尼日利亚中部在公元前 500 年、东非大湖地区至少在公元前 600 年已经出现了铁器加工。

## 早期铁器时代的传播

71

班图农耕者最初扩散到非洲大陆南半部的时期被称为"早期铁器时代"。但是，我们要慎重，不能认为铁器加工技术就是班图文化的一切。事实上，在铁器加工技术快速传播到非洲大陆南半部之前，东非班图人掌握这一技术已达数个世纪之久。

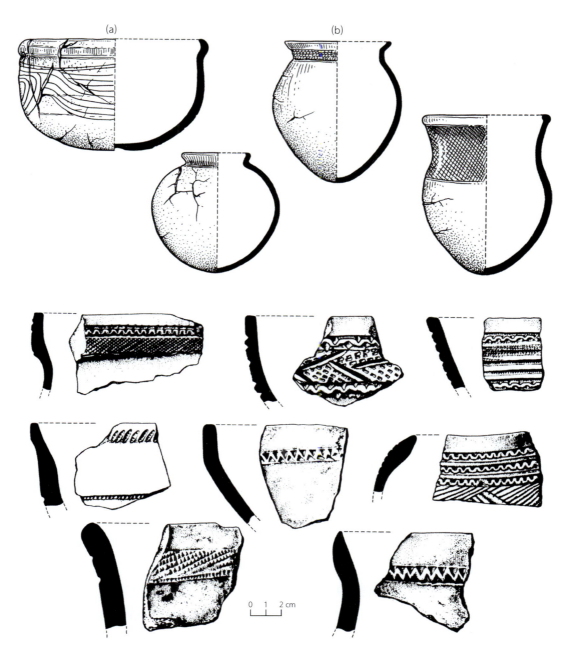

图 4.2　早期铁器时代的陶器：东非陶罐（上半部分）和刚果森林南部边缘的黏土陶罐边缘（下半部分）。

72    最早的班图农耕者居住在林地，主要生存手段是采集水果和坚果、捕鱼和种植块根作物。在刚果森林东部的稀树草原地区，班图人接触了说苏丹语、库希特语的人，而这些人的主要生存手段是牧牛、狩猎和种植谷类作物。在公元纪年的头几百年，班图人的定居点就迅速扩散到东部、中部和南部非洲地区。这可能是因为他们吸收了稀树草原文化，并掌握了多种混合型农耕的实践知识，而不仅限于吸纳铁器技术。他们之所以迅速扩散开来，还有一个因素，就是他们把东南亚的新作物引入非洲大陆，尤其是香蕉和薯蓣。2 世纪前后，说南岛语系语言的海员（Austronesian sailors，包括马来西亚人、印度尼西亚人、澳大利亚土著和波利西尼亚人）占领了马达加斯加，传统上认为正是他们将上述两种作物带到了东非沿海地区。然而，在公元纪年后的头几百年，东非沿海地区已经开始种植香蕉，香蕉可能是在更早的时候经印度传到了非洲。这些亚洲作物可能是沿着东非的河谷，比如鲁菲吉（Rufiji）和赞比西河谷，传到了内陆地区。特别是香蕉，很快就在刚果森林和乌干达南部湖边等非洲大陆潮湿地区成为重要且高产量的主食作物。

虽说如此，早期铁器时代班图人的准确扩散路线和方向，依然只是一种推测。考古学家通过研究陶器风格和熔炉建造方式，分辨出东西两支传统之间的差异。这也意味着，早期铁器时代存在两种略有差异的文化，东非属一支，中西非属另一支。东西两支的分化地在赞比西河东部的卢安瓜河（Luangwa）流域一带。这与东部、西部班图语族出现和传播的语言学证据大体吻合。

依据早期考古学家的发现，本书之前的版本称早期铁器时代的人沿着两条线（stream）前进（advance）。"stream"和"advance"两词指的是朝着一个方向持续的迁移。然而，根据考古学家在过去 20 年里的研究，"stream"和"advance"确实不贴合实际。早期铁器加工文化的传播远比以前所认为的复杂得多。

特别是在中西非，早期铁器加工定居点的扩散是一个复杂难辨的活动，东西南北都重叠在一起。寻求新土地，并不必然意味着向南迁移。然而，说班图语族语言的人确实向南迁移了，这可能是长达数个世纪温暖潮湿的气候逼迫的结果——热带森林逐渐扩大，可耕地面积随之不断减少。

刚果森林正南方卢阿拉巴河（Lualaba）上游流域的基萨莱湖（Kisale）附近的林地中，有着铁器时代规模最大、出土文物最为丰富、最具代表性的遗址。该遗址有早至 4 世纪的冶炼铜与铁的痕迹。铁用来制造工具；铜用来制作项链、首饰或用于贸易，甚至用作货币。这个地方是繁荣的农耕和贸易定居点，一直延续到 19 世纪末，从未中断。研究者在赞比西河上游流域也发现了两处 1—2 世纪的铁器加工遗址。然而，在卡富埃河与赞比西河之间，大多数早期铁器时代定居点形成于 3—7 世纪。

研究者在东非大裂谷西部的大湖地区发现了东非最早的铁器时代陶器，即"乌埃维"（Urewe）陶器，可追溯到 2—5 世纪。肯尼亚境内大裂谷东部也有类似风格的陶器，被称为"夸莱"（Kwale）陶器。坦桑尼亚境内坦噶尼喀湖（Tanganyika）东部的乌温扎（Uvinza）有一处重要的东非铁器时代遗址。这处遗址可追溯到 5—6 世纪，这里是个盐市，附近有多个盐泉。

**地图 4.2**　早期铁器时代在东部、中部与南部非洲

　　在赞比西河南部的津巴布韦高原上，当地人在早期铁器时代制造了班巴塔（Bambata）陶器，他们于 2 世纪定居在津巴布韦南部。早期铁器时代农耕者定居津巴布韦高原的年代约在 3—5 世纪。他们的陶器综合了东部和西部地区的风格，被称为"戈科迈莱-兹瓦"（Gokomere-Ziwa）陶器。在著名的大津巴布韦遗址中，铁器时代的最早定居点始于 4 世纪，但石墙却是在后来建造完成的。

　　4—5 世纪，拥有铁器加工技术的农耕者最先到达了林波波河（Limpopo）南部的高原。出土这一时期文物最丰富的遗址位于该高原东部悬崖边缘的莱登堡（Lydenburg）附近。考古学家在这里发现了大量引人注目的陶制人头像。这些空心人头像的制作年代为公元 500 年前后，可能是用于仪式和宗教场合的面具。它们的制作工艺非常精细，揭示出这里曾是一个固定的、组织良好

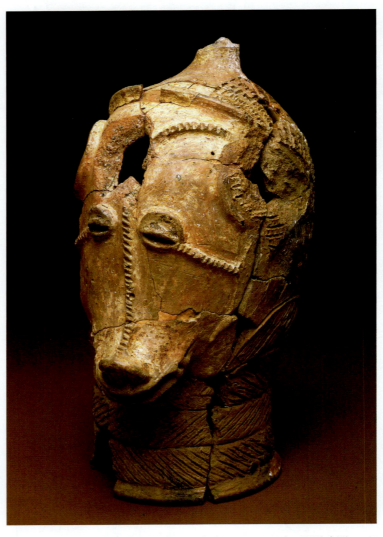

**图 4.3**　南非莱登堡附近一处遗址中的陶制人头像，年代约为公元 500—700 年。图片来源：*Iziko Museums of South Africa, Social History Collections*。

的群落，当地人有时间和意愿发展技艺、举办仪式。

公元 5 世纪，铁器加工技术传播到今天的南非东南部地区，最远至东开普的大凯河（Kei）。

# 早期铁器时代社会的发展与组织

在说班图语族语言的非洲地区，铁器时代的发展有多个阶段。2—5 世纪是起步阶段：具有铁器加工技术的农耕者，快速扩散到东部、中部和东南部非洲。5—8 世纪是巩固阶段：人们开发利用更加适宜生活的地区的资源，适应当地的环境。8—12 世纪是转折阶段：早期铁器时代过渡到考古学家和历史学家所谓的"晚期铁器时代"；一些地区自行进入晚期铁器时代，但有些地区似乎接受了外部地区"现成"的晚期铁器时代文化。这表明撒哈拉以南非洲出现了很多铁器加工技术中心，并进一步扩展开来。

## 早期铁器时代的农耕

早期铁器时代经济的基础是农耕。主要农作物是高粱和粟，辅以南瓜、甜瓜、豆类等。大多数农耕者还豢养牲畜，不过在最初的时候他们豢养的牛羊数量通常很少。一些农耕者并没有豢养牲畜，而豢养牲畜的农耕者只为肉不为奶。在一些仪式或宗教活动中，农耕者也可能会屠宰牲畜。豢养或不豢养牲畜取决于当地有无舌蝇。在早期铁器时代，狩猎和采集仍是农耕者食物的重要来源。狩猎在生活中的地位取决于当地的农业潜力。在某些地区，捕鱼也是重要的食物来源。

在班图人扩散的最初几个世纪里，铁器时代的农耕者只会迁入人口稀少的地区，这些地区之前只有少数狩猎-采集者出入。因此，农耕者得以在最适宜的地方设立农业定居点。班图人会挑选最适宜的地方——土壤最肥沃、能放牧、有降雨——定居，这也是他们得以在早期快速扩散到撒哈拉以南非洲的原因所在。他们无须清理茂密的森林，也无须采用新技术以适应艰苦的环境。后几代的班图人只需迁移到新地区。因此，在一开始，农业定居点通常在土壤肥沃的河谷、降雨充沛的地区。一般而言，他们迁往东南部地区，而避开干燥的西南部地区。

## 早期铁器时代的定居点

早期铁器时代的村落通常较小，只有 10 多户人家。然而，在纳塔尔等地区的村落却很大，面积可达 8 公顷，这是有迹可循的。各地资源不同，住房建筑风格和方法也多种多样。但是，房子通常由木柱和黏土搭建而成。他们的小圆房通常环绕着牲畜圈以圆形的方式排列开来。牲畜圈外围修建了栅栏，晚上关牛羊。一般而言，每个村庄都有很多谷仓。谷仓或是黏土衬里的地坑，或是由石头、木柱搭建起来的仓库。

群落在政治上以村庄为基础组织起来。每个村庄都有扩大了的家庭（extended family）及其眷属。男女之间有明确的劳动分工：女人耕种作物、做饭和照料孩子；男人则照看牲畜和狩猎，获取肉类和用于做衣服的兽皮。必要时,男人也与邻近群落进行贸易和其他往来,全面掌控群落内部的生产活动。男人在社会中居于主导地位,这也体现在他们独特的安葬地:男人被埋葬在村庄中心的牲畜圈的地下,而女人和孩子则被埋葬在村庄外缘的房屋附近。埋葬地也反映出社会中的性别分工差异:男人照看牛,女人负责家务和照料孩子。

铁器时代群落的扩散和定居点的选择,取决于两个重要因素:铁矿石和充足的硬木(用于制作炭,以便点燃熔炉)。近来,有人用晚期铁器时代技术做了一次炼铁实验,结果表明:炼出制作 3 把锄头的铁量,一个带有导风管的黏土熔炉需要 1000 公斤的硬木炭。在这种情况下,就劳动和木材而言,炼铁显然是一个高投入的行业。不同于技术和工艺都已专业化的晚期铁器时代,大多数早期铁器时代的村庄也能炼铁,但规模可能比较小。有证据显示,那时人们还继续使用制皮用的刮削器、碾磨石等石制工具。炼铁时,人们还用石器锤炼新炼出的铁。在制作出更坚硬更好的铁器前,石斧在砍树等重活中仍被使用了一段时间。

早期铁器时代的大多数群落都过着自给自足的生活,只是程度不同而已。但是,越来越多的证据显示,群落间的小规模贸易很早就已经出现。这种贸易最容易发生于一些拥有特定丰富资源的地区,如刚果(布)的桑加河(Sanga)流域[1]和坦桑尼亚的乌温扎,前者盛产铜和盐,后者盛产盐。一些群落地处铁矿石储量丰富的地区,专门从事炼铁,如博茨瓦纳东部茨瓦蓬山区(Tswapong Hills)和德兰士瓦东部的帕拉博鲁瓦(Palaborwa)[2]。

随着人们占据的好地方越来越多,迁移新地的速度缓慢了下来。年代为 6 或 7 世纪的早期铁器时代最西边定居地,位于南非南部沿海一带,也就是大凯河的西部。这并非巧合。这一地区适合种植热带谷类作物,也是夏季降雨地区的最西地界。再往西进,就意味着要放弃已经熟悉的农业活动,需要培育出全新的作物和开发新的技术。因此,在 5—8 世纪的中间段时期,撒哈拉以南非洲铁器时代的农耕者开始全面利用所居地的资源。例如,在东南部的纳塔尔地区,早期定居点限定在沿海低地和山谷底部。渐渐地,人们开始更多地利用德拉肯斯山脉下的夏季牧地,牛在经济活动中也变得越来越重要。同样的,在德兰士瓦西部和卡拉哈里沙漠东部接壤处的干燥高原地区,谷物收成不稳定,人们在早期明显重视豢养牲畜。然而,在赞比亚的密林地区,因为舌蝇的存在,牛无法很快成为当地经济的重要组成部分。在这一地区,当地人的主要粮食作物是粟和高粱,定期狩猎也是口粮的重要补充。

## 农耕者与狩猎-采集者

在铁器时代最早期的迁移中,农耕者数量相对较少。农耕者也没有取代业已存在、使用石制工具的狩猎-采集者。铁器时代的农耕者取得对狩猎-采集者的优势,还需要一段时间。例如,公

---

[1]　桑加河,刚果河支流,全长 680 公里,位于刚果盆地西北部,也是喀麦隆、刚果(布)、中非共和国三国的交界处,整个流域面积为 13.5 万平方公里。——译者注

[2]　帕拉博鲁瓦位于南非姆普马兰加省(Mpumalanga)东部。——译者注

元 1000 年前后，使用石制工具的人依然占据着东非高原的部分地区。起初，农耕社会与狩猎-采集社会之间还有并存的空间，也能和谐相处，事实上，两者还存在互惠关系。在狩猎-采集艰难的时期，农耕者可以提供食物，平时也能提供矛、箭所需的铁尖。作为交换，狩猎-采集者能够提供猎物、药草、医疗技术和帮助豢养牲畜等。就这样，狩猎-采集者和农耕者建立了一定程度的互相依赖的关系。

从这一方面来看，在班图农耕者到来前，科伊桑人就已经在南部畜牧牛、绵羊和山羊。而且，班图语族南部语言中的很多单词，都和牛、养牛密切相关，它们源于科伊桑语系语言。因此，南部非洲班图人可能就是从科伊桑人那里获得了牛，或者至少获得了养牛的经验技术。

在中部、南部非洲，铁器时代的农耕者，有意地把科伊桑狩猎-采集者吸纳进来，没有将狩猎-采集者视为处于附属地位的牧人或猎人。早期铁器时代墓穴里发掘出来的骨骼，显然是科伊桑人-黑人混种人（Khoesan-black African mix）的骨骼。班图语族下的一些语言，特别是南部语言，有科伊桑语系语言特有的"滴答"发音，虽然这种发音特征是后来才出现的，但依旧是农耕者与狩猎-采集者之间关系的语言学证据。早期铁器时代，农耕者实行一夫多妻制，总是需要更多女人。说科伊桑语系语言的女人可能就是在农耕者支付聘金、送出牲畜、金属制品等彩礼（lobola）到新娘家后，被迎娶并被吸纳进农耕社会的。妇女及其后代的劳动增加了粮食产量，也提升了群落的安全和财富。因此，长远来看，具有铁器加工技术的农耕群落，是以牺牲狩猎-采集者为代价而获得发展的。这是一个缓慢的进程，两种生活方式并存了很多世代。相较于其他地区，这一融合过程在某些地区进行得更快更彻底。例如，相较于西南干燥地区，赞比西河北部适合农耕的地区，两种生活方式的融合速度明显更快。

在非洲西南部的干燥地区，畜牧和狩猎-采集经济依然优越于农耕经济。科伊桑人和班图人在更平等的条件下实现了融合。班图人吸纳科伊桑人不是必然的，也不是不可避免的。在卡拉哈里沙漠西部的沙丘高原、奥卡万戈三角洲（Okavango Delta）西部的纳米比亚，科伊桑人一直到晚近世纪依然占据主导地位。

# 第三篇

# 北非、西非的宗教与帝国

第五、第六和第七章的主题是基督教和伊斯兰教在非洲的早期传播、影响和政治功能，以及两大宗教与非洲本土宗教信仰之间的关系。我们在这几章中将会看到：一方面，宗教可以促进团结、带来社会稳定并减少战争，是抵制不公正现象的动力源泉；另一方面，宗教也可能会导致政治和宗教斗争，成为战争的合法理由。

1—4世纪，基督教在埃及和北非的传播，可能是当地人在罗马帝国残酷剥削统治下寻求精神解脱的结果。罗马帝国瓦解后，基督教适应了当地文化和本土宗教信仰，成为反对罗马基督教教会推行宗教帝国主义的抵抗力量。7世纪，信仰伊斯兰教的阿拉伯人横扫了大多数基督教地区，努比亚基督教却成功地在阿拉伯人的冲击下幸存了下来。这既得益于努比亚人对埃及统治的反抗，又得益于努比亚基督教塑造的团结意识。

伊斯兰教朴素明了，没有复杂的神学纠缠，这些特点使其迅速在北非传播开来。伊斯兰教先通过征服、后通过日常接触进行传播。如此一来，伊斯兰教促进了北非人的团结，尤其是撒哈拉游牧民族之间的团结。

多个世纪以来，甚至直到今天，伊斯兰教经历了多次革新。伊斯兰教学者希望将伊斯兰教带回到《古兰经》初始的纯洁的教义中去，自封的政治领导人抓住此机会，以恢复伊斯兰教纯洁教义和团结之名，发动针对非信徒和其他穆斯林的圣战。第一波圣战发生在撒哈拉西部的柏柏尔人之间，并让阿尔莫拉维德帝国短暂统一了撒哈拉西部和马格里布（Maghrib）的北非人。然而，光靠宗教信仰，远不足以维持一个帝国，地区势力很快就纷纷宣布独立。

撒哈拉游牧民族间的互相残杀确实减少了，这推动了跨撒哈拉长途贸易的发展。骆驼的广泛使用让沙漠旅行发生了革命性变化。更多的撒哈拉以南非洲人可以直接进入地中海世界，进而推动了铁器时代西非大国的发展。古加纳帝国是第一个西非大国，它作为地处林地中的黄金产地与沙漠盐矿区之间的贸易中转地，变得富庶而强大。

基于伊斯兰教的共同信仰，古加纳帝国的后继国家马里、桑海的统治者得以在它们庞大的帝国内维系着统治阶层与商人之间的关系。在一些前往麦加朝觐的统治者的支持下，廷巴克图等成为伊斯兰教研习重镇。当时，穆斯林学者引领了科学世界。同时，马里和桑海的统治者也准许了西非本土宗教信仰的存在。因此，他们尊崇护佑农业经济的"土地神"，而农业经济也正是帝国得以长期续存的基础。

# 第五章

## 11 世纪前的北非

### 希腊-罗马时期的北非

#### 希腊人统治下的埃及

公元前 332 年，亚历山大的希腊军队征服了埃及。亚历山大的将军托勒密在埃及建立了法老说希腊语的新王朝——托勒密王朝，并统治埃及长达 300 年。希腊人将这一新征服地视为巨大贸易网络中的一个至关重要的枢纽。埃及连接着地中海北部的欧洲地区、非洲内陆和印度洋，而尼罗河流域具有养活一个庞大富商阶层的农业潜力。新来的希腊统治者的第一个举措，就是在尼罗河三角洲的地中海沿岸建立一个庞大的贸易城市，即亚历山大。古埃及贸易体系自此向北扩展到地中海欧洲沿岸，向南经红海进入印度洋。我们已经叙述了这一时期红海贸易促进尼罗河上游非洲内陆麦罗埃王国发展的过程。到公元前 250 年，埃及的希腊统治者建立了一支约有 4000 艘商船的贸易船队。

地图 5.1　希腊-罗马时期的北非

正是在这一时期，埃及开始广泛使用阿拉伯人的骆驼。与埃及本地的驴相比，骆驼的个头更大，在阿拉伯沙漠中显示了出色的功用。骆驼能承受炎热，且长时间不需饮水。骆驼的使用大大促进了埃及人在尼罗河与红海之间的贸易。

82　　　希腊人把希腊语传到了埃及。希腊语书写更快，形式也更简单。埃及政府官员很快便抛弃了古埃及文字，他们组成了一个庞大的说希腊语的官僚阶层。伴随着希腊语成为官方语言，传统的古埃及语逐渐消失：更具艺术性但书写麻烦的埃及象形文字不再被使用，普通埃及人的日常口语渐渐演变为科普特语（Coptic）。后来，这一埃及本土语言的地位得到了提高，并成为科普特基督徒的宗教语言。

83　　　对埃及农民来说，托勒密王朝的主要影响是实行了一种更苛刻、更有效率的税收制度。说希

**图 5.1**　罗塞塔石碑，刻有古埃及圣书体象形文字、古埃及世俗体文字和古希腊文字。自 4 世纪后，无人能看懂古埃及象形文字了。1799 年发现的罗塞塔石碑上有 3 种文字版本的同一段文章。因此，它成为今天熟悉古希腊语的学者阅读、翻译古埃及象形文字的关键材料。图片来源：*Bettmann/Getty Images*。

## 文明的定义

在亚历山大征服埃及前的数个世纪里，希腊人崇拜埃及，羡慕埃及的宗教、艺术和社会。希腊历史学家希罗多德认为，埃及人最爱干净，最有宗教意识，也最"文明"。"文明"一词就源于希腊。一般说来，这里的文明是指一个组织化的社会。在这个社会中，人们可以从事艺术、文化活动，生活和谐。近代以来，随着 19 世纪和 20 世纪早期的欧洲殖民者开始使用"文明"，并将其嵌入种族主义意识形态后，"文明"一词已经蒙羞。在欧洲殖民者看来，只有那些具有欧洲文化的人才是"文明"的，其他文化就是"不文明的""低级的"。在 20 世纪上半叶殖民统治时期，欧洲历史学家以此解释非洲史，并由此判定：在欧洲人到来前，非洲几乎没有历史。此后，非洲历史学家一直反对这种偏见。欧洲人的历史偏见还导致带有歧视意义的描述性词语的出现，这些词语贬低了不同文化背景下的人。在 21 世纪的当今世界，特别是历史学家，应该坚守公正，迎接挑战。

腊语的征税官深入上埃及，重新测量了农业洪泛平原，并重新确定了税额。他们引入了一种"竞争性税收"制度。在这种制度中，那些承诺缴纳最多税额的农民将得到最多的土地；那些运气欠佳、效率低下的农民，日子肯定不好过。税收被用来供养正在壮大的亚历山大城中富裕商人和统治阶层。

在希腊人的殖民统治下，埃及更加彻底地融入了地中海世界。但是，托勒密王朝的法老对埃及臣民的剥削，加速了持续 3000 年之久的埃及文明的衰落。希腊和罗马世界的艺术、科学和宗教都有古埃及人的思想和成就的痕迹。而希腊给非洲带来了两个重要的名称：埃塞俄比亚和利比亚。埃塞俄比亚指生活在埃及以南的黑人，利比亚指生活在埃及以西的柏柏尔人。

## 罗马人统治下的北非

腓尼基人一度通过他们的贸易中心迦太基控制着埃及以西的北非沿海地区。后来，罗马人取代了希腊人和腓尼基人，控制了地中海地区。到 1 世纪中期，罗马人以意大利中部为基地，将帝国扩展到整个地中海世界和西欧大部分地区。

迦太基和罗马一直是贸易对手，互相争夺希腊人控制下的西西里岛的贸易据点，这也直接引发了两者之间于公元前 3 世纪中期进行的第一次布匿战争。经过一个世纪的漫长战争，罗马人最终于公元前 146 年彻底征服了迦太基，并占领了腓尼基人的贸易殖民地。罗马人称这一新省份为"阿非利加"（Africa）。渐渐地，"阿非利加"的含义扩大了，变成指代整个非洲大陆。"阿非利加"一词的起源，至今也没有搞清楚。它可能源于对突尼斯某一地方或当地人的罗马化拼写。后来，非洲人接受了"阿非利加"一词，并沿用至今。

84    在迦太基西部的山区和沿海一带，有多个独立的柏柏尔人王国。王国的人口包括山区的游牧民和沿海定居下来的农耕者。统治阶层住在城镇，其文化和建筑深受希腊和腓尼基文化的影响。罗马人称这些王国为努米底亚（Numidia）和毛里塔尼亚。在罗马人征服努米底亚前，其统治者马西尼撒（Massinissa）已经把王国扩展到今天阿尔及利亚北部的大部分地区。起初，罗马人与柏柏尔人建立联盟。但在随后的两个世纪里，罗马人干涉柏柏尔人的内政，削弱柏柏尔人的权威，最终占领了努米底亚和毛里塔尼亚，且将它们并入罗马帝国。

罗马人大力开发北非的农业潜力。沿海平原的小麦种植范围逐渐扩大，内陆干燥的岩石山区种上了一片片橄榄树。但是，为了供养帝国首都，北非农耕者税赋过重。北非人用船只把谷类粮食和橄榄油运到罗马城，之后它们会被免费分给拥有特权的罗马市民。

在罗马人治下的北非社会，阶层分化明显。作为统治阶层的罗马行政人员和富有的罗马化迦太基人（他们本来就是腓尼基人和柏柏尔人的混种），住在城镇和沿海城市，并在城镇附近拥有

85    使用奴隶进行劳动的大型庄园。大多数奴隶是从柏柏尔人那里买来的，或是从撒哈拉游牧部落中

图 5.2    位于今天突尼斯迦太基的罗马角斗场遗址。突尼斯曾为罗马的"阿非利加"殖民地，非洲大陆也由此得名。图片来源：*Alan Tobey/iStock*。

**地图 5.2**　托勒密王朝所认识的非洲

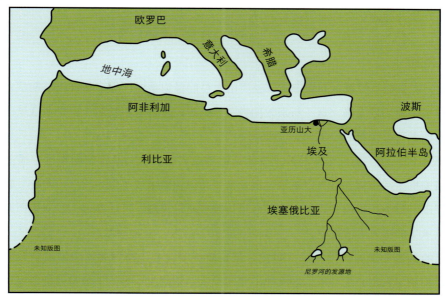

欧罗巴

意大利

希腊

地中海

阿非利加

波斯

亚历山大

利比亚

埃及

阿拉伯半岛

埃塞俄比亚

未知版图

未知版图

尼罗河的发源地

抓过来的。抛开城镇和大型庄园不谈，柏柏尔人数量众多，保留了自身的语言和文化。柏柏尔人对罗马人的压迫怨声载道：农耕者可以获得土地，但税赋太重；为了避免沙漠游牧部落的劫掠，他们又不得不接受罗马人的保护。可事实上，罗马收税官有时会保护游牧部落，并从柏柏尔人劫掠者那里分得一杯羹。

在农耕者定居群落之外的地区，当地的游牧民豢养绵羊和山羊，有时养牛。他们居住在罗马北非省份的边缘地带，有时接受罗马人的统治，有时接受独立的柏柏尔王公的统治。罗马人控制的南方边界，一直受到撒哈拉独立的柏柏尔人的侵袭。罗马军队将骆驼带到北非，以加强在这一地界的日常巡逻。但是，骆驼很快就落入柏柏尔人的手中，提高了他们在沙漠中的机动性，闪电式侵袭因此更趋频繁。

5 世纪，北欧汪达尔人征服了西罗马帝国，并越过地中海，把罗马人赶出北非。那时，毛里塔尼亚和努米底亚的大部分地区早已控制在独立的柏柏尔酋长的手中。

在罗马人统治时期，埃及重新向农民征税，而税收制度变得更苛刻。对罗马人来说，埃及只是粮食来源地而已。罗马人残酷剥削埃及农民，导致很多农民抛弃了土地，沦为匪徒。

## 北部非洲的早期基督教

### 北非地中海地区的犹太教

在第一批基督教先驱者到来前，犹太教在北非地中海地区的沿海城镇早已有所传播。第一批基督教先驱者本身也是犹太人。犹太商人和手工艺人遍及北非地中海地区的沿海城镇。公元 70

年罗马人被迫撤离后，犹太人才有所减少。一神论先于基督教出现在希腊、罗马的多神论世界中，尤其是在埃及的商业之都亚历山大。

## 基督教的传播

1世纪，在早期基督教中心城市中，亚历山大可能最为重要。很多基督教早期学者都在亚历山大居住，正是他们最先确立这一新宗教的教义。据说，基督教主教职位就是在这里由使徒和福音书之一的作者马可设立的。

基督教很快发现了1世纪罗马治下受压迫的埃及人的诉求。基督教向现世中遭受贫穷和压迫的人承诺来世生活幸福，给人以希望。埃及基督徒很快就形成了强大的修道传统。教众与世孤立，心生吁求，致力于祈祷和冥思。这种修道传统之所以出现，可能是因为教众想回避罗马治下埃及人难以承受的物质生活处境。

1世纪的基督教发展缓慢。2—3世纪，基督教逐渐向西传播到北非的柏柏尔人那里。和埃及人一样，柏柏尔人也心生吁求，这反映出北非民众希望摆脱罗马治下艰难处境的愿望，这也可能是柏柏尔人反抗罗马人统治的一种"民族主义"表达方式。罗马人当然认为早期的基督教会危险，是一股颠覆力量，威胁国家权威。这是对罗马皇帝的直接挑战。几个罗马皇帝还学埃及法老自称是神，理应受到崇拜，即使他们的继承者也要如此。

一直到4世纪初，罗马人都在无情地迫害基督教会及其成千上万的教徒。303年，戴克里先（Diocletian）皇帝最后一次下令迫害教徒。后继皇帝君士坦丁（Constantine，312—337年在位）皈依基督教后，对基督教会及其教徒的迫害才得以终止。此后，罗马帝国正式承认基督教，但直到392年，基督教才成为罗马的国教。

地图 5.3    1—6 世纪基督教在北非的传播

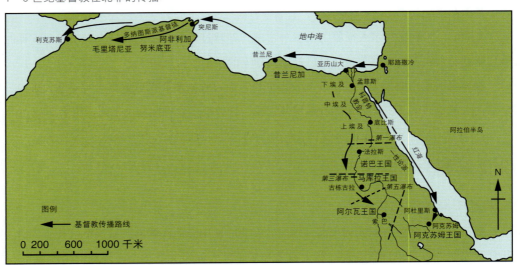

## 马格里布的多纳图斯派

戴克里先皇帝曾下令让基督教神职人员上交所有经文，大多数神职人员屈从了。然而，北非地区的柏柏尔人却一直顽强地抵抗罗马的迫害。努米底亚的一位名叫多纳图斯（Donatus）的主教认为，屈从于戴克里先法令的人不再属于教会神职人员，即便迫害结束了，教会也不应重新接受这些人。君士坦丁及其后继者希望统一教会分支，将其纳入罗马统治之下。然而，多纳图斯反对将那些变节者重新纳入教会。他的这一立场获得了 400 名北非主教的支持，因此他们被称为多纳图斯派（Donatists）。罗马人想驯服多纳图斯派，不断迫害北非基督徒。在罗马教会与多纳图斯派之间的斗争中，涌现出一个名为奥勒留·奥古斯丁（Aurelius Augustinus，354—430）的教徒。奥古斯丁出生于努米底亚，皈依罗马基督教。他强烈反对多纳图斯派，被称为"希波的圣奥古斯丁"，也是罗马基督教义的奠基人之一。411 年，罗马教会正式宣布多纳图斯派为"异端"，此举削弱了多纳图斯派在北非城市中的基础。

在独立的柏柏尔人酋邦中，既有多纳图斯派，也有本土宗教信仰和传统。各地的多纳图斯派在教义和仪式上还都有所变化。因此，在 7、8 世纪应对阿拉伯伊斯兰教挑战之际，基督教并不能有效地让民众团结起来。

## 埃及的科普特教会

埃及当地的基督徒接受基督一性论教义，但不接受罗马的官方教会。基督一性论的教义强调基督的神性，否认基督的人性。451 年，罗马教会宣布基督一性论的教义为"异端"。官方基督教会强调两性论，基督既有神性，又有人性。因此，它们把冥顽不化的基督一性论追随者驱除了出去。从此，埃及便有了两个教会。大量埃及民众信守基督一性论教义，建立了"科普特"教会。他们用源于古埃及的当地语言科普特语，代替了"麦尔基"教会（Melkite）的希腊语。

## 努比亚的基督教

公元 500—600 年，基督一性论的传教士向南推进到努比亚，并带来了独特的教义和严格的修道传统。努比亚在此前分为 3 个王国：位于第一和第三瀑布之间沙漠和洪泛平原的诺巴王国，都城是法拉斯（Faras）；位于第三和第五瀑布之间的马库拉王国（Makurra），都城是古栋古拉（Old Dongola）；最后是位于第五瀑布夏季降雨区的阿尔瓦王国（Alwa），都城是位于青尼罗河正南方，今天喀土穆地区的索巴（Soba）。关于这 3 个基督教努比亚王国的历史，我们所知甚少。

后来的阿拉伯撰述者，将尼罗河上游的基督教努比亚描述为一个密集分布着小型农庄的地区。北部洪泛平原种植海枣和葡萄，南部地区种植谷类作物，整个地区都养牛。近来的考古研究发现，富有的统治阶层信仰基督教。这一地区的陶器精美，工匠用火烤制陶后，还在陶器上进行绘画装饰。这一地区的艺术风格可能受到早些时候麦罗埃的影响。此地还留有大量的石木建筑：

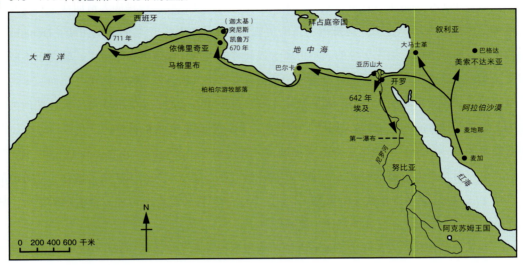

地图 5.4    640—711 年阿拉伯人对北非的征服

教堂、修道院和有可能是王宫的一系列大型住所。很显然，尼罗河上游一带曾兴盛过一个独特的努比亚基督教文明，并在 7 世纪阿拉伯人入侵埃及后延续了很长时间。

## 阿拉伯人的进犯：尼罗河流域与马格里布

### 起源

伊斯兰历法开始于 622 年。[①] 这一年，先知穆罕默德从出生地麦加逃往阿拉伯沙漠中一个叫麦地那的小绿洲。但是，他不久又回过头来重新征服了麦加，并且在他去世的 632 年之前，用新的伊斯兰信仰团结了阿拉伯半岛上的所有阿拉伯人。伊斯兰教后来的扩张速度非常快。在穆罕默德死后不到一个世纪的时间内，伊斯兰教追随者的统治区域，西抵摩洛哥、西班牙的大西洋沿海地区，东至印度河。

数世纪以来，阿拉伯人一直是沙漠上的游牧民。为了控制绿洲和放牧牛、羊、骆驼的分散牧场，氏族之间展开激斗。阿拉伯人跨越沙漠边缘、寻找更合适居住的土地的行动由来已久，但规模较小，且只是零星的。同时，阿拉伯半岛地处地中海和印度洋、红海和波斯湾、非洲和亚洲之间，是一个重要的贸易节点。阿拉伯贸易商队（caravan）[②] 逐渐累积了穿越阿拉伯沙漠的经验。事实上，麦加便是沙漠贸易的一个重要中转地，穆罕默德本人就是商人出身。阿拉伯人清楚，美索不达米亚和埃及都是富饶肥沃的地方。

89

---

① 伊斯兰历法用 AH 表示，从麦加"大逃亡"，即希吉拉（Hijra）的那年开始纪年。为了简便起见，本书全部采用公元纪年（CE）。

② 此处指一队驮兽及其牵引者，他们一起在长途贸易路线上奔波和冒险。

穆罕默德时代之前，阿拉伯人通过接触犹太教和基督教，早已接受了一神论的观念。伊斯兰信仰之所以力量强大，其中一个原因就是教义简单，容易理解。它没有犹太教的排他性，也没有基督教的复杂神学理论。伊斯兰教只要求信仰真主，服从真主的意愿。先知的话记录在《古兰经》里，代表着真主的意愿。伊斯兰教不像其他宗教那样神秘，没有仪式，也没有一个排外的教士领导阶层，只要求定期单独祷告，在莱麦丹月（Ramadan）[1] 开斋宴前严格遵守斋戒。

友善和宽宏是伊斯兰教的精神。它给阿拉伯人带来了一种新型兄弟关系的意识。在伊斯兰教出现前，阿拉伯半岛上的氏族互相竞争，只有共同的阿拉伯语才能把它们联系在一起。长期以来，阿拉伯人都希望越过沙漠找到新土地，但缺乏征服的力量。伊斯兰教让阿拉伯人团结一致，开始了征服大业。

## 征服埃及

640 年前，阿拉伯军队就已经征服了"新月沃二"（Fertile Crescent）[2]，并开进尼罗河下游肥沃的三角洲。此时，埃及处于拜占庭帝国[3]统治之下。由于拜占庭帝国的压迫、腐败，以及对科普特教会的迫害，使得大多数埃及人对阿拉伯人采取了不抵抗政策。642 年，阿拉伯军队把没有威信的拜占庭帝国代理人赶出了埃及。但拜占庭帝国在亚历山大依然保留着一支力量强大的海军，威胁阿拉伯人。因此，阿拉伯人把内陆统治中心迁到尼罗河三角洲的上游。在古埃及的孟菲斯城遗址附近，阿拉伯人建造了大量定居点，包括后来成为信仰伊斯兰教的都城开罗。在开罗，阿拉伯人既可以进一步控制尼罗河流域的南部，又可以维持与叙利亚、阿拉伯半岛之间的贸易联系。

然而，由于新近团结起来的诺巴王国和马库拉王国的强烈抵抗，阿拉伯对努比亚的征服以失败而告终。长期以来，努比亚人抵制埃及统治者向南扩张。在此背景下，努比亚由弓箭手组成的强大军队，成功地把信仰伊斯兰教的埃及新统治者的权力范围限定在第一瀑布以北。伊斯兰教埃及和基督教努比亚之间达成了一项协议，此协议换来了两者间长期的和平共处和互惠贸易。

## 马格里布

阿拉伯人称埃及西边的整个北非沿海地区为马格里布，即"西方"的意思。征服马格里布并没有像征服埃及那样容易，阿拉伯人遭到拜占庭帝国和北非柏柏尔人的强烈抵抗。阿拉伯人的最初目标是控制迦太基和肥沃的突尼斯平原。这个地区也就是阿拉伯人称为"依佛里奇亚"（Ifriqiya）的罗马帝国阿非利加省。533 年，拜占庭帝国从汪达尔人手中重新夺取了迦太基。

---

[1]　莱麦丹月（Ramadan）是伊斯兰历 9 月。《古兰经》规定，穆斯林在此月必须守斋戒，一直延续到开斋节前，开斋节标志着莱麦丹月斋戒的结束。——译者注

[2]　指的是古美索不达米亚和约旦河流域。

[3]　拜占庭帝国即东罗马帝国，首都是君士坦丁堡，也就是今天的伊斯坦布尔。5 世纪，拜占庭帝国达到权力顶峰时期。而此时，西罗马帝国已经陷入汪达尔人和北欧入侵者之手。

90    拜占庭帝国动用了强大的海军保护迦太基，来抵抗阿拉伯人的进犯。690—699 年，阿拉伯人建造了大量船只，最终击败了拜占庭帝国的舰队，征服并摧毁了迦太基。在迦太基废墟边，胜利的阿拉伯人建立了突尼斯城。

同时，依佛里奇亚本身也遭到西边柏柏尔人酋邦和南部沙漠游牧民的攻击。北非的柏柏尔人一直抵制罗马帝国的外族人统治。此时，阿拉伯人似乎也遭到了撒哈拉北部柏柏尔游牧民的进攻。在利用骆驼以及从沙漠北边实施突袭掠夺上，柏柏尔人和阿拉伯人都是行家里手。马格里布中部的柏柏尔人一度把阿拉伯人赶出了凯鲁万（Qayrawan）要塞，那里是阿拉伯人在依佛里奇亚的主要基地。但是，柏柏尔人因缺乏团结和协调，无法坚持抵抗。而对阿拉伯人来说，最强大的武器就是团结，他们借此一次次地打败柏柏尔人酋邦。711 年，伊斯兰军队抵达摩洛哥的大西洋沿岸地区，随时准备跨海进入西班牙。

## 阿拉伯人在北部非洲的统治

一开始，阿拉伯人在北部非洲只实施军事占领。阿拉伯人的基本政策是，臣民需要在缴纳人头税①、改宗或死亡之中做出选择。非穆斯林民众是税收的主要来源，但并没有出现大规模改宗的迹象。这使得北非早期的穆斯林无须缴纳税赋，成为占据统治地位的精英阶层，与本土非穆斯林有着云泥之别。在伊斯兰北非，阿拉伯人允许犹太商人和工匠在日渐兴起的商业港口留下来。

在柏柏尔人社会，基督教从未扎下根来。在阿拉伯人的征服下，北非的基督教会没能存活下来。虽然官方基督教被迅速抛弃，但是北非的柏柏尔人作为一个整体并没有立即接受伊斯兰教，而是转向基督教出现前的本土信仰，崇尚自然世界中的精神元素。一个世纪内，马格里布的阿拉伯人和伊斯兰教主要局限在沿海城镇。阿拉伯人组织奴隶在附近庄园里劳作。最初，奴隶主要是战争中抓获的柏柏尔俘虏，后来则主要是从撒哈拉中部和南部抢来或买来的人口。马格里布早期的阿拉伯统治者，并没有怎么尝试征服南部的高原和沙漠边缘地区。只要纳贡，柏柏尔人酋邦可以自行其是。

在北非柏柏尔人中间，伊斯兰教主要通过士兵进行传播。从很早以前开始，柏柏尔俘虏就会被整编进阿拉伯人的军队。在军队中，柏柏尔人皈依了伊斯兰教，成为伊斯兰教的斗士和热心的倡导者。他们也受益于伊斯兰帝国的扩张。711 年，一支主要由柏柏尔人组成的伊斯兰军队渡过直布罗陀海峡，征服了西班牙。西班牙人称之为"摩尔人"（Moor）②。

在埃及，阿拉伯人很快便作为管理者、商人或地主安顿下来。但整体而言，大多数说科普特语的埃及农民依然被允许持有土地。此时埃及人口估计有 1500 万。与历史上尼罗河流域的其他外族统治者一样，阿拉伯人也把埃及视为帝国财富的一个重要来源。阿拉伯人以税收的形式征

---

① 成年人需缴纳。

② 意为来自毛里塔尼亚的人。

粮，然而相较于希腊罗马时期的"竞争性税收"制度，阿拉伯人的人头税带给埃及人的压力要小得多。此外，为了促进农业生产，阿拉伯人重新启动了灌溉工程。同时，越来越多的埃及人知道，只要成为穆斯林，就可以少缴税赋。

渐渐地，阿拉伯语和伊斯兰教在埃及当地人中传播开来。这可归于两大原因：一是8、9世纪阿拉伯农民的迁移；二是渐进的教育过程。从征服伊始，阿拉伯语便迅速成为埃及的官方语言，也是新的宗教语言和书写、教育语言。阿拉伯语、伊斯兰教的传播和民众读写能力的提高实际上是一回事，都是通过学习《古兰经》实现的。到9世纪末，只有少数人还在使用古埃及传下来的科普特语。使用者主要是残存的科普特基督教会，它也一直延续到当代。到10世纪初，绝大部分埃及人和马格里布占领地上的居民已成为穆斯林。

## 北非伊斯兰教国家的发展

7世纪阿拉伯人在伊斯兰教号召下塑造的团结，并没有在伟大的征服时代中延续下来。因为先知穆罕默德的继承问题，帝国的核心地带发生了冲突。倭马亚（Umayyad）王朝和阿拔斯（Abbasid）王朝先后掌控了哈里发帝国（Caliphate）①。他们宣称其宗教权威源于"圣训"（Sunnah），即穆罕默德的言行记录。他们这一支被称为"逊尼派"。680年，倭马亚王朝把都城迁到大马士革；750年，阿拔斯王朝又将都城迁到巴格达。倭马亚王朝和阿拔斯王朝的主要反对者是"什叶派"。什叶派相信只有穆罕默德子孙有权继承伊斯兰世界的领导权，抨击哈里发的奢靡和腐败，倡导回归虔诚，严格遵守《古兰经》教义。

同时，马格里布的北非穆斯林宣称独立于阿拉伯世界的哈里发。阿拉伯人与当地柏柏尔人有通婚，但阿拉伯人带有种族和宗教方面的优越感，这正是柏柏尔人所极力抵制的。柏柏尔人曾利用基督教推翻罗马人的统治。相同的一幕又再次上现。马格里布伊斯兰国家坚决抵制巴格达的权威，完全独立于东方。山区和沙漠地区柏柏尔人的改宗速度缓慢了下来。当他们皈依伊斯兰教时，选择的是非正统的什叶派并支持哈瓦利吉派（Kharijite）运动。哈瓦利吉派强烈反对巴格达的阿拔斯王朝，批评正统伊斯兰教中阿拉伯人的排外文化。哈瓦利吉派强调，无论种族、文化或语言有何不同，穆斯林都是平等的。饶有讽刺意味的是，哈瓦利吉派强调的这种平等，正源自穆罕默德把互相敌视的阿拉伯氏族团结起来的那些原则。哈瓦利吉派运动使人想起了反对外来统治的多纳图斯派运动。就此而论，哈瓦利吉派运动进一步增强了柏柏尔人抵制东方阿拉伯人统治的决心。8、9世纪，信奉哈瓦利吉派教义的柏柏尔人国家兴亡浮沉，每个国家都与巴格达阿拔斯王朝维持着不同程度的独立性。多个世纪后，在现代摩洛哥、阿尔及利亚、突尼斯这3个马格里布国家形成过程中，这种历史上的独立倾向也起到了重要的作用。

10世纪初，马格里布中部出现了一个威胁着巴格达阿拔斯王朝的新王朝。这一王朝就是叙

---

① 哈里发帝国（Caliphate）就是由哈里发（Caliph）领导的伊斯兰国家。Caliph源于*Khalifa*，意思是先知穆罕默德的"继承者"。

92    利亚什叶派移民推动成立的法蒂玛（Fatimid）王朝。法蒂玛王朝统治者宣称自己是穆罕默德仅存的女儿法蒂玛的后裔。到 950 年，法蒂玛王朝征服了突尼斯北部和阿尔及利亚等马格里布大部分地区。但是，法蒂玛王朝的主要目标是阿拔斯王朝本身。969 年，法蒂玛王朝控制了尼罗河流域，把尼罗河三角洲的行政都城命名为开罗，并宣布埃及独立于巴格达的外族统治。

图 5.3　突尼斯南部沙漠城镇翁热梅尔（Ong Jemel）中世纪时期清真寺遗址。"Ong Jemel"的意思是"骆驼之脖"，得名于附近岩石形态特点。这里也是"星球大战"系列电影的取景地。图片来源：*Perszing1982/iStock*。

地图 5.5　750—950 年北非伊斯兰教国家

# 第六章

## 跨撒哈拉贸易与古加纳帝国

### 跨撒哈拉贸易

　　跨撒哈拉的长途贸易在引入骆驼前数个世纪已然存在。起初，沙漠居民用盐交换沙漠南部或北部居民的粮食。最早的运输方式可能是将货物捆扎起来放在牛背上来驮运的，这种牛被称为驮牛。撒哈拉沙漠中的岩画提供了关于此情况的证据。驮牛适应了沙漠环境后，可以数日无须饮水，在有牧地和水源的绿洲间行进。

　　我们不应认为跨撒哈拉的长途贸易在引入骆驼之前只是小规模的和零星的。有些商人使用驮牛，也有用驴或马的。即便这些牲畜可以不休息、不饮水，但行进的距离非常有限。跨撒哈拉的旅行是一件危险的事，大部分贸易物品在到达最终目的地前，都会经过数个人群之间的数次易手。少量的沙金和红宝石，越过沙漠一路向北运送到罗马人统治下的北非地区。但罗马人对跨撒哈拉贸易没有多大兴趣，并未对跨撒哈拉的定期和直接贸易采取任何激励措施。直到公元 300 年

地图 6.1　　直到公元 1200 年的跨撒哈拉贸易网络

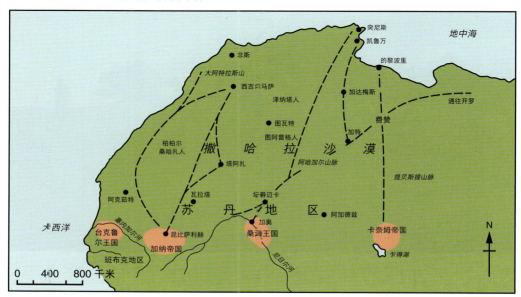

前后，罗马从非洲进口的大多数象牙、鸵鸟羽毛和兽皮依然来自沙漠北部地区。跨撒哈拉贸易还是区域性的，主要动力仍然是用沙漠的盐换取粮食。

## 94    骆驼与跨撒哈拉贸易

4 世纪，撒哈拉北部的大多数柏柏尔游牧民开始广泛使用骆驼。5 世纪，骆驼成为沙漠中的主要运输工具。骆驼的引入给跨撒哈拉贸易的范围和规模带来了革命性的变化。比起其他用来运输的牲畜，骆驼具备更多优势。

虽然骆驼相比优良的驮牛在载重量上没有多多少，但是骆驼能够长途运输。一头骆驼可载130 千克的货物，一天能行进 25—30 千米，有时甚至达 100 千米或更远。骆驼的驼峰存贮脂肪，腹部存贮水，因此在不饮水的情况下骆驼可连续走上 10 天，连续行进的距离和时间是大多数驮牛和马的两倍。骆驼耐得住昼热夜寒的沙漠环境。凭借大八字脚，骆驼还能适应主要沙漠路线之外的细沙环境。

借助于骆驼，沙漠游牧民能到达更遥远的绿洲，从而开辟跨越撒哈拉的全新路线。沙漠旅行虽然依旧危险，但是更可靠了。经验丰富的沙漠旅行者第一次认真考虑：组建一支携带大宗货物、定期跨撒哈拉进行长途贸易的商队是否可能。

图 6.1    跨撒哈拉沙漠的图阿雷格骆驼商队。4、5 世纪，这样的骆驼商队给跨撒哈拉贸易带来了革命性变化。图片来源：*oversnap/iStock*。

沙漠运输主要控制在柏柏尔游牧民之手。从事沙漠运输的柏柏尔人，主要是撒哈拉西部的桑哈扎人（Sanhaja）、撒哈拉中部和南部的图阿雷格人（Tuareg）。图阿雷格人与泽纳塔（Zenata）北部的柏柏尔人不同，他们不戴遮住脸下方的面纱。面纱的准确起源依然不清楚，可能是为了防风和防沙尘暴。

很多撒哈拉柏柏尔人从事长途贸易，但那时很少有人全职做此事。他们仍然主要从事畜牧。在撒哈拉绿洲，他们收获海枣，放牧羊群、骆驼，偶尔也牧牛，富有的游牧民还会养马。马是一种地位象征，在战争中也特别有用。在一年最炎热干燥的季节里，沙漠游牧民把畜群向北赶往马格里布的牧场，或向南赶往萨赫勒的牧场。因此，沙漠游牧民与定居下来的农耕民保持着联系，但两者有时也会发生冲突。

95

> 在历史上，西非萨赫勒地区有时指苏丹西部，居民为苏丹人。苏丹一词源于"al-Sudan"，即阿拉伯语中的热带非洲"黑人"。但是，这个词语不应与现代的苏丹和南苏丹共和国混淆。这两个国家位于埃及南部、萨赫勒尼罗河流域的东部。19世纪，埃及人，包括后来的英国人，开始将尼罗河上游地区称为"苏丹"。该地区1956年独立的一个苏丹共和国和2011年该国南部地区独立建国的"南苏丹"，都沿用了"苏丹"这一名称。

虽然撒哈拉主要是柏柏尔人的领地，但也有少量黑人群体生活在撒哈拉中部的绿洲上。这些黑人采集海枣，挖盐换取粮食。柏柏尔游牧民控制着大多数绿洲，所以黑人处于边缘地位。这些黑人可能是新石器时代早期的渔民和狩猎者的后代。在撒哈拉沙漠，最重要的盐矿地是塔阿扎

图 6.2　利比亚撒哈拉沙漠费赞地区的乌巴里绿洲（Ubari oasis）。正是绿洲有着这样的水源，定期的长途跨撒哈拉旅行和贸易才成为可能。这里的沙漠居民采集海枣、开采盐矿以换取粮食、布匹和其他物品。图片来源：*PatrickPoendl/iStock*。

（Taghaza），位于撒哈拉西部的中央位置。这里的盐层较厚，可以挖出盐板，然后再捆扎起来放到驮兽上。历经数个世纪的贸易发展后，当地人甚至用盐块建造了房屋和清真寺，并在屋顶上覆盖骆驼皮。

96　　　　骆驼给沙漠运输带来了革命性的变化，撒哈拉以南非洲的产品能更容易地进入地中海世界。西非的黄金贸易开始扩展。与此同时，由于过度捕猎，北非的野生动物日渐稀少。撒哈拉以南非洲的象牙、鸵鸟羽毛和兽皮需求量因此上升。随着跨撒哈拉路线的扩展，撒哈拉北部和南部都出现了大量贸易点。在这些贸易点，商队忙着交易和装卸货物。虽然沙漠游牧民控制了商队行进路线，但在游牧民南部和北部定居下来的人群决定了货物的实际需求和交易。

# 古加纳帝国

我们不要混淆了古加纳帝国和今天的加纳共和国。虽然加纳共和国的国名是为了纪念古加纳帝国，但两者之间事实上没有任何直接关系。古加纳帝国位于今天加纳共和国西北数百公里处。5—13 世纪，古加纳帝国包含了今天毛里塔尼亚的南部边境地区和马里。

97　　　　古加纳帝国是早期铁器时代西非最重要、最著名的国家。古加纳帝国的人口主要是索宁克人（Soninke）[1]。外界所知的国名——加纳——原是一个国王的称号而已。一些人认为加纳帝国真正的国名是瓦加杜古（Wagadugu），但瓦加杜古实际上是 15 世纪莫西王国（Mossi）的国名。

## 古加纳的起源

农业出现后，人类开始在规模更大的固定群落中一起生活。后来，铁器加工技术的发明进一步提高了农耕和狩猎的效率。在西非，这一过程发生在公元纪年前后的几个世纪。很多西非社会依然建立在简单的小型村庄基础上。但在一些情况下，村落、氏族组合在一起构成了更大型的酋邦。这一过程之所以出现，主要归因于区域的特点。在撒哈拉南边的萨赫勒草原上，大量酋邦联合在一起，形成了一个松散的帝国，即加纳帝国。加纳的起源，最初是拥有铁器加工技术的农耕者组建了更大的固定群落自然发展的结果。但是，在特定时期，加纳以特有方式和规模崛起为一个大国，有其特殊的原因。

萨赫勒是一个很早就驯化了高粱和粟的地区。在公元前纪年快结束的时期，撒哈拉地区愈加干燥。为了充分利用有限的沃土和降雨，农耕技术亟须发展。古加纳人的祖先可能是新石器时代渔民，他们长期居住在大型的固定群落中，在新农耕技术发展中处于领先者的地位。在此之前，萨赫勒西部早已使用铁剑和铁矛了。索宁克人拥有铁制武器，他们的邻居却虚弱且缺乏组织。索宁克人可能借助自身优势地位从近邻那里夺得了农地和牧场。由于靠近沙漠南部边缘，索宁克人

---

① 索宁克人，即说索宁克语的人。索宁克语属曼德（Mande）语族。与班图语族一样，曼德语族也属尼日尔-刚果语系。

**地图 6.2**　11 世纪的古加纳帝国（叠加在今天的边界上）

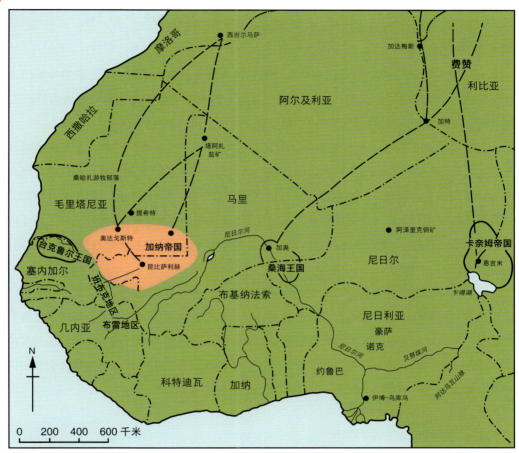

与撒哈拉游牧民也有联系，并从游牧民那里获得了马匹。这也使得索宁克人相较于其草原近邻更具有军事优势。

　　然而，索宁克人与撒哈拉游牧民之间也有矛盾和冲突。随着撒哈拉的干化，撒哈拉游牧民不得不深入萨赫勒地区，寻找季节性牧场。在干旱年份，撒哈拉游牧民一边随季节迁徙，一边侵袭固定的农耕群落。当撒哈拉西部的桑哈扎人深入并侵袭萨赫勒地区时，索宁克农耕者便不得不组织起来防卫。因此，桑哈扎人的侵袭至少促进了早期加纳国家形成。

　　在早期加纳国家的形成过程中，加纳本身的贸易地位可能比桑哈扎人的侵袭更加重要。依托跨撒哈拉贸易，加纳权势日益上升，统治者财富也不断增加。最终，加纳的权力达到顶峰。贸易似乎从一开始就是加纳发展的主要推动力。

　　索宁克人处在跨撒哈拉贸易的理想位置。他们居住在萨赫勒西部，位于沙漠与西南部班布克地区（Bambuk）的中间。沙漠产盐，班布克产黄金。起初，索宁克人用自己盈余的粮食到塔阿扎换盐。5 世纪骆驼引入跨撒哈拉贸易后，跨沙漠运输兴盛起来，拓宽了北非获得西非黄金的渠道。跨撒哈拉贸易提升了对黄金的需求，索宁克人充当起"中间人"，把撒哈拉沙漠的盐运到南方稀树草原的黄金产地。因此，加纳帝国起源于 5 世纪并不是巧合。

## 黄金贸易的扩展

8—9 世纪，北非阿拉伯人越来越多地直接从事黄金贸易。像摩洛哥大阿特拉斯山南部的西吉尔马萨（Sijilmasa）等伊斯兰贸易城镇，成为北部重要贸易基地，推动了跨撒哈拉贸易的发展。在这些贸易基地，阿拉伯商人购买西非黄金，资助柏柏尔商队。

撒哈拉北部、西部的柏柏尔游牧民与阿拉伯人的联系越来越多，他们也渐渐地皈依了伊斯兰教。此后，他们与马格里布的阿拉伯商人之间的贸易往来变得更加畅通，而且游牧民内部也有了兄弟情谊和合作意识。袭击越来越少，旅行越来越安全。9—10 世纪，因为北非伊斯兰国家需要黄金铸造货币，他们对黄金的需求越来越大。贸易规模扩大后，许多游牧民成了职业的沙漠旅行者。到 10 世纪，一支跨撒哈拉商队里的骆驼可达数百头。伴随着跨撒哈拉的黄金贸易的发展，加纳也在壮大。

在沙漠南边，信仰伊斯兰教的柏柏尔商人有自己的城市作为基地。在结束到达加纳的最后一段旅程前，向南行进的商队可以在这些地方卸货和休息；向北行进的商队也在这些地方装货，购置给养，为历时两个月的跨沙漠长途跋涉做准备。其中最重要的城市当属撒哈拉西南部的奥达戈斯特（Awdaghust）。随着跨撒哈拉贸易的发展，奥达戈斯特的柏柏尔人与加纳的索宁克人产生了相当大的竞争。11 世纪，加纳的权力达到顶峰，吞并了奥达戈斯特。

## 阿拉伯人对加纳帝国的描述

阿拉伯人对黄金产地越来越感兴趣，这一时期阿拉伯人的作品中开始出现有关加纳的文字记载。但是，这一时期撒哈拉以南非洲的非穆斯林群体还不会读写，因此没有自己的文字记载。关于加纳帝国的文字描述，历史学家必须借助外国人的记载。有些外国人没有访问过西非，只记载了远商的言说。在研究这部分的阿拉伯人文献时，历史学家一定要清楚一点，即阿拉伯人对非穆斯林群体有偏见。换句话说，与大多数历史文献一样，它们不可全信。但借助好的文献，我们仍然可以探知权力达到顶峰时期的加纳帝国。

8 世纪的阿拉伯地理学家法扎里（al-Fazari），最先在作品中提到加纳。他的记载很简短："加纳之土，黄金之地"。黄金贸易显然让加纳名声在外，甚至名声远播至遥远的阿拉伯帝国都城巴格达。后来的阿拉伯作家更详尽地描述了加纳，特别是加纳都城昆比萨利赫（Kumbi Saleh），其中 11 世纪的阿拉伯地理学家巴克里（al-Bakri）的记载最全面：

> 王宫由一处宫殿和多个圆锥屋组成，外围修建有栅栏作墙。负责宗教仪式的巫师住在王城周边的圆锥屋和荆棘树林里。荆棘树林里有巫师放置的神像，国王死后也埋葬于此。荆棘

树林由卫士把守，不让任何人进入，也不让任何人知道里面的情况。

除了国王本人和可能的继承人，即国王姐妹的儿子外，任何一个穆斯林都不准穿裁剪过的衣服。其他民众则依其所便，穿着棉布、丝绸或锦缎做成的裹布。大多数男人会剃须，女人会理发。国王的颈脖和手臂戴着女性化的装饰品。国王头上戴的是上等棉布做成的刺有金绣的头巾。国王端坐在一个圆锥屋里，听取民众意见，为民众主持正义。圆锥屋周边拴有 10 匹金布加身的马。10 个配有镶金盾牌和佩刀的奴隶站在国王身后。膏立诸侯（vassal kings）之子站在国王的右边，他们头戴金络，身着华服。大臣在国王周边就地而坐，王城的主管官吏则坐在国王的前面。戴着金、银颈圈的纯种狗在门口把哨。宫廷用鼓声召集大臣。这种鼓叫达巴（daba），由一块中间掏空了的长木头做成。聚集时，与国王信奉同一宗教的人在离国王很近的地方跪拜，尘土都飘散到头顶，以示对国王的尊重；穆斯林则以鼓掌致意。[1]

巴克里客居在信奉伊斯兰教的西班牙地区，从马格里布说阿拉伯语的商人那里获得了大量信息。从记载的详细程度来判断，一些商人确实有丰富的西非旅行经历。

在巴克里的描述中，11 世纪的加纳都城昆比萨利赫分为两个独立的城镇，之间还有一段距离。一个是独特的伊斯兰城镇，建有很多清真寺，专门接待来访的阿拉伯和柏柏尔商人；另一个就是王城，约在 10 公里之外。两个城镇之间是索宁克人的木房和石房。

到过加纳的穆斯林拜访者，显然对国王及其朝臣所拥有的权力和显赫财富留下了深刻的印象。这些拜访者特别关心黄金的来源，但是索宁克人成功地保守了这一秘密，使得拜访者对此一无所知。索宁克人用盐换取南方班布克的黄金，然后再将黄金卖给都城昆比萨利赫的穆斯林商人，用来交换马格里布的撒哈拉盐、布匹和其他制成品。通过征收贸易税，加纳国王们获得了大量财富。据巴克里记载，国王对每一单进口到帝国里的撒哈拉盐征收 1 第纳尔（dinar）[2]，对每一单再出口到南部金矿区的盐征收 2 第纳尔。黄金贸易是不征税的。所谓黄金贸易实际上是沙金贸易，为了掌控财富，国王收走了所有金块。因此，国王及其朝臣可以像上述引文那般炫耀财富。国王雇用具有读写能力的穆斯林做秘书和大臣，登记贸易和税收账目。

阿拉伯作家主要关心黄金贸易，几乎没有提及加纳普通民众。我们推测，加纳的普通民众主要是农民、渔民和牧民。国王对帝国中心之外的地区几乎没有直接控制。异教徒首领掌控都城之外的地方机构，前提条件是承认国王权威、向国王进贡粮食和狩猎物。国王把地方首领的儿子和继承人扣留在宫廷作为人质，以此确保地方的臣服。这些人质就是巴克里所说的"膏立诸侯"之子。出于对地方进贡的回报，国王要保护臣民免受沙漠游牧民的侵袭。加纳帝国没有常备军，但必要时地方会派送男性青年作战。据巴克里的说法，11 世纪的加纳国王能召集一支数量达 20 万

---

[1]　Trimingham, J.S. (1970) *A History of Islam in West Africa* (OUP: Oxford), p. 55.

[2]　1 第纳尔就是 1 个阿拉伯金币，重量等同于 65 粒大麦。

**图 6.3**    昆比萨利赫的考古遗址（位于今天的马里）。图片来源: *Dr Kate Leeming (www.kateleeming.com), taken 2009. Reproduced with permission*。

人的军队。军队有时会侵袭南方的弱势族群。侵袭中抓捕的俘虏会被当作奴隶卖给穆斯林商人。总的来说，战俘不是昆比萨利赫奴隶贸易的主要来源。跨撒哈拉沙漠到穆斯林北非的奴隶贸易中的奴隶，主要来自东部的乍得湖地区。

## 加纳帝国的衰落

1050 年前后，加纳帝国在扩张中占领了信奉伊斯兰教的柏柏尔人城镇奥达戈斯特。后来，加纳统治者和臣民皈依了伊斯兰教。阿拉伯人的文献通常认为，这是阿尔莫拉维德运动（Almoravid movement）追随者征服信仰伊斯兰教的柏柏尔人的结果。但是，这些文献对这一问题的叙述并不清晰。有几份论及材料是在这次征服过了很长时间后才写成的，可能有点吹嘘信奉伊斯兰教的柏柏尔人对非洲黑人"异教徒"的胜利。细致研究阿拉伯人的文献，我们发现这可能是一次和平的改宗。然而，即便如此，撒哈拉柏柏尔人和加纳的索宁克人在萨赫勒地区还是发生了冲突。这些冲突和具有更大破坏力量的阿尔莫拉维德战争，确实极大削弱了先前的贸易联系。数世纪以来，加纳帝国之所以兴盛，是因为控制了西苏丹黄金贸易。12 世纪末，加纳帝国失去了黄金贸易的统治地位。转而信奉伊斯兰教的加纳统治者无力掌控这个松散、原本不信奉伊斯兰教的帝国。

11、12 世纪，加纳帝国南部林地的布霍（Bure）金矿区得以开采。同时，奥达戈斯特的东部开辟了新的跨撒哈拉贸易路线。南部的索宁克人和马林凯人（Malinke）酋邦借机宣布独立。13 世纪初，南邻索宁克酋邦索索（Sosso）占领了加纳的大部分地区和南部马林凯人地区。后来，马林凯人推翻了索索的残暴统治，赢得独立，缔造了伟大的黑人帝国马里。

加纳帝国衰落的更深层原因是环境恶化。萨赫勒地区位于草原和沙漠之间，主要种植谷类作物。13 世纪旱期，萨赫勒地区的土壤肥力退化，难以支撑庞大的定居人口。同时，柏柏尔畜牧者向南推进，在萨赫勒地区过度放牧。因此，13 世纪早期，加纳帝国的索宁克农民和商人从昆比萨利赫分散了出来，一小群一小群地迁入南部、西部更适宜人居的林地。索宁克人的分散促进了贸易发展。西非很多地区进入国家形成的新时期。

101

## 西部非洲其他早期国家与社会

在早期铁器时代西非国家中，加纳最为世人所知。主要有两个原因：在跨撒哈拉黄金贸易中，加纳卷入最深；具有读写能力的说阿拉伯语的人访问并记录了加纳，虽然，我们对这些说阿拉伯语的人知之甚少。这一时期，西非人口不断增长，金属加工技术和农业技术还在发展。撒哈拉以南的西非人过着群落生活。群落数量众多，大小不等。大的国家主要出现在重要贸易路线和贸易枢纽附近。与加纳一样，这些国家的统治者征收贸易税和进口奢侈品来增加财富和扩大权力。

更西边的塞内加尔河流域的台克鲁尔王国（Takrur），也是一个有实力的贸易国家，建国甚至比加纳还要早。台克鲁尔王国统治者的财富也基于贸易，主要是奥利尔（Awlil）的盐贸易和班布克的黄金贸易。台克鲁尔王国借助于大西洋沿海路线，与北非西吉尔马萨和摩洛哥建立了联系。11 世纪早期，台克鲁尔统治者先于加纳索宁克人把伊斯兰教作为官方宗教。因此，在近邻穆斯林柏柏尔阿尔莫拉维德人与索宁克人的冲突中，台克鲁尔支持前者。

在西苏丹另一边，即乍得湖的东北部，有一个卡奈姆[①]帝国（Kanem）。该帝国形成于公元900 年前后，当时塞法瓦（Saifawa）王朝统一了众多游牧氏族。卡奈姆人说卡努里语（Kanuri）。卡努里语是尼罗–撒哈拉语系下的一个分支。建国后，卡奈姆人一开始依旧是游牧民。11 世纪，卡奈姆帝国统治者定都恩吉米（Njimi）[②]。与加纳、台克鲁尔一样，卡奈姆帝国统治者通过控制贸易来获得财富和权力。卡奈姆帝国与撒哈拉北部的主要贸易路线，是经撒哈拉中部到费赞，再到的黎波里和埃及。而它在跨撒哈拉贸易中的主要出口产品是象牙、鸵鸟羽毛和作为奴隶卖给北非穆斯林的俘虏。为了抓捕俘虏，卡奈姆帝国经常侵袭南部，与南部邻居冲突不断。

西非其他地区也出现了大量具有金属加工技术的农业群落。一些群落演变为国家，其他群落

---

① 又译为加涅姆。——译者注

② 准确位置至今没有确定。

依然是以氏族或村庄为基础的小群落。小群落主要分散在西非草原和森林地区。生活在以家庭为基础的小型村庄里的人，通常是自给自足的农耕者，粮食用于家庭消费而不用于缴税或贸易。他们没有官僚机构和统治阶层，规模小到完全可以在家庭基础上处理纷争和做出决定。一些群落因为语言相同而联系在一起，偶尔也会团结起来抵制外来进犯。一旦威胁消除，他们又会分散开来。就在此基础上，为了保卫宗教圣地，国家组织出现了，军事领导人或富商成为统治者。约鲁巴人和豪萨人（Hausa）的国家便是这一时期出现的早期形式的国家。

即使在小群落，金属加工技术也能制造出精美的艺术品。尼日利亚森林南部的伊博-乌库乌（Igbo-Ukwu）就出土了精美的青铜铸件，年代可追溯到公元 900 年，可能是宗教领袖或统治者的陪葬品。尼日利亚人有漫长的黏土工艺历史，至少可追溯到公元纪年前的诺克文化。伊博-乌库乌青铜器的铜肯定产自像今天尼日尔阿泽里克等撒哈拉矿山，因为尼日利亚地区没有铜矿。青铜的铸造方法是在铜的南运过程中出现的。伊博-乌库乌的青铜器说明，甚至生活在森林地区的人都与草原和萨赫勒的长途贸易网络有联系。

**图 6.4**　左图：尼日利亚东部伊博-乌库乌出土、用于仪式场合的青铜酒器，年代为 9 世纪；图片来源：*Werner Forman archive/Getty Image*。右图：尼日利亚东部伊博-乌库乌出土、脱蜡铸造而成的青铜容器，年代为 9 世纪；容器呈贝壳形状，顶部有一头豹。图片来源：*Heritage Image Partnership Ltd/Alamy Stock Photo*。

# 第七章

# 伊斯兰教与西非的黑人国家

## 阿尔莫拉维德人

### 起源

9世纪末，西撒哈拉的大多数柏柏尔人皈依了伊斯兰教。这些柏柏尔人把伊斯兰教带入西苏丹。伊斯兰教让柏柏尔游牧民和商人有了特定的"兄弟情谊"。此外，伊斯兰教还提高了他们与萨赫勒黑人农耕者在争夺领地过程中的竞争力。处于争夺领地最前线的是桑哈扎人的分支拉姆图纳人（Lamtuna）和加纳索宁克人。11世纪早期，加纳索宁克人的统治扩展到伊斯兰城镇奥达戈斯特和邻近的拉姆图纳人地区。一些桑哈扎首领把争夺领地视为宗教战争，但他们没能在追随者中激发出圣战（jihad）狂热。

11世纪前，富有的柏柏尔首领并不总去麦加朝觐。直到1036年，去麦加朝觐才成惯例。那年一位桑哈扎首领在从麦加返回的途中拜访了北非凯鲁万的穆斯林学者。他向学者倾诉，他的臣民对伊斯兰教没有热情，臣民在黑人异教徒的统治下受苦受难。结束对凯鲁万访问时，这位桑哈扎首领把一位名叫阿卜杜拉·伊本·亚辛（Abdallah ibn Yasin）的北方柏柏尔学者带到了撒哈拉的西南部地区。

到了那里后，阿卜杜拉吃惊地发现这些柏柏尔人名为穆斯林，实际上却几乎不遵守伊斯兰教规。他们大多是文盲，对《古兰经》知之甚少。此外，他们还保留了皈依伊斯兰教之前的宗教思想和习俗。与后来改宗伊斯兰教的黑人一样，南部有很多柏柏尔穆斯林成功地融合了新旧宗教。在阿卜杜拉看来，这些柏柏尔人之所以没有严格遵守伊斯兰教规，是因为桑哈扎人不够团结，而且也没有团结的意愿，以及处于"异教徒"索宁克人的统治之下。起初，他想让沿海的朱达拉人（Juddala）[①] 重新皈依伊斯兰教，但是这一努力失败了。后来，他退隐到毛里塔尼亚海岸的一个偏远地方。在阿拉伯语中，退隐到一处要塞，被称为"里巴特"（ribat）[②]。在那里，阿卜杜拉组建了一小支队伍，他们勇于献身，是伊斯兰教的忠诚追随者，被称为阿尔莫拉维德人[③]。阿卜杜拉·伊本·亚辛和阿尔莫拉维德人主张，严格遵守伊斯兰教规，向异教徒发动圣战。

---

① 朱达拉人，桑哈扎人的分支，主要居住在大西洋沿岸。
② ribat是阿拉伯语单词，意思是聚集力量保卫伊斯兰教。——译者注
③ al-Murabitun 或 Almoravids，意思是住在修道院的人。——译者注

## 阿尔莫拉维德人的扩张

阿尔莫拉维德人的传教一上来就在拉姆图纳人中引起极大的反响，因为此时他们正在与索宁克人激战。11 世纪 40 年代初，大量拉姆图纳人加入阿尔莫拉维德人的运动。在早期改宗者中，著名的有叶海亚·伊本·奥马尔（Yahya ibn Umar）和他的兄弟阿布·贝克尔·伊本·奥马尔（Abu Bakr ibn Umar），两人都是拉姆图纳人首领之子。他们和阿卜杜拉·伊本·亚辛一道，领导了对西撒哈拉桑哈扎人的征服和改宗。阿尔莫拉维德运动让互相敌对的桑哈扎氏族团结起来，也让桑哈扎人摆脱了北部西吉尔马萨的泽纳塔人和南部加纳索宁克人的控制。短短几年内，叶海亚和阿布·贝克尔打造了一支强大的军队。虽然这支军队缺乏纪律，但推进速度快，充满激情。宗教狂热和战利品激发了他们一次又一次的征服活动。

到 1055 年，阿尔莫拉维德人的军队已经征服了北部的西吉尔马萨和南部的奥达戈斯特，从而控制了跨撒哈拉的黄金贸易。早期的成功使桑哈扎游牧民越过沙漠，扩张到摩洛哥山区和平原

**地图 7.1**    11 世纪的阿尔莫拉维德帝国

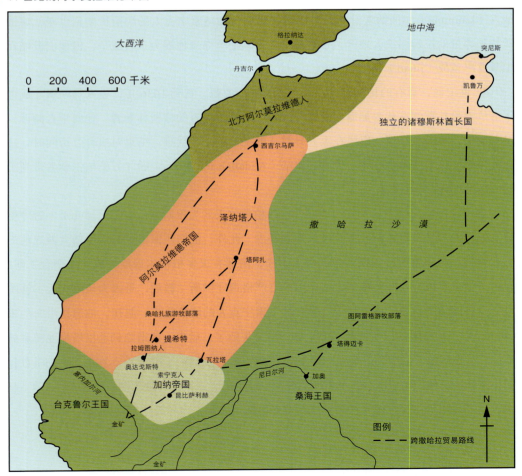

地区。然而，在此期间两位领导人战死沙场，使得阿尔莫拉维德人的早期团结有所削弱。叶海亚·伊本·奥马尔死于 1056 年，阿卜杜拉·伊本·亚辛死于 1059 年，阿布·贝克尔·伊本·奥马尔成了唯一的领导人。但从北到南横跨撒哈拉沙漠的广大领域，仅靠一个领导人实难控制。阿布·贝克尔回到南方发起对黑人的圣战时，他留下他的表兄弟优素福·伊本·塔什芬（Yusuf ibn Tashufin）统治北方。从此，阿尔莫拉维德运动实际上一分为二，优素福率军穿过摩洛哥，进入西班牙南部地区。

过去，历史学家认为南方的阿尔莫拉维德人于 1076 年征服了加纳。但是，近年来有些历史学家通过研究同期的阿拉伯人文献，对阿尔莫拉维德人征服加纳一事持怀疑态度。可以确定的是，阿尔莫拉维德人和索宁克人发生过冲突。索宁克人被迫从奥达戈斯特撤退，贸易也因此中断。在 11 世纪的后 25 年内的某个时候，加纳的索宁克人统治者皈依了伊斯兰教。但这究竟是征服的结果，还是游说的结果，难以断定。这可能是索宁克人统治者的政治策略，想要通过皈依来与信奉伊斯兰教的桑哈扎人重建贸易关系。但 12 世纪早期，加纳确实既是伊斯兰国家，又是独立国家。

105

阿布·贝克尔·伊本·奥马尔死于 1087 年。之后，南方阿尔莫拉维德人的军队的主力向北方转移。很多骁勇善战者离开了南方的沙漠，回到北方加入正在征服北非的优素福的军队。由于他们的离开和南方征服大业的半途而废，南方桑哈扎人的团结开始削弱。在此背景下，撒哈拉以南的索宁克人和后来的马林凯人重新开始了扩张。

# 北非伊斯兰教国家（1100—1500 年）

与此同时，在摩洛哥和西班牙南部的北方阿尔莫拉维德帝国境内，那些以前的沙漠游牧民很快就沉迷于财富和权力无法自拔。他们开始"堕落"，对伊斯兰教不再虔诚，这使得北非柏柏尔人愤而反抗。12 世纪 40 年代，这种反抗演变为反对阿尔莫拉维德人的圣战。圣战领导人是阿卜杜勒·穆明（Abd al-Mu'min）。他团结北非的柏柏尔人，推翻了阿尔莫拉维德帝国桑哈扎人的统治，建立了一个名为阿尔莫哈德（Almohad）的国家。事实上，阿尔莫哈德圣战继续推进了阿尔莫拉维德人的事业，最终于 12 世纪末统一了马格里布。在此期间，北非柏柏尔人彻底伊斯兰化了。新迁移过来的阿拉伯游牧民则把阿拉伯语和阿拉伯文化传播到农村地区。

这一进程所带来的最重要结果之一，就是北非、西非穆斯林世界的读写能力得到普及和提升。一般而言，阿拉伯人的识字能力是通过学习《古兰经》而得到的，因此清真寺是教学中心。通过这种方式，北非人和西非人不仅接触到了伊斯兰世界的知识，也推动了这些知识的发展。伊斯兰世界的知识成果非常丰富，特别是在数学和科学领域。印度人创造了 1 到 10 的计数方法和数字 0，奠定了现代数字体系。而穆斯林-阿拉伯人则将它发扬光大，并写出了世界第一本代数著作。他们还推动了物理学和天文学的发展，研究化学。西苏丹人也成为这一知识传统的继承者和

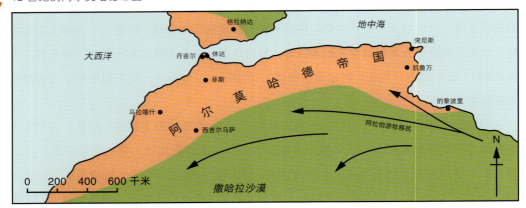

地图 7.2    12 世纪的阿尔莫哈德帝国

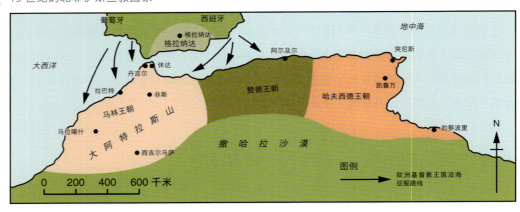

地图 7.3    15 世纪的北非伊斯兰教国家

推动者。

106        马格里布的柏柏尔人素有独立传统，这一传统在 13 世纪再次得到验证——阿尔莫哈德帝国分裂为 3 个敌对的国家。同时，基督教王国阿拉贡、卡斯蒂利亚和葡萄牙的军队，把穆斯林逐出西班牙、赶回北非。1415 年，信奉基督教的葡萄牙人占领了沿海要塞休达（Ceuta），把"收复失地运动"（Reconquista）拓展到北非。接下来一个世纪，西班牙和葡萄牙在北非沿海建立了许多贸易口岸。1492 年，西班牙人击败格拉纳达，结束了穆斯林在西班牙南部近 800 年的统治。

## 黄金贸易的进一步扩展

        北非的阿尔莫拉维德帝国和阿尔莫哈德帝国，极大地推动了跨撒哈拉的黄金贸易。与 10、11 世纪埃及的法蒂玛王朝一样，11—13 世纪的阿尔莫拉维德帝国和阿尔莫哈德帝国也铸造了金币。随着基督教欧洲、伊斯兰北非和亚洲之间的贸易发展，欧洲在 13 世纪迎来了经济复兴。欧洲的国王和贵族在铸造货币时，渐渐地从银币、铜币转向金币。铸币用的大部分黄金产自撒哈拉南部。据估计 14 世纪在欧洲和北非流通的黄金有 2/3 来自西苏丹贸易。由此可见，阿尔莫拉维德人与加纳的索宁克人之间的最初冲突，虽然可能使贸易出现中断，但只是暂时的。事实上，阿尔莫拉维德人统一撒哈拉柏柏尔人和伊斯兰教在西非统治者间的传播，反而促进了跨撒哈拉的黄金贸易。随着黄金新产地的开发，加纳失去了黄金贸易的主导权。这为新的西非国家崛起开辟了道路，特别是马里。

# 马里帝国

## 证据

关于这一著名的西非国家的历史，有两类证据：其一，同时代北非穆斯林的文献记载；其二，曼德语族的口述传统，特别是著名史诗《松迪亚塔》。突尼斯柏柏尔学者兼官员伊本·赫勒敦（Ibn Khaldūn）和阿尔及利亚伟大作家兼旅行家伊本·巴图塔（Ibn Battuta），两人都记载了 14 世纪的马里帝国，他们的作品是关于马里帝国的重要文献。伊本·赫勒敦主要论述北非历史，取材广泛。1352 年，正值马里帝国权力达到顶峰之际，伊本·巴图塔访问了马里。他实地观察且生动地描述了撒哈拉绿洲、马里都城尼阿尼（Niani）的生活，也记录了在宫廷听到的口述传统。

107

## 起源与扩张

尼日尔河上游稀树草原的布雷是重要的黄金新产地。这让草原上的索宁克人和马林凯人广泛地融入非洲黑人的贸易网络之中。南方索宁克人的分支索索人抢占了先机。在坎特（Kante）氏

### 史诗《松迪亚塔》

在文字出现前的非洲社会里，口述传统是历史和文化代际相传的主要载体。哪里有权势强大的王国，哪里就有丰富的口述传统。这些口述传统以诗歌的形式，经世代原原本本的吟诵流传下来。一些口述传统起初是颂诗，由宫廷御用诗人和乐师吟诵，有时也会歌唱。这些口述传统叙述了统治者及其先辈的丰功伟绩。史诗《松迪亚塔》就是这样的口述传统，它也是口述历史、文学和表演艺术的重要作品，至今仍在曼德语族社会中流传。在当代，《松迪亚塔》主要为表演艺术。表演世家历经多个世代把它传承下来。每一次传承，《松迪亚塔》的表演都会交给"特许的"新一代表演者。然而，《松迪亚塔》的故事轮廓一直未变。其他文献揭示，一个类似于《松迪亚塔》中松迪亚塔的人物，确实在 13 世纪前后开启了马里帝国的扩张。

族的苏芒古鲁（Sumanguru）的领导下，索索人很快就建立了一个独立于加纳的新国家。索索人的国家靠劫掠和征服起家——杀死其他地方的统治者，夺取这些地方上缴给加纳的贡品。13世纪20年代初，苏芒古鲁的军队劫掠了南方的马林凯人，然后又攻击了北方的加纳索宁克人。1224年前后，苏芒古鲁的军队洗劫了加纳都城。

松迪亚塔是马林凯人，出身于凯塔（Keita）氏族，在索索人的劫掠中幸免于难。松迪亚塔组织马林凯人奋而反抗索索人。他把众多马林凯人酋邦联合起来并置于其统治之下。1235年，他率领马林凯人军队在今天巴马科（Bamako）附近的基里纳（Kirina）打败了苏芒古鲁。击败苏芒古鲁后，松迪亚塔统治了索索人近期收服的索宁克人，包括很多之前隶属加纳帝国的索宁克人。

短短几年内，松迪亚塔建立起庞大的马里帝国，定都尼阿尼。尼阿尼位于尼日尔河上游南部草原黄金产地布雷附近。松迪亚塔在世时，马里帝国的版图就从西南森林边缘，越过了马林凯人和南方索宁克人的稀树草原，一直延伸到加纳帝国的萨赫勒地区。虽然奥达戈斯特依然控制在桑哈扎人的手里，但此时东部城镇瓦拉塔（Walata）已经成为跨撒哈拉贸易在南部沙漠上的主要"港口"。即使在鼎盛时期，加纳帝国的版图也没有延伸到尼日尔河上游的三角洲，松迪亚塔的继承者却把廷巴克图和尼日尔河中游河曲都纳入马里帝国版图之内。14世纪，马里帝国达到鼎盛，其版图从大西洋沿岸的塞内加尔南部，一直延伸到尼日尔河中游河曲东部的桑海王国都城加奥（Gao）。马里帝国南至森林地带，包括黄金产地布雷和班布克；北越萨赫勒地区，包括撒哈拉南部沙漠"港口"瓦拉塔和塔得迈卡（Tadmekka）。

## 宗教与王权

马林凯人的传统宗教与西非其他农业群落的宗教类似，其核心信仰是"土地神"保佑了庄稼丰收。他们认为，在特定地区定居下来的最早的农耕先民与土地神达成了约定——后者确保庄稼丰收。通过与祖先心神沟通，马林凯人才能与先民和"土地神"保持联系。村庄首领，马林凯人称之为曼萨（mansa），是先民的直系后裔。曼萨头衔世代承袭，与马林凯人农业生产所依赖的"土地神"有最直接的联系。作为祖先的守护者，曼萨既是宗教首领，又是世俗首领。

松迪亚塔组建马林凯人的反索索人联盟时，劝服其他马林凯曼萨把头衔让渡给他。由此，松迪亚塔就成为唯一的曼萨，成为所有马林凯人和马里帝国的宗教和世俗首领。随着曼萨权力的上升，其宗教影响也随之增加。在帝国内，曼萨的宗教角色对臣民生存至关重要，因此臣民极其尊重曼萨。曼萨离群索居，臣民需跪着觐见。其身边陈列着象征财富和威仪的物品，以示曼萨的权力和尊严。无疑，这些有助于曼萨的统治，让臣民顺从。尽管外人有误解，但曼萨并不是古埃及法老那样的"神"。

松迪亚塔之后，马里帝国的大多数统治者都是穆斯林，有些笃信伊斯兰教，多次到麦加朝

地图 7.4 　　14 世纪的马里帝国

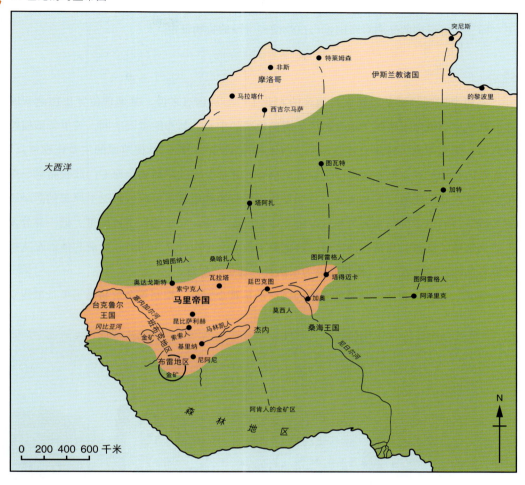

觐。最著名的是 1324—1325 年曼萨穆萨（Mansa Musa）[①] 的那次规模巨大的奢侈朝觐。城镇里的商人、朝臣与"土地神"相对疏远，他们比大多数农民更愿意接受伊斯兰教。在农村地区，农民依然非常依赖于"土地神"的垂怜。马里的统治者接受了伊斯兰教，但从未完全抛弃传统宗教。如果抛弃传统宗教，统治者就会失去农民的支持，毕竟大多数农民遵从的是本土宗教信仰和惯例。

## 帝国的行政

　　马里的政治组织在很多方面都类似于加纳。宫廷雇用很多有读写能力的穆斯林担任记录员和大臣，让他们从事大部分的行政工作。在帝国的偏僻地区，过去的地方首领只要收集贡品并向帝都纳贡，他们的位置就能保住。曼萨组建了一支庞大的常备军，营级指挥官在宫廷中位高权重。

110

---

① 常译为曼萨·穆萨，但容易被误以为是人名，曼萨乃统治者称号，曼萨穆萨似乎更好。——译者注

每个营都有少量的精锐骑兵和大量配有弓弩的步兵。军队保护帝国，防范外敌入侵，巡逻贸易路线，并保证地方首领向国王进贡。王室收入主要来自纳贡和征收上来的贸易税。与加纳帝国的国王一样，马里帝国的曼萨对帝国进出口及途经帝国的货物征税。

## 经济

马里帝国的经济基础是农村地区的农业生产。从这点来说，其地理位置比加纳帝国优越得多。都城尼阿尼位于帝国土地最肥沃的南部地区的中心。与加纳帝国不同，马里帝国横跨南部稀树草原，降雨丰富，常年有粮食盈余。各地种植不同的庄稼。稀树草原的主要作物是高粱和粟，冈比亚山谷和尼日尔河上游洪泛平原种植稻谷。北部干燥的萨赫勒草原专门放牧骆驼、绵羊和山羊。粮食在地区间通过贸易流通，特别是从稀树草原和尼日尔河流域洪泛平原卖到萨赫勒地区的贸易城镇。马里帝国的大部分粮食是由个体农民生产的。农民住在小村庄里，把一部分盈余粮食上交当地酋长，酋长扣留一部分后，再把余下的上交中央政府。同时，曼萨和他的军队指挥官掌管着自己的"国有农场"，使用奴隶为军队和宫廷生产粮食。

当然，在旁人看来，马里的主要经济活动是黄金贸易，控制黄金贸易是马里帝国建立的巨大

**图 7.1**　杰内大清真寺，也是每周开市一次的传统市场。它是世界上最大的土坯建筑，也是联合国教科文组织世界遗产地。现在的建筑是 1907 年第三次复建的。墙外木杆起到固定建筑作用，也是大清真寺的装饰。每年一次的大清真寺抹泥节（Crepissage）期间，当地民众和工人都会重刷灰泥，木杆可用来搭施工脚手架。图片来源：*oversnap/iStock*。

推动力。曼萨对途经帝国的贸易征税，但没有直接控制黄金开采。黄金产地的当地人特别渴望维持独立。他们向曼萨进贡金块，也对食盐进口缴税。然而，一旦曼萨直接干涉黄金开采，矿工便立即罢工。甚至曼萨让矿工皈依伊斯兰教时，他们也会罢工，因此曼萨放弃了这一计划。

马里帝国内部出现了专业的商人阶层。在西部，他们被称为万加腊（Wangara），在东部，他们被称为迪尤拉（Dyula）。他们本是马林凯人、巴马纳人（Bamana）或索宁克人，通常是穆斯林。他们将马里帝国的贸易带到西非最边缘的角落，穿过森林交换来可乐果，把可乐果、盈余粮食、狩猎物（肉、皮、羽毛、象牙）和西非黄金运到萨赫勒地区的贸易城镇瓦拉塔、塔得迈卡、廷巴克图和加奥。14世纪末，马里帝国的迪尤拉商人向南深入至今天加纳共和国的阿肯（Akan）森林。在那里，他们把整个黄金生产纳入跨撒哈拉贸易网络中。阿肯黄金产地得到开发后，黄金贸易中心向东迁移，廷巴克图和杰内取代了瓦拉塔而成为重要的贸易"港口"。

14世纪的某个时期，西苏丹内部贸易引入了印度洋的子安贝（cowrie shells）作为流通货币。此举似乎得到了政府的鼓励与支持。引入子安贝可以增加税收，有利于粮食与其他货物之间的内部交易。但是，金沙和食盐仍然是撒哈拉长途贸易中的主要通货。

## 14世纪的马里

111

14世纪，马里帝国达到权力和声望的顶峰。帝国的繁荣主要依赖于统治者的个人权力。13世纪末，一系列的王朝斗争和短命统治一度削弱了君主的权力。一旦出现这样的情况，偏远地区便宣称会独立，拒不纳贡。但是，14世纪，在两个特别能干的曼萨——曼萨穆萨（1312—1337年在位）和曼萨苏莱曼（Mansa Sulayman，1341—1360年在位）[①]——统治下，君主的权力得到了恢复。

由于曼萨穆萨1324—1325年那次著名的麦加朝觐之旅，伊斯兰世界其他地区开始关注马里。曼萨穆萨率领一支包括100头满载黄金的骆驼在内的庞大队伍到达开罗。在开罗，埃及苏丹对曼萨穆萨礼遇有加，视曼萨穆萨为穆斯林同道。曼萨穆萨在埃及慷慨奢侈，赠送大量黄金礼品，竟致开罗黄金贬值。多年后，开罗黄金才恢复平价。凡是见过曼萨穆萨的人都对他印象深刻：富有、慷慨、聪慧。

曼萨穆萨在从麦加返回途中，从埃及带回了一个建筑师，并让他重新设计了加奥[②]的清真寺。在曼萨穆萨统治时期，马里修建了大量清真寺。曼萨穆萨一直鼓励、推动臣民研习和传播伊斯兰教。在统治初期，曼萨穆萨派遣黑人学者到摩洛哥非斯（Fes[③]）的"大学"学习。其统治末期，黑人学者建立了自己的研习中心和《古兰经》研究中心，例如廷巴克图。

曼萨穆萨的朝觐之旅引起了其他穆斯林学者的兴趣，其中就有丹吉尔（Tangier）的柏柏尔

112

---

① 同曼萨穆萨的脚注。——译者注

② 新并入马里帝国。

③ 今天的拼法为 Fez。

**图 7.2**　撒哈拉南部最古老的清真寺：廷巴克图津加里贝尔清真寺（Djinguereber Mosque）。津加里贝尔清真寺由圆形土坯、碎石和黏土修建而成。据传，马里帝国的曼萨穆萨 1325 年下令修建了津加里贝尔清真寺。图片来源：*Alan Tobey/iStock*。

地理学家伊本·巴图塔。游历完整个亚洲伊斯兰世界后，伊本·巴图塔在曼萨穆萨之弟曼萨苏莱曼统治期间访问了马里。1352 年，伊本·巴图塔开启了马里帝国之旅，途经了产盐地塔阿扎和萨赫勒地区的贸易城镇瓦拉塔。他的旅行记录是研究 14 世纪马里帝国的重要史料。

　　753 年 1 月［即公元 1352 年 2 月］初，我和一个商队出发了。率领这支商队的是阿布·穆罕默德·扬达坎·马苏菲（Abu Muhammad Yandakan al-Masufi），愿真主垂怜他。商队包括一群西吉尔马萨商人和其他人等。25 天后，我们到达了一个名叫塔阿扎的村庄，这里什么都没有。但令人啧啧称奇的是，塔阿扎的房屋和清真寺的建筑材料是岩盐，房顶是用骆驼皮做的。塔阿扎没有树，只有漫天黄沙和一个盐矿，当地人就在地下挖盐。盐呈厚板状，一块挨着另一块，像是有人把它们放在地下一样。一头骆驼可以载两大块盐。除了挖盐的马苏法人（Masufa，一个柏柏尔族群）的奴隶，没有人住在那里。他们的食物是从达尔阿（Dar'a）和西吉尔马萨运来的海枣、骆驼肉和从苏丹（撒哈拉以南黑人之地）运来的阿尼里（anili）……

我们在那里待了 10 天，痛苦不堪，因为那里的水含有盐分，苍蝇聚集。

我们离开塔阿扎时带了一些水，之后进入了荒漠。这是一段 10 天的路程，水源罕见。但进入荒漠后，我们发现了大量聚集着雨水的水池。有一天，我们在两个岩质山丘间发现一个盛满清水的池子。因此，我们装满水袋，洗了衣服……

那些天里，我们[1]总走在商队的前面。一旦发现适合放牧的地方，我们就在那里放牧。我们一直如此，直到一个名叫伊本·兹瑞（Ibn Ziri）的人在沙漠中失踪之后，我们就既不走在前面也不落在后面。[2]

在马里都城尼阿尼舒适地度过 8 个月后，伊本·巴图塔才踏上归程，途经廷巴克图、加奥、塔凯达（Takedda）和图瓦特（Tuat）。一开始，伊本·巴图塔极力抨击马林凯人的饮食单调：碎米、蜂蜜和牛奶。但是，他很快就对马林凯人产生好感，因为马林凯人既好客又讲公道。关于公道，伊本·巴图塔写道：

黑人有些品质，值得称道。他们很少不讲公道。比起其他地方的人，他们更憎恶不公道之举。他们的苏丹（曼萨）对哪怕只有极小恶行的人都不会开恩。在他们国家，人是绝对安全的，旅行者和当地人都用不着担心抢劫者和暴民。[3]

14 世纪，马里声名远播，那时的欧洲地理学家在制作地图时都特别关注马里。在一幅 1375 年绘制的地图中，坐在御座上的马里国王右手拿着金块身处西非的中央。一个来自沙漠帐篷居所、戴着面纱、骑着骆驼的桑哈扎人正向他走来。

---

[1] 西非商队通常由少数商人和大量骆驼组成。这里说的"我们"，应该指的是伊本·巴图塔和其他人，他们走在骆驼的前面。——译者注

[2] Levtzion, N. and Hopkins, J.E.P. (eds.) (1981), *Corpus of Early Arabic Sources for West African History*, trans. J.E.P. Hopkins, (CUP: Cambridge), p. 782.

[3] Bovill, E.W. (1968) *The Golden Trade of the Moors*, 2nd edn (OUP: Oxford), p.95.

## 马里的衰落

113

马里帝国的强大和成功依赖于统治者的强势。14 世纪末，在经过一系列软弱统治者、短命统治、王朝斗争后，曼萨的权力大大下降。偏远地区纷纷趁机宣布独立，其中就有举足轻重的尼日尔河河曲东部的桑海。同时，南方的莫西人（Mossi）和北方的图阿雷格人开始掠夺和蚕食马里帝国的财富。

### 莫西人

莫西人来自尼日尔河曲南部的草原地区，那里从未被纳入马里帝国。贵族统治阶层组建了诸多莫西人小国，他们主要依靠装备精良的骑兵在外劫掠来维持统治。骑兵人数虽少，但装备精良，战斗力高，可以实施高效的突袭。依托骑兵，贵族向农民征税，并在劫掠豪夺中聚敛起财富。在马里帝国虚弱之际，他们趁机而起。15 世纪 80 年代初，莫西骑兵北向劫掠，远至瓦拉塔。

### 廷巴克图与图阿雷格人

廷巴克图原本是图阿雷格人的帐篷定居地。廷巴克图既是图阿雷格人的牧场，又是跨撒哈拉贸易的枢纽。在松迪亚塔或其继承者统治期间，将其从图阿雷格人手里夺了过来，并入了马里

114

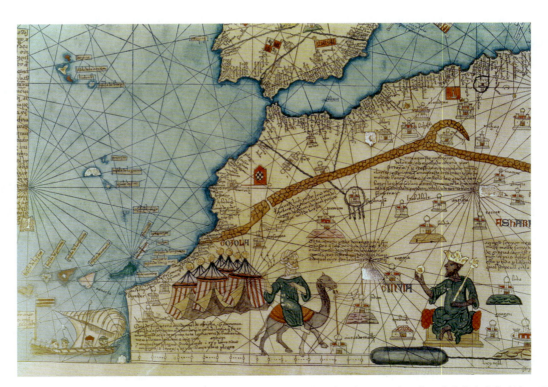

图 7.3    1375 年的"加泰罗尼亚地图"（Catalan Atlas）局部。在这幅地图中，马里帝国的曼萨穆萨坐在御座上，手拿金块。此时的马里是北非、西欧铸造金币所需黄金的主要来源地。图片来源: *Abraham Cresques/Getty Images*。

帝国。在廷巴克图，坚固一些的房屋都是土坯建筑。后来廷巴克图成为黑人和柏柏尔穆斯林的商人与学者的重要活动中心。15 世纪初，马里帝国衰弱，图阿雷格游牧民侵袭廷巴克图，最终在 1433 年占领了廷巴克图。图阿雷格人意识到廷巴克图是潜在的财富来源地，因此没有侵扰城里的日常生活，只是把税收从马里都城转到自己手里。事实上，1450 年前后，越来越多的柏柏尔商人和学者从瓦拉塔迁居廷巴克图，廷巴克图的经济和文化生活变得更加繁荣。16 世纪，随着廷巴克图被正在扩张的桑海帝国所吞并，其财富和声名达到顶峰。

对马里来说，丧失廷巴克图是帝国最终衰落并为桑海所取代的标志性事件。到 1500 年，马里帝国版图大为缩减，只剩下马林凯人控制的核心地区，大多数非马林凯族群纷纷宣布独立。到 17 世纪，甚至连马林凯人联盟也分崩离析了，各村庄的曼萨恢复了独立统治。即便如此，在马林凯人控制的核心地区，关于马里帝国总有一天会复兴的思想一直延续到 19 世纪。

## 桑海的起源与崛起

### 桑海国的起源

桑海的核心区域是加奥东南部尼日尔河中游一带。这一地区主要居民为杜尔（Do）农民、与莫西人有亲缘关系的果沃（Gow）猎人，以及索库（Sorko）渔民，其中索库人占绝对主导地位。早至 8 世纪，索库渔民就沿河直上，把领土扩展至尼日尔河河曲。凭借独木舟，索库人掌控了尼日尔河，并把尼日尔河变为粮食贸易通道。对经验丰富的渔民和狩猎河马的猎人来说，把独木舟改造为战船并不困难。索库人在尼日尔河中游一带修建贸易点，借此控制附近的农耕者群落。9 世纪，尼日尔河中游地区整合形成单一的"桑海"国，都城设在库基亚（Kukiya）。在此之前，桑海人一直与加奥的穆斯林商人保持着紧密联系。

贸易城镇加奥是由柏柏尔人建立的，埃及商人可能也有参与。埃及商人是被加纳帝国班布克的黄金贸易吸引而来的。在跨撒哈拉贸易中，加奥连接着撒哈拉的中部和东部地区。桑海的农民、渔民为加奥商人提供食品，以换取食盐、布匹和其他北非产品。由于这些联系，11 世纪初的桑海统治者至少在名义上已成为穆斯林，先于台克鲁尔和加纳帝国的统治者。之后不久，加奥就成为桑海的新都城。14 世纪，加奥和桑海西部的其他地区被并入马里帝国。但是，桑海大部分地区不在马里帝国的征税范围内。

15 世纪，马里衰落，桑海宣布独立。索尼（Sonni）王朝组建了一支由骑兵和独木舟战船组成的强大军队。在索尼·苏莱曼·丹迪（Sonni Sulayman Dandi）统治时期，桑海军队开始沿着尼日尔河河曲，向上游地区扩张。在其继承者索尼·阿里大帝（Sonni Ali the Great，1464—1492 年在位）统治期间，桑海成为一个比马里更加强盛的帝国。

115

116

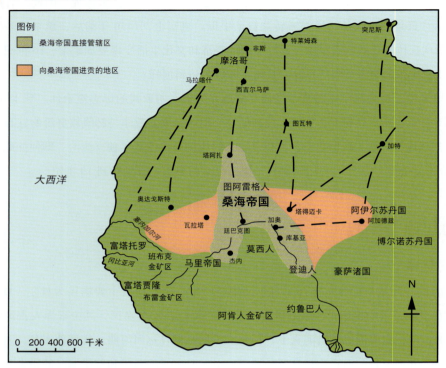

**地图 7.5**　16 世纪初的桑海帝国

## 索尼·阿里与桑海帝国的建立

　　1468 年，索尼·阿里从图阿雷格人手中夺取了廷巴克图，就此开启了征服大业。此后，他致力于把图阿雷格人逐出南部沙漠，并借助军事征服来扩大帝国版图。在桑海人的口述传统中，他的军队战无不胜。索尼·阿里也确实是一位令人畏惧的军事统帅，在他的统治下，桑海帝国往北扩张至沙漠地区，往西南推进至杰内。15 世纪 80 年代末，桑海军队入侵了莫西人领地，莫西人退至尼日尔河的南部，对入侵者来说，莫西人领土是一块肥肉，但这片动荡的领土从未被并入桑海帝国。

　　索尼·阿里侵袭廷巴克图，对图阿雷格人穷追猛打，且不太尊重伊斯兰教。对此，阿拉伯历史学家展开强烈批评。他们把索尼·阿里描述为一个无情的暴君和压迫者。毫无疑问，在索尼·阿里统治时期，廷巴克图的学者处境艰难。但在桑海人的口述传统中，索尼·阿里是一个伟大的征服者和桑海帝国的奠基者。索尼·阿里死于 1492 年，其子继位。不久，索尼·阿里的部将穆罕默德·图雷（Muhammad Ture）便废黜了继位者。穆罕默德·图雷是索宁克人，也是一个虔诚的穆斯林。

**图 7.4**　马里莫普提（Mopti）附近的渔民在尼日尔河上撒网。图片来源：*Michele Alfieri/iStock*。

## 阿斯基亚王朝统治下的桑海

　　穆罕默德·图雷（1493—1528 年在位）是阿斯基亚（Askiya）王朝的奠基者，他强化了帝国的管理，巩固了对新征服地的统治。他利用伊斯兰教增强权威，维持幅员辽阔的帝国的统一。1498 年，穆罕默德·图雷率军侵袭莫西人，并宣布此次侵袭为圣战，从而为侵袭正名。阿斯基亚·穆罕默德[①]认识到伊斯兰教对跨撒哈拉贸易的重要性。因此继位后不久，他就前往麦加朝觐，让伊斯兰世界知道他对信仰的重视。在开罗，阿斯基亚·穆罕默德说服埃及哈里发承认他为所有黑人的"哈里发"。从麦加一回来，阿斯基亚·穆罕默德便把廷巴克图恢复为伊斯兰教的研习中心。然而，他并没有强迫臣民皈依伊斯兰教。大多数臣民保留了传统宗教信仰。

　　部分得益于阿斯基亚·穆罕默德对伊斯兰教的倡导，在其统治时期，桑海的跨撒哈拉贸易也繁荣起来。繁荣的贸易增加了桑海的财富。阿斯基亚·穆罕默德把帝国进一步扩张至沙漠深处，使桑海更加直接受益于跨撒哈拉贸易。他的军队击退了撒哈拉南部的图阿雷格人，占领了东部的阿伊尔（Aïr）和北部的产盐地塔阿扎。虽然桑海帝国没有直接统治过东南部的豪萨诸国，但这

---

①　即穆罕默德·图雷。——译者注

些富有的国家都被纳入桑海帝国庞大的贸易网络之中。

在行政上，桑海帝国比马里帝国更加中央集权化。桑海帝国征服新的区域后，宫廷会任命官员取代原来的地方首领，这些命官往往是王室成员或信臣，他们的官职不世袭，由国王直接任命。这些地方官员招募兵员，组建地方军，确保当地农民如期上交赋税。取代原来的地方首领和中央集权化，可避免地方在王朝纷争或弱势君主统治时期独立出去。事实上，1528年老迈的阿斯基亚·穆罕默德被其子废黜之后，王朝就纷争不断。但是，直到1591年摩洛哥人的侵入前，桑海依然是一个强大的贸易帝国。

与马里一样，桑海帝国的收入主要来自地方的进贡、尼日尔河洪泛平原和桑海核心地区的"国有农场"及贸易税。长途贸易的主要通货是食盐，子安贝主要用于帝国内部贸易。桑海帝国的贸易物品和马里帝国的贸易物品基本一致。黄金是跨撒哈拉贸易的主要推动力，此外还有南部森林的可乐果和可以在北非穆斯林地区卖作奴隶的俘虏。俘虏主要来自对尼日尔河河曲南部莫西人的侵袭。帝国境内的主要贸易产品是粮食。从北非进口来的货物，除了食盐外，还有奢侈品、布匹、子安贝和战马。桑海帝国会对当地黑人种植的棉花进行纺织加工。在杰内、廷巴克图和加

**图7.5**　桑海帝国阿斯基亚王朝奠基者穆罕默德·图雷的陵墓，位于加奥。穆罕默德·图雷利用伊斯兰教，增强权威，维系着庞大帝国的统一。图片来源：*Werner Forman archive/Getty Images*。

图 7.6　一位德国人于 1858 年绘制的廷巴克图。背景中的高塔是清真寺光塔。自 14 世纪以来，廷巴克图就一直是伊斯兰教的研习中心。

奥等城镇里，北非的毛织品和亚麻布会被拆解开来，再根据当地的传统重新加工。

　　1510 年和 1513 年，哈桑·伊本·穆罕默德·法西（Hassan ibn Muhammad al-Fasi），一个在非斯接受过教育的摩洛哥年轻人，先后两次访问了桑海帝国。他以莱奥·阿非利加努斯（Leo Africanus）① 为笔名，用意大利语生动而详尽地描述了阿斯基亚·穆罕默德统治下的鼎盛时期桑海。关于廷巴克图，他写道：

　　　　这里有很多手艺人和商人，特别是编织亚麻石和棉布的人开的店铺。柏柏尔商人也把布匹从欧洲运到此地。除了仆婢，这里妇女出门都戴面纱，出售各种各样的食品。当地人极其富有，国王甚至把两个女儿分别嫁给了两个富商。这里有很多井，井水甘甜。尼日尔河河水泛滥时，当地人开凿沟渠，引水入城。这里盛产玉米、牛、奶和黄油，但食盐比较匮乏，要从塔阿扎经陆路运到这里，路程有 500 英里（800 公里）。我在那里的时候，亲眼见过一头骆驼驮载的食盐卖了 80 达卡（ducat，当时欧洲流通的一种金币）……

　　　　汤姆布托王（Tombuto，廷巴克图总督）金冠银面，富贵逼人。王宫雄伟，装饰华美。

118

----

① 基督徒俘虏了他，并迫使他改宗基督教。

外出时，汤姆布托王总骑着一头骆驼，由一些贵族作为引导。打仗时，士兵骑着马，汤姆布托王依然骑着骆驼。3000 多名骑兵和大量配有毒箭的步兵护佑着他。士兵经常与那些拒不进贡的人发生冲突。士兵收取贡品，再卖给汤姆布托王的商人……

这里有很多医生、仲裁员、神职人员和其他受过教育的人。他们由国王资助，生活优渥。从柏柏尔人那里来的各种手抄本和著作帮助当地人走出了蒙昧，卖的价钱比其他商品高得多。汤姆布托的货币是金子做的，但上面没有图案和印记。在价值不大的买卖中，当地人使用从波斯传来的贝壳结算，400 个贝壳等值于 1 个达卡或 6 个汤姆布托金币，每块金币约有 0.67 盎司重。[1]

## 119　富尔贝人（或富拉尼人）

这一时期的富尔贝人（Fulbe）[2] 是居住在萨赫勒地区和草原地区的特殊人群。在体征上，富尔贝人与普通黑人不同，肤色较浅，外表更接近柏柏尔人。但是，与柏柏尔人不同，富尔贝人说的语言属于尼日尔-刚果语系。11 世纪，作为游牧民的富尔贝人与占据主导地位的黑人农民一起生活在塞内冈比亚（Senegambia）地区。11—16 世纪，富尔贝人逐渐扩大牧场，越过西非草原，从西部的富塔托罗（Futa Toro）一直延伸至东部的博尔诺（Borno）。富尔贝人没有征服或统治农耕群落，大多数富尔贝人在农耕群落中定居下来，一些富尔贝人接受了农耕者的定居生活，与当地人融合在一起。其他富尔贝人则依然是畜牧者，说富尔贝语，有独特的文化传统。

---

① Africanus, L. (1896) *History and Description of Africa*, trans. J. Pory and ed. R. Brown, London, vol. Ⅲ, pp. 824—827; quoted in Bovill, E.W. (1968) *The Golden Trade of the Moors* (OUP: Oxford), pp. 147—150.

② 富尔贝人，有时也称珀尔人（Peuhl）。在西非的东部地区，他们的豪萨语名称为富拉尼人（Fulani），这一叫法更普遍些。

# 第四篇

# 东部、中部与南部非洲的宗教、贸易与酋长制

第八、九、十章将分别叙述东部、中部和南部非洲的历史，时间跨度为9—16世纪。

在东北非地区，作为阿克苏姆王国继承者的埃塞俄比亚人，建立了独特的基督教分支，其统治者将神权与世俗王权联系在一起。但无论宗教作何主张，王室统治都完全依赖于军事力量。历届统治者都展开军事征服，向南扩张其王国。这必然会与伊斯兰苏丹国产生冲突。数个世纪以来，这些伊斯兰苏丹国自东南方沿阿瓦什河（Awash）流域向北推进。作为在16世纪幸存下来的基督教国家，埃塞俄比亚主要得益于好运，而非新征服的南部省份"忠诚"。

本书关于埃塞俄比亚高原以南地区主要有3个主题。

第一，人口增加，政治变得更复杂。人口的增长，主要是因为狩猎、农业、畜牧技术的进步，有时也与移民相关，如来自今天南苏丹地区的尼罗河流域牧民。透过埃塞俄比亚的复杂社会，我们可以揭示出酋长制度的起源，有时也能找到国家形成的原因。

第二，长途贸易的作用越来越大，尤其是与东非沿海地区的长途贸易。长途贸易加速了社会分化，促进了国家的形成。然而，无论世俗财富和社会优势有多大，新兴国家的统治者总以宗教权威的身份来为其统治权力正名。他们是宗教神殿的监护者，或是与先辈或"创始"祖先有着精神联系的媒介。

第三，将口述传统与考古、语言学证据联系起来，我们可以追溯东部、中部和南部非洲人的现代文化认同的起源。

在赞比西河以南的草原，牛越来越重要。牛越多的人，往往就越有机会成为酋长。而与东非沿海地区的长途贸易使得当地的酋邦进一步发展成为有着社会分化的强大国家，如林波波河流域的马庞古布韦王国（Mapungubwe）和大津巴布韦中央地区更为人所知的绍纳人国家（Shona state）。这些国家最终都走向衰落，而衰落可能与环境退化有关。在这些国家的历史中，我们也能看到人口超过了临界点，衰落随之而来。

尽管与少数阿拉伯穆斯林移民及其西印度洋贸易密切相关，但东非沿海地区的斯瓦希里贸易群落的发展主要得益于非洲的发展。斯瓦希里沿海港口和近海岛屿定居点之所以繁荣，主要是因为内陆非洲国家提供了亚洲市场所需的高价值商品，特别是象牙和黄金。15世纪末，葡萄牙人进入印度洋，严重冲击了东非沿海地区的和平贸易。

# 第八章

# 16 世纪前的东非

## 埃塞俄比亚基督教王国（850—1550 年）

在公元 800 年前，埃塞俄比亚都城从阿克苏姆南迁至了内陆高原中部。由于巴格达的崛起和远离红海的印度洋贸易随之而来的分化，埃塞俄比亚的对外贸易渐渐衰落。到 9 世纪早期，埃塞俄比亚成为一个孤立的基督教前哨，经济以农业为主，地主贵族控制着国家。同时，由于遭到绍阿高原（Shoa）地区说阿高语（Agew）的群落的激烈抵抗，埃塞俄比亚的南向扩张中断了。

公元 1000 年后，埃塞俄比亚王国重交好运。在法蒂玛王朝统治下，埃及经济获得发展，红海贸易随之复苏。埃塞俄比亚向埃及出口少量黄金，可能也有一些象牙。埃塞俄比亚依然是伊斯兰世界获取松脂、乳香和没药的重要来源地。但是，在埃塞俄比亚的出口商品中，利润最大的商品是俘虏，特别是主要卖给阿拉伯半岛西南部也门的穆斯林做妾或家仆的妇女。这一时期，埃塞俄比亚与塔纳湖（Tana）南部的高原群落战事不断，俘虏可能就来自这些群落。埃塞俄比亚的贸易线路是从阿克苏姆北部的阿杜里斯到穆斯林控制的达赫拉克群岛（Dahlak）。

## 扎格维王朝统治下的埃塞俄比亚（1150—1270 年）

随着扎格维（Zagwe）王朝的建立，埃塞俄比亚也复兴了起来。该王朝由一批出身于阿克苏姆上层、说阿高语的军官建立，而 "Zagwe" 一词便源于 "Ze Agew"[①]。1150 年前后，一位名叫马拉·泰克勒·海马诺特（Mara Tekle Haimanot）的军官篡夺了阿克苏姆的王位。通过迎娶阿克苏姆王室女性，他宣称自己的王位具有正当性。在阿克苏姆 / 埃塞俄比亚的文化中，基督教教会依然占据主导地位；为了赢得教会首领的支持，扎格维王朝历代国王信奉《旧约》，编造神话，声称自己是摩西的后代。在扎格维王朝统治下，埃塞俄比亚基督教王国积极扩张。扎格维国王曾率领一支大军，把塔纳湖南岸的基督徒统治区推进至戈贾姆（Gojjam）和绍阿高原。

随着国家的扩张，所征服地区的传统首领被信仰基督教的军事将领、王室成员或王室成员的挚友所替换。宫廷授予这些地区总督大量私产，准许他们向当地臣民征税。地区总督则负责地区军事防卫、保证商旅安全、向宫廷交税，以及在战时支持国王。基督教传教士支持王国的征服事

---

① Ze Agew 是 "说阿高语的人" 的所有格，英语形式为 of Agew。

业。经国王允准，基督教传教士建立了诸多修道院。这些修道院成为重要学术中心和埃塞俄比亚基督教文化中心。但是，皈依基督教的人并不多。

### 124　埃塞俄比亚的基督教

扎格维王朝的统治者恢复了埃塞俄比亚教会与巴勒斯坦圣地的联系。甚至，在最孤立无助的数个世纪里，埃塞俄比亚教会依然与埃及残余下来的科普特教会有联系。埃塞俄比亚属亚历山大大主教辖区，即使在伊斯兰教兴起、科普特教会衰落的时期，埃塞俄比亚教会还是任命了一个

图 8.1　一幅用鲜明图案衬托的拉利贝拉国王画像。正是在其统治时期，拉利贝拉国王下令开凿、雕刻埃塞俄比亚著名的"岩石教堂"。图片来源：*Hulton Archive/Stringer/Getty Images*。

**图 8.2**　圣乔治（St George）教堂：埃塞俄比亚拉利贝拉 11 座岩石教堂之一。有历史学家认为：修建岩石教堂，就是想在埃塞俄比亚高原上重建耶路撒冷。拉利贝拉岩石教堂已纳入联合国教科文组织世界遗产名录。图片来源：*Lingbeek/iStock*。

埃及人做大主教。但是，埃塞俄比亚教会拥有自己的特色。埃塞俄比亚人自视为"上帝的选民"，埃塞俄比亚是异教徒和穆斯林所包围的基督教前哨站。在宗教仪式和信仰上，埃塞俄比亚人遵循《旧约》，自认是古以色列人后裔。同时，6 世纪的基督一性论修道传统顽强地存续了下来。

　　扎格维王朝的开放政策，进一步拉近了埃塞俄比亚教会与耶路撒冷之间的关系。到 13 世纪早期，埃及与埃塞俄比亚之间贸易往来频繁，埃塞俄比亚基督徒可自由出入埃及。借此，埃塞俄比亚人定期沿着尼罗河而下，转而向东前往圣城耶路撒冷朝圣。

　　在拉利贝拉（Lalibela，1185—1225 年在位）统治时期，都城罗哈（Roha）[1]的修道士修建了一系列教堂。这些教堂是在坚石中开凿出来的，世所罕见，保存至今，证实了埃塞俄比亚基督教会的力量和狂热。在都城地区的山中，修道士共开凿出 11 座岩石教堂。后来，都城改名为拉利贝拉。多个教堂以耶路撒冷圣地取名：各各他、圣墓等。埃塞俄比亚已故历史学家塞尔高·哈卜勒·塞拉西（Sergew Hable Sellassie）认为：修建拉利贝拉教堂的初衷是想在埃塞俄比亚的山中重建耶路撒冷。[2]这些教堂的建造加强了篡位王朝扎格维在基督教会眼中的合法性。埃塞俄比亚

---

[1]　即今天埃塞俄比亚的拉利贝拉镇。

[2]　Sergew, H.S. (1972) *Ancient and Medieval Ethiopian History to 1270* (United Printers: Addis Ababa).

北部提格雷的山上和洞穴里发现了大量规模较小、历史更悠久的教堂。这充分证明，拉利贝拉教堂沿袭了阿克苏姆的艺术和建筑传统。

## 所罗门王朝统治下的埃塞俄比亚（1270—1550 年）

1270 年，所罗门（Solomonid）王朝推翻了扎格维王朝的统治。与扎格维王朝如出一辙，所罗门王朝的国王也在《圣经》中寻找依据来为篡权行为正名。所罗门王朝的国王宣称自己是古阿克苏姆统治者的后代，是《圣经》中的所罗门王和示巴女王（Sheba）的后裔。14 世纪提格雷人编纂的关于神话和口述传统的文集《列王之荣耀》（*Kebra Negast*）[①] 对此有所记载。在所罗门王朝时期，埃塞俄比亚涌现出大量文献，从宗教读物、神学争论到皇家编年史。对研究埃塞俄比亚历史的学生来说，皇家编年史是个宝库。

所罗门王朝统治者来自阿姆哈拉高原地区的中部。这里生活着前基督教时代说盖兹语的移居者和说库希特语的当地人，他们彼此交融，产生了阿姆哈拉语，也就是当代埃塞俄比亚的主导语言。

阿克苏姆的建筑传统在所罗门王朝终结了，取而代之的是更为朴素的热带非洲建筑风格。埃塞俄比亚不再修建石质建筑、矩形教堂和宫殿。新建的修道院都是民宅建筑风格：由泥砖、柱子、茅草屋顶搭建而成的圆形房屋，使用寿命较短，简单朴素。

宫殿、宗教建筑风格的变化，揭示出宫廷本身的脆弱。如同其他社会常常出现的因人口对环境压力太大，大型定居区难以为继，埃塞俄比亚也不例外。由于埃塞俄比亚的多山地形，民众只能生活在山谷。所以，都城难以从偏远地区获得充足的粮食供应。为了解决这一问题，国王及其廷臣住在临时性的营帐。营帐在各地区来回迁移，有时一年要迁移两三次。16 世纪，一个欧洲人拜访了所罗门王朝宫廷。他发现流动都城对一个地区的资源耗费太大，上一次的流动都城所在地 10 年内都不能再作都城备选地。毕竟，宫廷是自然资源的消费者而不是生产者。临时都城耗损环境资源，即便对当地资源的耗损程度很小，也会令人想起 20 世纪末埃塞俄比亚的景象。但对国王来说，流动都城也有好处：国王可与偏僻地区保持联系，巩固地方对王权的忠诚，确保税赋的缴纳。

13 世纪 90 年代，埃塞俄比亚爆发了内战。此后，所罗门王朝采用了一种特殊的方法解决王位争斗问题。新国王一旦继位，就会把所有王权竞争者关押在山堡吉森（Gishen）的狱中。新方法很有效。在自此直到 16 世纪伊斯兰国家入侵埃塞俄比亚的两个半世纪中，吉森都是皇家监狱。

在埃塞俄比亚王国的进一步扩张中，所罗门王朝觊觎南方，意欲通过将其征服来成为帝国。为此所罗门王朝发动军事进攻，并修建基督教修道院来促使当地人改宗，最终于 14—15 世纪成功。但事实上，埃塞俄比亚王国南方的大多数臣民都没有皈依基督教。同时，所罗门王朝希望把

---

① 本义是"诸多国王的荣光"，又译为《列王传奇》。——译者注

**图 8.3** 埃塞俄比亚一处山谷。在此类偏僻的山谷，地主贵族或地区总督常常自行其是，几乎完全独立于埃塞俄比亚中央王权的统治。图片来源：*HomoCosmicos/iStock*。

南方贸易拓展到绍阿平原地区的东部，此举却使所罗门王朝陷入与阿瓦什河流域伊斯兰苏丹国家之间的冲突。在随后的两个世纪里，冲突一直在埃塞俄比亚基督教王国生活中占据主要地位，甚至在 16 世纪 30 年代差点导致其灭亡。

## 穆斯林对埃塞俄比亚与索马里的渗入（850—1550 年）

8 世纪，巴格达成为亚洲伊斯兰世界的中心。随着巴格达的崛起，印度洋贸易从红海转至波斯湾。因此，东非索马里沿海地区（也被称作非洲之角）与穆斯林的印度洋贸易之间的联系更加紧密。阿拉伯人不再把达赫拉克群岛和其他红海港口视为非洲贸易产品的来源地。到公元 900 年，索马里北部沿海地区，今天吉布提正南方的泽拉（Zeila），成为穆斯林的又一个重要贸易点。

### 内陆的伊斯兰国家

10、11 世纪，大多数原籍可能是阿拉伯的穆斯林商人，开始沿着阿瓦什河流域渗入埃塞俄比亚高原。穆斯林商人修建了诸多小型贸易点，借此控制内陆的对外贸易。起初，穆斯林商人没有对附近说库希特语的非穆斯林群落进行直接控制。后来，穆斯林商人渐渐地主导了这一地区的经济生活。

一开始为了争夺内陆的象牙和奴隶，穆斯林商人互相倾轧。但是，穆斯林商人很快就尝到了团结合作的好处。12 世纪早期，从麦加过来的一个商人家族把很多内陆穆斯林定居点合并起来，

地图 8.1    15 世纪所罗门王朝统治下的埃塞俄比亚与穆斯林渗入东北非

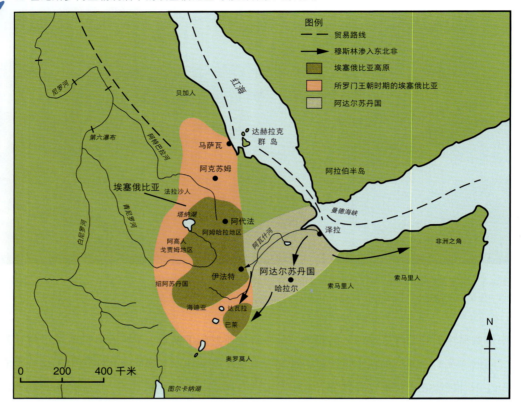

建立了 "绍阿苏丹国"（Sultanate of Shoa）。其他类似的伊斯兰教国家也随之相继而起。到公元
1300 年，"伊法特王国"（Kingdom of Ifat）取代了绍阿苏丹国的统治。14 世纪初，穆斯林商人渗
入了青尼罗河南部的高原地区。为了寻找新的奴隶来源地，穆斯林商人建立了大量小型贸易-劫
掠国家，如达瓦拉（Dawara）、萨尔卡（Sharka）、巴莱（Bali）和海迪亚（Hadya），这些小国与
埃塞俄比亚基督教王国冲突不断。在扎格维王朝的统治下，此时的埃塞俄比亚正处于鼎盛时期。

128        在冲突中，埃塞俄比亚有明显的军事优势。扎格维王朝统治着一个相对团结的高原国家，拥
有一支庞大且战斗力强的常备军。而另一边的伊斯兰苏丹国，则既不团结，也没能组建起一支强
有力的军队。伊斯兰苏丹国军队能抢劫俘虏，却不能守疆护国。1320—1340 年，正在扩张中的
埃塞俄比亚基督教王国，吞并了伊法特王国和高原上其他伊斯兰国家。

## 阿达尔苏丹国及其与埃塞俄比亚的冲突

伊法特王国的统治者向东撤至哈拉尔（Harar）高原地区，并建立了 "阿达尔苏丹国"
（Sultanate of Adal）。这一地区处于埃塞俄比亚高原与泽拉之间，战略位置较好。瓦拉斯瓦
（Walaswa）王朝重建了穆斯林的权势。瓦拉斯瓦王朝团结内陆穆斯林，又让东部和东南部的索马

16 世纪埃塞俄比亚与阿达尔苏丹国在高原上的冲突

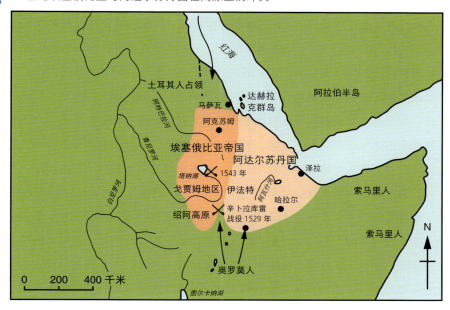

里游牧民皈依了伊斯兰教。索马里游牧民成为一支更强大的伊斯兰军队的兵源。就这样，索马里渐渐地被拖入阿达尔苏丹国与埃塞俄比亚基督教王国之间的激烈冲突当中。

两者间的大多数战斗，实际上是精心谋划的掠夺。双方都从对方那里抢到牛、俘虏等大量战利品。15 世纪早期，埃塞俄比亚一度占领了哈拉尔高原，但很快丧失了优势。1450 年，阿达尔苏丹国夺回了哈拉尔高原。无休止的战争贯穿了整个 15 世纪，严重影响了这一地区的和平贸易和经济发展。

1526 年，一个名叫艾哈迈德·伊本·易卜拉欣·加兹（Ahmad Ibn Ibrahim al-Ghazi）[1]的穆 129斯林将军，成为阿达尔苏丹国强有力的统治者。作为一个军人，他将埃塞俄比亚基督教王国视为对这一地区穆斯林安全的持续威胁。在他看来，结束掠夺-反掠夺循环的唯一方法便是彻底征服埃塞俄比亚基督教王国。为此，艾哈迈德以圣战之名，呼吁穆斯林团结起来，激发他们的斗志。

过去，伊斯兰苏丹国家的军队不是埃塞俄比亚庞大、有经验、有组织的军队的对手。但是，埃塞俄比亚基督教王国现在面对的是以圣战之名发起斗争的艾哈迈德·伊本·易卜拉欣·加兹。比起先辈，他有两个明显优势。第一，团结曾是埃塞俄比亚人强大的力量，但此时已有消退之势，特别是在伊法特、绍阿和海迪亚等南部地区。基督教从未在南部地区扎下根来，当地信奉基督教的贵族残酷剥削农民，经常对王令置若罔闻。早前，地区总督一职是由宫廷任命的，现在变为了世袭。地区总督处理自己辖区的巨额财富时，宛如国王一般。多山的地形和陡峭的山谷使得

---

① 又称格兰（Gran），即"左撇子"。

地区间联系非常困难，各地区都有独立的趋势。然而，面对阿达尔苏丹国的进犯，埃塞俄比亚基督教王国国王勒卜纳·登格尔（Lebna Dengel）①还是召集起一支大军。第二，穆斯林军队此时配置了最新式火器。奥斯曼土耳其帝国此时已经扩张至埃及，穆斯林从土耳其人那里买来了火器。

1529 年，艾哈迈德的军队侵入绍阿高原地区，并在辛卜拉库雷（Shimbra Kure）战役中击败了数量上占优势的埃塞俄比亚军队。此次战役，双方伤亡惨重。阿达尔苏丹国伤亡约 5000 人，而埃塞俄比亚基督教王国则伤亡更多。多年来，埃塞俄比亚王国南部大部分地区只是迫于大军威慑才臣服王权。如今，大军失利，埃塞俄比亚人的团结转眼分崩离析。此后 6 年内，艾哈迈德的军队多次蹂躏埃塞俄比亚王国的南部地区，焚烧、抢劫教堂，杀死信奉基督教的地区总督，并用穆斯林取而代之。勒卜纳·登格尔躲了起来，但没能组织起有效的抵抗。在绝望中，勒卜纳·登格尔向基督教欧洲求援，希望联合抵御伊斯兰教这一"共同敌人"。

130

多年来，埃塞俄比亚王国国王一直与葡萄牙人保持着联系。至迟从 1520 年起，葡萄牙使臣便驻留在勒卜纳·登格尔的宫廷。面对勒卜纳·登格尔的求助，葡萄牙人做出了回应，派出一支规模不大但装备精良的军队抵达埃塞俄比亚王国的北部地区。1543 年，葡萄牙和埃塞俄比亚的联军重创了艾哈迈德的军队，成功拯救了埃塞俄比亚基督教王国。艾哈迈德·伊本·易卜拉欣·加兹本人战死沙场，他的"帝国"也就此坍塌了。埃塞俄比亚人获得了一次重要的胜利，但人们也不需要对此次胜利中葡萄牙人的贡献过分强调。艾哈迈德的最终失败是可以预料到的。他一度把战线拉得太长，又没有巩固"帝国"在征服地的统治。索马里游牧民一直是其军队的主力，但大多数游牧民携带着战利品返回了家园。

在历史学家看来，此时葡萄牙人与埃塞俄比亚人的联系，重大的影响是留下了生动地描述 16 世纪的埃塞俄比亚的文献。例如，葡萄牙派驻埃塞俄比亚首任使臣的随从——弗朗西斯科·阿尔瓦雷斯（Francisco Alvares）神父——如此评论埃塞俄比亚国王残酷统治的后果和国王的威严：

> 如果贵族不那么残酷地对待百姓，不拿走百姓的一切，这个国家会更富有，农业产量会更高……未经贵族准许，任何平民都不能杀牛［哪怕这头牛是平民自己的］。
>
> 即使发了誓，百姓也几乎不说真话。在国王面前宣誓，那是另一回事……只要不被逐出教会，即便令他们去做坏事，他们也会干。②

艾哈迈德·伊本·易卜拉欣·加兹死后，埃塞俄比亚在加拉德沃斯（Galadewos，1540—1559 年在位）的统治下，10 年内便收复了阿姆哈拉大部分地区和绍阿的高原地区。但是，20 多年的战争削弱了埃塞俄比亚基督教王国南部地区和阿达尔苏丹国的防卫力量。图尔卡纳湖

---

① 又称达维特二世（Dawit II）。

② Beckingham, C.F. and Huntingford, G.W.B. (eds) (1961) *The Prester John of the Indies*, vol. 2 (Hakluyt Society: Cambridge), p. 515.

（Turkana）东北部干燥稀树草原上的奥罗莫人（Oromo）[①] 趁机进入埃塞俄比亚南部高原地区，直奔阿瓦什河上游流域。

# 东非内陆的牧民与农民

## 证据

埃塞俄比亚和北非、西非部分地区确实保存下来了一些文献，可供考古学和史学研究参考。不幸的是，当代肯尼亚、乌干达、卢旺达、布隆迪、坦桑尼亚所在的东非内陆，却没有此类文献。具有读写能力的族群主要在沿海地区活动，没有深入东非内陆。东非内陆族群也未能发展出他们自己的文字体系。一直到 19 世纪，我们才发现外来者的记载。这些记载是语言学家和考古学家研究东非内陆早期历史的主要史料。

幸运的是，对 15 世纪后的历史研究，历史学家可依托东非内陆当代各族群的口述传统。然而，这些口述传统也有局限，特别是关于早期历史。它们主要集中在统治者世系，而很少涉及普通民众的生活方式。众所周知，为了证明特定氏族或首领统治地位的正当性，口述传统可能会歪曲史实。但是，如果对特定群体、邻近群体、有竞争关系的群体展开比较研究，我们便能获得更多知识。对考古学和语言比较研究来说，细致研究口述传统可以获得相对客观也更偏重于整体的知识。

131

## 早期铁器时代的东非人

有证据表明，在公元纪年前，东非本土可能就出现了炼铁技术。但一直到公元纪年后，铁器加工技术才在东非内陆普及开来。那时，非洲西部和西南部的班图农耕者把铁器加工技术带到了东非内陆。这些早期铁器时代的农耕者，精心选择居所，定居在最适合庄稼生长的潮湿湖边地区和肥沃的河谷地区。这一时期，农耕者很少养牛，也很少利用适合放牧牛群和种植谷物的干燥高原地区。因此，这些具有早期铁器加工技术的农耕者，没有进入东非大裂谷中部的肯尼亚和坦桑尼亚北部开阔的干燥草原地区。在这里，至少到公元 1000 年，使用石器的族群一直过着传统狩猎和畜牧生活。这些族群说库希特语，或许是第二章中所描述的使用石器的畜牧者的后裔。

132

茂密林区的舌蝇常常会阻碍养牛族群的扩散。但是，砍伐林地、驱散野生动物后，舌蝇便会飞走。因此，清理土地来种植庄稼，会给未来放牧预备更多的草地。与早期铁器时代的班图人一样，混合型农业群落在一个地区存在越久，养牛在经济生活中就会越重要。公元 1000 年前后的东非内陆的情况便大体如此。

---

① 又称盖拉人（Galla）。

地图 8.3    1500 年东非内陆晚期铁器时代的族群

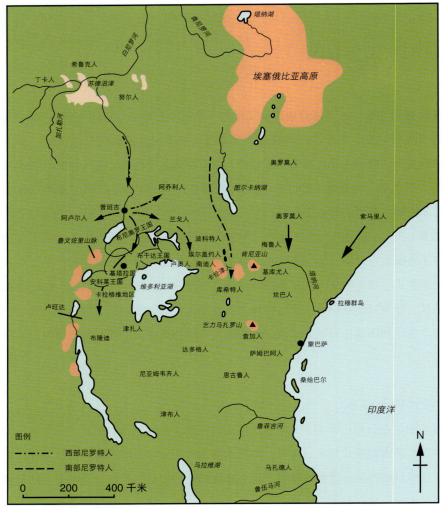

## 晚期铁器时代的起源

　　研究东非的考古学家和历史学家，一般将公元 1000 年后的时期称为"晚期铁器时代"。因为东非内陆的铁器时代族群在 11—16 世纪发生了很多显著变化。考古证据显示：这些族群开始重视养牛，同时引入了新式陶器。晚期铁器时代的早期证据主要发现于乌干达中部地区和乌干达南部的湖间地区。约公元 1000 年后，养牛和种植谷物的族群更多地聚集生活在干燥的高地平原上。

　　20 世纪 50、60 年代，大多数历史学家认为：这些变化是迁移到这一地区的新移民带来的。然而，近一二十年的语言研究表明：这些变化可能是当地自身演进而来的，是新的社会组织而不是新移民带来的。此外，考古研究也显示，多个世纪以来，大量早期铁器时代的炼铁和建立农耕定居点的行为，使得维多利亚湖东部地区毁林严重。森林被砍伐后，适宜放牧的草地便更加开阔，这为酋邦的出现开辟了道路。这些酋邦规模虽小，但实力不弱。基于神灵媒介，酋邦确立起政治权力；基于控制牛的所有权，酋邦确立起经济权力。

畜牧族群酋长制的出现，还有一个推动因素就是气候变化。13、14 世纪，热带非洲大部分地区的气候变得更凉爽、更干燥，降雨变少，常常干旱。农耕群落深受其害，但畜牧者所受的影响却没那么大。因此，畜牧者占据了经济和政治优势地位，一些畜牧群体的首领成了酋长，控制了农耕群落，而农耕者则成了酋长的属民。

一种粗糙、简约的陶器取代了东非早期铁器时代的精心制作、装饰精细的乌埃维陶器。新式陶器又称"刻花"（rouletted）陶器，黏土未干时，用打了结的草绳扎上一圈，陶器便会被"刻"上装饰花纹。使用新式陶器意味着当地的家庭组织发生了重要变化。更精细的乌埃维陶器，可能

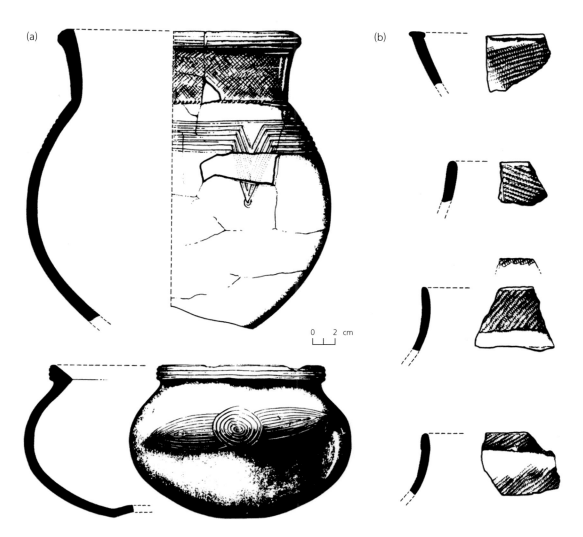

**图 8.4** 东非铁器时代的陶器：（a）卢旺达出土的早期铁器时代的精制陶罐；（b）卢旺达出土的晚期铁器时代的粗制陶器碎片，碎片上有结绳图案。

133　由群落中少数技术好的手艺人、专业人士制作而成。这些人手艺高超，社会地位也高。使用粗糙的"刻花"陶器，可推测出东非晚期铁器时代的陶器可能由业余陶工制作而成。事实上，制作陶器可能是妇女的日常家务，男人则负责照看牛群等地位较高的工作。

　　11—15 世纪，东非内陆逐渐都进入了晚期铁器时代，湖间地区出现了大量小酋邦。一些酋邦侧重畜牧，一些酋邦侧重农耕，依当地环境而定。当地农耕者和畜牧者之间有大量贸易往来。农耕者是铁器制造者，他们用铁制工具、武器换取畜牧者的牛和兽皮。到 1450 年前后，大量酋邦合并起来，在乌干达西南部地区组建了基塔拉国（Kitara），定都比戈（Bigo）[①]。口述传统称，基塔拉国的奠基王朝由契维兹人（Bachwezi）[②] 所建。契维兹人王朝统治了两个世代。然而，大多数历史学家认为：1500 年前后，称契维兹人是他们先辈的说洛语（Lwo）的移居民，乔-比托（Jo-Bito）氏族掌控了基塔拉国的权力。他们还认为，契维兹人可能在这一地区具有一定的宗教影响力，乔-比托氏族正是借此奠定了其统治的合法性。

134　## 尼罗特人的迁移

　　15—17 世纪，苏丹地区[③]南部、埃塞俄比亚西南部大量晚期铁器时代牧民，南下至东非内陆的肥沃草原。语言学证据显示，这些牧民所说的语言属尼罗-撒哈拉语系。因此，他们一般被称为尼罗特人（Nilotes）[④]。这些牧民为什么此时迁移过来？我们对此并不清楚。可能是由于 16 世纪末至 17 世纪中期出现了严重的干旱，牧民不得不南进寻找有更多水源的牧场。起初，迁移人数并不多，可能只是小规模、季节性的迁移。

　　大多数新来的畜牧者也种植谷物，因此他们主要迁往干燥的高原地区。他们与先前就定居下来的班图人，互有通婚，融合在一起，共同创造出新方言。同时，他们具有苏丹地区南部族群诸多行为特征，包括割礼仪式、放牛血的方式、喝牛奶。

　　迁移到东非的尼罗特人主要有 3 支：西部或河湖地区的尼罗特人，南部或高原地区的尼罗特人，东部或平原地区的尼罗特人。

135　### 西部尼罗特人

　　西部尼罗特人主要是说洛语的族群，来自苏丹地区南部的苏德沼泽地区。苏德沼泽是一个季节性漫滩，由加扎勒河（Bahr el Ghazal）与白尼罗河汇集而成。说洛语的尼罗特人起初可能只是季节性地出入苏德沼泽地区的牧场。到 1450 年，很多说洛语的氏族聚集到今天乌干达北部边界附近的普班古（Pubungu）。至少一个世代以来，普班古一直是狩猎和劫掠的基地。从那再经过维多利亚湖东北部和湖间地区，他们分散成多个小氏族。其中就有控制了位于今日乌干达西部基塔

---

① 靠近卡通加河（Katonga）。
② 此译名基于班图语族语言发音和语法规则而定。——译者注
③ 苏丹地区是一个相对准确的说法，不能与现代苏丹共和国混淆。相关解释，参见第三章内容。——译者注
④ 尼罗特人并不是单一族群名，而是基于语系归属的简称。准确译名应该为说尼罗-撒哈拉语系语言的各族群。——译者注

**图 8.5** 现代苏丹的牧民。一位牧牛人正在把牛赶向喀土穆附近的市场。图片来源：*Maciek67/iStock*。

拉国的乔-比托氏族，并建立了布尼奥罗王国（Bunyoro）的比托（Bito）王朝。乌干达地区其他王国，特别是布干达王国（Buganda）的口述传统都可以追溯到说洛语的人的起源。布干达历史属于后来一个时期。西部尼罗特人也可能是安科莱王国（Nkore）① 的希马人（Hima）、卢旺达和布隆迪的图西人（Tutsi）等畜牧族群的祖先。

说洛语的移民常常会组建为占据统治地位的氏族，但他们也与当地班图人融合在一起，并使用当地的语言。然而，在极少数地方，他们保留了自身的传统和语言，如维多利亚湖东北方的卢奥人（Luo）。

### 南部尼罗特人

南部尼罗特人 ② 来自苏丹地区南部偏东一点的地方，起源地可追溯到图尔卡纳湖西北部的干燥草原地区。公元 200—1000 年，他们南迁至东非，比西部和东部尼罗特人早得多。事实上，早期铁器时代班图人也是在这一时期扩散至东非。南部尼罗特人迁移至维多利亚湖东边的高原地区。起初，他们还是使用铁制工具种植谷类作物的农耕者和牧民，但后来他们同化了先前在南部

---

① Nkore 是乌干达西南部的安科莱（Ankole）王国中的恩科雷人（Nkore），也指安科莱王国境内恩科雷人和希马人所说的语言。Nkore Kingdom 实际上也就是安科莱王国。这里的卢旺达王国实际上指的是尼津亚王国（Nyigingya）。——译者注

② 有时又称准尼罗特人（paranilotes），东部尼罗特人有时也称准尼罗特人。

定居下来、使用石器的说库希特语的人，从而成为肯尼亚西部高原上卡伦津人（Kalenjin）的祖先。坦桑尼亚中部的达多格人（Dadog）也是南部尼罗特人进一步扩散和同化南部说库希特语的人而形成的。

肯尼亚高原西部的肥沃河谷和牧场，特别适合卡伦津人祖先种植谷物和放牧牛群。因此，肯尼亚高原西部成为公元1000年后南部尼罗特人进一步扩散出去的中心。随着定居点的扩散，南部尼罗特人和大量其他晚期铁器时代的群体有了联系。进一步的接触和融合产生了很多不同的族群，如埃尔盖约人（Elgeyo）、波科特人（Pokot）、南迪人（Nandi）。这些族群的祖先也可追溯到南部尼罗特人。

### 东部尼罗特人

东部尼罗特人也来自图尔卡纳湖西北部的草原地区。与先前到来的尼罗特人相比，东尼罗特人更像一个闯入者。东部尼罗特人保留了自身特有的语言和文化传统。乌干达东北部的阿泰克尔人（Ateker）[①]、肯尼亚中部和坦桑尼亚平原北部的马赛人（Maasai），都起源于东部尼罗特人。但是，东部尼罗特人闯入东非内陆属于后一段历史时期。

---

① 又称卡拉莫琼人（Karamojong）。

# 第九章

## 16 世纪前的中部、南部非洲晚期铁器时代的国家与社会

公元 1000 年后，中部、南部非洲的文化和经济也出现了东非那样的变化。与东非一样，出 土于这一时期铁器时代定居点的陶器，在风格上发生了改变。新式陶器由细腻的黏土制成，装饰更精致，火烤后更坚固。细致研究新式陶器和其他出土的人工制品后，不难发现早期铁器时代与晚期铁器时代之间存在一定的连续性。在一些地区，晚期铁器时代的活动是在当地逐渐演进而出现的。而在其他地区，变化出现得相当突然。这也揭示出有外来思想或少量有影响力的人群进入这些地区。变革时期不尽相同，但都集中在 9—14 世纪的某个时期。

在晚期铁器时代，人们学会了充分利用当地环境，农业、捕鱼技术提高了，采矿、加工技术也发展了。在一些地区，特别是在南部非洲，人们越来越重视养牛，因此干燥草原得到进一步利用。一些群落擅长采矿，一些群落擅长金属加工，一些群落擅长种植庄稼，一些群落擅长狩猎，分工促进了地区间贸易发展。随着人口的扩散，更多土地被开发利用。使用石器的狩猎-采集者要么被排挤出去，要么被同化。

## 赞比西河北部国家的形成

### 中部非洲的宗教与王权

随着晚期铁器时代专业分工的出现和人口的增加，人们以更大的政治单元组织起来，酋长的权力和地位也相应有所提升。

在刚果森林南部的林地，酋长和国王权力的兴起常常源于他们在宗教活动中的权威地位。可能由于控制了贸易，也可能由于具备卓越的金属加工技术、狩猎经验和其他技术，他们获得了权力。但是，无论国王和酋长的世俗权力的物质基础为何，他们通常是传统宗教或祖先与神灵世界联系中的媒介，并借此为统治权力正名。因此，刚果人（Kongo）的古代统治者是"土地神"的守护者。[1] 今天安哥拉的姆本杜人（Mbundu）、马拉维的切瓦人（Chewa）祖先的古代统治者，都是"求雨"神殿的监护者。人们视他们为宗教首领，向他们进贡；他们则要保证粮食丰收、狩

---

[1] 西非也有同样的信仰。

图 9.1　20 世纪早期赞比西河流域的陶工正在以晚期铁器时代风格装饰陶罐。图片来源：*National Archives of Zimbabwe*。

猎顺利、风调雨顺。从世俗的作用上说，国王和酋长负责保护民众免受外敌攻击，维护贸易路线的安全；在干旱和洪涝时期，国王和酋长要重新分配储备粮给困苦臣民，时而带领臣民侵袭近邻，时而组织臣民迁移到更富饶、更肥沃的地方。

137

## 卢巴王国的起源与早期发展

就晚期铁器时代酋长制度的早期发展而言，比较有代表性的地区是卢阿拉巴河上游流域，位于刚果盆地东南部的基萨莱湖附近。自 4 世纪以来，具备铁器加工技术的农耕者就一直占据着基萨莱湖地区。这里环境优越，粮食生产能有盈余。刚果森林南部边缘的林地降雨充沛，是一块适合种植谷类作物的沃土。此外，这一地区的林地适合狩猎，江河湖泊适合捕鱼。

基萨莱湖地区的族群最大化地利用了当地资源。数世纪以来，这些族群发展出编织渔网、制造鱼叉和凿制独木舟的技术，并在芦苇覆盖的沼泽中清理出沟渠。他们还学会了做鱼干，鱼干不仅成为他们获取蛋白质的重要来源，而且还可以用来和其他族群做交易。他们从北部地区换取铁矿和食盐，从南部地区换取铜矿，这些铜矿产自今天赞比亚-刚果铜矿带。他们是专业的手工艺者，特别是金属加工的行家里手。他们将铜加热做成铜丝，用来制作戒指、手镯和项圈，或把铜加工成十字形的铜块，用于贸易或当作财富储存起来。

最晚至公元1300年，基萨莱湖地区的族群组建了大量繁荣的农业和贸易酋邦，他们就是今天卢巴人（Luba）的祖先。然而，他们的农业和渔业用地极其有限。可能是为了争夺越来越少的资源，一些村落酋邦组合在一起，形成更大、更集权化的国家。14世纪，卢阿拉巴河东部的卢巴人，建立了一个由恩孔戈洛（Nkongolo）王朝统治的中央集权王国。根据卢巴人的口述传统，恩孔戈洛王朝的祖先是北部的桑格耶人（Songye）。在15世纪初，一个新王朝推翻了恩孔戈洛王朝的统治。根据卢巴人的神话，新王朝的奠基者是一个名叫伊隆加·卡拉拉（Ilunga Kalala）的伟大猎手。他的父亲从北部昆达人（Kunda）的地方来到卢巴，并娶了恩孔戈洛的妹妹。在口述传统中，伊隆加·卡拉拉是一个有法力的英雄猎手。他可能是专业猎人群体的首领。这些猎人引入了新的狩猎技术，因此在卢巴人中地位较高，广受卢巴人尊崇。这些新技术包括弓和铁质箭头，该地区此前并没有发现过这两种工具。

伊隆加王朝强化了中央集权，并把王国扩张到基萨莱湖西部。王国的中央宫廷由王室控制。地区总督由国王任命，总督常常出身于王室家族，他们向地方酋长和首领征收贡品。卢巴国王只

图 9.2　基萨莱湖地区一处晚期铁器时代的墓穴。依陶罐数量判断，墓穴的主人是一位贵族。陶罐原本盛放了各样祭品，可能是食物。图片来源：*Reproduced by permission of Pierre de Maret and RMCA Tervuren*。

地图 9.1　晚期铁器时代的中南部非洲

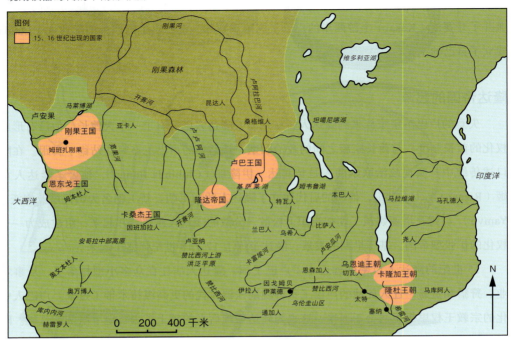

## 安哥拉南部、中部的族群

　　同一时期，今天安哥拉说姆本杜语的族群的先辈，也依照类似于卢巴王国和隆达帝国的宗教模式形成了酋长制度和王权制度。说姆本杜语的主要族群是恩东戈人（Ndongo）、彭德人（Pende）和利波洛人（Libolo）。到 14 世纪初，他们的求雨神殿监护者转变为酋长，并因其宗教事务有权抽取一部分贡品。在众多恩东戈人的村落中，神殿的监护者也拥有金属加工技术，可能正是他们把晚期铁器时代的新技术最先引入当地。这些酋长采用的称号是"恩戈拉"（Ngola）[①]。无论权力基础为何，这些酋长用这种权力把恩东戈人酋邦整合成统一的国家。到 1500 年，只有单一的"恩戈拉基卢安杰"（Ngola a Kiluanje）统治着恩东戈人。

　　15 世纪前，奥文本杜人（Ovimbundu）和奥万博人（Ovambo）在安哥拉中部高原的南坡上从事混合型农业。除此之外，我们对更南部的族群知之甚少。再向南，就到了今天安哥拉与纳米比亚交界处的干燥草原地区，赫雷罗人（Herero）在这里主要从事游牧。

## 刚果王国

　　中西非最重要的王国是刚果王国。刚果王国的起源，可以追溯到刚果河下游马莱博湖（Malebo Pool）正北部一群繁荣的小村落。这一地区与卢阿拉巴河上游的基萨莱湖地区一样，是

---

① 今天安哥拉的国名正起源于这一称号。

一个特别有利于晚期铁器时代生产技术和生活方式出现的地区：粮食盈余出现了，制作工艺提高了，贸易也产生了。森林边缘和林地的土壤肥沃，降雨充沛。这里也是铜矿、铁矿和食盐产地，各个产地间距离不远，便于贸易。刚果河及其支流推动了渔业发展。此外，马莱博湖本身就是一个重要的贸易中转地，它位于刚果河下游急流河段的上方，有着数千公里水路运输线，一直延伸到刚果河的上游。

到14世纪早期，刚果人村落已经扩展至刚果河下游南部的肥沃高原上。刚果人基本上都是农民，所以他们在神殿进行的宗教活动都与"土地神"密切相关。神殿的监护者被称为"玛尼卡班加"（mani kabunga）。到公元1400年，刚果河南部的刚果人村落已经松散地组成了一个王国，定都姆班扎刚果（Mbanza Kongo），国王称号为"玛尼刚果"（Manikongo）。刚果人的艺术和手工艺高度发达，他们是技艺高超的金属加工者、陶工和编织者。刚果人用酒椰棕榈纤维制成的精良布匹，畅销至大西洋沿岸地区，并从那里换回食盐和用作当地通货的海贝。刚果国王实行的税收制度促进了地区内的贸易发展。到16世纪早期，玛尼刚果统治疆域西抵大西洋沿岸、东至宽果河（Kwango）。

由于奴隶贸易需求的提升，葡萄牙人于15世纪80年代来到刚果王国，刚果王国自身的发展因此中断。

## 赞比亚东部的"卢安瓜文化"与马拉维的王权

从赞比亚中部到马拉维湖，非洲中东部的大部分地区有一个独立的晚期铁器时代文化，它因这一地区的陶器而得名为"卢安瓜文化"（Luangwa tradition）。公元1000—1200年，这一文化的传播速度非常快。当地人广泛使用铁器工具，特别是铁斧，人们为了种植庄稼用它来清理林地，也越来越重视养牛。同时，搜寻象牙、制作铜器和贸易活动也变得重要起来。我们迄今不清楚卢安瓜文化的起源。但是，这一地区的晚期铁器时代族群与今天的本巴人（Bemba）、比萨人（Bisa）和切瓦人在文化上有明显的联系。

在马拉维中部与南部地区，酋长制产生于宗教信仰。酋长是"土地神"的监护者，而"土地神"掌管雨水和土壤肥力。在公元1400年前后，通过与当地班达（Banda）氏族的通婚，菲里（Phiri）氏族在马拉维湖正南方尼扬扎（Nyanja）的酋长中占据了优势地位。菲里氏族采用的王权称号为"卡隆加"（Kalonga）。在口述传统中，菲里氏族的宗教王权思想源于卢巴人。菲里氏族是从卢巴人的所在地迁移过来的吗？对此，我们并不确定。

16世纪，卡隆加王朝的旁支在希雷河（Shire）流域的曼干贾人（Manganja）中间建立了隆杜（Lundu）王朝，在希雷河和赞比西河之间的切瓦人中间建立了乌恩迪（Undi）王朝。火在菲里氏族的宗教仪式中扮演着重要的角色。卡隆加、隆杜和乌恩迪王国的族群统称为"马拉维人"（Maravi），意思是"火之民"。这一直留存在这些族群的记忆中，今天马拉维共和国就得名于此。这一地区是搜寻象牙的重要地区，控制着从希雷河、赞比西河到印度洋沿岸的象牙贸易，可能是马拉维早期国王权力的重要基础。17世纪，卡隆加国王肯定也获益于象牙贸易。

# 养牛与赞比西河南部国家的形成

晚期铁器时代社会的一个特征是牛越来越重要。在赞比西河南部的辽阔草原，牛在早期国家形成过程中起到重要作用。

## 牛的重要性

首先，牛是食物来源：牛奶和牛肉。除了富人或特殊场合，人们并不经常吃牛肉。但在粮食短缺时期，牛肉也会用来充饥。牛也可以用来与邻近群落交易，以换取粮食、铁器和其他必需品。

143

其次，牛是财富和社会控制能力的重要资源。一般来说，晚期铁器时代社会的贫富分化越来越大，男人地位比女人地位高。在养牛社会里，情况更是如此。如果环境不错的话，不足 20 头牛的牛群在一个世代内可以自然增殖到数千头。因此，人们可以积累起财富，并把财富留给后代。而正是男人决定了牛在社会中的用途。

牛也是主要的聘礼。拥有大型牛群的男人负担得起好几位妻子的彩礼。妇女从事种植业后，男人就能生产更多盈余粮食。盈余的粮食可用来交易，供养一大家子及依附者。没有牛的人只得依赖有牛的富人，为他们牧牛来换取牛奶或从富人那里借牛来支付聘礼。由此，富有的牛群所有者控制了不断扩大的群落。牛也为早期酋长制的形成奠定了物质基础。

另一个在很早时期就专门养牛的重要地区，位于林波波河与今天博茨瓦纳境内中东部的卡拉哈里沙漠之间。

## 博茨瓦纳东部的早期养牛群落

博茨瓦纳东部干燥辽阔草原有泉水和季节性溪流滋润，是养牛业能快速发展的理想地区。公元 650—1300 年，这里的一系列山顶定居点组成了一个复杂的系统。考古学家以最大定居点遗址——图茨维莫加拉（Toutswemogala）——的名字将其命名为"图茨维文化"（Toutswe tradition）。

当地人在平顶的大山上修建圆形土木茅草屋，并用茅草屋把中间的土地围起来，牛群在夜里就关在这一闭合的场地里。当地人选择依山而居，起初可能是为了躲避野兽。依山而居使得牛群所有者控制了周边地区。3 个大型的山顶定居点统治了这一地区，它们也可能是 3 个酋邦。每个山顶大型定居点都由大量山顶小村落包围起来。牧民和农民则住在山谷中。山顶居民日常食用牛肉而不是狩猎来的肉食，他们的财富由此可见一斑。当地的铁器来自南部的茨瓦蓬山区，那里的炼铁业已有很长一段历史。其他的贸易联系横跨距离甚远，如从印度洋沿岸地区转手而来的玻璃珠。

公元 1300 年前后，图茨维遗址遭到了遗弃。这是由于一段时期内的持续干旱，也可能和几代人的过度放牧有关。然而，这里长期养牛为生的生活方式可能已经让当地人难以适应在其他地区的生活。当地人可能大规模迁徙了出去，但是人们并没有发现此类迁徙的证据。草原被过度放牧，牛群也大幅度减少。当地人可能转而过起了狩猎-采集生活，也可能成为其他养牛者群落的依附者。更东边的湿润草原上就有好几个养牛者群落。

## 养牛、农业和贸易的发展：豹地、巴姆班迪亚纳洛和马庞古布韦王国

10世纪前后，在津巴布韦高原上，也就是今天布拉瓦约（Bulawayo）地区附近出现了一个晚期铁器时代的养牛文化，即以最早发现的遗址——豹地（Leopard's Kopje）——而得名的豹地文化。与图茨维人生活的地方相比，豹地地区的降雨量稍微大一点，也比较容易形成养牛-种植混合型经济。当地人发展出梯田耕作法，即把高原南坡做成阶地，避免了肥沃土壤的流失。马佩拉（Mapela）就是这样的一个地方。12世纪，那里整个山腰都布满了由干燥石墙建成的房屋，这些石墙既起到防御作用，又把山腰的土地变成可耕种的梯田。这些群落比较繁荣，有盈余粮食，并从事长途贸易。

豹地文化的另一个特征是黄金开采的出现。津巴布韦高原西部盛产黄金。10—18世纪，铁器时代的矿工聚集在那里的金矿劳作。小矿井一旦深达30米或更深，就会出现裂缝或到达地下水层，不能再使用。矿工通过交替使用水和火来使矿石裂开，然后再用铁楔把矿石敲碎。下矿井的常常是身体纤细的女孩，并由她们来敲碎矿石。在长期废弃的小矿井底部，发现了大量的女孩骸骨。矿石带上地面后会被碾碎，就着附近潺潺溪水，黄金便渐渐显露了出来。关于这里的矿工构成、管理方式，我们知之甚少。但是，这里可能有大量的强制劳动。毕竟，对于那些控制黄金的人来说，黄金的生产和贸易是他们财富的重要来源。

随着沙谢河（Shashe）和林波波河交汇处南边的马庞古布韦王国出现，津巴布韦西部的早期豹地文化进入了鼎盛时期。10世纪，这个群落最初生活在巴姆班迪亚纳洛（Bambandyanalo），但在1100年前就已经扩展至马庞古布韦山附近。当地人发展出了该地区独有的洪泛平原农耕新技术。以农业为主，辅之以牧牛，马庞古布韦王国确立了根基。然而，其他因素也推动了马庞古布韦王国的形成，特别是严重的贫富分化。考古学研究揭示，这里的统治阶层和劳苦臣民之间贫富分化严重。富有的统治阶层住在山顶分布于中央牛舍周围的黏土房屋里。但无论牛对该国统治阶层的财富有多么重要，搜寻象牙、采矿和贸易对他们的财富和政治权力也十分重要。

马庞古布韦王国的地理位置特别有利于长途贸易发展。林波波河流域大象比较多，当地人开采铜矿并把黄金从高原运至北部地区。林波波河流域本身也是通向东非沿海地区的便利路线。向东运送的主要产品是象牙和黄金，换回的是玻璃、贝珠和色彩绚丽的印度布。统治者也进口少量精致的中国青瓷（绿釉瓷器）。

公元1300年后，马庞古布韦王国衰落，大津巴布韦王国（Great Zimbabwe）随之兴起。大津巴布韦所处的地理位置，比马庞古布韦王国更有利于畜牧业、种植业和长途贸易的发展。马庞

地图 9.2    赞比西河南部的晚期铁器时代国家（公元 900—1600 年）

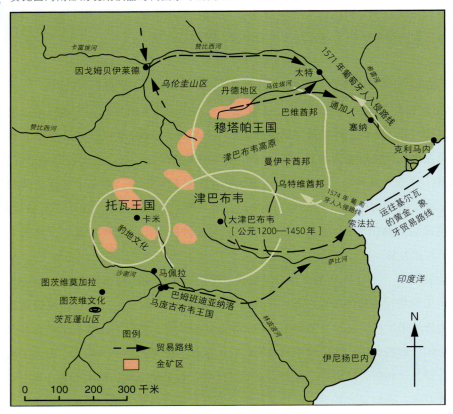

古布韦王国之所以衰落，可能是因为这一时期的气候变得更加干燥凉爽。博茨瓦纳东部的图茨维遗址在同一时期也遭遗弃，也可能是因为这一时期的气候变化。

## 大津巴布韦文化的起源与特征

今天的津巴布韦共和国得名于"大津巴布韦"的石头城。500 多年前，大津巴布韦遭到遗弃，但遗址尚存。石头城最初由今天津巴布韦共和国境内绍纳人的晚期铁器时代祖先修建于 1200—1450 年。豹地、马庞古布韦王国的族群推动了晚期铁器时代文化的发展，而大津巴布韦的发展正是这一文化发展的延续和产物。大津巴布韦本身就是庞大、繁荣的古绍纳国的中心或都城。"津巴布韦"（zimbabwe，复数形式为 mazimbabwe）一词源于绍纳语的 dzimba dzamabwe，意思是"石头建筑"。

晚期铁器时代，南部非洲的养牛族群用干燥石墙围成牛舍，富人房屋再环绕牛舍一圈的居住模式并不少见。大津巴布韦的特殊之处在于它复杂的发展过程。大津巴布韦起初位于山顶，14 世纪早期又迁至山谷地区。到 1400 年，大津巴布韦的石匠把手艺发展成一种精致的艺术。山谷中高达 10 米的围墙展现了古绍纳人精致至极的琢石技艺。不用灰浆能修建如此高的墙，这种筑墙技术在整个非洲乃独一无二。

最初在山顶的石质建筑可能是为了防御，或是为了震慑远方潜在的敌人。但是，后期在山谷修建的精致围墙不可能是为了防御。这些高大坚固的石头围墙环绕着统治者的黏土房屋，但想要爬到墙顶来抵御进攻者也并不容易。历史学家认为，大津巴布韦修建石头围墙的目的是为了突出和提升国王的神秘性、权力和声望。

之所以把大津巴布韦作为都城，是因为它处于津巴布韦高原东南部边缘这一有利的地理位置。对津巴布韦人早期经济来说，牛具有重要意义。大津巴布韦有海拔高低不一的季节性牧场。当地的猎狩范围也很广，特别是能狩猎到大象，从而获取象牙。此外，大津巴布韦还有大量木材，可以用作柴火和建筑材料，也有水源充足的肥沃土壤可供耕作。大津巴布韦权力和财富主要源于都城在贸易上的战略地位。大津巴布韦位于萨比河（Sabi）的源头，处于西部高原黄金产地和沿海斯瓦希里城镇索法拉（Sofala）之间，是开展长途贸易的理想位置。大津巴布韦的兴起与

**图 9.4**　大津巴布韦遗址，联合国教科文组织世界遗产地。
（a）在成为都城前，这个山顶是一个古绍纳人的宗教场所。约 1200 年后，随着政治权力的崛起，这个山顶四围修建了石头围墙。数世纪的风化把花岗石销蚀成平板石，如洋葱反一般。这些平板石介于巨砾之间，进而成为一组组的石头围墙。图片来源：*2630Ben/iStock*。

（b）1300 年前后，修建干石墙的技术更加精湛，雄伟的王家围墙在山谷中修建了起来——此处的场景是从上图那个山顶上以中等距离所看到的。14 世纪，整片山谷地区的灌木丛被清理干净，并修建了小型石头围墙和圆形的茅草土屋。图片来源：*2630Ben/iStock*。

（c）王家围城原先的环形围墙（左）之外又修建了更大型的围墙（右），中间留下了一个狭窄通道，拜访者只有穿过这个通道才能觐见国王。图片来源：*gumboot/iStock*。

（d）在复杂的王家围城中央矗立着一个坚固的圆形建筑，想必是个储存谷物的仓库，可能也有宗教或政治上的象征意涵。图片来源：*Kevin Shillington*。

（e）王家围城最外层围墙顶上有波浪形装饰。约 1450 年大津巴布韦遭到遗弃后，波浪形装饰成为西部都城卡米的典型建筑风格。大津巴布韦山顶一直到 19 世纪末都是一个重要的宗教场所。图片来源：*2630Ben/iStock*。

基尔瓦（Kilwa）的崛起发生在同一时期，这并非巧合。正是大津巴布韦向基尔瓦港口供应黄金和象牙，基尔瓦才成为 1300—1450 年最富有的沿海城镇。

## 大津巴布韦的崛起

生活在大津巴布韦的族群最初可能从事养牛和农耕，当地经济繁荣。但是，牛的所有制导致贫富分化严重。12—13 世纪，津巴布韦高原西部与沿海之间长途贸易的货物，大多经大津巴布韦都城转运出去。对长途贸易征收的税赋是大津巴布韦财富的主要来源。此外，大津巴布韦的财富来源还有当地绍纳人酋邦进贡的象牙、黄金和粮食。大津巴布韦统治者用这些财富，嘉奖支持者，供养依附者，以此增强权势。

149　　14 世纪，都城的精致石头围墙扩展到山谷地区。国王的居所或"宫殿"就在雄伟的石头围墙内。国王及其宫廷的生活非常奢侈，到处都是黄金饰品、铜饰品和其他珍宝，吃喝用的碟子都是波斯和中国制造的精美舶来品。同时，类似的小型"石头城"（madzimbabwe）遍及高原东部地区，它们可能是地区统治中心。大津巴布韦不仅是贸易中心，也是手工制造业中心。都城里的手工艺者把黄金、铜加工成精美的饰品，并把进口来的铁锻造成各式工具。有证据显示，这一地区织布用的都是当地种植的棉花。即便如此，富人仍从沿海地区进口色彩绚丽的印度棉布。

## 大津巴布韦的遗弃

1450 年前后，大津巴布韦遭到了遗弃。此时该地区的农耕、畜牧和木材资源都已耗费殆尽。口述传统还指出此地出现了食盐短缺。迁移定居地是晚期铁器时代的一个典型特征，因为农业用地需要时间恢复肥力。到 15 世纪，大津巴布韦也进入这一关键阶段。据估计，15 世纪早期，住在大津巴布韦"城"及其周边的人口数量多达 1.1 万。到 1450 年，该地区再也无法养活这么多的人口了。而且，15 世纪中期后黄金价格骤降。这可能与同时代桑海帝国的崛起相关。后者的崛起，使跨撒哈拉东部的黄金贸易发展迅速。无论黄金价格下降了多少，都会对大津巴布韦统治阶

150　层的财富和权力产生影响，也让他们无法再统治大津巴布韦了。1450 年后，这一地区的长途贸易的重镇也北移到赞比西河流域。正是在这一时期，因戈姆贝伊莱德（Ingombe Ilede）兴盛了起来。马佐埃河（Mazoe）源头的穆塔帕王国（Mutapa）也紧接着崛起了。

## 托瓦王国

大津巴布韦最直接的继承者是托瓦王国（Torwa）。大津巴布韦遭到遗弃后，托瓦王国就在豹地地区的古如斯瓦（Guruuswa）①建立了起来。其都城卡米（Khami）的修建者可能是来自大津巴布韦的移民。在这里，大津巴布韦的修建石墙的技术得到了进一步发展和完善。当地人将山地修

---

① 又称布图阿（Butua）。

**图 9.5**　19 世纪 60 年代希雷河流域的织布场景，所用的棉花产自当地，所用的技术是晚期铁器时代的织布技术。
图片来源：*National Archives of Zimbabwe*。

建成阶地，并用精心打磨过的石头垒砌成石墙。托瓦王国是西部高原上的黄金产地，也特别适合放牧大量牛群。托瓦王国的建立和发展，为 17、18 世纪昌加米雷的罗兹维帝国（Changamire's Rozvi）[①] 的形成奠定了基础。

### 穆塔帕王国的发展

据绍纳人的口述传统，穆塔帕王国的建立者是大津巴布韦的尼亚兹姆贝·穆托塔（Nyatsimbe Mutota）。1420 年前后，大津巴布韦派穆托塔到北部寻找新的食盐来源地。他率领一小支军队抵达了马佐埃河源头附近的丹德地区（Dande）。北方的绍纳人先前就已经在那里定居下来了。丹德地区显然是建立新国家的理想之所：这里土地肥沃，降雨充沛，还有大量宜居的林地。此外，马佐埃河流域还可通往赞比西和斯瓦希里贸易点塞纳（Sena）和太特（Tete），这两个贸易点大概也是在这时建立起来的。

穆托塔和其子及继承者马托佩（Matope）充分利用了丹德地区有利的地理位置。他们动用这支从大津巴布韦带过来的人数少但战斗力强的军队，控制了丹德地区的北方绍纳人。穆托塔

———————————

① Changamire 又译昌加米尔、昌加米腊等。——译者注

及其继承者采用"穆恩胡穆塔帕"（Munhumutapa）[1] 作为王权称号，称号的意思是"征服者"或"胜利的掠夺者"。这一称号也揭示出他们与臣民之间关系的某些表征。

赞比西河下游斯瓦希里贸易点塞纳和太特的设立，可能要归功于从因戈姆贝伊莱德的内陆贸易城镇沿河运来的铜和象牙。从太特逆流而上 600 公里才能到达因戈姆贝伊莱德城镇。15 世纪，因戈姆贝伊莱德是这条贸易路线的终点，也是手工艺品的制造中心。因戈姆贝伊莱德的手工艺者，把从津巴布韦北部运来的黄金加工成金珠和手镯，把铜铸造成十字形的铜块作为贸易通货。到了 15 世纪 50 年代，穆塔帕王国超越大津巴布韦成为内陆高原上最主要的绍纳人国家。因戈姆贝伊莱德衰落了，它无法与这一强大的北方绍纳人国家相抗衡。在 15 世纪 80 年代马托佩统治末期，从穆塔帕王国东部直至沿海低地，包括乌特维（Uteve）、巴维（Barwe）和曼伊卡（Manyika）酋邦或王国都成为向穆恩胡穆塔帕进贡的附属国。

穆塔帕王国与大津巴布韦有很多重要的差异。穆塔帕王国的统治者是外来者，他们动用军队来维持对臣民的统治。这也保证了当地村落首领会定期进贡。北方绍纳人没有石质建筑传统，穆恩胡穆塔帕的土木房屋只围了一圈木头栅栏。而且，大津巴布韦统治者需要从西部进口黄金，但穆塔帕统治者拥有自己的黄金。马佐埃河流域有宝贵的沙金资源，流经北部高原的含金岩石的溪流，能够淘洗出沙金。金矿区的农民需要定期为国王开采黄金。大部分黄金用来与沿海地区进行贸易，为统治者换取牲畜、染色布匹和其他奢侈品。尽管贸易活动对统治阶层非常重要，但穆塔帕王国的根基是强大的农业基础。

## 穆塔帕王国与葡萄牙人

在 16 世纪前几十年里，葡萄牙人想控制斯瓦希里地区的黄金贸易。但是，此时津巴布韦人的黄金出口，已经从萨比河流域、索法拉转移至马佐埃河流域和赞比西河流域。斯瓦希里人[2]把黄金贸易转至另一个港口，从而巧妙地避开了葡萄牙人的控制。葡萄牙人对此采取了行动：16 世纪 30 年代，葡萄牙人派出一小支军队，沿赞比西河直上，夺取了贸易点塞纳和太特。正是从塞纳和太特，葡萄牙人与穆恩胡穆塔帕宫廷建立了直接的贸易联系，把赞比西河流域的贸易转至葡萄牙人控制下的要塞城镇莫桑比克[3]。

起初，为了获准进入穆塔帕王国境内从事贸易，葡萄牙人准备向穆恩胡穆塔帕进贡。但是，穆恩胡穆塔帕只允许葡萄牙人合法地购买少量黄金。葡萄牙人决定直接控制住穆恩胡穆塔帕本人，并由他们自己直接开采黄金。在试图让穆恩胡穆塔帕皈依基督教失败后，葡萄牙人于 1571 年全面入侵穆塔帕王国。但是，葡萄牙侵略军从未能离开赞比西河流域。由于干旱、疾病和当地

---

① 又有 Mwene Mutapa 的拼法。

② 斯瓦希里可指一种语言，也可指一种社会，但并不是一个族群或某特定地区的人。这里主要指沿海、沿海岛屿城镇里的人，包括商人、手工艺者、文员等。——译者注

③ 不应和今天莫桑比克共和国混淆。——译者注

**图 9.6**　20 世纪早期津巴布韦的绍纳女孩。她们戴着手镯、脚镯饰品，穿着镶有珠子的皮裙。在晚期铁器时代，这一装扮可能比较常见。图片来源：*National Archives of Zimbabwe*。

通加人（Tonga）的反抗，侵略失败了。1574 年的又一次侵略成功地迫使乌特维统治者同意向驻留在索法拉的葡萄牙人进贡。但是，穆塔帕王国依然不在葡萄牙人的控制之下。一直到 16 世纪末，穆塔帕王国都是津巴布韦高原东部重要的独立国家。

## 林波波河以南地区的养牛族群

　　随着林地被清理，更多可定期利用的高地草原被开发出来，林波波河以南地区的养牛业也因此获得了进一步的发展。11—14 世纪，随着晚期铁器时代的发展，林波波河以南地区渐渐地出现了多个酋邦。与图茨维文化一样，牛通常是酋长制形成的物质基础。拥有大量牛群的富裕氏族在大量依附者之上建立了世袭统治（或王朝）。在这些宗法社会中，酋长的精神权力源于酋长与祖先之间的联系。酋长往往出自受人尊敬的神话了的氏族创始英雄后裔家族，事实上，酋长的地位常常依求雨能力大小而定。

今天南部非洲高原的索托-茨瓦纳人（Sotho-Tswana），他们的古代酋长世系可追溯到这一时
期。但是，从语言学上看，早期铁器时代南部非洲人说的班图语族语言与津巴布韦高原古绍纳人
153  说的语言之间存在关联。索托-茨瓦纳人的语言似乎与东非人说的班图语族语言关联更大。由此
产生了一个有趣的推论：索托-茨瓦纳人可能是 14 世纪抵达南部非洲的新移民。考古学证据显
示，14 世纪后索托-茨瓦纳人定居点迅速扩散到今天南非的北部高原地区。索托-茨瓦纳人定居点
的遗址有大量石质围墙和石质房基，且遍及法尔河（Vaal）南部和北部高原。一些房基与 19 世
纪早期欧洲旅行者发现的茨瓦纳南部的房基有惊人的相似之处。

在法尔河西北部的干燥高原上，早期的茨瓦纳世系在数千人口的中央城镇基础上形成了多个
大酋邦。人口如此集中，可能是因为水源有限。一旦规模太大，或发生继承权纠纷，酋邦就会分
裂和细化。富有的权力竞争者会带着自己的支持者和依附者离开原来的酋邦，到其他地方建立新
酋邦，开启新一段历史。

德拉肯斯山脉的东南部地区雨量较大，有着多样的生态环境。在任何一个小区域，都有着大
量山地、适合放牧的山谷、林地、耕地。因此，这里的酋邦规模小得多，定居点也更紧凑。在这
一地区，今天说恩古尼（Nguni）语族语言的族群的祖先建立了大量小型酋邦，遍及从大凯河到

**地图 9.3**  晚期铁器时代的林波波河以南地区

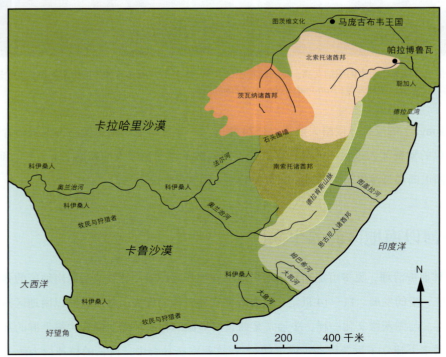

**图 9.7**　考古发掘出的晚期铁器时代索托–茨瓦纳人房屋石基。图片来源：*National Archives of Zimbabwe*。

德拉瓜湾（Delagoa Bay）[①] 的区域。

> 恩古尼是班图语族南部一个语言群体的名称，并没有"恩古尼语"或"恩古尼人"[②] 一说。它只是语言学家和历史学家出于便利而使用的一个当代名词，用来指在语言上有联系的东南部低地的族群。如此一来，这些族群就可以与高地上的索托–茨瓦纳人区分开来。

　　这些酋邦通常只不过是更大氏族的首领领导下的几个大家族宅地的组合体。当人口增加，发生争夺统治权的纷争，酋邦就会分裂，权力竞争者就会离开原来的酋邦，到其他地方建立新定居点。高地上的索托–茨瓦纳人也一样。索托–茨瓦纳人虽然主要是农民、金属加工者、手工艺者和商人，但他们的物质财富主要源于肥壮的牛群。1593 年，一个葡萄牙船员由于船只遇难而登陆东南沿海地区，他清楚地记录了这一点。这位葡萄牙船员从姆巴谢河（Mbashe）安全地旅行到德拉瓜湾，并记录了他所看到的族群：

> 　　这些人是牧民和农民……他们的主要农作物是粟。他们用两块石头或木臼把粟碾磨成粉，再放在余烬下烘烤，制成蛋糕。他们还用同样的作物酿制啤酒……他们有很多牛肉，肥

---

① 后称马普托湾（Maputo Bay）。——编者注
② 尽管如此，本书还是采用了恩古尼人一词，以避免冗长的表述。确切地说，恩古尼人是说恩古尼语族语言的诸多族群，但是，也有几处语句使用了"说恩古尼语族语言的人"的译法，这并非前后不统一，乃不得已而为之。——译者注

腻、柔嫩、可口且块头很大。他们的牧场丰美。他们的财富主要是大量无角牛。他们也靠牛奶和从中提取的黄油来生活。他们一起居住在小型村落里，所住的房屋是用芦席做成的……衣服主要是小牛皮做成的外套。小牛皮涂上油脂，便会变得柔软起来。他们脚上穿的是用两三层生皮在圆形模具加固后做成的皮鞋，皮鞋是用皮带捆扎在脚上的。他们穿着这样的皮鞋，能以非常快的速度奔跑。[①]

在晚期铁器时代的酋邦扩展进程中，科伊桑狩猎-采集者和专业畜牧者逐渐地被同化了。南方恩古尼语族语言、索托人多种语言的发音，带有典型的科伊桑语系语言发音中的"咔嗒"声，便是这一进程的明证。但是，晚期铁器时代的农耕者没有把定居点扩展到夏季定期下雨的地区之外。因此，在非洲大陆西南部更干燥的地区，科伊桑人群落把自身特有的语言和文化保留了下来。但即便是在那里，他们也不是独立发展的。科伊桑人群落与班图农耕者有贸易往来，他们用羊、牛和狩猎产品从农耕者那里换取铜、铁、大麻和烟草。在好望角东南方的冬季降雨草原上，说科伊科伊语（Khoekhoe）从事畜牧的族群发展繁荣。正是他们的肉类资源，把航行至此的欧洲人最初吸引了过来。

① Boxer, C.R. (ed.) (1959) *The Tragic History of the Sea, 1589—1622* (CUP: Cambridge), pp. 121—122.

# 第十章

# 16 世纪前的东非沿海贸易城镇

本书前面几章已经不时提及了非洲的印度洋贸易。大多数印度洋贸易是指埃及、红海沿岸和阿克苏姆／埃塞俄比亚与波斯湾国家及印度西部地区的贸易往来。本章将讨论东非沿海斯瓦希里贸易城镇的起源和发展，以及这些城镇对印度洋贸易进一步发展作出的贡献。

殖民时期的历史学家过分强调了阿拉伯文化的输入对东非沿海早期贸易发展的重要性。他们认为，东非沿海贸易之所以出现，是因为信仰伊斯兰教的阿拉伯人的到来。早期研究侧重于阿拉伯文化对说斯瓦希里语族语言的人在语言和文化中的贡献。依照这一观点，阿拉伯人是东非沿海语言和文化发展的主要推动者。正是这些阿拉伯人把东非沿海的非洲人纳入阿拉伯人的贸易文化中，因此非洲人-阿拉伯人联合建立了斯瓦希里贸易城镇。然而，20 世纪后半段的历史研究已经不再受殖民时期种族主义史观的影响。新的研究揭示，过去过分强调阿拉伯文化的输入是一种误导。这并非否认阿拉伯人对斯瓦希里文化和贸易网络发展所作出的重大贡献，尤其是在 18 和 19 世纪。但是，早前的研究忽视了非洲本土人在早期沿海贸易发展、斯瓦希里文化和社会扩展中所起到的推动作用。

## 东非沿海贸易社会的起源

### 阿扎尼亚：公元 500 年前的东非沿海地区

公元纪年早期，希腊、罗马商人就已知道东非沿海地区，并称这一地区为"阿扎尼亚"（Azania）。最早提到阿扎尼亚的文献记载是 1 世纪中期希腊人的航海手册《红海回航记》。这本航海手册写于埃及贸易港口亚历山大，旨在为希腊商船提供一份关于印度洋已知港口的指南。它提到了阿扎尼亚一系列沿海城镇，外国商人可在那里获得象牙、犀牛角、玳瑁和少量椰子油。作为交换，阿拉伯半岛、红海地区的商人为阿扎尼亚人提供铁制工具、武器、棉布、少量小麦和酒。《红海回航记》的作者称，阿扎尼亚最南端的港口是拉普塔（Rhapta）。拉普塔的准确位置至 今仍未得到确定，可能在今天坦桑尼亚中部沿海地区，即鲁菲吉河（Rufiji）三角洲的某个地方，也可能在桑给巴尔岛（Zanzibar）对面的达累斯萨拉姆（Dar es Salaam）附近。

阿扎尼亚人是经验丰富的渔民。他们驾舟于近海水域，技术娴熟。渔民乘独木舟捕鱼捉龟，

**地图 10.1**　公元 500 年的东非沿海地区

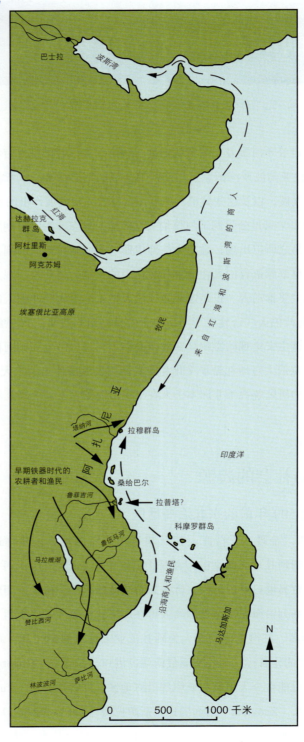

乘渔船往来于岛屿之间。独木舟是用木头凿出来的，渔船是用长椰子叶把木条捆绑在一起而建成的。每个城镇都处于当地酋长统治之下。《红海回航记》只说当地人皮肤黑、个子高，没有记载当地人的其他情况。一些阿拉伯商人定居在沿海地区，与当地人互有通婚，还学会了当地人的语言。但是，没有迹象表明这些早期阿拉伯定居者对阿扎尼亚人产生过何种影响。阿拉伯商人只是在业已存在的渔业、贸易群落中定居而已。

早期阿扎尼亚人究竟是何许人，我们并不知晓。考古研究至今也没有发现早期沿海城镇的证据。未来的考古研究可能会发现陶器或其他人工制品，以告诉我们更多信息。早期阿扎尼亚人可能是东非早期铁器时代扩散时期的一部分移民，可能是说班图语族语言的人。《红海回航记》记载早期阿扎尼亚人从外部进口铁器与这一点并不矛盾。早期阿扎尼亚人可能认为，与其费时费力地炼铁、制作铁器，倒不如进口制作好的铁器来得更加便利。他们可能吸收了先前定居下来的狩猎–捕鱼群落的捕鱼技术。"缝合船"（sewn boat）和椰子揭示出，阿扎尼亚人很早就与公元纪年初殖民马达加斯加的说南岛语系语言的海员有了一定的联系。但是，这一时期，似乎没有说南岛语系语言的人在东非沿海定居下来。可以确定的是，至迟到 5 世纪，班图农耕者和渔民便在东非沿海地区定居下来了。

## 僧祇之地：公元 1000 年前的东非沿海地区

7、8 世纪伊斯兰教的扩张给印度洋贸易带来了极大的繁荣。伊斯兰教中心于 750 年迁往巴格达后，波斯湾被进一步纳入印度洋贸易网络。8 世纪，阿拉伯半岛南部大量什叶派难民迁居东非海岸线的北半段。这些什叶派难民与非洲人互有通婚，并学会了当地人语言。近海岛屿上说阿拉伯语的人越来越多，东非沿海与伊斯兰世界之间的贸易联系变得极为便利。那时的阿拉伯作家称东非沿海中部地区为"僧祇之地"（Land of Zenj）[①]。

11 月到次年 3 月，印度洋上的季风吹向东非，4 月到 10 月季风又吹向波斯湾和印度。季风风向的季节性变化，极大地影响了东非沿海地区与西亚伊斯兰世界之间的跨海贸易。西印度洋上的大部分长途贸易使用阿拉伯三角帆船，跨海之旅达数月之久。而阿拉伯商人又必须乘西南季风返航，所以他们实际上没有太多时间在东非沿海做买卖。因此，北部的摩加迪沙（Mogadishu）、巴拉瓦（Barawa）和拉穆群岛（Lamu）是阿拉伯商人最常停靠的地方。当地的沿海贸易主要控制在非洲商人手里，由非洲商人把货物运到主要城镇。所以，跨海而来的阿拉伯商人短时间内就完成交易，而无须耗费宝贵时间在小定居点之间奔波。

随着对非洲象牙和黄金的需求先后上升，越来越多的阿拉伯穆斯林定居在岛屿城镇，想直接介入当地人的贸易。一般来说，当地非洲统治者家族愿意与这些早期阿拉伯定居者保持良好的关系，双方之间经常互有通婚。如此一来，当地非洲统治者家族让定居下来的穆斯林商人备感自

---

[①] 僧祇，是对 Zenj 的音译，它还有 Zanj、Zendj 等不同拼法。中国古籍将它译作"僧祇"。"僧祇"的本义是黑，即黑人。僧祇并不是一个种族的名称，而是东非沿海地区居民的统称，甚至包括在东非沿海地区居住的亚洲移民。——译者注

图 10.1    东非、波斯湾与印度之间的印度洋贸易中的阿拉伯三角帆船。图片来源：*Dorling Kindersley/Getty Images*。

在，他们在城镇里能获得很好的礼遇。

到 9 世纪，"僧祇之地"沿海一带已经建立起大量贸易城镇，其中大多数位于近海岛屿上面。肯尼亚北部沿海的拉穆群岛上有好几座城镇，其他城镇分布在更南边的桑给巴尔岛、基尔瓦与科摩罗群岛（Comoro）上。虽然这些城镇也参与海外贸易，但它们的文明依旧是非洲本土的。考古证据揭示，这些城镇都是养牛-农耕混合型群落，贸易只是农业经济的补充。牛群圈养在由栅栏围起来的城镇中部的牛舍。一般而言，当地人居住的是圆形土木茅草屋。考古学家在这些群落遗址上发现了陶器：大多数陶器都是当地制品，具有东非铁器时代陶器的典型特征；而少量从波斯湾、印度西部地区和中国进口过来的陶器证实了贸易联系的存在。从摩加迪沙到莫桑比克纵深3000公里的东非沿海地带，陶器风格明显类似。这也表明沿海贸易点之间文化联系紧密且保持着日常航海接触。

地图 10.2  公元 500—1000 年的东非沿海地区

159

160
　　这一时期的沿海城镇主要出口原材料，进口制成品、奢侈品、东方陶器、玻璃、印度丝绸和棉布。海外商人寻求的非洲商品主要是象牙。中国的象牙需求量非常大，中国人常使用象牙制作座椅，供贵族在仪式场合上用。印度人也广泛地使用象牙制作镂刻的匕首手柄和剑鞘。非洲象的象牙比印度象的更大，质地也更细腻柔软，最适合镂刻。其他非洲出口产品还有龙诞香和波斯湾地区建造房屋所需的红树木材。俘虏被当作奴隶卖到巴士拉（Basra）盐矿和波斯湾北部的种植园。巴士拉的奴隶数量众多。868 年，巴士拉奴隶多到甚至发动了一场起义。[①] 沿海城镇也出口少量黄金。僧祗把黄金从南部"索法拉之地"带到北部沿海城镇。考古学家在一些沿海城镇里还发现了制作棉布、玻璃和贝珠的证据。当地人用这些产品换取内陆人的象牙和其他产品。这种类型的贝珠可追溯到 8、9 世纪。中部和南部非洲内陆的大量考古遗址都有此类贝珠的发现。

　　研究东非沿海地区的历史学家非常幸运，有不同时期的数位阿拉伯旅行家记录下来的文献可资参考。他们都实地到访过东非沿海地区。其中，比较重要的旅行家是 10 世纪的马苏第（Al-Masudi）和 14 世纪的伊本·巴图塔。916 年，马苏第从阿拉伯半岛东南部的阿曼出发，乘坐阿拉伯人的独桅三角帆船访问了"僧祗之地"。他写道：

　　　　僧祗之地加工野生豹皮。当地人把豹皮作为衣服来穿，也把它们出口到伊斯兰国家。这里的豹皮是最大的，用来做鞍座也最好看……他们也出口用来制作梳子的玳瑁，当然象牙也可用来制作梳子……僧祗定居在这一地区，该地区一直延伸至索法拉，索法拉是此地的边缘极限了，那里也是从阿曼和尸罗夫[②]出发远洋航行的目的地……僧祗用牛做驮兽，因为他们没有马、驴子和骆驼……这里有很多野象，但没有一头野象被驯化。僧祗并未用野象作战或从事其他活动，只捕获并杀死野象，取走象牙。这里的一对象牙重达 50 磅，甚至更重。象牙通常送往阿曼，再从阿曼运往中国和印度。这是一条重要的贸易路线……

　　　　僧祗语言优美，有人用此语言布道。有个教徒经常召集民众，告诫民众要在生活中取悦并服从真主。他解释说，如果不服从真主就会遭到惩罚，并提醒民众要记住祖先和故去的国王。这里的人没有宗教教规：国王依惯例和政治便宜来统治。

　　　　僧祗食用香蕉。与印度一样，香蕉乃稀松平常之物。但是，他们的主食是粟和一种像块菌一样从地里拔出来叫"卡拉里"（Kalari）的植物。他们也吃蜂蜜和肉类。他们有很多长满椰树的岛屿，僧祗把椰子当水果吃。离海岸一两天航行距离的一个岛屿上住有穆斯林，并有一个王室家族。这就是坎巴鲁岛（Kanbalu）［应是今天的奔巴岛（Pemba）］。[③]

---

① 又称"僧祗奴起义"（'the Zenj revolt'）。

② 尸罗夫，即 Siraf 的音译，古代波斯湾重要港口，位于伊朗布什尔省的南部地区。——译者注

③ Freeman-Grenville, G.S.P. (ed.) (1962) *The East African Coast: Select Documents from the First to the Earlier Nineteenth Century* (OUP: Oxford), pp. 15—17.

**图 10.2**　奔巴岛上姆塔姆布韦姆库钱库遗址（Mtambwe Mkuu Hoard）发现的一堆当地铸造的小银币和小铜币。拍照前，钱币清洗、分类过。钱币年代为980—1000年。钱币直径7—12毫米，大小不等。钱币较薄，每个钱币重量不足0.2克。图片来源：*Mark Horton*。

# 斯瓦希里贸易城镇的发展

## 斯瓦希里的起源

　　"Swahili"一词源于阿拉伯单词 sahil，意思是"沿海"。因此，"Swahili"字面意思就是"沿海人"。Kiswahili[①] 也可简称 Swahili。今天的斯瓦希里语是使用最广泛的东非语言。东非沿海和内陆多个地区都说斯瓦希里语。它也是今天的坦桑尼亚的官方语言。斯瓦希里语实际上是属于班图语族的一种语言，但添入了很多阿拉伯单词。斯瓦希里语是从塔纳湖、拉穆群岛地区早期铁器时代族群的语言演变而来的。阿拉伯定居者通过通婚融入东非沿海地区社会之中，他们也把一些阿拉伯语单词添加到斯瓦希里语中。这些阿拉伯定居者书写或者与海外商人交流时用阿拉伯语，但日常生活中说斯瓦希里语。斯瓦希里语适时地发展成为一种书写语言，用的是阿拉伯字母。

　　10—14世纪，"Swahili"一词指称一个特殊的沿海社会：宗教和文化是伊斯兰的，但语言和人口基本是非洲的。斯瓦希里也是一个拥有城市、沿海贸易文化的经济体。现在，我们转过来讨

---

① 意为斯瓦希里语。——译者注

论斯瓦希里城镇的形成。

970—1050 年是东非贸易城镇的复兴期，也是拜占庭帝国、法蒂玛王朝时期的埃及对象牙和黄金需求不断上升的时期。有证据显示，在这一时期东非沿海岛屿上的穆斯林定居点进一步增多。马苏第提到坎巴鲁岛有个穆斯林国王，这意味着此种情况在 10 世纪早期并不常见。一个世纪后，随着穆斯林影响的扩大，这种情况变得更普遍了。很多非洲统治者皈依了伊斯兰教，穆斯林定居者与当地统治者家族互有通婚，一些城镇还修建了清真寺。北部一些城镇出现了用珊瑚石修建的矩形房屋，其建造风格类似于红海达赫拉克群岛上的房屋。这表明东非沿海城镇通过贸易与埃及、地中海地区有着紧密联系。该地区出现了财富普遍增加的迹象，至少在统治阶层中确实如此。很多富商统治者开始用银、铜铸造硬币，虽然法蒂玛王朝的第纳尔金币依旧是国际贸易的通货，但本土交易使用当地的硬币。

## 162　黄金贸易与基尔瓦的崛起

1050—1200 年，越来越多波斯湾和阿曼的穆斯林移居至东非沿海地区。可能因为新移民带来的压力，北部城镇的大量穆斯林，特别是拉穆群岛的穆斯林，南迁至桑给巴尔、马菲亚（Mafia）、奔巴岛、基尔瓦和科摩罗群岛。他们在那里的贸易城镇中定居下来，并建立了统治这些岛屿数个世代的新王朝。这些王室家族宣称，他们的祖先可追溯到波斯湾设拉子（Shirazi）的穆斯林移民。因此，他们所建的王朝通常又称"设拉子王朝"。但是，这里并没有发现波斯移民的证据。他们可能只是出身于北部城镇地位显赫的穆斯林家族，为了提升地位才宣称有这种联系。"设拉子王朝"迁移过来后，奔巴岛、桑给巴尔岛、马菲亚和基尔瓦便开始用珊瑚石修建房屋。

在斯瓦希里新城镇中，基尔瓦注定要成为最重要的一个。公元 1200 年前，黄金贸易一如既往地控制在摩加迪沙的穆斯林商人手里。摩加迪沙修建于公元 1000 年前后，是斯瓦希里最北端的城镇。摩加迪沙商人通过与沿海穆斯林的联系，把沙金从南方的"索法拉之地"带到北方。而基尔瓦所处的地理位置完全可以打破摩加迪沙对黄金贸易的控制。基尔瓦是斯瓦希里最南边的贸易点。海外商人到达基尔瓦，只需要航行 3 个月。基尔瓦是控制南方贸易的理想地点。基尔瓦商人派船南下，在索法拉建立了一个小型贸易点，位于今天贝拉（Beira）的南边。内陆族群把黄金从林波波河流域和津巴布韦高原带到此处。至迟到公元 1200 年，基尔瓦打破了摩加迪沙的贸易垄断，自己控制了南部非洲黄金的海外贸易。在接下来的 200 年里，基尔瓦一直是最重要、也可能是最富裕的贸易城镇。

## 163　斯瓦希里贸易城镇的政治经济

摩加迪沙和索法拉之间，约有 40 座斯瓦希里城镇。很多都是小城镇，有一些石质房屋、一座清真寺、一个穆斯林统治家族和大量非穆斯林臣民。摩加迪沙、蒙巴萨（Mombasa）、基尔瓦、

**地图 10.3**　10—16 世纪的印度洋贸易网络

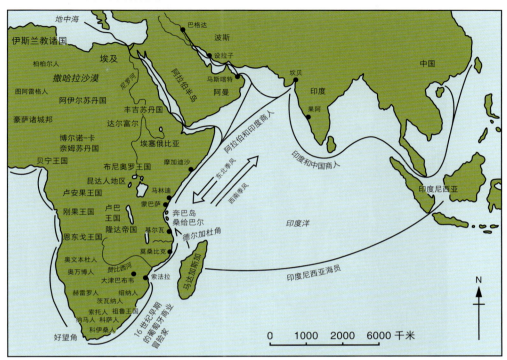

帕泰岛（Pate）和桑给巴尔岛上的大城镇，建筑几乎都由珊瑚石修建而成，显示出其富足。

　　大多数城镇在穆斯林苏丹的统治下独立行事。有时大城镇也会管控邻近的小城镇。例如 14 世纪末 15 世纪初，基尔瓦苏丹宣称统治了索法拉和桑给巴尔之间的大部分沿海地区。但是，由于一系列的王权争夺，苏丹的统治有所削弱。到 15 世纪 90 年代，索法拉等大多数城镇都宣布独立了。

　　绝大多数的统治阶层十分富有。他们居住在宽广的石质房屋和华丽宫殿里，穿精细丝绸、棉布长袍，披金戴银，使用从波斯、中国进口来的精美瓷器就餐。统治阶层拥有大种植园，主要种植粟、棉花、蔬菜和水果，但是他们的财富主要源于海外贸易。苏丹对进出口货物征收高达 50% 的税，对途经其城镇的货物则征更重的税。尽管税很重，商人仍可以从贸易中获利。在基尔瓦、摩加迪沙等大城镇，商人也组织当地人生产棉布、玻璃和贝珠，用来与非洲内陆进行交易。

　　大城镇的大多数臣民是说斯瓦希里语的穆斯林，包括工匠、手艺人、文员、宫廷低级官员和船长。这些人明显是非洲人。他们没人宣称自己是阿拉伯人或是波斯人的后代。这些人往往居住在矩形的土木房屋里。这样的土木房屋遍布于石房所在的主城区及主城区边缘地带。紧挨着主城区边缘地带的是非穆斯林农耕者、渔民居住的传统非洲人村庄。农耕者、渔民向城镇提供食物，从内陆来的搜寻象牙的狩猎者和商人通常也住在村庄里。

　　内陆人与斯瓦希里沿海、岛屿城镇居民之间的关系时好时坏。总的来说，双方彼此互惠互

164

图 10.3　基尔瓦大清真寺遗址。基尔瓦大清真寺始建于 13 世纪，扩建于 15 世纪。联合国教科文组织世界遗产。图片来源：*Werner Forman archive/Getty Images*。

利，关系还算稳定。内陆人为斯瓦希里人提供象牙、兽皮和黄金，这些物品是斯瓦希里人贸易和财富的基础。反过来，斯瓦希里人给内陆人提供布匹、贝珠、进口陶器和其他奢侈品。

　　然而，有时两者关系并不好，内陆酋长会攻击或围攻沿海城镇。冲突的根源是斯瓦希里人常常侵袭内陆，搜刮牲畜、其他战利品和可当作奴隶的俘虏。1331 年伊本·巴图塔访问期间，基尔瓦苏丹发起一场反对内陆"异教徒僧祇"的圣战。伊本·巴图塔揭示了这场圣战的原因：苏丹"经常侵袭僧祇之地，夺取战利品。"苏丹自己会留下一部分战利品，剩下的则放入金库，用来在日后款待像伊本·巴图塔这样的外来访问者。苏丹非常慷慨，"送出大量礼物"，从而获得"阿布·马瓦希布"（Abu al-Mawahib）[①] 的外号。

　　基尔瓦苏丹的财富主要来源于与南部索法拉的黄金贸易。基尔瓦苏丹可能沿着这条贸易路线侵袭内陆族群。后来，基尔瓦苏丹与内陆人重修于好。值得一提的是，1505 年葡萄牙人攻击基

---

① Abu al-Mawahib 的意思是 "礼物之父"。Freeman-Grenville, G.S.P. (ed.) (1962) *The East African Coast: Select Documents from the First to the Earlier Nineteenth Century* (OUP: Oxford), pp. 31—32.

尔瓦时，非洲酋长还施以援手，从内陆派来弓箭手协助基尔瓦苏丹防卫岛屿。

总的来说，斯瓦希里城镇本身之间相安无事。城镇之间虽然存在贸易竞争，但不互相侵袭。在葡萄牙人到来之前，海上抢劫几乎没有发生过。

# 东非沿海的葡萄牙人（1498—1600年）

1498年，葡萄牙人绕过非洲南端，沿东非沿海向北航行，成为从南边进入印度洋的第一批西欧人。多年来，葡萄牙商船一直沿非洲西部海岸向南航行，寻找向东进入印度的路线。葡萄牙人认为，从南边进入印度洋，就能绕开控制了西亚-北非的东地中海地区的穆斯林竞争者，进而从穆斯林手中夺取印度香料、香水、丝绸和其他奢侈品贸易的控制权。这些贸易的利润高得惊人。然而，对东非斯瓦希里的贸易，葡萄牙人几乎一无所知。

葡萄牙人看到斯瓦希里城镇的富有和贸易的发达程度后，决定也要控制这里的贸易，如果必要的话，就动用武力。葡萄牙人的策略是，把全副武装的战船开进重要城镇的港口，接着要求城镇统治者俯首称臣，每年向葡萄牙国王大量进贡。如果城镇统治者不答应，他们就展开攻击，掠夺一切财物，杀掉任何一个胆敢反抗的穆斯林。葡萄牙人以反"摩尔人"的"神圣的基督教战争"为名，将侵袭行为正当化。

> "摩尔人"一词源于中世纪的西班牙和葡萄牙，指8世纪入侵西班牙的毛里塔尼亚（罗马行省名，现摩洛哥）穆斯林柏柏尔人。到15世纪，欧洲基督徒用此词特指北非穆斯林，但他们也用此词指称所有穆斯林，无论是非洲人还是阿拉伯人。

即便是大城镇也抵抗不住葡萄牙人的海上攻击。而长期以来，斯瓦希里城镇在贸易上彼此竞争。所以在此关键时刻，城镇之间并未能同仇敌忾，更没能联合起来抵御外敌。

马林迪（Malindi）苏丹希望避免对抗，立即同意向葡萄牙人进贡。但是，大多数沿海城镇都没有轻易地放弃独立。事实上，蒙巴萨苏丹还大老远地跑到马林迪，向其宣战。马林迪明显已经成为公敌的同盟者。

桑给巴尔是第一个遭到葡萄牙人猛烈攻击的斯瓦希里城镇。1503年，一个叫鲁伊·洛伦索·拉瓦斯科（Ruy Lourenço Ravasco）的葡萄牙船长，炮攻城镇，直到桑给巴尔苏丹同意每年进贡100密提卡尔①黄金。事实上，这只不过是这个葡萄牙船长的一次海盗式袭击而已。但是，这次袭击开了先河。1503年，拉瓦斯科及其同伙在斯瓦希里一带来回游荡，劫持商船，索要赎金。1505年，有着更大野心的葡萄牙官方舰队接踵而至。葡萄牙贵族、军人、冒险家弗朗西斯科·达

---

① 密提卡尔，mithqal，古代计重单位，100密提卡尔黄金相当于425克黄金。

**图 10.4**　16 世纪的葡萄牙船队。船尾和船侧架设了加农炮。图片来源：*DEA/A. Dagliorti/Getty Images*。

尔梅达（Francisco d'Almeida）率领一支由 11 艘全副武装的战船组成的舰队，控制了斯瓦希里多座重要城镇。那一年，基尔瓦、蒙巴萨和巴拉瓦都遭到攻击。目击现场的葡萄牙人描述了他们对基尔瓦和蒙巴萨的洗劫：

> 从船上放眼望去，精致的房屋、海岸阶地、尖塔、棕榈和果树装扮着这座城镇［基尔瓦］，真是美极了！我们的人迫不及待要登陆去征服这个傲慢的野蛮人。这个野蛮人花了整整一夜，把弓箭手从内陆调到岛上来……
>
> ［肉搏战之后的第二天，苏丹逃跑了，葡萄牙人占领了这座城镇。］
>
> 接着，代理主教和一些圣方济各会的神父，拿着两个十字架，唱着赞美诗，列队登上岸来。他们来到宫殿，放下十字架。舰队长［达尔梅达］开始做祷告。接着，大家开始把城镇里的商品和杂货洗劫一空……
>
> ［两个星期后，城镇安定了下来。在修建了一个要塞，任命了一个"傀儡"苏丹后，葡萄牙舰队沿着海岸奔向蒙巴萨。］
>
> 蒙巴萨的摩尔人在港口入口处修建了配有很多枪支的据点。港口入口狭窄，我们驶入

**地图 10.4** 斯瓦希里城镇与葡萄牙人（15—16 世纪）

入口时，第一艘战船受到摩尔人从两侧进行的枪击，我们立即还以颜色。我们的炮火非常密集，摩尔人据点里的火药着火爆炸。据点燃烧起来，摩尔人随之溃退。整个舰队入了港，并在镇前停了锚……

舰队长与其他船长会合，决定当夜放火烧城，第二天早晨进城。但是，他们烧城时遭到了摩尔人箭林石雨的攻击。城镇有 600 多座用棕榈叶作房顶的房子……石质房屋之间有很多带有门廊和牛舍的木头房子。火被点燃了，并肆虐了整个晚上……由于这个城镇与索法拉、坎贝（Cambay，位于西印度洋）有海上贸易往来，所以这里还有 3 只坎贝商船没有躲过猛烈的攻击。[第二天一早，葡萄牙人蜂拥登陆。]弓箭手和枪手走在前面……他们往前推进，发现了一些 3 层楼房，有人从里面扔石头砸过来。但是，石头砸到狭窄街道上的墙壁，掉落了下来。因此，石头的力道也就丧失了大半。这里还有很多伸到街道上的露台，下面也可以藏人。舰队长径直走到宫殿。在那里，韦穆德兹（Vermudez）船长攀上墙壁，高举旗帜，高呼道：葡萄牙，葡萄牙。[攻击蒙巴萨只死了 4 个葡萄牙人，但是]……1513 具摩尔人的尸体为这 4 个死去的人报了仇……

舰队长命令洗劫城镇，每个人都要把他找到的东西带回到他所属的船上：战利品在船上分，每个人将得到带回来的物品的 1/20……每个人都开始抢劫，搜寻房屋，用斧头和铁棒强行破门。整个沿海地区的棉布都来自蒙巴萨，所以城镇有大量准备运往索法拉的棉布。因此，舰队长自己获得了索法拉贸易中的很大份额。战利品中有大量昂贵的丝绸和金丝衣服，也有地毯。有件地毯美不胜收，它连同很多其他珍宝被送给了葡萄牙国王。①

达尔梅达后来成为果阿总督。果阿是葡萄牙在印度西海岸的一块殖民地。1509 年，达尔梅达在返航途中不明智地攻击了南部非洲的科伊桑人，结果丢了性命。

洗劫斯瓦希里城镇后，葡萄牙人在基尔瓦、莫桑比克和索法拉等南部港口修建石质要塞。葡萄牙人以这些非洲港口为基地，再航行到印度殖民地果阿。葡萄牙人就此控制了从津巴布韦高原运到索法拉沿海地区的黄金贸易。

葡萄牙人希望把北部斯瓦希里城镇的贸易转移到南部贸易基地。但是，北部斯瓦希里城镇进行了持续抵抗。蒙巴萨苏丹拒绝向葡萄牙人进贡，继续与阿拉伯半岛、波斯湾直接交易。结果，1528 年和 1589 年葡萄牙人先后两次洗劫了蒙巴萨。第三次也是最后一次洗劫了蒙巴萨后，葡萄牙人意识到：若想控制西印度洋贸易，就需要同时控制北方斯瓦希里城镇。1599 年，葡萄牙人在蒙巴萨修建了一个巨型要塞，名为耶稣堡（Fort Jesus）。在此后的 100 年内，耶稣堡一直是葡萄牙人在东非的势力中心。耸立的雄伟墙壁昭示着昔日出现过的暴力冲突。16、17 世纪，正是

①  若昂·德巴罗斯（Joao de Barros）和安斯·迈尔（Hans Mayr）的目击叙述，转引自 Freeman-Grenville, G.S.P. (ed.) (1962) *The East African Coast: Select Documents from the First to the Earlier Nineteenth Century* (OUP: Oxford), pp. 86, 102, 108—110。

图 10.5　14 世纪盖迪（Gedi）城镇遗址的拱门。盖迪位于东非沿海马林迪岛附近，但几乎没有文献记载过它。盖迪遭到毁灭、遗弃的过程和原因至今不明。图片来源：*AlexanderXXI/iStock*。

凭借暴力，葡萄牙人控制了东非沿海贸易。

## 马达加斯加

马达加斯加岛是东非的沿海大岛，距离莫桑比克海岸约 500 公里。直到公元纪年早期，马达加斯加岛都无人居住。这个南北走向的长岛中部有一个高原，气候温和，但土地不够肥沃。高原东部是狭长的沿海地带，昔日热带森林茂密。高原西部是一片宽阔的沿海平原，平原北部是多样的热带植被地区，平原南部则干如沙漠。

马达加斯加岛居民统称马尔加什人（Malagasy）。马达加斯加岛最早定居者是说南岛语系语言的人和来自东非大陆的说班图语族语言的人，这两群人似乎在同一时期登岛。说南岛语系语言的人乘小木船，越过印度洋抵达东非沿海地区。他们没有在东非沿海地区永久定居，但与班图农耕者有所联系。一般认为，正是由于这一联系，香蕉才传入东非。但是，一直到公元纪年后的前几个世纪，香蕉和椰树才遍及东非沿海一带，它们也有可能是在前几个世纪经印度传了过来。后来，说南岛语系语言的人、说班图语族语言的东非人，定居在马达加斯加岛北部沿海一带。东非

图 10.6    16 世纪葡萄牙人修建的基尔瓦要塞的遗址。图片来源：*Werner Forman/Getty Images*。

人可能是以奴隶劳工的身份去的马达加斯加岛。迄今为止，已发现的马达加斯加最早的定居点遗址的年代是 8 世纪，但是语言学证据认为说南岛语系语言的人和说班图语族语言的东非人迁居马达加斯加岛的年代应是公元 100—400 年。在接下来的数百年，其他东非人接踵而至。一些东非人在岛屿西部和南部地区建立了独立定居点。迟至 16 世纪，不时还有少量说南岛语系语言的人迁移过来。大多数早期定居点在沿海低地地区。直到后来的数个世纪，内陆高原才有人稀疏地居住下来。

170       马尔加什人的一部分祖先，即说南岛语系语言的人，擅长捕鱼，还带来了稻谷和香蕉的种植技术，以及矩形房屋建造技术。马尔加什人的另一部分祖先，即说班图语族语言的东非人带来了养牛和其他农耕技术。然而，印度洋贸易也是马尔加什人经济的重要组成部分。到公元 1000 年，少量来自斯瓦希里、阿拉伯和印度的商人在马达加斯加岛北部贸易港口定居了下来。说阿拉伯语的商人带来了王权思想，并在马达加斯加岛北部、西部族群中建立了统治王朝。当地人称说阿拉伯语的商人为"安塔劳特拉"（Antalaotra）。马达加斯加岛东部沿海一带，远离西印度洋贸易网络，但说南岛语系语言的人与这一贸易网络有联系。一些安塔劳特拉统治阶层也在这一地区定居，吸纳了马尔加什人的语言和文化。在马达加斯加岛南部地区的偏远山谷，王权观念也扎下根来，班图语族语言至少续存至 14 世纪。

**图 10.7**　葡萄牙人在东非沿海北方总部蒙巴萨的耶稣堡。耶稣堡雄伟壮观，令人印象深刻。图片来源：*Robert_ Ford/iStock*。

# 第五篇

# 奴隶贸易时代的西非

第十一、十二章的主题是奴隶制、奴隶贸易，以及与之不无关系的热带西非的暴力和主要国家的兴起。

西非社会长期存在某种形式的奴隶或奴役劳工，跨撒哈拉沙漠的俘虏贸易也由来已久。但是，欧洲人的跨大西洋奴隶贸易历时3个多世纪，规模庞大，给非洲大陆、美洲、加勒比地区留下了无法消除的烙印。

这一篇内容将检视欧洲人在这一臭名昭著的贸易中所扮演的角色，并从非洲人的维度对此加以考察，也将分析非洲人对人口贸易的反应、调整和推动。吉尔伯特（Gilbert）和雷诺兹（Reynolds）曾论述了16世纪欧洲人船舶将新的全球经济带至西非，并指出"新的全球经济具有强制性"。跨大西洋奴隶贸易无处不在，西非人不得不以某种方式参与到新的全球经济中来。[1]非洲人参与了奴隶贸易，但他们还没有形成与白人、欧洲人相对应的黑人、非洲人的观念。非洲人的身份认同基于现有的非洲民族和族群。在参与奴隶贸易的非洲人看来，抵达西非沿海地区的欧洲人是贸易伙伴，而有些非洲国家则是危险的敌人。早在奴隶贸易前，敌视"他者"、看不起屈服者就早已有之。但是，白人对黑人持有的种族主义立场完全可以追溯到这300年。奴隶贸易重要的非洲见证者古斯塔夫斯·瓦萨（Gustavus Vassa，又名Olaudah Equiano，即奥劳达·埃奎亚诺），用他的自传揭露了奴隶贸易中的罪恶和种族主义。

这一时期，西非地区暴力冲突升级，征服型国家兴起，如贝宁王国、奥约帝国（Oyo）、达荷美王国（Dahomey）、博尔诺苏丹国、阿散蒂王国（Asante）。小规模群落往往成为征服型国家扩张的目标，也与奴隶贸易密切相关。达荷美王国、阿散蒂王国的统治者发展出了王权崇拜以提升王室地位。但是，对于国家权力来说，经济、军事之作用凸显，而宗教已呈颓势。18世纪，枪支已成为大西洋沿岸的常规进口物品，稀树草原国家也从跨撒哈拉贸易中进口战马。因此，常备军得以使用枪支或战马，又或两者皆配备，这也是国家扩张的一种手段。

18世纪末，沿海地区欧洲人对奴隶的需求达到顶峰，获得奴隶成为西非地区战争的主要动

171
172

---

[1]  Gilbert, E. and Reynolds, J.T. (2008) *Africa in World History: From Prehistory to the Present*, 2nd edn (Pearson Education: Upper Saddle River, NJ), p. 184.

机。尽管如此，并非所有经济活动都是为了满足奴隶贸易的需求。依托于食品生产和手工业，所有强国都有稳健的经济基础。特别是，豪萨诸城邦发展出了特别的手工业，并广泛地融入国际贸易网络之中，而森林王国有古老的工艺传统，可溯源至早期铁器时代。

18 世纪末，一些国家滥用权力，濒临革命爆发的边缘。而其他国家自认足够强大，可以应对 19 世纪的独特挑战。

# 第十一章

# 16—18 世纪的跨大西洋奴隶贸易

## 跨大西洋贸易前的非洲奴隶制

在非洲、欧洲和亚洲，奴隶制与将俘虏当作奴隶进行交易由来已久。法老统治时期，俘虏会被从努比亚顺着尼罗河被运送至埃及。西非的一些俘虏会跨越撒哈拉沙漠被运送至罗马人统治下的北非；东北非的一些俘虏则会被运送至波斯湾国家和印度。然而，后来的跨大西洋奴隶贸易，无论是规模还是组织化程度都超过了早期的零星奴隶贸易。

### 跨撒哈拉奴隶贸易

撒哈拉沙漠中部的盐矿自古以来就使用奴隶劳工。随着跨撒哈拉贸易扩展、穆斯林渗入北非，以及加纳帝国崛起，使用奴隶劳工的需求急剧猛增。伊斯兰教法不允许穆斯林奴役穆斯林同胞，所以北非商人从撒哈拉南部非穆斯林社会中寻求奴隶，将俘虏运到北非做奴隶便成了家常便饭。起初，奴隶数量很少，只占 8 世纪后跨撒哈拉贸易的一小部分。然而，在随后的 11 个世纪内，约有 500 万非洲人跨过撒哈拉沙漠被贩卖为奴，东非和东北非有 250 万人被运到西亚贩卖为奴。

伊斯兰世界的奴隶不同于美洲常见的那种在种植园劳作的奴隶。男性奴隶多会被送进军队并皈依伊斯兰教，成为北非的穆斯林，一些先前是奴隶身份的人后来也担任了高级职务。女性奴隶需求量很大，她们往往会做婢女或妾。西亚-北非伊斯兰世界的女奴隶情况大体一样。

撒哈拉以南非洲社会长期存在某种形式的奴隶或奴役劳动。在大型集权化国家，俘虏常常被纳入经济生活和社会中，几乎成为实现国家发展和扩张的一种手段。小型、非集权化的群落则把战俘当作外来人，战俘有时也会被赎回故土。大大小小群落的市场有时也会出售奴隶，但并非常态。抓捕战俘的首要目的并不是为了出售。然而 11 世纪后，撒哈拉沙漠南部边缘国家的统治者渐渐地皈依伊斯兰教，为了给跨撒哈拉贸易提供战俘，他们的军队开始对近邻的非穆斯林发动袭击。这种人口交易至少一直持续到 19 世纪末，甚至 20 世纪也有一些。总的来说，非洲的奴隶贸易持续了近 1500 年，但从未达到欧洲人跨大西洋奴隶贸易的规模。

# 欧洲与西非海上贸易的起源

## 葡萄牙先行者的目标

当葡萄牙人沿西非海岸开启探险之旅时，其长远目标是到达印度。葡萄牙人想绕开北非伊斯兰地区，直接进入西非黄金产地。此举将为资源匮乏的葡萄牙提供一个重要的财富来源，毕竟众所周知，西非撒哈拉以南地区是西欧铸造金币所需黄金的主要来源地。一旦进入黄金产地，从此地获得的财富将足够支持葡萄牙人去开展环绕非洲南端、进入印度的探险计划。最终，葡萄牙人成功经南部路线到达了印度，绕开了穆斯林控制的西亚贸易路线。葡萄牙人希望能从印度的香料、香水、丝绸和其他奢侈品贸易中获得丰厚回报。

## 葡萄牙人在西非沿海地区的早期贸易

15 世纪 70 年代，葡萄牙帆船首次到达了西非沿海地区阿肯黄金产地的南部。葡萄牙人在那里修建了埃尔米纳堡（Elmina Castle）[①]，用来保护他们的贸易据点以防其他欧洲竞争者。起初，葡萄牙人用铜制品、黄铜和欧洲产的布料换取黄金。葡萄牙人给当地非洲人带来的正是当地人以前从桑海、跨撒哈拉贸易中获得的物品。葡萄牙人也贩卖给他们少量奴隶，这些奴隶是从尼日尔河三角洲附近的贝宁王国买来的。阿肯森林地区的黄金开采也使用过奴隶劳工。16 世纪早期，葡萄牙人把从印度洋贸易中获得的子安贝、精致布匹也加入与当地人的贸易当中。不久后，阿肯黄金产地的一半产量就转移到南方——远离桑海和跨撒哈拉贸易，转运至沿海一带的欧洲贸易要塞。

## 欧洲种植园奴隶制的起源

15 世纪 80 年代，葡萄牙人在几内亚湾（Gulf of Guinea）发现了两个无人岛：普林西比（Príncipe）和圣多美（São Tomé）。后来，葡萄牙定居者在这两个岛屿肥沃的火山土上开辟了大量甘蔗种植园，并使用非洲奴隶劳工进行生产活动。

14 世纪和 15 世纪初，地中海诸岛屿、西班牙南部和葡萄牙出现了甘蔗种植园。甘蔗种植园里的奴隶劳工，既有来自北非的战俘又有来自俄罗斯南部地区的斯拉夫人（Slavs）。事实上，欧洲人的"slave"一词就源于无偿使用斯拉夫人进行劳动。随着葡萄牙人夺取了马德拉群岛（Madeira）以南至圣多美岛之间的大西洋诸岛屿，他们也把糖料种植园扩展至热带地区。

16 世纪早期，圣多美岛是欧洲甘蔗市场最大的单一供应者。最终，圣多美岛的种植园制度，即欧洲人享有所有权和管理权，使用非洲奴隶劳工耕作，成为美洲、加勒比海地区种植园奴隶制的模型。

---

① Elmina 的意思是"我的"。

**图 11.1**　葡萄牙人于 1482 年修建的加纳埃尔米纳堡。葡萄牙商人，后来的荷兰、英国商人把埃尔米纳堡作为奴隶、黄金和欧洲出口产品的贸易基地。此类城堡有两个功能：1. 避免特定地区的贸易竞争；2. 关押那些即将踏上跨大西洋航运船只的奴隶。图片来源：*demerzel21/iStock*。

**图 11.2**　埃尔米纳堡内部，待售奴隶就关押在市场储藏室。图片来源：*mtcurado/iStock*。

地图 11.1　西非：15 世纪葡萄牙人的探险与贸易

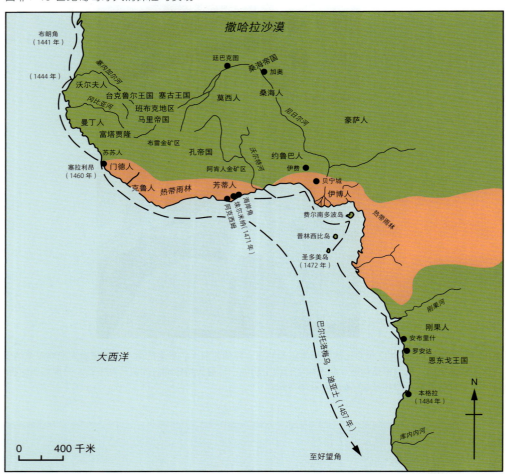

## 跨大西洋奴隶贸易的起源与发展

最初在西非热带沿海地区活动时，葡萄牙人就从当地酋邦购买俘虏再转卖为奴隶。15 世纪和 16 世纪早期，俘虏主要来自塞内加尔和冈比亚地区，转运至西班牙南部地区和葡萄牙的农场、种植园。尼日尔河三角洲与刚果河地区的奴隶则被运至圣多美岛。

1492 年，哥伦布开辟了跨大西洋的航路，发现了热带的"新世界"，以西班牙人为主的欧洲人很快便掀起了殖民和开发热潮。欧洲殖民者很快认识到有必要输入大量劳动力在新大陆的金、银矿和加勒比海岛屿的烟草种植园里劳动。面对殖民者的严酷对待和陌生的欧洲疾病，美洲印第安土著很快就屈服了。双方接触的头 100 年里，在加勒比海岛屿上，接触过欧洲人的美洲印第安土著死亡率高达 90% 甚至以上——要不死于欧洲人的暴力，要不死于疾病。16 世纪早期，欧洲罪犯和放逐者被送到美洲，但数量很有限且易得热带病，他们往往活不了多久。面对这些问题，中、南美洲的欧洲殖民者转向非洲的奴隶劳工。

非洲人对热带病已有一定的免疫力。非洲人也有金属加工、采矿和热带农业方面的经验和技术。葡萄牙人的经历表明，在西非沿海地区总会有地方统治者向他们出售战俘和罪犯。而且，圣多美岛的例子也说明，在种植园使用非洲奴隶劳工是可行的。

1532年，第一批被卖为奴隶的非洲俘虏跨大西洋运输了过来。在此后的头100年里，虽然每年数量相对较小，但跨大西洋的奴隶贸易在稳步增长。自17世纪30年代开始，先是荷兰人，后是法国人、英国人都参与到奴隶贸易当中，巴西、加勒比海地区的甘蔗种植园快速扩大。随着奴隶劳工需求的提升，西非的奴隶贸易规模越来越大。自此，出现了持续200年之久的人类历史上最大规模的奴隶贸易。

# 奴隶贸易的本质

## 证据

沿海奴隶贩子有读写能力，但是关于西非奴隶贸易的记录似乎都没有保存下来。而欧洲和美洲各类档案馆保存了大量航海日志和货运清单。细心的研究者也在美洲和加勒比海地区发现了大量关于奴隶拍卖和种植园的记录文献。

18世纪末出版的一批书，记叙了奴隶的个人经历。这些著作是从非洲人的角度提供的关于奴隶贸易的第一手资料。最著名的作品是奥劳达·埃奎亚诺，即古斯塔夫斯·瓦萨的自传。1789年，他的英文自传《奥劳达·埃奎亚诺或非洲人古斯塔夫斯·瓦萨一生趣录》(*The Interesting Narrative of the Life of Olaudah Equiano, or Gustavus Vassa, The African, Written by Himself*) 首次在英国出版。奥劳达·埃奎亚诺在世时，这本自传就出了9版。同时，这本书也推动了废除奴隶贸易运动的发展。奥劳达·埃奎亚诺更愿意别人叫他瓦萨，18世纪中期他出生于伊博人之地，即今天尼日利亚东南部地区。在书中他讲述了自己被抓、被运到沿海、被关押在开赴美洲的跨大西洋运奴船的经历，也讲述了自己随运奴船辗转于南卡罗来纳州、佐治亚州和加勒比海，在英格兰接受教育，最终赎回自由身的经历。自传结尾处他写道，自己已是自由人——海员、探险者和商业合伙人。

近来，南卡罗来纳州发现了一份洗礼记录，一些学者据此怀疑瓦萨是否出生于非洲。但是，这一怀疑本身也有问题：一些学者认为洗礼记录没有那么重要；一些学者指出瓦萨对那时伊博人的情况叙述准确，种种细节只有亲身经历过才能知道。无论真相为何，大多数学者都相信瓦萨经历的真实性。瓦萨的证言和同时期其他人的证言，都是非洲人经历奴隶贸易以及他们在新世界遭受奴役的直接证据。特别是，瓦萨的证言展示了横跨大西洋的"中途"(Middle Passage) 那骇人听闻的境遇，引起了世人普遍关注。

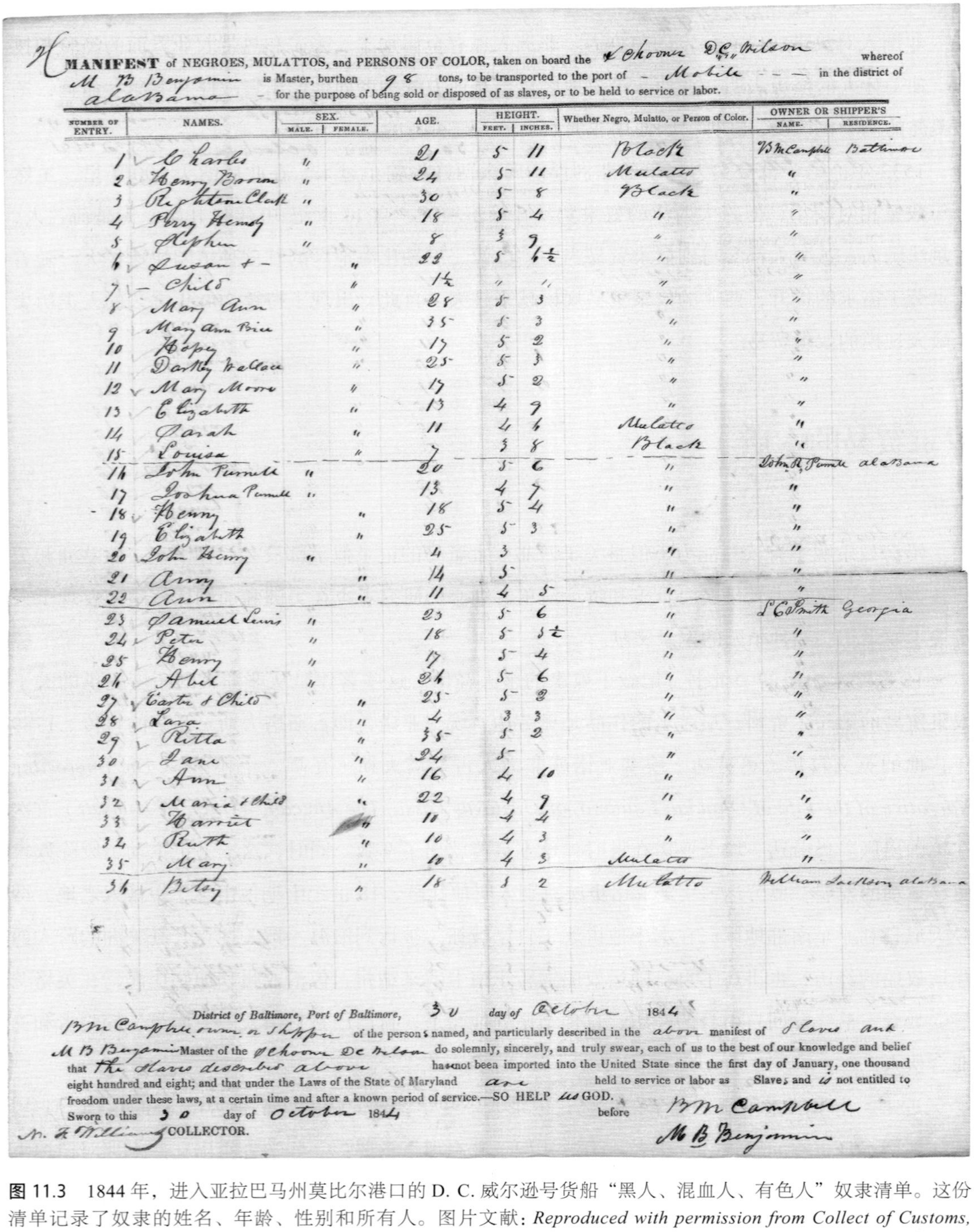

MANIFEST of NEGROES, MULATTOS, and PERSONS OF COLOR, taken on board the Schooner D. C. Wilson whereof M B Benjamin is Master, burthen 98 tons, to be transported to the port of Mobile in the district of alabama for the purpose of being sold or disposed of as slaves, or to be held to service or labor.

| NUMBER OF ENTRY. | NAMES. | SEX. MALE. | SEX. FEMALE. | AGE. | HEIGHT. FEET. | HEIGHT. INCHES. | Whether Negro, Mulatto, or Person of Color. | OWNER OR SHIPPER'S NAME. | RESIDENCE. |
|---|---|---|---|---|---|---|---|---|---|
| 1 | Charles | " | | 21 | 5 | 11 | Black | B M Campbell | Baltimore |
| 2 | Henry Brown | " | | 24 | 5 | 11 | Mulatto | " | |
| 3 | Righton Clark | " | | 30 | 5 | 8 | Black | " | |
| 4 | Perry Hemsly | " | | 18 | 5 | 4 | " | " | |
| 5 | Stephen | " | | 8 | 3 | 9 | " | " | |
| 6 | Susan + | | " | 22 | 5 | 6½ | " | " | |
| 7 | – Child | | " | 1½ | " | " | " | " | |
| 8 | Mary Ann | | " | 28 | 5 | 3 | " | " | |
| 9 | Mary Ann Price | | " | 35 | 5 | 3 | " | " | |
| 10 | Hopey | | " | 17 | 5 | 2 | " | " | |
| 11 | Darky Wallace | | " | 25 | 5 | 3 | " | " | |
| 12 | Mary Moore | | " | 17 | 5 | 2 | " | " | |
| 13 | Elizabeth | | " | 13 | 4 | 9 | " | " | |
| 14 | Sarah | | " | 11 | 4 | 6 | Mulatto | " | |
| 15 | Louisa | | " | 7 | 3 | 8 | Black | " | |
| 16 | John Purnell | " | | 20 | 5 | 6 | " | John R. Purnell | alabama |
| 17 | Joshua Purnell | " | | 13 | 4 | 7 | " | " | |
| 18 | Henry | | " | 18 | 5 | 4 | " | " | |
| 19 | Elizabeth | | " | 25 | 5 | 3 | " | " | |
| 20 | John Henry | " | | 4 | 3 | | " | " | |
| 21 | Amy | | " | 14 | 5 | | " | " | |
| 22 | Ann | | " | 11 | 4 | 5 | " | " | |
| 23 | Samuel Lewis | " | | 23 | 5 | 6 | " | S C Smith | Georgia |
| 24 | Peter | " | | 18 | 5 | 5½ | " | " | |
| 25 | Henry | " | | 17 | 5 | 4 | " | " | |
| 26 | Abel | " | | 24 | 5 | 6 | " | " | |
| 27 | Carter & Child | | " | 25 | 5 | 2 | " | " | |
| 28 | Sara | | " | 4 | 3 | 3 | " | " | |
| 29 | Rilla | | " | 35 | 5 | 2 | " | " | |
| 30 | Jane | | " | 24 | 5 | | " | " | |
| 31 | Ann | | " | 16 | 4 | 10 | " | " | |
| 32 | Maria & Child | | " | 22 | 4 | 9 | " | " | |
| 33 | Harriet | | " | 10 | 4 | 4 | " | " | |
| 34 | Ruth | | " | 10 | 4 | 3 | " | " | |
| 35 | Mary | | " | 10 | 4 | 3 | Mulatto | " | |
| 36 | Betsy | | " | 18 | 5 | 2 | Mulatto | William Jackson | alabama |

District of Baltimore, Port of Baltimore, 30 day of October 1844

B M Campbell owner or shipper of the persons named, and particularly described in the above manifest of Slaves and M B Benjamin Master of the Schooner DC Wilson do solemnly, sincerely, and truly swear, each of us to the best of our knowledge and belief that the slaves described above has not been imported into the United State since the first day of January, one thousand eight hundred and eight; and that under the Laws of the State of Maryland are held to service or labor as Slaves; and is not entitled to freedom under these laws, at a certain time and after a known period of service.—SO HELP us GOD.

Sworn to this 30 day of October 1844 before

B M Campbell

M B Benjamin

N. F. Williams COLLECTOR.

**图 11.3**　1844 年，进入亚拉巴马州莫比尔港口的 D. C. 威尔逊号货船“黑人、混血人、有色人”奴隶清单。这份清单记录了奴隶的姓名、年龄、性别和所有人。图片文献：*Reproduced with permission from Collect of Customs, Collection District of Mobile, Alabama. Records of the US Customs Service, Record Group 36; National Archives at Atlanta*。

## 规模问题

近年来，历史学家在跨大西洋奴隶贸易中非洲奴隶的数目方面存在广泛争议。记录下来的统计数据显示：自 1532 年后的 300 年里，至少有 1000 万非洲人活着登陆美洲，并被当作奴隶卖到美洲和加勒比海地区。考虑到还有至少 200 万人[①]死于夸大西洋的航行，所以至少总共有 1200 万<sub></sub>

人离开了非洲。16 世纪，每年运出非洲的人口保持在复千。到 17 世纪，平均每年运出非洲的人口数达到 2 万。18 世纪，这一数值达到顶峰，平均每年高达 5 万—10 万。19 世纪，运出奴隶的数量有所减少，但直到 19 世纪 70、80 年代，奴隶贸易才最终休止。一些历史学家认为，当时还有大量的奴隶贸易没有被记录下来，所以真实的贸易规模是以上数字的两倍。

## 非洲人的维度

从非洲运出的人口数量是巨大的，且这些人来自非洲多个地区。16 世纪早期，塞内加尔是重要的奴隶来源地。安哥拉沿海地区比较特殊，因为这里在 16—19 世纪几乎一直是重要的奴隶输出地区，而这也对后世安哥拉人造成了深远影响。

自 17 世纪中期，加勒比海地区甘蔗种植园开始兴起，荷兰人、法国人、英国人、丹麦人和其他欧洲人更加积极地参与到奴隶运输贸易中来。后来，所谓的"奴隶海岸"（Slave Coast）[②]成为重要的奴隶来源地。伴随着 18 世纪奴隶出口的急剧扩张，从塞内加尔到安哥拉南部，非洲大陆的大西洋沿海地区都卷入了奴隶贸易之中。欧洲人贸易据点最集中的地方是所谓的"黄金海岸"（Gold Coast）[③]。19 世纪后其他地区大都终止了奴隶贸易，但"奴隶海岸"和安哥拉仍然在输出奴隶。

总的来说，欧洲奴隶贩子在抓捕奴隶上并不积极。他们并没有军事力量去展开大范围的侵袭。毕竟，如果在海岸就可以便宜地买到俘虏且没有风险的话，为何要冒险去侵袭内陆呢？欧洲军队确实进入了非洲内陆，如安哥拉。他们既没有遭到军事失败，也没有因为疾病而减弱了战斗力。他们在安哥拉挑起刚果王国与恩东戈王国之间的战争，从而提供了大量可贩卖至沿海地区的俘虏。欧洲人贩卖奴隶的行为也通常被限制在沿海贸易据点内。为了获得设立贸易据点的许可，他们不得不向当地非洲统治者进贡。总的来说，非洲统治者提供俘虏；非洲奴隶贩子和非裔欧洲奴隶贩子再把俘虏运到沿海地区出售。

转卖为奴的人主要源于战俘。虽然到了 18 世纪，正如瓦萨的证言所提到的，非洲出现了一帮绑架者，专门绑架非洲人并把他们送到沿海地区贩卖。且正如之前所强调的，在欧洲人抵达西非沿海地区前，非洲已经存在奴隶制和奴隶买卖。两种奴隶贸易最大的不同在于：在欧洲人肇始的奴隶贸易中，俘虏彻底脱离了非洲社会，身处恶劣环境，寿命缩短，归乡无望。

---

① 这是一个保守数值。

② 今天尼日利亚的西部沿海地区。

③ 今天加纳的沿海地区。

人们过去常常认为，沿海地区卖作奴隶的战俘是战争的产物，而且这些战争就是为了获得奴隶才精心策划并发动的。这种情况有时确实存在，尤其在18世纪，非洲奴隶贩子向沿海欧洲人提高了奴隶价格。但是，研究显示，战争主要是非洲当地人发动的，并非像以前所认为的那样。

大量细致的地区研究已经揭示，沿海地区的俘虏通常是内陆战争的产物。这些战争的首要动机是国家的建立和扩张，而并非是最终将败方置于奴隶境地的相互混战。15世纪晚期森林王国贝宁把俘虏卖给葡萄牙人时，正是它展开军事扩张的时期。16世纪，贝宁王国不再征服邻近敌人，便也不再贩卖俘虏了。18世纪，伴随着强大的王国走向衰落，贝宁人才又重新开始输出俘虏。16世纪上半叶，马内人（Mane）①占领了塞拉利昂，把当地人变为俘虏并卖到沿海地区。18世纪早期，今天几内亚沿海地区的奴隶出口达到顶峰。在这一时期，富塔贾隆（Futa Jallon）的穆斯林富尔贝人建立了一个新国家，并对周边地区发动了圣战，结果导致大量俘虏被卖作奴隶。17、18世纪，奥约帝国、达荷美王国和阿散蒂王国等国家也发生过此类扩张战争，导致各个地区卖给沿海欧洲奴隶贩子的俘虏人数达到了最高峰。

总的来说，强大的非洲统治者在时机合适时确实会抓捕俘虏，一些统治者也因此变得非常富有。但是，除了罪犯和放逐者外，非洲统治者很少出卖自己社会的人口。而小型社会、弱小的国家、"非国家状态"的村落，以及大的扩张型国家的近邻无疑损失惨重。它们当中有些完全消失了，其土地被势力更强大的邻居占据。

总的来说，西非内陆的战争并不是只为制造待售俘虏而蓄意发动的。但沿海欧洲人给俘虏开出的高价肯定会激发战事。尤其在欧洲人将枪炮作为主要贸易商品的18世纪，情况更是如此。

## 奴隶贸易的影响

奴隶贸易使得西非内陆战争变得更激烈，而奴隶贸易与后殖民地时代非洲的欠发达有无直接的因果关联，学界尚有争议。但是，单纯从经济角度来说，奴隶贸易对非洲的生产潜力造成了不可否认的、直接而严重的破坏。先前的战争只是为了所征服地的进贡，战胜方会获得为其劳动的俘虏。但是奴隶贸易出现后，战争更加激烈而产生了"盈余"俘虏。俘虏不再留在非洲社会，哪怕是作为强迫的劳力；俘虏也不再被原本所在的社会赎回。俘虏被直接卖出了非洲，而换回的物品只相当于俘虏一辈子所创造出的劳动价值的一小部分。此外，被卖出的俘虏是年轻人，绝大多数的俘虏年龄在12—35岁，正是最具生产能力的人口。各个地区的情况不一而足，但17、18世纪撒哈拉以南非洲西部地区深受奴隶贸易的影响。据估计，1550—1850年，如果没有奴隶贸易，

西非人口数量应该会翻一番。这是生产力的巨大损失。同时，西非海外贸易的主要出口商品是最具生产能力的年轻男性与女性，而没能受益于全球贸易。

新世界向非洲输入了两种重要的粮食作物：玉米和木薯。比起非洲当地的粟和高粱，玉米和

---

① 说曼德语族语言的人的一个分支。

木薯含有的热量要高得多。木薯适合在降雨充沛的地区种植，往往局限于森林地区，如尼日利亚东南部地区。在非洲潮湿的稀树草原地区引入玉米后，玉米就在大范围内成为主食。引入这两种作物，本应促进非洲人口增长。但在奴隶贸易时代，这种情况并未出现，奴隶贸易的负面影响由此可见一斑。

## 跨大西洋奴隶贸易的遗产

1972 年，圭亚那历史学家沃尔特·罗德尼（Walter Rodney）出版了影响力颇大的《欧洲如何使非洲欠发达》（*How Europe Underdeveloped Africa*）一书。罗德尼认为，20 世纪中期非洲虽然在政治上获得了独立，但持续处于贫穷和欠发达状态，这是之前数个世纪欧洲人的行为造成的直接结果。西非人到 16 世纪已经取得了相当大的经济和技术上的进步，但是跨大西洋奴隶贸易随后扼制了西非本土的技术创新和经济发展。事实上，他还认为，欧洲人贩卖非洲奴隶严重削弱了非洲大陆，致使非洲在 19 世纪遭受欧洲人的殖民剥削，在 20 世纪又遭受欧洲人的新殖民主义剥削。

## 跨大西洋奴隶贸易

无论对非洲人口减少、非洲大陆发展的影响有多大，跨大西洋奴隶贸易的最大罪恶是奴隶本身遭受的苦难，折射出虐待奴隶的人对人类生命和人性的无情蔑视。一个人在内陆被抓捕并被运到沿海地区出售，就意味着其短暂余生中骇人听闻的处境和苦难的开始。俘虏不再被视作人，而是被当作财物来对待，就像牲畜一样，被关在一起圈养、体检和买卖。

俘虏被捆绑在一起运到沿海地区。在那里，俘虏被关在木箱里，等待着下一艘欧洲商船到来。接着，他们被剥个精光，男女混合在一起接受详细的体检，看他们是否健康强壮。一旦非洲中间商与欧洲奴隶贩子达成协议，奴隶们极其可怕的旅程就要开始了。这一可怕的旅程又称为"中途"。奴隶一登上船，就被成行地捆绑在一起，一字排开，并被要求躺在特制的"甲板"上。这些"甲板"像架子一样排列起来，两层"甲板"之间的高度不到半米。奴隶无法坐立和自由活动。奴隶要像这样连续躺上好几周，忍受着排泄物的恶臭，而且所给的食品和水都不足以维持生命。死掉的奴隶则直接被从船上扔入海里。3—6 周的跨大西洋航行，平均会有 15%—30% 的奴隶死于疾病、虐待和体力衰竭。为了弥补奴隶死亡带来的损失，船主会塞进更多的奴隶。如此一来，才能有足够多的奴隶在航行中活着抵达美洲并进行出售，为奴隶贩子带来丰厚利润。有时甲板下的环境恶劣，疾病传播得特别快，整船的奴隶都会死掉，但这种不幸很少发生。总的来说，奴隶贸易对运输商来说利润可观。如果利润不高，奴隶贸易便不会以前所未有的规模持续下去。

正是以这种方式，每年有成千上万的非洲最精壮的青年男女被迫离开非洲大陆，被卖给追求利润的欧洲商人和种植园主。

**图 11.4**　1750 年前后，配枪的守卫在奴隶笼子外观看一个奴隶被抽打。关在笼子里的奴隶即将被运输。图片来源：*American School/Getty Images*。

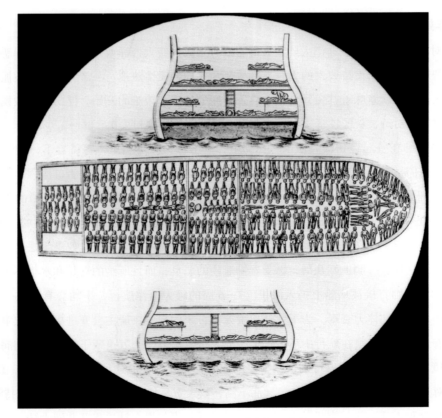

**图 11.5**　1800 年前后跨大西洋运奴船内部交叉结构的图示。此类插图出版于反奴隶贸易运动者作品中，反映了奴隶贸易的可怕之处。图片来源：*Rischgitz/Stringer/Getty Images*。

## 美洲的种植园及其对奴隶劳工的需求

　　美洲各地的种植园有各自的特色,巴西的种植园大多种植甘蔗和咖啡,加勒比海岛屿的种植园主要种植甘蔗,北美南部地区的种植园则是种植棉花。而绝大多数的奴隶被送到加勒比海岛屿。

　　17、18 世纪,加勒比海岛屿上的种植园数量和规模不断扩大。这意味着种植园需要越来越多的奴隶。即使在建立时间较久的种植园,其需求也会因奴隶的世代更替而一直存在。奴隶在新世界种植园里的生活,既严酷又短暂。奴隶离开非洲,踏上跨大西洋航程,很多人一生无法摆脱

184

**图 11.6** 1780 年前后,西印度群岛一个糖料种植园正在劳动的奴隶。注意看那个手拿鞭子的监工。图片来源:*Duncan 1890/iStock*。

由此带来的身心创伤。1/3 的奴隶会在前 3 年内死去，很少有奴隶活过 10 年。死亡的主要原因是饥饿和过度劳动。

直到 18 世纪末，种植园经济的逻辑都是如此：购买非洲运来的新奴隶，比让奴隶养育后代继续为奴更加划算。女性奴隶生养孩子便无法再在种植园里好好劳动，而且孩子要在多年喂养后才能下地劳动。拜其所赐，英属殖民地牙买加 200 年间从非洲买过来共计 75 万奴隶劳工，而 1834 年牙买加获得解放时，其人口却只有 330 多万。

新世界的财富极度依赖来自非洲的奴隶劳工。从中获利的是支撑整个奴隶贸易体系的欧洲商人。

# 从奴隶贸易中获利：欧洲人的维度

## "三角贸易"

对从事奴隶贸易的欧洲商人来说，跨大西洋奴隶贸易只是更大的贸易体系中的一部分。在整个航运过程中，一只从欧洲起航的商船要经历 3 个阶段，商船在返回欧洲港口前的每个航行阶段都会装载着不同货物。"三角贸易"中的每个阶段都会给欧洲商人带来利润。第一个阶段是把欧洲制造的产品运到非洲。

葡萄牙人最初运到非洲的货物包括铜和其他金属等原材料，用来换取黄金。到 17、18 世纪，185  这种早期贸易形式已经发生了变化。欧洲出口到非洲的主要产品是廉价的制成品——主要是棉布

**地图 11.2**    16—18 世纪的大西洋奴隶贸易

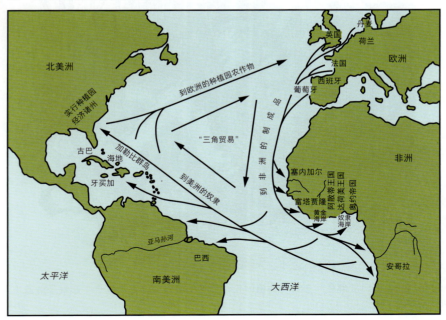

和金属器皿，特别是枪炮，用来换取奴隶。事实上，18 世纪末，为非洲市场特制的廉价劣质枪炮是英国新兴工业城市伯明翰重要的利润来源。对欧洲制成品的日渐依赖，制约了非洲自身手工业的发展。同时，来自欧洲的枪炮使非洲战争变得更激烈，也产生了更多的奴隶。因此，17 世纪和 18 世纪早期，非洲奴隶价格一直相当稳定。直到 18 世纪 80 年代，西非沿海地区的欧洲商人之间的竞争不断加剧，最终导致了奴隶价格的提高。直到那时，欧洲商人才开始怀疑奴隶贸易能否持续盈利。

"三角贸易"的第二个阶段，跨大西洋而来的奴隶的价格可以卖到非洲海岸价格的两三倍。有时，奴隶买卖用现金交易，奴隶贩子获得现金后再来买种植园的农作物；有时，特别是在生产糖料的岛屿，直接用糖料来交易奴隶。第三个阶段，商人们把新世界种植园奴隶劳工生产的农产品出售到欧洲。

尽管有风险，如船只在海上可能会遇险，但是欧洲商人的利润总的来说是巨大的。从"三角贸易"中获得的利润促进了欧洲很多重要港口城市财富的增加，如英国的布里斯托尔和利物浦、法国的波尔多和南特，以及荷兰的阿姆斯特丹。商人开始成立银行，并最终支撑了欧洲工业革命所产生的资本主义工厂体系。其实，欧洲商人非常清楚，对大西洋贸易利润来源来说，至关重要的是对非洲奴隶劳工的制度化剥削。

## 奴隶制与种族主义的起源

一般认为，跨大西洋奴隶贸易、新世界种植园奴隶制度都揭示出欧洲人对非洲人的剥削，从中也能找到欧洲人的种族主义起源。种族主义的根源可能更复杂，但是欧洲人奴役非洲人无疑起了作用。中世纪的欧洲人只觉得非洲人很稀奇，并没有认为非洲人是下等人。但奴隶贸易的 300 年中，欧洲人几乎只把非洲人当作奴隶看，似乎非洲人生而如此。欧洲人认为，把非洲人带出非洲大陆，就是把非洲人从"原始""野蛮"的状态中"拯救"出来。这种观点距离"非洲人天生低人一等"只有一步之遥。19 世纪末，欧洲人殖民非洲大陆就是用这些论调来为殖民行为正名的，打的旗号无非是传播基督教和"文明"。

# 第十二章

## 18 世纪前的西非国家与社会

## 桑海帝国的衰落

### 摩洛哥人入侵前夕的桑海帝国

16 世纪早期，在阿斯基亚王朝穆罕默德·图雷的统治下，桑海帝国达到权力的顶峰：伊斯兰教进一步传播，跨撒哈拉贸易更加繁荣，撒哈拉沙漠的塔阿扎盐矿也纳入了帝国版图。16 世纪中后期，桑海帝国开始逐渐衰落。在经历一连串短命王朝和王朝权力争斗后，阿斯基亚王朝的权力衰弱了。16 世纪 80 年代，王朝权力争斗甚至导致了桑海帝国全面内战的爆发。同时，干旱、疾病导致的人口减少，也削弱了帝国农业经济基础。桑海帝国对长途贸易网络的控制也开始出现松动。随着东面的豪萨诸城邦、博尔诺苏丹国和图阿雷格人的阿伊尔苏丹国的发展，它们将跨撒哈拉贸易从桑海帝国和西部贸易路线转移过来。由于阿肯人的森林诸酋邦把一部分贸易转给沿海地区新来的欧洲商人，南面的黄金供应量也逐渐减少。

然而，在历史学家事后诸葛亮的说法里，桑海帝国的衰落似乎被夸大其词了。16 世纪 80 年代，桑海帝国虽然遭遇了自然灾害，却还算稳定。敌对国家可能把桑海的一部分贸易转移了出去，但这是一个渐进的过程，桑海帝国没有因此就要土崩瓦解。桑海帝国统治者没有发动大规模征服战争，对农民的压迫也不至于到了引起反抗的程度。16 世纪的桑海帝国在大部分时间中都没有遭遇外部威胁。帝国统治者无须进口欧洲原始又不可靠的火器来推进帝国军队的"现代化"。帝国南面、东面和西面的邻国都是小国。北面的奥斯曼帝国和马格里布的摩洛哥人虽然好战，但是一直到 1591 年前几个月，撒哈拉沙漠都是一个不易跨越的屏障。

### 摩洛哥人的入侵与桑海帝国的瓦解

摩洛哥人入侵桑海的主要意图在于控制和复苏跨撒哈拉黄金贸易。为此，摩洛哥苏丹艾哈迈德·曼苏尔（Ahmad al-Mansur）派遣了一支人数不多但战斗力很强的精锐部队跨越了撒哈拉沙漠。这支部队的成员是军纪严明的职业军人，由摩洛哥军队和欧洲雇佣兵混编而成，还装备有当时最先进的前装枪。摩洛哥军队共有 4000 名士兵、600 名非战斗人员，以及 1 万头运载武器装备的骆驼。这支部队耗费了两个月才穿过了撒哈拉沙漠，但已有多达 1/4 的人丧生。他们抵达尼

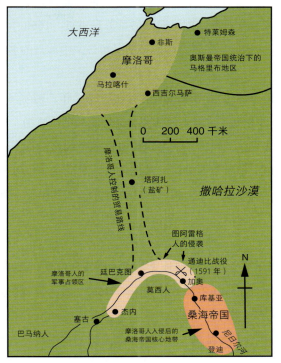

**地图 12.1**  摩洛哥与桑海帝国的瓦解

日尔河两岸时，桑海人及其统治者大惊失色。1591 年 3 月 12 日，在通迪比（Tondibi）[①]战役中，训练有素的摩洛哥人使用火器，让冲上前来的桑海大军陷入一片混乱。

摩洛哥人轻而易举就取得了通迪比战役的胜利，随后继续攻占廷巴克图和杰内。但是，摩洛哥人对这一整块区域的征服行动却失败了。桑海帝国军队的主力在通迪比战役中躲过了摩洛哥人的火器，军队主力成功保存下来并在帝国的核心地区登迪（Dendi）实现了重组。桑海人很快意识到，面对枪支进行强攻是徒劳无果的。随后的几年里，阿斯基亚·努胡（Askiya Nuhu）率领军队展开了灵活而持久的游击战，严重消耗了外来入侵者的资源和意志。与此同时，出没于加奥、廷巴克图、杰内之外的农村地区的摩洛哥人，又不断地受到富拉尼、图阿雷格游牧民的袭击。

除去早年间的战利品、强迫缴来的税收，摩洛哥苏丹几乎没有从入侵桑海帝国中获得长期的经济回报。事实上，为了应对桑海帝国的持续抵抗，摩洛哥人不得不在撒哈拉沙漠南部部署一支军队，这严重地消耗了摩洛哥人的资源。在尼日尔河流域，摩洛哥人的存在依赖枪支和其他昂贵装备的持续供给，其中的大多数装备摩洛哥人都要用西非的黄金从欧洲进口。但摩洛哥人却没能从桑海帝国那里获得足以支付这笔费用的黄金。

1603 年，摩洛哥苏丹艾哈迈德·曼苏尔逝世。摩洛哥人的帝国热情逐渐消减。17 世纪，仍

[①]  位于加奥附近。

有一些摩洛哥人出没于尼日尔河流域，这些远离摩洛哥苏丹国的摩洛哥人，现在被称为阿尔马人（Arma）。阿尔马人与当地人互有通婚，作为尼日尔河河曲地区的军事总督在当地定居了下来。到17世纪中期，阿尔马人独立行事，不再向摩洛哥苏丹进贡。1660年，阿尔马人不再虚伪地承认摩洛哥苏丹国的权威——廷巴克图清真寺的星期五祷告文中苏丹的名字被删除，取而代之的是当地阿尔马总督的名字。

17世纪末18世纪初，图阿雷格游牧民向南挺进。1737年，阿尔马人的统治最终瓦解。图阿雷格人夺取了廷巴克图，并控制了尼日尔河河曲中部地区的肥沃牧场。

桑海帝国最终分裂成了众多的独立王国，其中较重要的是定都塞古（Segu）的巴马纳王国（Bamana）。巴马纳王国位于尼日尔河上游三角洲地区，且受到了说苏丹语族语言的穆斯林的很大影响。1796年，苏格兰旅行家芒戈·帕克（Mungo Park）从冈比亚到达塞古，记录了自己对塞古的观察：

> 巴马纳王国的都城塞古……确切地说，由4座城镇组成；两座城镇位于尼日尔河北岸，分别是塞古克罗（Sego Korro）和塞古博（Sego Boo）；另两座城镇位于尼日尔河南岸，分别是塞古索克罗（Sego Soo Korro）和塞古希克罗（Sego See Korro）。这些城镇的四周都由高高的土墙围绕，城里的黏土房呈正方形，房顶是平的。一些房子有两层，而很多房子都用白色涂料粉刷过。除了这些，摩尔人的清真寺也随处可见；街道狭窄，但这里没有马车，所以宽度也够用。经过我细心地调查……塞古总共约有3万名居民。
>
> 巴马纳国王一直住在塞古希克罗；国王雇用了许多奴隶有偿送行人过河……国王的这笔收入也较为可观……宽阔的城镇……一起构成了文明和辉煌的画面，我从未期望能在非洲内陆看到这一切。[1]

# 博尔诺-卡奈姆苏丹国

## 卡奈姆帝国的发展

11世纪，卡奈姆帝国成为乍得湖东北部地区的强国。卡奈姆帝国的建立者是说卡努里语的游牧氏族。这些氏族通过劫掠近邻和从事跨撒哈拉贸易积累了财富。其中，大部分的财富源于南部俘虏与北非马匹之间的交易。马的使用使得卡奈姆游牧民对周围的劫掠更有效率。

11世纪的后半叶，说卡努里语的塞法瓦氏族在卡奈姆建立了一个新的伊斯兰王朝[2]。早在9世纪，伊斯兰教就在卡奈姆帝国有着重要影响。到13世纪，卡奈姆帝国说卡努里语的人与当地农民互有通婚。卡奈姆帝国定期向都城恩吉米附近地区的农民征税，而不再像先前那样采取不定

[1]  Park, M. [ (1799) 1983] Travels in the Interior of Africa (Eland Books: London), pp. 149—150.
[2]  即第六章的塞法瓦王朝。——译者注

期的游牧民族式的掠夺与勒索。

在"玛伊"（Mai）<sup>①</sup>杜纳马·迪巴拉米（Dunama Dibalami，1210—1248年在位）统治期间，卡奈姆帝国的权力达到了顶峰。他指挥着一支4万人的骑兵，把卡奈姆帝国控制的跨撒哈拉贸易扩展至费赞，还侵袭了乍得湖西南部地区的索人（So），并以反对异教徒的圣战之名将侵袭正当化。侵袭获得的俘虏被用来换取北非马匹。广泛的跨沙漠联系推动了伊斯兰教在说卡努里语的人中的传播，臣民到麦加朝觐已经成为惯例。开罗还为卡奈姆帝国的朝觐者和学者修建了客栈。

## 博尔诺苏丹国的兴起

13世纪末，在今天尼日利亚东北部、乍得湖西南部，出现了一个向卡奈姆帝国进贡的附属国——博尔诺。14世纪卡奈姆帝国衰落，博尔诺开始自行其是，直接从事跨撒哈拉贸易，并不再向卡奈姆帝国进贡。此外，卡奈姆帝国扩张过度，缺乏支撑如此庞大帝国的自然资源。而且自杜纳马·迪巴拉米后，卡奈姆帝国过分依赖于玛伊的个人权威。牧场由于过度放牧而枯竭，同时为了争夺卡奈姆帝国的统治权，塞法瓦王朝与另一个游牧氏族斗得不可开交。1400年前后，塞法瓦王朝把都城迁到更好的博尔诺草原地区，从而把帝国从分崩离析中拯救出来。后来，卡奈姆帝国正式沦为博尔诺的附属国，有时自行其是，有时屈服于博尔诺苏丹国的权威。

都城迁至博尔诺后，塞法瓦王朝的玛伊进入一个更大的贸易网络。15世纪，塞法瓦王朝与西部的豪萨人建立了重要的贸易联系，他们还用盐和马来交换阿肯人的黄金。

16世纪，玛伊加强了对博尔诺人的控制。玛伊对农民的压榨肯定十分严重，因为一连串内部叛乱导致博尔诺苏丹国动荡不已。玛伊在全国范围内发动圣战，残酷地镇压了叛乱，巩固了自身的统治。而叛乱的农民一旦屈服，玛伊就不再骚扰。博尔诺苏丹国的收入逐渐依赖于农民的定期赋税和贸易税收。在博尔诺苏丹国核心地区，赋税以村子或家庭为基础来加以核定和征缴。如果定期纳贡，那么边远地区的酋长可以保留自己征税的权力。此时，博尔诺苏丹国已经深入乍得湖的南部地区去抓捕俘虏。

16世纪后半叶，玛伊伊德里斯·阿洛玛（Idris Aloma）从北非进口火器，加强了军队力量。与军队没有实现"现代化"的桑海帝国不同，博尔诺苏丹国引入了土耳其雇佣兵并聘请顾问来训练新军。向玛伊称臣纳贡的国家向西直至豪萨城邦卡诺（Kano）。同时，博尔诺苏丹国与的黎波里的奥斯曼帝国统治者建立了友好关系。此时，博尔诺苏丹国还把跨撒哈拉贸易从桑海帝国和西部贸易路线转移了过来。正是因为这个原因，摩洛哥人在16世纪末侵入桑海帝国，竭力希望恢复横跨撒哈拉沙漠西部的黄金贸易。

关于17、18世纪博尔诺苏丹国的内部事务，我们知之甚少。直到最近，历史学家倾向于认为这两个世纪是博尔诺苏丹国的衰落期，但是缺乏确切的证据。16世纪，博尔诺苏丹国战事不断，

---

① 卡奈姆帝国君主的称号。——译者注

16、17 世纪的博尔诺-卡奈姆苏丹国

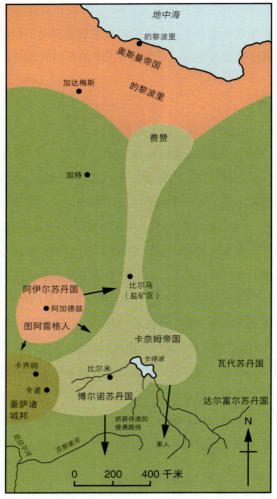

17、18 世纪则相对和平。博尔诺苏丹国成为一个伊斯兰教的学术中心。关于 17、18 世纪的文献
记载主要集中于宗教的发展。伊斯兰教在该地得到广泛传播，卡努里语成为主导语言。深入南方
抓捕俘虏仍是王室收入的重要来源。一直到 18 世纪末，东部豪萨诸城邦还在继续向博尔诺苏丹
国称臣纳贡。随着博尔诺苏丹国没有得到更新的火器日渐过时，它的军事优势渐渐丧失了。这也
许是因为长时间的和平，使得博尔诺人在军事方面骄傲自满起来。图阿雷格人的阿伊尔苏丹国趁
机宣布独立。到 18 世纪 50 年代，阿伊尔苏丹国已经自主经营博尔诺苏丹国的撒哈拉沙漠盐矿了。
博尔诺苏丹国不再主导中苏丹地区的贸易，但并未失去与跨撒哈拉贸易路线的联系。

## 豪萨诸城邦

　　豪萨诸城邦最初出现于公元 1000—1200 年。豪萨人由撒哈拉沙漠南部的游牧民与尼日利亚北部稀树草原的农民混合演变而来。豪萨人的基本政治单位是小型的"围村"（walled village）。早期的豪萨人村庄设有木栅栏来防御撒哈拉沙漠南部的侵袭者以保护村民。木栅栏绕定居点房屋一圈，也围起了一大片可耕地。在遇到麻烦的时候，木栅栏内的村庄能保障豪萨人及其牲畜的安全，从而度过长时间的围困。随着人口的增加，众多村庄聚集起来，寻求当地最大豪萨城镇的保护。这些村庄渐渐地变成了"围城"（walled city），城镇便成为各城邦的都城。

　　豪萨诸城邦的经济基础是农业、加工制造业和贸易，但是每个城邦各有自己的特色产业。最北面的城邦戈比尔（Gobir）起初是在阿伊尔苏丹国境内发展起来的。15 世纪，在图阿雷格人的压力下，这一城邦才南迁至戈比尔。从早期开始，戈比尔城邦的实力便得益于马里东部边界和桑海帝国的跨撒哈拉贸易。建立于 12 或 13 世纪的城邦卡齐纳（Katsina）也是一个重要的贸易中心。城邦卡诺的财富则建立在手工艺人和加工制造业的基础上，特别是棉布生产。后来，卡诺的豪萨

图 12.1　19 世纪的卡诺城邦。自 13 世纪起，卡诺城邦先后成为棉布和皮革生产中心。生产的皮革大部分跨过撒哈拉沙漠运往摩洛哥。事实上，此时卖到欧洲的大部分"摩洛哥"皮革产自卡诺城邦。此图由一位德国艺术家绘制（1851 年）。图片来源：*ilbusca/iStock*。

图 12.2　当代卡诺染料坑的照片。至迟自 13 世纪起，染色棉布就一直是卡诺城邦的重要贸易商品，染色棉布跨过西非、撒哈拉沙漠被运往北非。图片来源：*Karsten/Alamy Stock Photo*。

人还发展出了染布和制作皮革的技术，其生产的深蓝色棉布在西非人中广受欢迎。从北非贩卖到欧洲的所谓"摩洛哥"皮革，实际就出自卡诺的豪萨手工艺人之手。

最南面定都于扎里亚（Zaria）的豪萨城邦扎若（Zazzau）建立于 16 世纪。它是其他豪萨城邦的奴隶供应地。奴隶源自扎若对贝努埃河地区的夸拉拉法人（Kwararafa）的侵袭。一部分奴隶留给豪萨人当劳工，另一部分则出口到博尔诺苏丹国和北非，用来换取马匹、马具和枪支。

在豪萨社会中，奴隶非常重要。城镇里的豪萨人从事商业、战争、加工制造业和细琐的政务。外部输入的奴隶通常被用来建造和维修城墙，以及为城镇生产粮食。在城墙之外，还有许多要向城邦上缴赋税的自由农耕者和牧民。不断扩大的贸易联系把豪萨人带入了伊斯兰世界。14 世纪，城邦统治阶层皈依了伊斯兰教，但大多数臣民对伊斯兰教无动于衷。

16—18 世纪，豪萨诸城邦渐渐繁荣兴旺。城邦间存在激烈的竞争，各个城邦的地位时而上升，时而下降。但是，没有一个豪萨城邦能征服所有城邦，也因此没有出现单一的"豪萨帝国"。

在长途贸易方面，豪萨诸城邦地理位置优越，是重要的贸易中转地区。无论是先前桑海帝国与博尔诺苏丹国之间的贸易，还是后来阿肯人金矿、博尔诺苏丹国与阿伊尔苏丹国之间的贸易，豪萨诸城邦都是中转地。但是，各城邦之间敌意不断增加，战争不断升级，严重影响了它们的内部发展。战争给农村地区造成了破坏，但为了支撑战事，城邦统治者又向农民课以重税。为了增加奴隶的供应，统治阶层甚至不顾伊斯兰教规，常常把穆斯林平民当作奴隶卖至北非换取火器和马匹。

18世纪，随着伊斯兰教在豪萨大众中的传播，沙里亚法（Shari'a law）<sup>①</sup>日渐为人所知。豪萨统治者的腐化、压迫，以及把穆斯林当作奴隶的渎教行径，引起了伊斯兰教宗教领袖的不满。正是在这一背景下，伊斯兰教宗教领袖于19世纪早期发起"神圣革命"，席卷了整个豪萨地区。 192

## 塞内冈比亚的沃洛夫王国

13世纪早期，加纳帝国瓦解。塞内冈比亚地区说沃洛夫语（Wolof）的人建立了乔洛夫帝国（Jolof），而它一直续存至16世纪中叶。1549年，一个地区首领领导的成功叛乱，导致了乔洛夫帝国的分崩离析和多个独立沃洛夫王国的出现：卡奥尔（Kahoor）、乔洛夫、瓦阿洛（Waalo）和巴沃尔（Bawol）。

17、18世纪，沃洛夫诸王国与欧洲人合作，参与到大西洋奴隶贸易中，但每年只输出数百名奴隶。沃洛夫诸王国留下了许多奴隶，让奴隶为宫廷生产盈余粮食，为沿海贸易城镇生产出口商品。由于奴隶需要口粮，大西洋奴隶贸易也催生了一个繁荣的粮食市场。奴隶集中在戈雷岛（Gore）和圣路易（St Louis），等待着欧洲人（主要是法国人）的运奴船只将其运走。同时，沃洛夫诸王国的商人也在沿海城镇扎下根来，使得沃洛夫文化在塞内冈比亚地区成为主导性的城镇文化，沃洛夫语也成为该地区的主导语言。沃洛夫诸王国商人和新出现的粮食市场，推动了内陆的自耕农与拥有奴隶的地主的粮食生产。19世纪早期，市场需求转向花生，沃洛夫诸王国的农民和商人迅速地做出了调整。

## 森林王国：伊费王国与贝宁王国 193

在今天尼日利亚的西部地区，约鲁巴人是一个较大的语言群体。"Yoruba"一词源于奥约帝国人的豪萨语名称。在今天的用法中，"Yoruba"指的是所有与奥约帝国人说同一语言的人。在历史上，约鲁巴人的分布从尼日尔河下游西部的林地，一直延伸至海岸边的森林地区。他们大多是居住在小型村落里的农民、狩猎者、商人。

约鲁巴国家的形成似乎始于11或12世纪。与其他非洲社会一样，其国家权力的来源与宗教联系在一起。按照约鲁巴人宗教里的创世神话，"天神"奥罗伦（Olorun）来到凡尘成为约鲁巴人的始祖，"天神"奥杜杜瓦（Oduduwa）则下界到伊费，在那里奥杜杜瓦建立了约鲁巴人最初的国家。后来，奥杜杜瓦的儿子们散布开来，成为其他约鲁巴人王国的国王。伊费王国的奥尼（ooni）<sup>②</sup>通过宣称自己是奥杜杜瓦的直系后裔，获得了王权的正当性。

---

① 沙里亚法（Shari'a law），伊斯兰教法。Shari'a是阿拉伯语单词，意思是"所有宗教规定"。——译者注
② 国王称号。

18世纪的西非国家与社会

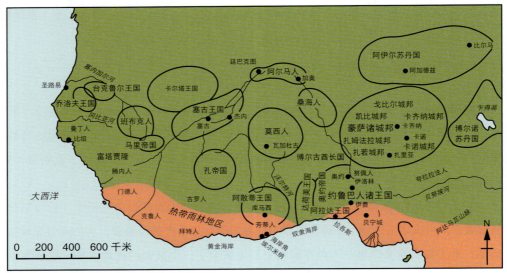

早期约鲁巴人国家的经济基础是能够盈余的粮食生产。因此,约鲁巴人不仅能养活不事生产的统治者和官员,还能养活宫廷手工艺人和艺术家。与其他国家一样,国家的收入除了贸易收益,还有农民的赋税。

伊费王国是最早的约鲁巴人国家,它能制造出整个西非地区最好的艺术品绝非偶然。在约鲁巴人国家中,伊费王国可能拥有最适宜农业生产的土地,生产的粮食能有大量盈余。伊费王国位于稀树草原与森林的边缘地带,土地肥沃,雨量充沛。多样化的环境适合种植块根和谷类作物,也适合豢养牲畜。关于伊费王国的社会和经济组织,我们所知甚少,但伊费王国居民一定有时间和财力发展出高度发达的工艺技术。正是因为这一点,森林王国才会人所皆知。

伊费王国的艺术家制作了各式各样的木雕、象牙雕、陶像和青铜、黄铜等铜铸件。考古学家已经修复了大部分出土工艺品,它们的年代被测定为12—15世纪。陶像和金属铸件明显反映的是奥尼的生活场景,也可能用于葬礼。铜的使用揭示出伊费王国与撒哈拉沙漠矿井之间存在贸易联系。约鲁巴人可能用粮食、可乐果、象牙换取了萨赫勒地区的铜,或许还有盐。

当然,约鲁巴人地区有如此高度发达的工艺技术并不令人惊讶。前面的章节已经提及了诺克文化和伊博–乌库乌青铜器。西非人有着制作陶器与铜合金的古老工艺传统,金属加工技术未必是从远方传来的。

从伊费王国南部与东部地区出发,往尼日尔河三角洲方向深入森林地区,那里住的是说埃多语(Edo)的人。说埃多语的人虽然主要居住在小型的村落式酋邦里,但也建立了一个中央集权

图 12.3　伊费王国的青铜器。这里展示出来的工艺技术和理念，明显是从尼日利亚南部森林地区伊博-乌库乌青铜器等早期工艺传统发展而来的。第一张图片来源：*Paul Almasy/Getty Images*。第二张图片来源：*Werner Forman/ Getty Images*。

王国，定都贝宁（Benin）。[①] 贝宁的王权可追溯至 11 世纪，约与伊费王国王权形成年代同期。事实上，贝宁的奥巴（oba）[②] 也宣称是约鲁巴人的始祖奥杜杜瓦的后裔，并以此塑造自身的权威。15 世纪，贝宁成为一个大围城，方圆数千米。1600 年前后，一位荷兰旅行家访问了贝宁城，他认为街道宽阔、房屋精致的贝宁城完全不逊色于荷兰首都阿姆斯特丹。

　　15 世纪中叶，贝宁王国的奥巴埃瓦雷（Ewuare）设立了一支强大的常备军，并将贝宁扩张成一个大帝国。到 1600 年，贝宁王国疆域东起尼日尔河三角洲，一直向西延伸至拉各斯（Lagos）的沿海潟湖。埃瓦雷通过挑选和任命地区总督来强化统治，并建立了稳定的奥巴继承制，即长子继承制。

　　15 世纪末，葡萄牙人首次接触了尚处扩张期的贝宁王国。当时奥巴把战俘卖给葡萄牙人，而葡萄牙人再把战俘运到阿肯人地区换取黄金。16 世纪早期，贝宁王国扩张结束，也就不再出售俘虏了。此后一直到 17 世纪，贝宁卖给沿海欧洲人的商品主要是胡椒粉、象牙、树胶、棉布，后者再把它们转卖给沿海一带的其他西非社会。18 世纪，由于王朝权力争夺和内战爆发，贝宁王国凋敝败坏，又开始给跨大西洋奴隶贸易提供奴隶。贩卖自己的平民为奴与进口火器，削弱了贝

---

① 　这里的贝宁不要与今天的贝宁共和国混淆了，今天的贝宁共和国与尼日利亚西部地区接壤。

② 　国王称号。

宁王国的生产力，也加速了贝宁王国在 18 世纪的衰落。

　　与伊费王国一样，贝宁王国也拥有高度发达的宫廷艺术。为了表达对奥巴的尊重和纪念，手工艺人不断重制青铜、黄铜等材质的头像、雕像。钉在木质宫墙上的精心制作的铜画，展现了奥巴的丰功伟绩。1897 年，英国军队洗劫贝宁城，掠夺并毁坏了大部分艺术制品。16、17 世纪，葡萄牙商人成为铜的新来源，贝宁王国的宫廷艺术达到了顶峰。一些铜片还刻有葡萄牙商人。贝宁王国艺术家也制作象牙雕刻、盐皿、手镯、脚镯，主要卖给欧洲人。这些物品可能是葡萄牙商人特地委托制作的，它们或许是非洲艺术家为迎合欧洲旅游市场而制作的最早商品。

# 17、18 世纪的稀树草原国家：奥约帝国与达荷美王国

## 奥约帝国的兴起

　　尽管伊费王国是最古老、发展程度最高的约鲁巴人国家，但其重要性很快被北方的奥约帝国所超越。14 世纪，奥杜杜瓦的一个后代创建了奥约帝国。与南部的约鲁巴人邻邦不同，奥约帝国坐落于热带森林北部的林地，适合种植谷类作物，而且介于森林地区的约鲁巴人与北部豪萨人之

**图 12.4**　1846 年前后位于尼日利亚的贝宁城风光。贝宁城令欧洲人印象深刻，建筑风格成熟，完全可与欧洲城市媲美。选自昂里翁（Henrion）的《天主教传教史》(*Histoire générale des missions catholiques*) 第 1 卷第 9 张插图。图片来源：*Chronicle/Alamy Stock Photo*。

**图 12.5**　钉至奥巴宫殿木质宫墙上的贝宁王国青铜画片，后于 1897 年被英国掠夺。注意青铜画片上的小方孔，人们正是穿过小方孔把青铜画片钉到木质宫墙上的。图片来源：*Werner Forman/Getty Images*。

间，便于发展贸易。另外，奥约帝国没有舌蝇和携带病菌的昆虫，因此也适合养马。借助一支常备骑兵，奥约帝国的阿拉芬（alafin）① 建立起具有扩张性的国家。

_____

① 国王称号。

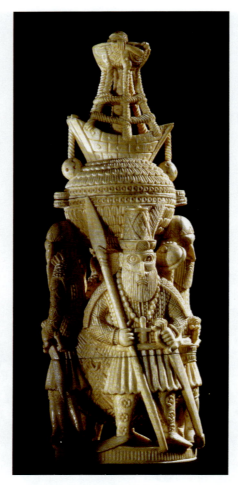

**图 12.6**　贝宁王国象牙盐皿，由一根象牙雕刻而成。此类特制物品主要卖给欧洲人。图片来源：*Werner Forman/ Getty Images*。

在森林地区，奥约帝国的骑兵无用武之地，只能选择向南扩张，向南又被限制在西南方向。从今天尼日利亚西部地区一直到今天加纳东部地区的森林地带，中间是开阔的稀树草原，一直延伸至沿海地区。奥约帝国的骑兵进入稀树草原，发动侵袭，扩展帝国权力。17 世纪末，奥约帝国侵入沿海地区的阿拉达王国（Allada），迫使阿拉达王国纳贡称臣。奥约帝国也因此获得了同欧洲人进行大西洋贸易的通道。

18 世纪，奥约帝国阿拉芬的权力和财富获得了极大的增长。支撑阿拉芬权力与帝国骑兵的经济基础是王室农场的奴隶劳作。奴隶主要源于战俘，以及与萨赫勒地区交易所得。帝国财政收入的另一来源是城镇、村庄、附庸国的纳贡。奥约帝国还对沿海地区与豪萨诸城邦之间的贸易运输征税。另外，持续的扩张战争产生了大量战俘，远多于王室农场所需。多余的俘虏就被送到沿海地区卖给欧洲人，成为大西洋贸易中的商品。奥约帝国从沿海地区进口火器、布匹、金属制品、子安贝。一部分进口商品留在帝国内，但大部分用于到北方地区换取马匹和更多的俘虏。

18 世纪 80 年代，欧洲的奴隶需求大幅度增长，奥约帝国成为从北到南的奴隶贸易的重要转运中心。但奥约帝国阿拉芬对奴隶贸易的过度依赖，产生了很大的负面影响。18 世纪 90 年代，由于英法战争爆发，欧洲对奴隶的需求下降，奥约帝国阿拉芬丧失了主要的收入来源。奴隶供应方的回报越来越低，而农民赋税愈来愈重。18、19 世纪之交，阿拉芬权力衰弱，许多地区都爆发了叛乱。19 世纪早期，与豪萨诸城邦一样，奥约帝国也发生了穆斯林叛乱。

## 达荷美王国的兴起

被迫向奥约帝国阿拉芬纳贡的邻国中就有位于今天贝宁共和国 ① 境内的达荷美王国。达荷美王国建立于 17 世纪早期。来自沿海地区阿拉达王国的少量阿扎人（Aja）向北迁移至丰人（Fon）地区，并在那里定居了下来。丰人迄今仍居住在联系松散的村庄。数年内，阿扎人就宣称具有对丰人的统治权。阿扎人建立了新王国达荷美，定都阿波美（Agbome）②。1650 年前后，国王维格巴扎（Wegbaja）将达荷美王国发展为强大的中央集权国家。

维格巴扎宣称自己既是国王，也是最大的地主。维格巴扎可以对土地的产出直接征税，且土地只是"出租"给达荷美王国臣民。达荷美王国的王权实行长子继承制，从而提升了王室的权力。长子继承制让传统村落首领在王位继承问题上没有机会说三道四，削减了传统村落首领的权力。同时，王权崇拜发展形成，引入的一年一度的人祭更是强化了王权崇拜。人祭表达了对先王的尊敬，使用的牺牲通常是战俘。

由于出身于沿海"奴隶制"国家阿拉达王国，达荷美王国的国王决定充分利用奴隶贸易来从中获利。达荷美王国发动扩张战争，用抓获的俘虏换取沿海地区的火器。18 世纪 20 年代，达荷美王国征服了阿拉达王国和维达（Whydah），就此直接进入了欧洲人在沿海地区的奴隶市场。

至少有一位历史学家认为，达荷美王国国王阿加札（Agaja，1717—1740 年在位）征服沿海地区，事实上是为了阻止非洲的奴隶出口。据说，阿加札曾请欧洲人在达荷美王国建立使用奴隶劳工的种植园，从而把奴隶劳工留在非洲。但欧洲人对这一方案不感兴趣。对欧洲人来说，跨大西洋奴隶贸易利润诱人，而在达荷美建立的种植园则可能会脱离欧洲人的控制。阿加札没有强制推行这一方案。由于达荷美王国的火器需求量巨大，阿加札及其继承者只得继续向欧洲人出售战俘。

18 世纪，"奴隶海岸"的内陆地区处于奥约帝国和达荷美王国的控制之下。奥约帝国与达荷美王国之间的对抗，尤其是关于沿海奴隶贸易控制权的争夺很快演变为武装冲突。18 世纪 20 年代后期，奥约帝国先后 4 次入侵达荷美王国。阿加札无法击退奥约帝国的骑兵。1730 年，阿加札向阿拉芬纳贡称臣。

---

① 1975 年，达荷美改名为贝宁共和国。今天的贝宁共和国与古贝宁王国并没有直接的关系。
② 现拼写为 Abomey。——编者注

尽管屈服于奥约帝国，但是达荷美王国在 18 世纪依然进行着扩张，繁荣兴旺。达荷美王国输出的大多数奴隶都来自王国之外。达荷美王国国王并不是唯一的奴隶贩子，而只是最大的奴隶贩子。达荷美王国的其他奴隶贩子要用子安贝上缴重税。到 18 世纪，子安贝已经成为西非地区流通最广泛的货币。

达荷美王国的大部分人口没有受到奴隶贸易的影响。他们大多数是居住在小村庄里的农民。国王收税官的足迹遍及整个国家。收税官定期到农村地区普查人口、牲畜、庄稼、财产，以此核定赋税多寡。征税范围几乎无所不包。王室本身依赖于使用奴隶劳工的大种植园经济。在 19 世纪的某个时期，达荷美王国不再向欧洲人贩卖奴隶，转而生产棕榈油售卖给欧洲人，这或许让 18 世纪阿加札国王的梦想变成了现实。

# 阿散蒂王国

## 阿肯人国家的起源与兴起

14 世纪，马里帝国处在鼎盛时期，马林凯、巴马纳、索宁克商人散布在草原地区，寻找新的商机。在沃尔特河（Volta）上游流域[①]，这些商人被称为迪尤拉。多年来，森林地区一直从事小规模的黄金和可乐果贸易。在迪尤拉的推动下，森林边缘地区的阿肯人开始定期生产这些产品。

直到此时，阿肯农民才进入森林进行狩猎或小规模季节性的黄金开采。在森林里定居、耕作比较困难，因为清理土地需要投入大量的劳动。对阿肯农民来说，住在森林边缘地带更有利可图。然而，大约自公元 1400 年起，为了能在森林里耕作和开采黄金，阿肯人开始使用奴隶劳工来清理森林。奴隶起初是阿肯人从迪尤拉那里买来的，其中部分奴隶是用黄金换来的。

15 世纪，森林里出现了阿肯人的定居点。控制金矿的阿肯人既使用奴隶开采金矿，又使用奴隶种植奴隶自身的口粮。很快，阿肯自耕农就被吸引过来，并定居在森林里的空旷地，成为"地主"的雇农。控制金矿的人于是成为阿肯人酋邦的奠基者。

15 世纪末，阿肯人不仅为黄金找到了新市场，也为金矿找到了新的劳工来源。15 世纪 80 年代，葡萄牙人建立了沿海贸易点，用从贝宁王国买来的奴隶、棉布、金属和其他物品换取阿肯人的黄金。后来，葡萄牙人给阿肯人带来了新品种的热带作物，如巴西的玉米和木薯，这进一步地推动了阿肯人的经济发展和繁荣。

16 世纪，阿肯人建立了许多国家。为了争夺新的土地与新的黄金产地，以及控制通往沿海地区的贸易路线，阿肯人国家之间互相倾轧，竞争激烈。后来，所有阿肯人国家都被阿散蒂王国所吞并。

---

① 今天的布基纳法索和加纳西部地区。

**图 12.7**　阿散蒂埃内的一些黄金饰品：两枚指环，三个手 / 脚镯。装饰着大象的那枚指环意味着佩戴者拥有无限力量。图片来源：*Werner Forman/Universal Images Group/Getty Images*。

## 阿散蒂王国的兴起

17 世纪 70 年代，奥塞·图图（Osei Tutu）建立了阿散蒂王国。奥塞·图图是一位军事首领，也是奥约科（Oyoko）氏族的首领。奥塞·图图控制了库马西（Kumasi）附近的一个贸易中心。他把其他氏族酋长召集在一起，以库马西为基地，征服了附近的阿肯人酋邦。如此一来，他便以阿散蒂埃内（Asantehene）[①] 为称号，建立了阿散蒂王国。

在奥塞·图图的军事领导下，阿散蒂王国起初只是一个松散的酋邦联盟。各酋长通过向村落

---

① 常译为阿散蒂土王。此译名容易引起误解，又与称号难以搭配，故这里从音译。——译者注

和金矿利润征收赋税来向奥塞·图图纳贡,并要为阿散蒂埃内的常备军提供士兵。由于得到了宗教首领的支持,奥塞·图图巩固了在酋长中的权威地位。一位祭司曾魔法般地变出一个象征王权的金凳子,并把它上呈给了阿散蒂埃内。

奥塞·图图的联盟征服了登基拉王国(Denkyira)等阿肯人王国。到 1700 年,奥塞·图图的联盟已经控制了森林地区大多数黄金产地。奥塞·图图的继任者奥波库·瓦雷一世(Opoku Ware I,1717—1750 年在位)进一步扩大了阿散蒂王国的边界,其疆域从沿海森林地区一直延伸至北部稀树草原,涵盖了今天加纳大部分地区。在 18 世纪的征服和扩张中,阿散蒂王国统治者把战俘卖给沿海地区的奴隶贩子。但是,王室收入从未过度依赖于奴隶贸易。

18 世纪末,阿散蒂埃内奥塞·夸杜沃(Osei Kwadwo,1764—1777 年在位)引入了新型中央集权行政制度,原来的酋邦联盟随之废除。官员按照功绩而非出身来任命和提拔,世袭酋长手中的地方征税权被收回。重组军队,军官改由阿散蒂埃内直接任命,变得更加集权。

奴隶劳工仍是开采黄金的主力。一些金矿为阿散蒂埃内直接所有,由代理人经营。其他金矿为阿肯人酋长所有,但要向王国上交赋税。同时,阿肯农民季节性地在河边清洗沙金。农民把黄金卖给居无定所的阿肯商人,许多商人是国王的直接代理商。这些商人从沿海地区购买布匹、金属、欧洲火器,或者从北部地区购买盐、布匹和其他贸易物品,然后在王国内出售以换取黄金。贸易网络逐渐扩大,甚至最偏僻的村庄也被纳入了进来。如此一来,阿散蒂王国极大地提高了黄金产量。阿散蒂埃内获益最大,其收益既源于贸易税,又直接来源于贸易。

# 第六篇

## 北部、东部、中部与南部非洲国家的复兴与形成

这一时期，埃及是非洲大陆人口最多的国家，其历史主题是王朝的兴衰。历代埃及王朝的统治都是以农民的农业生产为基础，并且都依赖于两个因素：通过"农业税收"制度从农民那里获取最大财富；广泛使用奴隶士兵——西亚的马穆鲁克①骑兵、埃及南部的黑人步兵。每项制度都存在着腐败和权力滥用的现象。虚弱王朝的瓦解和新王朝的出现不断更迭复始，法蒂玛王朝、阿尤布王朝、马穆鲁克王朝，直至被奥斯曼帝国吞并。

16—18世纪，牧民群体迁移到至今依旧人口稀少的埃及南部地区。他们确立了对当地定居农民群体的政治、经济统治，组建了新国家或强化了旧国家。在尼罗河上游流域，穆斯林养牛牧民建立了丰吉苏丹国（Funj），统治着今天的苏丹地区。在埃塞俄比亚，奥罗莫牧民将牧场向北拓展至南郊的高原山谷，使其成为虚弱的埃塞俄比亚的一部分。

在苏丹南部和埃塞俄比亚，当地人以养牛为主。苏丹南部的牧民，特别是马赛人，迁移至今天的肯尼亚和坦桑尼亚的牧场，这里人口稀少。在维多利亚湖以西，牧民确立了对定居农民的统治，并由比建立了等级制国家，即卢旺达、布隆迪、安科莱。一个值得注意的例外是靠近维多利亚湖的布干达王国。这里在以种植大蕉②和香蕉为主的农业经济基础上，发展出了中央集权政权。

刚果森林以南的林地不适合养牛。在这里，国际贸易日渐重要，中部地区分布有农业-狩猎混合型群落。这些群落依靠从长途贸易中收取的贡奉建立了强大国家，这些国家的影响力辐射整个林地。然而，林地西部的国家和社会却受到外在因素的影响，或被扭曲，或被破坏。所谓外在因素的影响主要是肇始于16世纪葡萄牙人的跨大西洋奴隶贸易。当地非洲人首领为了获得俘虏以供出售，穷兵黩武，不停地发动战争。到18世纪末，中部非洲的核心地区也受到了捕捉俘虏的影响。

在赞比西河以南，牛也是食物的主要来源，政治经济权力的基础。在津巴布韦高原，罗兹维帝国养牛者将葡萄牙人从东部地区驱逐了出去，并牢牢地控制了黄金贸易。在林波波河以南地

---

① 英文为 Mamluk，旧译"马穆路克"。——译者注
② 含有淀粉，与香蕉类似的植物，泛指用来烧饭做菜的蕉。——编者注

区，牧民的力量进一步得以展现。当地的茨瓦纳人、索托人、恩古尼人擅长养牛，辅以种植业，建立了诸多国家。18 世纪末，该地区强国之间竞争日趋激烈，它们为了争夺自然资源和对外贸易的控制权，常常发生暴力冲突。冲突是 19 世纪初该地区的主要特征。

除了邻近开普敦的南非腹地外，好望角的白人定居点主要从事畜牧业和狩猎，并展开了残暴无情的侵略活动。得益于枪支，白人定居点迅速扩张，最终将土著牧民彻底赶走了。开普殖民地持续在扩大，科伊桑牧民、狩猎-采集者发起了抵抗斗争。在更远的东部地区，最南端的种植-养牛混合型酋邦的科萨人也掀起了抵抗斗争。正是科萨人的抵抗斗争，促使了 19 世纪末的南非种族隔离制度的出现。

# 第十三章

# 18 世纪前的北非与东北非

## 北非的"阿拉伯化"

10—13 世纪，被称为贝都因人（Bedouin）[1]的大量阿拉伯游牧民，逐渐离开阿拉伯半岛，进入北非。游牧民从阿拉伯半岛的沙漠迁移出来并不是新现象。贝都因人是流动性较高的群落，居住在便于拆卸和搭建的骆驼皮营帐里。贝都因人经常四处迁移，骆驼和山羊也随之在一个个牧场、水源地间迁移。他们一般是以家庭规模大小的氏族来迁移，但氏族与氏族之间并没有广泛意义上的团结。有时他们会侵扰定居的农业群落，但因此所受到的指责远远小于事实上所造成的混乱。虽然贝都因人是穆斯林，但大多没有读写能力。这一说法可能是阿拉伯学者的偏见。这些学者指责贝都因人大范围地破坏了马格里布的农村地区。然而，贝都因人传播了伊斯兰教、阿拉伯人的语言和文化。

在 11 世纪中叶，大约有 25 万的阿拉伯游牧民从埃及向西迁入马格里布。巴努希拉尔人（Banu Hilal）从北方沿海路线迁移过来，巴努苏莱姆人（Banu Sulaym）则迁往内地的阿特拉斯山脉南部地区。巴努苏莱姆人同化了大量柏柏尔人，但是柏柏尔人的语言在阿特拉斯山区、桑哈扎人，以及撒哈拉沙漠的图阿雷格人中间保存了下来。13、14 世纪，"阿拉伯化"的柏柏尔游牧民，即豪瓦拉人（Hawwara），从马格里布向东迁入埃及，再沿着尼罗河流域向南推进到第一瀑布地区。而更早时候迁移的阿拉伯游牧民已经向南进入努比亚。在这段时期，埃及和马格里布的当地人大多说阿拉伯语。

## 从法蒂玛王朝到马穆鲁克王朝：奥斯曼帝国征服前的埃及

### 法蒂玛王朝时期的埃及（969—1171 年）

埃及在法蒂玛王朝初期相当繁荣，至少对统治阶层来说如此。埃及人修筑了水坝和沟渠，小麦、大麦、亚麻、棉花的产量有了提高。尼罗河三角洲地区变成了繁荣的棉纺织品和亚麻纺织品

---

[1] 源于阿拉伯语 badawin，意思是"沙漠居民"。

图 13.1　贝都因人家庭及其帐篷，撒哈拉沙漠，19 世纪末。图片来源：*Hulton Archive/Getty Images*。

中心，大部分地区仍处于哈里发的直接统治之下。红海一带的贸易得到了复兴，埃及商人依靠地中海和印度洋之间的运输贸易变得十分富有。哈里发铸造了自己的金币——第纳尔。在东非沿海繁荣的斯瓦希里城镇，法蒂玛王朝的第纳尔成为基础国际通货。

　　法蒂玛王朝的哈里发征收很重的进出口关税，但王朝的主要收入仍是农民的赋税，在这一点上，埃及自古以来一贯如此。法蒂玛王朝把征税工作承包给了柏柏尔人。这些柏柏尔人迅速成为新的地主贵族并在埃及定居下来。柏柏尔人成为广袤、富饶的尼罗河流域地区真正的地主。"包

 地图 13.1　阿拉伯贝都因人迁入北非，950—1350 年

税人"（tax-farmer）按照协商好的份额上缴哈里发，还可以自行增加赋税以充实自己的腰包。为了谋取私人利益，"包税人"不遗余力地压榨农民。这个制度为权力滥用和贪污敞开了大门，有点权势的"包税人"经常不把应交的赋税上缴哈里发，而哈里发也无力约束"包税人"。

最初，法蒂玛王朝用一支规模较小但十分强悍的柏柏尔军队征服了埃及。柏柏尔人安顿下来并成为新的统治阶层后，变得富有而安逸，斗志丧失殆尽，哈里发只得靠输入奴隶来扩充军队。军队的主力是骑兵，由自由的柏柏尔人和被称为马穆鲁克的土耳其奴隶骑手组成，而步兵大多数是从撒哈拉沙漠南部地区输入的苏丹地区的黑人奴隶。

由于腐败，农业税收逐渐减少，哈里发无力再支撑军队的供给。到12世纪中期，日益不满的军队常常掠夺农村地区。马穆鲁克人、柏柏尔人和黑人之间的派系冲突阻碍了贸易和农业的发展，严重削弱了法蒂玛王朝的权威。

12世纪60年代，埃及面临西欧十字军的威胁，法蒂玛王朝的统治时刻都有可能被推翻。十字军在邻近的西亚建立了安条克（Antioch）和耶路撒冷王国。主要得益于萨拉丁·伊本·阿尤布（Salah al-Din ibn Ayyub）的行动，埃及在基督徒的征服中才得以幸免。萨拉丁·伊本·阿尤布是一小支职业军队的首领，这些职业军人最初来自土耳其东部的库尔德斯坦（Kurdistan）。他重组了埃及军队，宣布进行圣战，并将基督徒军队驱逐出埃及。在此基础上，他于1187年为伊斯兰教收复了耶路撒冷，这一举动也引发了第三次十字军东征。萨拉丁·伊本·阿尤布在欧洲历

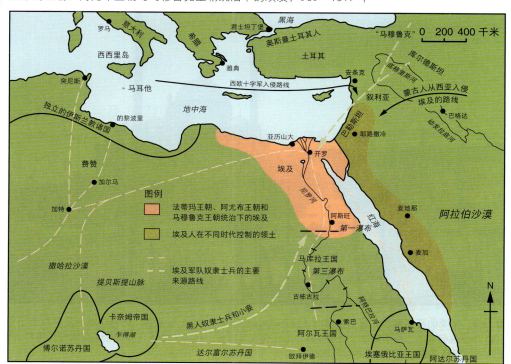

**地图 13.2**　法蒂玛王朝、阿尤布王朝与马穆鲁克王朝统治下的埃及，969—1517 年

农作物都需要上缴赋税：果树、蜂蜜、蜂蜡、大麦、小麦、亚麻。鸡、山羊、牛等家畜，每年也需要上缴赋税。在马穆鲁克王朝的统治下，伊克塔的权力没有约束，农民被压榨得尤其厉害。事实上，在马穆鲁克王朝统治时期，农民为了得到足够的口粮，经常不得不从"地主"那里借回自己上缴的谷物。马穆鲁克王朝还限制农民流动，以防止农民弃田入城。

埃及农民不仅要承担极重的赋税，而且还要为公共工程提供无偿的劳动。农民甚至还需要上缴所有粮食、工具、耕畜。14 世纪，马穆鲁克王朝下令修建更多公共工程。由于修建了新的河坝和沟渠，尼罗河流域和三角洲地区的土地灌溉范围进一步扩大。这意味着有了新的土地可以用于种植，也意味着可以设立新农庄来分配给更多伊克塔，从而为马穆鲁克王朝征收更多赋税。

大多数伊克塔住在城市，积累了大量财富，也促进了非洲内陆、东海岸和印度洋奢侈品贸易的发展。据估计，14 世纪早期，埃及大约有 1 万个马穆鲁克，统治着 400 万—500 万的埃及人。

15 世纪，与军事体系联系在一起的税收制度崩溃了。马穆鲁克视他们的伊克塔主人为财富世袭者，并停止向马穆鲁克王朝提供士兵。城市里的马穆鲁克日渐腐败，公共工程也停止了。沟渠淤塞，农业生产力大大降低。此外，旱灾、蝗灾、瘟疫频发，随之而来的还有饥荒，因此大量农田被抛荒。苏丹无法获得马穆鲁克提供的士兵，便开始征收更重的贸易税来支撑军队，导致埃及在地中海与印度洋之间的贸易份额逐渐减少。这一时期，葡萄牙人正绕着非洲大陆南端航行，向穆斯林的西印度洋贸易主导地位发起挑战。

马穆鲁克王朝的军队之所以威名远播，在于熟练使用弓箭和弯刀的奴隶骑兵，这也是埃及 1260 年可以阻止蒙古人进军巴勒斯坦的原因。马穆鲁克王朝的军队沉迷于昔日盛名，未能看到火器和大炮的出现与发展给 15 世纪战争带来的变革。到 16 世纪，马穆鲁克王朝的军队组织涣散，最终被历史无情地淘汰。无可匹敌的奥斯曼土耳其人的"现代化"军队，把马穆鲁克王朝的军队赶出了巴勒斯坦，并于 1517 年征服了埃及。

## 奥斯曼帝国统治下的埃及

1453 年，随着土耳其人征服君士坦丁堡，奥斯曼帝国崛起成为世界强国。土耳其人将君士坦丁堡改名为伊斯坦布尔，并将其确立为庞大帝国的都城。到 16 世纪末，奥斯曼帝国疆域横跨东南欧大部分地区、西亚和北非。

1517 年，奥斯曼帝国征服了埃及，埃及丧失独立，变成了奥斯曼帝国的一个省份。此后，埃及的统治者变为由伊斯坦布尔任命、对伊斯坦布尔负责的奥斯曼帝国总督。奥斯曼帝国恢复并重建了把土地所有权、税收、兵役综合在一起的伊克塔制度。16 世纪 50 年代，埃及的南部边界推进至努比亚，甚至远达第三瀑布地区。贸易再次繁荣起来。为阻挡葡萄牙人在印度洋的脚步，奥斯曼帝国占领了红海港口马萨瓦（Massawa），从而阻断了葡萄牙人进入红海，特别是进入埃塞俄比亚的贸易通道。但奥斯曼帝国未能夺回从埃及去往印度洋的直接贸易通道。

17、18 世纪，世袭的马穆鲁克贵族在埃及渐渐地又获得了实权。富有的贵族家族的首领被称为"贝伊"（bey）。埃及总督被称为"帕夏"（pasha），最初由伊斯坦布尔任命的土耳其移居者担任。18 世纪，埃及贵族建立了帕夏王朝。在 18 世纪大部分时期，帕夏几乎独立于伊斯坦布尔，自行其是。大权在握的埃及贵族腐败不堪、毫不团结，最终无力抵御 1798 年法国"东方军"（Army of the Orient）的入侵。

# 马格里布国家（16—18 世纪）

## 马格里布的东部、中部地区

16 世纪马格里布的历史焦点是，信奉基督教的西班牙王国与信奉伊斯兰教的奥斯曼帝国之间围绕西地中海控制权的争夺。

16 世纪早期，奥斯曼帝国统一了东地中海的伊斯兰地区并将马格里布纳入统治疆域，最远将自己的势力范围推进至马林（Marinids）王朝统治下的摩洛哥，但需要强调的是摩洛哥未被纳入其中。比时，信奉基督教的西欧人也已复兴。西班牙人、葡萄牙人夺取了具有重要战略地位的

**地图 13.3** 奥斯曼帝国统治下的埃及，16—17 世纪

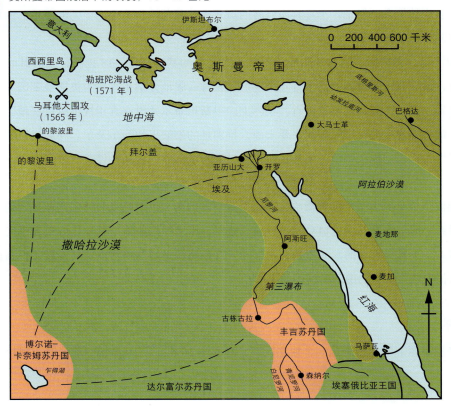

16、17 世纪的马格里布

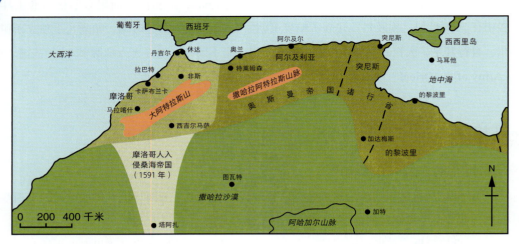

马格里布港口：阿尔及尔、的黎波里、突尼斯。土耳其海盗做出回应，收复了北非港口，并以这些港口为基地，袭击西地中海上的基督徒船只。在后来的争夺中，的黎波里、突尼斯和阿尔及尔的控制权几经易手。奥斯曼帝国遭遇两次大败：马耳他大围攻（Great Siege of Malta，1565 年）和希腊沿海的勒班陀海战（Battle of Lepanto，1571 年）。正是这两次失败让奥斯曼帝国失去了控制地中海航线的机会。但是，土耳其海盗将西班牙人、葡萄牙人驱逐出了北非基地。因此，马格里布仍控制在穆斯林的手中。

211　　的黎波里、突尼斯、阿尔及尔成为土耳其人主要的基地。17、18 世纪，土耳其海盗通过这几个港口，继续袭击基督徒船只。这几个港口及其背后腹地分别正式成为奥斯曼帝国的行省：阿尔及利亚省、突尼斯省、的黎波里省。实际上，伊斯坦布尔并没有真正统治过这些地区。海盗袭击所获的赃物成为沿海城镇财富的主要来源，特别是的黎波里和阿尔及尔。与突尼斯不同，这两地只有很少的耕地。住在城镇的土耳其军官不时带领军队深入内陆，侵袭牧民和农民，征收贡奉和赋税。

　　的黎波里也从经由费赞的跨撒哈拉贸易中获利。的黎波里的帕夏与博尔诺苏丹国的苏丹建立了直接联系。博尔诺苏丹国进口马匹、枪械、铠甲，用来抓捕非穆斯林当作奴隶和小妾卖给奥斯曼帝国富人。土耳其人在的黎波里的存在推动了这条路线最短的跨沙漠贸易发展，但真正的跨撒哈拉贸易仍控制在独立的图阿雷格人的手中。

## 摩洛哥的兴起

　　马格里布西部的摩洛哥是一个独立国家，兴起于 16 世纪。16 世纪的前半叶，阿拉伯游牧氏族萨阿德人（Sa'dis）[①]逐渐地征服并统一了摩洛哥。他们不仅阻止了奥斯曼帝国进入马格里布西部，而且也把葡萄牙人赶出了大西洋海岸港口。1578年，葡萄牙人入侵摩洛哥，但在凯比尔堡战役（Battle of el-Ksar el Kebir）[②]中遭到重创。在这场战役中，葡萄牙国王和摩洛哥苏丹都阵亡了。艾哈迈德·曼苏尔（Ahmad al-Mansur，1578—1603年在位）继承王位。在艾哈迈德·曼苏尔的强有力统治下，摩洛哥进入权力鼎盛时期。

　　在艾哈迈德·曼苏尔统治时期，最重大的事件莫过于1591年击败桑海帝国。艾哈迈德·曼苏尔的目标是从侧翼绕过奥斯曼帝国的土耳其人，独占桑海帝国的黄金贸易。此前，撒哈拉沙漠南部地区的大部分黄金贸易已经转至西非沿海地区的欧洲商人。到了16世纪80年代，艾哈迈德·曼苏尔与西班牙海上劲敌英国之间贸易频繁。在女王伊丽莎白一世的统治下，此时的英国已然复兴。摩洛哥从桑海帝国进口奴隶劳工，把奴隶劳工从阿加迪尔（Agadir）运到苏斯（Sous）山谷，让奴隶劳工种植糖料作物。摩洛哥将糖出口到英国，以换取英国人的火器。艾哈迈德·曼苏尔将从桑海帝国获得的很多奴隶编入自己的军队，又从西部平原招募阿拉伯骑手以增强军队实力。在欧洲和土耳其雇佣军军官的训练下，摩洛哥军队被打造成一支战斗力非凡的骑兵军队。随即，艾哈迈德·曼苏尔入侵了桑海帝国。

　　从加奥和廷巴克图劫掠的战利品是艾哈迈德·曼苏尔击败桑海帝国最初的回报。但是，长远来看，为了维持在桑海的领地，摩洛哥消耗了大量自身的资源。在摩洛哥人的侵略威胁下，常规的黄金贸易中断了。很多黄金向东转运到突尼斯、的黎波里、开罗，或向南转运到西非海岸的欧洲人那里。同时，摩洛哥为占领桑海帝国也在军事人员和装备方面付出了高昂的代价。17世纪，摩洛哥继续干预尼日尔河曲地区，但实权日渐落入当地的"摩洛哥"军事总督手中。这些军事总督后来自认是尼日尔河中游殖民地人，丧失了对摩洛哥的身份认同。

　　1603年，艾哈迈德·曼苏尔去世。他的儿子们掀起了王位争夺战，严重削弱了国家实力。一时间，摩洛哥分裂成两个敌对的苏丹国：非斯（Fes）和马拉喀什（Marrakesh）。1669年，阿拉维德（Alawid）王朝的缔造者马维莱·拉希德（Mawlay al-Rashid）重新统一了国家。他的弟弟及继任者马维莱·伊斯梅尔（Mawlay Isma'il，1672—1727年在位）通过从撒哈拉沙漠南部地区大量进口黑人俘虏，加强了统治。虽然马维莱·伊斯梅尔死后，摩洛哥再次发生王位争夺，但一直维系着统一。18世纪摩洛哥直接统治和征税的范围仅限于非斯、马拉喀什附近地区，以及从丹吉尔到阿加迪尔的沿海城镇。然而，一旦摩洛哥苏丹动用军队威胁，阿特拉斯山脉周边的独立游牧氏族便会纳贡。

---

①　这一民族宣称自己是先知穆罕默德女儿法蒂玛的后代。

②　又称三王战役（Battle of Three Kings）。

**图 13.4**    摩洛哥城市马拉喀什。图片来源：*Pazhyna/iStock*。

# 努比亚与丰吉苏丹国

## 伊斯兰教在努比亚的传播

由于基督教努比亚王国马库拉的抵抗，阿拉伯人对尼罗河流域的最初征服推进至第一瀑布便终止了。但伊斯兰教在下努比亚逐渐传播了开来，其中部分原因在于下努比亚与信奉伊斯兰教的埃及有长达数个世纪的和平贸易往来。但是，努比亚地区伊斯兰化主要是在 14 世纪。持续南进的阿拉伯游牧民领导了这一进程。1317 年，马库拉王国的王宫变成了清真寺。15 世纪，阿拉伯游牧民向更远的达尔富尔和乍得湖方面推进，渗入努比亚地区的南部和西部。虽然阿拉伯游牧民传播了伊斯兰教，但与努比亚当地人的通婚，使得阿拉伯游牧民的个性和文化也严重"非洲化"了。到 14 世纪末，为了抓捕非穆斯林当作奴隶和小妾卖到埃及和西亚，努比亚地区的阿拉伯游牧民常常侵袭东撒哈拉沙漠的南部地区。

## 丰吉苏丹国

约在奥斯曼帝国征服埃及的同一时期，一个新的非阿拉伯人国家最终取代了日渐衰落的上努比亚（Upper Nubia）基督教王国阿尔瓦。这个新国家便是丰吉苏丹国。丰吉人是养牛的骑马牧民，起源于上努比亚南部某地。他们的具体起源地尚不清楚，但他们是尼罗河上游洪泛平原与埃塞俄比亚高原东部丘陵地带之间的草原上的众多游牧族群之一。16 世纪，丰吉人逐渐控制了青尼罗河流域的努比亚地区，最远至青尼罗河与白尼罗河交汇处，即今天喀土穆（Khartoum）附近。到 17 世纪，丰吉人皈依了伊斯兰教，住在城镇里，包括都城森纳尔（Sennar）。丰吉人一直都是统治阶层，拥有大量牛群，并向定居在尼罗河河畔的农民征税。丰吉人让当地酋长掌权，但也动用战斗力非凡的小规模骑兵，向更大范围内的农民和游牧民征税。17 世纪早期，丰吉人的不定期劫掠与征税的范围甚至扩展至第三瀑布地区。

## 奥罗莫人的迁徙与埃塞俄比亚王国

### 奥罗莫人的迁徙

16 世纪早期，信奉基督教的埃塞俄比亚王国与信奉伊斯兰教的阿达尔苏丹国始终在争夺埃塞俄比亚高原的统治权。随着双方在南方的军事防御都被摧毁，当地人逃离了战区。埃塞俄比亚高原南方地区出现权力真空，奥罗莫人就趁机从南部进入了这个暂时的真空地带。

图 13.5 17 年，马库拉王国（或称栋古拉）的王宫变成了一座清真寺，位于今天苏丹境内。图片来源：*Andrew McConnell/Robert Harding/Getty Images*。

215　　　奥罗莫人是说库希特语的养牛牧民，起源于图尔卡纳湖东北方的干燥草原。短短几十年内（1530—1565 年），奥罗莫人就占据了埃塞俄比亚南部地区的 1/3，并推进至阿瓦什河流域和哈拉尔高原。但是，奥罗莫人在占领速度与斗争上也遇到了挑战，他们并不是唯一大规模迁移至此的族群。要弄清奥罗莫人迁移的性质，就需要了解奥罗莫人的社会结构。

　　奥罗莫人并没有凌驾一切的中央权威。与很多游牧民一样，奥罗莫人以组织松散的氏族形式住在一起。在氏族内部，奥罗莫人划分出 5 个年龄组（age-set）。随着年龄的增长，奥罗莫人由一个年龄组进入下一个年龄组。第五个即年龄最大的年龄组的人被称为"图巴"（tuba）。第五个年龄组的成员原则上也就是氏族首领。奥罗莫人几乎没有贫富分化。每一个成年年龄组首领都由全体成员选举而产生。最重要的年龄组是第三个年龄组，即"富勒"（folle），年轻的他们负责军事巡逻，保护氏族和牛群，带领氏族寻找新的牧地。

　　在 16 世纪前几十年里，可能是奥罗莫人发展出新的养牛技术，或可能是埃塞俄比亚南部丘陵特别适合放牧牛群，奥罗莫人的牛群迅速增加。随着奥罗莫人沿奥莫河（Omo）流域向上游扩展并进入南部山麓，他们开始在冬夏牧场之间季节性地迁徙。富勒每一年都会沿着湿润的河谷而
216　上寻找新牧场。富勒徒步行进，装备简便，只携带长矛。一旦富勒把牛群赶到新牧场，氏族其他

地图 13.5　17 世纪的埃塞俄比亚

成员就会迁营拔寨过来。部分由于新近发生的埃塞俄比亚与阿达尔苏丹国之间的战事，埃塞俄比亚南部丘陵人口稀少，奥罗莫人迁入农耕者古老的定居村落之间的开阔牧场。一旦村落里的农耕者进行抵抗，奥罗莫人就会发动攻击把他们驱逐出去。

一些奥罗莫氏族率先季节性迁徙，其他奥罗莫氏族也会紧随其后。率先迁徙的奥罗莫氏族感到压力后，便会继续向北推进。这样的迁徙一旦进行，便不会停下来。奥罗莫人数量过于庞大，独立氏族众多，每个氏族都赶着大量牛群单独行动。即便埃塞俄比亚王国和阿达尔苏丹国有实力抵抗奥罗莫人迁徙，也不可能"击退"奥罗莫人。

在寻找新牧场的过程中，奥罗莫人是机会主义者，并非"不会变通"的牧民。接触过阿达尔苏丹国的奥罗莫人有皈依伊斯兰教的，也有奥罗莫人皈依了埃塞俄比亚的基督教。在中部高原地区，很多奥罗莫人放弃了游牧生活，转向固定的农耕生活。到 17 世纪早期，奥罗莫人成为埃塞俄比亚南半部的优势族群。在哈拉尔高原的穆斯林中，奥罗莫人也拥有突出的优势。

## 埃塞俄比亚王国

16 世纪末，信奉基督教的埃塞俄比亚国王并不在意奥罗莫人从南方迁徙过来。萨尔萨·登格尔（Sarsa Dengel，1562—1597 年在位）将精力放在控制王国的北半部上，并开放了马萨瓦港口与奥斯曼土耳其人建立了贸易往来。但除了能给统治者带来利益外，埃塞俄比亚臣民从这一贸

217

图 13.6　埃塞俄比亚贡德尔的王宫。王宫始建于国王苏森约斯统治时期，并听取了西班牙耶稣会神父佩德罗·帕兹（Pedro Paez）的建筑意见。图片来源：*iStock/Getty Images*。

易中所获无几。埃塞俄比亚王国的主要出口商品是奴隶。埃塞俄比亚王国从塔纳湖西南部地区抓捕俘虏，并把这些俘虏当作奴隶卖到埃及和西亚。据估计，在萨尔萨·登格尔统治期间，埃塞俄比亚王国每年卖给红海海岸土耳其商人的俘虏多达 1 万名。塔纳湖西南部大量的人口流失，也为南方奥罗莫人的进一步北上扫清了障碍。

17 世纪早期，国王苏森约斯（Susenyos，1607—1632 年在位）正式允准奥罗莫人在埃塞俄比亚中部与南部地区生活。苏森约斯将奥罗莫人作为雇佣军编入埃塞俄比亚军队。作为回报，苏森约斯允准奥罗莫人向当地农民征税。实际上，奥罗莫人早已向农民征税，苏森约斯的举措只是为此赋予合法性而已。17 世纪，埃塞俄比亚王国主要关注点仍在北方。在国王法西拉达斯（Fasiladas，1632—1667 年在位）统治下，提格雷人进一步融入埃塞俄比亚王国，贡德尔（Gondar）成为永久性都城。18 世纪，埃塞俄比亚国王丧失了对许多地区的统治权，基督教贵族实际上自行其是。

# 第十四章

# 18 世纪前的中部、东部非洲

## 维多利亚湖以西的东非内陆地区

我们对东非历史的了解非常有限。一直到 19 世纪都没有关于东非内陆地区历史的文献资料。关于 19 世纪前的东非内陆地区，我们了解最多的是湖间地区。布尼奥罗王国和布干达王国就兴起于那里。

## 布尼奥罗王国的兴起

16 世纪，比托氏族统治下的布尼奥罗王国成为维多利亚湖以西的东非内陆地区大国。布尼奥罗人实行一种综合了农业、狩猎、放牧的混合型经济。在国王的统治下，布尼奥罗人以村落为基础维持着一个松散的酋邦联盟，各村落要向国王纳贡。国王不时会要求酋邦提供军队，并率领军队侵袭邻国，主要是为了抢夺牛群和额外的贡奉。16、17 世纪，布尼奥罗王国的侵袭范围，向南经安科莱王国到卢旺达王国，向东至布干达王国。事实上，17 世纪，布干达王国的诸多氏族组成一个联系紧密的中央集权型群落，就是为了保卫自己免受布尼奥罗王国的侵袭。

## 布干达王国的兴起

从很多方面来说，布干达王国都与布尼奥罗王国完全不同。布干达王国是中央集权制度下发展起来的小国。布干达王国的经济以农业为基础，并以此奠定了其国力。

布干达王国的主要农作物是香蕉和大蕉。其核心地区，即维多利亚湖西北部地区，土地肥沃，雨量充沛，特别适于香蕉的生长。香蕉种植园一旦建立起来，只要投入少量劳动便能大有收获。而且，收获后的腐烂草木会化为土壤的肥料。香蕉不需要更换新地种植，也不需要休耕。而同一时期，大部分热带非洲地区技术含量较低的谷类作物种植则恰恰相反。因此，香蕉种植园为布干达王国的经济奠定了稳定的基础。虽然布干达王国疆域狭小，人口密集，但香蕉种植园使得人口增长成为可能。香蕉种植园和防范外部侵袭的需求共同推动了中央集权型王国的出现。

布干达国王的称号是"卡巴卡"（kabaka）。18 世纪，卡巴卡玛万加（Mawanga）将布干达王国带上强盛、中央集权化的王权之路。玛万加及其继承者削弱了氏族酋长的权力，强化了国王

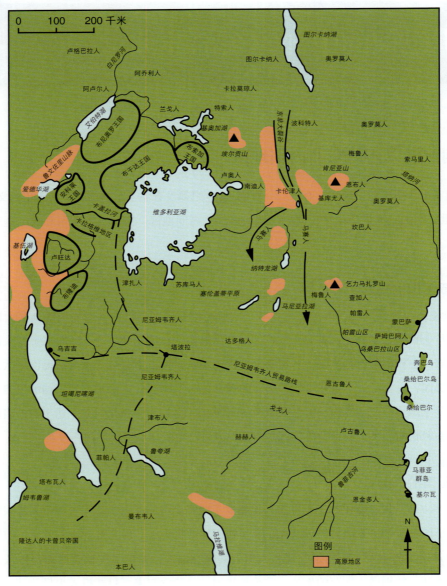

地图 14.1　　17、18 世纪的东非内陆

的权力。

219　　　　卡巴卡的财富和权力源于土地生产潜力和农民劳动。18 世纪，卡巴卡将财富和权力牢牢掌控
　　　　在自己手中。卡巴卡虽然会恩赐地方大酋长（regional territorial chief）一些土地。但是，大酋长
　　　　的职位依赖于对国王的忠诚，而非世袭所得。大酋长再授予小酋长小片土地。国王、大酋长、小
　　　　酋长按等级抽取农民缴纳的赋税。种植香蕉不需要耗费太多时间，主要由妇女完成，男人则需要
　　　　从事修路之类的公共工程的劳作，必要时男人也需要服军役。布干达王国公路网络复杂，所有道

**图 14.1**　1875 年 4 月 8 日，H. M. 斯坦利看到的布干达都城："它位于一个可以纵览大片美丽山河的山头上。宽阔的道路从各个方向通向都城。最宽、最主要的道路是从都城杜尔巴（Durbar）可以眺望到的那条道路。这条道路宽约 400 英尺，长近 10 英里，两侧有大人物的住所和花园。"[1] 图片来源：*iStockphoto.com/Linda Steward*。

① 　Stanley, R. and Neame, A. (eds) (1961) The Exploration Diaries of H.M. Stanley (William Kimber: London), p. 73.

221

路最终都通向都城。因此，宫廷与地方之间的沟通非常便利，这既加强了国王的统治，又促进了贸易的发展。关于大酋长职位的任命，国王非常慎重。国王竭力不让王室氏族把控大酋长职位，防止其权势威胁到王权。以此为基础，布干达王国在 18 世纪成为一个强大的扩张型中央集权王国。到 19 世纪，虽然布干达王国的疆域未能超过布尼奥罗王国，但实力却远胜于它。

### 西南高原的畜牧王国

在布尼奥罗王国和布干达王国南方，是人口密集、土地肥沃的高原地区，安科莱王国、卢旺达王国和布隆迪王国就坐落于此。与布干达王国不同，这里的少数牧民统治着占人口大多数的农民。16 世纪前，养牛日渐重要并促使维多利亚湖以西的丘陵地区出现了诸多小王国。大多数王国是混合型农业群落，也有一些王国是养牛群落。这样的养牛群落，在北部叫希马人（Ba-Hima），在南部叫图西人（Ba-Tutsi）。在安科莱王国，希马人统治农民；在维多利亚湖西南部地区，图西人则占据了统治地位。

起初，养牛群落在没有农民耕作的高原天然牧场上放牧。数个世纪以来，牧民与农民之间关系比较密切：牧民以牛换粮食。最初的交易，彼此平等。但是，希马氏族、图西氏族日渐占据支配地位。伴随着牛群日渐扩大，希马氏族、图西氏族将牛借给农民，但农民需要为他们放牧。先前，粮食只是贸易物品，现在却被作为贡奉上交给拥有牛群的统治者。后者承担"武士"贵族阶层的角色，为属民提供保护，以免其受到敌对的希马氏族、图西氏族的侵袭。

18 世纪，维多利亚湖南方的图西氏族组建了两个重要的王国：卢旺达王国和布隆迪王国，北面的卢旺达王国实力稍强。在这两个王国里，图西人统治胡图人（Ba-Hutu），并以复杂仪式、古代起源神话为其统治正名。这一统治与后来 20 世纪胡图人转而对图西人的统治起初并非以族群为基础。胡图人通过累积财富、与图西人通婚、获得战功也能进入图西统治阶层。然而，拥有牛群的统治者与从事种植业的属民之间的阶层差异构成了一种社会等级系统。在此背景下，族群矛盾在随后的世纪里愈发尖锐。

## 维多利亚湖以东的东非内陆地区

这一时期，维多利亚湖以东地区的主要历史事件是马赛人的扩张。16 或 17 世纪，尼罗特人向南推进至这一地区，而马赛人属于尼罗特人中最后一批迁来的牧民。所谓东部尼罗特人、平原尼罗特人、准尼罗特人，只是称呼不同而已。这些牧民成为乌干达东北部地区的阿泰克尔人和特索人（Teso）、肯尼亚西北部地区的图尔卡纳人和桑布鲁人（Samburu）、肯尼亚中部地区和坦桑尼亚北部地区的马赛人。

图 14.2　中部非洲背着孩子的马赛妇女，1939 年。图片来源：*Imagno/Getty Images*。

　　早期尼罗特牧民[①]发现肯尼亚中部地区的大片牧场无人占用，便与当地农民、狩猎者杂居在一起，相处和睦。但是，当马赛人穿过东非大裂谷迁往坦桑尼亚北部平原时，却发现牧场已经被其他养牛者，如肯尼亚中部高原地区的卡伦津人占据。于是，马赛人便用武力来抢夺牧场以实现扩张。马赛人坚持认为所有牛群都属于马赛人，从其他族群那里抢夺牛群不过是马赛人在行使自己的权利。

222

　　在扩张过程中，马赛人发展出了年龄组制度，并以此组织起自己的社会。这一制度与奥罗莫人的情况在很多地方都有类似。马赛人主要分 3 个年龄组：孩童、成年人、老人。10 来岁时，

---

① 准确的说法是尼罗特人牧民，既是尼罗特人，又是牧民。但是，尼罗特人牧民似乎不符合汉语表达习惯，语感也不好，故修订为尼罗特牧民。其他如其尔牧民等都是同一道理，不再一一注释。——译者注

男孩子要通过包括军事训练在内的严酷的成人仪式。随后，男孩子以年轻的成年人身份成为全职士兵和牧民。成年人的职责是保护牛群和牧场，以及为了获得更多牛群和牧场而发动侵袭。马赛人并不以单一、有凝聚力的群体四处行动，也不实行世袭酋长制，而是由老人组成长老会议（councils of elders）处理各类群体事务。

虽然马赛人会侵袭、驱逐其他养牛群体，但是他们与相邻的班图农耕者之间的关系比较融洽。马赛人从基库尤人（Kikuyu）、坎巴人（Kamba）那里换取铁制武器和粮食，而且马赛人还和基库尤人在一定程度上互有通婚。基库尤人居住在肯尼亚中部高原地区东部山麓，借鉴马赛人发展出自己的年龄组制度和成人仪式。

在今天肯尼亚和坦桑尼亚的大部分地区，班图农民仍居住在以氏族为基础的小酋邦里，尤其是坦桑尼亚高原上干燥灌木草原地区的诸族群。与乞力马扎罗、乌桑巴拉（Usambara）、帕雷（Pare）等山地混合型植被地区一样，一些氏族统治其他氏族。查加人（Chagga）、帕雷人、萨姆巴阿人（Shambaa）①已经建立了相当有规模的国家。与北方的坎巴人和基库尤人一样，许多族群也发展出年龄组制度和成人仪式，这可能是从更早定居下来、说库希特语的邻近族群那里学来的。

一般而言，坦桑尼亚高原人口稀少，但内陆部分地区盛产两种重要商品：铁和盐。这两者奠定了地区贸易的基础。18世纪末，西部地区的尼亚姆韦齐人（Nyamwezi）成为职业商人和象牙搬运工。在维多利亚湖以南地区，尼亚姆韦齐人得益于所居地的地理优势，开辟了长途贸易路线，把湖间地区诸王国与东非沿海地区连接了起来。19世纪，内陆象牙贸易和后来的奴隶贸易成为维多利亚湖以南地区的重要商业活动。

## 刚果森林的农耕者、渔民与狩猎者

刚果盆地是非洲最大的热带雨林地区，但这不意味着整个地区都为绵延茂密的雨林植被所覆盖。除了可通航的河流外，刚果盆地还有许多高地，在那里森林被空旷的稀树草原所取代。在多样化的自然环境下，当地人可以从事多种多样的生产劳动。他们基本上是农耕者、渔民或狩猎者，有些人同时从事这3种生产劳动，有些人专门从事一种或两种生产劳动。最有名的专业狩猎者是俾格米人（Pygmies），身材矮小的他们生活在森林稠密的地区，是今天埃非人（Efe）和姆布提人的祖先。

这3种生产劳动都需要集体协作，而这一点在非洲大陆其他地区并不总是很重要。农耕者清理森林需要合作劳动，这通常从一个天然空地的边缘地区开始，或者从在易发洪灾的地区建造土堆开始。狩猎者挖坑、用陷阱捕猎动物需要协作。渔民修筑水坝、在河里布网也需要协作。森林

---

① 又有尚巴人等译名。——译者注

地区的主要作物是香蕉，草原空旷地的主要作物则是粟或高粱。17、18 世纪，美洲进口来的玉米和木薯取代了高粱。

　　总的来说，刚果森林的当地人居住村庄里，每个村庄有 30—200 个成年人。假若村庄人数规模过小，便会缺乏劳动力；村庄人数规模过大，就会给这一地区的自然资源造成太大压力。村庄内的成年人之间往往有亲属关系，姻亲是村庄之间关系的基本纽带。妇女主要是种植者，依附于男人。村庄内部也有俘虏或人质，事实上就是奴隶。另外，一些村庄与从事专门行业的人，如俾格米人，也有亲属关系，俾格米人会用肉食换取农耕村落的粮食。

　　对于地区贸易来说，河道运输至关重要。专业工匠建造了多种类型的独木舟。马莱博湖位于可通航的数千公里水路的下游，是一个重要的贸易枢纽。

　　村落之间有各种联系，但森林地区鲜有大型国家。对这些村落来说，姻亲联系最为常见。军事首领、共同语言、宗教崇拜也会构建起其他类型的联系。一般而言，王国出现于森林空旷地带，如开赛河中游地区的库巴王国（Kuba）、沿海地区的卢安果王国（Loango）和马莱博湖北面的蒂奥王国（Tio）。这些王国与沿海地区存在奴隶贸易联系。

**图 14.3**　刚果河流域瓦格尼亚瀑布（Wagenia Falls）急流段的基桑加尼现代渔民使用传统技术捕鱼。图片来源：*guenterguni/iStock*。

# 奴隶贸易时代的中西非

15 世纪 80 年代，葡萄牙人到达了刚果河河口附近的中西非海岸。葡萄牙人迅速与刚果王国建立了外交联系。对于外部联系，刚果王国国王很感兴趣，也希望葡萄牙人派来教师、工匠以教育和训练臣民。刚果王国国王也想引入新式武器和葡萄牙雇佣兵来加强军队实力。在葡萄牙人看来，刚果王国是强大的非洲王国，他们很乐意与其建立联盟。葡萄牙人希望刚果王国能提供利润可观的黄金、铜、银器、香料。但是，葡萄牙人很快就大失所望。刚果王国只能出口少量的铜。虽然刚果王国的当地制造商，如酒椰纤维布（raffia cloth）的制造商，也在非洲沿海一带的其他地方贩卖铜，但葡萄牙真正能得到的矿物和香料，在种类上并不丰富。中西非基本上以农业经济为主，最有价值的资源莫过于当地的劳动力。

## 刚果王国

关于沿海地区的葡萄牙人，刚果王国内部展开了一场争论：一派赞成与外国发展进一步的联系，而另一派则反对。在葡萄牙人的帮助下，赞成派取得了胜利。1506 年，一个皈依了基督教的刚果人夺取王位，即阿丰索一世（Afonso I，1506—1542 年在位）。

阿丰索一世相信葡萄牙人的真诚，称葡萄牙国王为"兄弟君主"（brother monarch），彼此之间还有信件往来。他甚至与罗马教皇也建立了联系。阿丰索一世将基督教确立为刚果王国的王室宗教，塑造了自身的权威，并逐渐削弱地方宗教首领的权威。一方面，阿丰索一世不再像先前那样需要地方支持，进而确立了自身的权力基础。然而，另一方面，阿丰索一世却对葡萄牙人的支持严重依赖。阿丰索一世利用葡萄牙人的雇佣军与枪炮直接控制了贡奉征收和长途贸易，并通过军事征服将刚果王国扩张至马莱博湖地区。阿丰索一世的征服活动也产生了大量的俘虏，这些俘虏被当作奴隶卖到葡萄牙控制的圣多美岛。阿丰索一世还从葡萄牙引入教士和士兵，也用俘虏换来了金属制品。

继续将刚果王国视为一个友好同盟者，还是仅将刚果王国视为奴隶来源地，葡萄牙王国一度犹豫不决。圣多美岛的葡萄牙定居者则没有这样的困扰。为了增加俘虏供应，圣多美岛的葡萄牙定居者甚至怂恿当地人去反抗阿丰索一世。从 16 世纪 30 年代开始，跨大西洋奴隶贸易的发展让刚果国王输出了更多战俘。

1568—1569 年，东面的扎加人（Jaga）侵入了刚果王国。很快，他们就占领了刚果王国，并把刚果王国变成一片废墟，流放了其国王。近些年来，关于扎加人的由来和扎加人 1568 年侵略刚果王国的原因，历史学家有诸多争议。可能是因为长期旱灾，定居在宽果河流域的农耕者不得不四处侵袭和破坏；也可能是因为刚果人不断加重贡奉和抓捕奴隶，让扎加人愤而反抗。

1574 年，在圣多美岛雇佣军的帮助下，葡萄牙人让刚果国王阿尔瓦罗一世（Alvaro I）恢复了王位。但是，刚果国王在臣民中的权威却下降了。刚果国王变得更加依赖战俘出口，以此换

**地图 14.2**　16—18 世纪的中部非洲

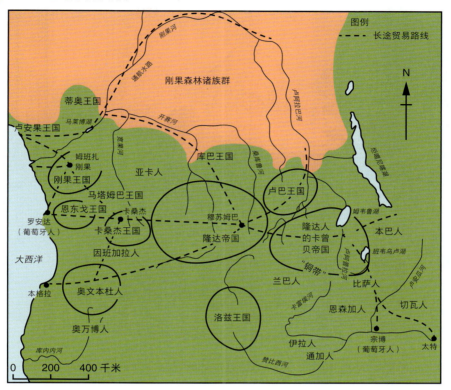

取葡萄牙人的军事支持。17 世纪，荷兰人的竞争进一步推动了沿海地区战俘需求的提升。非洲、非裔欧洲职业奴隶贩子在马莱博湖地区开辟了另一条把刚果王国内陆和大西洋沿海地区连接起来的北方奴隶贸易路线。这些奴隶贩子被称为"庞贝罗"（pombeiro），其得名于马莱博港口庞博（Pumbo）。后来，庞贝罗成为一个通用术语，泛指大多数中西非职业商人。17 世纪，刚果王国的中央权力崩溃了，分裂为诸多地方势力，各方势力彼此之间为抓捕战俘而争斗不已。

## 安哥拉与奴隶贸易

16 世纪 30 年代后，圣多美岛成为跨大西洋奴隶贸易的重要中转站，奴隶贩子把战俘从圣多美岛运往巴西新种植园。随着对奴隶的需求激增，为了避开葡萄牙王室的控制和税收，圣多美岛的奴隶贩子在罗安达（Luanda）①设立了一个奴隶贸易点。在罗安达，圣多美岛的奴隶贩子从刚果王国南方的敌对王国，即恩东戈王国的恩戈拉②手中购买战俘。16 世纪，恩东戈王国的奴隶贸易增强了恩戈拉的权力。为了获得更多战俘，恩戈拉组建军队，展开征服活动和王国扩张。

---

① 位于刚果河河口以南 350 公里的沿海地区。

② 已从酋长称号转变为国王称号。

图 14.4　1622 年，恩东戈王国恩戈拉兼马塔姆巴王国（Matamba）国王（1629—1663 年在位）的恩辛加女王正在代表王兄与罗安达的葡萄牙总督进行谈判。葡萄牙人拒绝给她一把椅子，恩辛加女王就坐在一名随从背上以示恩东戈王国恩戈拉与葡萄牙国王享有同等地位。恩辛加女王将其一生中的大部分时间都投入到反对葡萄牙人的抵抗斗争中。图片来源：*Fotosearch/Stringer/Getty Images*。

　　扎加人对刚果王国的侵略，揭示出葡萄牙人在中西非内陆地区的地位开始动摇。后来，葡萄牙人轻而易举便击败了扎加人，这使他们想要进一步直接控制该地区。有传闻说宽札河（Kwanza）上游地区的山脉有储量丰富的银矿。为此，葡萄牙人决定征服恩东戈王国。

　　葡萄牙人对安哥拉的入侵失败了。姆本杜人的强烈抵抗和热带疾病让葡萄牙人溃不成军。16 世纪 80 年代，这场侵略战争渐渐停止，但葡萄牙人的残余部队在恩东戈王国定居了下来，成为从事奴隶贸易的奴隶贩子。葡萄牙人的入侵引发了安哥拉内陆地区之间的战争，因此输出到沿海地区的战俘也越来越多。17、18 世纪，葡萄牙人和非裔欧洲人先以罗安达、后又以南面的本格拉（Benguela）为基地从事奴隶贸易。安哥拉内陆地区成为跨大西洋贸易中奴隶的稳定来源地。18 世纪中期，仅罗安达一地每年输出的奴隶就超过 1 万人。如果说在这一时期，奴隶贸易支配了非洲哪个地区，那答案就是安哥拉。这也给安哥拉带来了深远的负面影响。

　　17 世纪后，在恩东戈王国恩戈拉恩辛加女王（Queen Ndzinga，1624—1663 年在位）的领导下，姆本杜人展开持续抵抗，葡萄牙人定居点只能局限于罗安达和沿海飞地。葡萄牙人仍在暗中支持为抢夺奴隶而发动的侵袭。但到 17 世纪中期，葡萄牙人放弃了征服安哥拉内陆地区。安哥拉内陆地区无休止的战争，源源不断地制造着用来输出的俘虏，满足了葡萄牙人的需求，征服安哥拉内陆地区已经没有必要了。在沿海港口，葡萄牙人对奴隶贸易征收赋税，结果却让沿海商人把奴隶卖给欧洲其他国家的商船，特别是荷兰、法国、英国商船。18世纪，廉价的法国、英国枪支大量输入安哥拉，安哥拉内陆的战争愈加激烈，沿海地区的奴隶贸易也随之日渐繁荣。与安哥拉交换俘虏的其他重要进口产品是印度的棉布和巴西的朗姆酒。这些进口产品让非洲当地人的手工业和其他产业的发展变得遥遥无期。

在安哥拉内陆地区，因班加拉人诸多分支都在积极劫掠俘虏，将其输送给沿海的奴隶市场。由于旱灾和战争，因班加拉人离开了高原中部地区。16世纪70、80年代，因班加拉人侵入沿海低地地区。在最初的侵袭之后，很多因班加拉人在沿海低地地区定居下来，并开始了农耕生活。其他因班加拉人则在罗安达成为葡萄牙人的常规雇佣军，为后者劫掠奴隶。此外，因班加拉人还建立了劫掠型国家卡桑杰。17、18世纪，卡桑杰成为奴隶的主要来源地。安哥拉内陆的诸族群深受因奴隶贸易引发的战争之苦，这种状况至少延续至19世纪。

19世纪早期，罗安达的葡萄牙总督派遣两个庞贝罗去调查中非内陆的贸易前景。这两个庞贝罗沿着既有的贸易路线横穿非洲大陆。这些贸易路线一直通往隆达人的两个帝国姆瓦塔亚姆沃和卡曾贝（Kazembe）①的都城。这两大帝国在18世纪控制了非洲内陆地区的长途贸易。

# 中部非洲诸帝国与贸易的发展

## 隆达人的姆瓦塔亚姆沃帝国

17世纪后半叶，隆达人的姆瓦塔亚姆沃帝国达到权力顶峰，在南部、西部地区有许多附属国，如安哥拉因班加拉人的卡桑杰王国。18、19世纪，卡桑杰王国是大西洋沿岸的贸易纽带，具有重要的贸易地位。

隆达人的姆瓦塔亚姆沃帝国之所以得以发展，是因为从大西洋沿海地区的葡萄牙人手中间接地引入了美洲新作物。其中最重要的当属玉米和木薯，特别是木薯，迅速地成为这一地区，尤其是干燥草原地区的主要农作物，甚至取代了非洲本土的粟。木薯产量大，抗旱，也便于储存，使得粮食有了更多盈余，保证了姆瓦塔亚姆沃帝国核心地带的稳定。

姆瓦塔亚姆沃的权力建立在贡奉的征收和再分配的基础上，而这也推动了长途贸易的发展。都城穆苏姆巴（Musumba）附近地区以粮食，主要是木薯，来缴纳贡奉；而帝国偏远的酋邦则上缴各种各样的地方特产，包括盐、铁、铜、金属制品、酒椰纤维布、篮子、陶器、象牙。

姆瓦塔亚姆沃将贡奉当作恩赐重新分配给支持者，或者与其他族群交易，换取奢侈品和必需品。随着长途贸易的发展，姆瓦塔亚姆沃帝国出口到西方的两种主要商品是象牙和奴隶，用以

---

① 姆瓦塔亚姆沃和卡曾贝是国王的称号。——译者注

换取呢绒布匹和枪支。姆瓦塔亚姆沃靠着枪支，进一步控制了地区贸易和贡奉征收。中部非洲的隆达人以这一方式进入大西洋南部的奴隶贸易体系，但没有给当地造成像安哥拉那样严重的负面影响。

　　17 世纪，姆瓦塔亚姆沃帝国的贡奉征收官在帝国南部、东部和西部地区建立了酋邦。贡奉征收官确立了对当地"地主"的权威。贡奉征收官向当地"地主"征收贡奉，再上缴给姆瓦塔亚姆沃。在这些新出现的隆达人国家中，最重要的应属卡曾贝帝国。

## 隆达人的卡曾贝帝国

　　18 世纪早期，姆瓦塔亚姆沃派遣了一小支隆达人部队占领了卢阿拉巴河上游地区的盐田。这支队伍的首领被授予"卡曾贝"的称号。卡曾贝有权向东直到今天赞比亚-刚果铜矿带[①]，扩展隆达人的贡奉征收范围。这位首领的继承者，即卡曾贝二世（Kazembe II）进一步向东扩大了隆达人的势力范围。1740 年，在卢阿普拉河（Luapula）下游河谷，卡曾贝二世建立了一个新国家。18 世纪的后半叶，这个隆达人新国家凭借着自身的力量扩张成一个独立帝国，向姆瓦塔亚姆沃的纳贡便有名无实了。

　　卡曾贝帝国的财富来源于这一地区丰富的自然资源，以及帝国对长途贸易的控制。与姆瓦塔亚姆沃一样，卡曾贝保留了"地主"，但派遣贡奉征收官把各地区盈余粮食收到自己的手中，然后再把盈余粮食投入有利可图的长途贸易中。在长途贸易上，卡曾贝的地理位置比姆瓦塔亚姆沃更加优越。卡曾贝帝国中部地区，即卢阿普拉河流域，肥沃的淤土适合种植木薯和玉米。盐来自西北方向的卢阿拉巴河上游地区，铜来自沙巴（Shaba）铜矿带，鱼来自卢阿普拉河和姆韦鲁湖（Mweru），上贡的铁器则出自帝国东部地区的铁器加工者之手。

　　到了 1800 年，卡曾贝三世时期的帝国都城位于横跨非洲庞大贸易网络的中心。与姆瓦塔亚姆沃不同，卡曾贝既能利用大西洋贸易，又能利用印度洋贸易。卡曾贝的主要出口商品是铁、盐、铜、象牙和后来的奴隶。这些商品向西经姆瓦塔亚姆沃、向东南经比萨中间商，再运送到赞比西河流域的葡萄牙人那里。卡曾贝的主要进口商品包括欧洲的毛织品和枪支、印度的棉花、玻璃珠和卡曾贝帝国宫廷用的奢侈品。

## 卡隆加的马拉维帝国

　　16 世纪，今天马拉维南部地区的马拉维人酋邦处于 3 个王朝的统治之下，其中最重要的酋邦卡隆加是马拉维湖南端的说辛扬扎语（Chinyanja）的诸族群聚集区。在其南方，隆杜王朝[②]统治了希雷河流域的曼干贾人，而更西边的切瓦人则处于乌恩迪王朝统治之下。与隆达人地区一

---

①　赞比亚-刚果铜矿带（Zambian/Congo copperbelt）又称中部非洲铜矿带，是世界著名的沉积型铜矿集中区，主要由赞比亚铜矿带和刚果铜矿带两部分组成。殖民地时期，赞比亚铜矿带、刚果铜矿带分别称北罗得西亚铜矿带和加丹加铜矿带。——译者注

②　此处原文疑似有误，应该是隆杜王朝，而不是隆达人（Lunda）王朝。——译者注

**图 14.5**　16世纪后，子安贝（产自印度洋）成为非洲的主要通货。但是，到了19世纪末，子安贝已经没有价值了，只用于装饰。图中所示为20世纪前后赞比西河流域的通加女孩所戴的子安贝饰品。图片来源：*National Archives of Zimbabwe*。

样，这些王朝事实上只是酋邦联盟。各个酋邦也是各地的"地主"。王权主要体现在以粮食为主的贡奉上。

马拉维人是重要的铁器加工者和出口者，赞比西河、希雷河流域则是其象牙的主要供应地。

16世纪末，葡萄牙人想垄断赞比西河流域的象牙贸易，这引起了希雷河流域隆杜王朝的激烈反抗。16世纪80、90年代，被称为津巴人（wa-Zimba）①的隆杜王朝大军洗劫了塞纳和太特，侵袭了葡萄牙人控制下其他贸易城镇，在莫桑比克北部沿海地区制造了大恐慌。津巴人的确切起源仍是历史之谜。最可能的解释是，津巴人是一支由流亡者组成的雇佣军，这些流亡者可能新近

———————
①　wa- 表示的是复数。——译者注

从赞比西河流域逃跑出来，为摆脱葡萄牙人的奴役而投奔隆杜王朝。津巴人的侵袭也可能是由严重的旱灾引起的，旱灾也使得安哥拉因班加拉人迁移了出去。

17世纪早期，卡隆加马苏拉（Kalonga Masula，1600—1650年在位）重新统治了隆杜王国，恢复了与葡萄牙人之间的象牙贸易。在卡隆加马苏拉的统治时期，隆杜王国通过军事征服成为一个强大的马拉维帝国。到了1635年，卡隆加的帝国疆域西起赞比西河，东至莫桑比克岛。1623年，卡隆加马苏拉甚至侵略了穆塔帕王国，把马拉维人的势力扩展至赞比西河南部地区。后来，卡隆加马苏拉被迫撤军，但抢走了大量黄金作为战利品。卡隆加马苏拉的统治非常稳固，控制着赞比西河北部地区的象牙贸易，连葡萄牙人也不敢挑战。

1650年，随着帝国缔造者去世，马拉维帝国也逐渐衰落。卡隆加马苏拉没能建立起一个中央集权型行政体系，过分依赖于个人统治能力和常备军的力量。此后各个酋邦相继宣布独立，马拉维湖东部的尧人（Yao）接管了希雷河流域与莫桑比克东部沿海港口、基尔瓦之间的象牙贸易线路。18世纪，马拉维帝国疲弱不堪。19世纪早期，凶悍的贩奴商队进入马拉维帝国，分别从东部沿海和赞比西河流域对帝国发动侵袭以劫掠奴隶。

## 津巴布韦高原的昌加米雷罗兹维帝国

17世纪，葡萄牙人在穆塔帕王国内势力日增。1623年马拉维人的侵略和随后数年的王位争夺与内战削弱了穆塔帕王的统治。赞比西河流域的葡萄牙定居者介入内战，以取消穆塔帕王国对葡萄牙人采矿和贸易的限制。1630—1670年，葡萄牙定居者设立了许多贸易集市，并迫使当地人开辟新金矿。葡萄牙人的残酷压迫激起了当地农民的广泛抵制。农民宁愿逃出村庄，向当地有权势的养牛者寻求保护，也不愿意在金矿劳作。

17世纪末，愈演愈烈的暴力行为推动了穆塔帕王国境内私人武装的出现。穷人向富人寻求保护，拥有大量牛群的富人招募了很多穷人组建私人武装。为了换来用于支付聘礼的足够的牛，穷困的年轻人不得不在私人武装中服役多年。如此一来，富有的牛群拥有者便依靠私人武装保护牛群和牧场，袭击邻邦的牛群和牧场，抵抗葡萄牙人。

一个名叫杜姆博（Dombo）的富有的牛群拥有者组建了一支私人军队，获得"昌加米雷"（Changamire）的称号。据传，杜姆博最初只是穆恩胡穆塔帕统治下的一个牧民。17世纪70年代，杜姆博成为津巴布韦高原东北部地区一支重要的力量，可以与穆恩胡穆塔帕的力量相匹敌。杜姆博的军队纪律严明、训练有素，被称为"罗兹维"（rozvi）[1]。后来，罗兹维成为其帝国的名称与荣誉称号。17世纪80年代，昌加米雷率领大军、牛群和日渐壮大的依附者队伍侵入西南部地区，打败了位于古如斯瓦的托瓦王国统治者，并占领了托瓦王国都城达南贡贝（Danangombe）[2]。

---

[1]  rozvi 的意思是毁灭者。

[2]  托瓦王国都城本为卡米，罗兹维人占领后将托瓦王国都城迁至达南贡贝。——译者注

地图 14.3　17、18 世纪的马拉维人与罗兹维人

1684—1696 年，昌加米雷杜姆博动用其残酷又强大的军队，将葡萄牙人从穆塔帕王国和曼伊卡酋邦的贸易集市中驱逐出去。自此，罗兹维帝国统治了津巴布韦高原地区。穆塔帕王国则成为赞比西河流域东北部低地地区的一个小国。1696 年，昌加米雷杜姆博去世。塞纳和太特的葡萄牙人幸存了下来。昌加米雷杜姆博死后，罗兹维帝国发生了王位争夺，罗兹维军队从赞比西河流域撤退了回来。

20 世纪 70、80 年代，关于罗兹维帝国的权力和性质，历史学家存在争论，特别是在罗兹维能否称得上"帝国"这一问题上。帝国一词意味着直接统治、控制大量不同族群。现在的历史学家一般认为，罗兹维帝国权力可能被夸大了。昌加米雷王朝是 18 世纪津巴布韦高原最强大的统治者，向绍纳人酋邦索取贡奉。对于这一点，历史学家都予以承认。但是，仅仅如此，就还谈不上"帝国"。

昌加米雷王朝的权力基于诸多因素，而不仅仅是依托于罗兹维的纪律和声誉。迫于罗兹维军队的存在及其威胁，绍纳人酋邦纷纷称臣纳贡。罗兹维也需要照料、保护昌加米雷数目庞大的牛群。在小规模军团的支持下，尼亚玛伊（banyamai）[①]定期巡视帝国全境。尼亚玛伊从各地征收贡奉，任命或废黜当地绍纳人酋长。缴纳来的贡奉大部分是粮食、牛只、兽皮——农民维持生计之物，以及象牙之类的狩猎品。

232

① 　Banyamai，又译班亚玛伊、班亚迈。专门掌管进贡的官员。——译者注

图 14.6　19 世纪 90 年代前殖民地时代中部非洲的采矿。采矿方法如下：挖出矿石、放入篮中、剔除尘土、河中清洗进而得到金属。图片来源：*National Archives of Zimbabwe*。

　　王室牢牢掌控了黄金开采和贸易，以此阻止葡萄牙人恢复黄金贸易。罗兹维帝国禁止葡萄牙人入境，后者被限制在自己的领地范围（prazos）内和赞比西河流域的交易点。18 世纪，罗兹维帝国允许葡萄牙人在宗博（Zumbo）设立一个小贸易点，但只允许葡萄牙人的非洲代理人（vashambadzi）进入都城完成交易。在都城，罗兹维帝国用沙金换取进口布匹和珠子。然而，罗兹维帝国的大部分黄金都被金匠精心制作成珠宝首饰上贡王室。昌加米雷权力主要来源于黄金和贸易，而绍纳人的经济基础则仍然是养牛、狩猎和自给自足的农业。

　　18 世纪末，金矿濒临枯竭，黄金贸易萎缩，昌加米雷王朝的财富和权力随之削弱。在此关口，昌加米雷王朝发生了王位争夺，进而爆发内战。内战从 1795 年一直延续至 1820 年代。贸易实际上已经停止，罗兹维帝国也严重衰弱下去，再也无力抵抗一系列侵袭。1830 年代早期，说恩古尼语族语言和索托语的群体向北烧杀抢掠，并于 1836 年杀死了最后一任昌加米雷。罗兹维帝国的牛被抢夺殆尽，再未出现像昌加米雷那样的强有力统治者。1839—1840 年迁入津巴布韦西部地区的姆兹利卡兹（Mzilikazi）[①] 的恩德贝莱人（Ndebele）趁机兴盛起来。

233

———
① 又译姆济利卡奇。——译者注

# 第十五章

# 18 世纪前的南部非洲

## 1650 年前的南部非洲

到 17 世纪，晚期铁器时代国家和社会在南部非洲已经出现数个世纪了。在南部非洲的西北部地区，奥万博农耕者和赫雷罗养牛牧民占据了今天纳米比亚的北半部地区。索托-茨瓦纳人的祖先占据了卡拉哈里沙漠东侧的高地中部。19 世纪，索托-茨瓦纳人的祖先又扩展至茨瓦纳人和南索托人与北索托人诸酋邦。在德拉肯斯山脉的东面，即东南面的低地山谷和山麓，恩古尼人组建了诸多以氏族为基础的小酋邦。科伊桑牧民的氏族、酋邦遍布纳米比亚南部和开普的西南部地区，与狩猎-采集者混居一处。在高地南部说索托-茨瓦纳语、以家庭为单位的小群体之间，以及德拉肯斯山脉东面的说恩古尼语族语言、以家庭为单位的小群体之间，也有狩猎-采集者的踪迹。最南端说恩古尼语族语言的人，特别是科萨人（Xhosa）和说科伊桑语族语言的养羊、养牛牧民混居在鱼河（Fish）①流域，建立了科伊科萨（Khoi/Xhosa）②诸酋邦，例如，戈纳酋邦（Gona）和昆努赫维贝酋邦（Gqunukhwebe）。

南部非洲的大多数社会或多或少过着自给自足的生活，但是区域之间依旧存在着贸易。例如，西南部地区科伊桑人从北面的茨瓦纳人那里换取铜铁，再把其中的一部分转给科萨人，换取大麻和当地烟草。说科萨语的人本身不冶炼金属，而从东北方的恩古尼人的中部地区换取铁。同时，北部的恩古尼人、莫桑比克南部的聪加人（Tsonga）将象牙、兽皮卖给德拉瓜湾的葡萄牙人，换取珠子和其他奢侈品。后来，珠子和其他奢侈品也被纳入更广泛的区域之间的贸易中。

## 早期的开普殖民地：白人定居点与科伊桑人的抵抗（1650—1770 年）

### 开普殖民地的建立

16 世纪，荷兰、英国等欧洲国家的商船开始定期绕过非洲南端，航行到印度、东南亚和印

---

① 不知何故，鱼河（Fish）后改称为大鱼河（Great Fish）。——译者注
② 科伊科萨（Khoi/Xhosa）实为简称，指混居在一起的科萨人（Xhosa）和说科伊桑语族语言的人。——译者注

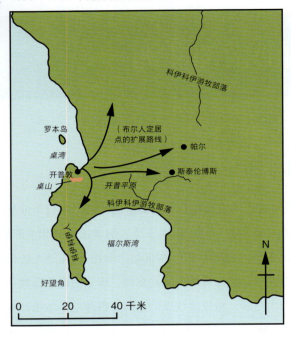

地图 15.1　1650—1700 年的开普西南部地区

度尼西亚①进行贸易。非洲西南端的好望角正好处在欧洲与亚洲长途航运线的中间位置。到 17 世纪，桌湾（Table Bay）已经发展成一个可以为船只提供补给的港口，过往船只可以从当地科伊桑牧民那里补充淡水，购买肉类食品。

据估计，17 世纪中期，在象河（Olifants）西南方地区和布里德河（Breede）流域，科伊桑牧民人数多达 5 万。起初，最靠近桌湾说科伊桑语系语言的氏族很欢迎欧洲人带来的新贸易机会，因为科伊桑人借此可以卖掉"多余"且老弱多病的牲畜，换来铁、铜、烟草、珠子。然而，和平交易不久便演变为冲突——科伊桑人提高了要价，欧洲人也常常侵袭当地人。②

1652 年，为了解决问题，在扬·范里贝克（Jan van Riebeeck）的率领下，荷兰贸易垄断寡头荷兰东印度公司（Dutch East India Company）在桌湾南部海岸设立了一个永久性小型定居点。荷兰人希望与科伊桑人的肉类食品贸易实现正常化，降低肉类食品价格。同时，定居点将种植新鲜水果、蔬菜供给过往商船，并设立了一所医院，为受伤海员提供医疗服务。向欧洲其他国家商船提供给养也是利润颇丰的贸易，因此荷兰人希望垄断开普地区的给养生意。荷兰人还修建了一处要塞，派荷兰东印度公司士兵把守，保护定居点，以免遭到欧洲其他国家商船的袭击。

---

① 欧洲人称之为"the East Indies"，即东印度群岛。
② 至少有一位欧洲船长袭击了科伊桑人，并因此遭到了报复。参见第十章。

**图 15.1**　17 世纪，科伊桑人与欧洲人在桌湾进行交易。这幅图所展示的和平交易远远不符合实际情况。图片来源：*Museum Africa, City of Johannesburg, A Relation of Some Yeares Travaile, Begunne Anno 1626 by Sir Thomas Herbert*（*1634*）。

## 早期布尔人定居点与科伊桑人的反抗

最初，开普西南部地区的科伊桑人很乐意与过往商船交易，但很快就后悔让荷兰人在开普设立永久性白人定居点。荷兰东印度公司对牛的需求量远远超过科伊桑人可以出售的富余量。荷兰东印度公司用铜、珠子、烟草、酒等奢侈品换取牛羊，而牛羊则是科伊桑人赖以生存的经济基础。很快，荷兰就不再把铁列为贸易商品，以防科伊桑人制作铁矛来袭击白人定居点。出于同样的原因，荷兰人也从不出售枪炮。在此状况下，一旦科伊桑人不愿意出售牲畜，荷兰人就以蹩脚的借口来抢夺牛群，譬如有人偷了烟草之类。

不久后，荷兰东印度公司决定解除一些士兵的契约，让士兵以殖民地自由民的身份定居下来。起初，大多数士兵沿着开普敦南面的开普半岛（Cape Peninsula），以"布尔人"（Boers）[1]身份在科伊桑人的牧场定居了下来。

白人定居点扩展至科伊桑人的传统夏季牧场。1659 年，科伊桑人团结一致，展开武力反抗。科伊桑人很快就明白了欧洲前装枪的劣势，将布尔自由民赶回要塞。他们数次勇敢地发动攻击，但没能攻破要塞。在平静了数月，双方贸易完全中断后，科伊桑人的联盟出现了破裂，联盟首领不得不寻求妥协。扬·范里贝克在日记中记录了他与科伊桑人首领的会谈片段：

---

① 荷兰语中"农民"一词。

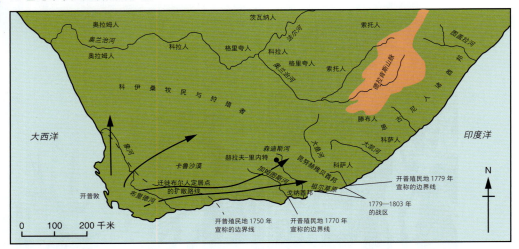

地图 15.2　18 世纪布尔人定居点的扩散

他们说了很长一段时间。他们说，我们只顾自己，每天拿走的土地越来越多。而这些土地原本属于他们，他们就在这些土地上放牧牛群。他们还反问道，如果他们到荷兰，是不是也可以这样做？他们说："如果你们呆在要塞，没有什么大不了。但是，你们来到内陆，拿走了最好的土地，却从来没有问问我们愿不愿意，是否会带来不便。"因此，他们竭力坚持说他们应该有权自由出入牧场。至于说没有足够的草可以同时喂养他们和我们的牛，他们表示反对："不让你们获得更多的牛，难道不对吗？如果你们获得很多牛，你们就会带着牛群过来，占领我们的牧场，然后又说土地不足以供双方使用！那么，怎么做才最公正，谁应该让步，是所有者还是外来入侵者？"我们告诉他们，他们别指望要回去在战争中失去的土地。对此，他们坚持说，这是我们有意为之的。[①]

通过宣称拥有"征服权"，扬·范里贝克简单地打发了科伊桑反抗者，而自由民继续占据开普半岛。此后，荷兰东印度公司后续的指挥官和自由民都宣称，所有科伊桑人的土地，无论位于何处，都是可以自由拿取的"空地"，是属于自由民的土地。

荷兰人的开普定居点所产生的影响，远远超过了另一个强有力畜牧群体的入侵。在开普设立欧洲出口市场，会逐渐消耗掉开普地区的牲畜，而这又刺激了荷兰东印度公司的商人、侵袭者进一步深入内陆。为此，荷兰东印度公司利用说科伊桑语系语言的氏族之间的宿怨，挑起氏族之间的斗争，彼此争夺牛群。1659—1660 年，科伊桑人曾在短期内实现了团结，但是这种团结再也没有在后来的斗争中重现。1673—1677 年的第二次科伊-荷兰战争（Khoe-Dutch War）主要是一系列夺牛大战。荷兰东印度公司的官员劝服说科伊桑语系语言的贫穷氏族站在荷兰人一边，共同

---

[①] Moodie, D. (ed.) [ (1838—1841) 1960] *The Record*, vol. I, facsimile reprint (Balkema: Cape Town), p. 205.

攻击实力强大、抵制荷兰东印度公司开展贸易的科乔夸（Cochoqua）氏族。战争最终以科乔夸氏族实力大损，荷兰东印度公司夺取大量牛羊战利品而结束。

## 白人定居点的扩散：农民与迁徙布尔人

第二次科伊-荷兰战争后，布尔人定居点迅速扩散开来。布尔人穿过开普平原，定居在今天帕尔（Paarl）和斯泰伦博斯（Stellenbosch）适宜农耕的山谷。17世纪80、90年代和18世纪早期，在荷兰东印度公司鼓励直接移民的影响下，开普地区的白人数量达到了1000人。此时，开普殖民地的小麦产量，不仅能满足自身生存之需，还有用来出口的盈余部分。自由民生产的其他农作物是水果，特别是可用来酿酒的葡萄。布尔人农场的劳工是奴隶，主要来自马达加斯加、莫桑比克、印度尼西亚。18世纪，每年输入200—300个奴隶。到18世纪末，奴隶数量达到2.5万，而白人总数是2.1万。

白人农业定居点主要位于邻近开普敦的潮湿且肥沃的山谷。对于科伊桑人的生存来说，其领地所受到的主要威胁并不是这些白人农业定居点。到18世纪早期，游牧的"迁徙布尔人"（trekboer）已经成为白人定居点渗入内陆的先锋。富有的自由民、荷兰东印度公司的官员已经买光了最好的农耕用地。越来越多的布尔人只得进入干燥的内陆地区，依靠畜牧和狩猎维持生计。他们被称为"迁徙布尔人"，这个名字源于荷兰语单词"trek"，即"拖拉（货车）"的意思，因为迁徙布尔人经常处于迁移状态，大部分时间在牛车或牛车附近的营地里度过。荷兰东印度公司允许迁徙布尔人占有2500公顷或更多的"农场"。一旦牧场资源耗尽，迁徙布尔人就会迁移到新牧场。迁徙布尔人的家庭规模很大，而每个儿子在成年的时候都可以分得属于自己的"农场"，这被视为他们与生俱来的权利。如此一来，迁徙布尔人的定居点迅速扩展开来。迁徙布尔人把从科伊桑竞争者手中买来或抢来的牛羊也豢养在"农场"。

## 反抗方式：科伊桑人独立的丧失

面对迁徙布尔人快速扩张所带来的挑战，科伊桑人主要采取了3种应对方式：直接的军事对抗、撤到内陆地区和屈居于布尔人社会。科伊桑人的处境从一开始就非常不利，一些人不得不相继采取了这3种应对方式：起先展开直接的军事对抗，接着被迫撤往内陆地区，最后屈居于布尔人社会。布尔人的马、先进的枪炮武器、欧洲商船传入的天花疫情，几乎将开普西南部地区的科伊桑人消灭殆尽。第一波传染病暴发于1713年。由于完全缺乏对天花的天然免疫力，成千上万科伊桑人，尤其是最靠近开普敦的科伊桑人都染病身亡了。

直接的军事对抗通常是游击战。科伊桑人没有了牲畜，无法再靠畜牧为生，不得不又重新回到狩猎-采集生活。然而，这时的科伊桑人更像是狩猎-侵袭者——抢夺让他们失去一切的布尔人的牲畜。为了应对侵袭，迁徙布尔人就地自发组建了军事组织——"义勇队"（commandos）。在殖民地的前线地区，骑在马背上的"义勇队"利用速度、欺诈、伏击等手段捕杀说科伊桑语系语

图15.2　一个科伊桑家庭正在拆解居所物件，把物件放到牛背上，准备迁往新地。这幅绘画的右边，居所支架正在被拆解；这幅绘画的前景中部，男人正在捆扎芦苇席，准备放到牛背上。在这幅绘画中，女人坐在一旁，不做任何事。这有点不寻常。事实上，这种情形是不可能发生的。1801—1803 年旅居开普的英国画家塞缪尔·丹尼尔（Samuel Daniell）的作品。图片来源：*Historical Picture Archive/CORBIS/Corbis via Getty Images*。

言的"布须曼人"（Bushman）[①]，几乎将布须曼人消灭殆尽。但迁徙布尔人的"义勇队"组织，也有一个重大缺陷，那就是农场和家庭无法得到保护。因此，"义勇队"不能在野外待太长时间。一旦"义勇队"解散了，科伊桑人又会重新发动袭击。18 世纪，科伊桑人在开普东北部地区的抵抗，阻止了迁徙布尔人定居点的扩展。

　　除了直接的军事对抗外，还有一个可行的应对方式，那就是撤到内陆地区，远离不断扩展的殖民地边界。很多一开始尝试撤到内陆地区的科伊桑人，很快就被不断扩展的白人定居点边界追了上来。迁徙布尔人的扩展方向主要是东面。因此，几个说科伊桑语系语言的族群——科拉人（Kora）、奥拉姆人（Oorlams）、格里夸人（Griqua）——撤到了更北面的地区，得以维持某种程度上的独立。这些族群中也混有科伊人、奴隶和被殖民地社会排挤的欧洲人。一些首领还是开普殖民地的逃犯，如德国人扬·布勒姆（Jan Bloem）和贾格尔·阿非利卡纳（Jager Afrikaner）。扬·布勒姆率领一个由科拉人组成的团伙，在奥兰治河（Orange）中游一带四处侵袭。贾格

____
① 殖民者对南部非洲有色人种的总称。——译者注

尔·阿非利卡纳也逃至奥兰治河流域，也率领一个由奥拉姆人组成的狩猎-商人团伙四处侵袭。

　　18世纪，越来越多的科伊桑人对自己在经济、政治上丧失了独立性听之任之。科伊桑人同意为布尔人劳作，尤其是充当了布尔人的牧人和狩猎者．因此也可以出入布尔人的地盘。虽然劳作报酬很少，但是科伊桑人通常也可以豢养少量牲畜。与科伊桑人独立性一起丧失的是他们的文化根基，甚至他们连自己的语言也丧失了。科伊桑人的穿着、语言都逐渐荷兰化，掉入了他们"主子"的文化陷阱中。很多科伊桑人站到布尔人的"义勇队"一边，帮助"义勇队"去侵袭其他科伊桑人与后来的科萨人。

　　说科伊桑语系语言的奴仆通常是抓回来的"孤儿"，布尔"义勇队"在袭击中射杀了他们的父母。这些孤儿被安插到"义勇队"中充当"学徒"，被迫从事无偿劳动，直至其成年。成年后，这些人也无处可去。事实上，"学徒"是迁徙布尔人奴隶劳工的重要来源。"义勇队"往往也正是因为需要奴隶劳工，才去侵袭科伊桑人。19世纪，布尔人的后代将这一做法带入了高原地区，以此确保布尔人的发展活力。

　　无论如何彻底地被纳入布尔人社会，科伊桑人也只是下等人，不能获得全部的殖民地公民

**图 15.3**　19世纪骑在牛背上的格里夸男人。到19世纪，大多数格里夸人会使用枪支，并且骑马。一旦出门狩猎，格里夸人就会动用牛车，住在牛车里。这幅绘画的创作者可能只捕捉到了此时格里夸人"传统"的狩猎方式。图片来源：*Museum Africa, City of Johannesburg*。

（自由民）权。因此，科伊桑人和释放奴（freed slaves）、科伊人-奴隶-欧洲人的混血儿处于同一阶层。19世纪，白人殖民者将原本说科伊桑语系语言而改说荷兰语的人、释放奴、混血儿统称为"开普有色人"（Cape Coloured）。

### 开普-科萨人的边界冲突

到18世纪60年代末，迁徙布尔人的定居点向东扩散至科萨人的最西部领地。18世纪，殖民者与最南端的恩古尼人逐渐建立了联系。甚至在18世纪前，有关白人的信息就传到了开普地区中土地肥沃、水资源丰富、牛群兴旺的黑人占领地，即大鱼河（Great Fish）以东地区。科萨人很快得知白人在遥远的开普西南部地区定居了下来，但这并没有引起他们的警觉。科萨人认为这些白人殖民者将和科伊桑人牧民一样，会被纳入正在不断扩展的科萨人社会。白人殖民者和科萨人的第一次接触发生在1702年。这次接触颇具暴力色彩：一个由45名自由民组成的团伙侵袭了加姆图斯河（Gamtoos）以东地区。他们袭击了一群科萨人，并抢走了数千头牛羊。但是，冲突并非不可避免。18世纪，少数迁徙布尔人贵族融入了科萨人社会，按照科萨人的一夫多妻制方式娶了科萨女人为妻，为科萨人与开普殖民地之间建立了重要的狩猎和贸易联系。

真正的冲突始于18世纪70年代，起因也是土地问题。第一批迁徙布尔人来到森迪斯河（Sundays）以东的祖尔草原（Zuurveld）放牧之时，正是科萨人向西进一步扩展之际。祖尔草原是重要的季节性牧场：虽然祖尔草原在秋冬季节不是一个好牧场，但是在夏季却是一个理想的放牧之所。夏季在这里放牧的牧民，到了冬季就要迁徙至北面的河谷或山区的肥美草原。起初，迁徙布尔人宣称祖尔草原是他们的"农场"，但只占了祖尔草原的一小部分，科伊科萨牧民也可以在祖尔草原上放牧。到了18世纪70年代，迁徙布尔人已经无法再向东扩散了，因为前面的大鱼河周边布满了科萨人定居点。原本祖尔草原上四散零落、彼此孤立的布尔人农场之间的无人之地，很快被占据殆尽。不久，布尔人与科伊科萨牧民之间就发生了冲突，彼此指责对方偷牛或使用了对方的土地。

在与迁徙布尔人的早期冲突中，科伊桑人总体并不团结，大多数氏族的规模也比较小。因此，迁徙布尔人可以分化利用。1700—1760年，迁徙布尔人向东扩散已成大势。科伊桑人发起抵制，却无法阻挡。相比之下，科萨人数量更多，社会组织更紧密。虽然科萨人内部常起政治争端而出现分裂，但当不断扩张的迁徙布尔人定居点威胁到科萨人领地之时，科萨人团结了起来，展现出相当大的对抗决心。科萨人顽强地抵抗了殖民者，迁徙布尔人单靠"义勇队"已经无法应对这一局势了。

战争参与双方当时还不知道1779年的战争只是9次"边境战争"（Frontier Wars）中的第一场。在后来的100年里，殖民者与科萨人之间的战争时断时续。1779—1803年期间的前3场"边境战争"未分胜负。但是，科萨人和科伊科萨盟友昆努赫维贝酋邦占据了祖尔草原的大部分地区。

# 南部非洲内陆的国家与社会（1600—1800 年）

## 纳米比亚与博茨瓦纳北部地区

到 16 世纪，从事畜牧的赫雷罗人和从事农业的奥万博人已经从安哥拉东南部奥卡万戈河<sup>①</sup>流域与博茨瓦纳西北部地区迁入纳米比亚北部地区。随着牲畜规模的扩大，赫雷罗人为了寻找新牧地，走出了以氏族为基础的小定居点。他们绕开沿海地区的沙漠，向南进入纳米比亚中部的高原。在东面，与赫雷罗人关系密切的姆班德鲁人（Mbanderu）向今天博茨瓦纳西北部的杭济（Ghanzi）、恩加米兰（Ngamiland）地区扩展。同时，纳米比亚南部说科伊桑语系语言的纳马人（Nama）氏族赶着肥尾羊羊群，向北进入纳米比亚中部高原的干燥草原。卡拉哈里沙漠和纳米布沙漠阻断了纳马人向东或向西迁移。18 世纪，为了争夺高原上稀少的牧场资源，纳马人与赫雷罗人之间的冲突越来越激烈。冲突最终发展成了一系列的战争，这些战争延续至 19 世纪。

卡拉哈里沙漠是干燥沙地，零星点缀着一些长满荆棘的灌木丛和季节性草地。沙漠中没有地表水，既不适合放牧牛群，又不太适合狩猎，只有一小群狩猎-采集者居住。南部和东部地区的格里夸人与茨瓦纳人在长途捕猎或从事贸易活动时，偶尔也会穿越卡拉哈里沙漠。这一时期，赞比西上游洪泛平原的洛兹王国（Lozi）正在扩张，卡拉哈里沙漠北部地区的姆布库舒人（Mbukushu）、苏比亚人（Subiya）、叶伊人（Yei）被迫进入水源较好的博茨瓦纳北部博泰蒂河（Boteti）、奥卡万戈河、乔贝河（Chobe）地区。在这些河流附近，他们过着一种特殊的河岸生活，主要依靠狩猎、捕鱼、种植粟为生。

## 高原上的茨瓦纳人

到 17 世纪，卡拉哈里沙漠东部地区的索托-茨瓦纳人已经组建了众多茨瓦纳人酋邦。在茨瓦纳人社会中，妇女种植高粱、豆类作物、南瓜，在经济生活中占据主导地位的男人则负责养牛。一个居统治地位的茨瓦纳人世系的实力，主要依赖于牛的数量。酋长拥有大量的牛，从而拥有财富、政治权力和地位。牛也可以作为彩礼，具有重要的社会功能。结婚时，女方家庭也会把牛作为嫁妆。因此，如果一个男人拥有很多头牛，就能娶到众多妻子。很多酋长便是如此。而且，在茨瓦纳人的统治家族里，男人常常迎娶堂姐妹，这样彩礼就留在大家族内。但是，另一方面，没有牛的普通男人就会依附于占据统治地位的世系，借牛支付彩礼。

当然，牛不是酋长权力的唯一基础，酋长权力还来源于精神领域。据说，酋长与所在世系的祖先神灵保持着联系，正是这些神灵护佑酋邦（morafe）<sup>②</sup>风调雨顺。酋长最重要的宗教职责

---

① 奥卡万戈河在安哥拉境内的河段又称库邦戈河（Kubango）。整条河流长度为 1600 公里，从安哥拉中部地区一直延伸至博茨瓦纳北部地区。——译者注

② 事实上，酋邦与王国之间很难区分。morafe 介于酋邦与王国之间。一般而言，王国起码要具备王权观念和一系列相关的王权制度，组织化程度也比酋邦更高些。原文常常交替使用 chiefdom 和 morafe。为了避免不必要的混乱，这部分的译文统一使用酋邦一词。总的来说，这也并不违背史实。——译者注

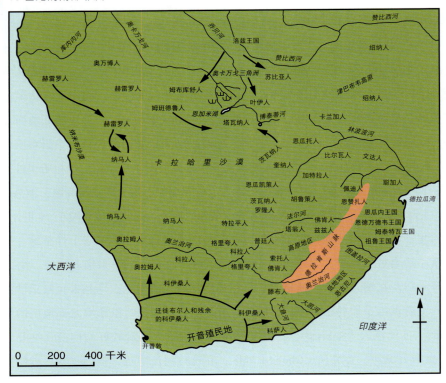

地图 15.3    18 世纪的南部非洲

便是主持每年的求雨仪式。求雨仪式在 9—11 月举行，旨在求得来年早春的降雨，春雨也代表着漫长、干燥的冬季后耕种时节的到来。酋长的威望和权力大小往往取决于酋长能不能求到雨。因此，漫长的干旱期会导致酋长职位之争。统治家族实行一夫多妻制，酋长职位不乏众多竞争者。

关于这一时期的很多口述传统都关注茨瓦纳人新国家的形成。新国家的形成常常与继承争端密切相关。失利的竞争者会率领着依附者、亲属和其他支持者离开，远离原来酋邦的贡奉征收的地域范围，建立一个新酋邦。此类分裂常常发生于干旱等自然灾害时期。但是，寻找新水源、可耕地、狩猎领地、牧场的切实需求或愿望，也会导致此类分裂。茨瓦纳人从没有扩展至无主之地，只有狩猎-采集者、少量农民和豢养牲畜者零零散散地进入那些地方。茨瓦纳人拥有牛群，很快就会在新地区占据统治地位，也常常把先前就已经定居下来的居民吸纳入茨瓦纳人社会。

茨瓦纳人允许竞争酋长的失败者携带牛群和依附者迁往牧场更好、水资源更丰富的地区，建立一个新酋邦，从而避免了内部权力争夺。如此一来，茨瓦纳人酋邦便从核心地区扩散开来。到 18 世纪，胡鲁策人（Hurutshe）、奎纳人（Kwena）、加特拉人（Kgatla）、恩瓜凯策人（Ngwaketse）成为林波波河上游支流河源附近的茨瓦纳人核心地区的主导族群。在这些族群的南面，罗隆人（Rolong）、特拉平人（Tlhaping）将定居点推进至法尔河下游地区；北面的恩瓜

**图 15.4**　南部非洲茨瓦纳人房屋。四周建有芦苇栅栏，围绕着好几处此类风格的房屋。房屋的左侧有两个储藏室，用来储藏谷物。房屋的后面，也就是房屋的右侧悬挂着一个羊皮袋，用来存放酸奶。酸奶是茨瓦纳人日常饮食的重要组成部分。英国画家塞缪尔·丹尼尔 1804 年的作品。图片来源：*Historical Picture Archive/Corbis/Getty Images*。

托人（Ngwato）[①]则在今天博茨瓦纳中东部地区定居了下来。最后，18 世纪 90 年代，塔瓦纳人（Tawana）[②]穿越卡拉哈里沙漠北部地区，在恩加米湖（Ngami）附近建立了一个新酋邦。

　　成人仪式也对防止酋邦分裂起到了一定作用。每隔几年，酋长子女到了能统领一个年龄组的年纪，酋长就会举办成人仪式。参加成人仪式，意味着青少年步入了成年。成人仪式学习会持续数周，内容包括社会道德、成人职责等方面，最终以对男孩施行割礼来结束。此后，这些"成人"就会加入不同的年龄组军团（age-regiment）。女性军团主要从事农业劳动，由酋长分派任务；男性军团需要组建狩猎团体。酋长从酋邦所属的地区、村庄抽取年龄相仿的成年男女组建军团，有利于促进酋邦内的团结。

　　后来，茨瓦纳人诸酋邦的发展受到了当地自然环境承受能力的限制。他们无法再赶着牛群，将定居点扩散到适合居住、人口稀少的地区。到 18 世纪后半叶，资源竞争日趋激烈。男性军团渐渐承担起军事职责。18 世纪末，茨瓦纳人诸酋邦常常互相争夺牛群、牧场、水资源、狩猎区，

244

---

[①]　奎纳人的分支。

[②]　恩瓜托人的分支。

彼此之间的冲突此起彼伏。其中，狩猎区的争夺主要是长途贸易导致的。从东非沿海地区输入西部茨瓦纳人领地的少量珠子和布，可能是为了换取象牙和兽皮。18 世纪末到 19 世纪初，开普殖民地的商人和侵袭者深入至奥兰治河以北地区，四处寻求象牙、兽皮、牛。

至迟自 18 世纪末以来，茨瓦纳人诸酋邦数量达 1 万—1.5 万的核心人口开始居住在大城镇里。1820 年，茨瓦纳人诸酋邦的核心人口，再加上胡鲁策人酋邦都城卡迪茨维内（Kaditshwene）的人口，总数达 2 万。城镇规模颇大，但居民从事的都是技术含量低的劳作，属于前工业化时代的群落。一般认为，之所以出现大城镇，主要是因为这一时期茨瓦纳人诸酋邦战事升级，茨瓦纳人出于防御目的，不得已而为之。

## 高原上的索托人

茨瓦纳人诸酋邦以东是北索托人地区。佩迪人（Pedi）[1]是北索托人的主要分支。18 世纪，佩迪人的分支纷纷迁移出去，他们主要居住在德兰士瓦东北部的莱奥鲁山脉（Leolu Mountains）[2]。再向北，往林波波河中游河谷方向就是洛贝杜人（Lobedu）和文达人（Venda）的诸酋邦，这两者均起源于北面津巴布韦的绍纳人。

与北面的茨瓦纳人诸酋邦一样，法尔河以南的南索托人诸酋邦也没有形成中央集权国家。南索托人诸酋邦规模较小，但数量更多。到 18 世纪末，它们遍及今天奥兰治自由邦（Orange Free State）和莱索托的大部分地区，尤其集中在法尔河南部支流流域与河谷土地肥沃的卡利登河（Caledon）[3]流域。历史最悠久的南索托人酋邦是佛肯人（Fokeng）酋邦。15 世纪，佛肯人从高原中部迁入过来。在后来的诸世纪里，佛肯人酋邦自法尔河以北地区扩散和分化开来，并在南索托人高原组建了特洛夸人（Tlokoa）、科伊纳人（Koena）、塔翁人（Taung）酋邦。

在南部高原与东南部低地之间，当地人经德拉肯斯山脉的狭隘通道[4]来回迁移。说恩古尼语族语言的兹兹人（Zizi）[5]甚至在佛肯人之前就穿过了南部高原的东部地区。一些来到高原上的族群，如德兰士瓦东部地区的恩赞扎人（Ndzundza）保留了恩古尼人的文化和语言。起源于说恩古尼语族语言的其他小群体则彻底融入了索托-茨瓦纳人社会，如德兰士瓦西部地区的利特人（Lete）。据说，今天莱索托的某些氏族就与恩古尼人有渊源。养牛、成人仪式等索托人的风俗习惯，可能就是经德拉肯斯山脉传入低地的恩古尼人地区。

## 东南部低地诸族群

245

一直到 18 世纪后期，恩古尼人的酋邦规模总体而言小于高原中部和西部的索托-茨瓦纳酋

---

① 佩迪人也是加特拉人的早期分支。

② 位于今天南非姆普马兰加省（Mpumalanga）。

③ 卡利登河向南流入奥兰治河。——译者注

④ 位于今天莱索托正北面。

⑤ 又译济兹人、孜孜人等。——译者注

**图 15.5**　图盖拉河河畔恩古尼人的家宅内部。牲畜关在内部的圈舍里。《伦敦新闻画报》（*Illustrated London News*）上的一幅版画，出自一位匿名画家之手。图片来源：*De Agostini/Biblioteca Ambrosiana/Getty Images*。

邦，造成这一结果的部分原因可能在于此处的地理位置。一般而言，比起德拉肯斯山脉西北面的高原，东南面的低地地区的降雨更多些，其主要地形则为丘陵。从德拉肯斯山脉流向大海的诸多河流，冲蚀出多个深谷，将此处分割成如今的样貌。从干燥肥沃的谷底区域到水资源丰富的山区林地，低地地区遍布着多种多样的可耕地和牧场。因此，只要牛群能在高地草原与山谷草原之间实现季节性迁徙，那么小户人家大体上也能独立生存下来。虽然人口数量少，牲畜规模小，但这不是问题。有亲缘关系的家族可以组建酋邦。与索托-茨瓦纳酋邦一样，如果出现酋长职位争夺，失利的竞争者可以迁移出去，可以在几乎无人的地区建立新酋邦。新酋邦往往会把科伊桑人纳入进来。事实上，恩古尼-科伊（Nguni-Khoe）[①] 的融合程度相当高，所以恩古尼语族语言中明显有科伊桑语系语言的"咔嗒"发音。

　　18 世纪末，非洲大陆最南端的恩古尼人和科萨人向西扩展，吸纳了科伊桑人酋邦。但是，恩古尼人和科萨人迎面遭遇正在从开普殖民地向东扩展的迁徙布尔人，并发生了暴力冲突。对于中部和北部的恩古尼人来说，18 世纪也是国家形成的重要时期。长远来看，18 世纪对 19 世纪早期的南部非洲内陆诸族群来说甚至具有更大的意义。

　　18 世纪，北部恩古尼人诸酋邦不断扩张，诸多小酋邦被吞并了。这似乎是由激烈的资源竞

---

① 恩古尼-科伊（Nguni-Khoe）实为简称，指的是混居在一起的说恩古尼语族语言的人和说科伊桑语系语言的人的群体。——译者注

争造成的。美洲的玉米由葡萄牙人从德拉瓜湾引入进来，在当地广泛种植。如果雨量较大的话，玉米比当地的非洲高粱更高产。18 世纪后半叶正是雨量较大的一段时期。粮食增多，人口逐渐增加，当地人耕种了更多的土地。牧场变得更加肥美，牛群也多了起来，当地人砍伐树林开辟出新牧场。同时，与聪加人、德拉瓜湾的葡萄牙人，以及英国人之间的长途贸易，也推动了北部恩古尼人国家的发展。为了争夺象牙出口贸易的控制权，沿海森林地带狩猎区的竞争更趋激烈。

与高原上的索托-茨瓦纳人一样，恩古尼人也举行成人仪式，组建年龄组军团，这最初可能是从索托-茨瓦纳人那里传过来的。酋邦规模变大后，彼此之间便开始争夺有限资源，伴随着竞争日趋激烈，年龄组军团的作用也越来越重要。

到 18 世纪末，北部恩古尼人诸酋邦已经合并为 3 个中央集权型王国：兹威德（Zwide）的恩德万德韦王国（Ndwandwe）、索布扎（Sobhuza）的恩瓜内王国（Ngwane）[①]、丁吉斯瓦约（Dingiswayo）的姆泰特瓦王国（Mthethwa）。18 世纪末 19 世纪初，3 个王国之间的冲突愈发严重，而关于冲突的原因尚存争议。

---

① 又译尼格瓦尼酋邦或族，从音译看似有不妥，也与众多其他族群或地名译名在规范上不统一。在索布扎之子、继任者姆斯瓦蒂（Mswati）统治时期，恩瓜内人又被称为斯威士人（Swazi），而斯威士人正是今天斯威士兰王国的建立者。Swazi 从音译，应该是斯瓦兹人，但斯威士人和斯威士兰已属约定俗成的译名。——译者注

# 第七篇

## 欧洲人"瓜分非洲"前的19世纪

对于非洲历史而言，19 世纪的前 75 年特别重要。这是 19 世纪末欧洲殖民者征服非洲人前的最后一段时期，也是非洲领导人仍然能自主命运、富有活力又充满动荡的一段时期。第十六至第二十一章的主题仍然是奴隶贸易及其最终废除，因为奴隶贸易本身及其废除影响了其他重要主题——新国家的出现、旧国家的巩固，以及非洲对外贸易需求的变化。

在森林和萨赫勒地区之间的西非林地，一些伊斯兰教领导人建立了一系列强大的新国家，承诺要实施社会和政治改革。这些国家和其他相对稳定的国家，后来成为抵抗欧洲人入侵非洲的主要力量。我们也将适度讨论废除奴隶贸易的史学争论。废除奴隶贸易的影响和执行，在各个地区情况各不相同。非洲统治者和商人从出口劳动力转向出口初级产品，进一步推动了非洲内部奴隶制的发展。非洲出口初级产品，进口大规模生产的制成品，不仅制约了本土手工业的发展，而且使非洲人在与工业化世界的贸易中处于不平等的地位。其实，从这一时期开始，乃至整个殖民地时期，甚至 21 世纪，西非的贸易地位几乎没有发生任何变化。

塞拉利昂和利比里亚是两个新兴国家，诞生于奴隶制和奴隶贸易。这一时期，欧洲基督教传教士开始渗入热带非洲，并让塞拉利昂和利比里亚成为基督教传播的重要中转国。欧洲基督教传教士让非洲人形成了西方"文明"在物质和文化方面全面占据优势的看法。因此，欧洲基督教传教士的工作实际上是一种文化帝国主义行径。或许，回过头来看，欧洲基督教传教士在正式帝国主义到来前就先让非洲人"软化"了。与此同时，文化上被同化了的非洲人竭力去了解欧洲人的宗教和文化理想，并塑造出非洲人的新身份，这特别体现在西非沿海地区。西非沿海地区与欧洲人的接触由来已久，这种接触造成了巨大的负面影响。非洲民族主义也可以追溯到 20 世纪前的西非沿海地区，而且非洲民族主义也与更宽泛的泛非主义（Pan-Africanism）有所渊源。由于帝国主义的野心，非洲人试图以更平等的方式来迎合工业全球化的努力很快就被击碎了。

一直到 19 世纪中期，中西非为跨大西洋贸易提供的奴隶数量有增无减。19 世纪下半叶，非洲人组建了新的袭击者团伙，不再抓奴隶，而是将目标转为可用来出口的象牙、蜂蜡和橡胶。中西非并没有出现西非新兴国家所带来的社会稳定局面。

这一时期，中东非沿海地区对奴隶的出口量和劳动力的需求量大大增加，中东非受到由此带来的影响，出现了新的国家。但是，除了少数例外，这些新国家组建的主要目的只是寻找象牙、购买或抓捕奴隶以供出口。19 世纪中期，随着东非奴隶贸易规模的扩大，由袭击者、商人组成的组织化团伙和新的袭击 / 贸易型国家出现了。

19 世纪的前 30 年，南部非洲也涌现出祖鲁王国和其他国家。然而，最近的史学将南部非洲国家的形成纳入 18 世纪末，而这一时期则被归类为国家的巩固范畴。南部非洲新国家的兴起有诸多原因，但通常都与国家间的战争有关。无论是出于进攻还是防御目的，大多数的国家迁移和整合，其最终目的是为了确保自身的安全和实现社会稳定。19 世纪 30、40 年代，对开普殖民地北部非洲人而言，他们最大的安全威胁莫过于白人定居者的入侵。这预示了未来的情势。但在 1870 年南部非洲出现矿业革命之前，独立的非洲人王国和白人殖民地国家之间在一定程度上建立了平衡。

19 世纪初，土耳其人将入侵埃及的法国人驱逐了出去。新的统治阶级借机致力于埃及的现代化。讽刺的是，一些举措所秉持的原则只是表面上不同于古埃及法老统治，其本质并无二致。1830—1870 年，法国耗时 40 年终于占领了阿尔及利亚，在这一期间穆斯林一直顽强抵抗。随后，英法开始争夺非洲殖民地，并最终导致了所谓的"瓜分非洲"。我们可以说，"瓜分非洲"肇始于北非，准确地说，肇始于 1882 年英国对埃及的占领。英国对埃及的占领，旨在熄灭现代埃及民族主义的星星之火，保护英国在埃及的投资，尤其是要掌控通往印度洋的苏伊士运河路线。

位于非洲之角的埃塞俄比亚实现了统一，意欲以平等的外交地位与欧洲国家相处，结果招致残酷的军事打击。但是，埃塞俄比亚愈挫愈勇，成为 19 世纪末唯一幸免于欧洲殖民占领的非洲国家。

# 第十六章

# 19 世纪的西非

## 西苏丹的伊斯兰圣战

### 起源：富尔贝人（或富拉尼人）

19 世纪早期，整个西苏丹地区兵连祸结，西非政治版图因此发生了巨大的变化。政治首领们借伊斯兰教为战争正名，宣称他们发动的战争是圣战，这意味着他们发动的是针对"异教徒"的战争。然而，在很多情形下这些战争都是穆斯林反对穆斯林的战争。事实上，这些战争主要围绕争夺现存国家的政治权力或者为了脱离原来国家、建立新的国家而展开。发起战争的大多数穆斯林首领是富尔贝人。

富尔贝人是个特殊的族群，大部分人是牧民，在 17 世纪前富尔贝人已经在西非稀树草原的大部分地区扩散开来。他们有鲜明、独立的自我认同，通常不参与所在国或酋邦的政治生活。起初，富尔贝人或许觉得这样很好。然而，富尔贝人后来发现，当地定居下来的农业人口对他们的敌意越来越深，对他们施加的压力也越来越大。

富尔贝人在定居人口中的备感孤立，这是很多富尔贝人皈依伊斯兰教的原因。富尔贝人能经常接触到城镇里的穆斯林商人和萨赫勒地区的图阿雷格牧民。相较于富尔贝人统治者之前的统治模式，沙里亚法是另一种统治模式。伊斯兰教让富尔贝人逐渐团结起来，有了更大的目标。到 18 世纪早期，大量皈依伊斯兰教的富尔贝氏族与图阿雷格人为西非伊斯兰教的主导权展开了竞争。让"不信教者"改宗是伊斯兰教的一项重要任务。鼓吹向异教徒发起圣战的富尔贝伊斯兰教传教者可能从早期宗教改革运动，如 11 世纪的阿尔莫拉维德人那里得到了启示。虽然很多场圣战实际并非针对"不信教者"，但是一场圣战通常会激起其他地区发起另一场圣战。

### 富塔贾隆、富塔托罗的圣战

18 世纪和 19 世纪早期的西非圣战始于富塔贾隆高原。自 16 世纪早期以来，富尔贝牧民就在富塔贾隆高原定居了下来。当地的农业人口生活在一系列以村庄为基础的小酋邦里。随着牲畜规模的扩大，富尔贝人感到自身发展面临的压力越来越大，这源于农民对他们的限制和征税。但是，富尔贝人在伊斯兰教里发现了解救之道。1725 年，在穆斯林商人的支持下，富尔贝人展开了反抗，对当地信奉本土宗教的"异教徒"农民发起圣战。1750年，富尔贝人征服了富塔贾隆高原。当时，富尔贝人已经将富塔贾隆高原置于沙里亚法的统治之下，建立了富尔贝人占统治地位的国家。在富尔贝人的征服战争中产生的"盈余"俘虏，被当作奴隶卖给了沿海的欧洲商人。

250

富塔贾隆圣战激发了塞内加尔河下游以南地区的战争。1769—1776年，穆斯林图库洛尔人（Tukolor）[①]和富尔贝人向周边近邻发动了一场圣战，大获成功，建立了一个新的伊斯兰国家——富塔托罗，富塔托罗也被置于沙里亚法统治之下。

## 奥斯曼·丹·福迪奥和索科托哈里发帝国

18世纪的战争诞生了富塔贾隆和富塔托罗，也启发了后来的西非其他地区伊斯兰教传教者。19世纪早期，豪萨诸城邦[②]也以圣战之名发动了一系列战争，诞生了索科托哈里发帝国（Sokoto Caliphate）。索科托哈里发帝国也是19世纪早期西非地区最大的单一国家。索科托革命的领导者和精神领袖是奥斯曼·丹·福迪奥（Usman dan Fodio），他是北部豪萨城邦戈比尔的一位富尔贝伊斯兰传教士之子。

奥斯曼从未到麦加朝觐过，但他是一位受过良好教育的伊斯兰教学者，知道18世纪西非地区富塔贾隆和富塔托罗的圣战。奥斯曼在阿加德兹完成了学业，深受图阿雷格革命圣人贾布里勒·伊本·奥马尔（Jibril ibn 'Umar）的影响，后者曾宣扬圣战的价值和重要意义。18世纪70年代，年轻的奥斯曼开始在豪萨地区戈比尔酋邦传教。他主要关心两件事：第一，让信奉本土宗教的富拉尼牧民改宗、皈依伊斯兰教；第二，推动豪萨地区的穆斯林统治者实行宗教和社会改革。在奥斯曼看来，这些统治者并没有严格遵守沙里亚法。在这一阶段，他本希望通过和平宣传改革来实现目标。然而，奥斯曼越来越强烈地抨击豪萨诸城邦统治中存在的腐败和不正义，这使他得到了富拉尼牧民、穆斯林、非穆斯林的支持。非穆斯林尤其愤恨豪萨诸城邦向他们的牛群征收赋税。

作为一位圣人和传教士，奥斯曼·丹·福迪奥的盛名很快就传遍了豪萨诸城邦的穆斯林群落。在他的狂热的支持者中，甚至有传言说他是救世主马赫迪（Mahdi）、将拯救世界末日的伊斯兰教首领、第二个降临人世的穆罕默德。到18世纪90年代，奥斯曼在戈比尔城邦和凯比城邦（Kebbi）边界附近的德杰尔（Degel）召集了大量追随者。他不断增长的权力和影响，引起了戈比尔城邦统治者的愤恨。他们意图遏制奥斯曼领导的运动，禁止奥斯曼进一步展开宣教活动。

19世纪早期，戈比尔城邦国王云发（Yunfa）试图暗杀奥斯曼，危机随即爆发。奥斯曼及其追随者效仿希吉拉（Hijrah）[③]，撤离戈比尔城邦。1804年，云发派出骑兵追剿他们，但遭到重挫。奥斯曼的圣战正式拉开帷幕。

---

① 又拼写为 Tukulor。
② 位于今天尼日利亚北部地区。
③ 意为"迁徙"，指穆罕默德及其信徒于622年9月由麦加迁徙到麦地那。

**地图 16.1**　1840 年前的西苏丹圣战国家

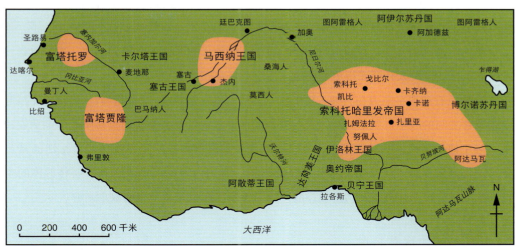

这场革命迅速扩展到豪萨地区的穆斯林、富拉尼人群落。它不只是一场宗教战争，也是一系列反对豪萨贵族统治的反抗运动。1808 年，戈比尔城邦都城最终被攻陷。此时，豪萨诸城邦的都城凯比、扎姆法拉（Zamfara）、扎里亚、卡齐纳、卡诺都落入圣战者手中。豪萨统治者之所以失败，一方面是因为他们没有得到受压迫的豪萨农民的支持；另一方面也因为他们没能采取一致行动，应对共同威胁——贯穿数个世纪的宿怨致使城邦之间最终没有进行任何合作。

后来，奥斯曼退隐，一心研习宗教。他的兄弟阿卜杜拉希（Abdullahi）、儿子穆罕默德·贝洛（Muhammad Bello）先后统治了新建立起来的伊斯兰帝国。新都城设在凯比城邦的索科托。圣战仍在如火如荼地进行，特别是在南部与东部地区。新帝国占领了博尔诺苏丹国的西部地区，把阿达马瓦（Adamawa）也纳入了进来。1817 年，奥斯曼·丹·福迪奥去世。此时的索科托哈里发帝国疆域从西部的桑海帝国一直延伸至东部的贝努奏河源头。后来，帝国继续向南部扩张，把努佩人（Nupe）和约鲁巴人的伊洛林王国（Ilorin）也纳入版图之内。据估计，到 1837 年穆罕默德·贝洛去世时，索科托哈里发帝国的人口达 1000 万，比以前任何一个西非国家的人口都要庞大。

## 索科托哈里发帝国

虽然爆发了一系列的地方起义且得到了哈里发的支持承认，但索科托哈里发帝国还是建立起来了。领导这些起义的是农村地区的富拉尼人和豪萨城镇里的穆斯林。并不虔诚信仰伊斯兰教的大量富拉尼牧民也借机抢掠城镇，这引起豪萨人对圣战的反抗。当征服战争胜利，豪萨贵族被清除后，帝国随即安定下来，地区的经济生活得到了恢复。

帝国由大量独立的伊斯兰酋长国组成。这些酋长国在地方事务上独立行事，但需要从索科托的哈里发那里获得宗教权威。索科托哈里发帝国是政教合一的伊斯兰国家。埃米尔（Emir[①]）每年拜访索科托一次，向那里的哈里发进贡，以示效忠。此外，豪萨兰（Hausaland）[②]的经济生活很快也恢复了。富拉尼贵族代替了昔日的豪萨贵族，但是富拉尼贵族日益"豪萨化"了，他们接受了豪萨人的语言和文化。富拉尼贵族小心谨慎，吸取了前车之鉴，警惕腐败。更加尊崇沙里亚法的贵族，也让豪萨人社会变得更加公正。

伊斯兰教和识字能力在当地人中的普及程度有进一步提高。伊斯兰教使当地人团结起来，终结了城邦之间的战争。贸易逐渐兴盛起来，而卡诺也成了一个重要的贸易中心。豪萨农民受益最少，对于他们来说，只是换了主子而已。奴隶依然是索科托哈里发帝国经济生活的重要组成部分：他们既做家仆，又要下地劳作来供养城镇。帝国内部甚至仍然有非穆斯林群体的小范围抵抗。帝国对非穆斯林群体发动圣战，战俘源源不断。这也正是帝国的奴隶来源。

## 252  19 世纪的博尔诺苏丹国

当富拉尼牧民反抗博尔诺苏丹国的统治时，他们很快便控制了西部地区，甚至把玛伊从都城比尔尼加扎尔加姆（Birni Gazargamu）[③]赶了出去。但是，博尔诺苏丹国不是豪萨兰。伊斯兰教在博尔诺苏丹国有漫长的传播历史和深厚的传统。以伊斯兰教之名发动政治革命，时机并不成熟。博尔诺苏丹国的卡努里人也不接受富拉尼人的统治。在军事上，卡奈姆的著名宗教首领穆罕默德·卡奈米（Muhammad al-Kanemi）[④]拯救了博尔诺苏丹国。他组织当地人发起抵抗，向索科托的哈里发抗议说博尔诺苏丹国已是一个伊斯兰国家，索科托哈里发帝国没有理由向博尔诺苏丹国发动圣战。同时，为了迎合异见派，他在博尔诺苏丹国内部启动了宗教、法律改革。

穆罕默德·卡奈米统治着博尔诺苏丹国，但没有获得玛伊的称号。当然，玛伊也不过只是个称号而已。1837年，穆罕默德·卡奈米去世，其子奥马尔（Umar）继位，称号为谢胡（shehu）[⑤]。1846年，博尔诺苏丹国玛伊易卜拉欣（Ibrahim）企图从瓦代苏丹国（Wadai）中部地区进攻博尔诺苏丹国，夺回统治权，但最终失败。玛伊易卜拉欣被活捉并被处死了。玛伊易卜拉欣是塞法瓦王朝的最后一位君主。玛伊易卜拉欣之死，标志着一个统治时间较长的非洲统治王朝终结了。

谢胡奥马尔成为无可争议的统治者，但是博尔诺苏丹国再没有恢复昔日的财富和权力。在西部，博尔诺苏丹国失去了豪萨兰的东部地区。索科托哈里发帝国的埃米尔夺走了这一地区。在北部和东部，博尔诺苏丹国失去了通往瓦代苏丹国的跨撒哈拉贸易路线，无法再与北非的班加西（Benghazi）建立直接联系。在博尔诺苏丹国内，富有的统治阶层与受压迫的农民之间的矛盾日

---

① 同 amir。——编者注
② 豪萨人地区、豪萨地区。——译者注
③ 又作 Birnin Ngasargamu，所以也有博宁-尼加萨尔加姆等译名。——译者注
④ 穆罕默德·卡奈米（Muhammad al-Kanemi）又译穆罕默德·加内米、穆罕默德·卡拉米等。据说，穆罕默德·卡奈米生于利比亚沙漠的费赞，费赞曾属于博尔诺-卡奈姆苏丹国最北边的省份。——译者注
⑤ 即宗教首领。

趋尖锐。由于失去了贸易收入，谢胡转而向已经备受压榨的农民征收更高的赋税。

19 世纪 90 年代，就在即将落入欧洲帝国之手时，博尔诺苏丹国被一名来自尼罗河流域、名为拉比赫·伊本·法德勒·阿拉（Rabih ibn Fadl Allah）的军事天才征服。正是他在后来的 7 年里领导了反对法国人征服的抵抗斗争。

## 哈吉吉·奥马尔的图库洛尔帝国

同一时期索科托哈里发帝国的西边，奥斯曼·丹·福迪奥的圣战激发了穆斯林的革命热情。1818 年，在尼日尔河三角洲地区，富尔贝人①开始反抗当地统治者，建立了一个富尔贝人占据统治地位的马西纳王国（Masina）。马西纳王国后来被并入更西边的图库洛尔帝国。图库洛尔帝国也诞生于伊斯兰革命，而领导这场革命的是一位名叫哈吉吉·奥马尔（al-Hajj Umar）的富塔托罗伊斯兰教传教士。

哈吉吉·奥马尔深受创建了索科托哈里发帝国的奥斯曼·丹·福迪奥革命的影响。1826 年，他踏上了去麦加朝觐的漫长之旅。返回时，奥马尔途经穆罕默德·卡奈米统治下的博尔诺苏丹国，后来又在穆罕默德·贝洛的索科托王宫里待了数年，其间至少迎娶了哈里发的一个女儿。

19 世纪 40 年代，奥马尔在富塔贾隆的边界地区拥有大量追随者。在那里，奥马尔通过出售非穆斯林俘虏来换取火器，提高了军队战斗力。此时的奥马尔已决心要靠武力建立一个伊斯兰国家。当时，由于法国人已经渗入塞内加尔河河畔的麦地那（Medina）②，奥马尔无法攻占故土富塔托罗，只得向东北方向发动圣战。1854 年，他占领了巴马纳人的卡尔塔王国（Kaarta）。19 世纪 60 年代初，他又征服了尼日尔河上游流域的塞古王国和马西纳王国。但是，奥马尔太强调征服，没能巩固他的征服成果及组建一套稳定的统治体系。他强迫臣民皈依伊斯兰教的政策，激起了其臣民特别是塞内加尔河上游流域巴马纳人的反感。1864 年，哈吉吉·奥马尔去世。图库洛尔帝国内部爆发叛乱，其子与亲信之间又不团结，帝国实力大损。19 世纪 80、90 年代，法国人借机拓展了自身利益。

## 萨摩里·图雷与曼丁卡帝国的兴起

在图库洛尔帝国南方，萨摩里·图雷（Samori Touré）统治下的曼丁卡帝国（Mandinka）③也在同一时期崛起了。萨摩里出身于富塔贾隆以东、尼日尔河上游盆地的一个非穆斯林迪尤拉商人家庭。19 世纪 60 年代，年轻的萨摩里便组建训练了一支装备精良的军队，用以保护家族的贸易利益。此时，基于迪尤拉贸易城镇，说曼丁卡语的人（Mandinka-speaking）组建了诸多王国。④

① 包括穆斯林和非穆斯林群体。
② 注意不要将这里的麦地那与伊斯兰圣城麦地那混淆了。——译者注
③ 又译曼丁哥。——译者注
④ 与马林凯人一样，说曼丁卡语的人也是说曼德语族语言诸族群的一个分支。说曼德语族语言的诸族群居住在古马里帝国的核心地带。

**图 16.1**　1864 年，哈吉吉·奥马尔去世。图库洛尔帝国继位统治者艾哈迈杜（Ahmadu）的塞古王宫。图片来源：*Alan King engraving/Alamy Stock Photo*。

　　萨摩里的军队是众多力量之一。萨摩里的家族主要从事贩卖沙金和牛的生意，沙金和牛分别从布雷与富塔贾隆买过来。在萨摩里的领导下，其家族利用自身与迪尤拉之间广泛的商业联系，从沿海地区买来了火器，实现了军队现代化，增强了军队战斗力。

　　1865—1875 年，萨摩里征服了周围的迪尤拉王国，建立了一个强大的曼丁卡王国。他对这一地区的统一，促进了贸易的发展，给商人带来了更多财富。年轻时，萨摩里皈依了伊斯兰教，虽然没有效仿同辈那样发起圣战，但他利用伊斯兰教实现了当地人的团结，壮大了王国的实力。萨摩里大力发展穆斯林教育，修建清真寺，把沙里亚法作为统治基础。19 世纪 70 年代末，萨摩里开始扩张王国，征服了北方的黄金产地布雷，王国疆域沿尼日尔河上游流域一直延伸至今天的巴马科。到 19 世纪 80 年代早期，萨摩里已将曼丁卡从贸易王国变成了西非地区的第三大帝国[①]。在曼丁卡帝国臣民看来，萨摩里统一了说曼德语族语言的诸族群，复兴了古马里帝国。

255　　　　除了伊斯兰教的传播，萨摩里强大的军队也是曼丁卡帝国崛起的重要推动力量。萨摩里并未把男俘作为奴隶卖掉，而是把他们整编入军队。因此，俘虏对萨摩里及帝国忠心耿耿。萨摩里也从塞拉利昂的弗里敦（Freetown）引进了最新式的后膛枪，还让当地铁匠维修和制作前装枪。

　　然而，曼丁卡帝国是一个短命的帝国。萨摩里一直忙于对付外来入侵，巩固征服成果，没有机会将其非凡的才能用于帝国的内部发展。尽管外部威胁不断，但是帝国内部和平安宁，这给到

———————————
① 位居索科托哈里发帝国和图库洛尔帝国之后。

**地图 16.2**　图库洛尔帝国与曼丁卡帝国

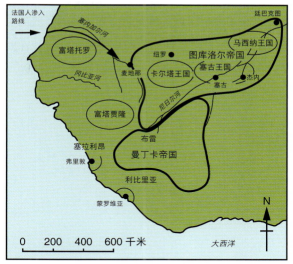

**图 16.2**　曼丁卡帝国统治者萨摩里·图雷（1865—1898 年在位）画像。图片来源：*Roger Viollet/Contributor/Getty Images*。

访者留下了深刻印象。但是，1881年，曼丁卡帝国与法国发生了第一次冲突。此时的法国人正从塞内加尔河上游向西拓展殖民统治范围。虽然双方的决战因曼丁卡帝国与法国签订和约悬置下来，但到了19世纪90年代，曼丁卡帝国军队是西非抵制法国人征服的一支重要力量。

19世纪早期的伊斯兰革命改变了西苏丹地区的政治模式，而就在同一期间，推动、主导跨大西洋奴隶贸易的欧洲国家内部也发生了一场完全不同的变革。

# 第十七章

# 跨大西洋奴隶贸易的终结

18 世纪，英国超过其他欧洲国家，成为非洲最大的奴隶贩子。到 18 世纪末，一半以上西非俘虏的跨大西洋运输是由英国商船完成的。直到反奴隶贸易的活动家发起了一场声势浩大的运动，英国才最终禁止英国商船从事奴隶贸易。事实上，至迟自 18 世纪 80 年代以来，反奴隶贸易和反对奴隶制便成了一场国际性运动。从那时起，美国北部诸州陆续废除了奴隶制。1791 年，法国大革命政府颁布了一份不完整的废奴法令——解放殖民地的第二代奴隶，此举激发了海地革命（Haitian Revolution）。1802 年，拿破仑撤销了这一法令。1803 年，丹麦政府禁止其公民从事奴隶贸易。19 世纪初，成为世界大国的英国虽然并未站在反奴运动浪潮的潮头，但是，1807 年英国颁布奴隶贸易禁令，在废除奴隶制的道路上迈出了重要一步。1808 年，新独立的美国正式禁止其国民从事奴隶贸易，然而却在美国本土保留了奴隶制，这也成为 19 世纪 60 年代美国内战的一个原因。荷兰和法国分别于 1814 年和 1817 年正式颁布了类似的贸易禁令。

本书不想详尽地讨论废奴运动。可是，我们需要明白废奴主义者背后的动机和历史学家由此展开的争论。特别需要注意的是，19 世纪的废奴运动使得欧洲人与西非人之间的关系发生了重要变化。19 世纪 80、90 年代，臭名昭著的"瓜分非洲"可谓欧非关系转变的高潮。

北美贵格会（North American Quakers）自 17 世纪成立以来就一直抨击邪恶的奴隶制和奴隶贸易。18 世纪，跨大西洋奴隶贸易正值鼎盛时期，美国独立战争（1775—1783 年）和喊出"自由、平等、博爱"的法国大革命（1789—1799 年）有力地推动了废奴运动的发展。欧洲和美洲的知识分子越来越相信，自由与平等是人的普遍权利。一小部分欧洲、美洲精英长期坚决地反对奴隶制。但是，这绝不意味着，奴隶制最终被废除，只是因为人道主义或欧洲人的良心发现。非洲奴隶和奴隶贸易的受害者从一开始就为夺回自由而斗争，他们的作用理应得到重视。奴隶制被废除究竟是经济方面还是人道主义方面的原因，历史学家有很多争论。值得注意的是，到 19 世纪早期，奴隶制和奴隶贸易从多方面来看都变得不再划算了。1944 年，特立尼达历史学家、经济学家，后来又当了总理的埃里克·威廉斯（Eric Williams）是第一个，也是最强有力地提出这一"经济解释"的人。[1]

---

[1]　Williams, E. (1944) *Capitalism and Slavery* (University of North Carolina Press: Chapel Hill, NC).

## 废奴运动的经济背景

长期以来，英国历史学家对英国在奴隶贸易中扮演的角色熟视无睹，却对 1807 年的《废除奴隶贸易法案》（Abolition Act）表现出道德优越感，自鸣得意。对此，埃里克·威廉斯提出质疑。他认为：18 世纪末，加勒比海地区的甘蔗种植园的快速扩张使得糖料生产过剩，导致糖料价格下降。特别是，法国人在加勒比海圣多明戈岛（Saint-Domingue）① 拥有大量的新种植园，配置了现代化机械设备。法国人以更便宜的价格把糖料如洪水般地投放到市场，打压了生产效率较低的英国竞争者。同时，西非统治者和商人出售俘虏的价格越来越高，进一步减少了欧洲人的利润。种植园主无力偿还欧洲银行的债务。欧洲银行先前在糖料和奴隶贸易上做了大量投资，此时却发现投资国内新兴制造业可以赚到更多钱。这种情况在英国尤其突出，此时的英国正是新兴"工业革命"的引领者。

威廉斯及其支持者认为，英国政府热衷于新兴工业，种植园主失去了昔日的强势和重要地位。英国制造商发现，欧洲工厂里的廉价劳动力比种植园里的奴隶的效率更高，成本更低。他们认为，"自由"雇用的工人会用一部分的工资购买新兴工业制造的衣服、陶器、金属制品。由此，资本主义工厂主开辟了国内市场。后来，新机器和蒸汽机生产出更多、更便宜的商品。制造商和银行很快就要寻找新的海外市场，他们又一次地瞄上了非洲。制造商和银行认为，如果让非洲人留在非洲，而不是通过奴隶贸易将其转移出去，非洲人可以再次让欧洲人获益。非洲人既可以为欧洲提供重要的原材料，也能购买欧洲新型工厂生产出来的商品。于是，从 19 世纪早期开始，欧洲人及其政府将非洲视为原材料的来源地和制成品的市场，而不再只是奴隶劳工的来源地。

## 人道主义的原因

至此，我们还没有回应威廉斯对人道主义解释的挑战。针对他的观点，有批评者质疑他的经济数据，并引用了精确的统计数据进行反驳，认为 19 世纪早期的加勒比海地区糖料工业仍可以赢利。事实上，伦敦的银行家反对禁止奴隶贸易。英国议会强烈抵制威廉·威尔伯福斯（William Wilberforce）的废奴运动。这也能证明，奴隶贸易对英国"当局"依然具有经济价值。事实上，一位历史学家认可人道主义运动的价值，但称废除奴隶贸易是一场"经济大屠杀"（econocide）②。

废奴道路的核心推动力究竟是经济因素还是人道主义因素，历史学家一直争论不休。但是，近年来，历史学家似乎更倾向于人道主义因素。欧洲特别是英国当代历史学家极力强调人道主义因素，把废奴运动与 19 世纪欧洲基督教传教团在非洲的传教联系起来。如此一来，欧洲人便能遮盖其在之前世纪中的奴隶贩子形象。

---

① 今天的海地。

② Drescher, E. (2010) *Econocide: British Slavery in the Era of Abolition*, 2nd edn (University of North Carolina Press: Chapel Hill, NC).

## 非洲人的抵抗与奴隶制的废除

关于废除奴隶制和奴隶贸易的争论，常常被低估的一个因素就是非洲人为获得自身自由而展开的斗争。即便是非洲史、奴隶贸易史，也很少重视非洲人的斗争。在反对奴役和奴隶贸易方面，非洲人既有文争也有武斗。

18 世纪，格兰维尔·夏普（Granville Sharp）、托马斯·克拉克森（Thomas Clarkson）、威廉·威尔伯福斯领导了一小群废奴主义者展开斗争。奥劳达·埃奎亚诺和奥托巴·古瓜诺（Ottobah Cugoano）[1]的斗争和出版物进一步推动了这一小群废奴主义者的斗争。埃奎亚诺和古瓜诺曾是西非奴隶，两人在英国获得自由后，积极参与废奴运动。两人都接受了教育并在文化上英国化了。18 世纪 80 年代末，两人出版著作，揭露奴隶贸易的罪恶，猛烈抨击奴隶制。埃奎亚诺在英国做巡回演讲，销售自传。他的自传成为当时的畅销书。1787 年，古瓜诺建议英国海军舰队应该在西非水域巡逻打击奴隶贸易。然而，这一建议直到 30 年后才得以实施。埃奎亚诺和古瓜诺在法国和美国也有响应者。这些非洲人雄辩的、基于个人经历的演讲和写作，也是废奴运动的重要组成部分。

从奴隶贸易一开始，非洲俘虏便竭力抵制奴役。他们的抵抗行为通常是孤注一掷的，几乎是自杀性的。一踏上跨大西洋运奴船，非洲俘虏的反抗就没有间断过，海员不得不全副武装时刻看守他们。在美洲和加勒比海岛屿上，被奴役的非洲人几乎会抓住任何能摆脱束缚的机会。早期成功反抗的一个例子发生在 17 世纪的巴西。在那里，"逃亡的"奴隶建立了一个独立的黑人共和国"帕尔马里斯"（Palmares）。该共和国一直持续了约 100 年，才最终被葡萄牙人攻破。18 世纪、19 世纪早期，奴隶经常发动起义，奴隶制变得岌岌可危，殖民者的维稳成本也愈来愈高。例如在牙买加，逃亡黑奴（Maroons）聚集在该岛的中部高原，建立了农耕群落，实行自治。他们在殖民地政府多次驱赶下顽强地生存了下来，其存在一直激励着那些想要加入过来却依然被奴役的奴隶。

最激动人心的一次奴隶大起义发生在法国殖民地圣多明戈岛。圣多明戈岛是法国的重要糖料生产基地。18 世纪末，圣多明戈岛的种植园发展速度非常快。18 世纪 90 年代初，圣多明戈岛已经有约 40 万奴隶。1791 年，在一个法语名叫杜桑·卢维杜尔（Toussaint L'Ouverture）的奴隶的领导下，圣多明戈岛的奴隶爆发大起义，杀死了法国白人奴隶主。他们击退了法国和英国海军，并在 1803 年建立了独立的海地共和国（Republic of Haiti）。海地革命震撼了欧洲政府，欧洲政府甚至不愿再支持奴隶贸易。然而，讽刺的是，海地革命期间，种植园生产停止，糖料价格骤然上涨，反对废除奴隶贸易的人得到了口实。但是，在设立种植园的殖民地，特别是加勒比岛屿上，海地革命的影响再怎么高估也不过分。海地革命激励了其他尚处奴役状态中的非洲人，也给奴隶主和欧洲政府敲响了警钟：如果维系残暴而非人道的奴隶制，未来还会发生类似的起义。

---

[1]　又名约翰·斯图尔特（John Stewart）。

**图 17.1**　反奴斗士奥劳达·埃奎亚诺的画像，1789 年由丹尼尔·奥姆（Daniel Orme）绘制。《奥劳达·埃奎亚诺或非洲人古斯塔夫斯·瓦萨一生趣录》（第二版）中的第 58 幅插图。图片来源：*Universal History Archive/Getty Images*。

　　英国政府在决定废除奴隶贸易后，还将这项决定施加给欧洲其他国家。只有奴隶贸易在整体上停止或锐减，英国制造商和商人才有望在与非洲的其他贸易上获得可观的利润。此时的英国已经拥有世界上最强大的海军。为了禁止奴隶贸易，英国组建了一支"反奴舰队"（Anti-Slavery Squadron），巡逻西非水域，用武力制止奴隶贸易。尽管付出上述努力，还是有大量的运奴船躲过了英国人的巡逻。只要种植园奴隶制本身还存在，跨大西洋奴隶贸易就不会停止。事实上，19 世纪早期，输入古巴和巴西的奴隶数量一度反而增加不少。直到 1834 年，英国殖民地才最终废除了奴隶制。法国殖民地于 1848 年、古巴于 1860 年、美国南部于 1865 年、巴西于 1888 年最终废除了奴隶制。据估计，在 19 世纪，有 130 万—350 万非洲人被跨越大西洋运输过来、贩卖为奴。

## 19 世纪的西非贸易

两三个世纪以来，奴隶贸易一直是西非沿海地区的主导性贸易。奴隶贸易打乱、扭曲了西非内陆地区的发展。使用奴隶劳工的地区增多，严重的暴力活动和战争也破坏了当地的农业生产。西非社会内部的贫富分化越加严重，一边是富商和统治者，另一边是贫困的农民和被奴役的人。然而，此种状况下西非地区也有重要且积极的发展。美洲作物作为跨大西洋奴隶贸易的副产品传入非洲，非洲农民试验并发展了美洲作物的种植技术，尤其是玉米和木薯。同时，西非群落之间、西非群落与沿海欧洲人之间，以及跨撒哈拉沙漠到北非的西非传统商品贸易依然在不断发展。因此，欧洲人逐渐取缔了奴隶贸易，也发现了西非地区依然是欧洲人称之为"合法贸易"（legitimate commerce）的沃土。"合法贸易"一词指的是除了人口买卖外的一切商业往来。在前殖民地时代，"合法贸易"掩盖了西非地区贸易往来的真相。从非洲人的角度来看，欧洲人在贸易中的行径绝非"合法"。

19 世纪前半叶，西非的各类商品取代了俘虏进行出口。西非统治者和商人经常使用内陆奴隶劳工组织各类商品的生产，让内陆奴隶种植经济作物、从事运输工作。独木舟可以在河流上运输商品，因此河流成为贸易主干道；而陆地运输则主要依靠头上可顶沉重货物的搬运工。出口商

**图 17.2**　1849 年，英国海军西非舰队袭击塞拉利昂索利曼河（Solyman）的一处奴隶贸易点。选自 1849 年 4 月 14 日的《伦敦新闻画报》。图片来源：*Chronicle/Alamy Stock Photo*。

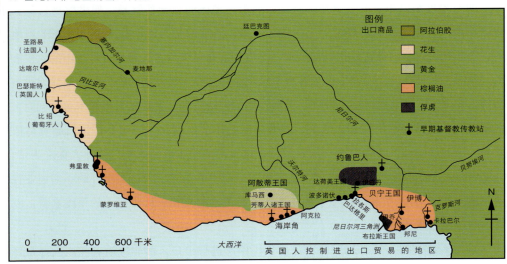

地图 17.1    19 世纪西非地区的出口商品

品包括塞内加尔的阿拉伯胶：这是一种从塞内加尔河北部林地中的金合欢树上汲取的天然胶，19
世纪，欧洲纺织厂印布时用它固定着色。其他出口商品还有几内亚的花生和沿海森林地区的棕榈
油。此时的阿散蒂王国基本完成了扩张，出售的俘虏越来越少，黄金再一次成为阿散蒂王国的主
要出口商品。

一些国家，如达荷美王国，由于缺乏可替代商品，奴隶贸易在 19 世纪仍持续了很长一段
时间。19 世纪 30、40 年代，奥约帝国爆发内战，最终分崩离析。因此，拉各斯、巴达格里
（Badagry）出口的战俘又有了一个重要的新来源地。同时，尽管英国反奴舰队和非洲棕榈油出口
商在极力制止奴隶出口，但是尼日尔河三角洲的一些王国，如邦尼（Bonny）和布拉斯（Brass）
仍在不断输出伊博人俘虏。古巴和美国奴隶市场关闭后，西非地区的大规模俘虏输出才最终于 19
世纪 60 年代彻底停止。

19 世纪中叶，棕榈油成为西非的主要出口商品。欧洲人用棕榈油生产肥皂。而从 19 世纪早
期开始，棕榈油成为欧洲工业机器润滑油的主要原料。森林地区都种植油棕，但大规模生产、出
口棕榈油的最重要地区是尼日尔河三角洲和克罗斯河（Cross）流域。甚至在 1807 年英国废除奴
隶贸易 [①] 前，古卡拉巴尔（Old Calabar）的埃菲克人（Efik）就开辟了使用奴隶劳工的油棕种植
园。长期以来，尼日尔河三角洲地区的伊乔人（Ijo）一直使用大型独木舟战船，把伊博俘虏运至
尼日尔河上游地区，再送到沿海地区出售。此时，伊乔人已经转为运输棕榈油，成为生产棕榈油
的伊博人与沿海欧洲商人之间的中间人。

261

262

————————

① 原文说废除了奴隶制，疑似有误。1807 年，英国议会通过了《废除奴隶贸易法案》；直到 1834 年，英国殖民地才废除了奴隶制。——
译者注

19世纪40、50年代，棕榈油贸易大幅增长。为了绕开伊乔人直接与伊博人交易，英国商人深入尼日尔河流域。欧洲人对棕榈油的需求越来越大，棕榈油贸易竞争激烈。尼日尔河三角洲的各王国之间因此爆发了一系列战争。19世纪后半叶，英国商人利用各王国之间的矛盾，再加上游说和武力，逐渐控制了尼日尔河三角洲的棕榈油贸易。但是，这只是19世纪中期西非沿海地区总体贸易状况中的一个片段而已。

西非原材料出口贸易获得了发展，但没有给非洲国家自身经济发展和独立带来机会。首先，从出口贸易中获利的是少数富有的统治者和商人，而非洲人的社会、经济结构并没有任何改进。事实上，很多非洲人都扩大了生产，从事出口商品的运输，但生活条件、个人自由反而下降了。其次，从欧洲进口过来的商品主要是布匹、酒水、火器，这些商品并未促进非洲本土经济发展。布匹削弱了非洲本土的手工业；酒水只能让健康的人徒增幻觉而已；火器加强了统治者对臣民、近邻的统治。但是，火器从来就不会是最新式的，也不能用来和19世纪末前来镇压非洲人的欧洲军队"好好打一仗"，旧式火器压根就对付不了机关枪和大炮。最后，一些非洲国家的出口贸易确实获得了发展，但它们的欧洲贸易伙伴会迅速对其进行直接干预，威胁国家的独立。

随着时间的推进，在政府支持下，欧洲商人竭力控制西非的内陆贸易。为了降低交易成本、实现利润最大化，欧洲商人不断打压非洲中间人和其他欧洲竞争者。正是欧洲人这种白热化的贸易竞争，在一定程度上导致了19世纪70、80年代"瓜分非洲"的"起航"。

图17.3　尼日尔河上从事贸易的独木舟船队，图片中部的独木舟似乎已经沉入河中。图片来源：*Private Collection/ The Bridgeman Art Library*。

# 第十八章
## 基督教传教团、新国家与前殖民地时代的"民族主义"

## 非洲前殖民地时代的欧洲基督教传教士

### 撒哈拉以南非洲的早期基督教传教士

葡萄牙人从沿海地区渗入热带非洲后,葡萄牙的罗马天主教传教士接踵而至。15 世纪末、16 世纪初,天主教传教士被派往非洲去改宗大量的非洲统治者,他们期望这些非洲统治者能成为葡萄牙的盟友。但是,一旦非洲统治者认识到此种行为背后所包含的强烈政治动机,天主教传教士的初衷也就注定落空了。在一个又一个的非洲国家里,葡萄牙的天主教传教士不是被驱逐,就是被杀死。之所以出现这样的结果,主要是因为天主教传教士与少量皈依者直接挑战了现存的政治、宗教秩序。非洲统治者乐于接触欧洲人,但非洲统治者需要的是新的贸易机会、技术援助、火器,而不是新观念。这些新观念威胁到非洲统治者的权威,削弱了非洲传统宗教的基础。

16 世纪早期,葡萄牙天主教传教士在贝宁王国没有取得进展,改宗奥巴的计划最终被放弃。除了贝宁艺术品采用了十字架的象征符号外,基督教在贝宁几乎没有留下任何深远影响。但是,基督教在刚果王国取得了较大成功:1506 年,一位基督教信奉者成为国王。随着奴隶贸易的发展,葡萄牙人很快不再将刚果国王视为同道的基督教君主。外国传教士与其所服务的群落日渐疏远,而刚果传统文化则吸纳了基督教元素。16 世纪 40 年代,趁着葡萄牙人军事支援加拉德沃斯国王的机会,新近成立的耶稣会(Jesuit order)的传教士随之赶到了埃塞俄比亚。但是,埃塞俄比亚基督教会(Ethiopian Christian Church)社会基础深厚,耶稣会传教士未能有所作为。17 世纪中期,由于干预政治,耶稣会传教士被驱逐出境。16 世纪 60 年代,葡萄牙天主教传教士在更南边的穆塔帕王国,想改宗穆恩胡穆塔帕及其宫廷,借此控制穆塔帕王国和这一地区的黄金贸易。与其他地方的情况一样,葡萄牙天主教传教士的活动激起了穆塔帕王国政治和宗教上的反击,传教士和一些天主教徒惨遭杀身之祸。

回顾一下 18 世纪,欧洲基督教的确是促进非洲人宗教、文化变革的工具,但事实上几乎没有影响到撒哈拉以南的非洲人。相较之下,19 世纪早期的基督教复兴则是一番完全不同的景象。可以说,虽然欧洲基督教在非洲的早期传播进展缓慢,但影响深远。

### 基督教福音派的复兴

18 世纪末、19 世纪初,基督教福音派(evangelical Christian)在西欧和北美复兴。福音派的复兴与废除奴隶贸易的人道主义运动密切相关。福音派希望欧洲、北美新兴工业城市中被压迫的劳动阶级能在道义和精神上实现解放。

福音运动具有强烈的传教使命感:每一个虔诚的基督徒,都有责任把信仰传播到更广泛的"异教徒"世界。欧洲基督徒不了解非洲,认为非穆斯林的非洲人根本没有宗教信仰。非洲人的宗教信仰并没有关于"上帝之道"的文献,所以他们把非洲人的宗教仪式斥为迷信活动。基督徒传教团认为他们可以在非洲取得丰富成果。他们揭露奴隶制和奴隶贸易的罪恶,积极支持废奴运动,使得欧洲人不久便开始检讨自身在奴隶贸易中所发挥的重要作用。

福音派传教士认为,基督教教义是欧洲人文化价值的组成部分,甚至坚持让非洲教徒穿欧式衣服。他们宣扬一种严格的清教徒道德准则,反对跳舞、喝酒、非宗教类歌唱、一夫一妻制婚姻外的性自由。如果在非洲推行这些道德准则,便需要谴责非洲社会的诸多方面。他们谴责一夫多妻制,视之为纵欲之举;谴责传统舞蹈唱歌,视之为"异教徒的"歌唱;谴责成人、求雨等仪式,视之为违反基督教教规。从积极方面来说,基督教能让那些因种种原因对非洲传统宗教丧失信心、无法从中获得安全感和舒适感的非洲人实现精神上的解放。同时,由于《圣经》是基督教信仰的源泉,所以基督教的传播也意味着基本读写教育的传番。

19 世纪,大量欧洲基督教协会向非洲派遣传教士。重要的基督教协会如下:英国海外传道会(Anglican Church Missionary Society),主要在塞拉利昂活动;大英循道公会(Wesleyan Methodist Missionary Society),主要在西非沿海地区活动,并且设立了多个传教站和学校;伦敦传道会(London Missionary Society),最初主要在南部非洲活动。法国、德国、荷兰、美国等也派遣了新教传教团,法国天主教传教团随后也抵达了非洲。

# 塞拉利昂与利比里亚

塞拉利昂、利比里亚的建立和发展是废除奴隶制与奴隶贸易的直接结果,使西非出现了基督教徒的"克里奥尔化"(creolisation)。

### 塞拉利昂

美国独立战争后,英国,特别是伦敦,出现了大量无业黑人。塞拉利昂之所以建立,主要是要解决这些无业黑人"问题"。在美国独立战争中,很多黑人释放奴为英国效力。英国战败后,这些效忠于英国的"保王党"黑人释放奴被迫流亡。英国把大多数黑人释放奴运到新斯科舍(Nova Scotia),承诺给予他们土地和自由,然而并没有兑现。一些黑人释放奴来到了英国,希望能获得善待,但他们找不到工作,生活贫困。

264

包括奥劳达·埃奎亚诺在内的英国废奴运动领导人都觉得这是一个好机会，可以在西非沿海地区设立一个由黑人自由民、基督徒组成的定居点。英国政府为这一项目提供了资金和船运，并威胁这些黑人如果不去西非，就会因为流浪而遭到起诉。411 名黑人，包括男性、女性和儿童登上了远赴西非、前途未卜的船只。将近有一半黑人死于旅途。1787 年 5 月，幸存者抵达了今天的弗里敦半岛。这些幸存者实在不知道如何在热带非洲的农村地区生存，到 1790 年，在与当地居民爆发了一场冲突后，大多数幸存者死亡了。

同时，英国废奴主义者还设立了一个贸易公司支持这一项目。1792 年，废奴主义者说服 1200 名黑人"保王党"从新斯科舍来到塞拉利昂定居点。1795 年，又有 500 名黑人释放奴安置到塞拉利昂，他们是牙买加的逃亡黑奴，在 1775 年牙买加逃亡黑奴起义失败后流亡到新斯科舍。此后，废奴主义者设立的贸易公司改名为塞拉利昂公司（Sierra Leone Company），管理殖民地，任命总督。新斯科舍过来的黑人释放奴发现废奴主义者并没有兑现承诺，殖民地政府中没有一个黑人释放奴代表。1800 年，黑人释放奴反对英国总督独裁政策，发动了一场起义，但惨遭镇压。1801 年，黑人释放奴与当地滕内人（Temne）的冲突演变为战争。1807 年，滕内人被迫放弃了土地权，而塞拉利昂公司有权在这些土地上安置黑人释放奴。

1808 年，英国政府从塞拉利昂公司手中接管了黑人释放奴的定居点，宣布这一定居点为皇家殖民地（Crown Colony）。1807 年，英国禁止英国商船从事奴隶贸易，并设立了一支西非舰队负责巡逻西非沿海地区，落实英国废除奴隶贸易禁令。此后，英国就把从运奴船解救下来的释放奴安置到塞拉利昂殖民地。大多数"释放奴"（recaptive）[①]是今天尼日利亚的约鲁巴人和伊博人。最初定居下来的黑人释放奴统称为"克里奥尔人"（Creoles），他们都是彻底英国化的虔诚基督徒。英国的基督教传教士在新来者和日益壮大的克里奥尔人群体中传播基督教和发展欧式教育。

塞拉利昂最初是一个农民定居点。但不久后，很多克里奥尔人便以贸易来谋生，从事贸易似乎更容易过上好生活。一些克里奥尔人在木材、花生和棕榈油等出口贸易中发了大财。也有一些克里奥尔人成了手工艺者、文书、教师、传教士。很多克里奥尔人游历广泛，他们在西非诸族群中是基督教和"西式"教育的先锋。约鲁巴学者塞缪尔·阿贾伊·克劳瑟（Samuel Ajayi Crowther）是塞拉利昂弗拉湾学院（Fourah Bay College）的第一批学生，后来成为第一位非洲黑人主教，尼日尔基督教传教团的重要领导人，也是约鲁巴语言拼写语法的制定者。他及其同侪在 19 世纪为西非的知识发展做出了重大贡献。

## 利比里亚

1822 年，美国的非裔美国自由民（freed African Americans）在塞拉利昂附近设立了利比里亚定居点。组织者是美国殖民协会（American Colonisation Society）。美国殖民协会是一个美国

---

① 准确的说法是"第二次被俘虏的人"。19 世纪早期，西非奴隶主要来源于约鲁巴人和伊博人。——译者注

DEPARTURE OF THE EX-GOVERNOR FROM FREETOWN, SIERRA LEONE.

**图 18.1**　弗里敦港：前总督逃跑了，群情振奋。1854 年《伦敦新闻画报》中匿名艺术家的版画。图片来源：*Chronicle/Alamy Stock Photo*。

白人机构，他们认为南方诸州的越来越多的非裔美国自由民，会对维持周边的奴隶制造成困难。美国殖民协会代表动用枪炮，迫使梅苏拉多角（Cape Mesurado）地区的非洲酋长出卖土地。在接下来的 10 年里，从帕尔马斯角（Cape Palmas）到歇尔布罗岛（Sherbro）的海岸线上设立了一系列非裔美国自由民定居点。

　　虽然利比里亚最初由美国白人所建，但是受过教育的黑人很快便接管了定居点。1847 年，非裔美国自由民宣布这一殖民地为独立的"利比里亚"共和国①。利比里亚参照美国宪法制定了一部宪法，以美国总统詹姆斯·门罗之名将首都定名为蒙罗维亚（Monrovia）。最初定居下来的非裔美国自由民及其后代主导了利比里亚的政治、经济和精神生活，同时非裔美国自由民与当地人也有着进一步融合。19 世纪，随着教育的发展，利比里亚与塞拉利昂一样，也产生了很多杰出的非洲知识分子。棕榈油、咖啡、象牙和鸡血檀②是利比里亚的主要出口产品。19 世纪末，这些出

267

---

① 国名源于拉丁单词 liber，意思是"自由"。
② 出自西非的一种树。欧洲纺织业用鸡血檀着染红色。

**地图 18.1**    1880 年前后的塞拉利昂与利比里亚

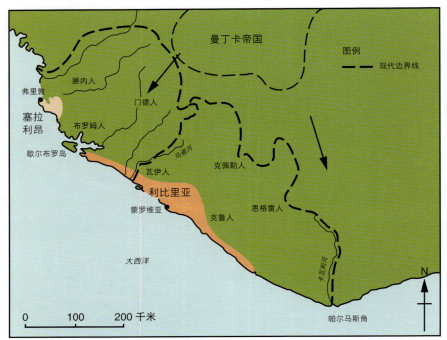

口产品的利润渐渐减少。欧洲商人在西非沿海一带设立了永久性贸易点和殖民地，势力强大，单个的利比里亚商人无法与之抗衡。利比里亚也存在一些政治问题，行政机构腐败，但还能维持着脆弱的独立，甚至在 19 世纪末欧洲 "瓜分" 浪潮中存续了下来。

# 非洲基督徒与前殖民地时代的民族主义

### 西非的非洲传教团

在热带非洲，早期基督教传教事业取得较大成功的地方是塞拉利昂和利比里亚，尤其是塞拉利昂。塞拉利昂具有两个明显优势：第一，19 世纪 20 年代，英国海军的西非舰队把大量从奴隶贸易中解救的黑人男性、女性、儿童安置在塞拉利昂，他们的经历无情击碎了非洲传统文化习俗和宗教信仰带给他们的安全感，他们很容易便接受了欧洲传教士的传教。因为欧洲文化价值与基督教带给了他们一种新的精神慰藉，也让他们产生新的社会目标。第二，热带非洲内陆的语言、文化、热带病阻挡了欧洲传教士。欧洲传教士认为，塞拉利昂是一个理想的培训基地，可以先把非洲人变为传教士，再由非洲传教士把基督教传到热带非洲的核心地带。热带西非内陆的早期传教工作都由非洲基督徒承担。其中，最重要的非洲传教士是塞缪尔·阿贾伊·克劳瑟。他带领了一个英国海外传道会传教团前往尼日尔河三角洲，并在那里取得了成功。

## 西非的非洲人政治思想

　　这一时期最重要的非洲政治思想家是爱德华·威尔莫特·布莱登（Edward Wilmot Blyden）。1832年，布莱登出生于加勒比海的维尔京群岛（Virgin）的奴隶社会，后移居利比里亚。1850年，美国一家大学拒绝了他的入学申请后，他便乘船前往新独立的利比里亚——西非沿海的非裔美国人共和国。在利比里亚，布莱登先后做了中小学和大学教员，《利比里亚先驱报》（*The Liberia Herald*）主编，并成为一位多产作家，也成为那一代最有影响力的非洲知识分子。布莱登的作品展现出对昔日非洲帝国的自豪。但与很多非洲基督徒同侪一样，他也认为非洲需要一场新的"文明洗礼"。这听上去与白人家长式统治下的非洲基督教社会颇为类似，而且他也是非洲基督教社会的推崇者。然而，与非洲基督教社会不同，布莱登的文明洗礼——传播西方知识和思想——是要把像他那样西化了的黑人带入非洲。事实上，他认为利比里亚或像利比里亚这样的国家应该在西非沿海一带扩展开来。我们从这些观念中可以看到非洲"民族主义"的萌芽——与非洲本土权威明显有别，也独立于白人控制。布莱登的思想正是泛非主义在西非最早的应用。然而，与19世纪50、60年代的非洲同侪一样，布莱登将非洲的启蒙寄托于英国帝国主义政策，错误地认为

268

图18.2　塞缪尔·阿贾伊·克劳瑟主教（约1806—1891）。他曾是一名来自尼日利亚西南部地区的奴隶。1821年，英国西非舰队将其从一艘驶离拉各斯的葡萄牙运奴船上"释放"，把他送到塞拉利昂。他是弗拉湾学院第一批学生之一，皈依了基督教，并以一位英国海外传道会捐助人的名字取名塞缪尔·克劳瑟。后来，他成为英国海外传道会的牧师，并于1845年成为英国海外传道会在尼日利亚南部地区传教点的奠基者。1864年，阿贾伊·克劳瑟被正式任命为尼日尔传教团主教。他出版了大量有影响的英文著作，还将《圣经》翻译成约鲁巴语。《非洲传教人物传》（*Missionary Heroes of Africa*）中匿名艺术家的版画。图片来源：*Chronicle/Alamy Stock Photo*。

英国帝国主义本性向善。

另一位重要的知识分子是詹姆斯·阿非利加努斯·霍顿（James 'Africanus' Horton）①。詹姆斯·霍顿试图贯彻爱德华·威尔莫特·布莱登的思想，将其落实到实际。1835 年，他出生于塞拉利昂，"释放奴"父母是伊博人。詹姆斯·霍顿少时立志为学，1853 年入学弗里敦的弗拉湾学院。此时的英国军队了解到欧洲军医在西非的高死亡率，迫切希望招募非洲军官进入英军医疗队。1859 年，詹姆斯·霍顿在爱丁堡大学获得了博士学位，成为英军医疗队招募过来的明星军官。在论述西非医学地志（medical topography）的博士论文标题页上，詹姆斯·霍顿在姓名中间加入"Africanus"一词，这样别人对他是非洲人就不再置疑。后来他成为西非英国军队中一位著名的外科军医，官至少校，主要在英属黄金海岸②保护地服役，并出版了大量论述热带病的著作。然而，即便在英军服役期间，詹姆斯·霍顿仍致力于思考政治问题、布莱登提倡的非洲民族主义新思想和泛非主义。

19 世纪 60 年代，黄金海岸受过教育的非洲人群体思想活跃，詹姆斯·霍顿积极参与其中，贡献良多。自 19 世纪 40 年代以来，英国人一直宽松地保护着黄金海岸的贸易点和港口，不时还会保护当地的加人（Ga）和芳蒂人（Fante）。19 世纪 60 年代初，强大的阿散蒂帝国想控制沿海地区的贸易，英属保护地受到了威胁。英国人怂恿加人、芳蒂人的沿海诸国脱离阿散蒂帝国，独立出来。如此一来，英国人就能控制沿海贸易。英国人与阿散蒂帝国之间关系骤时紧张。1863—1864 年，两者之间爆发了战争，而詹姆斯·霍顿此时就在英军服役。

英国在这场战争中失败了，议会考虑从西非撤军，不再卷入西非事务。英国议会建议英属沿海保护地应该在英国宽松监管下实现自治，但这一建议从未落实。此建议与当时的非洲民族主义观念不谋而合，同时加人和芳蒂人也建立了联盟，希望英国撤军。阿克拉和芳蒂联盟（Accra and Fante confederacies）宪章深受詹姆斯·霍顿的影响，并主要由他起草。这两份宪章呼吁建立一系列自治国家，以邦联制形式展开合作，糅合传统和现代政治原则。传统统治者将被纳入政府，与受教育精英一道共同治理国家。政府实行代议制，贸易利润用来修建道路，设立学校，发展卫生、农业、工业、采矿业。最重要的是，这些现代国家既独立于阿散蒂帝国，又独立于英国。

詹姆斯·霍顿和其他人认为，此类现代观念可以扩展至整个西非地区，最终组建一个泛非联盟。英国人担心由此会失去影响力和控制力，便竭力打压这一地区的种种联盟，并以叛国罪逮捕了一些领导人。1867 年，詹姆斯·霍顿出版了他最著名的政治著作《西非国家与民族：非洲种族的申辩》（West African Countries and Peoples: A Vindication of the African Race）。这本著作强有力地抨击了当时主流的欧洲人种族优越论。1873 年，英国与阿散蒂帝国再次爆发战争。此次战争中，英国大获全胜。1874 年，英国人洗劫了阿散蒂帝国都城库马西，随后撤军。取得军事胜

---

① 又译詹姆斯·阿非里卡纳斯·霍顿（James 'Africanus' Horton），名称中的 Africanus 明显表达的是一种身份归属感。确切地说，詹姆斯·阿非利加努斯·霍顿全名为詹姆斯·阿非利加努斯·比尔·霍顿（James Africanus Beale Horton），简称詹姆斯·霍顿。——译者注

② 今天加纳的沿海地区。

利后，英国人于 1874 年宣布黄金海岸保护地从此成为皇家殖民地。英国人完全控制了沿海地区，粉碎了关于组建一个现代非洲独立联盟的希望。

## 南部非洲的基督教传教团

19 世纪早期传教事业另一个颇有成果的地区是南部非洲。与塞拉利昂一样，说科伊桑语的人数量庞大，族群混杂。在科伊桑人、释放奴、混血儿组成的穷苦群落中，伦敦传道会、摩拉维亚教会（Moravian）传教团的早期传教工作进展顺利。这一时期最著名的非洲基督徒是科萨人蒂约·索加（Tiyo Soga）。索加出生于一个独立的科萨人国家，被信奉基督教的母亲送入教会学校学习。他引起了苏格兰传教士们的注意。他们两次把索加送到苏格兰进行深造。1856 年，索加成为南非第一个非洲黑人牧师。1857 年，索加及其苏格兰妻子一道返回开普殖民地，成为东开普地区的一位传教士。索加把《新约》大部分内容翻译成科萨语。在其著作中，他呼吁殖民地的非洲同胞以非洲人自身的遗产为傲。他可能激励了后来南非的 J.T. 贾巴武（J.T. Jabavu）、索尔·帕拉杰（Sol Plaatje）等非洲报人。

在开普殖民地之外的地区，由于懂技术、会读写、能弄到火器，传教士备受欢迎。伦敦传道会在开普殖民地北方、南茨瓦纳人的库鲁曼（Kuruman）传教站就是一例。卢卡·詹特杰（Luka Jantjie）出生于 19 世纪 30 年代，是南茨瓦纳统治家族内罕见的基督徒之子。终其一生他都在调和本土统治者与不断扩张的殖民主义之间的矛盾。19 世纪 70 年代，卢卡·詹特杰所属族群地发现了钻石，这也使他的努力付之东流。索托人国王莫舒舒（Moshoeshoe，约 1786—1870）等大多数非洲统治者，重视欧洲传教士，聘作技术顾问、文书，但抵制基督教。非洲统治者认为，基督教威胁了他们政治统治的宗教基础。一个著名例外是北茨瓦纳人酋邦的国王卡马三世（Khama Ⅲ）。卡马三世通过将基督教定为国教，成功增强了自己的统治权威。

## 作为帝国主义代理人的传教士

直到 19 世纪后半段，除了南部非洲一些特殊地方、利比里亚、塞拉利昂之外，基督教在热带非洲的传播非常缓慢。

传教站主要设在沿海地区。通过贸易活动，沿海地区的非洲人接触到了欧洲文化。传教工作也主要在这些非洲人中展开。到 19 世纪 80 年代初，只有不足 1% 的非穆斯林非洲人（埃塞俄比亚除外）皈依了基督教。基督教早期在非洲的传教并不成功，欧洲传教士越来越寻求欧洲政府的支持，共同促使非洲社会变革，推进在非洲的传教事业。

19 世纪 80 年代前，除了安哥拉、津巴布韦的葡萄牙传教士外，鲜有基督教传教士愿意充当欧洲政治帝国主义的直接代理人。但是，欧洲传教士明显是欧洲文化帝国主义的代理人。他们竭力贬低非洲文化——信仰和习俗——并认为非洲人是非基督徒、"未开化的"。欧洲传教士在此基础上确立了欧洲文化的优越感。刻意贬低非洲文化，打击了非洲人在面对西方文化时的自尊和自

270

271

1885 年前的非洲基督教与伊斯兰教

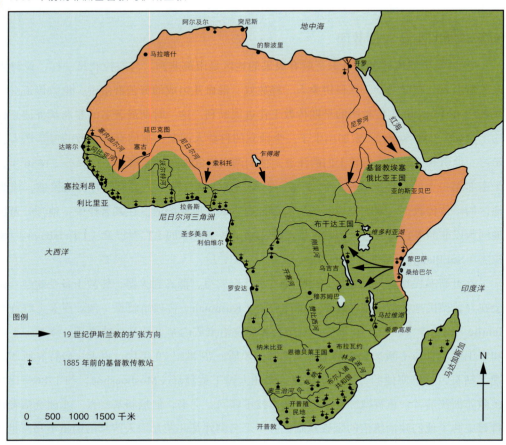

信，为后来的帝国主义统治铺平了道路。

　　19 世纪 80 年代后，大量基督教传教士直接促进了欧洲殖民主义的形成。特别是 19 世纪最后 25 年，面对非洲当地的政治冲突，欧洲传教团的安全受到威胁，欧洲传教士常常呼吁欧洲政府提供不同程度的政治、军事"保护"。而欧洲政府之所以对这些请求做出积极回应，主要是因为保护欧洲传教团更能实现国家战略和商业利益。

　　19 世纪 70 年代中期，苏格兰传教士得到开普殖民地勒夫戴尔学院（Lovedale College）一小群虔诚的索托基督徒的帮助，来到马拉维湖西部地区和希雷高原，即今天的马拉维地区。在非洲湖区公司（African Lakes Company）支持下，这些传教士尝试用"基督教和商业"取代这一地区持续存在的奴隶贸易。非洲湖区公司是一家英国贸易公司，与苏格兰基督教福音派运动渊源深厚。非洲湖区公司出售棉布和其他英国制成品，打压在这一地区依然很活跃的阿拉伯、斯瓦希里、尧人奴隶贩子。非洲湖区公司希望从当地人的大量象牙出口贸易中获得可观的利润。

　　然而，中东非的奴隶贩子武器装备优良，根基牢固。传教士的传教活动没有取得进展，非洲湖区公司也无法打破奴隶贩子对象牙贸易的控制。19 世纪 80 年代初，传教士及其英国赞助者不断呼吁英国政府采取某种形式的"保护"来抑制奴隶贸易，但英国政府直到 19 世纪 80 年代末才决定付诸行动。后来，传教士主要关注如何打破赞比西河下游流域的葡萄牙人对英国进入希雷高原的贸易限制。1889 年，在英国传教士和贸易利益共同推动下，英国宣布希雷高原为英国的"保护地"。

与之相同，19 世纪 80 年代初，在纳米比亚的德国传教士呼吁德国政府采取"保护"行动。在 1880 年纳马人与赫雷罗人的领土战争期间，德国传教士的传教、贸易活动受到了严重的干扰。一处传教站被摧毁，然而一个传教士却幸存了下来。1884 年，为了保护商业而非传教，德国政府宣布"西南非洲"（South West Africa）为德国的"保护地"。而德国传教士在内陆地区的长期存在，为德国将此地划归为自己的势力范围提供了一定的理由。

在对南部非洲进一步瓜分中，英国传教士积极推动英帝国扩大势力范围。英国传教士认为，英帝国拓展势力范围将有利于维护南非殖民地白人移民的统治地位。在贝专纳兰（Bechuanaland），伦敦传道会的传教士督促茨瓦纳人统治者寻求英国保护，声称寻求英国保护是茨瓦纳人避免被德兰士瓦布尔人夺走土地的唯一途径，但茨瓦纳人的基督教国王卡马三世没有被

**图 18.3** 1904 年非洲湖区公司在卡隆加的象牙仓库。传教士资助了非洲湖区公司，旨在推动探险家戴维·利文斯通反奴口号"基督教和商业"中的商业活动。这处仓库建于奴隶、象牙贩子姆洛兹（Mlozi）总部所在地。图片来源：*National Archives of Zimbabwe*。

说服。1884 年，伦敦传道会传教士约翰·麦肯齐（John Mackenzie）一度担任英国政府派驻贝专纳兰南部的副专员。约翰·麦肯齐不希望茨瓦纳人把土地转让给开普殖民地、布尔人诸共和国的白人土地投机商，但没有成功。

南部非洲的传教士最卑劣的帝国主义行径是伦敦传道会骗取了恩德贝莱王国。1888 年，为了骗恩德贝莱王国将土地转让给南非投机商，赫尔姆牧师（Reverend Helm）故意为罗本古拉（Lobengula）[①]国王错译了一份文件。总的来说，赫尔姆牧师之举只是反映了基督教传教士的普遍做法。在津巴布韦传教数年毫无成效后，伦敦传道会的传教士公开主张推翻津巴布韦"异教徒"国王，并认为此乃基督教传教事业获得突破的唯一途径。后来，伦敦传道会的传教士认识到他们早前帮助过的津巴布韦国王的残暴本性，转而借用英国南非公司（British South Africa Company）与之抗衡。

与此同时，在东非的湖间地区，布干达王国爆发内战，威胁到基督教传教士的安全。但是，这场战争的根源却是新近改宗的基督教徒寻求政治统治权力。英国海外传道会担心在布干达王国的传教团能否存续，于是便在英国筹募资金。筹募得来的一半资金用于 1890—1891 年维持一支在布干达王国的英国军队。英国得到其他欧洲列强的同意后，宣布这一地区为"英国势力范围"。但是，由于缺乏军事支持，这一领地的前景依然不够明朗。毋庸置疑的是英国海外传道会挽救了传教活动，提升了基督教新教的地位，打压了天主教和伊斯兰教，并为 1894 年英国正式宣布乌干达为英属保护地扫清了道路。

---

① 1870 年继承了姆兹利卡兹的王位。

# 第十九章

# 19 世纪的中部非洲与东非

## 19 世纪的中西非

自 16 世纪末以来，中西非的经济活动主要表现为欧洲人对跨大西洋奴隶贸易中俘虏的需求。最初，欧洲人声明废除奴隶贸易仅仅适用于非洲北大西洋沿岸地区。所以，19 世纪上半叶，从安哥拉出口俘虏到巴西的奴隶贸易仍然不受干扰。但是与西非一样，甚至在跨大西洋奴隶贸易彻底终止后，中部非洲内陆地区也并未废除奴隶制。事实上，当地人让俘虏从事生产，中部非洲内陆地区使用奴隶劳动的现象反而有增无减。部分原因在于中部非洲内陆人口不断增长，需要生产更多的粮食。

数个世纪以来，臭名昭著的跨大西洋奴隶贸易掠走了大量的非洲精壮男人。虽然也掠走了一些妇女，但总的来说，跨大西洋奴隶贸易使得非洲许多社会中的妇女数量远远多于男子。由于女性数量过多与当地人普遍实行的一夫多妻制，非洲人口只是勉强得以自我繁衍。但是，一旦奴隶贸易停止，中部非洲便出现了第一次人口增长潮，这给中部非洲的自然资源造成了很大压力。而且中部非洲本就容易遭遇周期性干旱和粮食短缺。男女奴隶转而从事粮食生产以满足不断增长的粮食需求。

同时，与西非一样，当地人也强迫、奴役劳工从事其他出口商品的生产。这是为了满足非洲人对布匹、火器和其他工业品持续的进口需求。中西非生产少量的棕榈油和鸡血檀。但是，在欧洲人所谓的"合法"贸易中，中西非的主要出口商品是象牙和蜂蜡。

## 乔奎人

在中西非内陆地区，贸易转向新型出口商品，古老的国家瓦解了，新的群体开始出现，这当中最大、最成功的群体是乔奎人（Chokwe）。乔奎人起源于安哥拉边远的高原地区，是专职的狩猎者。他们几乎只进口火器，成为收集象牙和蜂蜡的专业猎人。乔奎人建立了由专业猎人组成的大军，吸纳被俘妇女，增强群落实力。他们强迫被俘妇女从事农耕、收集并对蜂蜡进行加工的工作。乔奎人是由一系列单个村落组织起来的，规模最大的村落约有 1000 名武装狩猎者及其家眷。如果超过这个规模，村落就会分化出新村落。就这样，为了寻找象牙和蜂蜡的新来源，乔奎人一

**地图 19.1**    19 世纪的中西非

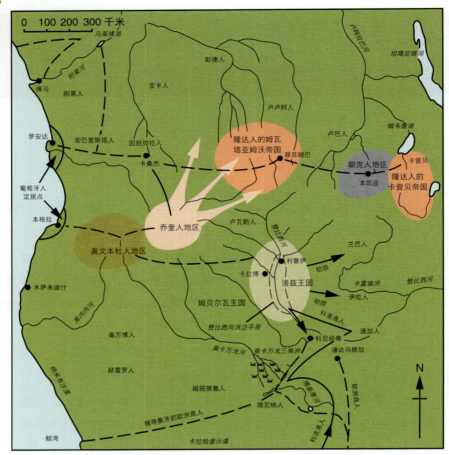

直在扩张。他们沿着森林边缘一带向北侧和东侧扩张，吞并了正在瓦解的隆达帝国西部的大部分地区。

274    19 世纪 70、80 年代，大象几乎被射杀殆尽，象牙也越来越少。乔奎人转而从事橡胶生产。19 世纪 80 年代，随着自行车充气轮胎的发明[1]，欧洲的橡胶市场迅速扩大。乔奎妇女从含有乳胶的灌木和匍匐植物中挤压树液，再将树液加工成易于运输的固体橡胶球。乔奎男人不断砍伐攀爬植物、灌木和森林边缘的林地树木。乔奎人虽然收获了橡胶，却也破坏了环境。

## 奥文本杜人

开始是奴隶，然后是象牙，非洲人为了搜寻这两种出口商品不断深入非洲中部内陆地区，许多非洲人都变成了长途贸易的行家里手。在 18 世纪奴隶贸易高峰期，卡桑杰的因班加拉人在这

---

①    而后 19 世纪 90 年代到 20 世纪初期，又新出现了汽车轮胎。

**BEATING RUBBER AND BEATING TIME—TO THE TUNE OF AN OLD LOVE-SONG.**

DRAWN BY NORMAN H. HARDY.

THE RUBBER INDUSTRY IN THE BELGIAN CONGO: THUMPING RUBBER TO REMOVE PARTICLES OF WOOD AND FIBRE.

The scene here represented is at Missumba, in the Bakuba Country, in the Belgian Congo. During the collecting of the rubber, small particles of wood and hard bits of fibre get into it, and to remove these the rubber balls and twists are cut up into slices and put into sacks, which are then beaten by the native workmen with heavy sticks. "While at this work," writes the artist, "they were shouting and laughing, and singing their native love-songs, beating time on the rubber with their sticks. When I made the rough sketch from which this drawing was done, they were singing their own native version of 'Where are you going to, my pretty maid?'" At the present time, when the price of rubber has gone up so much, causing, in the case of some firms, an addition of 25 per cent. in an article that is a necessity to every motorist—namely, rubber tyres—an illustration showing the early stages of rubber manufacture will, no doubt, be of great interest to many of our readers.

图 19.1　比属刚果（Belgian Congo）的橡胶产业——捶打碎木料和植物纤维提取橡胶。1909 年 10 月 2 日《伦敦新闻画报》插图，作者诺曼·哈迪（Norman Hardy）。图片来源：*Chronicle/Alamy Stock Photo*。

一方面表现得最为突出。19 世纪，因班加拉人在长途贸易中的地位被罗安达腹地的安巴奎斯塔人（Ambaquista）[1]和本格拉腹地的奥文本杜人取代，尤其是奥文本杜人。到 19 世纪 50 年代，奥文本杜人组建了庞大的贸易商队，最远曾深入赞比西河上游地区。他们是乔奎象牙和橡胶出口商与进口火器商人的中间人。早期，奥文本杜商人曾出售俘虏，此时则把俘虏变为商队里的搬运工。

## 漫滩王国
276

### 洛兹人国家的起源和兴起

赞比西河上游河段从北向南穿过一片开阔的平原。在夏天的雨季（11 月至来年 3 月），河水上涨，淹没平原。为了最大化利用洪泛平原的自然资源，原来说卢亚纳语的人（Luyana）[2]中的洛兹人在平原上修建了星罗棋布的人造土堤，并在其上建立了定居点。河水淹没平原前，他们会带着所有财物去往平原西侧地势更高、土壤干燥的冬季定居点。河水退去后，洛兹人返回平原，在焕然一新的牧场上放牧牲畜，在肥沃的漫滩淤泥上种植庄稼。

17 世纪，在赞比西河流域的北端，说卢亚纳语的人发展出了王权制度。我们并不清楚王权制度是否起源于洛兹人的传统，它可能是受到了隆达王国移民或其观念的影响，也可能是在赞比西河流域某个附庸国的卡拉博（Kalabo）地区附近的一座宗教神殿里自然形成的。国王称号为"里通加"（Litunga）。18 世纪，洛兹王国扩张，覆盖了大部分漫滩地区。统治这个新兴国家的里通加和贵族，强迫臣民或奴隶劳工修建可供居住的土堤、开凿运河。运河既可供独木舟通航，又可控制洪水。18 世纪与 19 世纪早期，一直在扩张的洛兹王国强迫越来越多的俘虏在漫滩上耕作和建设，王国的臣民也被强迫服各种劳役和兵役。洛兹王国建立了一套复杂的官僚体系，官员升迁主要依据德行，而不是与王室之间的关系。里通加亲自率领臣民从夏季的漫滩定居点迁往干燥的冬季定居点。他乘着一艘庞大的皇家驳船（Nalikwanda），率领着整个队伍迁移。后来，迁移过程逐步发展成一种皇家仪式。在今天赞比亚共和国的西部省，人们每年还能看到复原这种仪式的表演节目。

### 科洛洛人的征服
277

19 世纪中期，洛兹王国经历了一场大型政治危机。19 世纪 30 年代，科洛洛人（Kololo）[3]入侵赞比西河上游的漫滩地区。科洛洛人是说索托语的人，他们从南部非洲的动乱中逃离出来。在塞贝通（Sebetwane）的强有力领导下，科洛洛人统治了洛兹王国的南部地区，并把洛兹王室的遗老遗少赶到北方。科洛洛人取代洛兹人成为统治贵族，但基本保留了洛兹王国的政治体系。在

---

① 安巴卡（Ambaca）当地人的称呼。安巴卡现为安哥拉北宽扎省的一个小镇。——译者注
② 卢亚纳语是班图语族下的语种，洛兹人只是说卢亚纳语的人中的一个分支。——译者注
③ Kololo 又译科卢洛人。——译者注

**图 19.2**　20 世纪初，洛兹王国里通加莱瓦尼卡一世（Lewanika Ⅰ）登上一艘小平底船，准备在每年赞比西河洪水泛滥前离开夏季王宫。莱瓦尼卡一世一旦转乘大型黑白条纹的皇家驳船，也就意味着他将沿着赞比西河迁往干燥土地上的冬季行宫。图片来源：*National Archives of Zimbabwe*。

**图 19.3**　20 世纪 50 年代北罗得西亚（即今天的赞比亚）巴罗策兰省的洛兹王国里通加的皇家驳船。图片来源：*The National Archive*。

塞贝通的继承者塞克勒图（Sekeletu）的统治下，科洛洛人将大多数洛兹人视为漫滩上耕作的奴隶。科洛洛人向洛兹人课以重税，并把大量洛兹人卖给奥文本杜的奴隶贩子以换取枪支。

### 19 世纪末的洛兹王国

1864 年，洛兹王室的幸存者领导的革命推翻了科洛洛人的统治。科洛洛人的统治给洛兹王国带来了重要影响，除了把索托语引入该地，他们还扩展了洛兹王国东部和南部的边界。当地人越来越重视养牛，也越来越重视军事。侵袭在卡富埃流域牧牛的伊拉人（Ila）变成了洛兹王国军队的常规行动。到 19 世纪 70 年代，为了得到象牙，洛兹王国军队开始直接狩猎大象。此时，非洲、欧洲商人正从南方渗入过来，洛兹人同这些商人交易，用象牙换取枪支。到 19 世纪末，洛兹贵族重新确立了其统治地位，但生活奢靡。洛兹贵族的指甲留得很长，以示自己不事劳作、养尊处优。据估计，在 19 世纪最后几十年里，洛兹王国中多达 1/3 的人是农奴或奴隶，为贵族劳作。里通加莱瓦尼卡二世（Lewanika II）也会组织农奴、奴隶在漫滩上开凿沟渠。

## 中东非长途贸易的发展

### 隆达人的卡曾贝帝国

19 世纪早期，中东非的长途贸易获得了发展。到 18 世纪末，隆达人统治的卡曾贝帝国成为横跨非洲的长途贸易的重要枢纽。卡曾贝从地方酋邦征收贡奉，累积贸易物品。当地人在今天赞比亚-刚果铜矿带地区开采铜矿。在卡曾贝帝国，铜条是一种通货。卡曾贝帝国的主要出口商品除了铜，还有象牙、盐、俘虏。俘虏人数日渐增大，最终变身为奴。卡曾贝帝国从东西方进口的商品主要有火器、欧洲毛织品、印度棉布、贝壳、珠子、欧洲各类金属制成品。

### 比萨人与本巴人

大多数去往西部的贸易线路都要经过隆达人的姆瓦塔亚姆沃帝国都城穆苏姆巴。在东部，比萨人是卡曾贝帝国与葡萄牙商人、赞比西河定居者之间贸易的中间人，也是职业商人。但是，卡曾贝通过向比萨人征收关税、贡奉，抽走了其大部分利润。比萨人也经常受到本巴人的袭击。本巴人最初在卡曾贝帝国的东部地区活动，但不久便统治了今天赞比亚的北部地区。本巴人居住在修建了栅栏的村落中，建立了强有力的军事组织，主要靠侵袭为生，特别是侵袭比萨人的贸易商队。

### 尧人

同时，马拉维湖东部与南部地区原来从事象牙狩猎的尧人，此时也成为从事长途贸易工作的职业商人。尧人是希雷河流域与葡萄牙人所占领的莫桑比克之间贸易的中间人。18 世纪，尧人开辟了通往斯瓦希里港口基尔瓦的贸易线路。19 世纪早期，得益于象牙和奴隶贸易，基尔瓦这个古老的斯瓦希里港口复兴了。后来尧人直接与马拉维湖西面的比萨人做生意。

## 普拉泽罗与契昆达

在赞比西河流域，贸易主要处于普拉泽罗（prazeros）及其"契昆达"（Chikunda）[①] 军队的控制之下。普拉泽罗是葡萄牙人、非裔葡萄牙狩猎者和商人的后代。17、18 世纪，普拉泽罗在赞比西河流域定居下来。他们摆脱了葡萄牙人控制，娶了非洲当地妇女，成为真正的非洲酋长。他们的权力主要源于由被抓获的奴隶组成的庞大的常备军。这支军队号称契昆达，主要用来征收赋税，并从事狩猎、侵袭、贸易活动。普拉泽罗占有普拉佐（prazos）[②]，他们视非洲当地农民为臣民，向农民征收重税，要求农民生产足够多的粮食，从而养活普拉泽罗及其家庭、依附者与契昆达。

18 世纪，随着马拉维帝国衰落，普拉泽罗及其契昆达控制了赞比西河流域的象牙贸易。随着贸易不断扩展，奴隶的作用越发突显。奴隶既可充当向沿海地区运输象牙的搬运工，又能成为壮大契昆达的兵源。19 世纪，奴隶逐渐成为一种出口商品。19 世纪 60 年代，独立出来的契昆达，将其狩猎、侵袭范围扩展至卡布拉巴萨（Caborabassa）[③] 湍流段西侧的赞比西河中游流域。契昆达配备精良武器，又未受到非洲大国的打压，所以他们的贸易不需要商品——大多数象牙和奴隶都是契昆达武力抢夺而来的。他们枪杀大象，完全不顾当地的狩猎权限，还经常侵袭村庄去抓捕俘虏。

## 尼亚姆韦齐人与坎巴人

在今天坦桑尼亚坦噶尼喀湖与沿海之间的地区，尼亚姆韦齐人开辟并控制了长途贸易路线。他们开辟了从桑给巴尔到尼亚姆韦齐人的都城塔波拉（Tabora）的常规贸易路线。尼亚姆韦齐人向北最远渗入湖间地区的布干达王国，向南经本巴人之地到达隆达人的卡曽贝帝国、卢阿普拉河以西的产铜区。19 世纪，尼亚姆韦齐人开辟了从赞比亚北部到桑给巴尔的常规贸易路线，夺走了隆达人的大部分象牙、铜的贸易。在此之前，这些商品都是由比萨人运到东南方地区。

在今天的肯尼亚，从事贸易的族群主要是坎巴人。坎巴人是基库尤人与沿海地区之间贸易的中间人。但是，马赛人控制了东非大裂谷的中部地区，阻挡了坎巴人进入布干达王国和湖间地区的其他王国。

---

[①] 又译奇孔达人、奇昆达人、奴隶兵。奇孔达人、奇昆达人为音译，奴隶兵为意译。这里从音译。——译者注

[②] 普拉佐是大块土地的意思，多为普拉泽罗所占。——译者注

[③] Caborabassa 又译卡博拉巴萨。卡布拉巴萨实际上是一个人工湖，位于莫桑比克境内。Caborabassa 的意思是"完成这项工作"。——译者注

**图 19.4**  19 世纪 60 年代马拉维南部地区的尧人奴隶贩子。这位尧人奴隶贩子扛着一把前装枪，腰部挂着一把长刀和一小罐火药。图片来源：*507 collection/Alamy Stock Photo*。

## 从南方来的侵犯：恩戈尼人

281

19 世纪 30 年代，恩戈尼人（Ngoni）从南方侵犯过来，打断了中东非相对和平的贸易发展。与科洛洛人一样，恩戈尼人也是从南部非洲的动乱中逃离出来的。恩戈尼人在中东非的影响非常大，部分是因为他们把全新的中央集权型军事组织观念引入过来。中央集权型军事组织基于年龄组军团，这样就直接消解了地方狭隘主义，让所有年轻人效力于国家，同时也可以吸纳被征服的

地图 19.2　19 世纪的中东非

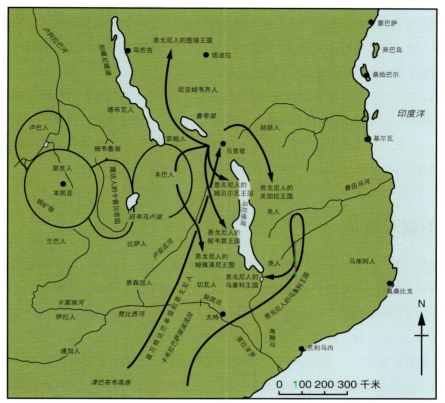

族群。恩戈尼人的军团纪律严明，具有强大的战斗力，并配备了枪支，但主要仍依靠短矛和突袭战术。恩戈尼人的军团主要在黎明或黄昏时分侵袭毫无防备的村庄。比起农耕，恩戈尼人更重视养牛。一旦恩戈尼人在某一地区定居下来，军团便会出去抢夺牛只，征收谷物和其他粮食。

　　大约从 1832 年起，恩戈尼人开始侵袭赞比西河下游及其支流马佐埃河流域。津巴布韦高原的绍纳人、穆塔帕王国的残余力量深受其害。1835 年，国王兹万根达巴（Zwangendaba，约 1815—1848 年在位）率领大多数恩戈尼人、数千名聪加人和绍纳人追随者横渡赞比西河。另一支恩戈尼人在一个名叫恩亚玛扎娜（Nyamazana）的妇女率领下紧随其后，这一支恩戈尼人向西侵袭了罗兹维帝国的都城马尼扬加（Manyanga）。1836 年，恩亚玛扎娜杀死了罗兹维帝国末代国王昌加米雷二世（Changamire Ⅱ）。她在罗兹维帝国安顿了下来并嫁给了正在四处征伐的恩德贝莱人国王姆兹利卡兹，后者在 1839—1840 年进入了罗兹维帝国。如此一来，恩亚玛扎娜及其一小支恩戈尼人并入了新恩德贝莱王国。

　　同时，兹万根达巴率领大部分恩戈尼人向北远迁至坦桑尼亚西南部的菲帕人（Fipa）之地。恩戈尼人的成功严重依赖于国王强有力的统治。1848 年兹万根达巴去世，恩戈尼人分裂为数个团体。一个团体经坦桑尼亚向北侵袭，导致当地人分裂与重组。其他团体向南进发，最终定居在马拉维湖东部和西部地区。其中恩戈尼人的一个独立分支在返回希雷河以南地区定居前，也曾抵达马拉维湖以东地区。

恩戈尼人吸纳当地人，建立了多个势力较大的中央集权型小国家。恩戈尼人延续了军团制度的基本框架，继续侵袭邻国，用武力征收贡奉。19世纪末，恩戈尼人军事组织化程度高、纪律严明、作战经验丰富，他们顽强地抵抗了殖民征服。

在中部非洲、东非，很多族群纷纷向恩戈尼人学习。其中，比较成功的是坦桑尼亚南部地区的赫赫人（Hehe）。在年龄组军团的基础上，赫赫人实行了一种恩戈尼式的军事制度。孟伊冈巴（Munyigumba）统一了赫赫人诸多独立酋邦，组建了一个中央集权型国家，并抵抗住了恩戈尼人的侵袭。19世纪90年代，赫赫人再次强有力地抵抗了德国人的征服。

## 东非人的奴隶贸易

多个世纪以来，东非沿海地区输出了一定数量的奴隶。其中，大多数奴隶被卖到阿拉伯半岛和波斯湾地区充当家仆、小妾、种植园劳工。然而，18世纪下半叶前，东非的人口贸易规模较小，在东非沿海贸易中并不占主导地位。

18世纪末19世纪初，3大因素致使东非奴隶贸易规模发生了变化。第一个因素与法国人有关。法国人在其印度洋殖民地毛里求斯、留尼汪（Réunion）和塞舌尔群岛设立了糖料和香料种植园。起初，法国人从在赞比西河流域的克利马内（Quelimane）、莫桑比克岛活动的葡萄牙商人和印度商人那里购买奴隶劳工。随着18世纪70年代糖料种植园快速发展，暴虐行为、过度劳作和恶劣环境导致了法国殖民岛屿上奴隶的高死亡率，法国人不得不到更远的地方去寻找奴隶劳工。他们将目光转向基尔瓦和桑给巴尔的阿拉伯商人和斯瓦希里商人。尧人经常侵袭基尔瓦和莫桑比克内陆地区，成为奴隶劳工的主要供应者，他们甚至把同胞也当作奴隶出售。

19世纪早期，第二个因素出现了。此时，巴西无法从大西洋海岸获得足够的奴隶劳工。这部分是因为英国西非舰队的行动，另一部分原因在于巴西糖料种植园的扩张。美洲出现奴隶短缺现象，奴隶价格也随之飙升。为了追求更高的利润，巴西奴隶贩子开始长途跋涉，来往于开普与印度洋沿岸之间。他们主要从赞比西河流域和莫桑比克地区购买奴隶。

第三个因素：19世纪中期，阿拉伯人对奴隶的需求快速增长，阿拉伯人在桑给巴尔及其周围岛屿的种植园需要奴隶劳工。1696—1698年，阿拉伯人将葡萄牙人驱逐出耶稣堡和蒙巴萨，并逐渐控制了东非北部沿海的贸易。18世纪，葡萄牙商人被限制在东非南部沿海的城镇。到19世纪早期，阿曼苏丹直接控制了东非北部沿海诸多斯瓦希里城镇。19世纪20年代，苏丹赛义德·萨义德（Seyyid Said）鼓励阿拉伯人在桑给巴尔岛和奔巴岛上建立丁香种植园，在种植园里劳作的则是东非内陆奴隶劳工。阿曼人的丁香种植园经济收益非常好，以至于苏丹赛义德·萨义德在1840年甚至将都城迁至桑给巴尔。随后，东非内陆至桑给巴尔的奴隶贸易快速增长，桑给

地图 19.3 19 世纪东非内陆的长途贸易路线

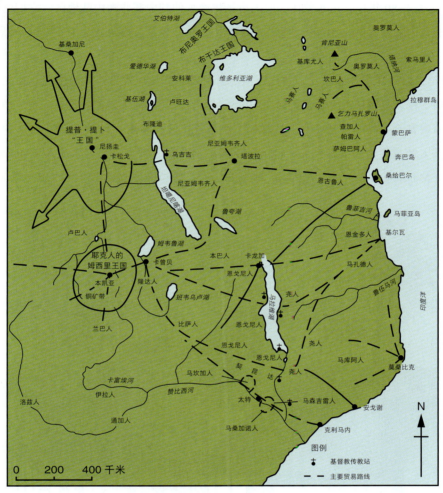

巴尔成为东非沿海地区最大的奴隶市场。

据估计，东非奴隶贸易在 19 世纪 60 年代达到顶峰，每年输出的奴隶数量多达 7 万。虽然反奴舰队一直在打击奴隶贸易，但东非沿海的奴隶贸易始终没有结束。

1873 年，英国人说服桑给巴尔苏丹关闭了奴隶市场。然而，欧洲人的象牙需求达到了前所未有的高度。在此之前，东非象牙主要出口印度和中国。但是，此时欧洲人的象牙需求量才是最大的。在工业化的欧洲，中产阶级日益富裕起来，越来越多的人开始使用象牙台球、钢琴键、餐具把手。19 世纪 70 年代，伦敦的拍卖行成为世界上最大的非洲象牙销售市场。这时，东非输出的俘虏极少。但是，沿着东非内陆贸易路线，仍然有无辜男女被抓捕，并被迫将象牙运到沿海地区。

284

## 中部非洲内陆地区的象牙、奴隶贸易

19 世纪 60—80 年代，东非象牙、奴隶市场将魔爪伸到中部非洲内陆地区。它们的代理商改变了中部非洲内陆地区的长途贸易性质。在不知不觉中，象牙、奴隶贸易为后来的殖民征服奠定了基础。

285    19 世纪，奴隶需求不断增长，赞比西河下游流域的普拉泽罗迅速做出回应。独立出来的契昆达将狩猎、侵袭范围推进至了赞比西河中游流域。在赞比西河下游的普拉佐，普拉泽罗开始出售臣民，有时甚至出售契昆达士兵。这加速了小型普拉佐的解体。到 19 世纪中叶，少数存活下来的族群并入数量稀少的大普拉佐（supraprazos），其中的主要族群是马坎加人（Makanga）、马桑加诺人（Massangano）、马森吉雷人（Massingire）。普拉泽罗在族群、外观上更像是非洲人。

IN THE SLAVE MARKET, ZANZIBAR.

**图 19.5** 桑给巴尔的一个奴隶市场。1873 年，在英国海军大炮的威胁下，桑给巴尔苏丹被迫关闭了奴隶市场。拯救利文斯通远征队（Livingstone Relief Expedition）的亨上尉（Lieut. Henn）绘制的素描画，1872 年 6 月 8 日《伦敦新闻画报》。图片来源：*BenoitB/iStock*。

**图 19.6**　1890 年，马拉维湖地区的卡隆加姆洛兹·本·卡兹巴德玛（Mlozi bin Kazbadema）及其奴隶掠夺者。姆洛兹·本·卡兹巴德玛是一个奴隶、象牙贩子。在桑给巴尔关闭奴隶市场后，姆洛兹·本·卡兹巴德玛在马拉维湖以北地区掠夺俘虏卖作奴隶。图片来源：*KGPA Ltd/Alamy Stock Photo*。

19 世纪 80 年代，普拉泽罗激烈抵抗了葡萄牙人的殖民征服。

　　在今天马拉维、赞比亚东部的农耕地区一度繁荣昌盛，但是赞比西河下游北部的契昆达、尧人、恩戈尼人经常侵袭此地，导致了该地区常常血流成河，混乱不堪。19 世纪 70、80 年代，为了安全起见，东非的小规模农耕群落不得不居住在修建了栅栏的村庄。

　　在戴维·利文斯通（David Livingstone）的反奴呼吁下，英国基督教传教士进入中部非洲内陆地区。但是，传教士所希望的"基督教和商业"没能取代奴隶贸易和象牙贸易。传教士转而呼吁英国政府介入。

### 东非内陆地区的斯瓦希里商人

　　随着东非沿海的奴隶和象牙需求不断上升，斯瓦希里和尼亚姆韦齐的狩猎者／商人便深入东非内陆寻找这些"商品"。在桑给巴尔或印度商人的资助下，斯瓦希里和尼亚姆韦齐的狩猎者／商人率领的是一支由数百甚至数千男女组成的装备精良的武装商队。东非内陆诸多古国羸弱，商队因此设立了多个永久性据点。与南方的尧人一样，尼亚姆韦齐人是在马拉维湖北部地区掠夺奴隶、象牙的先行者。19 世纪 30 年代末，斯瓦希里商人沿着尼亚姆韦齐人的路线进入东非内陆地区，在坦噶尼喀湖湖畔的乌吉吉（Ujiji）扎下根来。19 世纪 40 年代，斯瓦希里商人进一步跨过了坦噶尼喀湖，抵达刚果森林东部边缘地区搜寻象牙和俘虏。此时，尼亚姆韦齐人已经渗入坦噶尼喀–马拉维走廊（Tanganyika-Malawi corridor）以西的地区。

## 姆西里与耶克人

19 世纪 50 年代，尼亚姆韦齐商人姆西里（Msiri）在卢阿普拉河以西地区设立了一个永久性据点。此时的卡曾贝帝国饱受内战之苦，姆西里得以乘人之危。姆西里以都城本凯亚（Bunkeya）为中心将据点扩张成了一个由很多戒备森严的村庄组成的劫掠–贸易型王国。随着尼亚姆韦齐人不断扩大其统治范围，他们也吸纳了很多其他族群，并取了个当地名字——耶克人（ba-Yeke）[①]。姆西里人的耶克王国处于产铜区的中心，把卡曾贝帝国西部地区的大部分贡奉纳入自己囊中。他们与西边的乔奎人、奥文本杜人建立联系，从东西两方贸易中获利，与此前隆达人的卡曾贝帝国如出一辙。姆西里利用象牙和铜资源建立了一个大型军械库，并从西边的奥文本杜人、东边的斯瓦希里人那里购买火器。姆西里控制了这一地区的铜资源。而正是为了夺取铜资源，英国、比利时殖民者在 1890—1891 年来到了本凯亚。

## 提普·提卜与刚果盆地东部地区

在这一时期，中部非洲内陆地区一位最臭名昭著的斯瓦希里商人也在坦噶尼喀湖以西地区扎下根来。这个斯瓦希里商人叫哈米德·本·穆罕默德（Hamed bin Muhammed），俗称提普·提卜（Tippu Tip）。起先，提普·提卜混迹在姆西里统治下的尼亚姆韦齐人之中，靠狩猎和掠夺起家。19 世纪 60 年代，提普·提卜在卢阿拉巴河流域建立了两个斯瓦希里人据点——尼扬圭（Nyangwe）和卡松戈（Kasongo）。依托这两个据点，提普·提卜开辟了经乌吉吉、塔波拉至桑给巴尔的直接贸易路线。通过这一路线，提普·提卜可以获得充足的火器供给，从而在森林里狩猎和侵袭周边村落。如此一来，提普·提卜几乎摧毁了卢阿拉巴河上游地区的古桑格耶城镇，也重创了业已衰落的卢巴帝国。

提普·提卜的"王国"是桑给巴尔苏丹的西方前哨。提普·提卜把它打造成一个贸易帝国，疆域从南面的卢巴帝国一直延伸至刚果河上游转向西方的大弯曲处。到 19 世纪 80 年代早期，提普·提卜的军队多达几千人，但实际上他只不过是狩猎–侵袭者团伙组成的非正规联盟的盟主。斯瓦希里人和皈依了伊斯兰教的尼亚姆韦齐人与提普·提卜关系密切，两者也有自己的武装队伍。提普·提卜及其同伙深入刚果森林去追捕大象，袭击村落以掠夺粮食和俘虏。他们将俘获的

① 旧译巴-耶克人不妥。——译者注

**图 19.7**　提普·提卜（哈米德·本·穆罕默德，约 1837—1905）肖像。提普·提卜是奴隶、象牙的掠夺者／商人，一度充当桑给巴尔苏丹的代理人。图片来源：*Hulton Archive/Getty Images*。

妇女作为侍妾，将男人作为搬运工并押送到桑给巴尔。他们也会把俘虏投放到卡松戈和尼扬圭附近的甘蔗、稻米、玉米种植园充当劳力。当地人通常可以用象牙赎回"多余"的俘虏。据威尔士记者、探险家 H. M. 斯坦利（H. M. Stanley）1876 年 11 月 7 日的日志所载，在提普·提卜及其同伙眼中，人的生命一文不值：

　　一只绵羊能买到一根象牙［长牙］，12 个奴隶也能买到一根象牙。在乌吉吉，6 个奴隶就能买到一根象牙。哈米德·本·穆罕默德说："奴隶不值钱，他们只需要被赶到一处。"那正是穆伊尼·杜伊尼·杜冈比（Muini Duini Dugumbi）和姆塔加莫约（Mtagamoyo）［提普·提卜的同伙］所干的事……

　　他们攻击尼扬圭附近的普通百姓，抓到了 12 或 15 个奴隶，然后用这些奴隶换来 35

磅（16 公斤）的象牙。穆伊尼·杜伊尼·杜冈比有 100 到 120 个女人，姆塔加莫约有 60 个女人。[①]

值得一提的是，斯坦利本人承认，只要稍有不悦，他也会击毙非洲人。

### 斯瓦希里人渗入东非湖区

到 19 世纪 70、80 年代，斯瓦希里商人控制了沿海地区与东非内陆之间的贸易路线，实际上也接管了尼亚姆韦齐人的贸易都城塔波拉。装备精良的斯瓦希里武装商队，甚至越过了基库尤人之地、马赛人领地的北部边缘地区，与图尔卡纳湖西部的养牛牧民和象牙狩猎者建立了贸易联系。

19 世纪 60 年代后，少数的斯瓦希里商人定居在维多利亚湖西北部的布干达王国都城。但在那里，他们无法像在其他地区那样四处侵袭和自由贸易。布干达王国卡巴卡穆特萨一世（Mutesa Ⅰ，1856—1884 年在位）牢牢掌控了斯瓦希里商人的活动。干达（Baganda）[②]贵族热衷于从斯瓦希里商人那里获得棉布和枪支。所以，贵族们会派遣自己的狩猎者和侵袭者去搜寻斯瓦希里商人需要的象牙和俘虏。斯瓦希里商人是布干达王国与沿海地区之间贸易的中间人。同时，干达人划着独木舟，正在开辟与维多利亚湖南岸的贸易联系。

在坦桑尼亚西部地区，沿海斯瓦希里人渐渐地控制了尼亚姆韦齐人的贸易路线，这引起了尼亚姆韦齐人的不满。尼亚姆韦齐商人、军阀米兰博（Mirambo）建立了一个贸易帝国，疆域覆盖了坦桑尼亚中西部的大部分地区；另一个尼亚姆韦齐首领尼温古（Nyungu）在更南边地区统一了原本联系松散的津布人（Kimbu），并建立了一个中央集权型帝国。两个帝国都是有作为的贸易国家，它们将斯瓦希里人的活动限制在坦桑尼亚西部的日益凋敝的贸易路线和塔波拉、乌吉吉等城镇。

19 世纪，火器、象牙、俘虏贸易往往伴随着暴力，或打乱或主导着中东非的经济生活。除了个别商人和统治者从贸易中获得了财富，绝大多数的中部非洲人没能从这些贸易中获得任何好处。中部非洲的奴隶制和奴隶贸易的持续存在及其引起的混乱，也给欧洲殖民者提供了介入此地事务的机会和借口。而中部非洲人、东非人很快就会发现，他们只是摆脱了旧的奴役，又陷入新的奴役之中。

## 马达加斯加：梅里纳王国的兴起

16 世纪后，欧洲人进入了印度洋，马达加斯加的权力关系随之发生了改变。在此之前，南部

---

①  Stanley, R. and Neame, A. (eds) (1961) *The Exploration Diaries of H.M. Stanley* (William Kimber: London), p. 134.

②  旧译巴干达人实为不妥，Baganda 是 Ganda（干达人）的复数形式。——译者注

的马尔加什人诸王国一直没有直接参与印度洋贸易。经南非至印度的欧洲航运为南部马尔加什诸国的统治者们带来了机会，他们可以为过往商船提供食品（特别是大米）和奴隶。18 世纪，法国人在其殖民地毛里求斯、留尼汪种植园使用奴隶劳工，进一步地推动了马尔加什人的经济发展。

从 18 世纪末起，通过向法国殖民地提供给养和奴隶，马达加斯加中部高原的梅里纳王国（Merina）发展起来。为了进一步加快国家的发展，梅里纳国王实行了一套强迫劳役制度。劳动力在被迫服兵役的同时，还要从事国有的农业与工业生产。在前殖民地时代的非洲，最为系统的工业革命努力就是梅里纳王国利用水力驱动机器。工业化主要集中在军事领域：滑膛枪、大炮、军火弹药。修建一个大型工业中心需要动用 2 万个劳工，建成后则需稳定的 5000 个劳工来维持生产。

到 19 世纪中期，梅里纳王国疆域覆盖了马达加斯加整个中部高原和东半部地区。但是，在权力达到顶峰时，梅里纳王国也隐藏着危机。19 世纪 20 年代，基督教成为梅里纳王国的国教，教会、学校都在为王国招募强迫性的劳工。

19 世纪中期，随着奴隶贸易的取缔，以及与北部沿海地区法国贸易点之间不断增长的直接商业竞争，梅里纳王国的经济逐步衰弱。19 世纪 70 年代，为抵抗法国人在国家北部地区进行的持续性侵犯，梅里纳王国展开了军事斗争。马尔加什臣民趁机发起叛乱，反对强迫劳役制度。梅里纳王国的残暴统治者失去人心、不被信任，王国庞大的军队陷入混乱之中。1895 年，当受尽疾病折磨的法国远征军最终进入梅里纳都城时，未遭到任何实际上的反抗。

法国人占领了梅里纳王国都城。数月后，马尔加什人发动了"红围巾"（Menalamba）起义。马尔加什人通常戴的洁净的白围巾（lamba）[①] 在沾染马达加斯加中部高原的红土后，便成了红围巾。红围巾起义持续了两年（1895—1897 年），通常也被认为是马尔加什人反对法国帝国主义的第一次民族主义运动。然而，历史学界近年来认为，红围巾起义更多是对国家压迫的反抗，不管是法国殖民地政府还是前殖民地时代的梅里纳王国。红围巾起义并没有攻击法国人，而是攻击法国人打算重建的梅里纳王国统治体系和个别人物。因此，他们才袭击了教堂、学校、与强迫劳役相关的行政管理当局。1897 年，法国人镇压了红围巾起义。直到 1905 年法国人将整个马达加斯加岛纳入殖民统治后，当地人的反抗才最终结束。

---

① 在马尔加什语中，menalamba 的意思是红围巾，lamba 的意思是白围巾。——译者注

# 第二十章

# 19 世纪前工业化时代的南部非洲

## 19 世纪初国家的形成与冲突

### 姆菲卡尼 / 迪法盖的历史考证

在 19 世纪头几十年，南部非洲内陆地区经历了一场巨变，暴力横行，国家分分合合。殖民时期的史学 [1] 将其称之为"野蛮部落战争"时期，战争的始作俑者是快速兴起的恰卡的祖鲁王国（Shaka's Zulu Kingdom）。殖民时期的史学认为，恰卡是处于这场历史漩涡中心的残酷暴君。这一看法深受两位当时就在纳塔尔港（Port Natal）[2] 的英国商人的出版物影响。这两位英国商人是亨利·弗朗西斯·芬恩（Henry Francis Fynn）和纳撒尼尔·艾萨克斯（Nathaniel Isaacs）。纳撒尼尔·艾萨克斯后来承认他夸大了恰卡的破坏性。据称，在所谓的姆菲卡尼（Mfecane）[3] 中，恰卡的军团将南部非洲内陆地区夷为平地，饿殍遍野，出现了人吃人的现象，甚至让图盖拉河（Tugela）以南地区成为"无人区"。白人定居点倒是趁机拓展过来。19 世纪 40 年代，这一历史陈述为纳塔尔殖民地正了名。祖鲁王国后来又发动了全面且"持续的战争"，逃难者和侵袭者越过德拉肯斯山脉，奔赴高原地区，引发了迪法盖（Difaqane）[4]，同样造成了饥荒和人吃人的现象，所经之处皆成"无人区"，后来为开普殖民地东部地区的布尔移民所占据。

1966 年，历史学家约翰·奥默–库珀（John Omer-Cooper）在独立后的非洲的多所大学里先后任教，并从非洲人的维度对这些历史事件提出了新解释。他也认为祖鲁王国是冲突的源头，姆菲卡尼 / 迪法盖也确实造成了相当大程度的破坏。但是，对于祖鲁王国的兴起，他给予了正面阐释，并赞扬了恰卡的领导力和军事才能。约翰·奥默–库珀出版了《祖鲁人的余波》（*The Zulu Aftermath*）一书，详尽论述了莫桑比克的加扎帝国（Gaza）、津巴布韦的恩德贝莱王国、中东非的恩戈尼王国，认为一些非洲新国家的构建是冲突和迁移的结果。《祖鲁人的余波》在当时引起了非洲史学界的兴趣，也承认了祖鲁王国造成的大规模破坏。同时，这本书也引起了祖鲁民族主义者的注意，他们高度赞扬了祖鲁王国的兴起。

---

[1]　也包括 20 世纪末之前的南非国立学校。

[2]　现德班港（Port Durban）。——编者注

[3]　在恩古尼语中，Mfecane 的意思是"支离破碎"。

[4]　在索托语中，Difaqane 的意思是"散乱"。

## 低地地区的权力斗争与稳定

继约翰·奥默-库珀之后，其他历史学家更加详尽地考察了姆菲卡尼 / 迪法盖，他们不再只讨论恰卡的暴虐本性，也探讨了祖鲁王国兴起的其他可能性因素，以及祖鲁王国兴起对近邻和环境的影响。相关研究从祖鲁人转向 18 世纪末低地地区恩古尼人的 3 个国家：索布扎的恩瓜内王国、兹威德的恩德万德韦王国、丁吉斯瓦约的姆泰特瓦王国。18 世纪末，姆泰特瓦王国是一个酋邦联盟，而祖鲁人只是姆泰特瓦王国内的一个小氏族。从 20 世纪 60 年代末至 20 世纪 80 年代初，史学界研究认为：德拉瓜湾的象牙贸易是低地地区狩猎资源竞争激烈的原因；18 世纪末，低地地区雨量充沛，适合种植玉米，当地人口有所增长；受益于雨水，牧场丰美，牛群规模迅速增加；19 世纪第二个十年后，美国捕鲸船停靠德拉瓜湾，当地人向捕鲸船提供给养，牛市获得发展。以上都是该地区王国竞争的原因，特别是 19 世纪初，低地地区持续干旱，更是直接加剧了竞争。

史学界一度认为 19 世纪第二个十年的冲突可能是奴隶贸易导致的。但相关证据显示，直到 19 世纪 20 年代，巴西奴隶贩子在莫桑比克南部地区为跨大西洋贸易搜寻奴隶时，德拉瓜湾的奴隶贸易才日渐重要起来。

到 19 世纪第二个十年，索布扎的恩瓜内王国已经推进至蓬戈拉河（Pongola）[①] 以北地区，而兹威德的恩德万德韦王国意欲占领蓬戈拉河以南地区。1818 年，兹威德的恩德万德韦王国成功达成这一目的。他们在决战中击败了姆泰特瓦王国，杀死了丁吉斯瓦约，姆泰特瓦王国也因国王的阵亡而开始瓦解。此时，丁吉斯瓦约的祖鲁人军团首领恰卡·卡森赞加卡纳（Shaka kaSenzangakhona，约 1787—1828）趁机起事。恰卡团结姆泰特瓦王国的几个大酋邦，组建了一个防御型联盟，击退了恩德万德韦王国的进攻。失利后，兹威德派出精锐部队进攻这位祖鲁人新贵。但是，在恩德万德韦王国发起进攻前，恰卡带上联盟所有的牛和粮食撤退了。恩德万德韦王国军团缺少粮食，疲惫困乏。恰卡趁机发起一系列袭击，彻底击败了恩德万德韦王国军团，使得他们全部撤回蓬戈拉河以北地区。

在科马蒂河（Nkomati）源头附近，一些大首领离开了兹威德及其亲信。索桑加内（Soshangane）率领军团进入德拉瓜湾以北的莫桑比克南部地区，建立了加扎帝国。兹万根达巴和其他首领各自率领纪律严明的军团向北挺进津巴布韦和中东非，他们又被称为恩戈尼人。

## 恰卡统治下的祖鲁王国

到 1819 年，恰卡已经成为蓬戈拉河与图盖拉河之间地区的主要势力。在接下来 10 年的大部分时光中，恰卡都在竭力扩张王国。其统治范围越过德拉肯斯山脉的丘陵地带，并派遣军团向图

---

① 今天斯瓦士兰的南部边界。

盖拉河和姆济姆库鲁河（Mzimkulu）①之间的南部地区族群征收贡奉，这一地区后来成为纳塔尔殖民地。

在过去的史学界看来，恰卡实行了一系列军事革新，包括近距离战斗使用短矛，使用"牛角"阵（cow-horn）包围敌军等。但是，细致考察相关证据后，我们便会发现这两项"革新"事实上在祖鲁王国兴起前就已经在战争中出现了。18世纪90年代前，恩古尼人的军团一直使用投枪。每个士兵都会携带好几根投枪，一旦敌方进入射程有效范围内就会向其投掷，直到敌方让路和后撤。胜利方夺走牛和其他战利品。短矛则用于"总体战"，兹威德的恩德万德韦王国军队特别擅于使用这种武器。使用短矛的目的不是驱赶或掠夺对方，而是尽可能多地杀死敌人，毁坏敌方定居点，杀死或掳走敌方的妇女和儿童。恰卡不是这些战术的首创者，但他比其他军团首领更专业、更全面地训练了自己的军团。而军团快速推进、安插奸细和突袭战则可能是恰卡的创新之举。

史学界过去认为祖鲁王国的兴起是姆菲卡尼出现的根源。但是，20世纪80年代末，一群南非历史学家开始质疑姆菲卡尼是否真正出现过。他们认为极具破坏性的姆菲卡尼——南非国立学校的教学依旧采信了此观点——只不过是一个宣传神话，是白人殖民者及其现代种族主义支持者共同杜撰出来的。这些历史学家认为，杜撰这一神话的目的是为19世纪的殖民统治、现代种族隔离制度提供辩护。这一挑战性观点引发了一些争议，历史学家为此全面研究了现有证据，重新评估了当地的口述传统（大部分口述传统记载于19世纪，那时并未细致地加以分析）。如今，史学界提出了一种更详尽的新观点。

过去的历史著作，包括本书以前的几个版本都认为：恰卡建立了一个高度中央集权的国家，国王具有绝对权威；在新近征服的地区，王室官员（indunas）取代了世袭的酋长，直接对国王负责。事实上，这些观点都源自对19世纪末英国殖民统治制度的阐释。在恰卡统治时期，所谓王室官员都是国王任命的军团首领。地方政治治理依然控制在世袭的酋长手中，与丁吉斯瓦约统治下的姆泰特瓦王国如出一辙。正是得益于地方支持，恰卡才得以快速牢牢地掌控祖鲁人酋邦，并把诸多酋邦整合起来，组建成祖鲁王国。1822年，正是基于地方酋长统治的联邦制度，姆兹利卡兹统治的库马洛人（Khumalo）酋邦开赴高原地区，建立了恩德贝莱王国。

对于祖鲁国王的统治来说，王室官员率领的军团至关重要，这既体现在军事方面，又体现在对经济和生态环境掌控方面。男女军团除了执行军事活动外，也要从事生产活动。男人负责照料国王的牛群，搜寻象牙，女人则在国王的田地上劳作。祖鲁王国的周边战略要地设立了多个军镇（Regimental town），军镇中央处建有牛舍。军团只有在效力国王多年后才能解散，士兵那时才可以结婚和组建自己的家庭。一旦有军事需要，他们则随时接受召唤。如此一来，军团制度打破了地方狭隘主义，只忠于祖鲁国王。然而，地方归属和方言都还存在。19世纪70年代，殖民者大

---

① 旧译乌姆济姆库卢河（Umzimkulu River）。根据南非学者彼得·E. 雷珀（Peter E. Raper）的定名，现修订为姆济姆库鲁河（Mzimkulu River）。——译者注

**图 20.1**　1838 年，丁冈（恰卡的同父异母弟弟、继承者）统治时期祖鲁王国的都城姆贡贡德洛武（Mgungundlovu）。画家描绘的是一个想象的场景。当时，皮特·雷蒂夫（Piet Retief）率布尔人代表团来到祖鲁王国都城，声称他们具有在图盖拉河以南地区的定居权，结果丁冈处死了支特·雷蒂夫及其代表团。图片来源：*South African Picture Framing Company, Cape Town*。

举侵犯，大部分人才开始意识到自己是"祖鲁人"。

　　至于图盖拉河以南地区，所谓祖鲁大军四处劫掠，使这一地区人口锐减成为"无人区"的说法明显子虚乌有。细致研究已有的文献证据，我们发现，这一地区出现了酋邦重组，一些酋邦寻求其他酋邦保护。某些地区人口密集，而其他一些地区一度无人居住。祖鲁王国的核心地区位于蓬戈拉河与图盖拉河之间。图盖拉河以南地区是祖鲁王国的附庸地。祖鲁王国也侵袭更远的地区去征收贡奉，结果或好或坏。祖鲁人口述传统所描述的最具有破坏性的战斗，也只不过是小规模冲突或针对变节者的惩罚行动而已。殖民时期历史文献所称的人吃人现象缺乏可靠证据，应该只是一种陈腐的推测，或是刻意的宣传，或是蓄意抹黑。

　　然而，1820—1821 年，在祖鲁人的侵袭下，德拉肯斯山脉丘陵地带的赫鲁比人（Hlubi）、马蒂瓦内（Matiwane）统治下的恩瓜内人[①]不得不逃离出去，越过德拉克斯山脉的山口，奔赴高原地区。

292

①　与索布扎的恩瓜内王国完全不是一回事。

### 恰卡统治的结束

　　恰卡专权跋扈，杀人无数，使得其臣民对他心怀恐惧，而非将其作为统治者给予尊敬。1828年，恰卡的同父异母弟弟丁冈（Dingane，约1795—1840）暗杀了恰卡，对此无人持有异议。丁冈自封为王，处死了潜在政敌，包括参与暗杀的另一个同父异母弟弟，从此坐稳了王座。

　　恰卡仅仅花了10年就创建了祖鲁王国。然而，恰卡死后的10年间，祖鲁王国走向了毁灭边缘。丁冈缺乏恰卡的军事天赋和统治才能。但即便是恰卡，也不见得能解决丁冈所面临的诸多问题。丁冈所面临的主要问题实际上是遗留问题。在恰卡统治时期，祖鲁人总能侵袭成功，贡奉源源不断，军团不停地吸纳新牛群和年轻男人，祖鲁王国因此才能保持实力，维系统一。在恰卡统治的最后几年，昔日的顺遂越来越难以为继。潜在的敌人撤退到更远的地方，而且他们正学着更好地保护自己。事实上，索桑加内的加扎帝国便击败了祖鲁人。就在祖鲁失利的大军返回途中，他们获悉恰卡已经死了。但是，丁冈遇到的最大麻烦不是自己，也不是恰卡遗留的问题，而是外敌入侵。1837—1838年，开普殖民地全副武装的布尔骑兵侵入高原地区后，如今又穿过德拉克斯山脉的山口，四处寻找新地以设立白人定居点。

**地图 20.1**　1818—1835 年，祖鲁王国的兴起与高原地区的迪法盖

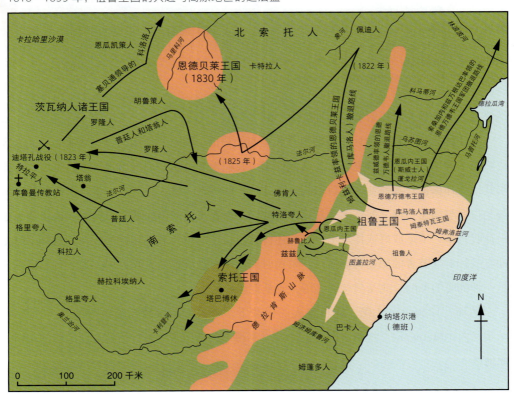

**图 20.2**　1838 年 2 月 6 日，丁冈下令处死皮特·雷蒂夫及其代表团。丁冈在皮特·雷蒂夫等人尸体旁对臣民发表演讲。英布战争（Anglo-Boer War）前夕，英国画家理查德·卡顿·伍德维尔二世（Richard Caton Woodville Jr.）创作了这幅画，展现了上述场景。但是，在同时代的很多其他绘画中，丁冈体态稍显臃肿，绝非此画中的运动员体形。图片来源：*Stock Montage/Getty Images*。

## 高原地区的权力斗争与稳定

19 世纪早期，南部高原地区的索托人居住在众多独立的小酋邦中。这些定居点尤其集中在水资源丰富、土壤肥沃的卡利登河流域。每个酋邦都有自己的年龄组军团制度。年龄组军团一般从事公共事务，只在关键时期才召集起来，进行军事行动。酋邦之间抢夺牛群已是司空见惯，但这种冲突没有造成特别严重的破坏，遭到侵袭的酋邦几乎不会彻底陷入赤贫状态。一个臭名昭著的牛群抢夺者是莫科泰利（Mokoteli）氏族的莫舒舒。莫舒舒的名字源于剃发时的"嗖嗖"声，引申之意就是他将"收尽"敌人的牛群。

294　1821—1822 年，赫鲁比人和恩瓜内人越过德拉肯斯山脉，进入高原地区。他们几乎没有带牛过来，祖鲁人的侵袭让他们失去了绝大多数的牛。但他们作战经验丰富、配备着短矛。在他们
295　的军团面前，索托人的小酋邦根本不堪一击，便于掠夺。起初，赫鲁比人进攻特洛夸人，夺走了特洛夸人的牛群。特洛夸人反过来攻击卡利登上游流域的索托人酋邦。这些袭击无疑会带来破坏和不稳定，但是史学界过去往往夸大了袭击所造成的破坏程度。就这一地区而言，冲突、掠夺牲畜并不是新鲜事。此时，最大危险是来自南方开普殖民地的格里夸人骑兵小队与科拉人的侵袭，他们都配备着枪支。他们袭击了奥兰治河、卡利登河流域，一路上抢劫村落，掠夺牲畜，抓捕俘虏卖到开普殖民地充当奴隶。

这一时期德拉肯斯山脉以东地区的姆菲卡尼，又称迪法盖。这一地区确实发生过大范围的冲突，但也出现了很多强有力的首领，他们趁机建立了多个势力强大的新国家。长远来看，开普殖民地布尔人的侵略更具有毁灭性。19 世纪 30 年代末，布尔人在高原造成了大量破坏，事实上也把所谓的迪法盖延长了数十年。

## 莫舒舒和索托王国的兴起

1821—1823 年实是多事之秋。在此期间，莫舒舒在卡利登河上游东部地区的一个山坡上建立了莫科泰利氏族总部。作为一个精明能干的军事首领，莫舒舒很快在该地区获得声誉，多个小酋邦与移居民自愿接受他的保护。1824 年，在遭到特洛夸人和恩瓜内人的几次攻击后，莫舒舒率领数千人迁移至更大的塔巴博休（Thaba-Bosiu）平顶山上。塔巴博休易守难攻，也经得住长期围困。这里牧场丰美，淡水充足，还可以控制邻近的山谷。

296　莫舒舒以这个固若金汤的都城为基础，新建了一个强大的索托王国。索托王国也是一个由半独立酋邦组成的联盟。一些酋邦纷纷寻求保护，莫舒舒便把它们并入正在扩张的王国。世袭的酋长继续保留下来，负责组建自己的年龄组军团。他们只需要承认莫舒舒的权威，必要时派出军团支持王国，以及向都城纳贡。莫舒舒通过复杂的联姻体系巩固了王国内部的关系。他自己有许多妻子和孩子，大部分索托酋长家族都与国王沾亲带故。这种做法虽然在当时增强了王国的稳定，但也为未来的诸多问题埋下祸根，其影响甚至延续到 20 世纪末期后殖民地时代的国家。

297　莫舒舒不反对通过侵袭弱小近邻来扩大牛群、扩张王国。但是，莫舒舒也清楚地认识到某

**图 20.3**　莫舒舒的塔巴博休平顶山要塞通道，通道一直延伸至图片的右侧。图片来源：*SOTK2011/Alamy Stock Photo*。

些强邻的实力。因此，莫舒舒把牛作为贡奉送给马蒂瓦内统治下的恩瓜内人，把羽毛和皮草制品作为礼物送给恰卡。在击退恩德贝莱人的一次进攻后，莫舒舒还把牛作为礼物送给恩德贝莱人。1827 年，祖鲁人的侵袭削弱了恩瓜内人的实力，莫舒舒趁机追击恩瓜内人的残兵败将，将他们向南赶至滕布兰（Thembuland）。恩瓜内人的到来，使得本就因东开普殖民地不停扩张而备感压力的滕布兰雪上加霜。

　　19 世纪 30 年代初，莫舒舒邀请开普殖民地的传教士到索托王国定居。莫舒舒主要出于政治、经济方面的考虑，而不是宗教方面的原因。莫舒舒明白，索托王国的主要安全威胁是开普殖民地北部边界地区的格里夸人骑兵队和科拉人。莫舒舒希望与开普殖民地白人基督徒建立友好关系，免遭攻击，索托人也能借此弄到火器和马匹。就火器和马匹而言，莫舒舒的政策是成功的。19 世纪 30、40 年代，索托人进口了马匹和火器，索托王国成为南部非洲令人畏惧的国家。

## 高原西部地区的冲突

　　索托王国的发展给东部高原带来了稳定，但冲突正向茨瓦纳人的西部地区蔓延。1823 年，为了抢夺南茨瓦纳人的庞大牛群，佛肯人、赫拉科埃纳人（Hlakoena）、塔翁人包围了特拉平人的都城迪塔孔（Dithakong）。特拉平人请求传教士罗伯特·莫法特（Robert Moffat）把格里夸人

图 20.4　19 世纪 60 年代的莫舒舒及其顾问。图片来源：*ART Collection/Alamy Stock Photo*。

及其火器带来展开支援。100 名骑马挎枪的格里夸人成功地驱散了包围迪塔孔的索托人①。经历此事后，传教士作为骑马挎枪的格里夸人盟军而声名大震。

赫拉科埃纳人和塔翁人撤离了迪塔孔，又侵袭了其他茨瓦纳人，最终返回法尔河以南地区，重新安顿下来。然而，在塞贝通强有力的领导下，一小群佛肯人穿过卡拉哈里沙漠与林波波河

---

① 佛肯人、赫拉科埃纳人、塔翁人都属于索托人，确切地说是说索托语言的人。——译者注

**图 20.5**　19 世纪 90 年代的恩德贝莱人城镇。这幅图展现的是牛舍。图片来源：*National Archives of Zimbabwe*。

之间的北茨瓦纳人王国，继续向北侵袭。塞贝通的这一小支队伍又被称为"科洛洛人"，他们克服了诸多困难，在沙漠中曾差点全军覆没，但是最终征服了赞比西河上游流域的洛兹王国，定居下来。

## 姆兹利卡兹与恩德贝莱王国的建立

高原上唯一的恩古尼人大国是恩德贝莱王国。恩德贝莱王国的恩古尼人起源于库马洛氏族，曾是恩德万德韦人的盟军。恩德万德韦人失利后，库马洛人在名义上便处于了恰卡的统治之下。1822 年，并不屈服于祖鲁国王的库马洛氏族酋长姆兹利卡兹，率领其骨干军团到达高原地区。在库马洛氏族于 19 世纪 30 年代在马里科河（Marico）盆地[①] 附近安顿下来之前，他们不断侵袭北部与中部索托人。索托人称他们为"马塔贝莱人"（Matabele），而库马洛氏族则自称阿曼德贝莱人（Amandebele）或恩德贝莱人。

姆兹利卡兹采用了祖鲁人的军团制度、作战方式，吸纳大量索托-茨瓦纳人，从而建立了一个强大的中央集权型王国。姆兹利卡兹建立了大量军事化村庄（regimental village）来负责维持地方秩序，向村落征收贡奉，以及照料国王的牛群。附近的独立王国也要向恩德贝莱王国纳贡。如果不纳贡，这些王国就会遭到恩德贝莱王国的毁灭性打击。恩德贝莱王国的中心地区相对平静而安宁；但为了征收更多贡奉，恩德贝莱王国的侵袭范围远至茨瓦纳人地区和法尔河以南的南部

298

①　邻近现博茨纳东南边境处。

索托人地区。

由于南方族群的一系列侵袭，恩德贝莱人最终于 1837 年被驱逐出高原地区。丁冈的祖鲁军团长途奔袭过恩德贝莱人。但最后将恩德贝莱人驱逐出高原地区的是骑马挎枪的格里夸人、罗隆人、布尔人。1838—1840 年，恩德贝莱人撤到林波波河以北地区，战胜了因恩戈尼人侵袭而虚弱不堪的绍纳人的罗兹维王国。姆兹利卡兹吸纳了绍纳人，按照索托–茨瓦纳人在高原上的模式重新建立了王国。

## 开普殖民地的英国人

1795 年，英国政府从荷兰东印度公司手中接管了开普殖民地。1803 年，英国人将开普殖民地交给了荷兰政府。但在 1806 年，英国人又接管了回来。此后，开普殖民地一直处于英国人的统治之下。与荷兰人一样，英国人去往印度的船只需要一个补给站，也需要一个海军基地，以便保护它们免受其他欧洲竞争者的攻击。英国人想把开普地区变成一个可靠的、有利可图的殖民地。为此，英国人在开普殖民地实行了许多社会和经济改革。改革所导致的结果是促使大量说荷兰语的殖民者，即布尔人，在 19 世纪 30、40 年代离开了开普殖民地向北迁徙。

### 经济扩张

在英国人统治的前几年，开普殖民地说荷兰语的人受益颇大。当时，开普殖民地西部地区种植酿酒葡萄的农民可以更方便地进入英国市场。英国在开普敦部署了大量卫戍部队，停靠港口的英国船只也越来越多。为当地生产小麦的农民和内陆地区迁徙布尔人提供了一个更大的市场。当地人还扩大了美利奴（Merino）绵羊的养殖规模，这主要是为了获得更多羊毛而非羊肉。英国的象牙需求也在不断上升，内陆地区的布尔狩猎者从中获利不少。

### 劳工

尽管 1807 年英国对奴隶贸易的废止，一度造成劳工短缺，但不久后英国人便发表声明要加强对开普殖民地"自由"劳工的管控。根据 1809 年的"霍屯督法案"（Hottentot Code），开普殖民地所有科伊桑人和"自由黑人"必须携带"通行证"。通行证标注有他们的住所地址和雇主信息，而没有通行证的任何人都可能会签约给附近需要劳工的白人殖民者。19 世纪殖民地时期与 20 世纪种族隔离时期的南非，类似的法律都可以追溯到"通行证制度"。与此同时，雇主需要给劳工核发书面合同，这比较有利于劳工。劳工可以出入法庭。如果雇主破坏合同或使用暴力，劳工就可以在法庭上起诉"主人"。1812 年，许多法官巡视开普殖民地的农村地区，旁听了大量劳工起诉雇主的案件。此类案件很少能定罪，但巡回法庭还是引起了边境地区布尔人的愤怒。此前，布尔人可以随心所欲，肆意地使用和虐待劳工。

英国人推行改革之际，许多欧洲基督教传教士也来到了开普殖民地的"异教徒土著人"中间。没过多久，传教士就成为开普殖民地穷人和被压迫的科伊桑人的权利的捍卫者。法庭上，传教士维护穷人和科伊桑人的利益。传教士还鼓励他们在传教站附近独立种植。科伊桑人享有了一定的自由，却激怒了当地的布尔人雇主。

传教士的活动和写作对开普殖民地政府影响非常大。1828年，开普殖民地政府颁布第50号法令，废除了1809年"霍屯督法案"的诸多限制，承认科伊桑人、"有色"①工人享有基本权利，不需要"通行证"便可以在开普殖民地范围内自由迁徙、选择雇主或成为独立农民。第50号法令的颁布与1834年废除奴隶制都基于一个信念：长远来看，一个挣工资的自由劳工比一个受限制或受奴役的劳工更有效率，也更容易自足。但是，东部边境地区的布尔人痛恨这两个法令。贫困的布尔人负担不起高工资来为农场招募到劳工；拥有奴隶的布尔富人则抱怨开普殖民地政府支付的奴隶赔偿金太少。因此，英国人在开普殖民地的劳工政策引起了边境地区布尔人的强烈不满，这是他们脱离开普殖民地，向北方迁徙的重要原因。

### 开普殖民地东部边境与科萨人冲突

英国人在开普敦部署了卫戍部队，这是英国人在东开普殖民地边境的最重要创新。一旦需要，这支常备军可迅速部署到边界。一方面，这让殖民地政府可以牢牢地管控边境的迁徙布尔人。但是，更重要的一方面是，白人殖民者与科萨人长期以来一直在争夺祖尔草原，这支常备军可以提升前者的优势。

前三场开普-科萨人战争或"边境战争"是两个旗鼓相当的对手互相之间展开侵袭和反侵袭的斗争。布尔人有枪有马，但"义勇队"只是临时自愿组织而成的。战争期间，"义勇队"既要追踪敌人，又要保护农场与家庭，注意力难免分散。英国职业军队则没有这样的问题。英国人也广泛动员当地志愿者，志愿者的背后还有开普敦卫戍部队的支持。必要时，开普殖民地政府还可以获得海外增援力量。

在英国人与科萨人的第一次冲突中，英国人采取了总体战思维。总体战的观念类似于北部恩古尼人的战争观念，但科萨人对此一无所知。在1811—1812年的"第四次战争"中，英国人残酷地将科萨人清除出祖尔草原，并将他们驱赶到大鱼河以东地区。在那里，由于人口密度过大，科萨人爆发了内战。英国人趁机介入，而后演变为"第五次战争"（1818—1819年）。科萨人勇气可嘉，又进入祖尔草原。但最终英国人将科萨人驱赶到更远的地方，甚至越过了凯斯卡马河（Keiskamma）。

英国人下定决心，不让开普殖民地受到任何"侵犯"。英国人想在大鱼河与凯斯卡马河之间的"无人区"树立一个屏障，并设立一系列军事要塞来监控这一地区。当时，为了在这一地区的

---

① 包括混血群体与释放奴。

**图 20.6**　开普–科萨人边境战争中的一幕：第八次边境战争期间的 1851 年 6 月 21 日，凯斯卡马河河畔的一处定居点遭到毁灭。图片来源：*Illustrated London News/Hulton Archive/Getty Images*。

北部增加一个"人工屏障"，英国人允许一群科伊桑人、"有色人种"的农民在凯特河（Kat）[①]流域定居。但是，英国人把这个定居点视为处理开普殖民地上无业"有色人种"的"垃圾场"，毁掉了这里的经济机会。总的来说，这一地区土地匮乏，"无人区"政策难以为继。科萨人很快又返回到这一地区，与漠视英国人法令、擅自占据土地的迁徙布尔人爆发了冲突，引发"第六次战争"（1834—1835 年）。在此次战争中，英国人向东推进得更远，吞并了科萨人在大凯河以西的土地。

301　　　　英国人吞并科萨人土地后，开普殖民地东部边境的布尔人希望能得到一块新领土可供白人设立定居点。但是，开普殖民地政府令他们失望了。英国人认为，新领地的安全成本太高，难以为继。1836 年，开普殖民地政府把凯斯卡马河与大凯河之间的领土归还给科萨人，引起了东部边境布尔人和英国土地投机商的不满。"丧失"新领地后，许多布尔人决心加入日益壮大的迁徙者队伍，迁徙布尔人收拾起家产，从开普殖民地向北开始长途迁徙。

---

[①]　旧译卡特河，现修订为凯特河。凯特河是大鱼河支流，意为"猫河"，据说能在这里常常看到野猫。——译者注

**地图 20.2** 1811—1836 年的开普殖民地与科萨人的抵抗

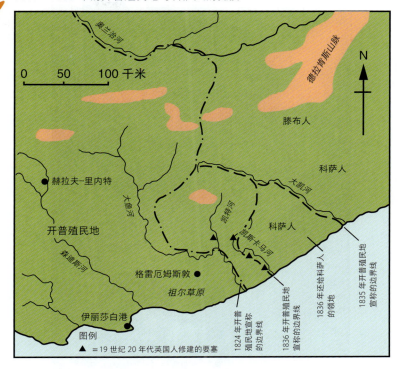

# 布尔人的长途迁徙与非洲人的抵抗

### 布尔人的长途迁徙

　　19 世纪 30 年代末，数千个布尔家庭及其侍从从东开普向北出发，踏上南部高原地区，离开了开普殖民地。现代阿非利卡（Afrikaner）历史学家、民族主义者将这一迁移美其名曰"大迁徙"（Great Trek）：这是阿非利卡人文化的起点，也是阿非利卡人民族主义最早的体现。"阿非利卡人"一词指的是说南非荷兰语方言①的欧裔人。直到 19 世纪末，"阿非利卡人"才被广泛使用。而那时英国人依旧称所有农村地区的阿非利卡人为"布尔人"。

　　事实上，所谓的"大迁徙"只不过是一系列小规模的、各自独立的长途迁徙而已。贫穷家庭聚集在富有族长的保护和统领之下。"大迁徙"几乎没有总体的目标，也没有确定的方向。而且，各个迁徙团体首领之间还存在激烈的竞争。这也在第一代迁徙布尔人在高原建立的多个共和国之间缺乏团结和合作上反映出来。唯一能让这些共和国团结起来的，是他们想要摆脱英国人的管控，获得大片新领地。他们可能听说过任何人都可以去占领的"无人区"的传言，但也没有奢望不会遇到非洲人的抵抗。事实上，驱赶非洲人并不符合迁徙布尔人的利益，非洲人可以为他们提

302

―――――――――――

① 即阿非利堪斯语（Afrikaans）。

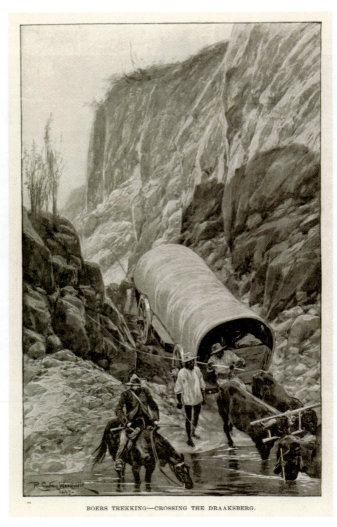

图 20.7    为了摆脱英国人管制和获得"空闲"土地，布尔人家庭从开普殖民地向北迁徙，进入当时尚处于独立状态的非洲人领地。布尔人越过德拉肯斯山脉，进入东南部低地地区，与强大的祖鲁王国爆发了冲突。这幅画是 1897 年 6 月《哈珀斯杂志》（*Harper's Magazine*）刊登的理查德·卡顿·伍德维尔二世的作品。图片来源：*Chronicle/ Alamy Stock Photo*。

供劳动力和其他服务，如果有必要他们可以动用武力迫使非洲人屈服。迁徙布尔人信心满满，因为他们拥有上帝和枪支。

19 世纪 30、40 年代，大部分的"迁徙布尔人先驱者"（Voortrekkers）[①] 来自开普殖民地东部地区。在那里，他们曾严重缺乏土地。迁徙布尔人向东迁移的道路被科萨人阻拦，英国人也不愿意或无能力跨越凯斯卡马河扩展殖民地。另外，1819 年和 1834 年，科萨人多次进入祖尔草原，给开普殖民地东部边境地区白人定居点造成了持续的不稳定。在这个关节点上，开普殖民地政府

———————————
① 字面意思是"打头阵的迁徙者"。

实行越来越多的限制政策将这种不稳定情绪推上顶点：政府严苛地征收各种租金；土地租佃制取代了过去的农场租耕制（loan farm system），将土地变为了私人财产，贫穷的布尔人无力负担租金；英国人任命的地方行政官取代了布尔人选出的官员；教育机构和法院系统规定要使用英语；布尔雇主也不被允许像过去那样虐待侍从了。第 50 号法令的"自由劳工"政策和奴隶制的废除，引起了布尔人，特别是东部边境地区布尔人的严重不满。英国人不能给布尔人提供凯斯卡马河东侧更多的科萨人土地，布尔人丧失了最后的希望。

## 布尔人侵略的影响与非洲人的抵抗

在非洲人看来，19 世纪 30、40 年代的布尔人大迁徙不外是一种侵略，将白人永久性定居点扩展至南部非洲内陆。许多历史地图的制作者和一些南非历史学家都倾向于认为，"迁徙布尔人先驱者共和国"在数年内占领了今天奥兰治自由邦、德兰士瓦所属的省份。但是，事实并非如此。非洲人定居点与抵抗基本上决定了布尔人的长途迁徙方向和"共和国"的所在地。

起初，"迁徙布尔人先驱者"主要奔赴法尔河中游地区人口相对稀少的南部高原地区。在塔巴恩丘（Thaba 'Nchu），罗隆人对他们态度友善，把他们视为有用的同盟者。罗隆人希望利用布尔人枪支和马匹的军事优势来反抗恩德贝莱人，此时的恩德贝莱人刚把罗隆人从莫洛波河（Molopo）上游盆地的传统"家园"驱逐出去。1837 年，罗隆人、布尔人、格里夸人一起攻击恩德贝莱人。为了在更北面的津巴布韦高原上实现重组，恩德贝莱人最终被迫放弃了这一地区。之后，布尔人声称自己拥有前恩德贝莱王国的统治权，在法尔河中游南北两岸地区设立了定居点。罗隆人和茨瓦纳人返回先前的领地，却发现布尔人常常强迫他们提供劳动和缴纳赋税。

在更北面和更东面的地区，一些"迁徙布尔人先驱者"在索特潘斯山（Soutpansberg）北部、奥里赫斯塔德（Ohrigstad）、莱登堡建立了小型"共和国"。但是，这些地方主要是狩猎和贸易基地，布尔人实际定居点的分布范围受到文达人、佩迪人、斯威士人抵抗力量的制约。19 世纪 60 年代，文达人最终将布尔人完全驱逐出了索特潘斯山。此时，佩迪人正在向开普殖民地派遣移民劳工，为未来的与布尔人的冲突储备火器。

同时，东南部低地地区爆发了最激烈的冲突。这一地区降雨充沛，牧场丰美，是很多"迁徙布尔人先驱者"首选之地。他们希望定居在图盖拉河以南地区。但是，他们首先需要与强大的祖鲁王国处理好关系。

面对这一新威胁，祖鲁王国国王丁冈采取了残酷无情的速战速决策略。起初，丁冈表面上同布尔人和睦相处，以减轻其疑虑，接着他便让祖鲁军团发动突然袭击。在 1838 年的头几个月里，东南部地区的迁徙布尔人几乎被猎杀殆尽。1838 年年末，布尔人实现了重组，凭借先进的武器，在一场决定性的战役中取得了胜利。在牛车（wagon）组成的防御圈[①]内，500 名拿着枪支的布尔

---

① 又称牛阵（laager）。

**地图 20.3**　1836—1840 年布尔人的迁徙与非洲人的抵抗

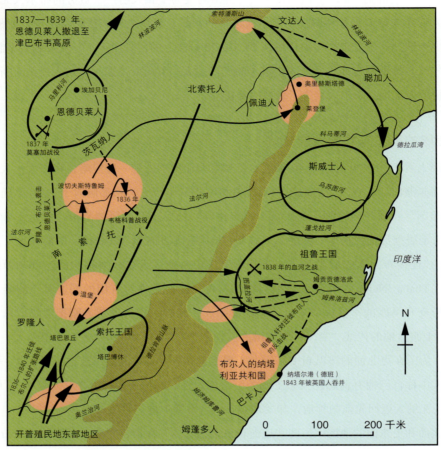

304　　人击退了祖鲁大军精锐部队潮水般的进攻。据说，有 3000 名祖鲁人战死，其鲜血染红了恩康姆河（Ncome）的河水。所以，这场战役又被称为"血河之战"（Battle of Blood River）。即使布尔人在恩康姆河大获全胜，也不敢占据祖鲁王国人口密集的核心地区。布尔人在图盖拉河以南地区建立了"纳塔利亚共和国"（republic of Natalia）。在布尔人的心中，1838 年 12 月 16 日的血河之战是上帝馈赠的礼物，少量白人勇士战胜了当时最强大的非洲人军队。在 20 世纪下半叶少数白人统治多数黑人的种族隔离时代，庆祝血河之战的节日已经被纳入阿非利卡民族主义者意识形态之中。

　　1840 年，祖鲁人爆发了一场内战，丁冈被杀。在丁冈的弟弟姆潘德（Mpande，1840—1872年在位）的统治下，祖鲁王国恢复了元气，驱赶了斯威士人和其他独立的说恩古尼语族语言的族群，强化了北部边界的防卫。在南方，他们则竭力避免与白人发生冲突。

　　1843 年，英国人兼并了布尔人的纳塔利亚共和国，此举主要是为了避免纳塔利亚共和国落入其他欧洲竞争者手里。此后，很多最初的"迁徙布尔人先驱者"后撤至高原地区。纳塔利亚共

　　直到 1870 年，在南部非洲内陆地区的共和国、殖民地、王国里，包括黑人和白人在内的当地人仍然依赖于一种由畜牧业和小规模的农作物种植业构成的自给自足的混合型经济。狩猎产品——毛皮、象牙、鸵鸟羽毛——是主要出口商品。这些出口商品主要用来换取枪支、弹药、奢侈品。在开普敦港、伊丽莎白港（Port Elizabeth）、德班港（Port Durban）的英国商人从所谓的"内陆贸易"中发了大财。

　　到 1870 年，南部非洲的白人与黑人之间实现了某种政治平衡。迁徙布尔人的迅速扩张已经结束。在被姆菲卡尼 / 迪法盖伤及元气的地区，白人定居点已经扎下根来。同时，其他地区的非洲人王国也已经恢复了实力，军事力量更强大。这些王国从开普殖民地、纳塔尔购买枪支，以便在白人扩张过来时能更好地保卫自身。任何南部非洲内陆白人定居点的大范围扩展，都需要像英国这样的欧洲大国提供足够的军事支持。但是，只要南部非洲内陆贸易的主要产品仅仅是狩猎产品，非洲狩猎者又愿意提供它们，英国人也就不想更多干涉了。

　　自从南部非洲内陆发现了巨大储量的矿产后，一切都改变了。19 世纪 70 年代，奥兰治河以北地区发现了钻石；19 世纪 80 年代，布尔人的德兰士瓦共和国核心地区发现了黄金。这些矿产的发现及其影响改变了南部非洲的历史进程。

# 第二十一章

# 19 世纪的北非与东北部非洲

## 在北非的法国人与阿尔及利亚人的抵抗

19 世纪早期，除了西部的摩洛哥王国外，整个北非沿海地区名义上都是奥斯曼帝国的北非行省。土耳其人统治着这里，但伊斯坦布尔的苏丹没有直接管辖该地区。甚至在行省内，土耳其人的统治范围也没有越过狭长的沿海地带。阿尔及利亚在这方面就是一个典型。阿尔及利亚的统治者，即总督（dey），是从沿海和卫戍城镇的土耳其官员中产生的。在城镇外，柏柏尔人事实上仍保持独立，特别是在山区的柏柏尔人。总督偶尔会调解柏柏尔氏族间的争端，但对农村地区几乎没有实际影响力。1830 年，法国人占领了沿海城镇阿尔及尔、奥兰（Oran），总督被流放，奥斯曼帝国对阿尔及利亚名义上的统治就此寿终正寝。

### 法国人入侵阿尔及利亚

法国与阿尔及利亚统治者之间的关系一度非常紧张。自 18 世纪以来，阿尔及利亚一直向法国出口谷物和橄榄油。1798 年，阿尔及利亚总督还给侵略埃及的拿破仑军队供应过粮食。这也反映出奥斯曼帝国北非行省具有一定的独立性。然而，后来的法国政府拒绝支付粮债。1827 年，

 **地图 21.1** 1800—1880 年的阿尔及利亚与马格里布地区

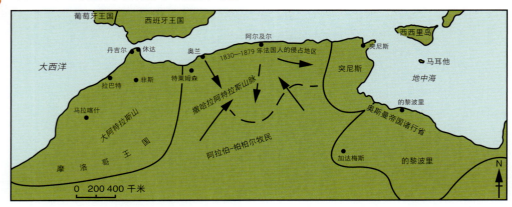

由于粮债纠纷和其他事务，法国和阿尔及利亚中断了外交联系。

1830年，法国出兵阿尔及利亚的公开理由是打击阿尔及尔海盗。事实上，海盗在前几个世纪里比较猖獗，而1830年前后，地中海的海盗对于被强大海军保护的欧洲船只已不再构成严重威胁。法国1830年对阿尔及尔的入侵与占领，实际上是为了激发法国国内的民族热情，挽救腐败且不受欢迎的法国君主制。后来，法国政府将阿尔及利亚视为一个可供白人定居的富饶殖民地，也可以为法国产品开辟另一个市场。然而，法国人从一开始就遭到了内陆地区阿拉伯-柏柏尔穆斯林的顽强抵抗。

## 阿卜杜勒·卡迪尔与阿尔及利亚人的抵抗

法国人入侵阿尔及利亚引起的战争，在19世纪非洲人反对欧洲殖民征服的抵抗战争中最为激烈，也最持久。游牧、半游牧氏族与阿尔及利亚内陆地区的穆斯林道堂（Muslim brotherhoods）①，互相充满敌意，两者之间的侵袭与战争时常发生，因此都声名狼藉。但是，他们在经济生活、阿拉伯语、伊斯兰教、文化价值上有共同之处。所以，当整个生活面临外部威胁的时候，他们也会团结起来。1830年法国的入侵就是这样的一种威胁。外国人在北非沿海城镇统治了数个世纪，但土耳其人毕竟还是穆斯林，也遵从沙里亚法和伊斯兰传统习俗。法国的威胁不仅意味着征服和外来统治，还意味着外来的宗教、文化、法律体系的输入。因此，阿尔及利亚人以圣战之名对法国人发起抵抗，抵抗斗争持续了近50年。

阿卜杜勒·卡迪尔（'Abd al-Qadir）②组织并领导了阿尔及利亚人的早期抵抗。他出身于阿尔及利亚西部地区，是一个天才式的、精力充沛的年轻马拉布（marabout）③。与撒哈拉沙漠南部地区的圣战战士一样，阿卜杜勒·卡迪尔以圣战之名将阿拉伯-柏柏尔氏族和阿尔及利亚的穆斯林道堂团结起来，组建了一个单一、强大的伊斯兰国家。他将国家划分为多个行政区，各行政区的首领负责各行政区的防卫，从而解决了地方势力之间的争斗问题。各行政总部都建有大量的防御工事，它们也是攻击法国军队和城镇的基地。枪支主要从欧洲进口，但阿尔及利亚人也制造和修理了很多枪支。阿卜杜勒·卡迪尔是阿尔及利亚的最高统领，也是"精神领袖"（Commander of the Faithful）。他定期视察各行政区，协调军事行动，严格遵从《古兰经》的律法解决纠纷。

最后，法国人取得了胜利，数万法国人为之丧生，而阿尔及利亚的死亡人数可能高达数十万。19世纪40年代，法国占领军达10余万人。他们采取焦土政策，杀死牲畜，毁坏庄稼，屠杀村民。他们还利用当地的矛盾，支持阿卜杜勒·卡迪尔的反对派。1847年，阿卜杜勒·卡迪尔本人被俘，并遭到流放。但是，阿卜杜勒·卡迪尔领导的抵抗斗争所展现出来的勇气，激励了后来阿尔及利亚人的持久抵抗。直到1857年，法国人才占领了卡比利亚（Kabylie）山区。直至19

---

① 此处 Muslim brotherhoods 译为穆斯林道堂，以便与 1928 年成立的穆斯林兄弟会（Muslim Brotherhood Emblem）区别开来。——译者注
② 在阿拉伯语中，al-Qadir 是伟大的意思。
③ Marabout 的意思是"圣人"。

**图 21.1**　19 世纪 30、40 年代，阿卜杜勒·卡迪尔领导了阿尔及利亚人的反法斗争。他将阿尔及利亚人团结起来，事实上也建立了一个阿尔及利亚人国家。1847 年，法国人抓获了阿卜杜勒·卡迪尔。图片来源：*Hulton Archive/ Getty Images*。

世纪 70 年代，阿尔及利亚人在卡比利亚山区一直没有停止过抵抗斗争。1879 年，法国人终于在军事上征服了阿尔及利亚，但是从未消除阿尔及利亚人由此而生的愤恨。

## 法国人的占领

　　随着法国人的征服，白人移民也接踵而至。白人移民不仅包括法国人，也包括西班牙人和地中海岛屿上的贫穷农民。法国人将阿拉伯-柏柏尔农民和牧民赶出了他们的土地，白人移民接手了橄榄种植园、沿海山区的葡萄园、城镇周围平原的小麦农场。当法国殖民地当局无地可分配时，欧洲移民就用很少的钱从贫农手中买地。1871 年，阿尔及利亚的欧洲殖民者①人数达到 13 万；到 19 世纪末，欧洲殖民者人数达到 100 万，占总人口的 13%。到 19 世纪最后的几十年里，阿尔及利亚绝大部分可耕地落入了大多住在城镇的欧洲地主手中。土地由无地的阿拉伯-柏柏尔农民

---

① 阿尔及利亚人称之为 colons。

来耕种，报酬很低且赋税沉重。法国殖民地当局严格控制阿尔及利亚穆斯林及其活动，很大程度上与 19 世纪早期开普殖民地对科伊桑人的统治模式相似。法国法律凌驾在伊斯兰教规之上，这让殖民地民众备感羞辱。在自己的国家里，阿尔及利亚穆斯林却被法国殖民地当局视为外来人和低等人。法国殖民地当局的傲慢给阿尔及利亚人丧国的伤口撒了一把盐。

# 埃及与苏丹

311

## 拿破仑入侵埃及

　　1798 年 6 月末，一支由 2.5 万人组成的法国大军登陆埃及的地中海沿岸地区，占领了亚历山大。此时，埃及处于两个马穆鲁克贝伊——易卜拉欣（Ibrahim）和穆拉德（Murad）——的统治之下。两位贝伊的统治以地方贝伊的支持为基础。易卜拉欣贝伊统治开罗和尼罗河三角洲地区，而穆拉德贝伊统治上埃及的大部分地区。

**图 21.2**　阿尔及利亚境内撒哈拉沙漠扎内特（Djanet）绿洲上正在菜园里劳作的图阿雷格男人。图片来源：*Frans Lemmens/Alamy Stock Photo*。

法国人入侵埃及的背景是英法矛盾，而两者间的这次矛盾至少可以追溯到七年战争（Seven Years War, 1756—1763 年）。虽然英国人在随后的美国独立战争中失败了，但还有加拿大、加勒比海地区和印度等众多殖民地。而法国，先是在七年战争中，被英国人夺取了在印度和北美的大部分殖民地。到了 18 世纪 90 年代，由于海地爆发奴隶起义，它又失去了这个糖料生产上最赢利的殖民地。在此背景下，法国人开始将目光转向埃及。法国人在埃及有着贸易利益，他们从埃及进口谷物和棉花。但直到 18 世纪 90 年代，法国人都受到来自英国商人的竞争压力。如果征服并殖民埃及，法国就能确保埃及成为其棉花和谷物的可靠来源地，也能在埃及设立糖料种植园，弥补法国人在加勒比海地区的损失。

312    年轻、莽撞的法国将领拿破仑·波拿巴率远征军抵达埃及。拿破仑远比法国政府更有雄心壮志。曾征服埃及，率军穿过了西亚推进至印度河流域的亚历山大大帝才是他的榜样。拿破仑希望能建立一个"东方帝国"，并自任统帅。他甚至将这一个"东方帝国"视为"东方的美洲"（America of the East），最终将独立于法国。为了创建一个法国式的"东方帝国"，拿破仑还带了 200 名法国知识分子，包括科学家、数学家、地理学家、艺术家、语言学家。拿破仑称他们为"智者"。

1798 年 7 月 21 日，法军与埃及军队主力在开罗北部地区激战。拿破仑自视为法老的继承者，称这一场战斗为"金字塔之战"（The Battle of the Pyramids）。拿破仑的军队在数量上处于劣势，而马穆鲁克精锐骑兵勇猛无畏，但他们依旧难以抗衡训练有素的法国步兵团。这天快结束时，埃及军队被击溃，伤亡数千人，包括 2000 名马穆鲁克精锐骑兵，而法军只有 150 人伤亡。穆拉德贝伊撤退至上埃及，组织马穆鲁克袭击法国占领军。易卜拉欣贝伊则撤退至叙利亚地区[1]。

法国在开罗外围地区获得了胜利的几天后，英国海军便歼灭了停靠在亚历山大以东的一个海湾中的法国舰队。英国称之为"尼罗河之战"（The Battle of the Nile）。拿破仑军队的补给和援军路线被切断，他对奥斯曼帝国叙利亚地区的征服野心也因此被挫败。第二年，拿破仑将法军丢在埃及，自己经陆路返回巴黎，夺取法国政权。1801 年，在英国海军的支持下，奥斯曼帝国军队将法国残余军队赶出了埃及。

法国人只占领了埃及 3 年，但影响深远。第一，拿破仑在埃及的短暂统治削弱了马穆鲁克的封建权力，奠定了埃及现代世俗国家的基础。埃及后来的统治者延续了拿破仑的政策。第二，法国人的入侵标志着英法在埃及问题上的矛盾开始显现，这一矛盾主导了随后一个世纪埃及的历史进程。事实上，法国人的入侵也是 19 世纪末"瓜分非洲"的预演，"瓜分非洲"主要是英法两国推动的。第三，拿破仑的"智者"精心记录了古埃及的宗教和艺术作品，发现了罗塞塔石碑，为现代埃及学奠定了基础。

---

① 土耳其与西奈半岛之间的整片地区。

## 穆罕默德·阿里统治下的埃及：1805—1849 年

1801 年，法国人撤离埃及。在随后出现的乱局中，穆罕默德·阿里（Muhammad Ali，1769—1849）脱颖而出，掌握了埃及大权。18 世纪，埃及陷入虚弱和腐败的深渊，衰落下来。正是穆罕默德·阿里将埃及带出困境。仅仅 20 年的时间，穆罕默德·阿里就将埃及变成了奥斯曼帝国最强大的行省，甚至足以挑战苏丹的权威。

穆罕默德·阿里出身于奥斯曼帝国阿尔巴尼亚行省（Albania）[1]。他和阿尔巴尼亚军团一起来到埃及，这个军团也是 1801 年将法国人赶出埃及的奥斯曼帝国远征军的一部分。在阿尔巴尼亚军团的支持下，穆罕默德·阿里很快就成为开罗的主人。1805 年，奥斯曼帝国苏丹册封他为埃及帕夏（pasha）[2]。

与历史上很多外来统治者一样，穆罕默德·阿里最初的目标就是建立自己的王朝，他希望自己及其家族可以世袭埃及帕夏的司法管辖权（pashalic）。穆罕默德·阿里想让埃及变成最富有、最强大、没有内忧外患的北非独立国家，只是在名义上仍要接受奥斯曼帝国的统治。穆罕默德·阿里认为，若要实现这些目标，埃及就需要彻底改革，尤其需要废除腐败的马穆鲁克税收制度。

在实行改革过程中，穆罕默德·阿里乐于听取欧洲人的建议，引进欧洲人的技术。他建立了薪金制的行政机构和一支现代化的职业军队，这些都是参照欧洲模式组建而成的，与亚洲或非洲的传统模式无关。因此，欧洲历史学家常常称他为"现代主义者"（moderniser），埃及人也视他为"现代埃及之父"。必须指出的是，穆罕默德·阿里的所有改革与近代化措施都不是为了改善埃及民众的生活。19 世纪 20 年代，埃及人口数量为 250 万，其中 90% 都是农民。穆罕默德·阿里称这些农民为"野蛮人"。埃及农民一直遭到严重的剥削，尤其是在埃及的"辉煌"时期。即便放到整个埃及历史中做对比，穆罕默德·阿里对农民的剥削也是特别苛刻。农民的赋税和劳役负担沉重，还要服兵役。19 世纪 20 年代，埃及农民爆发了一系列起义，但都被残酷镇压了下去。

穆罕默德·阿里的权力基础是军队，包括将他推向权力宝座的阿尔巴尼亚军团，后来的黑人奴隶兵，最后是埃及农民兵。数个世纪以来，埃及军队一直实行非正式的分封包税制度。马穆鲁克军官负责征收赋税。作为回报，他们可以抽取一部分赋税。当伊克塔实行世袭制后，埃及宫廷便无法控制军队和地区的赋税征收，所以分封包税制度容易滋生腐败和权力滥用现象。穆罕默德·阿里建立了一支薪金制的职业军队。兵种有骑兵、炮兵、步兵。军队纪律严明，并由土耳其和欧洲军官担任指挥官。穆罕默德·阿里残酷无情地清除了马穆鲁克。1811 年，穆罕默德·阿里屠杀了几百名马穆鲁克军官，剩下的马穆鲁克军官越过埃及南部边界，逃至栋古拉避难。

穆罕默德·阿里废除了分封包税制度，将马穆鲁克地产接管过来，赋税直接上缴中央政府。他重新测量了土地，这也是埃及数个世纪以来的第一次土地测量，因此赋税也做了一次重估，提

---

[1] 位于今天希腊的西北方。

[2] 即总督（viceroy）。

高了征收效率。穆罕默德·阿里还设立了一套实行薪金制的行政机构，直接对中央政府负责。同时，他进行了农业改革。与以前的统治者一样，埃及农业改革的目的依旧只是为了增加国家税收。在穆罕默德·阿里统治时期，埃及土地灌溉面积扩大了，可耕地也有所增加，但水利工程都是强迫农民劳动完成的。从苏丹引进的长绒棉很快就成为埃及的主要经济作物。税收主要以小麦、棉花的形式上缴国家，国家再将货物出口欧洲，收益颇丰。

19世纪20年代，埃及入侵并占领了苏丹。侵占苏丹的初衷是为埃及黑人奴隶兵提供兵源地。穆罕默德·阿里统治时期，红海至印度洋的贸易逐渐复兴。自南大西洋贸易路线开辟，红海至印

图 21.3　1801 年，阿尔巴尼亚军队统帅穆罕默德·阿里与奥斯曼帝国大军一起将法国人赶出埃及。穆罕默德·阿里成为开罗的统治者，并于 1805 年被册封为埃及帕夏。在埃及人眼中，他是"近代埃及的奠基者"。穆罕默德·阿里统治埃及直至 1849 年去世，成功迫使奥斯曼帝国苏丹册封他及其后代为世袭帕夏。图片来源：*Hulton Archive/ Getty Images*。

地图 21.2　1805—1880 年埃及帝国的扩张

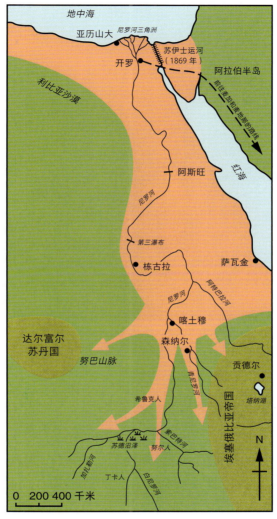

度洋的贸易便受到了冲击。而穆罕默德·阿里的军队在红海地区重新确立了奥斯曼帝国的权力。他击败了阿拉伯半岛中部地区瓦哈比派（Wahhabi）① 的阿拉伯氏族，这些氏族此前占领了圣城麦加和麦地那。两座圣城向穆斯林朝觐者再次敞开了大门，开罗商人像早前一样做起穆斯林朝觐者的生意。1841 年，穆罕默德·阿里终于实现了个人的最大抱负：奥斯曼帝国苏丹同意由穆罕默德·阿里家族世袭埃及帕夏一职。

---

①　瓦哈比派（Wahhabi）是兴起于 18 世纪中期的一股伊斯兰教逊尼派分支。——译者注

**图 21.4**    苏伊士运河的修建。为了向劳工提供淡水，埃及政府在修建苏伊士运河前疏通了一条有 3000 年历史的运河并重新蓄水。这条运河始自法老时代，将尼罗河与红海连接了起来。图片来源：*General Photographic Agency/Getty Images*。

## 1882 年前在埃及的欧洲人权力的增长与影响

在穆罕默德·阿里及其继承者的统治时期，欧洲人在埃及的利益不断增加。帕夏政府雇用了一批欧洲顾问、军官和官僚以协助埃及实现"现代化"。1838 年，欧洲商人开始在埃及境内进行商业活动。此前，欧洲政府对穆罕默德·阿里施压，要求他取消对外国商人的限制。此后，欧洲商人进入埃及。法国与英国商人对苏丹不断扩大的象牙贸易特别感兴趣。英国人开始将埃及作为抵达红海的陆上路线，这也是一条抵达其印度殖民地更短的替代路线。19 世纪 50 年代，英国投入巨资修建铁路，将地中海港口亚历山大、开罗，以及红海的苏伊士港连接起来。1859 年，法国工程师在苏伊士港附近开始建设一条将地中海与红海打通的运河。

穆罕默德·阿里之后，两任帕夏统治时期比较短。期间，法国人、英国人的影响不断增大。1863 年，穆罕默德·阿里的孙子伊斯梅尔（Isma'il）继承了帕夏一职，很快便将称号从帕夏提升为赫迪夫（khedive）①。此时，由于美国爆发内战（1861—1865 年）造成美洲棉花短缺，埃及的棉花出口量大幅增加，国库充裕。伊斯梅尔投入资金，扩建尼罗河上游地区的铁路，更新军队装

---

①    古波斯国王称号。

备。埃及帝国向苏丹地区扩张。19世纪60年代末，随着埃及棉花出口量减少，欧洲债务成为埃及的大难题。1869年，苏伊士运河正式通航。欧洲船运占据了越来越多的埃及贸易份额。苏伊士运河由法国和埃及共同投资，投资总额1900万英镑，埃及占3/4。19世纪70年代，由于埃及财政透支过度，英国在1875年趁机用400万英镑买走了埃及的苏伊士运河股份，而400万英镑只是埃及持有的股份真实价值的一小部分。英国通过苏伊士运河股份确保了英国至印度的航线。与此同时，英国也开始致力于维护自己在埃及的投资安全。

1876年，伊斯梅尔被迫宣布国家破产，无力偿还外债。1879年，为了保护在埃及的重大经济利益，英法废黜了伊斯梅尔，扶植其子陶菲克（Tawfiq）充当傀儡赫迪夫。为了确保埃及能偿还欧洲银行债务，英法两国对埃及财政正式实施"双重管制"（Dual Control），这几乎是20世纪后期世界银行、国际货币基金组织对非政策的预演。 316

## 乌拉比帕夏、埃及民族主义与英国人的入侵

英法两国的"双重管制"激发了埃及民族主义者的爱国热情。埃及民族主义者既反对土耳其-阿尔巴尼亚统治集团，又反对新近欧洲人的干涉。在本地一位农民的孩子艾哈迈德·乌拉比（Ahmad Urabi）[①]上校的领导下，民族主义者及其军队的支持者迫使陶菲克任命他们中的两人担任政府要职。1881年，艾哈迈德·乌拉比担任战争部长，马哈茂德·巴鲁迪〔Mahmud al-Barudi〕担任总理。乌拉比的"祖国党"（National Party）[②]在"埃及是埃及人的埃及"的口号下获得了民众的广泛支持。

当时，一名英国记者采访了乌拉比。他宣称，自己想建立一个独立负责的民主政府。1882年5月，英法两国先发制人，派遣一支海军封锁了亚历山大。1881年，法国在占领突尼斯前也封锁过突尼斯市。乌拉比加强了亚历山大的防卫。欧洲人与埃及人剑拔弩张。1882年6月，反帝骚乱造成了50名欧洲人死亡。英国人以此为借口，炮击亚历山大，其目的是摧毁乌拉比的增援力量。 317

此时的法国忙于镇压突尼斯人的反抗，撤走了封锁亚历山大的军舰。留下的英国海军登陆占领了亚历山大。乌拉比撤回军队，防卫开罗。4周后，一支英国大军从苏伊士运河侵入埃及。英军沿着苏伊士运河向开罗进发，在泰勒凯比尔战役[③]（Battle of Tel el-Kebir）中击败了乌拉比的军队，占领了埃及。乌拉比被俘，流放至处于英国统治下的锡兰（Ceylon）[④]。

英国占领埃及的原因极其复杂。其主要目的是为了确保通往印度的苏伊士运河线路安全[⑤]，英国人在埃及的当前和未来的投资安全，以及镇压艾哈迈德·乌拉比在埃及掀起的民族主义运

---

① 又称乌拉比帕夏。艾哈迈德·乌拉比又有艾哈迈德·奥拉比的译名，这里译为艾哈迈德·乌拉比。——译者注
② 又译民族党，这里从中东研究界的常见译名。——译者注
③ 又译特尔-埃尔-克伯。——译者注
④ 今天的斯里兰卡。
⑤ 甚至在苏伊士运河修建前，这便是英国人地中海政策的目的之一。

图 21.5  约 1874 年，民众正在观看一支船队在苏伊士运河上航行。图片来源：*Henry Guttmann/Hulton Archive/Getty Images*。

动。英国人重新任命帕夏，由帕夏统治埃及。实际上，埃及已经成了英国的殖民地。

埃及人意图建立一个独立的现代民族国家，但遭到英国人的蓄意阻挠。一些历史学家认为，英国人的行动是臭名昭著的"瓜分非洲"的前奏。当然，"瓜分非洲"主要是欧洲人之间斗争的结果。对于 1882 年的英国单边行动，法国怀恨在心。在后来的几十年里，埃及成为英法帝国主义争夺的焦点。

## 埃及人入侵苏丹地区：1820—1881 年

穆罕默德·阿里入侵苏丹地区的主要目标是摧毁马穆鲁克的据点栋古拉，获得黑人奴隶充实埃及军队。1820—1821 年的埃及侵略军只有 4000 人，但配备了欧洲枪炮。埃及军队占领了栋古拉，打散了马穆鲁克的残余力量。多年来，丰吉苏丹国一直处于分裂状态，所以几乎没能组织起有效的抵抗，埃及人几乎不费吹灰之力就占领了丰吉苏丹国的都城森纳尔。在尼罗河两条支流的汇集处，埃及人创建了喀土穆作为行政首都。19 世纪 20 年代，埃及人在苏丹地区的统治范围一直延伸至喀土穆西南部的科尔多凡地区。

埃及军队在苏丹东部与西部地区抓捕奴隶，尤其是在南科尔多凡的努巴山脉。努比亚的金矿曾一度充实了古埃及的金库，但埃及军队这次想要发现金矿的愿望落了空。然而，他们找到了另一个财富来源：象牙。19世纪40年代，埃及人最终镇压了尼罗河上游流域希鲁克人的猛烈抵抗，进入苏丹南部的大象狩猎区。以喀土穆为基地的欧洲、埃及与苏丹地区商人发现比起贸易，抢劫更有利可图。埃及政府也没有约束得住这些商人在尼罗河上游流域抢劫。因此，这些商人[①]的私人武装四处搜寻象牙和少量奴隶，屠杀了大量苏丹南部的黑人。

19世纪60、70年代，埃及帝国在赫迪夫伊斯梅尔的带领下致力于进一步向南部扩张，在尼罗河上游流域的希鲁克人与丁卡人之间部署了卫戍部队。19世纪70年代，埃及帝国雇用了欧洲人塞缪尔·贝克（Samuel Baker）和查尔斯·戈登（Charles Gordon），意图征服大湖地区的布尼奥罗王国和布干达王国，但没有成功。1874年，埃及帝国征服了达尔富尔。这一系列的军事行动激起了苏丹人对埃及的强烈敌意，又增添了本就让埃及帝国左支右绌的外债。

1881年，栋古拉的穆斯林圣人穆罕默德·艾哈迈德（Muhammad Ahmad）自称马赫迪，是虔诚信奉伊斯兰教的穆斯林的救世主。马赫迪发动圣战，组织苏丹人展开反抗。19世纪70年代，查尔斯·戈登对奴隶贸易的封禁，让多个世代从中获利的穆斯林商人对他愤恨不已。科尔多凡的养牛游牧民希望能摆脱破产的埃及当局征收的重税。埃及管理机构中的土耳其人、埃及人腐败不堪，也不遵守伊斯兰教规，使得苏丹地区的穆斯林圣徒们备感侮辱；而其中不断增加的欧洲基督徒，更是凸显了埃及的异质气质和外来势力的身份。

## 马赫迪国家[②]

马赫迪的武装力量勇猛狂热。在与装备更好的"现代化"埃及镇压部队的斗争中，马赫迪的武装力量赢得了一些胜利。1885年，马赫迪的武装力量占领喀土穆，杀死了查尔斯·戈登和残余的埃及士兵与官员。5个月后，穆罕默德·艾哈迈德去世，令其忠诚的支持者错愕不已。在他们看来，马赫迪是永生的。不多久，马赫迪运动的团结就出现裂痕。但是，这种局面被马赫迪的继承者哈里发阿卜杜拉希（khalifa 'Abdallahi）所挽救。他建立了一个强大的行政制度，直接任命地区总督，总督们要严格按照《古兰经》教规处理地方事务、征收赋税。赋税负担比以前的埃及当局减轻许多，当地民众心甘情愿地上缴赋税。马赫迪国家的疆域覆盖了今天苏丹共和国大部分地区。在这片广阔的区域，地区间的定期联系主要靠骑着骆驼的信使来维持。不幸的是，国家的大部分精力和财富都花在与近邻的战争上：马赫迪国家同东南方的埃塞俄比亚、北方英国统治下的埃及之间一直战事不断。

1898年，庞大的英埃联军最终摧毁了马赫迪国家。在乌姆杜尔曼战役（Battle of Omdurman）中，1.1万名苏丹人死于英国和埃及的机关枪和大炮，而英埃联军仅仅死亡了48人。马赫迪国家

319

---

① 主要是外国商人。
② 原书表达为"The Mahdist state"，但更准确的用词是"Mahdiyya"，特指马赫迪1881—1898年在苏丹地区建立的国家。——译者注

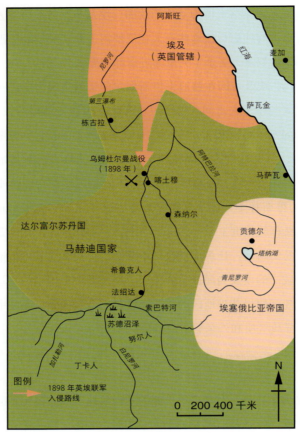

地图 21.3　1885—1898 年的马赫迪国家

成为英埃共管地，事实上的英国殖民地。只有同马赫迪国家维系着松散联系，地处苏丹西部的达尔富尔苏丹国没有被英国征服。在 1880—1910 年"瓜分非洲"浪潮中，达尔富尔苏丹国也是少数幸存下来的非洲独立国家之一。

## 埃塞俄比亚帝国的统一

　　自 18 世纪以来，居住在贡德尔的皇帝只不过是埃塞俄比亚帝国名义上的首领而已。作为"众王之王"（King of kings）的皇帝本是众多独立"国王"的统治者，但在"王子时代"（era of the princes），"联邦"的地方统治者往往会宣布独立。帝国的北部和西部边境地区则交由当地贵族，以抵抗埃及的长期侵袭、保卫领地。

　　1854 年，埃塞俄比亚帝国雇用的一名英国顾问揭示了贵族的权力与农民的地位：

一个村庄繁荣与否，完全取决于其首领是否贪婪……他们交出一部分收入给王公或其他大首领，有时用现金缴纳赋税；除此以外，他们必须提供牛，用牛翻耕国王的田地。地区总督抽取每种谷物产量的 1/5。每户人家还要供养一定数量的士兵；地区总督有权处置牛只、绵羊、山羊、黄油、蜂蜜……地区总督能有 50 个借口索取财物。[①]

## 特沃德罗斯二世的统治

19 世纪 50 年代初，西部夸拉省（Qwara）的总督是里基·卡萨·海卢（Lij Kassa Haylu）。他在与埃及人的战争中汲取了经验教训。他改革了自己军队中实行的分封包税制度，将军队打造成一支纪律严明的常规武装力量，还配备了枪炮。1855 年，卡萨侵入中部省份，夺取了帝位，成为特沃德罗斯二世（Tewodros Ⅱ）。特沃德罗斯二世的统治长达 13 年，最终以灾难和自杀身亡而告终。然而，对埃塞俄比亚这个在后来帝国主义殖民潮中保持了独立的国家来说，特沃德罗斯二世的统治至关重要。他恢复了国家的中央集权统治。因此，教会、贵族对特沃德罗斯二世的改革抱有敌意。但是，特沃德罗斯二世的改革奠定了埃塞俄比亚帝国统一的基础，也揭示出后继皇帝需要应对的问题本质。

特沃德罗斯二世直接任命从宫廷领取薪金的地区总督和法官，以削弱地方贵族的权力。过去，这些职位一直把控在靠农民来养活自己的地方世袭贵族手中。同时，特沃德罗斯二世不再依赖强势贵族的非正式分封包税制度。他把自己的常规武装力量扩充为一支属于国家的部队——训练有素，发有薪金，使用现代枪炮。1855—1861 年，地方贵族发动多起叛乱，重申地方的独立地位。特沃德罗斯二世镇压叛乱时，允许士兵抢劫、屠杀、残害俘虏，使地方贵族对其更加深恶痛绝。

如果能赢得教会支持，特沃德罗斯二世或许能度过危机。但是，特沃德罗斯二世取消了神职人员的特权，没收了教会的财产，只给每个教区留下仅能养活少数神职人员的少量土地。特沃德罗斯二世失去了教会支持，这意味着他失去了其皇帝称号的合法性。在他最需要支持的时候，埃塞俄比亚臣民却在教会的影响下抛弃了皇帝。

1868 年，埃塞俄比亚帝国爆发了一场危机。埃塞俄比亚帝国与英国领事机构发生了外交纠纷，特沃德罗斯二世逮捕了当地的英国领事。当时，英国是世界大国，正急于彰显大国地位，便派遣了一支 3 万人大军前来营救英国"人质"。英军深入高原后发现，压根就没有人支持皇帝。在马格达拉战役（Battle of Magdala）中，特沃德罗斯二世只能组织起 4000 人的队伍，很快就被英军所击败。特沃德罗斯二世不愿被俘，自杀身亡。英军洗劫了埃塞俄比亚的都城马格达拉后撤了回来。英国人维护了帝国荣耀，但欧洲人却也因此错误地认为埃塞俄比亚帝国易于征服。

① Great Britain, Parliamentary Papers, Correspondence respecting Abyssinia, 1846—68 (London 1868), 107, Plowden to Clarendon, 9 July 1854. 转引自 Flint, J.E. (ed.) (1976) *The Cambridge History of Africa* vol. 5, c.1790—c.1870 (CUP: Cambridge), p. 70。

地图 **21.4**　1855—1896 年的埃塞俄比亚帝国

321　## 1896 年前的埃塞俄比亚帝国的统一与扩张

在英国进军埃塞俄比亚帝国北部地区的时候，提格雷省的德杰·卡萨（Dej Kassa）曾协助过英军。他自称是特沃德罗斯二世的继承者，并最终击败了其他竞争者赢得皇位。1872 年，德杰·卡萨在阿克苏姆玛丽教堂（Axum's Church of Mary）加冕为约翰尼斯四世（Johannes Ⅳ）。复杂繁琐的加冕仪式彰显了他对埃塞俄比亚传统的尊重。

约翰尼斯四世放弃了特沃德罗斯二世的做法，不再直接任命地区总督和法官，恢复了地方贵族之前的很多权力。此举让约翰尼斯四世赢得了大多数亲王的支持，但埃塞俄比亚社会因此再次出现分封割据。在获得广泛支持后，约翰尼斯四世召集起一支庞大的基督教军队，在帝国北部地区击退了埃及穆斯林。帝国东部的威胁来自意大利人。1882 年、1885 年，意大利先后宣布阿萨布港（Assab）和马萨瓦港是其殖民地。1887 年，约翰尼斯四世在多加利战役（Battle of Dogali）中击败了一支 500 人的意大利武装力量。然而，约翰尼斯四世从未统治过整个埃塞俄比亚帝国，他的帝位一直受到南部基督教绍阿王国的孟尼利克（Menelik）的挑战和威胁。

图 21.6　1868年，在马格达拉战役中被英军击败后，埃塞俄比亚皇帝特沃德罗斯二世自杀身亡。选自《卡塞尔插图世界史》（*Cassell's Illustrated History of the World*），作者埃米尔·贝亚德（Emile Bayard）。图片来源：*Hulton Archive/Getty Images*。

图 21.7　孟尼利克的埃塞俄比亚帝国大军在阿杜瓦战役中击败了意大利人；达波米达准将（Brigadier General Dabormida）的军队遭遇强烈抵抗。1896 年 3 月 29 日的《意大利画报》（*L'illustrazione Italiana*），第 200 页上的插图。图片来源：*De Agostini/Getty Images*。

多年来，孟尼利克一直在埃塞俄比亚帝国南部地区加强统治。孟尼利克建立了一支数量庞大、战斗力强的军队，装备着从沿海法国、意大利商人那里买来的步枪和火炮。在约翰尼斯四世致力于保卫埃塞俄比亚帝国免遭意大利人入侵时，孟尼利克向东部地区不断扩张。孟尼利克夺取了穆斯林城市哈拉尔（Harar），还从塔朱拉湾（Gulf of Tadjoura）①的法国人手中购买武器，哈拉尔此后成为武器交易中心。

1889 年，约翰尼斯四世去世，孟尼利克登上帝位，定都绍阿核心地区的亚的斯亚贝巴（Addis Ababa）。埃塞俄比亚帝国继续向南部扩张，吸纳了非基督教的奥罗莫人、西达马人（Sidama）②、索马里人。这些族群的大片土地被分封给了绍阿地区的总督和贵族。

在埃塞俄比亚帝国北部地区，意大利人野心勃勃。1887—1890 年，意大利人一直盘踞在厄立特里亚。孟尼利克被迫承认沿海的厄立特里亚是意属殖民地。但是，意大利人没能征服埃塞俄比亚帝国核心地区。占据兵力优势的孟尼利克军队挫败了意大利人的野心。1896，孟尼利克在阿杜瓦战役（Battle of Adwa）中战胜了意大利人，这也让埃塞俄比亚帝国在"瓜分非洲"时期的欧洲殖民征服浪潮中保持了独立。

①　吉布提海湾，位于亚丁湾西端。——译者注
②　又有西达玛人、锡达马人等译名。——译者注

# 第八篇

# 19 世纪末文化、政治帝国主义的冲击

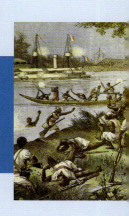

第二十二、二十三章论述了所谓的"瓜分非洲"时期,即 19 世纪最后 25 年,欧洲殖民列强竞相征服非洲大陆。在此之前,欧洲冒险家穿越非洲,探寻其主要河流的航线,这些河流被视为进出非洲大陆的重要贸易路线。欧洲冒险家记录的"发现"之旅,引起了欧洲人的兴趣,成为欧洲人征服非洲的前奏。我们将详细讨论"瓜分"本身及其动机,叙述其中的入侵、抵抗、征服。并揭示强加于非洲大陆的"新国家"的形成,以及殖民国家在两三代人的时间里对这些"新国家"所实施的监督。这一点非常重要。后来,在文化上被同化的新一代非洲领导人将殖民地边界视为神圣不可侵犯。在此基础上,殖民国家及其后续政权给非洲带来了诸多难以解决的文化认同、政治认同方面的冲突。这些冲突一直困扰着独立后的非洲,甚至延续到 21 世纪。

南部非洲发现了丰富的钻石与黄金矿藏,再结合远古的神话,刺激了原本的商业野心进一步膨胀。商业的野心与狂妄的文化,使得正处于工业化中的欧洲大国彼此竞争,并接受了经典的帝国观念:"强权即公理"。非洲人虽予以顽强抵抗,但欧洲人对非洲的入侵和征服仍然迅速完成。这主要是因为非洲人未能团结起来对抗共同的敌人,使得英国、法国、德国、葡萄牙等欧洲国家得以将非洲的抵抗势力逐一击破。而非洲人之所以未能团结起来,可能是因为他们未能及时意识到,他们面临的是前所未有的工业化欧洲的侵袭。然而,即使非洲人团结一致,在武器和工业资源占尽优势的敌人面前,他们除了能拖延必然到来的殖民统治外,又能做些什么呢?这实在难以论断。军事实力的不对等带来了屠杀,而规模如此之大则有两方面的原因:其一,种族主义者无视非洲人的生命价值;其二,屠杀者刻意制造恐怖,以维持欧洲人的殖民统治。虽然一些规模较小的非洲群落认为,欧洲人的入侵减少了掠奴袭击,但处于殖民统治下的第一代非洲人仍然展开了很多抵抗行动。

博茨瓦纳、赞比亚西部、乌干达等非洲地区的统治者，在欧洲人全面入侵前采取主动行动，通过谈判使得外来殖民统治的压迫程度有所减轻。西非强国的统治者与入侵的法国军队展开谈判，签署了条约，但殖民者转眼便背信弃义。一些非洲人参与了 1899—1902 年南非战争，支持英国军队。但这些非洲人发现，面对帝国利益优先的原则，英国人所谓的公道亦不复存焉。

　　在 19 世纪末的"瓜分"期间，欧洲列强将军事力量指向非洲人，谨慎地避免了欧洲列强彼此之间的战争。尽管如此，"瓜分非洲"较早地揭示出欧洲列强之间的竞争关系。1914—1918 年的第一次世界大战不过是欧洲列强之间竞争的高潮，在非洲殖民地问题上，欧洲列强早已相互争斗不已。

# 第二十二章

# 殖民征服与东非、中北部非洲、西非地区非洲人的抵抗

## 帝国前奏：欧洲"探险家"的非洲勘测

　　1768 年，为了寻找青尼罗河的源头，行为乖张的苏格兰贵族詹姆斯·布鲁斯（James Bruce）奔赴埃塞俄比亚，开启了一场漫长之旅。1783 年返回欧洲后，布鲁斯发现几乎没有人相信他所描述的埃塞俄比亚，尤其是关于辉煌的贡德尔宫殿的内容。布鲁斯的发现与欧洲人根深蒂固的偏见实在大相径庭——在欧洲人看来，非洲社会原始而无序，不过是奴隶的来源地而已。尽管有数

**图 22.1**　18 世纪 70 年代，詹姆斯·布鲁斯所看到的埃塞俄比亚帝国都城贡德尔。回到欧洲后，他出版了叙述此次旅程的著作，但读者不相信如此雄伟复杂的建筑是非洲人建造而成的。图片来源：*Universal History Archive /Getty Images*。

个世纪的沿海贸易联系，但欧洲人对非洲的族群和历史仍然非常无知。然而，非洲即将引起欧洲人的浓厚兴趣。

328

废除奴隶贸易运动重新燃起了欧洲人对非洲的兴趣。如果欧洲人想从所谓的"合法"贸易中获益，自然就需要更全面地了解非洲大陆。他们需要知道非洲大陆水系的航运潜力和非洲的原材料情况，也需要知道非洲主要人口中心的位置，从而为欧洲制成品找到新市场。

1788 年，一群富有又有影响力的英国人组建了非洲协会（African Association）。非洲协会的直接目标是派遣一支探险队访问梦幻之城廷巴克图，同时考察尼日尔河航线。对中世纪的欧洲人来说，非洲是黄金的主要来源地。马里帝国国王曼萨穆萨 14 世纪那次著名的麦加朝觐之旅就是明证。曼萨穆萨在开罗大肆赠送黄金礼品，进一步强化了欧洲人的迷思。在欧洲人眼中，廷巴克图的财富无法估量，甚至那里的奴隶都披金戴银。实际上，廷巴克图本身不是黄金产地，它的贸易地位在晚近的几个世纪中也早已大幅度下降。然而，廷巴克图仍是欧洲人早期探险旅行的目的地。

1788—1877 年，一些自称"探险家"的欧洲人进入非洲核心地区，增进了欧洲人对非洲大陆的了解。探险活动旋即开启，不到一年的时间，就至少有一支欧洲探险队远征至非洲内陆中心区。当然，确切地说，这些欧洲人压根就不是"探险家"。"探险"（exploration）一词，是指对之前未知事物展开调查。但非洲没有哪块地方是当地人、是在非洲从事长途贸易的商人所不知道的。事实上，数百年来，欧洲探险家所"发现"的非洲诸多地区，特别是撒哈拉沙漠和萨赫勒地区，一直为阿拉伯语世界所熟知。

大多数欧洲探险家沿着固定的长途贸易路线行进。为了能与商队搭伴同行，一些欧洲探险家甚至穿上了穆斯林服饰，假扮成了穆斯林。每个欧洲探险家都依赖于非洲人的善意款待，探险活动也需要非洲向导和侍从的帮助。一些欧洲探险家探险时会带上大量的挑夫和全副武装的侍从。这些具备读写能力的非洲侍从不可或缺，他们也记录了探险活动。今天，这些侍从在非洲的名声，足以与其雇主在 19 世纪欧洲的名声相提并论。

历史学家通常认为，19 世纪 50 年代之前，欧洲探险家进入非洲纯粹是因为受到科学探求精神推动，毫无功利之心，很多欧洲探险家也自觉如此。一些欧洲探险家或为探险精神所吸引，或渴求名望，或两者兼有。探险资助人则称赞探险家的"发现"，废寝忘食地阅读探险家的著作。这些著作的重要意义在于为欧洲在未来从非洲获得更大的贸易收益作了必要准备。非洲协会章程甚至明文规定，如果信息有利于英国的商业利益，就要汇总起来并加以保密。非洲协会的第一位成功探险家是芒戈·帕克（Mungo Park），他很清楚探险之旅的主要意图。他将其描述为"使国民更加熟悉非洲的地理……让非洲成为国民施展抱负的地方、工业财富的新来源地、新的商业渠道"①。

---

① Park, M. [1799] 1983 *Travels into the Interior of Africa* (Eland Books: London), p. 2.

**图 22.2** 穿着麦加朝觐服的理查德·伯顿。伯顿是一位冒险家、旅行家，能流利地说阿拉伯语。他在访问穆斯林禁城哈拉尔（位于今天埃塞俄比亚东部边陲地区）的时候，也穿着类似服饰。他还曾率领一支探险队（没有乔装打扮），前往湖间地区，探寻尼罗河源头。图片来源：*Chronicle/Alamy Stock Photo*。

芒戈·帕克先后两次前往尼日尔河探险①，最终死于顺流而下前往海洋的旅途中。其他探险家继承了芒戈·帕克的探险事业。但直到 1827 年，法国人勒内·卡耶（René Caillé）才成为第一个从廷巴克图带回第一手资料的欧洲人。讽刺的是，欧洲人不相信卡耶的话，因为他所描绘的廷巴克图，既灰暗又脏乱，无情地击碎了欧洲人的黄金梦。这不免令人想起 1783 年詹姆斯·布鲁斯的遭遇：布鲁斯对埃塞俄比亚充满了赞许，欧洲人也不相信。

1830 年，兰德尔兄弟（Lander Brothers）从内陆城镇布萨（Bussa）出发，沿尼日尔河顺流

329

---

① 分别为 1795—1797 年、1805—1806 年。

**地图 22.1**    1880 年前欧洲人渗入非洲的情况

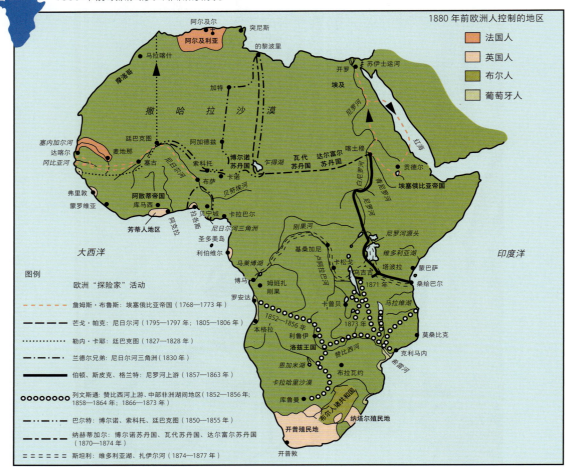

而下直到河口。兰德尔兄弟向充满期待的欧洲人揭示了一片被称为"油河"（Oil Rivers）的沼泽地。事实上，这片沼泽地就是肥沃的尼日尔河三角洲。欧洲商人和制造商认为，从这条航道可以进入西非内陆的核心地区。但在后来的 20 年里，疟疾造成的高死亡率将欧洲探险家与商人挡在了海湾地区。转折点出现在 19 世纪 50 年代，人们发现服用一定剂量的奎宁能有效治疗疟疾。凭借这一医学发现，欧洲人加快了非洲探险的步伐。

19 世纪 50—70 年代，欧洲人主要探险于非洲其他水系：尼罗河上游支流、赞比西河、刚果河。对非洲河流的强烈兴趣，并不是单纯的科学好奇心使然。在欧洲人看来，非洲河流是出入非洲核心地区的交通动脉，其作用如同铁路时代前欧洲、北美的河流。这些河流是"高速公路"，欧洲人可以借此让非洲大陆敞开贸易和开发的大门。

1858—1859 年，理查德·伯顿（Richard Burton）、约翰·汉宁·斯皮克（John Hanning Speke）开启"尼罗河探源"。斯皮克成为第一个看到东非大湖（nyanza）的欧洲人，并以英国女王的名

**图 22.3**　戴维・利文斯通的探险同伴楚玛（Chuma）。1873 年，利文斯通在今天赞比亚班韦乌卢湖地区去世。楚玛负责保存遗体。后来，楚玛和苏西（Susi）带领一支由 60 人组成的队伍，将遗体运至巴加莫约（Bagamoyo）。利文斯通的遗体这才得以运回英国安葬。至巴加莫约的旅程耗费楚玛等人 10 个月。英国政府实在吝啬，既没有给予感谢，又没有给予回报。图片来源：*National Archives of Zimbabwe*。

字将这个大湖命名为"维多利亚"。1860 年，斯皮克重返维多利亚湖，同行的还有詹姆斯・A. 格兰特（James A. Grant），他们确认了尼罗河的源头是维多利亚湖的北端，并且发现喀土穆往上的尼罗河河段或许能通航。在更南边的地区，戴维・利文斯通从赞比西河出发跨越整个非洲大陆到达了罗安达 ① 的西部海岸。正是在这次横跨非洲大陆的旅途中，利文斯通亲眼见证了仍然存在的野蛮的奴隶贸易。然后，他调转回头，再次回到东部沿海地区。他错误地认为，赞比西河能通航进入内陆地区。后来，利文斯通率领一支探险队，沿希雷河直上抵达马拉维湖。在余生里，他一直致力于中南非的河湖探险。利文斯通本人是一名传教士，满怀传教热情。面对中南非依旧残存的奴隶贸易，他宣称基督教和欧洲人的商业是结束奴隶贸易的唯一途径。利文斯通宣扬的"基督教和商业"成为帝国主义的口号，为紧随其后的殖民征服提供了名正言顺的借口。

同时，德国人海因里希・巴尔特（Heinrich Barth）和古斯塔夫・纳赫蒂加尔（Gustav Nachtigal）探察了撒哈拉沙漠和萨赫勒地区的主要贸易路线。巴尔特详尽地记录了旅行历程，皇皇 5 卷本。这部著作记录详尽，信息丰富，一直是历史学家研究索科托哈里发帝国和博尔诺苏丹国的主要文献资料。有历史学家认为，他是最后一位科学探险家，毫无功利之心。但是，巴尔特在撒哈拉以南非洲的探险之旅（1850—1855 年），主要是替欧洲商人评估博尔诺苏丹国、索科托

① 当时为葡萄牙人的小贸易港口，后为今天安哥拉的首都。

**图 22.4**　1877 年 2 月 14 日，H. M. 斯坦利探险队在刚果河上与班加拉人（Bangala）独木舟战船发生战斗。当代线雕画。图片来源：*ullstein bild Dtl./Contributor/Getty Images*。

哈里发帝国，以及尼日尔河河曲地区的贸易潜力。巴尔特是德国人，但其部分资金来源于英国商人。为了回报他们，巴尔特希望从索科托哈里发帝国苏丹那里得到"一份特许状，如果英国商人在苏丹领地从事贸易活动，苏丹要确保其人身和财产安全"。苏丹爽快地答应了，但巴尔特本人很怀疑苏丹的保护能力。

　　未到索科托哈里发帝国前，即在乍得湖东南侧的巴吉尔米（Bagirmi）的时候，当地人认为巴尔特是奸细，把他关在监狱里。他戴着脚镣，在那里度过数日。这一经历让他开始反思：

　　　　我得出结论：为了实现既定目标，对由夸拉河（Kwara）、贝努埃河、卡杜纳河（Kaduna）[①] 围起来的这片区域进行殖民是绝对有必要的。只有这样，才能将商业和文明从各个方向拓展到非洲大陆的核心地区。[②]

　　尽管巴尔特担心当地非洲统治者不见得能保障欧洲商人在非洲内陆地区的安全，但他对在索科托都城看到当地繁荣昌盛的贸易景象很是欣慰：

---

① 位于今天尼日利亚北部地区。原文为 Kwara，Benuwe and the River Kaduna，应该是尼日尔河夸拉河段、贝努埃河部分河段、卡杜纳河围起来的区域。相当于今天尼日利亚夸拉州、贝努埃州、卡杜纳州加起来的一整块区域。——译者注

② Barth, H. [ (1857) 1890] *Travels and Discoveries in North and Central Africa* (Ward, Lock and Co.: London), p. 50.

［1853 年］4 月 22 日，星期五。今天是重要的集市日，对我来说也很重要，因为我要买 332
很多东西……市场里人头攒动，倒也能忍受。物品供应充足。市场上约有 30 匹马，300 头待
屠宰的骆驼，50 头驮兽或驮牛，以及大量皮革制品……加工过的皮革很柔软，也很漂亮。这
里还有 100 多副马勒，马勒是这片黑人之地最著名的工艺品。特别值得一提的是，这里有大
量铁制品。索科托的铁器，质量极好，随处可见……这里有很多奴隶在展销……只有在盐商
过来时才会举行奴隶展销，日期……是提前定好了的。[①]

H. M. 斯坦利完成了戴维·利文斯通余下的工作，揭开了非洲其他大河的神秘面纱。1874—
1877 年，斯坦利从桑给巴尔出发，横跨非洲大陆，沿刚果河上游支流卢阿拉巴河一路航行至刚
果河河口的博马（Boma）。他率领的是一支全副武装的探险队，顺流而下的过程中以枪炮开路，
残酷无情地屠戮了刚果河两岸族群。因为后者认为其传统贸易路线受到了严重威胁，对探险队发
起了激烈抵抗。

> 自 19 世纪末以来，包括整个殖民时期，欧洲人都称这条赤道附近的大河为刚果河，主
> 要依据是大河下游以南地区是刚果人和刚果王国。早前，葡萄牙语文献称这条大河为扎伊
> 尔河（Zaire），主要依据是刚果语（Kikongo）单词 nzere[②]。在不同河段，非洲当地人对这
> 条大河的称呼也不同。20 世纪 70 年代中期后，这条大河及其所属共和国改名为"扎伊尔"；
> 20 多年后，即 1997 年，名字又都改回"刚果"。

多年来，欧洲商人一直将其控制的贸易路线从沿海基地向内陆地区推进。例如，到 19 世纪 333
60 年代，在法国政府的军事支持下，法国商人已经在塞内加尔河两岸建立了一块狭长的殖民地，
最东边推进至麦地那。1874 年，阿散蒂帝国挑战了英国在黄金海岸的贸易垄断地位。英国政府
宣布英属黄金海岸保护地为皇家殖民地。同时，英国商人利用尼日尔河三角洲国家之间的矛盾，
控制了尼日尔河下游的大部分贸易。1877 年，H. M. 斯坦利突然发现刚果河能够大规模通航。在
英国人对于是否占领刚果河流域犹豫不决时，比利时国王利奥波德二世（Leopold Ⅱ）抓住契机，
派 H. M. 斯坦利回到刚果河河口，令他修建一条把博马与马莱博湖[③]连接起来的道路。这实际上
是一次殖民探险。

欧洲人早已开始争夺非洲的资源财富和贸易控制权了，比利时国王利奥波德二世的举措只是
加剧了欧洲人的竞争。非洲大部分地区仍需要"勘测"，欧洲"探险家"便随即成为殖民扩张的
直接代理人。

---

① Barth, H. [ (1857) 1890] *Travels and Discoveries in North and Central Africa* (Ward, Lock and Co.: London), pp. 163, 184.

② 河流的意思。

③ H. M. 斯坦利将马莱博湖改名为斯坦利湖。

# "瓜分非洲"

"合法贸易"取代跨大西洋奴隶贸易后，欧洲商人便对控制非洲内陆的贸易体系越来越有兴趣。欧洲商人，特别是英国商人，大力支持欧洲"探险家"探察非洲水系的活动，还常常提供资助。在欧洲人眼中，非洲河流是出入非洲大陆核心地区的交通动脉。

19世纪70年代初，欧洲贸易公司沿着非洲西部海岸线附近的几条大河渐渐向内陆推进。但在那时，总体而言欧洲贸易公司是承认非洲人的权威的，种种活动也是与当地非洲统治者合作展开的。在非洲大陆的南北两端，法国人占领了阿尔及利亚和名义上处于奥斯曼帝国统治下的突尼斯、利比亚、埃及；英国人和布尔人控制了南非大部分地区。但是，在热带非洲，外国势力局限于沿海飞地。桑给巴尔的阿拉伯统治者并没有控制邻近的大部分沿海城镇和东非岛屿。长期以来，葡萄牙人一直声称，莫桑比克和安哥拉属于葡属非洲帝国，但葡萄牙人的统治并未能超出沿海和河谷地区。为了夺取贸易利益，在西非的法国人沿塞内加尔河不断推进，但其控制区也只是一条狭长的殖民地。英国人控制了塞拉利昂沿岸地区和拉各斯的一小块沿海殖民地，他们准备兼并今天加纳的沿海地区，建立黄金海岸皇家殖民地。19世纪70年代，尽管遭遇外部势力侵犯，但是非洲大陆大部分地区仍处于非洲人统治之下。

然而，在1880—1900年，非洲-欧洲关系的整体基调和态势发生了转变。19世纪末，欧洲人展开大量殖民掠夺，掀起了"瓜分非洲"的浪潮，将非洲大陆大部分地区纳入其殖民帝国的势力范围。但是，究竟是什么原因导致了这一剧烈转变？在如此短的时间内，非洲转眼丧失了独立地位，这又是如何发生的？历史学家争论了很久，提出了诸多"原因"，各种原因皆有根据。毋庸置疑，争论还将持续下去。我们在这里也只能提及一些重要的背景因素。

## 欧洲背景

334

一直到19世纪后半叶，英国都是无可匹敌的世界头号工业国家。自19世纪早期以来，英帝国就在不断扩张。然而，英国的帝国主义在一定程度上是"非正式的"（informal）。只要能自由通商，英国就无须控制领地。因此，英国在非洲倡导"自由贸易"政策。换言之，没有一个欧洲国家有权干涉另一个欧洲国家在非洲的自由贸易。其实，英国控制了非洲的对外贸易——在欧洲制成品中，英国的商品最便宜，出货量最大，而且英国的航运能力也最强。

然而，到19世纪的最后25年，两大因素改变了上述图景。第一，英国的头号工业国家地位受到了法国和德国的挑战。[1] 仅仅依靠自由贸易，英国已经不能再维系"非正式的"帝国了。第二，金融资本的兴起。19世纪末，伦敦的银行家、金融家的政治影响力比工业家大。英镑成为世界贸易通货。[2] 在19世纪后半叶，英国海外投资迅速增加。

---

① 在工业技术和制造业方面，美国已经赶上了英国。但是，美国主要关注大西洋的美洲一侧。

② 美元在20世纪才取代了英镑，成为世界贸易通货。

英国金融资本四处寻找新的投资机会 ①，英国工业家则把布匹、服装、酒、枪炮、金属制成品倾销到非洲，寻找新的市场。伴随着欧洲工业和贸易竞争的基础日趋均衡，英国放弃了"自由贸易"，转而采取"保护主义"政策。英国的主要贸易对手是法国和紧随其后的德国。后两者意识到，若想在竞争中击败英国，必须在非洲建立自己的殖民地或"保护"区，禁止其他欧洲国家进行贸易活动，或者对此征收重税。

欧洲人普遍认为，广袤的非洲内陆地区蕴藏着大量未开发的财富和原材料。西非热带森林已是植物油的重要来源地，象牙是供不应求的稀罕物，热带森林的橡胶也即将兴盛起来。19 世纪70、80 年代，南部非洲发现了大量钻石矿和黄金矿，更是进一步刺激了欧洲人对非洲大陆的野心。

甚至工业化程度不高的欧洲国家，也迫切地加入"瓜分非洲"的阵营中，以寻求快速的经济回报或保护未来的市场。在此形势下，欧洲国家"瓜分非洲"必不可挡，拥有非洲殖民地也成了欧洲国家声誉的一部分。

欧洲各国快速殖民征服非洲成为可能有两个重要原因：第一，殖民主义者可以利用非洲国家之间长期存在的矛盾。一些非洲统治者会接受某个欧洲国家为盟国或与某个欧洲国家达成"保护"条约。他们相信欧洲盟国会为他们提供保护，以防其他非洲敌国攻击。但是，这通常只是欧洲"保护"国对条约的解释。只有在这些传统敌人被残酷征服的时候，"保护"才显露出来其全部意义。没有一个非洲首领主动自愿地签订条约，放弃与生俱来的权力。

第二，在军事技术方面，欧洲具有巨大优势。一般而言，在前几个世纪里，非洲统治者还能倾其所有，抵抗欧洲军队的入侵。非洲统治者建有自己的前装枪军械库，制造传统武器，采取游击战术。19 世纪70、80 年代，由于欧洲人的武器有了重大发展，非洲军队便非常落伍了。欧洲人先发明了后膛多发来复枪，1889 年又发明了马克沁机枪——世界上首次出现的枪管短后坐式自动机枪。自从拥有了马克沁机枪，欧洲人在非洲的军事行动更加有效，马克沁机枪在关键时刻总能压制住非洲人的抵抗。多年来，欧洲人虽然向非洲自由出售老式、落伍的枪支，但禁售新式枪支。大部分非洲抵抗军装备了大量后膛来复枪，但没有获得一挺马克沁机枪。1898 年，英国反帝国主义诗人希莱尔·贝洛克（Hilaire Belloc）写下了著名的两行讽刺诗，总结了英国人的心态：

> 无论发生什么，我们有
> 马克沁机枪；而他们没有。

## "瓜分"开始

1879 年，法国人开始挑战欧洲其他国家在非洲的"自由贸易"。他们以达喀尔（Dakar）为起点修建了一条铁路，把塞内加尔殖民地与尼日尔河上游流域连接起来。法国政府希望借此获得

---

① 英国金融资本最初瞄上了埃及和南非。

西非萨赫勒和稀树草原地区这一巨大市场的控制权。1882 年，法国人占领了突尼斯，并宣称西非沿海地区的波多诺伏（Porto Novo）与刚果河河口北侧的黑角港（Pointe Noire）为法属保护地。波多诺伏位于英属黄金海岸殖民地与拉各斯的中间地带。因此，法国人打破了英国在西非南部沿海地区的近乎垄断的地位。而有了黑角港，法国人就能经陆路进入马莱博湖，这使得刚果河可通航流域的"自由贸易"出现了麻烦。

H. M. 斯坦利以"国际协会"（International Association）的名义要求享有刚果河南岸地区的所有权。国际协会的幕后控制者是比利时国王利奥波德二世。对此，英国人以支持葡萄牙人对安哥拉、刚果河河口归属权的声索作为回应。此时，为了制止讨厌的法国投资商在埃及的活动，英国对埃及的"临时"占领可能会变为永久性占领。德国总理奥托·冯·俾斯麦看到英法竞争带来的机会，决定在非洲还没有被殖民的地方展开行动。1884 年，俾斯麦宣称德属保护地包括多哥（Togo）、喀麦隆、西南非洲①。接着，他邀请欧洲大国到柏林，讨论尼日尔河、刚果河的自由航行问题。

柏林会议（1884—1885 年）是欧洲领导人的一次国际性协调会议，他们试图就事实上已经开始的"瓜分非洲"达成某种协议。柏林会议没有确定殖民地边界，但设定了两项重要原则：第一，它承认利奥波德二世的"国际协会"在刚果盆地的统治地位。作为回报，利奥波德二世允许欧洲商人和传教士自由出入刚果盆地。在会议承认的基础上，利奥波德二世于 1885 年宣称"刚果自由邦"（Congo Free States）为其私人王国。第二，会议同意某一欧洲国家有权宣称"有效占领"非洲某一地区，但必须要获得其他欧洲国家的认可。这实际上是俾斯麦的精巧布局，目的是抵制英国对归属权模糊难辨的非正式"势力范围"进行权利声索。1885 年 2 月，在会议最后几天，俾斯麦便将这一原则运用到现实中来，宣称英国东非"势力范围"的核心地区是德属保护地，而德国"有效占领"的依据是德国代理人卡尔·彼得斯（Carl Peters）拿到的少量"条约"。不久前，彼得斯前往东非，从当地统治者手中弄到了这些"条约"。俾斯麦声索成功了，德国得到了"德属东非"殖民地，后来殖民地改名为坦噶尼喀（Tanganyika）②。

336　　1885 年，英德签署了一份条约，确定以布干达王国南部地区作为乌干达-坦噶尼喀边界线。在一桩看起来英国人吃亏的交易中，英国将博茨瓦纳以北一条狭长领地交付给了德国。如此一来，德国人就能将德属西南非洲与赞比西河连接起来。这条狭长领地以俾斯麦的继任者、德国总理卡普里维③的名字命名为"卡普里维地带"（Caprivi Strip）。德国人本想通过这块领地进入赞比西河，打通德属西南非洲至德属东非（坦噶尼喀）的水运路线。但事实上，德国人得不偿失，这个设想压根就行不通。30 年前英国人就知道世界上最大的瀑布就位于这条河段上游，并且还将这

① 1968 年改名为纳米比亚。
② 今天坦桑尼亚的内陆地区。
③ 利奥·冯·卡普里维（Leo von Caprivi，1831—1899），1890 年任德意志帝国首相、普鲁士王国总理。这里简称德国总理。——译者注

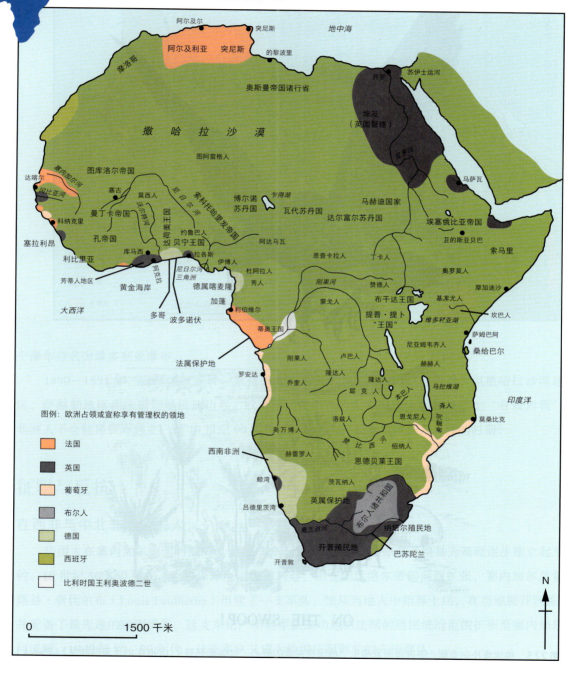

**地图 22.2**    1884 年柏林会议前夕欧洲对非洲领地的声索

山区的萨摩里的军队。萨摩里向法国人投降并被流放到加蓬。1900年，萨摩里·图雷在加蓬去世，享年70岁。

在萨赫勒中部地区，法国人的征服遭到博尔诺苏丹国的征服者拉比赫·伊本·法德勒·阿拉的抵抗。拉比赫最初是一个专做象牙和奴隶生意的黑人掠夺者-商人（raider-trader）手下的军事指挥官。1885年，马赫迪国家建立。紧随其后，拉比赫在加扎勒河流域建立了自己的军事型国家。其权力基础是军队，军队的主力则是配备着进口来复枪的高机动性骑兵部队。拉比赫用这支骑兵抢劫并征服了周边的农村地区。

拉比赫自视为救世主的子孙，逐渐向西征服。1893年，拉比赫抵达乍得湖，征服了博尔诺苏丹国。在那里，他建立了军事独裁统治，但比以前的博尔诺苏丹国贵族统治更加公正和清廉。赋税至少是固定的，而且每年只需缴纳一次。国家大部分收入被用于军队和防卫，而非统治者的奢靡生活。但拉比赫始终是一个外来征服者，在其短期统治时期，他一直受到内部反叛的威胁。军队为了粮食不断洗劫村庄，当地的农业生产受到严重冲击。然而，拉比赫统治的主要威胁还是法国人的入侵。到19世纪末，法国人已经威胁到拉比赫的独立统治。法国人对拉比赫知之甚少，但震惊于他的抵抗力量。1900年4月，两支法国大军包围了博尔诺苏丹国。虽然拉比赫被击败并殒命，但抵抗斗争由其子法德勒·阿拉·伊本·拉比赫（Fadl Allah ibn Rabih）延续了下来。他将残余兵力撤到尼日利亚东北部地区，希望英国人承认其为博尔诺苏丹国的统治者。但英国人不想与法国发生军事冲突，没有保护他。法国人继续追击他。最终，法德勒·阿拉·伊本·拉比赫死于1901年的战斗。

1892—1894年，法国的塞内加尔人军队征服了达荷美王国。约鲁巴人最初对法国人的征服表示欢迎，并认为可以就此从达荷美王国的暴政中解放出来。1893年，法国宣布英属黄金海岸西面的科特迪瓦是法属殖民地。但是，法国人对科特迪瓦的军事征服可没那么容易。那里并没有法国人要推翻的中央权威。法国人花了20多年才迫使大量森林酋邦屈服。

## 在西非的英国人

在西非，英国征服的领地没有法国多，但征服了两个最富有的国家：黄金海岸[①]和尼日利亚。这两块殖民地都是在沿海贸易飞地基础上建立起来的，此前英国人已在那里经营多年。

19世纪70年代初，英国人购买了荷兰人与丹麦人经营多年的贸易要塞，从而在黄金海岸一带的贸易中占据垄断地位。此后，英国人征收进出口关税，完全无须担心荷兰人和丹麦人的竞争。关税也为殖民地提供了财政支持。1874年，英国人宣称沿海芳蒂诸国是英属殖民地。

19世纪早期，英国人与阿散蒂人爆发了多场战争。阿散蒂人希望阻止外国人控制沿海贸易。1874年，英国人为了宣示其在沿海地区的新权威入侵并击败了阿散蒂帝国，烧毁了阿散蒂帝国都

---

① 今天的加纳。

城库马西。英国人希望节省殖民管理经费，便从阿散蒂帝国撤军。然而，到1895年，在阿散蒂埃内普伦佩（Asantehene Prempe）的统治下，阿散蒂帝国的实力得到复苏。同时，面对法国人与萨摩里·图雷的战争，英国人觉得有必要宣示其在黄金海岸腹地的权益。因此，1895—1896年，英国人再一次入侵阿散蒂帝国。由于认识到英国人在军事上占优势，阿散蒂帝国的军事首领战略性地避开了正面交锋。英国人占领了阿散蒂帝国，宣布今天加纳的大部分地区是英属保护地。但是，阿散蒂帝国军队毫发未损。1900年，阿散蒂帝国军队抓住机会，开始反击英国人。在后来的战争中，阿散蒂帝国多次取得胜利，几乎将英国人赶出了加纳。然而，英国从塞拉利昂和尼日利亚调来增援部队，最终击败了阿散蒂帝国军队，并宣布黄金海岸是英属殖民地。阿散蒂埃内普伦佩及其家族和家臣都被流放到塞舌尔群岛。

值得一提的是，抵抗英法入侵而没有战死沙场的大多数非洲本土统治者，其结局通常是被流放而不是被处决。这可能是英法心照不宣的策略，承认这些统治者是保卫国家的合法统治者。也可能是一种出于实用主义的考虑：即便这些统治者被击败了，但他们仍广受支持；如果将这些统治者留在本国内，即便投入监狱，也可能会激发民众持续抵抗。欧洲展示出来的"宽容"也能配合"仁慈帝国"的宣传。

直到19世纪80年代，在后来的尼日利亚的地区，英国政府只有拉各斯这一块殖民地。然而，在1884—1885年柏林会议之前，英国事实上已经垄断了尼日尔河三角洲及尼日尔河下游流域的棕榈油贸易。乔治·戈尔迪（George Goldie）将几家英国贸易公司合并为非洲国家公司（National African Company），而后者成功控制了尼日尔河和贝努埃河交汇处与尼日尔河三角洲之间棕榈油的所有出口。戈尔迪借此压低棕榈油价格，为公司获得了巨额利润。柏林会议之后，英国政府立即宣布尼日尔河三角洲是英属保护地。同时，英国政府还向戈尔迪的非洲国家公司颁发了皇家特许状，允许非洲国家公司以英国之名统治尼日尔河下游流域。而非洲国家公司也改称为皇家尼日尔公司（Royal Niger Company）。布拉斯人等当地商人被武力排斥在贸易之外；拒绝按照英国的规则从事贸易的尼日尔河三角洲的富商，如奥波博的贾贾（Jaja of Opobo），则受到了战船、废黜的威胁。

1892—1902年，今天尼日利亚大部分内陆领地被逐渐纳入英国人的统治之下。英国人动用武力夺取了众多地区，尼日利亚众多族群对征服者展开了艰苦卓绝的斗争。与法国一样，英国也在前线使用了大量非洲士兵。在英国军官的指挥下，这些非洲人变为纪律严明的职业士兵，配备了最新式的来复枪、重炮、机关枪。长期以来，这一地区的非洲人彼此倾轧毫不团结，使得英国军队一次性地就占领了一个非洲国家的领地。1892—1893年，英国占领了约鲁巴兰（Yorubaland）大部分地区。但直到1897年，皇家尼日尔公司才征服了伊洛林，即索科托哈里发帝国的约鲁巴省。同时，贝宁河流域的统治者纳纳（Nana）在森林沼泽地区组织起防御，英国人耗费两年时间

图22.7　英国皇家尼日尔公司士兵组成方形阵营，攻击拉帕伊（Lapie）埃米尔的兵营，镇压了西非人的抵抗。注意英国士兵使用的机关枪。阿瑟·费斯廷（Arthur Festing）少校的素描画，由 S. T. 达德（S. T. Dadd）提供，后刊登于《地理杂志》（*The Graphic*）。图片来源：*Chronicle/Alamy Stock Photo*。

图22.8　1897年，英国人洗劫了贝宁城。自中世纪以来，奥巴宫殿墙壁装饰了数百件青铜画片。英国人取下了所有青铜画片，收集起来后卖给欧洲私人收藏家和博物馆。其中，大部分青铜画片存放于伦敦大英博物馆。图片来源：*Pitt Rivers Museum, University of Oxford. Reproduced with permission*。

才将其赶走。1897 年，经过激烈战斗，英国人占领了贝宁王国，洗劫了贝宁城，夺走了最有价值的历史珍宝。

1900—1903 年，英国人攻陷了索科托哈里发帝国。当时的索科托哈里发帝国是一个半独立的松散埃米尔联邦，这使得英国将军弗雷德里克·卢格德（Frederick Lugard）可以选择将联邦内的酋邦逐一击破。豪萨骑兵的散兵游勇根本不是卢格德的来复枪和机关枪阵的对手，而其城墙被英国重炮轻而易举地轰塌。1903 年，只剩帝国都城索科托还没有被攻陷。哈里发阿塔希茹（Attahiru）有秩序地向东撤往今天的苏丹共和国。

与法国人在科特迪瓦的遭遇一样，英国人在尼日利亚面临的最顽强的抵抗来自一小群一小群"非国家状态"、没有中央权威的族群。因此，英国在尼日利亚东南部森林地区花了数年清剿伊博人和处理其他族群的抵抗。直到 1910 年，所有的伊博兰（Igboland）村庄才最终被迫接受了英国殖民统治的现实。

## 刚果盆地

1880 年，法国探险家皮埃尔·萨沃尼昂·德·布拉柴（Pierre Savorgnan de Brazza）与马莱博湖正北方的蒂奥王国国王马科科（Makoko）签署了一份条约，法国对刚果盆地权利的声索就源于此。德·布拉柴声称，马科科将王国主权割让给了法国。关于马科科对该份条约的理解，我们没有文献资料可查。某种形式的来自法国的"保护"修订为法国某种形式的"保护"，或许只是因为想找到一个欧洲盟友来应对利奥波德二世的代理人 H. M. 斯坦利。绰号"碎石机"（bula matari）的斯坦利，此时正忙着动用强迫而来的劳力修建一条从博马到马莱博湖的道路。1876—1877 年，斯坦利在刚果河流域滥用暴力，恶名昭彰，刚果河下游地区的人们对此早有耳闻。因此，当斯坦利 1879 年返回刚果河流域时，马科科可能认为斯坦利威胁到了其臣民的安全。

在 1884—1885 年的柏林会议上，法国利用德·布拉柴的条约，要求享有刚果河下游以北地区的管辖权。19 世纪 80 年代末，德·布拉柴又被派到该地区以"谈判"签署更多条约。他利用一小支塞内加尔人军队来扩大法国人具有"管辖权"的地区，并沿着刚果河下游及其北部支流乌班吉河设立了诸多管理点和贸易点。在此期间，非洲人没有组织大规模抵抗，因为在这里法国人没有征服一个非洲王国，也没有表露出太多的侵略意图。非洲统治者之所以签署条约，主要是为了换取金属物品、布匹、酒等"小礼物"。非洲统治者不清楚条约的意义，也没有认识到签署条约的后果。到 19 世纪 90 年代初，法国已经建立了加蓬、中央刚果（Moyen Congo）①、乌班吉沙里（Ubangui-Chari）② 等赤道地区的殖民地。当法国私营公司获准开发这些殖民地后，非洲人掀起了大范围抵抗。

法国势力范围以南，即刚果盆地的大部分地区成为比利时国王利奥波德二世的"刚果自由

---

① Moyen 是中部、中间的意思。

② 今天的中非共和国。

352

地图 22.4　"瓜分"时代的刚果盆地与安哥拉

邦"。"刚果自由邦"名字中的"自由"指的是利奥波德二世在柏林会议上同意其他欧洲国家的通航自由。刚果自由邦不受比利时政府的控制，而是利奥波德二世的私人领地。刚果自由邦是非洲大陆压迫最严重的殖民地政权，这里的"自由"不过是刚果人受难的"自由"。

　　根据柏林会议和后来的欧洲协议，利奥波德二世"刚果自由邦"包括乌班吉河以南刚果盆地的大部分地区，纵深至赞比西河-刚果河分水岭（Zambezi-Congo watershed）的铜矿带。在这个幅员辽阔的赤道帝国，利奥波德二世有两个主要对手：东面提普·提卜统治下的斯瓦希里人，东南面加丹加（Katanga）铜矿带地区姆西里人的耶克王国。

　　提普·提卜的斯瓦希里人联盟统治着卢阿拉巴河/洛马米河流域[①]，占刚果自由邦面积的1/3。

---

① 原文为 Lualaba/Lomani，旧译卢阿拉巴/洛马尼地区。Lomani 疑似有误，可能是 Lomami。提普·提卜的王国主要位于今天刚果民主共和国的东部地区。——译者注

**图 22.9**　1885—1908 年，比利时国王利奥波德二世以私人领地的形式统治刚果盆地。利奥波德二世的雇员残酷地剥削当地民众，疯狂地掠夺资源。即便按照当时的殖民统治标准，利奥波德二世的统治也过于残酷。1908 年，迫于国际压力，利奥波德二世将刚果自由邦交给比利时政府管理。图片来源：*Hulton Archive/Getty Images*。

提普·提卜声称效忠桑给巴尔苏丹，意欲从西部阻挡刚果自由邦的挑战。然而，19 世纪 80 年代末，由于英德两国在东非地区的殖民活动，桑给巴尔苏丹的统治受到了严重削弱。提普·提卜显然得不到桑给巴尔的外交保护。1887 年，刚果自由邦说服了提普·提卜，令其抛弃本应效忠的桑给巴尔苏丹，转而担任刚果自由邦东部诸省的总督。双方避免了一场代价惨重的战争，对刚果自由邦来说这一安排更是极为有利：贸易利润可观的象牙不再运至桑给巴尔沿海地区，而是经刚果自由邦商人之手转运西部，并向刚果自由邦上缴关税。

这一安排保证了提普·提卜的权力，却损害了斯瓦希里商人的利益。对提普·提卜限制他们抢掠，斯瓦希里商人十分不满，而让他们尤其不满的是欧洲商人的闯入和刚果自由邦混合雇佣军的不断壮大。刚果自由邦混合雇佣军又称"公共武装力量"（Force Publique），这支部队由欧洲各国军人担任指挥官，招募意欲对斯瓦希里抢掠者报仇雪恨的当地人作为士兵。在提普·提卜 1891 年撤退到桑给巴尔之前，刚果自由邦与斯瓦希里商人的关系已经非常紧张了。1892 年，当地的比利时殖民官员对斯瓦希里商人的据点展开全面进攻。经过 18 个月的惨烈战斗，刚果自由邦镇压了斯瓦希里人的抵抗。

然而，在刚果自由邦向南推进时，南方姆西里人的耶克王国①几乎没有组织起有效抵抗。1890 年，英国南非公司在本凯亚设立了分支机构。利奥波德二世由此认识到这一地区可能蕴藏丰富的矿物资源。当姆西里理解了所签署条约的全部意涵后，立即将其束之高阁。1891 年，当利奥波德二世的代理人抵达姆西里王国时，姆西里不允许他们在王国境内竖起刚果自由邦国旗，并宣布："我是这里的主子。只要我还活着，加尔恩干泽王国就不会有其他主子。"一名比利时殖民官员随即开枪打死了姆西里。令人惊讶的是，除了当场刺死了那个比利时人，姆西里王国没有为姆西里之死展开任何报复行动。数年来，姆西里王国一直干旱少雨，凋敝不堪，甚至还出现了饥荒。而姆西里近些年来日趋专横残暴的统治，也让他大失人心。

1892 年，刚果自由邦殖民官员考察了加丹加的一处铜矿，并将铜矿样本送到了欧洲。自此，加丹加地区成为刚果殖民地②极其重要的地区。

## 在安哥拉的葡萄牙人

相较于其他在非洲进行殖民活动的欧洲国家，葡萄牙是工业弱国。因为相对落后，所以葡萄牙无法承担丧失非洲殖民地的代价。葡萄牙制造商在自由市场上无法与其他欧洲竞争者相抗衡，所以他们在非洲需要拥有保护性市场。因此，葡萄牙工业家推动政府行动起来，决然地提出了对安哥拉广袤内陆地区的权利声索。

葡萄牙财力有限，无力派出征服大军。为了征服安哥拉，葡萄牙采取了利用当地矛盾的老把式。葡萄牙也组建了征伐队伍，但这些征伐队的规模不过比非洲劫掠团伙略大。征伐队从当地权力竞争者中间招募兵力，配备了葡萄牙的枪支，由有犯罪前科的葡萄牙人充当指挥官。然而，一直到 20 世纪，刚果人、姆本杜人（Mbundu）、奥万博人、乔奎人都几乎对葡萄牙征税官员熟视无睹。这种情况部分由于在 1890—1895 年，当地橡胶出口贸易繁荣昌盛，安哥拉内陆非洲人可以从当地葡萄牙商人那里买来枪炮。直到 1910 年橡胶出口贸易的萎缩［由于英属东南亚殖民地马来亚（Malaya）开辟了橡胶种植园］和 1912 年葡萄牙颁布禁止向非洲人出售武器的禁令，葡萄牙政府才得以在安哥拉地区确立殖民统治。

## 在东非的英国人与德国人

19 世纪 70 年代之前，英国一直支持桑给巴尔苏丹统治今天肯尼亚和坦桑尼亚的大部分沿海领地。通过这一政策，英国商人与传教士可以自由出入东非沿海领地，也能阻止其他欧洲竞争者获得内陆据点，而英国政府无须付出任何代价。在英国的支持下，赛义迪（Saidi）家族一直把控

---

① 又称加尔恩干泽王国（Kingdom of Garenganze）。
② 即后来的比属刚果殖民地。

着苏丹王位，压制了其在阿曼和桑给巴尔的内部政敌。桑给巴尔苏丹也对英国给予了回报，他屈服于英国提出的逐步取缔奴隶贸易的要求。这件事以及英国人对桑给巴尔干预的不断增加，引起了穆斯林臣民对苏丹的不满。

到柏林会议前，英国的东非政策已经不能确保自身在这一地区的优势地位了。在欧洲人的冲击面前，苏丹的权力变得无足轻重。1885 年 2 月，德国宣布坦噶尼喀内陆为德属保护地。1886 和 1890 年，英德两国政府就德属东非北部与西南部边界达成协议，虽然其中狭长的沿海一带是英德两国从桑给巴尔苏丹那里租借过来的。

俾斯麦将德属东非的管辖权交给了一家私营商业公司。该公司的横征暴敛与沉重劳役很快就激起了殖民地民众的强烈反抗。1888 年，斯瓦希里人举行起义，赫赫人和尧人也加入起义者行列，他们几乎将德国殖民者赶出了德属东非。此次起义又称"阿布希里起义"（Abushiri revolt），这得名于本是糖料种植园主的起义首领阿布·巴希尔·伊本·萨利姆（Abu Bashir ibn Salim）。1889 年底，德国政府接管殖民地并派遣了增援部队，最终镇压了阿布希里起义。

347

 地图 22.5　1884—1905 年英国人、德国人渗入东非

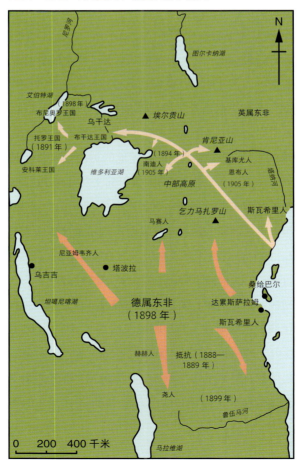

在坦噶尼喀内陆地区，德国人依然要面对大规模的抵抗活动。多年来德国商队都不得不依赖军事巡逻队的护卫。在坦噶尼喀的中南部地区，赫赫人对德国巡逻队和商队展开了成功的游击战，这种战斗一直持续至 1898 年。赫赫人首领姆克瓦瓦（Mkwawa）最终被击败时，宁可自杀也不投降。在坦噶尼喀的东南部地区，尧人的抵抗一直持续至 1899 年。北部的马赛人也是德国人的潜在对手。但是，牛瘟扩散彻底地摧毁了马赛人的经济生活，马赛人力量因此分崩离析。在东非地区进行殖民征服初期遭遇了重重抵抗的德国人，此时终于有了一个短暂的喘息期。1900 年代初，德国人再次遭到大范围的武装抵抗，这次抵抗又称"马及马及起义"（Maji Maji rising）。

根据 1890 年的英德条约，今天的乌干达地区被划为英国势力范围。英国将这一地区的管辖权和开发权也交给了一家私营贸易公司，即大英帝国东非公司（Imperial British East Africa Company，IBEA）。该公司派出卢格德上校，意欲在乌干达地区实力最强大的布干达王国确立殖民统治。卢格德说服了卡巴卡姆万加（Mwanga）接受英国人的殖民统治。姆万加是干达人宫廷中基督教势力的首领。皈依伊斯兰教的干达人、斯瓦希里人被赶出布干达王国，撤到布尼奥罗王国。卢格德掌控的政府资源非常有限，只能与布干达王国的贵族，尤其是基督教贵族结盟。1891 年，卢格德利用干达征税官对布尼奥罗人及其穆斯林同盟者发动了一场战斗，在这次行动中，他成功地在托罗王国（Toro）和安科莱王国设立了要塞。

1894 年，英国政府正式从大英帝国东非公司收回了乌干达地区的管辖权。在此后的 4 年内，布尼奥罗王国的卡巴莱加（Kabalega）对英国占领军展开了持续的游击战。1898 年，英国占领军才最终镇压了卡巴莱加的抵抗。在此期间，英国从苏丹地区招募的雇佣军还发生了兵变，结果英国不得不从印度抽调军队。英国先后击败了卡巴莱加和姆万加，把两位国王流放到塞舌尔群岛。因为英国人将这一整块领地称之为"乌干达"①保护地，干达人支持英国殖民统治。

1895 年，从大英帝国东非公司接管了肯尼亚领地的英国政府，面对的是沿海斯瓦希里人及其邻近族群对该地早期的殖民统治的反抗。"马兹鲁伊起义"（Mazrui rebellion）源于马兹鲁伊氏族内部权力继承纠纷。大英帝国东非公司的一名当地官员干预了这场纠纷，并反对占人口大多数的穆斯林的主张。这场纠纷迅速演变为沿海地区反对英国殖民统治的大起义。英国殖民当局花了 9 个月时间才镇压了起义。此后，英国放弃了利用当地贵族统治沿海城镇的政策。取而代之的是，英国将桑给巴尔和阿曼的阿拉伯人推到了肯尼亚沿海城镇的权力中心。

在肯尼亚内陆确立殖民统治的时候，英国殖民当局没有遭到激烈抵抗。大英帝国东非公司只是将肯尼亚内陆作为通往乌干达的通道。与坦噶尼喀的情况一样，19 世纪 90 年代的大范围快速传播的牛瘟摧毁了肯尼亚内陆的马赛人和其他族群的经济生活。1894 年，南迪人一度对大英帝国东非公司的贸易商队发起挑战，但被镇压了下去。大英帝国东非公司很早就从基库尤人那里抢掠劳工和食物。一直到乌干达铁路开工修建和欧洲人于 1900 年代初在中部高原上开始定居后，英

---

①    在非洲大湖地区的语言中，Uganda 中的"U"代表所属地，Uganda 的意思是干达人之地。——译者注

国才在肯尼亚确立了全面殖民统治。

## 索马里

　　19 世纪前，索马里人数百年来一直以氏族为基础，主要靠养骆驼、养山羊、对外贸易维持生计。自希腊–罗马时期以来，北部地区的索马里商人一直在沿海经商，主要的出口商品是乳香

图 22.10　1896 年 10 月 10 日一份英国杂志刊登了一幅图：英军炮击后的桑给巴尔王宫废墟。1896 年 8 月 25 日，桑给巴尔苏丹突然去世，其堂弟赛义德·哈立德（Said Khalid）登位。两天后，英国人宣称有权决定苏丹继承人，要求赛义德·哈立德退位。赛义德·哈立德拒绝后，英国战舰炮击王宫，击沉了桑给巴尔唯一一艘战舰。38 分钟，在史上历时最短的战争中，赛义德·哈立德被英军俘获。图片来源：*Henry Guttmann/Hulton Archive/Getty Images*。

和没药。8—14 世纪，索马里人向南部和西部扩张，一路传播伊斯兰教，并吸纳了奥罗莫人和早期说班图语族语言的定居者。在葡萄牙人入侵前，摩加迪沙已成为斯瓦希里沿海贸易中最重要的北部城镇。不过此后，通过将印度的肉桂转售到红海地区，摩加迪沙依旧保持了其重要贸易都市的地位。但是，在 19 世纪美洲奴隶生产的廉价棉花的冲击下，一直生产棉花的索马里南部内陆地区的出口贸易彻底终结了。19 世纪末，索马里经济疲弱，又没有中央集权型统治，未能对外国殖民统治发起抵抗。

349　　在"瓜分"时代，相较于非洲大陆其他族群，索马里人的分化更为严重。19 世纪 70 年代，英国人怂恿埃及赫迪夫伊斯梅尔控制索马里北部地区，以此保障英国人经苏伊士运河到印度的路线安全。埃及人进入索马里内陆地区，占领了历史悠久的穆斯林城镇哈拉尔。迫于马赫迪起义，1885 年埃及人撤离了苏丹，1887 年又撤离了索马里。两年后，埃塞俄比亚皇帝孟尼利克夺取了埃及人早前的控制区。1887 年，孟尼利克夺取了哈拉尔，还把索马里人的欧加登（Ogaden）并入埃塞俄比亚帝国疆域。在通往印度的路线中，也门的亚丁港（port of Aden）是英国人中途加油

350　站。因此，英国人夺取了索马里北部沿海地区以便向亚丁港提供支援。法国宣称拥有索马里北部

**地图 22.6**　"瓜分"时代的非洲之角

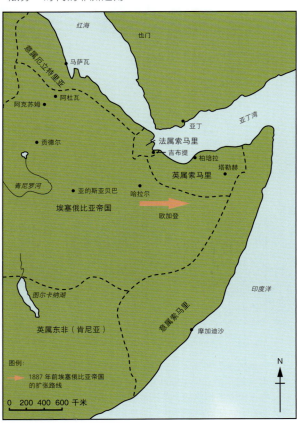

沿海飞地，即后来吉布提的管辖权。1887 年，在征得英国人同意后，意大利人夺取了埃及人已经撤离的厄立特里亚。意大利人还占领了索马里的南部地区。

　　1895 年，索马里宗教学者穆罕默德·本·阿卜杜拉·哈桑（Mohammed bin Abdullah Hassan）<sup>①</sup>在英属索马里柏培拉（Berbera）设立了一所伊斯兰学校，抨击西方人和基督教的影响。转入内陆地区时，他身边已经聚集了数千追随者。1899 年，他宣称自己是圣人马赫迪，是将要把异教徒赶出索马里的人。英国殖民当局每年发动数次军事征伐，但阿卜杜拉每次都能利用撤退和设伏等游击战术摆脱追捕。他一直让英国殖民当局如鲠在喉。1909 年，英军撤离内陆回到沿海地区。阿卜杜拉则因常常能战胜英国人，在内陆地区声名大震。第一次世界大战期间，英国占领了索马里全境，阿卜杜拉的抵抗也偃旗息鼓了。1920 年，英国人再次四处征伐他，并称之为"疯子毛拉"（mad mullah）。后来，在空袭的帮助下，英国人占领了阿卜杜拉在塔勒赫（Taleh）的据点，但阿卜杜拉本人却安然无恙地成功逃脱。1921 年，穆罕默德·本·阿卜杜拉·哈桑死于肺炎。

---

① 　又有 Muhammad Abdille Hassan 拼写形式，所以又有译名穆罕默德·阿卜迪勒·哈桑。——译者注

# 第二十三章

# 工业化、殖民征服与中南部和南部非洲人的抵抗

## 南部非洲的矿业革命

1870 年是南部非洲历史的转折点。它宣告了一个剧烈变革时代的来临，这种剧变是由于南部非洲内陆地区先后发现钻石和黄金而造成的。随着这两种贵重矿物的开采，工矿业城市应运而生，也改变了南部非洲的社会、经济、政治生活。历史学家称这一剧变为南部非洲的"矿业革命"。它肇始于 1869—1871 年在今天金伯利（Kimberley）地区大量钻石矿的发现。

## 钻石产地的争论

钻石产地位于当时英国开普殖民地以北的地区。奥兰治自由邦、德兰士瓦这两个布尔人共和国，当地格里夸人的统治者及其代理人，茨瓦纳人，以及科拉人都宣称拥有这片钻石产地的管辖权。南部非洲数千名白人和黑人，还有来自欧洲、美洲、澳大利亚的矿工和勘察员都汇集于此。英国决定将这块宝地纳入其在南部非洲的属地。英国人设立了一个调查法庭，罔顾当地特拉平人[①]的权利声索，支持格里夸酋长尼古拉斯·沃特博尔（Nicholas Waterboer）。此前，沃特博尔被说服去寻求英国人的保护，以提防布尔人诸共和国。因此，英国有了口实，立即合并了钻石产地。1871 年末，这个后来世界上最大的钻石产地变成了英属殖民地西格里夸兰（Griqualand West）。

白人从一开始就主导了钻石开采。白人拥有技术和资本优势，又得到了英国人的政治支持。最初，有数千私人"挖掘者"开挖矿井，其中大部分是白人，但也有些黑人。每个挖掘者都在其小"领地"上立桩为界，与其雇佣过来的黑人劳工一起挖矿。到 19 世纪 70 年代末，大的钻石矿井都成了露天大凹坑，挖矿需要动用昂贵的机器把土运到地面，还需要抽干矿坑中的水。采矿公司日渐取代了私人矿主，只有前者才能负担得起这些必要成本。19 世纪 70 年代，英国移民塞西尔·罗得斯（Cecil Rhodes）在钻石产地发了大财。19 世纪 80 年代，他创办的德比尔斯公司开始崛起。到 1889 年，德比尔斯公司买断了所有其他竞争者的矿井，获得了在金伯利开采钻石的专属权。

---

① 南茨瓦纳人的分支。

图 23.1　金伯利的钻石矿井。图片左下方揭示出南非工业化早期的劳工关系。1872 年 8 月 31 日《伦敦新闻画报》增刊的木版画。图片来源：*Fotosearch/Getty Images*。

在德比尔斯的垄断下，钻石产地的非洲人只能充当低级劳工。凭借垄断地位，德比尔斯公司压低工资。劳工不得不接受为期 6 个月，报酬又低得多的合同，还不得不与家人分开，住在栅栏圈围起来的场地里。但他们没有另寻其他收入的机会。在南非，这种劳工制度几乎没有变化地延续了 100 年。

## 矿业革命的社会、经济影响

金伯利，南部非洲内陆突然崛起的一座 3 万人规模的城市，对当地人产生了重要影响。首先，金佰利为当地农业生产提供了一个潜在的市场。当地黑人和白人农民都对这一新的机遇作出了积极回应，短期内很多人也确实富裕起来，但最终这导致了对上好农业用地的更为激烈的竞争。在布尔人诸共和国，白人地主需要更多的佃户。19 世纪 70 年代和 80 年代初，土地问题导致的冲突再次出现。

钻石产地的另一个重大影响是移民劳工的出现。19 世纪 70 年代，金伯利矿井每年雇用的黑人劳工达 5 万人。这些劳工来自开普殖民地、纳塔尔殖民地、布尔人诸共和国和其他非洲王国。用今天的标准衡量，这些移民劳工的报酬很低，但依旧比当时南部非洲其他地区的收入高得多——一个月的收入就可以买把枪。高收入吸引了很多非洲人不远万里，徒步来到金伯利。移民劳工返乡时有可能会带回枪支，以抵抗白人对家乡故土的蚕食。

353

金伯利让很多非洲人第一次接触了现金经济，不论他们是出售农作物的农民，还是出售木材染料的伐木工，抑或是出卖劳力的劳工。他们带着现金、牛车、枪支、或者从欧洲进口的布匹和廉价金属制成品荣归故里。欧洲廉价金属制成品宣告南部非洲内陆的独立铁器时代结束了。

## 矿业革命的政治影响

矿业革命的最重要影响是加剧了黑人与白人之间的冲突。19 世纪 70、80 年代，金伯利地区的黑人与白人之间冲突不断。矿业革命造就了白人殖民统治扩展的新时代。在南部非洲内陆尚保持独立、非洲人统治的领地上，白人推进了其统治，也增加了白人定居点。与此同时，非洲人的武器装备有所改善，而且与以前和白人殖民者的冲突相比，非洲人在抵抗上也有了更高的组织性。1876 年，德兰士瓦共和国东部地区的佩迪人与布尔人之间爆发的战争，第一次展现出非洲人在组织程度上的提升。在一次冲突中，布尔人自山区据点侵袭而来，结果佩迪人将布尔人赶了回去。这次冲突几乎让这个布尔人共和国的政府破产。

19 世纪 70 年代，英国人再次激活了白人殖民者的野心。英国人希望把白人统治的南部非洲国家合并起来，组建一个英国主导的新联邦，而钻石产地的财富足以确保新联邦经济的繁荣昌盛。这一计划的重要组成部分就是征服南部非洲内陆尚且保持独立的非洲人王国，尤其是祖鲁人、科萨人、佩迪人的王国。如此一来，既可以让白人定居点变得更安全，又能把非洲士兵变为

 地图 23.1    "瓜分"时代的南部非洲

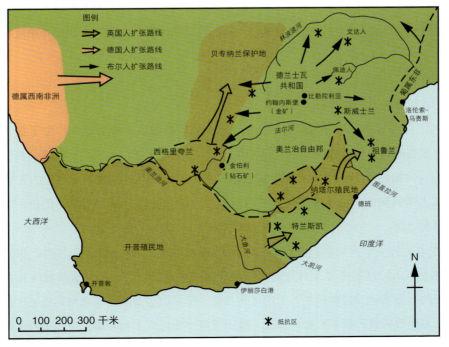

白人农场和矿井的劳工。虽然当地白人对联邦确实没有热情，但归根结底还是非洲人挫败了英国人的计划。

在与科萨人的第九次，也是最后一次战争，即开普殖民地东部边界的战争（1877—1878 年）中，英国人遭到未曾预期的顽强反抗。战争结束时，殖民当局看到了科萨人的抵抗力量，放弃了夺取更多的科萨人土地以拓展白人定居点的计划。科萨人也因此得到了大凯河以东的"保留地"。

1879 年 1 月，英国与其在非洲的主要对手——祖鲁人兵戎相见。英国大军兵分三路，进攻祖鲁王国的核心地带。1872 年登位的祖鲁王国国王塞奇瓦约（Cetshwayo）决定集中全部兵力攻击中路英军，并在伊山德瓦那战役（Battle of Isandhlwana）中将其击败。祖鲁人的这次胜利沉重地打击了英国人的联邦计划。英军增兵数千人，花了 8 个月才击败祖鲁军队，抓获塞奇瓦约。后来，英国人将祖鲁王国人为地分为多个酋邦，意欲分化祖鲁人。最终，英国人得逞了。19 世纪 80 年代，祖鲁王国内部亲英派和反英派的派系斗争，导致了内战爆发和王国的分裂。1887 年，分崩离析又遭饥荒打击的祖鲁兰（Zululand）成为英属殖民地。

英国人先是于 1877 年兼并了破产的德兰士瓦共和国，又在斯威士人的帮助下于 1879 年击败了佩迪人。由于佩迪人的抵抗，德兰士瓦共和国的布尔人实力大减。所以在 1877 年，德兰士瓦共和国的布尔人无力抵制英国人的兼并。但是，对于丧失独立，布尔人又于心不甘。到了 1880 年，德兰士瓦共和国的布尔人不再需要英国人保护以防备佩迪人和祖鲁人的进攻，他们便开始抵制英国人的征税。1880—1881 年，德兰士瓦共和国的布尔人掀起了反英斗争。由于英国人已经放弃了联邦计划，而布尔人又在早期取得了一些军事上的胜利，所以英国人同意从德兰士瓦共和国撤军，将德兰士瓦共和国还给布尔人。

## 采金业的革命及其影响

1886 年，德兰士瓦共和国中部地区威特沃特斯兰德（Witwatersrand）[①] 被发现有大量黄金，南部非洲的矿业革命由此进入一个全新时期。1886 年，约翰内斯堡建立后出现的大规模工业发展甚至让金伯利钻石革命都相形见绌。短短几年内，采金业城市约翰内斯堡就从草地上几个帐篷一跃而起，发展成撒哈拉以南非洲的最大城市。几乎一夜之间，南部非洲的经济中心就从金伯利和英属殖民地转移到这个布尔人共和国的核心地区。

威特沃特斯兰德和金伯利两地的工业化产生了类似的社会和经济影响，而威特沃特斯兰德产生的影响要大得多。金伯利的矿业资本家和欧洲的银行家很快便买断了开采黄金的专有权，并组建公司。这里的大量金矿矿脉深埋地下，只能深层采矿。采金业回报周期长，需要投入大量资本。因此，到 19 世纪 90 年代初，少数几个大公司控制了威特沃特斯兰德的采金业，其中包括塞

---

① 东西走向的山脉，位于南非首都比勒陀利亚（Pretoria）以南四十公里处。威特沃特斯兰德有时又简称为"兰德"（the Rand），今天南非的货币也得名于此。

**图 23.2** 19 世纪末南非约翰内斯堡深层金矿中的工人。图片来源：*Buyenlarge/Getty Images*。

西尔·罗得斯的联合金矿（Consolidated Gold Fields）。

　　劳工招募机构将移民劳工从撒哈拉以南非洲各个地方带到约翰内斯堡。19 世纪 80、90 年代，白人进一步地夺取了非洲人的土地，这也是兰德移民劳工普遍化的一个原因。同时，约翰内斯堡获得快速发展为农业生产提供了一个巨大的市场，也为德兰士瓦共和国农村地区的布尔人提供新的收入来源。白人农场的非洲佃户被迫签订更苛刻的租佃协议。这意味着非洲佃户要为布尔人地主提供更长时间的免费劳动，以换来留在原本属于非洲人自己的土地上的权利。

　　虽然直接从事采金业的布尔人甚少，但是德兰士瓦共和国政府却从新的采金业中获利不少。德兰士瓦共和国对采矿业课以重税，并对重要的采矿设备征收高额的进口关税。1876 年，与佩迪人的战争已经让德兰士瓦共和国政府破产，但此时的德兰士瓦共和国竟能养活一支强大的正规军。布尔人依靠这支大军继续征服北部高原地区。19 世纪 80、90 年代，远征军向东部、西部、北部地区三面出击，打压那些仍不接受布尔人统治的非洲人酋邦。到1898年，德兰士瓦共和国的布尔人从文达人手中重新夺取了索特潘斯山，控制了林波波河以南的领地。

在英国势力范围，19世纪末最后一波抵抗来自南茨瓦纳人。南茨瓦纳人地区爆发了牛瘟，摧毁了他们的经济。白人殖民者急于夺取非洲土地，不会坐等非洲人的抵抗，他们四下出击，将南茨瓦纳人赶到了坐落于卡拉哈里沙漠南部边缘的朗厄山脉（Langeberg）。一支2000人的殖民军将南茨瓦纳人围困了6个月。由于缺乏食物，南茨瓦纳人最终被击败，他们的首领卢卡·詹特杰也死于最后的决战。詹特杰的尸首被分割作纪念品，而他的民众则被"族群清洗"。英国殖民当局没收了南茨瓦纳人的土地，用来卖给白人移民。数千名南茨瓦纳人幸存者则被运到开普殖民地的西南部地区充当合同劳工。

# 英国"瓜分"中南部非洲

## 吞并贝专纳兰

1884年，德国宣布西南非洲为德属保护地，这也是德国人"瓜分非洲"目标的一部分。英国人做出回应，吞并了贝专纳兰，即开普殖民地以北的卡拉哈里沙漠和茨瓦纳人地区。多年来，茨瓦纳人的首领们一直恳请英国人提供保护，以抵抗布尔人对他们在德兰士瓦共和国与卡拉哈里沙漠之间的狭长沃土带的不断蚕食。1885年，英国宣布贝专纳兰为英属保护地。英国人此举并非出于对茨瓦纳人的考虑，而是意欲阻止德国人经具有重要战略意义的"北进之路"与德兰士瓦共和国的布尔人建立联系。这条"北进之路"是出入北方内陆的贸易和劳动力要道，对于维持金伯利和开普殖民地的繁荣来说至关重要。吞并贝专纳兰，英国人也就有了抢占中部非洲内陆矿产资源的机会。短短几年内，矿业巨头塞西尔·罗得斯就制定了抢占资源的计划。

## 津巴布韦的殖民化

塞西尔·罗得斯及其投资人听说罗兹维帝国、穆塔帕王国有过古金矿。他们认为利用英国私营公司的现代采矿技术，可以把津巴布韦高原变为"第二个兰德"，而且还可以摆脱布尔人共和国的苛捐杂税。统治着津巴布韦高原西半部地区的恩德贝莱王国是这一计划的主要反对者。1888年，恩德贝莱王国国王罗本古拉陷入圈套，将其王国的管辖权让渡给了罗得斯的一个机构。罗本古拉以为他只是允许少量勘探者进入恩德贝莱王国，但英国牧师赫尔姆故意错译了罗本古拉签署的特许状。实际上，这份特许状让罗得斯的机构可以大展手脚，采取"任何必要措施"开采恩德贝莱王国的矿产。罗本古拉对此表示强烈抗议，但是英国政府认可了这份充满欺诈的特许状，并且支持罗得斯新组建的英国南非公司殖民津巴布韦。

1890年，罗得斯派出全副武装的"先锋队"绕过恩德贝莱王国南部边界，占领了津巴布韦高原东部的马绍纳兰（Mashonaland）。随后，先锋队便分散开来，圈划农场，并尝试开采前穆塔帕王国的废弃金矿。然而，他们很快就发现，古代绍纳矿工比他们早前设想的厉害得多，剩下的可开采矿井屈指可数。这些白人殖民者转而四处搜刮黄金制品，破坏和掠夺了包括大津巴布韦在内的很多古代历史遗址，毁坏了数百年前的考古证据。这些考古证据再也无法复原了。

同时，罗本古拉在都城布拉瓦约竭力动用一切外交手段，准备应对他确信不可避免的袭击。1893 年，袭击终于来临，英国南非公司的骑兵和马克沁机枪清晰可见。数天内，布拉瓦约就落入侵略军之手，罗本古拉被杀，恩德贝莱王国陷入一片混乱。英国南非公司抢走了恩德贝莱人的

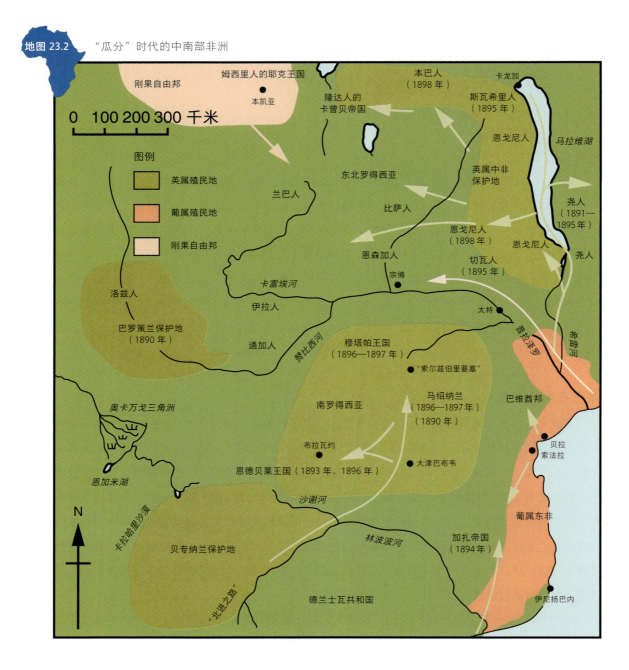

**地图 23.2** "瓜分" 时代的中南部非洲

**THE RHODES COLOSSUS**
STRIDING FROM CAPE TOWN TO CAIRO.

图 23.3 横跨大陆的塞西尔·罗得斯。1892 年《笨拙画报》的漫画。罗得斯手上拿着电报线。他的最大抱负是修建一条从开普到开罗贯穿"英属非洲"的铁路。图片来源：*Punch Limited, Reproduced with permission*。

357

所有牲畜，把王国划分为多个白人农场。白人移民此后称这块新殖民地为罗得西亚（Rhodesia），以示对殖民地创建者的尊重。然而，1896—1897年，恩德贝莱人和绍纳人爆发起义，反抗征服者的压迫。在宗教灵媒（spirit-mediums）①的鼓励和领导下，恩德贝莱人和绍纳人几乎将白人赶出了恩德贝莱王国。但是，罗得斯从开普殖民地召集来了增援部队，最终镇压了恩德贝莱人和绍纳人的抵抗。然而，恩德贝莱人和绍纳人19世纪90年代争取自由的斗争，激励了此后在20世纪70年代为争取国家独立而斗争的人们。

## 莱瓦尼卡、巴罗策兰与英国南非公司

1864年，洛兹贵族赶走了科洛洛人。但是，洛兹王国宫廷长期陷于王权纠纷和政变。1885年，从众多竞争者中脱颖而出的鲁伯斯（Lubosi）力挽狂澜，最终控制住了局面。鲁伯斯采用了莱瓦尼卡（Lewanika）这一称号，意即"征服者"。

359

1889年，莱瓦尼卡从贝专纳兰保护地得到启示，寻求英国人的保护。英国人称其王国为"巴罗策兰"（Barotseland）。英国人答应保护茨瓦纳人②，以防其受到布尔人的攻击，但英国人并不干涉茨瓦纳人的内部事务。而莱瓦尼卡是为了应对恩德贝莱人的持续侵袭才寻求英国人保护的。同时，莱瓦尼卡认为，英国专员或大使可以增强其个人统治地位，遏制王位挑战者。莱瓦尼卡也希望英国人在王国内设立学校，教臣民断文识字，传授种种技能。1890年，罗得斯的代理人洛克纳（Lochner）答应了这些请求，外加每年支付2000英镑换得了王国境内的采矿权。莱瓦尼卡以为罗得斯是英国政府的代理人，而不是英国私营公司代表才签署了特许状。但莱瓦尼卡很快就大失所望：英国南非公司最终压制了恩德贝莱人，但这是在1893年恩德贝莱人又一次侵袭巴罗策兰之后；1897年前，英国南非公司没有支付莱瓦尼卡一分钱，没有派来一个哪怕是临时性的定居者，也没有资助过技工学校。然而，巴罗策兰是南部非洲极少数以和平方式被殖民的地区之一，白人定居者也没有夺走洛兹人的土地。

## 中非保护地与东北罗得西亚

1889年，英国政府宣布马拉维湖地区为英属中非保护地。8年后，英国人将英属中非保护地改名为尼亚萨兰（Nyasaland）③。英国政府之所以将这一地区列为保护地，是对葡萄牙人意欲阻止英国商人进入马拉维湖④和希雷河流域做出的回应。罗得斯的朋友兼合伙人哈里·约翰斯顿（Harry Johnston）担任了英属中非保护地的总督。

360

---

① 非洲传统宗教的通灵者。——译者注
② 洛兹人是茨瓦纳人下面的一个族群。确切地说，茨瓦纳人实际上是说茨瓦纳语的人的总称。——译者注
③ 在当地非洲语言中，Nyasa的意思是"湖"。在英国殖民统治时期，这一地区称"Nyasaland"，这一地区的湖称"Lake Nyasa"。独立后，尼亚萨兰更名为"马拉维"，尼亚萨湖更名为"马拉维湖"。为了保持统一，避免混乱，我们一直采用马拉维湖，但维持尼亚萨兰的名称。——译者注
④ 当时称尼亚萨湖。

**图 23.4**　1897 年 10 月，里通加莱瓦尼卡二世（1878—1884 年，1885—1916 年在位）在洛兹王国都城利鲁伊会见英国官员。英国南非公司的罗伯特·科因顿少校（Robert Coryndon，后来就任西北罗得西亚的第一位专员）坐在正中。莱瓦尼卡二世坐在科因顿少校右边。莱瓦尼卡二世头上戴着帽子，手上拿着蝇拂。莱瓦尼卡二世的大儿子、王位继承人利提亚（Litia），即后来的国王耶塔三世（Yeta Ⅲ）坐在科因顿少校的左边。图片来源：*National Archives of Zimbabwe*。

　　约翰斯顿的治理遭遇了非洲人的顽强抵抗。在 19 世纪 90 年代的大部分时间里，约翰斯顿一直打着"禁止奴隶贸易"的旗号展开军事镇压。先后镇压了尧人（1891—1895 年）、斯瓦希里人（1895 年）、切瓦人（1895 年）、恩戈尼人（1895—1899 年）的抵抗。因此，约翰斯顿得到了希雷河流域尼扬加人（Nyanga）的热心支持。多年来，尼扬加人一直遭受尧人奴隶贩子的侵袭。但是，约翰斯顿在中非保护地的军事镇压，实际上是一场残忍粗暴的军事征服。他让当地非洲统治者依次签署降服条约，并要求他们缴纳赋税。如果有当地非洲统治者拒绝"保护"，便会遭到打击，要么死亡要么缴纳赋税。当时的一位英国高级官员颇为恰当地将约翰斯顿的要求比作公路抢劫者的盘剥："条约或镇压；要钱还是要命！"马克沁机枪、大炮、湖上的战舰，以及 300 名来自印度的锡克教徒组成的精锐职业军队，最终确保了英国人对这一地区的控制。大量马拉维人抵抗力量的首领们在战败后宁愿自杀，也不愿成为英国人的俘虏。

　　约翰斯顿也是罗得斯的英国南非公司在"东北罗得西亚"（North-Eastern Rhodesia）的代理人。罗得斯向约翰斯顿提供了 1 万英镑的"平叛金"，用以支持他在尼亚萨兰的军事征服。作为回报，他也维护了罗得斯的利益，他派遣代理人进入今天赞比亚的东部和中部地区，套取条约。英国南非公司在罗得西亚东北部的统治主要受到本巴人和恩戈尼人的抵抗。一旦与他们作战，罗得斯的机构就可以调动尼亚萨兰的英军。

在与英军作战的初期阶段，装备精良的本巴人尚且坚持得住。但随着时间推移，本巴人酋长的财富和权威日渐消耗殆尽。英国人在尼亚萨兰与德国人在坦噶尼喀的殖民征服中断了长途贸易，而本巴人一直以侵掠长途贸易商队为生。本巴人内部的统治权争夺进一步削弱了抵抗力量。1898 年，在一个统治权争夺者去世造成的混乱中，一位法国天主教传教士自封为王，并欢迎英国南非公司的军队进入本巴人都城。

在东南部地区，于中南非维持了两个世代军事优势的恩戈尼人，仍然无法匹敌英国人的马克沁机枪。在 1898 年的战争中，英国机枪击毙了数千名恩戈尼士兵。英国人从邻近的尼亚萨兰发起攻击时，宣布要在清除掉这一地区残暴的侵掠型国家。讽刺的是，英国人本身却为白人定居者夺取了大片土地。英国人强迫幸存下来的恩戈尼人成为苦力，没收他们的牲畜，要求他们缴纳赋税。1900 年，东北罗得西亚沦为英属保护地。

## 莫桑比克的征服与抵抗

莫桑比克人对葡萄牙人殖民统治展开了广泛而漫长的抵抗斗争。莫桑比克南部地区的加扎帝国与赞比西河流域陡峭山麓地区的巴维王国，以及赞比西河流域数量庞大的普拉佐的通加人、曼干贾人、切瓦人结成反抗同盟，共同抵制葡萄牙人的殖民统治。多年来，莫桑比克北部地区的尧人、马孔德人（Makonde）、马库阿人（Makua）首领一直与沿海商人进行着象牙和奴隶贸易，因此他们的抵抗军武器装备精良。19 世纪 80、90 年代，很早便与欧洲、果阿商人有联系的莫桑比克人坚决抵制葡萄牙人征税。他们手中有枪，一直反抗葡萄牙官员对当地的统治。这一点尤其表现在赞比西流域的普拉佐，很多普拉佐城镇配备了防御型的大炮。

当时莫桑比克境内最大的国家是加扎帝国。但 19 世纪 80 年代时，加扎帝国已经衰落了。加扎帝国之所以衰落，原因主要有两点：其一，普拉佐戈龙戈扎（Gorongoza）一直在扩张，这部分导致了加扎帝国统治者恩贡贡亚内（Ngungunyane）在 1889 年将都城迁往南部地区；其二，加扎帝国向金伯利、约翰内斯堡、纳塔尔输出了大量移民劳工，加扎帝国王室官员的统治受到了削弱，而这正是加扎帝国衰落的深层原因。移民劳工不但让加扎帝国丧失了兵源，而且还丧失了大量牧民和狩猎者。年轻人在加扎帝国境外挣钱，娶亲时便可以不再依靠长辈提供的彩礼。

面对葡萄牙人的威胁，恩贡贡亚内寻求与英国人结盟，但英国人对此置若罔闻。1891 年，英葡签署了一份条约，将加扎帝国大部分地区划入葡萄牙人势力范围。这份条约是欧洲"瓜分非洲"协议的一部分。在确定非洲殖民地边界问题上，欧洲政府根本不考虑非洲人的利益与要求。1894 年，加扎帝国主动出击，袭击了葡萄牙人的洛伦索-马贵斯港（port of Lourenço Marques）①。

___

① 今天的马普托港。

但是，虚弱的加扎帝国无力应对葡萄牙人的报复。在两场决定性的战役中，葡萄牙人击败了加扎帝国军队，俘虏了恩贡贡亚内。

葡萄牙人在征服战中，主要靠着马克沁机枪而占尽优势。在莫桑比克其他地区，葡萄牙人的统治主要借助当地非洲军队的力量。其实，这场战争与其说是葡萄牙人的"征服战"，倒不如说是非洲国家之间的一系列战争或非洲"内战"，葡萄牙人只是对此加以利用和进行指挥而已。19世纪80年代初，普拉佐沿着赞比西河流域，扩大了葡萄牙人的统治范围，并在宗博重建了葡萄牙人贸易点。19世纪80年代末，葡萄牙人利用普拉佐之间的宿怨，挑起了普拉佐之间的内斗。葡萄牙人曾利用一个普拉佐1.2万人的军队去攻击另一个普拉佐。1901年，葡萄牙人又利用6000名恩戈尼雇佣军去攻击太特北侧的一个普拉佐。在莫桑比克北部地区，尧人的抵抗持续最久。1912年，葡萄牙颁布了禁止向非洲人出售武器的禁令。葡萄牙人这才最终镇压了尧人的抵抗。

在大部分情况下，葡萄牙人的非洲雇佣军、招募的新军、同盟者都是为了解决国家之间的宿怨或趁机抢掠而行动。数个世纪以来，葡萄牙人一直在玩这套老把戏，他们只是当地众多势力之一而已。最终，当地其他势力都开始抵抗葡萄牙人的统治时，葡萄牙人也便无力统治莫桑比克整个地区。

362

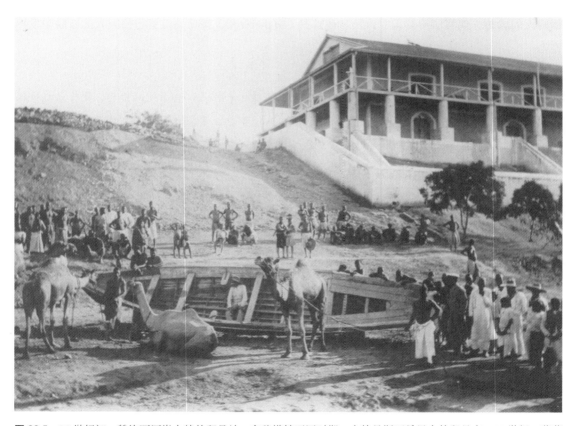

图23.5　20世纪初，赞比西河岸太特的贸易站。在穆塔帕王国时期，太特是斯瓦希里人的贸易点。16世纪，葡萄牙人占领了太特。在今天，太特依然是赞比西河流域的一个重要渡口。图片来源：*National Archives of Zimbabwe*。

## 纳米比亚的征服与抵抗

西部的纳米布沙漠与东部的卡拉哈里沙漠之间的是纳米比亚中部地区，即中部高原的干燥草原区。对纳米比亚诸族群来说，中部地区太干燥，不适宜从事农耕，却是一个重要的畜牧–狩猎区。19 世纪，纳米比亚中部地区的纳马人、赫雷罗畜牧民、狩猎者 / 商人之间一直有着激烈的冲突。19 世纪中叶，英国商人和德国传教士渗入此地。纳马人、赫雷罗人争夺商机，出口牲畜、象牙、鸵鸟羽毛，来换取枪支弹药。

1884 年，德国宣布奥兰治河与库内内河（Kunene）之间的沿海地区为德属保护地①。这是德国人处心积虑推进的新政策的一部分，目标便是在非洲建立殖民地。德国人宣称，建立保护地是为了保护德国传教士和商人的利益，但这只是表面说辞而已。1883 年，德国商人阿道夫·吕德里茨（Adolf Lüderitz）在安哥拉培奎纳（Angra Pequena）设立了贸易点。吕德里茨宣称，他用枪支、酒和少量现金从当地多个纳马人酋长手中"购买"了大片沿海领地。

1890 年，德国人进入中部高原，利用纳马人与赫雷罗人之间的宿怨开展殖民活动。德国人与赫雷罗人签署了一份保护性条约，他们向赫雷罗人承诺：在赫雷罗人与纳马人发生的领土冲突中，德国人将支持赫雷罗人。纳马人首领亨德里克·维特布伊（Hendrik Witbooi）深刻认识到德国人的威胁。他写信给赫雷罗酋长马赫雷罗（Maherero），就马赫雷罗与德国人的新联盟发出警告：

> 您认为在我被消灭以后，您还会是独立的酋长……但是，我亲爱的首长，您将永远悔恨您的所作所为，您不应将统治大权拱手送给白人。毕竟，我们之间的战争并没有您认为的那样严重……但是，您向白人政府臣服，这是在自找麻烦。您自称大酋长，可一旦您受他人控制，不过就只是个傀儡酋长而已。②

德国指挥官在温得和克（Windhoek）建立军事基地，攻击亨德里克·维特布伊的家乡吉比恩（Gibeon）。但维特布伊将军队撤离了吉比恩，并以游击战的方式袭击德国人供给线。1894 年，德国人在温得和克被围困了数月。直至海外强大的增援部队赶到才解了围。虽然纳马人随后在军事上被击败，但德国人被迫允许其保留武器。

马赫雷罗去世后，赫雷罗人产生了酋长继承权纠纷，实力大损。德国人的行动也验证了维特布伊之前的警告。德国人趁机在赫雷罗人都城奥卡汉贾（Okahandja）设立军事要塞，并宣布承认塞缪尔·马赫雷罗（Samuel Maherero）为赫雷罗人酋长。随后，德国人漠视新酋长的权威，在温得和克地区划出大片土地以供白人定居，其中就包括了中部高原的大量优质牧场。1896 年，

---

① 也就是从开普殖民地至安哥拉之间的沿海地区。
② *The Diary of Hendrik Witbooi, 1884—1906*, Van Riebeeck Society, Vol. 9, p. 77, www.vanriebeecksociety.co.za/reprint.htm.

地图 23.3 德国人征服西南非洲

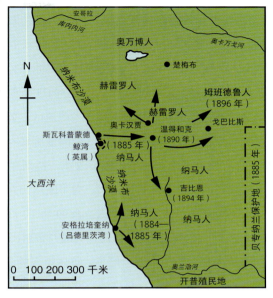

中部高原东部的赫雷罗人、姆班德鲁人抵制德国人征税和劳役。德国人镇压了他们的"反叛"，其首领遭到处决，而德国人也为白人定居点夺取了更多的土地。

19 世纪末 20 世纪初，除了最北部的奥万博兰（Ovamboland），德国人统治了西南非洲的大部分领地。1896—1897 年的牛瘟摧毁了纳马人和赫雷罗人的畜牧经济。此后，德国人的势力扩张速度更快。1904—1907 年，因德国人意欲将整个西南非洲变为白人的殖民地，爆发了大规模的非洲人抵抗运动。

# 南非战争（1899—1902 年）

兰德的采金业给德兰士瓦共和国的布尔人带来了大量财富。欧洲"外来人"（*uitlanders*），尤其是英国人，控制了大部分采矿业。他们拥有技术和资金，可以进行深层采矿。德兰士瓦共和国总统保罗·克鲁格（Paul Kruger）对采矿业课以重税，以讨好其政治支持者——农村地区的布尔人①。采矿业衍生出一些重要的支援产业，如制造用于粉碎石头的炸药、修建铁路、约翰内斯堡的供水。克鲁格让阿非利卡人垄断了这些产业或项目，这使得欧洲"外来人"不得不为了这些供给和服务支付高价。因此，克鲁格政府的政策给英国人控制的采矿业增加了很多成本。同时，欧洲"外来人"还没有政治权利。如果允许人数超过阿非利卡人的欧洲"外来人"投票，那么德兰士瓦共和国可能就会控制在欧洲"外来人"的手中。

① 布尔人此时自称"阿非利卡人"。

1895 年，当时已是开普殖民地总理的塞西尔·罗得斯（1890—1896 年在任），蓄谋用武力推翻德兰士瓦共和国政府。罗得斯希望约翰内斯堡的欧洲"外来人"掀起叛乱，再从"罗得西亚"派出英国南非公司警察进入德兰士瓦共和国展开支援。但是，叛乱失败了。L.S.詹姆森（L. S. Jameson）领导的侵略军全军覆没，多名领导人被关进监狱。詹姆森的行动激起了阿非利卡诸共和国和开普殖民地的阿非利卡人的强烈反英情绪。罗得斯被迫辞职，德兰士瓦共和国和奥兰治自由邦则建立了军事联盟，以共同抵制英国人对阿非利卡人独立的进一步威胁。

罗得斯和私人资本家的失败，让英国政府开始直接介入此地区。德兰士瓦共和国与德国人建立的反英联盟是一个实实在在的威胁，英国势必不会让兰德的金矿落入欧洲竞争者之手。1896—1899 年，英国要求克鲁格实行有利于英国人的矿业政策改革，特别要求赋予欧洲"外来人"所有政治权利，英国与德兰士瓦共和国关系骤然紧张起来。为了施压让克鲁格答应其要求，英国派大军压境。克鲁格认识到战争不可避免，决定先发制人。1899 年 10 月，克鲁格向英国宣战。阿非利卡人"义勇队"迅速越过德兰士瓦共和国边境，进入英属开普殖民地和英属纳塔尔殖民地。

在战争早期阶段，英军节节失利，颇为难堪。但是，英国投入的总兵力高达 50 万。1900 年代中期，英国占领了阿非利卡人的主要城镇。克鲁格流亡欧洲，但他的"义勇队"首领在后来两年里继续展开游击战。在英军实行焦土政策后，阿非利卡人"义勇队"才被迫投降。阿非利卡人的农场遭到焚烧，家人也被关入骇人听闻的"集中营"，数千妇女和儿童死于疾病。这是一段阿

地图 23.4    1899—1902 年的南非战争

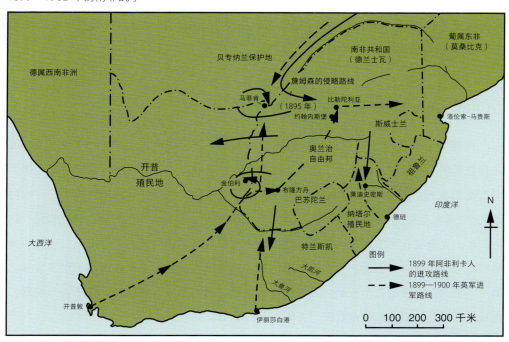

图 23.6　1899—1902 年南非战争的间歇，一支阿非利卡人"义勇队"狩猎到了一些羚羊。图片来源：*Popperfoto/ Getty Images*。

非利卡人难以忘却的历史。南非战争 [1] 期间，阿非利卡妇女和儿童遭到了虐待。此番遭遇强有力 地推动了 20 世纪前期阿非利卡人民族主义的发展。

在南非战争期间，作战双方都认为这是"一场白人战争"，与非洲人无关。南非战争在本质 上决定了谁将统治南非，是英国人还是阿非利卡人。作战双方都担心：如果非洲人拥有了枪，可 能会射杀任何一方的白人；战争结束后，有了枪的非洲人也不会再服从，作战双方都认为非洲人 本应屈居人下。但事实上，非洲人被深深卷入了南非战争，成为战争的牺牲品和参与者。焦土政 策让非洲人大受其苦，也有数千非洲人死于集中营。英军和阿非利卡人"义勇队"都雇用了非洲 人，让他们充当劳工、赶牛车者、侦察员、通信员。双方军队粮食供给主要靠非洲人提供。一些 非洲人也拿起武器，支持英国人。很多非洲人认为，支持英国人会得到回报：英国人不会驱赶他 们。他们占领了阿非利卡人的废弃农场，并希望英国人会确认他们的土地所有权。其中，很多农 场是上一代阿非利卡人从非洲人手中夺走的。非洲人也认为，如果英国人取得胜利，英国人会确 保黑人在这一地区的政治、经济生活中享有更平等的地位。

然而，非洲人的信任与期待落空了。南非战争后，英国人竭力安抚阿非利卡人，希望"布尔 人与大不列颠人"之间能团结起来，互相理解。1910 年，前阿非利卡人诸共和国和英属殖民地 组建成了单一的"南非联邦"（Union of South Africa），以确保南非白人的持续统治和安全。

---

① 又称英布战争（Anglo-Boer War）。

# 第九篇
# 殖民统治的影响与性质
# （1890—1945年）

针对殖民统治早期几十年的历史，殖民化所带来的人口影响是一个重要议题。19世纪90年代至20世纪20年代，热带非洲的人口减少，尤其在法属赤道非洲和比属刚果，当地非洲人口减少了20%—50%。非洲人口变化有诸多原因，例如殖民征服与反抗战争、对刚果盆地的野生橡胶的掠夺性开发、第一次世界大战中的东非战役等。除了这些明显的原因外，还有疾病的影响。

非洲人住在"城镇"，生活贫困，人口密度大；欧洲人住在郊区，环境开阔怡人。"城镇"与郊区之所以隔离开来，官方理由是担心疾病的传播，当然还有阶级、文化偏见，而最重要的原因是种族偏见。非洲殖民地普遍实行种族隔离制度，但最极端的种族隔离制度出现在殖民化程度最深的国家——南非。

除了担心流离失所的非洲人和疾病传播外，殖民者还诋毁非洲本土医疗，将其斥之为迷信和"巫术"。在前殖民地时代，非洲人就明白气候恶劣可能会引发严重的饥荒，迫使人口进行迁移。然而，乌干达北部、苏丹南部、安哥拉北部和马拉维的大规模饥荒是一种新现象，也是早期殖民统治的一个特征。

为了满足殖民地经济发展需求，殖民地当局鼓励当地人四处寻找工作，男性劳动力几乎都离开了农村地区，成为移民劳工。因此，在社会层面上，妇女获得了部分赋权。但在殖民统治时期，非洲大多数人口仍然居住在农村地区，移民劳工的出现总体上削弱了非洲的社会和经济。移民劳工和现金税是殖民政策的产物，旨在迫使非洲人进入殖民地雇主所设定的现金经济。现金经济削弱了非洲自给自足的经济体系，导致农村地区赤贫化。其实，现代非洲农村和城郊的贫困根源可以追溯到殖民统治下的第一代非洲人。

然而，殖民统治起步阶段，非洲人可以自己决定从事何种类型的生产。例如，尼日利亚北部地区坚持种植花生，而不是殖民地投资者期望的棉花。

20世纪20、30年代，欧洲殖民者在非洲大陆确立了牢固的殖民统治，但也为殖民地的衰败埋下种子。殖民地当局不得不承认，维持殖民统治需要非洲人的合作。殖民者恶意曲解"传统统治"，以此削弱前殖民地时代的统治阶层。因此，反殖民主义的重担落在整体游离于本土统治体系之外的，受过教育的新一代非洲人身上。

至少在20世纪20年代，非洲人已经从被帝国征服所带来的严重心理冲击中恢复过来，他们一有机会便向殖民统治发起挑战。尽管传教士的抱负有限，但非洲人推动传教士扩展了其提供教育的覆盖范围。少量非洲人还远赴海外，在欧洲宗主国首都和美国的非裔美国人机构中继续深造。在两次世界大战期间，这些受过教育的非洲人对剥削制度的改革和种族偏见的消除尤为关注，他们挑战了欧洲人对殖民地权力的垄断。在第二次世界大战期间，特别是1935—1936年意大利入侵埃塞俄比亚之后，他们又将目光转向寻求政治独立。1945年后，为战争服务的非洲人，无论是直接参战的，还是在后方种植粮食、生产商品的，都不愿再受制于殖民统治的枷锁，从而为非洲政治独立奠定了基础。

# 第二十四章

# 帝国的巩固：早期殖民统治

## 原材料与市场

欧洲人想要在非洲建立帝国，主要有 3 个经济动因：第一，为金融资本寻找投资机会；第二，为制成品寻找新市场；第三，为欧洲工业寻找原材料。从理论上来说，这三者是有机统一的。非洲人生产、出售原材料，换取现金，而换取来的大部分现金用来进口制成品。然而，欧洲政府、商人、殖民主义者在晚近时期征服非洲后，滥用权力，只追求短期收益，抢夺非洲大陆的土地和原材料，却几乎什么都不给非洲。

## 特许公司

特许公司（concessionary companies）吸纳了诸多金融资本。在非洲很多地区，欧洲政府正是利用特许公司来开拓其新建立的殖民帝国。借助这一制度，欧洲私营公司获得授权，以相关欧洲国家之名进入非洲大片领地，从事开发和殖民，但是风险自负。这是欧洲的"廉价"殖民措施。英国在尼日利亚、罗得西亚、东非都曾实行这一制度。[①]

在殖民地的早期开发中，德国、法国、葡萄牙也广泛利用了特许公司。从理论上来说，特许公司将"开放"领地，设立一个基础性的行政管理机构，投资铁路，把当地逐渐纳入现金经济体系。如此一来，特许公司就逐渐地为欧洲制成品培育出市场。但在实践过程中，这一制度广泛被滥用，因为特许公司只寻求自己的短期利益，不会在行政管理、公路、铁路方面进行长期投资。取而代之的是，特许公司热衷于粗暴地剥削当地民众，掠夺自然资源。

然而，非洲人持续不断的抵抗活动，让特许公司早期的高利润率难以为继，很多特许公司接连破产。到 20 世纪 20 年代初，除了莫桑比克外，非洲大陆大部分地区的行政管理从特许公司转回到了欧洲帝国的手中。在刚果盆地，也就是刚果自由邦、法属赤道非洲（French Equatorial Africa），这一制度的滥用程度最深。

---

① 此三地的特许公司分别为皇家尼日尔公司、英国南非公司、大英帝国东非公司。

**图 24.1**　早期殖民地管理者向往的生活方式。1891 年，尼亚萨兰的一位邮政局长/收税官员由抬轿（Machila）抬着，身旁是其狩猎战利品。图片来源：*National Archives of Zimbabwe*。

## 刚果自由邦

利奥波德二世宣布，所有未被当地人占有或耕种的土地都是"闲置地"（vacant land），闲置地属于他及其刚果自由邦政府。在人口稀少的森林地区，由于当地人主要从事狩猎、采集、轮耕，也就意味着这些地区有大量的闲置地。利奥波德二世将一部分闲置地留为己用，其余闲置地租给特许公司。例如，一家比利时公司就租借了 8000 平方公里的土地，作为条件，该公司要修建一条从沿海到马莱博湖的铁路。另一家加丹加公司租借了加丹加地区 1/3 的闲置地，并获得刚果自由邦东南部地区的矿产专属开采权，而该公司也将其 1/3 的利润上缴给了刚果自由邦政府。

从 1890 年代到 1900 年代初，热带森林地区特许开发的主要产品是野生橡胶。自行车、汽车在欧洲和北美日渐普及，世界橡胶市场一片繁荣，这种繁荣直到 1905—1910 年东南亚橡胶种植园开始出现才逐渐发生了变化。特许公司代理人将私人武装[①] 带到刚果盆地，强迫当地人去森林收集橡胶。1895 年 11 月 18 日，《泰晤士报》刊登了一篇报道。这篇报道的作者是美国传教士 J. B. 墨菲（J. B. Murphy），他亲眼看到了刚果自由邦残酷的剥削制度，他在这篇报道中做了如下描述：

> 当地人已经陷入绝望状态。在这一地区，每个城镇每周日都要给专员总部送来一定量［的橡胶］……士兵将民众驱赶到灌木丛中，如果有人反抗就会遭到枪击，左手会被砍下并作为战利品带给专员……男人、女人、儿童的手排列在专员面前，专员再进行计数，看看士

---

① 由非洲释放奴组成。

兵是否浪费了弹药。[刚果自由邦政府]按照每磅橡胶 1 美元的价格支付给专员佣金。因此，专员为了钱，竭尽所能……

我来说一个事件。这一事件足见不公正贸易给当地民众造成的影响。有一天，一个负责洛利法（Lolifa）邮政的刚果自由邦下士在城镇里收集橡胶。他遇到一名贫穷的妇女，她丈夫出门捕鱼去了。下士问道："你丈夫在哪？他的橡胶呢？"妇女答道："[橡胶]已经给您准备好了。"下士说道："你撒谎！"……他对着妇女头部就是一枪。不久后，她的丈夫回来了。得知妻子被杀……这个不幸的人举起枪，杀了那个下士。士兵们跑到刚果自由邦总部，并对事情的经过做了歪曲的陈述。结果，专员派出大队人马，支持士兵们的行动。士兵洗劫、焚烧了城镇，造成多人伤亡。去年[1894 年]11 月，博希拉（Bosira）爆发了严重冲突，因为当地人拒绝上缴橡胶，我从刚果自由邦一名官员那里获得了权威数据，至少有 1890 人被杀。

诸如此类的事件暴露在了欧洲公众的眼前，但刚果自由邦的残酷统治在后来的 10 年内并没有发生变化。同时，当地非洲人竭力反抗这种粗暴、残忍的剥削和统治。背井离乡是最容易实现的一种反抗形式，但是背井离乡者也会陷入非常艰难的状况，墨菲对此解释道：

金塔莫（Kintamo）和金沙萨（Kinchassa）是 H. M. 斯坦利时代最繁荣的两座城镇，如今已经好景不再，当地人都跑到法属刚果去了……很多人为了摆脱刚果自由邦的苛政，都已经离开大河①区域，逃进内陆……如果没有残酷的压迫，当地人不会逃跑，因为逃跑意味着饥饿，意味着抛弃自己的家园。逃到法属刚果意味着他们将成为无家可归者，成为饥饿的流浪者。即便如此，刚果自由邦也不让他们安生；刚果自由邦听说他们晚上会回来到老房子里拿吃的，于是就在河上的独木舟里打埋伏等着他们。一声令下，士兵就会枪杀所有被抓到的人。就我所知，他们曾一晚上枪杀了 7 个人。

当地人渐渐地转向武装抵抗。刚果河下游地区的当地人从沿海商人那里弄到了来复枪，并在与刚果自由邦部队多次交战中学会了使用这些武器的方法。

到 1900 年代初，当地人的公开反抗越来越多，殖民地当局的统治处在崩塌的边缘。1908 年，由于非洲人的不断抵抗，国际社会对刚果自由邦政权的谴责，以及橡胶价格的下跌，利奥波德二世放弃了其私人帝国。1908 年，利奥波德二世将刚果自由邦交给了并不情愿接手的比利时政府。比利时政府将其更名为比属刚果，并结束了特许制度的极端滥用。但是，诸多欧洲私营公司依然控制着刚果盆地的大部分资源。例如，比利时的上加丹加矿业联合公司（Union Munière du Haut

---

① 刚果河。——译者注

Katanga）继续垄断加丹加地区的铜矿开采权。1911 年，英国的利弗兄弟公司（Lever Brothers）[1]
获得了一块 75 万公顷土地上的棕榈产品专购权。

### 法属赤道非洲

刚果河流域的加蓬、中央刚果、德属喀麦隆也有类似的特许制度。法属赤道非洲多达 70%
的领地被划分给了 41 家私营特许公司。特许公司代理人袭击森林地区的非洲人，抓捕人质，强
迫村民上缴固定配额的象牙和橡胶。在中央刚果，成千上万人被迫充当廉价劳工，为乍得的法
国军队运输补给品。在修建从沿海黑角港到马莱博湖北滨布拉柴维尔（Brazzaville）的铁路过程
中，特许公司也使用强制性劳工。劳工营的生活与工作条件骇人听闻：单铁路工程一项，估计就
有 1.6 万名非洲工人死于暴行、疾病、营养不良。早期殖民统治的数十年里，法属赤道非洲人口
数量骤然下降。在这短短的几十年里，当地人遭受的苦难可能比整个奴隶贸易时代同样长时间段
内所遭受的苦难还要深重。

## 西非的农民生产与铁路

早期殖民地统治时期，面对新市场所带来的机遇，西非撒哈拉沙漠南部的稀树草原与森林地
区反应最积极。在一些地区，欧洲代理人强征劳力、掠夺森林资源的现象极为普遍。例如，欧洲
代理人掠夺科特迪瓦森林的橡胶和硬木，并因此遭到非洲人一直持续到 1915 年的武装抵抗。然
而，总的来说，原材料生产主要由非洲农民完成。比起欧洲种植园主，当地非洲农民的生产效率
更高，而前者主要依赖的是效率低下的强制性劳工。在法属和英属殖民地，殖民者"鼓励"非洲
农民不要种植粮食作物，转而为欧洲市场种植经济作物。出口商品生产之所以获得发展，原因在
于以下几个因素：殖民地当局征税以现金结算、内陆到沿海地区的铁路建设、个别非洲人自己的
选择。

在前殖民地的 19 世纪和殖民地时期，西非撒哈拉沙漠南部地区的主要出口作物是花生和棕
榈油。1905 年，尼日尔河上游地区，达喀尔到巴马科之间修建了铁路，塞内加尔的花生生产规
模急剧扩大。塞内加尔农民季节性地迁移到人口稀少的冈比亚河流域去种植作物，卖到下游沿海
地区的巴瑟斯特（Bathurst）[2]。虽然法属殖民地达荷美的棕榈油出口从未恢复到前殖民地时代的规
模，但棕榈油仍是尼日利亚东部地区伊博兰的主要出口商品。

可可豆是黄金海岸[3]的出口作物之一，也是非洲人自行选择种植经济作物的一个典型例子。
1879 年，一位名叫特提·克瓦西（Tetteh Quarshie）的加人金属加工者，把可可豆从费尔南多波

---

[1]　后来的联合利华公司（Unilever）。
[2]　今天冈比亚共和国的首都班珠尔（Banjul）。
[3]　后来的加纳共和国。

## IN THE RUBBER COILS.

Scene—*The Congo "Free" State.*

图 24.2 比利时国王利奥波德二世被画成了一条大蛇，橡胶大蛇正在缠压刚果人。1906 年 11 月《笨拙画报》刊登的一幅漫画。图片来源：*Punch Limited. Reproduced with permission*。

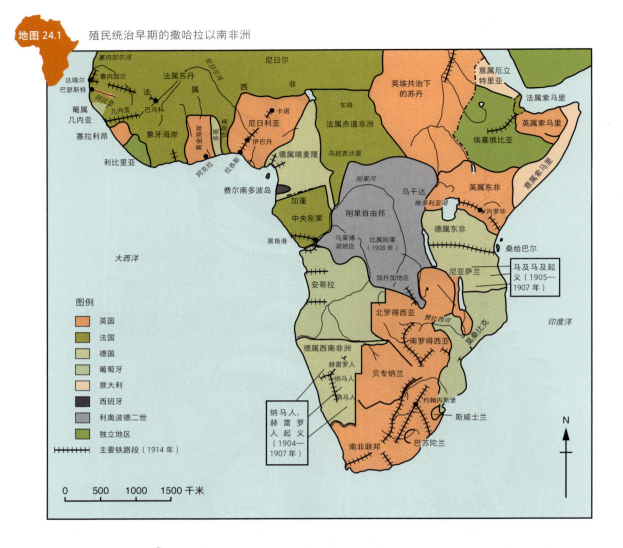

**地图 24.1** 殖民统治早期的撒哈拉以南非洲

图例
- 英国
- 法国
- 德国
- 葡萄牙
- 意大利
- 西班牙
- 利奥波德二世
- 独立地区
- 主要铁路段（1914年）

0 500 1000 1500 千米

N

（地图内标注，自上方顺时针及内部）：塞内加尔河、尼日尔、意属厄立特里亚、达喀尔、巴瑟瑟特、塞内加尔、阿比亚、法属苏丹、英埃共治下的苏丹、法属索马里、法、属、几内亚、巴马科、西、非、英属索马里、葡属几内亚、卡诺、乍得、塞拉利昂、象牙海岸、黄金海岸、尼日利亚、法属赤道非洲、埃塞俄比亚、利比里亚、伊巴丹、德属喀麦隆、乌班吉沙里、葡属索马里、阿克拉、拉各斯、费尔南多波岛、加蓬、中央刚果、刚果河、乌干达、维多利亚湖、英属东非、内罗毕、黑角港、马莱博湖地区、刚果自由邦、比属刚果（1908年）、德属东非、桑给巴尔、大西洋、加丹加地区、尼亚萨兰、马及马及起义（1905—1907年）、安哥拉、北罗得西亚、赞比西河、莫桑比克、印度洋、德属西南非洲、南罗得西亚、贝专纳兰、赫雷罗人、纳马人、纳马人、约翰内斯堡、斯威士兰、纳马人、赫雷罗人起义（1904—1907年）、南非联邦、巴苏陀兰

岛（Fernando Poo）[①]引入黄金海岸。他在阿克拉北面的阿夸平山（Akwapim）上建了一个可可豆苗圃。到19世纪90年代，他卖给当地农民的可可豆幼苗已达1000棵。19世纪80年代，黄金海岸的英国总督也建了一个可可豆苗圃，但可可豆种植在内陆地区的迅速普及靠的是当地农民。勤劳的农民从阿夸平山向北迁移到开发相对滞后的森林地区，他们从当地阿肯酋长手中买来土地，发展出一种由农民经营的可可豆种植园制度。他们出售可可豆，换得的现金除上缴赋税外，都花费在进口制成品，修建房舍和公路桥梁，以及教会学校里的儿童教育上。这些东西殖民地政府一样也没有提供。1914年，黄金海岸成为世界上产量最大的可可豆生产地区。

同时，英国人也在尼日利亚推进铁路建设。1896年，英国人修建了从拉各斯到伊巴丹（Ibadan，1900年），再到卡诺（1911年）的铁路。可可豆也成为伊巴丹以南约鲁巴兰农民的重

---

① 今天赤道几内亚共和国的比奥科岛（Bioko）。

要经济作物。英国曾期望尼日利亚北部地区的豪萨农民主要种植棉花。1911—1912 年，豪萨农民也确实这么做了。但 1912 年，尼日利亚北部地区发生饥荒，约有 3 万人饿死，豪萨农民因此转而种植花生。除去饥荒的原因，豪萨农民生产经验丰富，他们认为棉花不耐旱，更费劳力，种植风险大。铁路一端卡诺的欧洲商人开出的花生价格比棉花价格更高。精明的豪萨商人很快将这一讯息传播开来，在当地搭建了市场。两年内，豪萨兰农民生产了数以吨计的花生，甚至铁路都运输不过来，卡诺的欧洲商人不得不在街道上囤积起一包又一包的花生。

375

　　在热带非洲，很多地区的农民获益于大幅度改善的交通设施——公路、铁路、港口，这些交通设施自殖民统治早期就已经修建了。但是，对农民来说，修建交通设施所需的资本实在巨大。欧洲政府要求殖民地在财政上实现自给自足。因此，修建铁路、港口所需的经费只能由殖民地本身提供。非洲人不仅需要提供大量劳工（往往是强制性的），还要用税收和关税收入支付建设经费。铁路建设公司在很多地方免费获得了大片土地。殖民地交通设施不断改善，贸易随之发展，欧洲商人和制造商获益最大，却在当地交通基础设施修建上分文未出。

**图 24.3**　1902 年，尼日利亚拉各斯蒸汽火车开通庆祝仪式。图片来源：*Reproduced with permission from BECM Bristol.rmission*。

图 24.4    1900 年代初，北罗得西亚铜矿带地区的第一座炼铜熔炉。殖民地时期的矿业投资者重新开采非洲人的老矿井，最初使用了当时非洲人的技术。如图所示。在殖民统治早期，非洲大陆普遍使用非洲人的技术，除非某处矿井的矿藏量大到值得大规模工业开采。图片来源：*National Archives of Zimbabwe*。

## 英属东非的农民、铁路与白人移民

西非农民没有按照英国、法国制造商希望的那样大规模种植棉花。英法在非洲的代理机构，如英国棉花种植协会（British Cotton Growing Association）就没能诱使西非农民生产出足够出口的棉花。与其他经济作物（如可可豆、棕榈油、花生）相比，棉花价格太低。然而，在埃及和乌干达，英国棉花种植协会取得了较大成功。1902 年，阿斯旺水坝完工，尼罗河下游地区实现可常年灌溉。受到英国棉花种植协会和开罗的英国当局的鼓励，埃及农民不再重视粮食作物生产，变得过分依赖棉花种植。

### 乌干达

在撒哈拉以南非洲，乌干达的棉花生产获得了巨大发展。干达人本就熟悉密集型的农业生产。19 世纪 90 年代初，英国与布干达王国的基督教贵族结成同盟，把乌干达变成了英属保护地。1900 年，英国与干达贵族达成进一步的协议，为英国在乌干达的统治奠定了基础。英国人同意不为白人定居点拿走任何一块土地，并且引入、实行了土地私有制。如此一来，布干达王国很多农业用地成为干达酋长的私有财产，农民成为酋长的佃农。布干达王国的卡巴卡丧失了土地分配权，随之也就失去了大部分实权。卡巴卡成为殖民地当局任命的、有名无实的元首。殖民地当局还拥有酋长任免权。这一制度也推广到乌干达的其他诸多王国。

1901 年，从蒙巴萨到维多利亚湖湖畔基苏木（Kisumu）的乌干达铁路完工。一条跨越维多利亚湖的捷径让干达人与沿海地区之间的联系变得更加便捷。1903 年，英国棉花种植协会引入棉花种子后，乌干达用于出口的棉花生产规模迅速扩大。新近实行的土地私有制促进了乌干达棉花种植范围的扩张。干达酋长发放棉花种子，组织佃农种植。棉花种植在布尼奥罗王国、布索加王国（Busoga）、布干达王国迅速普及开来。乌干达公司（Uganda Company）①把干达酋长纳入管理理事会。尤其在布干达王国，农民既为酋长又为自己种植棉花。布干达王国的土壤与气候既适合种植赖以为食的香蕉，又非常适合种植可以换取现金的棉花。这让干达人的处境更加安全，不像非洲大陆其他地区，单一用于出口经济作物的生产压过了粮食生产。

## 肯尼亚

从一开始，英国人便把英属东非保护地②当作未来安置白人移民的殖民地。维多利亚湖以东的高原，气候适宜，土壤肥沃，还有新修建完工的乌干达铁路。根据 1900 年的协议，白人定居点不能建在乌干达保护地许多条件很好的地方。但是，这个问题并不难解决。1902 年，乌干达从东非大裂谷到维多利亚湖的一大片土地转让给了东非保护地。在英国人看来，这一大片土地上的非洲人将给英属殖民地带来更多纳税人，也是未来白人农场的潜在劳动力。

英属东非保护地的非洲族群不愿意放弃土地和自由，也没有放弃斗争。1901—1908 年，当地人发起了一系列的抵抗斗争，反对英国人殖民统治。然而，英国人在军事上占优势，广泛使用暴力，最终镇压了非洲人的抵抗，并且提前制定了白人定居点建设计划。白人独占高原地区。英国人禁止沿铁路线来到内陆的印度商人购买东非保护地的土地。原来在土地上的非洲人被归类为"擅自占地者"（squatter），只有在白人"地主"需要劳工的时候，他们才被允许留下。在这一地区，基库尤农民的生活受到的冲击最大。基库尤农民早已扩展至土壤肥沃的东非大裂谷地区，如今却无法再继续下去了。白人移民涌入后，基库尤农民被赶了回去。从 1900 年代中期开始，英国、南非的白人定居者不断迁移过来，以期把高原地区变为"白人国家"。行政首都迁移到了内陆的内罗毕，从一开始，白人移民就在殖民地政府中有很大的影响力。

---

① 乌干达公司负责管理乌干达境内的棉花市场。
② 1920 年，改名为"肯尼亚"。

# 德属殖民地的反抗

## 马及马及起义（1905—1907 年）

19 世纪 90 年代末，德国人征服了德属东非的边境地区。此地的殖民征服是一个持久的过程，其内陆行政中心也不过只是一系列的小型军事要塞。从 1898 年开始，殖民地政府向所有成年非洲人征收人头税，征税的过程伴随着高烈度的暴力和恐吓。在乞力马扎罗附近的北部地区，也有一些欧洲人在尝试经营种植园，但对德国人而言，德属东非的其他地区只不过是象牙和赋税的来源地而已。

1905 年 7 月，德属东非南部基尔瓦的腹地爆发了起义，起义开始于马图姆比山区（Matumbi Hills）。为了扩大出口，殖民地政府强迫当地人种植棉花，进而引起当地人的反抗。起义迅速蔓延至整个地区，起义者攻击所有的外国人：传教士、行政官员及其斯瓦希里雇员。

这是一场无组织、无计划的自发性起义。然而，坦桑尼亚南部地区的人们团结了起来，他们在非洲人反抗殖民统治的历史上留下了浓墨重彩的一笔。他们本能地相信精神力量。在非洲人抵抗欧洲征服的早期阶段，非洲人既不团结，又没有欧洲的机关枪，但相信精神力量可以克服这两方面的问题。他们把一种被称为"马及马及"（maji maji）的圣水洒在身上，认为如此一来就会让敌人的子弹变成水。圣水只是一种简单的物件，却将民众凝聚在了一起。起义迅速蔓延开来，震惊了德国人。在初期阶段，起义斗争获得了一些胜利，起义者也越发相信马及马及的威力。但是 4 周后，局势就出现了转折。他们只有长矛和马及马及。在德国机关枪的面前，成百上千的起义者倒下。马及马及起义仍在不断蔓延，但已经失去了当初的势头。马及马及的威力也备受质疑，起义者无法再在政治上维持团结。

1905 年末，德国人从索马里和新几内亚召集的增援部队到来。1906 年，德国人逐渐重新掌控中部高原地区。他们实行焦土政策，毁坏村庄，把坦桑尼亚中南部地区变成一片废墟。德国官方数据宣称在军事行动中杀死了 2.6 万名"反叛分子"，且估计有超过 5 万坦桑尼亚人死于由军事行动所造成的饥荒。

马及马及起义失败了，但确实也产生了积极的影响。马及马及起义一结束，德国人便开始减少使用暴力，以提升其权威，他们担心继续使用暴力会激发另一场起义。德国人鼓励教会学校发挥作用，让欧洲雇主关心工人的健康问题并承担起责任。但从长远角度来说，更重要的是，马及马及起义已经显示，在压迫下非洲人可以搁置宿怨、团结一致，反对极端独裁的殖民统治。马及马及起义也预示着 20 世纪 50、60 年代的反殖民民族主义最终将推翻殖民统治。在马及马及起义中，有成千上万名坦桑尼亚人牺牲，但他们极大地激励了下一代民族主义者。20 世纪 60 年代初，正是下一代的民族主义者让非洲国家摆脱了殖民统治，赢得独立。

## 赫雷罗人、纳马人的起义（1904—1907 年）

同时，德国人也在德属西南非洲的中部高原地区大力推行白人移民政策。1896—1897 年，纳马、赫雷罗牧民深受牛瘟之苦，失去了大量牛群，白人移民趁机占领了肥沃的牧场。当时，当地人很少在这些牧场上放牧。为了保住新获得的牧场，白人商人采取一系列措施，有组织地夺走了当地牧民所剩无几的牛只。白人商人向当地的贫困牧民增加了粮食和衣服借贷，然后让牧民用所剩无几的牛只来偿还。1900 年代初，约翰内斯堡的劳工招募机构来到德属西南非洲。在赫雷罗人首领看来，这是白人处心积虑的阴谋，白人夺走了精壮男青年，意欲摧毁赫雷罗人。

1904 年，赫雷罗人爆发起义，杀了 100 多名德国商人和定居者，重新占领了大部分领地。但是，赫雷罗人没有劝服纳马人也参加起义。后来，纳马人改变了立场，但为时已晚。那时，德国人已经从海外调来增援力量，并将赫雷罗人围困在瓦特伯格（Waterberg）。赫雷罗人冲出围困后，德军司令洛塔尔·冯·特罗塔（Lothar von Trotha）发表了臭名昭著的"灭绝令"：

> 赫雷罗人不再是德国的属民。他们已经在谋杀和屠杀……赫雷罗人必须离开这个国家。如果他们说个"不"字，我将用武力来驱赶他们……在德国领地，每个赫雷罗部落民，不论有无武器，不论有无牛只，都将被枪杀。德国领地也不许有赫雷罗妇女与儿童的存在：他们要么到赫雷罗人那里去，要么死亡。这就是我——伟大的德国皇帝的伟大的将军——对赫雷罗人的最后通牒。[1]

赫雷罗人向西撤到卡拉哈里沙漠，数万赫雷罗人死于缺水和饥饿。到 1905 年末，冯·特罗塔的灭绝令被撤销前，仅有 1.6 万赫雷罗人在德国领地存活了下来，而在灭绝令发布之前，赫雷罗人口有 8 万，只有 2000 名赫雷罗难民逃到了邻近的贝专纳兰。

在此期间，纳马人也爆发了起义。在亨德里克·维特布伊的有力领导下，纳马人发动了游击战。至少到 1905 年末老迈的维特布伊被杀前，纳马人一直牵制着德国军队。此后，纳马人分崩离析。其他纳马人首领继续抵抗到 1907 年，但德国人逐渐恢复了统治。

战争末期，德国人夺走了纳马人和赫雷罗人的牛群，废黜了他们的酋长，他们也彻底丧失了独立性。纳马人、赫雷罗人的幸存者成为德国农场和矿井的工人，待遇低下，地位卑微。在战争期间，德国人杀了太多纳马人和赫雷罗人，德国劳工机构不得不从北方的奥万博兰招募劳工。第一次世界大战爆发时，南部部分地区的纳马人非常痛恨德国人的统治，甚至欢迎 1915 年进攻此地的南非军队。

---

[1] 转引自 Bley, H. (1971) South-West Africa under German Rule: 1894—1914 (Heinemann: London), pp. 163—164。

图 24.5　1904—1906 年起义期间被俘的赫雷罗人。这些囚犯成为强制性劳工。图片来源：*Interfoto/Alamy Stock Images*。

## 传教士、基督教与早期"民族主义"

379

　　非洲人的政治权威与宗教权威通常关联紧密。在一些小型社会里，酋长通常也是宗教神殿和祖先神灵的监护者。欧洲人摧毁或削弱了非洲人的政治权威，也削弱了非洲传统宗教的权威。这为基督教在非洲的传播开辟了道路。因此，20 世纪头十年，基督教传教士数量大幅增加。这种增长主要是因为传教活动带来了基础教育和卫生所。新建设的殖民地当局很少或未予关注这些领域。20 世纪前 20 年，成千上万的非洲人来到传教站，可能就是因为非洲人亟需教育和健康服务。

　　一些基督教早期皈依者认识到了基督教与欧洲文化、政治权力紧密联系在一起。19 世纪 80、90 年代，南非的非洲基督教神职人员开始反对欧洲人在其教会中占主导地位。大量非洲基督教神职人员组建了独立的基督教教会，并得到了美国基督教福音派人士的鼓励。这一运动被称为"埃塞俄比亚教会运动"，因为在基督教《圣经》中"埃塞俄比亚"指的是整个非洲。在欧洲殖民统治扩张的浪潮中，反对欧洲人控制教会、组建独立非洲教会的运动也传播到了中部非洲。

380

　　与欧洲同道相比，非洲教会领导人在讲解《圣经》时更加生动具体。他们在《圣经》中发

**图 24.6**　约 1912 年，尼亚萨兰姆博姆布韦（Mbombwe），约翰·奇伦布韦的天道实业教会。约翰·奇伦布韦（坐在右边的戴眼镜者）及其部分会众在新修建的教堂前。到 1915 年，天道实业教会名册里有 1160 名"受洗信徒"。图片来源：*National Archives of Zimbabwe*。

现了正义与人人平等的教义。在很多人看来，"基督再临"之际就是殖民政权终结之时。从这个意义上说，独立教会运动是非洲人反抗欧洲殖民统治的体现，也是非洲人民族主义情感的早期表现。

　　非洲基督徒反抗的最强音来自 1908 年在尼亚萨兰成立的埃利奥特·卡姆瓦纳（Elliot Kamwana）的瞭望塔教派（Watchtower sect）。《瞭望塔》是耶和华见证人（Jehovah's Witnesses）[①]的杂志名，卡姆瓦纳在访问南非期间加入了这一教派。卡姆瓦纳布道称，"基督再临"将解放全非洲，取消殖民地的赋税，非洲人将组建自治政府，并预言这一切将在 1914 年实现。卡姆瓦纳是一个激励人心的演说家，当地人蜂拥而来，加入了他的教会。1909 年，殖民地当局逮捕了卡姆瓦纳，把他驱逐到南非。在此之前，他已经施洗了 1.1 万人。卡姆瓦纳鼓舞了非洲人，即便没有了这位名义领袖，他的瞭望塔运动也在邻近的北罗得西亚和比属刚果悄然壮大，正是在这两地，殖民统治最为残暴。1914 年，卡姆瓦纳结束了流亡生活，但"基督再临"并没有成为现实。他前往莫桑比克，而葡萄牙人又将他遣送回尼亚萨兰。1915 年 1 月，尼亚萨兰爆发起义，殖民地当局由于担心他的影响力便又扣押了他，并将他流放至毛里求斯长达 22 年。

　　在此期间，更著名的非洲基督教历史人物是约翰·奇伦布韦（John Chilembwe）。正是他推动了尼亚萨兰 1915 年的起义。奇伦布韦受洗于英国浸信会传教士约瑟夫·布思（Joseph Booth）。

381

---

[①]　19 世纪 70 年代成立的一个美国教派。——译者注

1897 年，布思将奇伦布韦带到了美国。1897 年，布思出版了《非洲人的非洲》（*Africa for the African*），强烈批评了殖民统治。在美国浸信会的帮助下，奇伦布韦进入了弗吉尼亚神学院。1900 年，奇伦布韦以浸信会牧师的身份返回尼亚萨兰。他在希雷高原的一个白人种植园区创建了天道实业教会（Providence Industrial Mission）。不久后，奇伦布韦便因种植园劳工所遭受的待遇问题，与白人地主产生了冲突，这让他在白人移民中间恶名远播，但也立即为他赢得了种植园劳工的信任，种植园劳工纷纷前往他的教会。1913 年，尼亚萨兰出现了饥荒，奇伦布韦进一步

**图 24.7**　1913 年，约翰·奇伦布韦扩建并翻新了"大教堂"；1915 年 1 月 26 日，被殖民地军队毁坏了的"大教堂"。前后对比图。图片来源：*National Archives of Zimbabwe*。

了解了当地民众的疾苦和愤懑。1914 年第一次世界大战爆发前夕，英国人要求非洲人加入尼亚萨兰与德属东非（坦噶尼喀）边境地区的殖民地军队。此举终于让奇伦布韦按捺不住。1915 年 1 月，他率领其追随者发动了一场历时很短的起义，来反对英国人让"无辜的黑人流血"。奇伦布韦自知推翻不了殖民地政权，但他决定"出击和死亡"。他的命运确实如此，一周后他被枪杀于准备越界逃往莫桑比克的途中。尼亚萨兰殖民地当局摧毁了他的教会。他的会众四下逃散，亲信也同样惨遭处决：被火枪队绞死或枪杀。但是，约翰·奇伦布韦的出击具有象征意义，他激励了下一代人，也让他在马拉维民族主义运动史上备受尊崇。

## 第一次世界大战与非洲（1914—1918 年）

起初，1914 年 8 月在欧洲爆发的战争只是一场欧洲冲突。但欧洲列强在非洲占有大片殖民地，这意味着这场战争也会对非洲产生重大影响。英国与法国结成同盟，共同进攻德国殖民地多哥和喀麦隆。英法联军很容易就占领了多哥，但进攻喀麦隆的战斗一直到 1916 年 2 月才结束。法国人占领了喀麦隆 4/5 的领土。英国占领了喀麦隆 1/5 的领土，主要是喀麦隆与尼日利亚接壤地区。同时，重新组建的南非白人政府的军队已经占领了德属西南非洲。德属东非的战争历时最久。在那里，南非军队与英国东非、西非军队结成同盟，战斗贯穿了第一次世界大战的整个过程。一旦英国军队从北部、比利时军队从西部占领了德属东非的领土，德国将军保罗·冯·莱

图 24.8　1918 年 11 月，北罗得西亚卡萨马（Kasama），不可击败的德军司令保罗·冯·莱托-福尔贝克及其东非土著兵（askaris）。图片来源：*National Archives of Zimbabwe*。

图 24.9 第一次世界大战期间，罗得西亚军团穿过索尔兹伯里（今天津巴布韦共和国首都哈拉雷）前往东非战场。图片来源：*National Archives of Zimbabwe*。

托-福尔贝克（Paul von Lettow-Vorbeck）便会率领军队从莫桑比克、尼亚萨兰和罗得西亚东北部发动进攻，几乎从未失手。

383 　　喀麦隆战役、东非战役给当地农村人口带来了深重的灾难。交战双方经常烧毁村庄，不分青红皂白地征用粮食和劳工。他们都实行焦土政策，毁坏庄稼和村庄，切断对方的供给。19 世纪 90 年代，牛瘟让非洲人失去了大量牛只。到第一次世界大战期间，牛只数量刚刚有所恢复，却又成为交战双方的军事行动目标，变成了军队的食物。因此，交战双方也剥夺了牛只所有者的生计手段。1916—1918 年，非洲普遍出现饥荒，甚至包括不是第一次世界大战正面战场的卢旺达。估计有 100 万肯尼亚人和坦桑尼亚人在东非战役中充当运输工，高达 10 万人死于疾病、营养不良或过度劳动。在与德国盟军奥斯曼帝国作战时，英国军队也"征用了"埃及人的谷物、棉花、骆驼、劳工。

　　我们必须知道，在热带非洲交锋的大多数士兵其实是非洲人，是欧洲统治者招募或强迫的。在东非，德国人从新近征服的族群招募非洲土著兵 ①，比如恩戈尼人。在东非战役中，英国人从塞拉利昂、黄金海岸、尼日尔招募了 5 万名士兵。南非也招募黑人士兵，但不允许他们携带来复枪。南非政府认为，让非洲黑人射杀白人是一个危险的信号——这可能会鼓励非洲黑人随后调转枪口枪杀南非白人。

　　招募非洲黑人士兵、把黑人士兵投放到欧洲战场，英国人也有些犹豫，原因可能与南非政府

---

① 原文为 askaris，是斯瓦希里语单词，意思是"士兵"，又有阿斯卡里部队等译名。——译者注

图 24.10　在英法联军征服多哥兰（Togoland，今天的多哥共和国）前，洛美（Lomé）的一列准备出发的军用火车。1914 年 8 月，一支英法联军征服了多哥兰，建立了联合保护地。另一支英法联军占领了喀麦隆，但直到 1916 年 3 月 4 日，在喀麦隆的德军才投降。图片来源：*Popperfoto/Getty Images*。

一样。但是，法国人却没有此顾虑，他们共征募了约 60 万名非洲士兵。超过 15 万名西非士兵，被法国人投放至欧洲西线战场，其中多达 3 万人在战斗中死去。在东地中海和非洲，还有 4 万名非洲士兵为法国人作战身亡。一个摩洛哥军团经常出现在法军伤亡名单上，并成为法军中享有最高荣誉的军团。法国人还招募了 14 万非洲劳工，其中大部分是北非人。

在第一次世界大战期间，英国人意欲在西非招募更多的非洲士兵，但遭到非洲人的普遍反抗，尤其在法属西非的萨赫勒地区和沙漠地区。1916 年，法属苏丹（French Soudan）[①]的图阿雷格人爆发公开起义，法国外籍军团花了一年多时间才将其镇压下去。德国人及其盟友奥斯曼帝国意欲援助起义军，但他们只能零星地向图阿雷格人提供武器，而且图阿雷格人也缺乏协调配合。在第一次世界大战期间，法国人彻底征服了法属西非境内独立的非洲族群，包括沙漠地区和科特迪瓦森林地区的族群。

在第一次世界大战期间，英国人进一步控制了埃及，并占领了达尔富尔苏丹国。此时，英国与奥斯曼帝国处于交战状态，所以英国人不再伪装支持奥斯曼帝国对埃及的统治。他们废黜了埃

---

① 今天的马里共和国。Soudan 是 Sudan 的法语拼写形式。——译者注

图 24.11    1916 年，比属刚果东部地区非洲人的机枪分队。图片来源：*National Archives of Zimbabwe*。

及赫迪夫阿巴斯（Abbas），宣布埃及为英属保护地，并把尼罗河三角洲地区变为东地中海的军事基地。此时，位于埃及以南、苏丹西部地区的达尔富尔苏丹国是马赫迪国家的盟友和附庸国，也是非洲大陆极少数没有被殖民的国家之一。19 世纪 80 年代，达尔富尔苏丹国和马赫迪国家共同将埃及赶出了苏丹。1898 年，英国将军基钦纳（Kitchener）[1] 率领英埃联军征服了苏丹。在基钦纳看来，达尔富尔苏丹国只是一个无足轻重的苏丹国，所以没有进攻它。到 1914 年第一次世界大战爆发时，苏丹阿里·第纳尔（Ali Dinar）宣布，达尔富尔苏丹国与奥斯曼帝国、赛努西教团（Sanusiyya）[2] 建立联盟。赛努西教团此时正在利比亚与意大利人作战，而意大利又是英国盟友。因此，1916 年，英国驻苏丹军事统帅雷金纳德·温盖特爵士（Sir Reginald Wingate）入侵并军事占领了达尔富尔苏丹国，后将其并入苏丹殖民地。

385

除了非洲战场、招募非洲士兵与劳工的地区外，第一次世界大战对非洲大陆还产生了其他深远影响。第一次世界大战爆发后不久，航运路线便中断了，非洲经济作物、原材料出口严重萎缩。经济作物价格下滑，进口商品价格骤然猛涨，新兴的殖民地经济迅速陷入衰退。农民和产业工人陷入贫困，健康状况恶化。1916 年后，同盟国航运路线基本恢复了。尼日利亚的花生、棕榈油等经济作物出口繁荣起来。同时，白人需要参与战事，非洲职员填补了他们的空缺。而南非已经成为非洲最先进的工业经济体。南非出口战时所需的粮食和矿产，并提供船舶维修，经济获得

---

[1]  基钦纳全名为霍雷肖·赫伯特·基钦纳（Horatio Herbrt Kitchener，1850—1916），英国名将，以镇压苏丹起义、结束英布战争等闻名。——译者注

[2]  又有塞努西亚、赛努西兄弟会、萨努希亚兄弟会等译名，国内的中文表述比较混乱，这里从赛努西教团。19 世纪 30 年代，赛努西教团由穆罕默德·本·阿里·赛努西（Muhammad Ibn Ali Senuss，1787—1859）创建，主张伊斯兰世界团结起来，决心改革和复兴伊斯兰教，抵抗西方殖民统治，建立非洲伊斯兰统一体。1951—1969 年，穆罕默德·本·阿里·赛努西的孙子伊德里斯一世（Idris Ⅰ）为利比亚王国国王。1969 年，卡扎菲发动军事政变，推翻了伊德里斯一世的统治，取缔了赛努西教团。——译者注

极大发展。然而，比起人口损失，非洲大陆在第一次世界大战期间的经济、社会收益微不足道，直接的政治收益更是丝毫没有。

## 第一次世界大战的影响

第一次世界大战给非洲带来了两个重要的社会影响，也给 20 世纪后来时期的非洲政治发展带来了影响。两个重要的社会影响分别是：第一，粉碎了欧洲人不可战胜的神话。在之前的几十年里，欧洲殖民征服的速度和残酷使得非洲人产生了欧洲人战无不胜的想法。第二，热带非洲出现了城市化。在北非地中海沿岸地区，城市文化悠久，南非、西非部分地区也有城市文化。但是，大多数热带非洲人仍过着农村生活。热带非洲也只有一些生产粮食、交易商品的小城镇和村庄。然而，第一次世界大战严重影响了非洲的农村群落，破坏或严重削弱了农村经济。大量农村人口不得不到沿海港口、新建立的殖民地行政管理中心寻找工作。那些在战争期间去过海外的非洲人不愿再过贫苦的农村生活，他们滞留在城市，成为城市贫民。新一代人在迅速发展的城市中心、殖民地首府长大，成为 20 世纪中期反抗殖民统治的骨干力量。

第一次世界大战和 1918—1919 年的饥荒、流感给非洲造成了诸多破坏。流感在沿海一带肆虐，沿着新建的铁路线向内陆传播，给本已深受战争、饥饿、恶劣工作环境之苦的非洲人造成严重伤亡。东非、西非和中部非洲的广袤地区失去了总人口的 3%，南罗得西亚估计有 7% 的黑人矿工死于流感。

1918 年 1 月，美国加入第一次世界大战后不久，美国总统伍德罗·威尔逊（Woodrow Wilson）便宣布了"十四点计划"，并想以此确立战后安排的基础。"十四点计划"包含"民族自决权"和从压迫中获得自由等内容。威尔逊还提出要筹建"国际联合机构"，预防战争，保护弱小国家免受外国占领。威尔逊的"民族自决权"虽然主要指德国和奥斯曼帝国占领的欧洲与西亚战区，但他的这份宣言鼓舞了受教育的非洲人，他们认为威尔逊提出的战后安排是非洲摆脱殖民统治、获得自由的第一步。1918 年 11 月，第一次世界大战结束。1919 年的头几个月里，众多非洲政党纷纷申请派遣代表参加法国凡尔赛和会，其中就有南非土著人国民大会（South African Native National Congress）。南非土著人国民大会意欲在凡尔赛和会上寻求摆脱白人统治，赢取自由。埃及民族主义政党华夫脱党（Wafd）也寻求结束英国战时"保护"，恢复埃及独立。然而，没有一个非洲政党获许参加凡尔赛和会。

对非洲来说，凡尔赛和会最重要的结果是国际联盟（League of Nations）[1]的成立。埃塞俄比亚是国际联盟唯一独立的非洲创始成员国。国际联盟接管了前德属非洲殖民地，但立即就将这些殖民地统治权委托给了法国、英国、比利时。因此，法国和英国共同得到了多哥和喀麦隆[2]，比利

---

[1]　联合国前身，成立于 1920 年。
[2]　英语称 Cameroon，法语称 Cameroun。

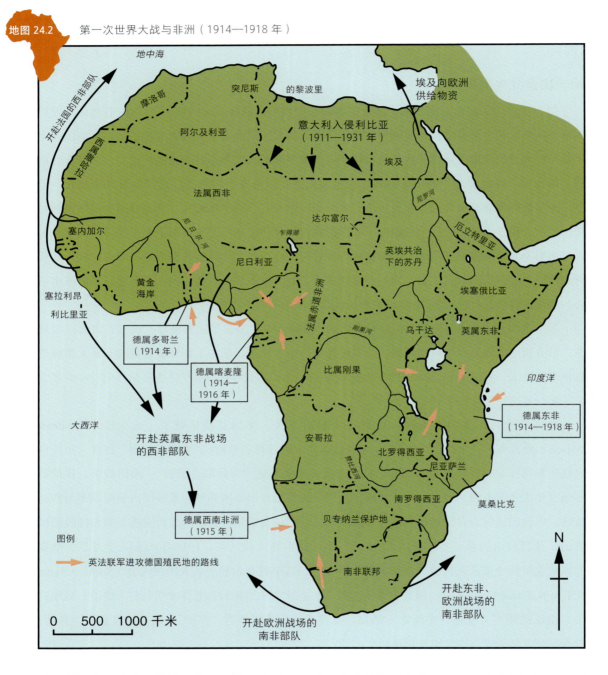

**地图 24.2**    第一次世界大战与非洲（1914—1918 年）

图例

➤ 英法联军进攻德国殖民地的路线

时得到了卢旺达和布隆迪，英国继续占有坦噶尼喀，白人统治的南非得到了西南非洲。国际联盟委托占领国保护非洲人利益，为最终组建自治政府做准备。然而，在具体实践上，欧洲战胜国在对待新领地方面与对其他殖民地并无二致。

后来几代的殖民统治辩护者常常宣称，殖民统治将现代医疗带入非洲。然而，情况绝非如此。殖民统治带来的第一个后果就是致命性疾病。1918—1919年第一次世界大战东非战役后的流感疫情大暴发充其量只是一个插曲而已。其他疫情通常是大规模人口迁置造成的。在东非，战争和早期欧洲移民使得大片地区的人口减少。农耕和畜牧活动因此减少，稠密的灌木丛恢复了过来并滋生出舌蝇。舌蝇传播昏睡病，既能致人死亡，又能致牛死亡。另一个致命性疾病是肺结核。在殖民统治时期兴起的城镇中心，非洲劳工，尤其是在过度拥挤、环境恶劣的采矿区的劳工常常会得肺结核。

在殖民统治早期的新城镇中心，应对疾病的主要目的是：保证非洲矿工能劳动，让欧洲人远离"非洲病"。殖民统治者似乎认为，不健康、过度拥挤的生活环境是非洲人特有的，而不是殖民地社会所造成的。

# 第二十五章

## 两次世界大战之间的非洲：
## 殖民统治的高潮

## 殖民统治的经济影响

### 白人移民的扩张

    白人移民最多的热带非洲殖民地当属肯尼亚和南罗得西亚。这两块殖民地因其宜人的高原气候，成了白人移民的最佳移居地。而由于炎热、潮湿、热带病流行，白人移民有意避开了西非和中部非洲低地地区。其实，欧洲各国在大多数热带非洲殖民地上都尝试过安置白人移民，但白人移民并没有形成主导性的经济力量。这些地区的经济活动主要与非洲人有关系，而与欧洲人关系不大。

    例如，在热带西非的许多地方，非洲农民占据了大量土地种植经济作物。法国在几内亚和科特迪瓦曾长期推动白人移居者发展农业。但在西非，欧洲人经营的种植园不太成功，因为他们过分依赖强制性劳工。劳工既不情愿，报酬又很少。一般而言，欧洲人经营的种植园竞争不过生产规模较小，但数量更多、效率更高的非洲农民。在一些殖民地，非洲人的政治反对立场也阻止了白人移民的发展。例如，在黄金海岸，受过教育的非洲基督徒与传统统治者联合成立了土著人权利保护协会（Aborigines' Rights Protection Society）。1898 年，他们向英国政府请愿反对欧洲人随意夺走非洲人土地获得了成功。在尼日利亚南部地区，类似的反抗也成功阻止了非洲人土地的转让。在非洲大陆的另一端，贝专纳兰保护地的茨瓦纳酋长也成功地向英国政府请愿，反对把领土转让给罗得西亚的白人移民。

    甚至在法属殖民地阿尔及利亚，白人移民的农业也只是在占人口大多数的穆斯林的资助下才获得了成功。19 世纪，在经过广泛的、代价沉重的殖民征服后，欧洲移民才得以进入阿尔及利亚。19 世纪 20 年代，白人移民"拥有"了阿尔及利亚撒哈拉北部地区的大部分可耕地。阿尔及利亚"土著"穆斯林不得不在边远的牧场上耕作。结果，土壤快速退化，旱季常常发生饥荒。在殖民地政府赋税的压力下，穆斯林不得不到白人农场从事低报酬的季节性劳动。同时，殖民地政府的税收主要用于白人农场的贷款、补贴、研究建议、市场设施。

    在肯尼亚和罗得西亚，白人移民的农业也有类似的补贴制度，即抽取一部分"土著人"的赋税来补贴白人移民的农业。这两个殖民地都特别歧视非洲农民的生产劳动。非洲人被迫离开了

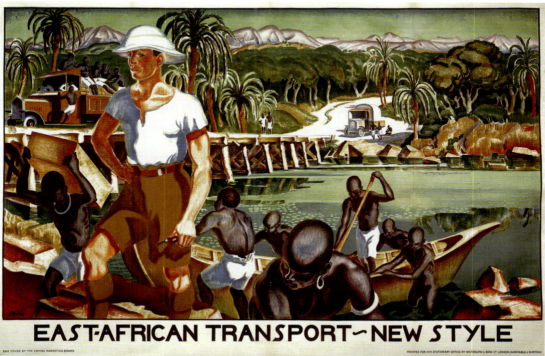

图 25.1　1930—1931 年帝国市场委员会的两份海报。海报作者是阿德里安·阿林森（Adrian Allinson）。图片来源：
*National Archives. Reproduced with permission*。

最好的土地，只有作为佃农才能回来。肯尼亚殖民地通过实行名为"基潘德"（kipande）的令人畏惧的通行证制度，严格限制非洲人在"保留地"之外的地区自由流动。肯尼亚殖民地政府还禁止非洲人种植阿拉比卡咖啡豆，而这正是当地最有利可图的经济作物。总的来说，到 19 世纪 20 年代，肯尼亚、罗得西亚农民的生产效率有所下降，这却有利于白人移民，因为殖民地政府向白人移民提供了市场销售帮扶和现金补贴。尽管如此，这两个殖民地的白人土地使用率也不超过 10%。这让被限制在土质差又人口密集的"保留地"的非洲人怨恨不已。比起肯尼亚高原上的白人农民，乌干达农民生产了更多的出口作物——棉花和花生。

欧洲人经营的种植园是莫桑比克、安哥拉、比属刚果部分地区经济的重要组成部分，这些欧洲人种植园并不是肯尼亚和罗得西亚那种个体经营的小型种植园，而是大型商业公司雇用欧洲经理经营的大种植园，如联合利华公司在比属刚果的棕榈油庄园、莫桑比克公司（Mozambique Company）在莫桑比克北部地区的糖料种植园。但是，这些公司不在研究、科技、交通领域投资，生产效率也不高，只会动用高烈度的暴力来强迫劳工劳动。

## 经济作物与农民生产

在热带非洲的大部分地区，少量农民仍主导着经济作物生产。花生一直是尼日利亚北部地区和塞内加尔的主要经济作物。科特迪瓦、安哥拉、坦噶尼喀、乌干达、比属刚果东部地区主要生产咖啡，获利颇丰。可可豆就更赚钱了，它是黄金海岸和尼日利亚西南部地区的主要出口作物。通常，价格低、适合密集劳动的棉花是欧洲人强迫当地人种植的。为了满足法国纺织工业的需求，乌班吉沙里、上沃尔特（Upper Volta）①、法属苏丹、尼日尔等殖民地政府，强迫当地农民必须在特定地区生产棉花。在青尼罗河、白尼罗河之间的苏丹贾齐拉（Djazira）平原上，英国政府资助了一个大型灌溉项目，旨在提高当地农民的棉花产量。然而在这一项目中，非洲佃农不能获得其他土地来种植粮食作物，且仅能获得棉花利润的 40%。

成功的经济作物生产并不一定会促进农村的普遍繁荣。非洲农民的口粮依旧主要靠自己种植。殖民地进口大量欧洲纺织物和金属制品，严重限制了非洲自身工业的发展。非洲农民仍使用当地材料建造房屋，一些农民还自己纺织棉布。妇女用的锄头、篮子、水壶可能也是当地制造的，但男人用的砍刀和斧头就可能是进口的。以前的奢侈食品，如进口来的糖，已经成为生活必需品。法属西非殖民地进口法属印度支那（French Indo-China）的廉价大米，销售的价格和数量足以影响当地农民的种粮积极性。非洲农民经常是在殖民地税收压力下才开始种植出口经济作物。不久，他们便依赖用经济作物换来的进口产品。这让他们落入贫困陷阱，因为他们无法掌控出口产品和进口产品的价格。

少数欧洲大型商业公司控制了沿海地区的常规贸易，他们对非洲经济作物开出的收购价格极

---

① 今天的布基纳法索。

**图 25.2**　1908 年，尼亚萨兰马格麦罗（Magomero）殖民地棉花种植园中的劳工。这个种植园的很多棉花采摘者都参加了 1915 年约翰·奇伦布韦的起义。图片来源：*National Archives of Zimbabwe*。

低，如果这些东西能在欧洲市场卖个高价，那么商人就会维持这种差价来赚个盆满钵满。这些商人还控制欧洲制成品的销售：当制成品的价格上升，进口成本立即就会转嫁到非洲购买者身上。总的来说，20 世纪 20、30 年代，非洲农民的生产与收入很不成比例，又不得不为进口产品支付高价。1929—1930 年的"经济大萧条"冲击了欧洲和美国之后，情况尤为如此。由于实际收入的下降和殖民地持续施加的赋税压力，非洲农民不得不开垦更多的土地以种植经济作物。粮食作物的种植受到忽视，土壤肥力也快要耗尽。一旦遇到干旱，饥荒便会爆发。1931 年，在尼日尔一些地区，几乎有一半人死于饥荒。

## 采矿业

在殖民地经济中，最有利可图的投资领域是采矿业。殖民地当局享有领地范围内的矿产所有权，并将矿产出租给欧洲公司开发。英国人通过这一方式接管了阿散蒂帝国的金矿区。邻近几内亚的布雷金矿区的金矿因质量不高无法吸引法国公司前来投资开采，因此殖民地当局允许非洲人继续对其进行小规模开采。西非的其他露天矿脉，如尼日利亚北部地区乔斯高原上的古锡矿，则吸引来了欧洲的矿业资本。这些矿产的开采没有什么技术可言，只是使用大量缺乏技术的非洲劳工进行露天开采。20 世纪 30 年代初，尼日尔发生了饥荒，成千上万穷人逃荒到尼日利亚北部地区，矿业公司借此进一步压低了工资。那时，尼日利亚已经成为世界上第四大锡产地。

对这一时期的欧洲采矿公司来说，热带非洲最能赚钱的是中部非洲的加丹加和北罗得西亚的铜矿带。比利时的上加丹加矿业联合公司已经取得加丹加铜矿的专属开采权。在开采铜矿的初期阶段，上加丹加矿业联合公司从邻近的北罗得西亚招募了大量劳工。在北罗得西亚，英国南非公司的代理机构正在竭力榨取现金赋税。在罗得西亚和南非资本的支持下，加丹加铜矿的开采才得以动工。为了开采加丹加铜矿，上加丹加矿业联合公司还修建了一条贯穿北罗得西亚的铁路。定居在这条铁路线一带的白人农民则种植玉米和养牛，为加丹加矿工提供食物。

20 世纪 20 年代，北罗得西亚这一侧的铜矿带也开始采矿了。北罗得西亚随即关闭了边界，并禁止加丹加劳工招募机构过来。北罗得西亚的采矿公司蓄意实行了一项关于使用非洲移民劳工的政策，确保了足够的劳工。矿业公司提供给移民劳工的合同都是短期的，收入仅够养活一个男人。雇主认为劳工妻子在偏远农村种地，也能养活家庭，虽然实际情况通常并非如此。移民劳工从事的是不需要技术的劳动，而薪水更高、需要技能的工作则给了白人。其中，大部分是南非白人。

失去北罗得西亚的劳工后，上加丹加矿业联合公司开始从比属刚果境内、卢旺达／布隆迪招募新劳工。与北罗得西亚采矿公司不同，上加丹加矿业联合公司给劳工提供了一份为期 3 年的劳动合同，并鼓励劳工妻子来到矿井附近定居，以此稳定劳工生活。上加丹加矿业联合公司还聘请了天主教传教士，让他们提供基础教育。上加丹加矿业联合公司允许非洲劳工学习采矿技术，掌

**图 25.3** 殖民地时期黄金海岸的阿散蒂奥布阿西金矿公司（Ashanti Obuasi Gold Mines Corporation）。一排排矿工房屋（图片中右位置）与欧洲管理者房屋（图片中下位置）形成鲜明对比。图片来源：*Chronicle/Alamy Stock Photo*。

握采矿技术的劳工也可以做报酬稍微好些的工作。即便如此，劳工的工资仍然非常低，劳工妻子还要种些庄稼来贴补家用。

对欧洲采矿公司来说，南罗得西亚也是一个重要区域。南罗得西亚除了有万盖（Hwange）的煤炭外，还盛产黄金、铜、石棉。其中，煤炭主要供给加丹加铜矿带的矿井作工业燃料。

## 劳工与赋税

这一时期，殖民地经济的一个主要特征是移民劳工的出现。殖民地当局向大部分成年男子征收人头税：通常每年大约 1 英镑，或等值于 1 英镑的其他货币。1 英镑的赋税意味着他们需要在白人矿井上干至少一个月的活，或者在白人农场干两个月甚至更长时间的活。赋税有两个目的：用于殖民地行政管理；迫使所有非洲成年男子进入现金经济，尤其要迫使他们为欧洲移民廉价地工作。这也是蓄意破坏非洲农村自给自足经济的策略。

对于一个村落来说，只有粮食、衣服和住房的自给自足状态已经无法应对殖民税收。无论一个家庭的收入如何，当地人如今都要拿现金应对赋税。有些地区不适宜种植经济作物，或经济作物不能卖个好价钱，这就意味着当地人需要迁移到可以获得工资收入的地方。但是，城镇和矿上的欧洲雇主给的工资很低，远不够一家人吃喝穿用。如果雇主能提供住宿，也仅够一个人使用。因此，在一些偏远的农村地区，劳工的家人需要留在家里种地养活自己。劳工纳完税回家时，留给家人的钱也就只有一点点。

值得注意的是，有些西非和乌干达的移民劳工会跑到非洲人经营的农场里找工作，如黄金海岸、科特迪瓦、尼日利亚的可可豆或咖啡农场，冈比亚和塞内加尔的花生种植区，乌干达湖边地区的棉花和花生农场。这种工作是季节性的，报酬通常是用一部分收成来支付。在西非，法国人在法属苏丹、尼日尔、上沃尔特强迫非洲人种植棉花，因此很多寻找此类工作的人是为了躲避法国人。

欧洲人需要雇工的主要场所——矿井、农场、种植园——都会派出专门的劳工招募机构，用尽可能低的工资来雇用大量缺乏技能的劳工。劳工招募机构采取劝说、哄骗或强迫等方法与劳工签订劳动合同，合同期为 3 个月到 1 年。这些机构在特定地区劳工市场中占据垄断地位，让当地劳工无法到其他机构找工作，如此一来，它们便能把工资固定在一个极低的水平。比如，在莫桑比克的葡萄牙殖民地当局赋予威特沃特斯兰德土著劳工代理公司（Witwatersrand Native Labour Agency，WNLA）劳工招募专属权。为了回报葡萄牙殖民地当局，矿业公司同意使用葡萄牙的铁路前往洛伦索-马贵斯港。因此，在葡萄牙人的压力下，莫桑比克南部地区几乎成为约翰内斯堡金矿的劳工供应地。

同样，尼亚萨兰几乎也是南罗得西亚农场和矿井劳工的供应地。加丹加铜矿带的劳工招募情况已经在上文讨论过。葡萄牙机构从安哥拉南部地区为圣多美岛上的新咖啡种植园招募劳工。那里的劳工与奴隶几乎没有区别，劳工只能得到一丁点报酬，一般也不允许回家。

　　非洲大陆的酋长被迫充当起机构的非正式代理人，负责为欧洲人农场和采矿公司招募劳工。在欧洲人定居的高原地区，非洲人被迫成为拿薪酬的劳工，这也是他们被迫离开土地的结果。殖民地当局允许一些非洲人返回土地，但他们需要为白人地主劳动，并且没有报酬。此外，在大部分殖民地，非洲人都要无偿地为当地公共项目劳动，比如修路筑桥。法属殖民地规定非洲人一年至少要无偿劳动 7—14 天，这被称为"强迫劳役"（corvée）。强迫劳役是殖民统治最令人痛恨的一个制度。

　　在名义上独立的西非国家利比里亚，情况大同小异。1925 年，美国的费尔斯通橡胶公司（Firestone Rubber Company）从利比里亚政府手里租了近 50 万公顷土地，用来建立橡胶种植园。费尔斯通橡胶公司宣称这是在帮助利比里亚发展。费尔斯通橡胶公司确实改善了蒙罗维亚的港口设施，并筹备了一笔美国贷款帮利比里亚偿还了外债。但是，费尔斯通橡胶公司只向利比里亚支付了橡胶种植园的租金，并未为其收入上缴所得税。其实，费尔斯通橡胶公司之所以选择在利比

394

**地图 25.1**　两次世界大战期间撒哈拉以南非洲的殖民掠夺

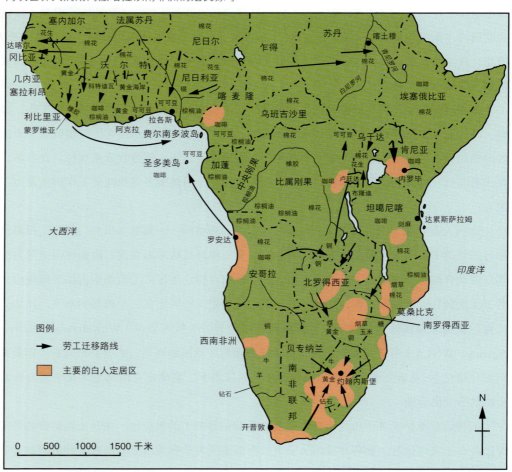

里亚进行经营活动，主要是因为利比里亚本土劳工"取之不竭"。同时，利比里亚也是唯一未被欧洲人殖民统治的热带非洲低地国家。

按照协定，利比里亚政府每年向费尔斯通橡胶公司的种植园提供多达 5 万名劳工。这些劳工主要是内陆地区的克鲁人（Kru）。与其他地方一样，酋长负责招募劳工，并强制劳工与费尔斯通橡胶公司签订报酬极少的合同。利比里亚军队支持酋长招募劳工，还会袭击迟迟不肯提供劳工的村落。同一时期，西班牙人在费尔南多波岛的可可豆种植园也从利比里亚"招募"合同劳工，此过程也动用了利比里亚军队。

## 殖民地行政管理的性质与影响

多年来，历史学家一直在争论法属、英属殖民地行政管理"体制"的优缺点和异同点：法国人采取"同化"（assimilation）制度，英国人实行"间接统治"（indirect rule）制度。近几十年，历史学家很少关注两者之间的差异，而侧重于研究行政管理"体制"对非洲殖民地大部分属民的影响。从非洲殖民地属民的立场来看，所有殖民地的行政管理"体制"在实践中都极其相似。

法国人想把殖民地属民不分肤色"同化"成接受法国文化的法国人。"同化"了的非洲人将拥有法国公民在法律上所规定的全部权利，包括派代表参加法国议会会议。这在 19 世纪中期或许行得通，当时，法国人在热带非洲仅有塞内加尔沿海地区的数个贸易站。但到了 19 世纪后半叶，非洲大陆被大规模殖民化后，法国人放弃了"同化"所有殖民地属民的政策，选择只"同化"原来的 4 个塞内加尔城镇[①]，以及一些受过高等教育、会说法语的非洲人。法国人继续坚持"同化"特定非洲人的政策，并认为将所有非洲人"同化"为法国人是应该努力的方向。但法国当局为"同化"非洲人设定的教育标准太高，并且全盘否定了非洲人的人格和文化，使得很少有非洲人会去追求法国人身份。到 20 世纪 30 年代，被同化的"4 个城镇"共计有 5 万塞内加尔人，但其他"有选择同化的"非洲人从未超过 500 人。法属热带非洲帝国剩下来的 1500 万人仍只是法国属民，完全没有法律和政治权利。

法国人分解了达荷美王国、图库洛尔帝国、富塔贾隆等前殖民地时代的大国，并让非洲酋长在殖民地政府中担任低级官员。殖民地省级行政区的法国官员可以随意任命或撤销小行政区与村落的酋长。这些酋长的职责是征收赋税、招募劳工，尤其是强迫劳工执行劳役，还要镇压非洲农村地区的反抗。法国人若不满意，就会撤换酋长。他们有的只是"传统"的酋长称号而已。他们之所以为酋长，与其说是因为他们熟悉"属民"的语言和习俗，还不如说是因为他们会说法语。他们实际上已经成为法国殖民地政府的官员，他们蔑视当地任何宗教、法律权威。由此，法国人破坏了非洲人的习惯法。非洲人最常接触的法律是土著管理制度（indigénat）。根据这一臭名昭

① 达喀尔、圣路易、戈雷、吕菲斯克（Rufisque）。

著的殖民地法律，殖民地省级行政区的法国官员可以不经过起诉和审判程序，无限期关押任何一个非洲属民。

在北非，阿尔及利亚是法国人移民最多的一块殖民地。法国人将阿尔及利亚殖民地视为法国本土的一部分，但两者之间有着重要的区别：阿尔及利亚殖民地的穆斯林属民没有公民权。摩洛哥是法国人的"保护地"，法国人自行任命了摩洛哥苏丹，由苏丹进行名义上的统治。在这一时期，法国人用军事手段征服了摩洛哥内陆山区的诸多族群。

在殖民地地方政府层级上，英国人也利用非洲"传统"统治者征收赋税、招募劳工、压制非洲人的骚乱。英国人把这一实践提升到了殖民地行政管理"理论"的高度，称之为"间接统治"。1922年，前尼日利亚总督弗雷德里克·卢格德出版了《英属热带非洲的双重委任统治》( *The Dual Mandate in British Tropical Africa* )，清晰地阐述了"间接统治"理论。为了管理尼日利亚北部地区原索科托哈里发帝国的诸多伊斯兰酋长国，卢格德创设了这一行政管理体制。他在书中阐述了"间接统治"制度，并向所有英属热带非洲殖民地推荐。英国人认为"间接统治"最经济也最有效，可以用最少的欧洲人管理广大区域内的众多人口。但是，"间接统治"绝不是一刀切的

图 25.4　弗雷德里克·卢格德（1858—1945），殖民地官员。他实现了英国人对乌干达的军事统治（1890—1892年）。1900—1906年，卢格德任英国驻北尼日利亚地区高级专员。他与索科托地区的埃米尔协商出"间接统治"制度。1912—1919年，卢格德任尼日利亚总督，统一了南北尼日利亚，但结果不太好，让尼日利亚存在很深的文化和政治分化。唐尼（Downey）摄影，收藏于内阁肖像馆（Cabinet Portrait Gallery）。图片来源：*Chronicle/Alamy Stock Photo*。

制度，在不同殖民地它有着不同的应用方式。

英国人撤销那些不合作的酋长，用适当人选取而代之。因此，在酋长候选人的合法性问题上，英国人比法国人考虑得更多。然而，在尼日利亚的伊博人、肯尼亚的基库尤人社会，英国人在创设酋长职务方面倒没有顾虑。伊博人、基库尤人都是"非国家状态"的社会，先前也没有村级以上的酋长。

与法国人不同，英国人更多地利用了非洲"习惯法"。为了自身利益，英国殖民管理者会毫不迟疑地调整、改变，如果必要，甚至会发明"习惯法"。酋长被允许处理地方民事纠纷，审理小的刑事案件，但不许审理严重的刑事案件或涉及欧洲人的纠纷。当然，英国人利用"习惯法"，并不是出于尊重，而是为了行政管理的便利。酋长可以履行各种各样的职责。否则，殖民地行政管理便会耗时耗力。保留酋长，让酋长充当统治者与被统治者之间的中介人，能减少非洲殖民地属民对欧洲殖民统治的敌意。如果殖民地法规不得人心，让酋长去执行，酋长就成了非洲人泄愤的挡箭牌。

殖民统治重视酋长，过分夸大了所谓的"部落"差异。欧洲殖民者故意使用带有贬义的"部

THE SULTAN OF SOKOTO, RELIGIOUS HEAD OF HAUSSALAND.

图 25.5　1903 年的索科托苏丹，豪萨兰的宗教领袖，索科托穆斯林的精神导师。他戴着包头巾（hassa）。正是在索科托，弗雷德里克·卢格德创设了"间接统治"制度。图片来源：*Illustrated London News/Hulton Archive/Getty Images*。

图 25.6    1902 年 6 月，英国人控制了北罗得西亚赞比西河流域松巴地区（Zomba）后，一名殖民地政府官员向一名酋长呈送礼物。图片来源：*National Archives of Zimbabwe*。

落"一词，贬斥非洲社会"原始""低级"。英国人把其殖民地的地方行政管理建立在一系列酋邦的基础上。在英国人看来，这些酋邦微不足道且在前殖民地时代彼此完全隔离。为此，英国人强调方言之间的差异，并将方言重新划分为完全不同的语言。英国人依据严格的"部落"差异，指出非洲人在穿着、房屋、宗教活动方面的不同习俗。在前殖民地时代的很多非洲社会，一个地区的族群、语言、习俗多有交叉重叠。不同的群体之间虽然确实存在着冲突和竞争，但大多源于政治权力争夺和经济比较优势，并非仅仅源于"部落"的归属差异。其实，"部落主义"是殖民地当局发明出来的。殖民者一直强调"部落"差异和矛盾，如此一来便可以让非洲人难以团结起来反抗殖民统治。

这一点尤其体现在南罗得西亚等白人移民聚集的殖民地的农村人口中，在这些地方每个"部落"都孤立在分散的"保留地"。南罗得西亚 [①] 东部 2/3 的地区，当地大部分农村人是说绍纳语的人，他们拥有共同的历史起源，在前殖民地时代并未出现过明显的政治矛盾。然而，英国人夸大当地人的文化差异，遵循其古老的帝国统治格言：分而治之。在肯尼亚等白人移民聚集的殖民地，殖民当局普遍将当地人划分为不同"部落"，甚至一些殖民地属民都认为自己所属的"部落"

_____

① 今天的津巴布韦共和国。

与其他"部落"在历史上发生过冲突。这为非洲国家独立后的政局稳定留下了后患。

葡萄牙人选择的行政管理政策与法国人类似。少数接受葡萄牙语言和文化的当地精英被归类为文明人（civilisado）①。他们被殖民地政府免除了其他属民必须要上缴的赋税和要执行的劳役。但在地方政府和殖民地政府中，文明人也没有选举权，而同化了的塞内加尔人享有这一权利。文明人人数非常少，多为混血儿。他们住在城镇里，主要是店员、教师、小商人。在文化和眼界上，文明人与大多数"土著人"完全不同。

比利时人的殖民地行政管理制度介于法国人和英国人实行的制度之间。比利时人认为，少数在文化上被"同化"、接受过传教团教育的非洲人是当地"文明人"（évolué）。但是，与葡萄牙人一样，比利时人不允许当地"文明人"参与地方政治。比利时人不鼓励初级以上的教育。殖民地地方政府在任命和选用酋长方面相当武断，完全取决于地方情势和行政管理的便利。另一方面，卢旺达、布隆迪这样的比属殖民地还保留了前殖民地时代的权力机构。比利时人借助当地的权力结构实行"间接统治"。

## 伊斯兰教在热带西非的传播

欧洲人的征服扩大了基督教传教团的影响。讽刺的是，在欧洲人巩固殖民统治的时期，伊斯兰教也在热带西非广泛传播，甚至更为成功。殖民者利用信奉伊斯兰教的埃米尔实行"间接统治"，反而提高了伊斯兰教在热带西非东北部稀树草原地区的地位。欧洲的殖民者本可通过征服行动完成 19 世纪开始的促进非洲人改宗基督教的使命。但殖民地政府让信奉伊斯兰教的当地统治者成为非洲人的"传统"权威，使得殖民地属民改宗基督教进度渐渐放缓。在索科托的伊洛林省等地区，穆斯林也只是新近过来的征服者。欧洲人确认了穆斯林的地位，结果促进了伊洛林省的大量约鲁巴人改宗伊斯兰教。

此外，贸易已经远离沙漠地区，这也推动了穆斯林渗入西非南部稀树草原、森林、沿海地区。在殖民地时期的拉各斯、达喀尔、弗里敦、科纳克里（Conakry）、阿克拉等主要港口，伊斯兰教是当地文化的重要组成部分。与基督教不同，伊斯兰教有一个优势，它与欧洲殖民国家没有直接关系。而且，伊斯兰教不要求非洲人放弃一些重要的习俗，如一夫多妻制。因此，在欧洲殖民统治下，就新皈依者的数量而言，穆斯林比基督教徒更多。在塞内加尔，伊斯兰教历史悠久，穆斯林组织众多，殖民地政府也并没有进行干扰。在苏丹，英国人极力劝阻基督教传教士在苏丹北半部地区传教，因为这很可能会扰乱当地穆斯林的平静生活。结果正如英国人所预料的那样，1921—1922 年，因上述问题英国人不得不在达尔富尔地区镇压"马赫迪"大起义。

---

① 后改名为同化民（assimilado）。

图 25.7　1870 年前后，尼日利亚拉各斯港鸟瞰图。1892—1902 年，尼日利亚被殖民征服的 10 年内，拉各斯快速发展为一座现代港口城市。匿名版画。图片来源：*Chronicle/Alamy Stock Photo*。

# 教育：从前殖民地时代到殖民地时期

## 前殖民地时代的非洲教育

前殖民地时代，非洲教育有两种主要类型。在伊斯兰教占主导地位的北非、撒哈拉、萨赫勒、东非斯瓦希里沿海地区，基础教育已经在各地广泛出现且与宗教联系紧密。6—12 岁的儿童（主要是男孩）到古兰经学校（Qur'anic school）学习，通过死记硬背《古兰经》中的阿拉伯语韵文，获得了基本读写能力和初级计算能力。古兰经学校的层级非常多。学得好且父母供得起的学生会接受有学问的马拉布或毛拉（mallam）的指导，继续深造。精通阿拉伯语的学生可能会到西非的杰内、廷巴克图、突尼斯的凯鲁万、开罗的爱资哈尔（al-Azhar）继续学习神学和伊斯兰教教规。

在前殖民地时代的撒哈拉以南非洲尚未出现拥有文字的社会，但那里的孩子也普遍接受不正规、非正式的义务教育。在非洲大陆各个地区，这一类型的教育内容差别很大，但是教育方法和原则一般来说还是相似的。孩子从父母和年长的其他亲戚那里学习宗教知识和生活技能，从大家庭中长辈那里了解祖先的历史、群落或国家的口述传统和习俗。在成长的过程中，孩子重视长辈的智慧，这是没有文字的口述文化的重要组成部分。孩子的大部分知识都是靠死记硬背获得的。

过了青春期后，男孩、女孩就要分开进入成人学校（initiation school）。他们住在不同的房间，且需要住上数月，与群落中的其他人隔绝开来。他们在那里会接受正式教育来强化以前的非正式教育的内容，其中包括宗教活动、性别意识、性观念、道义、个性测试[①]等。成人学校的学习结束时，群落会举行成人仪式，通常包括割礼、文身等。从成人学校毕业后，依据年龄和婚姻状况，"毕业生"要承担起成人的责任和义务，但责任和义务一般都不大，社会地位也很低。

在撒哈拉以南非洲的部分地区，伊斯兰教根基不深或只是最近才渗入过来。在这些地区，两种类型的教育，即学习《古兰经》和本土非正式教育并行不悖，很多孩子同时接受了两种类型的教育。

## 早期的殖民地教育战略

法国、英国殖民者都不干涉穆斯林教育模式，尤其是在普遍信仰伊斯兰教的北非。在西非殖民地，随着伊斯兰教的广泛传播与殖民者对本土社会的破坏和削弱，古兰经学校兴盛了起来。同时，基督教传教士攻击殖民地本土的社会习俗和成人学校，部分因为殖民地本土的性教育，但更重要的原因是殖民地本土的宗教观念和活动。因此，很多非洲人选择古兰经学校。特别是古兰经学校与欧洲人入侵没有关联。

在殖民统治的最初几十年里，殖民地政府不干涉古兰经学校，并把教育托付给基督教传教团，其中一些基督教传教团在殖民地已经有相当长的历史。与古兰经学校一样，基督教教会学校也教授宗教教义和读写。新教传教士依据《圣经》教学，一些新教传教士还将《圣经》中的部分内容译成了当地语言。天主教传教士则依据《天主教教理》（Catechism）[②]教学，它被译成了当地语言，供学生死记硬背。

20世纪20年代，殖民地政府越来越重视教育。在法属西非和法属赤道非洲，殖民地政府向教会学校提供津贴，同时开始管控课程内容：侧重读写、数学、法语、法国文化的教育，又明确规定课程中不允许出现有关非洲历史或文化的内容。

在法属西非，殖民地政府设立了少量官办小学，但主要集中在塞内加尔。1903年设立的威廉庞迪学校（William Ponty School）为教师、医生助手、译员、职员提供3年制的培训。威廉庞迪学校是法属西非唯一的培训类学校。1960年，法属西非诸殖民地获得独立，至少有5个总统是威廉庞迪学校在两次世界大战之间培养的毕业生。在法属赤道非洲，布拉柴维尔于20世纪30年代设立了一个中等学校。20世纪30年代之前，法属赤道非洲没有中学教育。

---

① 如测试勇气和忍耐力。
② 汇集天主教基本教义的小册子。

殖民地政府基本上只是计划培养出少数精英来让他们担任低级行政职位。殖民地政府认为，大众教育是一项需要规避的危险事业。因此，20 世纪 20 年代，法属西非和法属赤道非洲，不算古兰经学校，只有 3% 的学龄儿童可以到教会或官办学校里上学。

在英属殖民地，"西式"教育的历史稍微久一点。但直到 20 世纪 30 年代，侧重宗教教义与读写能力培养的教会学校仍占主导地位。在塞拉利昂，隶属于英国海外传道会的弗拉湾学院是神学院，也培养教师。1876 年后，弗拉湾学院归属达勒姆大学（University of Durham）。在殖民统治早期，弗拉湾学院的许多学生来自黄金海岸。黄金海岸的总督格吉斯伯格（Guggisberg）致力于发展教育，使其成为殖民地政策中的重要组成部分。正是他设立了西非第一所官办中等学校——阿基莫塔（Achimota）。

然而，与法国人一样，英国人仅为业已存在的教会学校提供一些经费。结果，20 世纪 20 年代，黄金海岸也只有不到 10% 的学龄儿童在官办学校里学习。在人口更多的尼日利亚，殖民地政府给教会学校的拨款少得可怜。在尼日利亚南部地区和肯尼亚，"篱笆学校"（hedge school）迅速发展起来。在室外非正式的"篱笆学校"中，受过基本教育的人向当地人传授读写、数学、英语。然而，这些独立的非正式学校引起了殖民地政府高度关注，殖民地政府担心"篱笆学校"会成为反殖民统治"阴谋"的温床。

## 菲尔普斯-斯托克斯教育委员会

1921 年，美国菲尔普斯-斯托克斯教育委员会（Phelps-Stokes Education Commission）公布了英属热带非洲的教育情况。这份报告获得了独立的资助，主要目的是研究非裔美国人的教育问题，但报告内容也反映了英国殖民者当时的想法。这份报告建议殖民地政府加大教育投入，但也提出了一个过时的观念：非洲人主要生活在乡村，只求维生，因此在未来一段时间内，非洲人仅仅需要基本读写、数学、农业、建筑、木工等方面的职业培训。这份报告没有考虑到非洲当地迅速的城市化和劳工迁移，而这些情况甚至早在 20 世纪 20 年代便已经成为非洲人日常生活的一部分。非洲人需要，也将越来越需要中高等教育，需要欧洲学院教育的一些类似课程。

20 世纪 30 年代末，殖民地政府开始关注教育现状。然而，直到殖民统治的最后十年，非洲教育中使用的课程仍蓄意排斥和诋毁非洲文化、语言、历史。非洲人所知的就是欧洲科技、文化、文明的优越。非洲人学习法国、英国的历史，欧洲"英雄"在非洲的历史，却学不到非洲人自身的历史、非洲本土的技术和成就。

在第二次世界大战前后数十年，那些决心获得进一步教育的非洲人不得不出国深造。会说法语的，去了法国；会说英语的，主要去了北美的非裔美国人的机构。20 世纪 30、40 年代，100 多个西非人去了美国大学，其中包括尼日利亚的纳姆迪·阿齐克韦（Nnamdi Azikiwe）和黄金海岸的克瓦米·恩克鲁玛（Kwame Nkrumah），他们都是林肯大学的毕业生。第二次世界大战后几十年中所涌现的大部分民族主义、独立运动的领导人，都是这批海外毕业生。

# 两次世界大战之间的非洲民族主义与反抗运动

## 反抗与宗教对抗

两次世界大战之间，非洲人一直在抵制殖民统治。例如，在 20 世纪最初几年，法国逐步将殖民统治从塞内加尔扩张到塞内加尔以北的毛里塔尼亚。塞内加尔总督科波拉尼（Coppolani）通过一系列条约把毛里塔尼亚南部的主要酋长国并入了塞内加尔殖民地，而北部的阿达拉尔酋长国（Adrar）一直抵制兼并。1905 年，总督科波拉尼被刺杀，法国人借机宣布阿达拉尔酋长国"叛乱"。1912 年，法国人在军事上镇压了公开起义，但直到 1934 年才镇压了所有的抵抗斗争。

尽管如此，大规模的起义却并不常见。一个重要而鲜为人知的例外是 20 世纪 20 年代末的法属赤道非洲 35 万巴亚人（Baya）的大起义。殖民地政府强迫巴亚人和其他族群种植棉花，修建刚果河下游从沿海到布拉柴维尔的铁路。20 世纪 20 年代，法国殖民统治残暴且不公，激起当地人多次发动起义，1928 年的大起义是一系列起义中的最高潮。1928 年大起义又称刚果瓦拉起义（Kongo-Wara rebellion）[①]。这次起义的首领是一名叫卡里诺（Karinou）的圣人，他自称拥有神力。巴亚人起初展开非暴力运动，但很快便演变为了暴力起义。起义早期，巴亚人取得了一些胜利。但法国人随后调来援兵，杀了卡里诺，重挫了巴亚人的反抗斗争。巴亚人的斗争一直持续到 20 世纪 30 年代。数千起义者和难民躲到洞穴里避难，结果法国人火烧洞穴。法国人屠杀的人数、镇压起义的暴力程度，足以称得上殖民统治在热带非洲的又一次大暴行。

这一时期，殖民地的独立基督教教会层出不穷。1921 年，西蒙·基班古（Simon Kimbangu）在比属刚果创建了自己的教会，并自称先知。据说基班古能展现奇迹，也能治病救人，因此备受当地人尊崇。他布道说，上帝不久将把刚果人从殖民压迫中拯救出来。比利时人迅速将其关押，但 20 世纪 20、30 年代"基班古运动"（Kimbanguism）一直在比属刚果展开。基班古的追随者拒绝上缴赋税，拒绝为政府种植出口作物。在干旱与农村地区生活特别困难的时期，基班古运动会周期性地复苏。基班古运动教徒（Kimbanguists）相信先知基班古即将奇迹般地归来。其实，基班古一直被关在监狱中，直到 1951 年去世。

## 工人活动

总而言之，在两次世界大战之间，非洲人正在学着如何与新秩序相处，如何在今后适当时候推翻和改变这一秩序。此时，非洲的工人组织尚处初创阶段，所有形式的工会活动均属非法。然而，为了获得更好的报酬和工作条件，非洲工人依旧举行了多次自发性的罢工。其中比较重要的是 20 世纪 20 年代几内亚、塞拉利昂、黄金海岸的矿井铁路工人罢工，1935 年和 1940 年北罗得西亚铜矿带工人的罢工。黄金海岸种植可可豆的农民展现出了非洲人团结起来所能产生的能量。在第一次世界大战期间，这些农民囤积收获后的可可豆，直到沿海商人给出高价才卖出。随后，

---

[①]　Kongo-Wara 得名于"锄头把"，也揭示出这次起义是农民起义。

**图 25.8** 世界黑人进步协会领导人、"非洲合众国临时总统"马库斯·加维身着制服，乘车经过纽约市黑人居住区。1887 年，加维出生于牙买加，也是为黑人争取正义和平等地位的早期倡导者。1940 年，加维在英国去世。图片来源：*New York Daily News Archive/Getty Images*。

这些农民组建了一个可可豆农民联盟，并在 20 世纪 30 年代再一次使用了同样的策略。

20 世纪 20、30 年代，热带非洲的非洲人组建自助福利协会，以此抗议地方的不公正现象。同时，在东非、西非、中部非洲的港口和行政城镇，一个受过教育的非洲新精英阶层——职员、译员、商人、教师、牧师——正在渐渐形成。这些精英看到了殖民地社会的社会和经济的不公正现象，认识到他们被排除在自己国家的政治之外。然而，除了阿尔及利亚、突尼斯、英属西非的沿海城镇外，很少有非洲人从政治独立的角度去思考问题解决之道。

## 泛非主义与黑人性

泛非运动对受过教育的精英产生了重要影响。20 世纪 20 年代，泛非运动重新唤醒了北美和加勒比海地区非洲人的自信。W. E. B. 杜波依斯（W. E. B. Du Bois）是非裔美国人，是一位作家、知识分子，也是特别有影响力的泛非主义者。他参加了 1900 年在伦敦召开的泛非大会（Pan-African Conference）。1919—1927 年，他还参与了伦敦、巴黎、布鲁塞尔、里斯本、纽约等地召开的 7 次泛非大会的组织工作。泛非大会呼吁结束种族歧视，结束非洲的殖民帝国，但非洲人本身却很少注意到泛非大会。在非洲，最有影响力的泛非主义者是马库斯·加维（Marcus Garvey）。他出生于牙买加，是世界黑人进步协会（Universal Negro Improvement Association）和广泛发行的报纸《黑人世界》（Negro World）的创始人。虽然他本人从未到过非洲，但他的浮夸风格以及"非洲是非洲人的非洲""逐出所有欧洲人"等自信满满的宣讲，极大鼓舞了许多年轻、受过教育的非洲人。这些人后来在 20 世纪 40、50 年代的民族主义斗争中崭露头角。

加勒比海地区和西非的法语作家发起"黑人性"（Négritude）运动，形成了一种新的黑人自尊意识。塞内加尔诗人利奥波德·桑戈尔（Léopold Senghor）的作品赞美了非洲人的"黑人性"（blackness），表现出对非洲古代文化的深深自豪感。对非洲人来说，黑人性是欧洲文化统治下的一颗定心丸，它坚定地拒绝了法国的"同化"政策。

## 埃及的民族主义

这一时期，只有埃及掀起了非洲民族主义运动浪潮，并取得了切实的政治成果。第一次世界大战期间，英国人向埃及人索取食品、牲畜、劳工。1918—1919 年，英国人的压迫激起了埃及民族主义运动的迅速发展。农民、律师、文职公务员、地主、基督徒、穆斯林罕见地团结在一起，共同为争取埃及独立而斗争。一群知识分子组建了华夫脱党，正是它领导了这场争取独立的运动。华夫脱党的领导人是萨阿德·扎格卢勒（Sa'ad Zaghlul）。扎格卢勒是一名杰出的律师，曾在第一次世界大战前的英国统治下的埃及政府担任部长。英国人把扎格卢勒流放到马耳他，以此让他缄口不言，结果却让他从政府傀儡变成了民族英雄。如果英国人没有对华夫脱党提出的要求作出回应，该党就发起示威、罢工、暴动。英国人将扎格卢勒临时流放到塞舌尔群岛，并在他不在埃及期间，接受了埃及 1922 年发表的独立宣言，平息了运动。福阿德（Fu'ad）苏丹成为埃及国王并组建了议会制政府。此后，扎格卢勒被允许返回埃及并参加了 1924 年 1 月的大选，结果华夫脱党在此次大选中大获全胜。然而，英国军队仍占领着埃及，英国人才是国王宝座后真正的权力掌控者。20 世纪 30 年代，"穆斯林兄弟会"（Muslim Brotherhood）唤醒了埃及新一代年轻人，他们掀起更广泛的伊斯兰"民族主义运动"。他们直接反对欧洲人的干涉、物质主义、议会和君主制的政治腐败。

# 南非的种族隔离、民族主义与抗议

　　自 20 世纪 50 年代以来，各种形式的非洲民族主义运动已经推翻了非洲大陆的欧洲殖民统治和少数白人的统治。讽刺的是，20 世纪初引领非洲民族主义运动的南非却是最后一个获得政治解放（1994 年）的非洲国家。19 世纪 80 年代到 20 世纪初，南非组建了非洲大陆最早的独立基督教教会和非洲人所有并自行编辑的报纸。1912 年，南非成立了非洲大陆第一个现代非洲民族主义政党。但是，这些开拓性的非洲民族主义者并没有实现目标。在他们成长过程中，白人尤其是阿非利卡人逐渐巩固了在政治、经济上的统治地位。

　　1910—1940 年，南非联邦历届白人政府制定了一系列法律，实行种族隔离制度（racial segregation）。种族隔离立法是 1948 年阿非利卡民族政府上台的基础，阿非利卡民族政府建立了种族隔离制度（apartheid）[1]。种族隔离制度的主要目标是维护白人在采矿业和农业这两个经济领域中的统治地位。

　　1913—1922 年，在白人矿工的压力下，南非政府将采矿业中的"肤色隔离"合法化了。技术性与高薪的职位只分配给白人，黑人仅限于非技术性与低薪的职位。1913 年的《土著土地法》（Natives Land Act）不顾黑人数量是白人 5 倍的事实，只给黑人划定了仅占联邦土地面积 7% 的土地[2]。结果，大量黑人被驱逐出白人土地。黑人被赶进原本人口就很稠密的"保留地"，或被迫迁移到城镇寻找工作。南非政府强化"通行证法"，设法控制黑人劳工迁移，并阻止大量无业黑人在城镇安居。黑人任何时候都需携带注明其"部落"归属、雇主名的"通行证"。如果黑人没有合法的通行证，那么他就会遭到逮捕、罚款、关押，或被迫与白人雇主签订一份低酬的劳动合同，或被驱逐到偏远农村的"保留地"。1936 年，白人政府还取消了 1.1 万名黑人在开普省[3]议会中的选举权。在此之前，在开普省拥有财产或拥有高薪工作、受过良好教育的黑人享有投票权。如今，这一权利也被剥夺了。

　　白人政府剥夺了黑人的政治权利、社会权利，以及经济自由权利。对此，黑人展开了多种形式的抵抗。在农村，黑人农民反对政府在牲畜饮水和迁移方面的限制，逃离家园以躲避赋税。在约翰内斯堡的城市地区，工人举行罢工，争取更高的工资和更好的工作条件。1919 年，南非爆发了规模庞大的反通行证示威游行。1920 年，4 万名黑人矿工举行罢工。然而，在每次斗争中，警察都动用武力驱散罢工和示威队伍，成千上万的黑人工人遭到解雇。1919 年，一个来自尼亚萨兰的名为克莱门茨·卡达里（Clements Kadalie）的职员在开普敦码头工人中组建了工商业工人联盟（Industrial and Commercial Workers' Union，ICU）[4]。在争取更高工资的罢工取得胜利后，

---

[1]　racial segregation、apartheid 的意思都是种族隔离。apartheid 是阿非利堪斯语单词，特指 1948 至 1994 年南非实行的种族隔离制度。——译者注

[2]　1936 年提高到 13%。

[3]　早前的开普殖民地。

[4]　又有工商业职工工会、工商业职工联盟等译名。——译者注

工商业工人联盟的声望如日中天，成员遍及整个南非，尤其是在那些面临被驱逐命运的农村工人中。1926 年，工商业工人联盟宣称其成员达到 10 万之众。但是，工商业工人联盟的领导人不知道如何发挥工人力量，不愿意号召工人举行大规模罢工。因此，工商业工人联盟虽然展示了南非全国工人意识和未来运动的可能性，但没有取得多少成就便分崩离析了。

　　1912 年，受过教育的非洲人精英，教师、职员、牧师、律师和新闻记者，组建了南非第一个全国性政党——南非土著人国民大会，1923 年改名为非洲人国民大会（African National Congress，ANC）。但在斗争策略上他们过于谨慎，只在法律允许范围内展开工作，行动仅限于会议、抗议和向政府请愿。这一切都无济于事。南非政府对抗议置若罔闻，继续推进种族主义立法。然而，这一时期非洲人国民大会的各类会议以及与印度裔、"有色人"政党代表的合作，为后来的大规模政治行动奠定了基础。

406

图 25.9　1914 年访问伦敦的南非土著人国民大会代表团。从左至右：财务秘书托马斯·马皮凯拉（Thomas Mapikela）；副主席沃尔特·鲁布萨纳（Walter Rubusana，牧师，组织部长和开普省唯一黑人议员）；主席约翰·杜比（John Dube，牧师，纳塔尔学校校长和报刊编辑）；副主席索尔·姆萨内（Saul Msane，金矿区经理和劳工招募人）；秘书长索尔·帕拉杰（北开普报刊老板兼编辑）。从他们的职业分布，我们可以看出：现有执行委员会成员是非洲职员阶层的部分代表；除了公然的种族歧视外，他们应该与白人同侪享有同等权利。他们尊崇英国人大肆吹嘘的"正义与公平竞争"意识，但没有取得任何效果。图片来源：*Africa Media Online/Mary Evans*。

# 第二十六章

# 第二次世界大战与非洲

## 法西斯主义与战时世界

    1939 年 9 月，英国和法国向希特勒的纳粹德国宣战，非洲殖民地再次卷入一场本与非洲人无关的欧洲战争。20 世纪 20、30 年代，意大利、德国、葡萄牙、西班牙确立了法西斯独裁统治。法西斯政党用武力夺取政权、否定民主自由，认为附属民族是低劣种族①。法西斯主义者意欲清除社会主义和共产主义的影响。1940 年 5 月，德国军队占领了荷兰和比利时，接着入侵法国，并把英军从法国北部赶了出去。看到德国人取得胜利后，意大利法西斯独裁者墨索里尼 1940 年 6 月 10 日投靠了德国人阵营。此时，日本军国主义政府也已加入了"轴心国"。1940 年 6 月底，德国军队侵占法国北部，并在法国南部的维希（Vichy）扶持了一个傀儡政府。法国上校夏尔·戴高乐（Charles de Gaulle）组建了"自由法国"流亡政府。此时，法国同时有了两个政府：法国"维希"政府和"自由法国"流亡政府。这对法属非洲殖民地产生了重要影响。

    1941 年 6 月，希特勒入侵苏联。苏联自此卷入战争。同时，日本军队忙于占领中国西部地区和法属东南亚地区。在 1942 年的前几个月里，日本占领了英国人统治下的马来西亚和缅甸，以及荷兰人统治下的印度尼西亚。1941 年 12 月，日本偷袭美国珍珠港，美国也卷入了战争。为了对抗三大轴心国，美国、苏联、英国及其殖民地和自治领组建了盟军。这场战争成为真正的世界战争。但是，非洲在这场战争中扮演了何种角色呢？

    1939—1941 年，欧洲、亚洲、北美卷入全面战争。但是，早在 1935 年意大利入侵埃塞俄比亚②时，非洲其实就已经展开了反抗纳粹侵略的战争。

---

① 与欧洲在非洲的殖民统治颇为相似。

② 欧洲人称埃塞俄比亚为阿比西尼亚（Abyssinia），Abyssinia 源于阿克苏姆王国的古阿拉伯语名称。

# 法西斯侵略和第二次世界大战在北非及东北非

## 背景：意大利征服利比亚

意大利是一个晚近时期才形成的欧洲国家。[①]与其他欧洲国家相比，意大利在"瓜分非洲"中的"成果"非常有限。19世纪80年代，意大利占领了非洲之角的厄立特里亚和索马里南部海岸地区。但是，在入侵埃塞俄比亚时，埃塞俄比亚人于1896年的阿杜瓦战役中击败了意大利人。直到1911—1913年，意大利才夺取了奥斯曼帝国在北非残留下来的最后一块独立领地——利比亚。然而，利比亚沙漠东部的赛努西教团发起颇为成功的游击战。直到1931年，意大利的入侵还只局限于利比亚的海湾地区。意大利招募了数万士兵，空袭平民目标，将几十万平民关进集中营，修建跨利比亚沙漠的大规模铁丝刺网，才彻底镇压了赛努西教团的反抗。据估计，有10万平民死于环境恶劣的集中营。1931年9月，意大利人俘虏并处决了赛努西教团首领奥马尔·穆赫塔尔（'Umar al-Mukhtar）。在他死后，利比亚人的抵抗最终失败。直至此时，意大利军队才得以推进墨索里尼期待已久的计划——再次入侵埃塞俄比亚，以雪阿杜瓦战役之耻。

## 意大利入侵埃塞俄比亚

除了19世纪20、30年代非裔美国人统治的利比里亚外，在20世纪30年代初，埃塞俄比亚是非洲唯一残存的独立国家，没有受到欧洲人任何形式的统治。1916年，绍阿贵族、孟尼利克二世[②]远亲塔法里公爵（Ras Tafari）成为女皇[③]的摄政王。1930年，他成功地坐上了皇帝宝座，称号为海尔·塞拉西（Haile Selassie）。埃塞俄比亚是国际联盟成员国，后者是人类历史上第一个致力于维护世界和平的国际组织。海尔·塞拉西希望国际联盟的其他成员国能阻止意大利的侵略，保护埃塞俄比亚。但结果却让他大失所望。1935年10月，一支12万人的意大利部队越过索马里和厄立特里亚边境，开进埃塞俄比亚。这一次，意大利人占据军事优势：拥有飞机、装甲车、现代炮兵。即便如此，意大利人也耗费了数月才彻底击败埃塞俄比亚军队。意大利人轰炸村落，空投毒气，极大地破坏了埃塞俄比亚的农村地区。

虽然在1936年5月意大利军队便占领了亚的斯亚贝巴，但从未控制整个埃塞俄比亚。在意大利人占领的5年间，埃塞俄比亚的游击力量一直在进行零星的抵抗。在相对短暂的占领期内，意大利人虽然修建了大量现代交通基础设施，但是其统治充斥着大量暴行。例如，1937年2月，埃塞俄比亚人暗杀总督鲁道夫·格拉齐亚尼（Rodolfo Graziani）未果后，意大利人随即展开报复行动，仅亚的斯亚贝巴一地，意大利人3天内就屠杀了6000多名埃塞俄比亚人。意大利人的报复行动进一步激化了埃塞俄比亚人的抵抗运动，大量被意大利士兵强奸的妇女也加入了进来。

---

① 直到1870年，意大利才完成统一。

② 1913年去世。

③ 埃塞俄比亚贵族废黜了孟尼利克二世指定的继承人后，孟尼利克二世女儿继承皇位，又称扎乌迪图（Zauditu）女皇。——译者注

408　409　410

**地图 26.1**　1935—1941 年的埃塞俄比亚与厄立特里亚

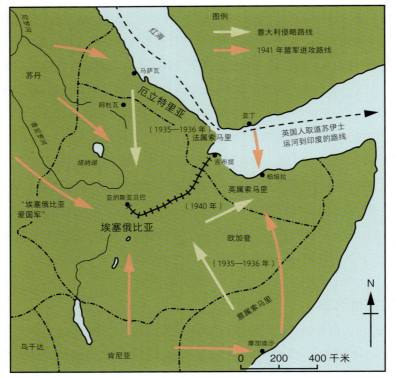

## 埃塞俄比亚与国际联盟

　　1936 年 6 月，海尔·塞拉西流亡欧洲，并在日内瓦举行的国际联盟大会上发表演说。他提醒说，国际联盟成员国在意大利侵略埃塞俄比亚的 8 个月中没有采取任何行动。他认为国际联盟应该实现所有成员国之间的国际地位平等，尤其要保护小国免遭强国侵略。他警告说，"国际道义"正受到威胁："上帝和历史将会记住你们的决断……难道所有成员国要开创屈服于暴力的可怕先例？"[1] 但国际联盟的主要大国，即英国和法国，并没有采取实际行动。埃塞俄比亚的爱国人士不得不继续依靠自身力量展开游击抵抗，并成功使得一些地区渐渐脱离了意大利人的控制。同时，希特勒可能受到国际联盟并未介入埃塞俄比亚问题的鼓舞，他循着墨索里尼的先例，发起了大规模侵略行动，并最终导致 1939 年欧洲战争爆发。1940 年 6 月，法国沦陷，意大利对英国宣战。此后，英国才改变了其在埃塞俄比亚问题上的政策。

## 埃塞俄比亚的解放

　　1940 年 8、9 月，意大利军队从其在利比亚的基地出发，占领了英属索马里，侵入英国统治

---

① Haile Selassie (1936) Appeal to the League of Nations, June, https://astro.temple.edu/~rimmerma/appeal_to_the_league_of_nations_.htm.

## THE DAWN OF PROGRESS.

"BUT HOW AM I TO SEE IT? THEY'VE BLINDED ME."

**图 26.1**　1936 年，意大利以"进步"之名征服了埃塞俄比亚。意大利人空投毒气，一雪 1896 年阿杜瓦战役之耻。《笨拙画报》的这幅漫画揭示，英国虽然抨击意大利，但直到 1940 年 6 月意大利对英国宣战前，英国并没有采取实际行动支持埃塞俄比亚。图片来源：*Punch Limited. Reproduced with permission*。

下的埃及。不久，英国人被驱逐出欧洲大陆，英国人取道苏伊士运河去往印度的航线面临直接威胁。直到此时，英国才最终对意大利在北非的侵略行动做出了回应。12月，英国人将意大利人赶回利比亚。1941年1月，英国人进入埃塞俄比亚。海尔·塞拉西返回苏丹南部地区，领导一支埃塞俄比亚爱国武装力量。英国人从尼日利亚、加纳、塞拉利昂召集了数千兵力；比利时人从比属

图 26.2　约 1936 年，在第二次意埃战争期间，效忠于海尔·塞拉西皇帝、身着传统服饰的阿比西尼亚官员。图片来源：*Keystone/Getty Images*。

 **地图 26.2**　1941—1943 年第二次世界大战在北非

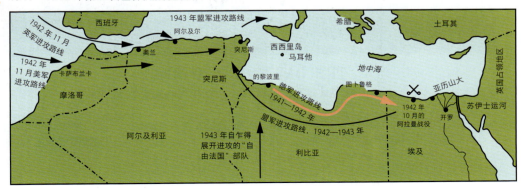

刚果派来了一小队非洲士兵；自由法国的布拉柴维尔总督从赤道非洲派来了一支小分队；罗得西亚和尼亚萨兰派来了联合组建起来的志愿军。这些军队会合于肯尼亚。南非也派来了一支 20 万人的志愿军，其中有 1/3 是黑人。英属东非、西非和中部非洲的黑人部队配有枪支，成为作战主力。然而，与 1914—1918 年的情况一样，南非部队的黑人未被允许携带枪支。

1941 年 5 月，埃塞俄比亚首都亚的斯亚贝巴光复，海尔·塞拉西恢复了皇位。英国占领了欧加登和厄立特里亚，虽然有些不情愿，但还是承认了埃塞俄比亚的独立地位。

## 北非的战争

1941 年，希特勒派出了一支德国远征军，即非洲军团（Afrika Korps），支援在利比亚的意大利人。德国人迫使英国人撤回埃及，并进入距亚历山大不到 100 公里的地区。在战争开始前，希特勒扬言德国将重新获得"热带阳光下的地盘"。德国人的直接目标是夺取苏伊士运河，此外还想夺取波斯湾的油田。当时，希特勒怀有长远计划，即跨越撒哈拉沙漠袭击南方，夺取具有重要战略意义的法属乍得，重新占领 1916 年失去的前德属殖民地喀麦隆。1941 年，希特勒入侵苏联，苏联人发起抵抗。希特勒未能将他的非洲计划付诸行动。1942 年 10 月，盟军最终在第二次阿拉曼战役（Second Battle of El Alamein）中突破了德国在埃及西部的战线。几乎同时，美英部队登陆摩洛哥和阿尔及利亚。德意部队在两面夹击下被赶回突尼斯。1943 年 5 月，德国非洲军团的残余力量在突尼斯被迫投降。

第二次世界大战在非洲大陆的战事最终结束了。战争给北非特别是突尼斯城市地区带来了巨大破坏。除了庞大的兵力损失外，无数利比亚、突尼斯平民失去了生命和家园。1943 年 8 月和 9 月，非洲人从突尼斯出发加入英美盟军，并一同攻入西西里岛和意大利。而且，法属和英属殖民地的非洲军队还继续参加了在缅甸森林和东南亚地区的对日战争。

## 法语非洲地区的战争

欧洲战争刚一爆发，法属西非便派出一支 8 万人的非洲人正规部队前去保卫法国本土，抵御德国人的侵略。这支部队在法国遭受了巨大的伤亡，许多士兵被德国人俘虏、关押。1940 年，法国沦陷。法属北非和法属西非的殖民地官员相继宣布效忠维希政府，从而在接下来的两年置身于战争之外。另一方面，乍得的黑人总督，南美法属圭亚那人费利克斯·埃布埃（Félix Eboué）宣布效忠"自由法国"流亡政府。其他法属赤道地区的总督纷纷效仿。一时间，布拉柴维尔成为"自由法国"流亡政府的首都。法属赤道的很多非洲人都参加了 1941 年在埃塞俄比亚的战斗。1942 年底，随着盟军攻入北非，法属西非的殖民地政府宣布不再效忠维希政权，转而效忠戴高乐将军[①]的"自由法国"。法属西非又一次为盟军提供了兵源和物资。1943 年，法属西非和法属赤

① 1940 年，戴高乐晋升为将军。——译者注

图26.3　约1944年，缅甸一号公路（又称曼德勒之路，road to Mandalay）上正在展开军事行动的英属殖民地士兵。图片来源：*Paul Popper/Popperfoto/Getty Images*。

道非洲的非洲人一度占"自由法国"军队总数的一半以上。

　　在第二次世界大战期间，维希政府迫害了法属北非地区的犹太人。1948年前后，北非犹太人大规模移居到以色列。维希政府的迫害可能是北非犹太人迁移的重要原因。

## 战争对非洲、非洲人的影响

### 人力与物力

　　在埃塞俄比亚、北非，乃至东南亚战场上，非洲士兵都做出了重要贡献。在整个第二次世界大战进程中，非洲一直是盟军人力、物力的重要来源地。然而，埃塞俄比亚获得解放后，非洲人便不愿再协助盟军作战。英国人在自愿原则的基础上正式招募非洲士兵，并让酋长去招募新兵。然而，最近研究显示，英国人和酋长有时也会施加相当大的压力来"劝说"非洲人自愿参军。在第二次世界大战期间，英属殖民地政府在农村地区放映宣传影片，向当地人说明战事失败后的可怕后果。英属殖民地政府会督促酋长招募士兵，有时还向酋长支付报酬，甚至贿赂酋长。法国人则更加公开地强征非洲人入伍，为战争提供兵力。例如，1943—1945 年，法国从法属西非招募了超过 10 万名士兵。

非洲是盟军原料物资的一个来源地，其重要性在 1941—1942 年东南亚陷落于日本人之手后获得了极大的提升。殖民地官员软硬兼施，或强迫或劝说非洲人为盟军准备更多物资：法属西非殖民地政府强迫当地人种植更多的花生和棉花；西非森林地区变成了盟军棕榈油的唯一来源地；尼日利亚的锡矿使用了多达 1.8 万名强制性劳工；英国人失去了马来亚的种植园后，殖民地政府强迫当地人到刚果盆地森林中收集野生橡胶。这不禁使人想起了 20 世纪前几十年的情形。而且，所有英属东非、中部非洲、南部非洲的村落酋长都要在一些特定土地上组织当地人种植庄稼，为战争生产出更多的粮食。

在第二次世界大战爆发之前，欧洲主要的商业公司已经控制了非洲产品的销售市场，并对非洲农民的支付价格予以限定。第二次世界大战期间，殖民地国家的贸易变得更加重要了。东非、西非、中部非洲，尤其是在英国人的势力范围内，殖民地政府设立市场委员会（marketing board），组织非洲人生产出口商品。同时，殖民地政府利用政治权力，对商品价格实施官方管控。设立市场委员会本意是为非洲出口商品提供保护价格，使其免受国际市场价格波动。由于战时物资短缺，非洲的棕榈油、橡胶、剑麻、花生、棉花、咖啡、茶叶、可可豆本可以在欧洲卖出高价，但非洲生产者却没有能获得额外的收益，这正是因为市场委员会的收购价非常低廉，而且是固定价格。殖民地政府赚取了差价收益，甚至还向盟军提供支援。当时，欧洲出现通货膨胀，非洲人为了买进同等数量的进口商品而不得不生产更多的出口商品。战后，市场委员会实际上成为征收非洲产品"赋税"的机构，这种情况一直延续到非洲独立时代。

但是，第二次世界大战并非只对非洲农民产生了负面影响。在此期间，富农与贫农、有地者与无地者之间的分化正在急剧扩大。一些价格较高的作物，比如可可豆和咖啡，其种植者比棉花和花生种植者收益更大。另外，有些农民还找到了避开市场委员会定价的办法。例如在肯尼亚，高价市场只对欧洲定居农民开放，但一些非洲农民却将商品走私到自由市场，卖出高价。肯尼亚中部所谓"白人"高原地区的基库尤农民就从中获利颇丰。为了争夺土地和市场，基库尤人与白人移民者之间的矛盾越加激化，并造成了灾难性的后果。

在第二次世界大战期间，由于贸易和军事需求，殖民地政府大规模地投资海港和机场建设。这种规模的投资在早期殖民统治的铁路投资之后久不存在。在西非的许多港口，比如弗里敦港和拉各斯港，码头的吃水深度不断增加，港口设施也得到了改善。弗里敦港成为盟军控制南大西洋的主要港口，而阿克拉机场成为运送盟军部队去北非前线的重要终点站。在此期间，越来越多的非洲人迁入正在发展中的城镇谋求营生。其中有些人是为了躲避农村地区的强迫性种植，另一些人则是被海军港口建设提供的高报酬吸引过来的。

在南非联邦，第二次世界大战极大地推动了制造业的发展。由于欧洲出口商品的短缺，南非开始自行生产食品、服装、化学制品、机械、工具。盟军船舶维修促进了南非钢铁产业的发展。1943 年，南非的钢铁产业已经超过采矿业成为产值最大的产业，从事钢铁产业的劳工也最多。由于不断加重的土地限制和乡村贫困，黑人蜂拥到威特沃特斯兰德、开普敦、伊丽莎白港等制造业中心。这是南非黑人城镇化的一个重要时期，大量的就业机会涌现。同时，它也是城市黑人越来越贫穷、失业率不断上升的一个时期，谋求工作的人数远远超过了工作岗位的数量。在第二次世界大战后，在海外盟军部队服役的 20 万白人和 10 万黑人返回南非，形势直逼危机爆发的临界点。

## 战争的政治、心理影响

在第一次世界大战期间，殖民国家动用大量军力，迫使非洲人支持宗主国。而在第二次世界大战期间，尽管殖民国家仍使用了一些武力胁迫，但更倾向于鼓励和邀请非洲人支持欧洲战事。虽然第二次世界大战期间所用的许多种劝说方式，现在看来就是赤裸裸的误导和政治宣传，但它却标志着对过去统治方式的一种重大突破。尤其是英国人，他们运用电影、无线电、官方赞助的报纸来进行战时宣传。英国人竭力劝说非洲人与殖民地政府合作，劝说非洲人自愿参与战时服务或生产更多粮食和原料。尝试采取劝说的方式，而非赤裸裸的武力，殖民地政府承认有必要向非洲人解释其政策，也有必要与非洲属民展开公共讨论。对此，受过教育的非洲人快速做出了响应。

少数受过教育的非洲人——职员、教师、律师、牧师、记者——的声音在战时的法属、英属殖民地越来越无法被忽视。他们将当地报纸和战前福利会作为表达观点，尤其是抨击殖民统治诸多弊端的工具。20 世纪 30 年代，非洲人创办了大量报纸，这些报纸的影响在战时快速增长。当一份报纸在市场和远离主要城镇中心的村民会议场所被大声朗读时，它就有可能获得大量听众。

与第一次世界大战相比，非洲人广泛地了解了第二次世界大战的进程和议题。比如，创办于 1938 年的尼日利亚的《西非导报》（West African Pilot）刊发了关于 1941 年 8 月《大西洋宪章》的报道。这是英国首相温斯顿·丘吉尔（Winston Churchill）和美国总统富兰克林·D. 罗斯福（Franklin D. Roosevelt）之间签署的协定，确立了英美政府赢得战争胜利的基本原则。与非洲人相关的是《大西洋宪章》的第三条：

> ……它们（英美政府）尊重所有民族按自己意愿选择政体的权利；它们希望看到曾经被武力剥夺其主权及自治权的民族能重新获得主权与自治。

《西非导报》批判性地提到，丘吉尔很快便声明第三条原则不适用于非洲。整个非洲大陆受过教育的非洲人，纷纷写信给当地报纸进行抗议，并认为《大西洋宪章》的所有条款都应适用于非洲。政治独立第一次成为新兴非洲政治组织最为重要的主题。

1935 年，意大利入侵埃塞俄比亚震惊了非洲人和大西洋两岸的非洲后裔。截至 1935 年，埃塞俄比亚一直是非洲人自尊自重、独立于欧洲文化和政治统治的一种象征：它自豪地将非洲人与非洲历史根基、古代文化连接在一起。1941 年，英国人领导的一支主要是非洲人的军队解放了埃塞俄比亚，这对许多非洲人来说是一个鼓励：埃塞俄比亚的今天，为什么不能成为其他非洲国家的明天呢？这就是第二次世界大战结束后不久，1945 年在曼彻斯特召开的第五次泛非大会的整体氛围。这次大会的主要议题是结束殖民统治与实现非洲的政治独立。实现这一目标的时机和方式依然还不清晰，黄金海岸的克瓦米·恩克鲁玛和肯尼亚的乔莫·肯雅塔（Jomo Kenyatta）等非洲代表却有了明确的目标，并怀揣着这一目标回到各自的国家。

甚至在非洲最偏远的农村地区，强迫种植、征兵、战时的通货膨胀也让当地非洲人对殖民地政权的不满日益加深。正是在这一氛围笼罩下，退伍军人回到了非洲，他们有着比村庄、当地专横地方官员更宽阔的视野。之前，大多数非洲人只见过富裕、受过良好教育、握有权力的欧洲人。第二次世界大战期间，非洲人与各个劳动阶层的欧洲人并肩工作和战斗，发现欧洲人与自己并无任何区别。非洲人也以自由和民主的名义攻打、杀死过欧洲人。非洲人在欧洲也看到了欧洲人的贫困和战争的野蛮。具有一定阅历的非洲人回到自己的国家，他们不会再成为一个温顺、服从的殖民地劳工。虽然几乎没有退役军人在后来的独立运动的领导层中发挥过重要作用，但在削

**图 26.4** 1944 年布拉柴维尔会议期间，戴高乐在一次群众集会上发表演讲。此时，所有法属非洲殖民地都宣布效忠"自由法国"政府。布拉柴维尔会议没有邀请一个非洲人，但此次会议宣布将实行殖民体系改革，至少在社会和经济领域内，迈向自治政府的政治改革却在可预见的未来都没有可能。但是，1945 年后，政治改革很快就提上了日程。图片来源：*Roger Viollet/Getty Images*。

弱欧洲人在非洲的光环和威望方面，他们的影响是相当大的。

416          第二次世界大战也促使欧洲人改变了其对非洲殖民地的态度。欧洲盟国，尤其是法国，在战争期间清楚地意识到了自己对非洲的亏欠。为了确保非洲人在战时的持续支援，欧洲行政官员被迫答应在盟军取得战争胜利后将在非洲实行社会、经济、政治方面的改革。1944年，"自由法国"政府在布拉柴维尔召开了一次会议。在此次会议上，戴高乐还特别承诺将给法属非洲殖民地属民带来一项"新政"。意味深长的是，这次会议并没有一个非洲代表，更没有任何关于非洲政治独立的提议。但1946年，继布拉柴维尔会议做出的承诺后，殖民地政府废除了令人憎恶的土著管理制度和强迫劳役制度。第二次世界大战期间，英属西非的高级行政管理岗位和民选地方议会中受过教育的非洲人越来越多。英属殖民地行政官员允许非洲人实现一定程度的自治，也在计划非洲人自治的时间表。然而，在第二次世界大战中保持中立的葡萄牙人，却认为没有义务在其非洲殖民地实行改革。

# 第十篇

# 殖民统治的终结

第二十七至二十九章将详尽地叙述非洲各国从殖民统治到政治独立的进程。现代非洲国家最终摆脱了殖民统治。

首先应该指出,在新的超级大国——美国和苏联——的压力下,联合国自 1945 年成立以来便确立了反殖民主义立场。美国和苏联都是"世界舆论"的塑造者,两者施加的压力是促使殖民国家迈向去殖民化的重要因素。二战后,殖民地政府最初并没有去殖民化的打算。殖民地政府至多同意实行部分地方自治,而殖民地所有重要的国际问题、经济政策、贸易都应该牢牢控制在殖民者手中。但到了 1945 年,非洲人,尤其是受过教育的非洲精英,他们的愿望已经发生了变化。他们不再满足于制度改革,而是要推翻给他们带来巨大屈辱感的殖民统治。对此,殖民地当局竭力抵制。然而,此时的殖民国家都已因战争国力衰竭。在民众的抗议和政党的鼓动下,大多数殖民地开始走向谈判桌。回顾起来,一些国家的独立进程相对顺遂,但即使如此,这些独立进程的参与者似乎也遇到了一些坎坷。

独立进程顺遂与否主要取决于某一特定领土是否为欧洲白人移民的定居地。在这一类型的殖民地,当地殖民者们在殖民统治体系下占有优势地位,享有特权生活。除非斗争失利,他们决不放弃所拥有的一切。在大多数情况下,这些殖民者最终将面对一场战斗。一旦宪政之路走不通,非洲人便并非本意地转向游击战。20 世纪 60、70 年代正值冷战时期,苏联和中国等社会主义国家为非洲人提供了军备、后勤支持、培训。通过游击战而获得独立的国家,例如葡语殖民地,依照社会主义一党制国家的宪法制定自己的宪法。通过宪法手段获得独立的国家,则依照殖民国家的宪法制定自己的宪法。然而,这些政体都是历经冲突和欧洲国家特定的历史事件才得以形成,有其自身的历史演进,并不一定适合每个非洲国家。

最后，我们应该注意到，"民族主义"政党让非洲独立进程变得磕磕绊绊。而且，大多数"民族主义"政党并非全国性政党，若以殖民地边界线人造民族国家来衡量，那就更不是全国性政党了。大多数"民族主义"政党是建立在前殖民地时代的认同，或3个世代里殖民统治之下不断演变的地方认同的基础上。在没有文字的社会，这是必然现象。在这样的社会中，有抱负的"民族"政治家若想在选举中获胜，唯有融入地方认同、说当地语言。由此可见，演说技巧非常重要，这能令民众欣喜、激动，有时甚至能煽动民众。所有这一切为未来的政治难题埋下了伏笔。

418

# 第二十七章

## 赢得独立（一）

二战期间，欧洲对非洲的依赖促使英法这两个主要的殖民国家改变了对各自非洲殖民地的态度。在战争中，英属和法属殖民地的经济潜力已经清晰地展现出来，这也反映在战后的殖民地的发展战略中。1945 年后，联合国作为一个新的因素出现了。自 1945 年联合国在旧金山创立以来，在新的超级大国美国和苏联的压力下，联合国一直持反殖民主义立场。当时，美国、苏联已经主导了"世界舆论"。此外，印度①等新近去殖民化的国家也在呼吁反殖民主义。英法明显放松了对非洲的管控，这其实也是势在必行之举。相比之下，葡萄牙、比利时这两个殖民"小国"却无视这一趋势，并没有实行变革的计划。1959 年，比利时人试图奋起直追，但给比属刚果带来了灾难性后果。

### 殖民地发展战略

英国 1940 年、1945 年的殖民地发展与福利法案（British Colonial Development and Welfare Acts）和法国 1946 年的投资、经济与社会发展基金（Fonds d'Investment pour le développement économique et social），为殖民地经济与社会发展设立了基金。然而，欧洲殖民者直接控制了很多经济投资项目，包括黄金海岸和尼日利亚的采矿业、肯尼亚和南罗得西亚的定居者农业、几内亚和加蓬的机械化伐木项目等。但人口最多的农村地区却没有得到有效的投资。在罗得西亚和尼亚萨兰，英国人意欲促进非洲"大农户"（master farmer）的发展，让他们使用现代机械，听取专家的建议。但是，所涉人数相对较少。在大规模组织、促进农民生产方面，殖民地政府的规划通常不够成熟，也不成功。

英国投资扩建了苏丹灌溉工程，成功提高了森纳尔与喀土穆之间的贾齐拉项目的棉花产量。但是，法国试图在尼日尔河上游流域发展类似的棉花和水稻项目却失败了，这主要是因为法国人没有与那些要到这些项目上劳作的农民提前进行商议。同样地，由于没有充分的调研、缺乏与当地农民之间的磋商，以及进一步的计划，英国在坦噶尼喀的花生项目也失败了。在乌班吉沙里，

---

① 1947 年独立。

尽管交通极其不便，但法国还是想把将它变为棉花出口地。在此过程中，法国重新回到强迫劳役的老路上来了。

一般而言，殖民地政府急于命令和指导，而非咨询和支持当地非洲人的倡议。殖民地战后经济规划着眼于欧洲的需要，依然想把非洲变为宗主国的原材料进口地和制成品出口地。很明显，在20世纪40年代末，殖民国家不想非洲实现自力更生，也不想非洲在经济、政治上独立于欧洲。20世纪50年代，随着欧洲对非洲产品需求的提高，非洲矿产、农业原材料出口迎来了一个高峰期。期间，殖民地政府在市场和土地使用方面设定了诸多限制，但是非洲农民收入仍有所增加。显然，农民收入的提高并不是因为殖民地政府的投资和参与。

尽管这一时期殖民地的经济投资有缺陷，但是殖民地政府在非洲社会福利上的投入确实越来越多。这一情况多半是回应非洲民族主义者的要求。殖民地政府第一次真正投入资金扩建非洲教育、卫生设施。虽然主要行政中心都建有新的医院，但在公共卫生领域，殖民地政府实际上主要关注的是疾病预防。针对舌蝇、传播疟疾的蚊子的灭虫和控制工作取得了重要进展。

教育重心仍然放在小学上。到1960年，只有3%—4%的非洲青少年进入中学。然而，非洲的教师和高级行政人员依然非常匮乏。英属东非、西非多地——伊巴丹（尼日利亚）、莱贡（Legon，黄金海岸／加纳）、喀土穆（苏丹）和马凯雷雷（Makerere，乌干达）等——开办了众多大学。法国人推行同化政策，认为非洲人若想获得高等教育就要去法国上大学。

从政治角度来说，战后英法两国的目标都是通过推行改革，从而逐步引导非洲人实现自治，但这一切要按照宗主国确立的步骤展开。英法都认为：至少在可预见的将来，殖民地将继续留在各自帝国内，欧洲人也将继续主导非洲经济。然而，主要的殖民国家很快就认识到，欧洲人再也掌控不了非洲政治变革的步伐。非洲民族主义运动高潮加快了变革的速度。20世纪60年代初，大多数非洲国家实现了政治独立。

在下面的地区纵览中，我们将看到非洲的英属和法属殖民地有完全不同的独立路线。一般而言，一个地区白人移民的数量越多，爆发战争的可能性就越大。例如，在大多数西非国家中，欧洲定居者很少。除了葡属几内亚外，对于非洲人提出在自治政府中扩大权力的要求，殖民地政府也做出了积极的回应，或许有时也不情愿。相比之下，在白人移民密集的殖民地，如阿尔及利亚、肯尼亚、南罗得西亚，白人移民本身就反对殖民地独立。因此，这些殖民地的非洲人只有经过长期的暴力解放战争才能赢得自由和独立。

# 英属西非赢得独立

## 加纳

1947年，印度的独立运动预示了英帝国的瓦解。非洲人自治政府也不甘落后。黄金海岸殖

**图 27.1** 克瓦米·恩克鲁玛（1909—1972），加纳第一任总理，也是后来的第一任总统（1954—1966 年在任）。图片来源：*Underwood Archives/Getty Images*。

民地领导了英属西非的独立运动。很快，黄金海岸便成为独立国家加纳[①]。1946 年，英国人修订了黄金海岸的宪法，让非洲人在立法委员会中占多数席位。然而，大多数非洲代表是酋长指定的。虽然英国人积极推动非洲人组建自治政府，但他们认为只有通过对现有"间接统治"制度的渐进式改革才能实现目标。这一立法委员会将人数虽少但影响颇大的受过教育的群体排除在外，因为这些人肯定会在自治政府中占据更多席位。

1947 年，阿克拉及其他沿海城镇里的众多富商和律师组建了黄金海岸统一大会党（United Gold Coast Convention, UGCC）。他们希望修订 1946 年宪法，在政府成员中增加选举产生而非指定出来的代表。克瓦米·恩克鲁玛受邀成为这一新党的书记。恩克鲁玛是来自黄金海岸南部的一名教师，新近从美国接受数年高等教育回国，他在美国深受激进的泛非主义者马库斯·加维的思想的影响。他认为黄金海岸统一大会党有可能会实现他参加了的 1945 年曼彻斯特泛非大会的目标。

1948 年 2 月，阿克拉发生的一个事件加速了独立运动的步伐。在前非洲行政人员抗议生活成本提高而举行示威的游行中，警察向游行人群开枪。这很快引发了阿克拉、库马西及其他城镇的动乱。殖民地政府怀疑黄金海岸统一大会党是动乱的策划者，因此逮捕了恩克鲁玛和其他政

421

---

① 关于"加纳"名称的起源，参见第六章。

党领导人。大规模的动乱促使英国政府开始重新审视 1946 年宪法，这让恩克鲁玛看到了群众运动的力量。他在获释后便建立了属于自己的、更激进的人民大会党（Convention People's Party, CPP）。恩克鲁玛提出黄金海岸必须立即实现独立，这吸引了大量群众入党。他呼吁群众"积极行动"支持独立要求。示威游行、罢工浪潮席卷了整个殖民地。他很快便因颠覆罪再次被捕。然而，他的斗争策略还是成功了。

英国人修订了 1946 年宪法，立法委员会纳入了更多非洲人，并由非洲人占据主导地位。在 1951 年的选举中，人民大会党赢得多数席位。恩克鲁玛被释放，成为议会中政府事务的领导人。然而，1951 年宪法仍然保留了一半议会席位给酋长指定人。在接下来的 3 年时间里，为了制定一部新宪法，恩克鲁玛一直在与总督查尔斯·阿登-克拉克（Charles Arden-Clarke）协商，并在 1954 年实现了一个完全由选举产生的自治政府。人民大会党赢得了新一轮选举的胜利，恩克鲁玛担任总理。

1957 年 3 月，黄金海岸获得独立，新国家取名加纳。人民大会党得到广泛的支持，但显然并未获得所有民众的支持。加纳人口重要组成部分的阿散蒂地区种植可可豆的农民就对恩克鲁玛政府保留市场委员会十分不满。市场委员会通过对农民实行限价政策为政府带来大量收入。一个名为民族解放运动（National Liberation Movement）的地方性政党在阿散蒂地区组建。阿散蒂人不信任控制了沿海城镇和政府的恩克鲁玛及南部的芳蒂人。很显然，一系列严重的问题就在眼前，但恩克鲁玛的加纳激励了非洲大陆其他地区的民族主义者。

## 尼日利亚

加纳为英属西非其他地区的独立树立了一个样板。然而，加纳仅是个小国，人口在 20 世纪 50 年代初只有 500 万左右。相比而言，尼日利亚是个领土分裂，人口达到 3500 万（1953 年）的大国。一直到 1946 年，南、北尼日利亚都是两块独立的领地，各自为政。而在南尼日利亚，约鲁巴人的西部与以伊博人为主的东部之间存在着尖锐的地区矛盾。

1944 年成立的尼日利亚和喀麦隆全民大会（National Council of Nigeria and Cameroons, NCNC）标志着尼日利亚民族主义运动的开始。纳姆迪·阿齐克韦是该党的领导人之一。阿齐克韦是《西非导报》编辑，向来直言不讳。虽然尼日利亚和喀麦隆全民大会的主要支持者是东南部农村的伊博人，但阿齐克韦意欲将该党发展成为全国性政党。1949 年，约鲁巴行动集团（Yoruba Action Group）、豪萨人／富拉尼人的北方民族大会（Northern Peoples Congress）等地方性政党相继成立。各政党在宪法问题上没能达成一致，国家独立拖延了下来。建立单一制国家？建立由自治地区组成的联邦国家？还是把尼日利亚一分为三，甚至是分为更多完全独立的国家？思想保守的北方穆斯林，不愿看到由文化上已经"欧洲化"的南方人来统治国家。即便在北方地区，持续的贵族政治也滋生出诸多矛盾。尼日利亚社会冲突不断。最终，各方达成联邦方案。1960 年 10 月，尼日利亚宣布独立。北方人阿布巴卡尔·塔法瓦·巴勒瓦爵士（Sir Abubakar Tafawa

Balewa）担任总理。但地区间的紧张关系将导致冲突，内战已箭在弦上。

## 塞拉利昂与冈比亚

　　1961年，塞拉利昂宣布独立。对于内陆受过教育的门德人（Mende）来说，独立意味着战胜了早前统治着弗里敦的克里奥尔人。小国冈比亚一直在讨论是否与强邻塞内加尔合并，因此独立议程有所耽搁。冈比亚是16—18世纪英法竞争的产物。英国人一直统治着冈比亚，冈比亚也是这一块西非地区中唯一的英属殖民地。两个世纪以来，英国人把冈比亚发展成为"英语国家"。英国人的煽动加重了冈比亚人忧虑：如果冈比亚与环抱着它的法语邻国合并，它将会失去原本的地位。在这期间，西非也出现过几次区域型联盟，但冈比亚民族主义者一直对联合事宜持反对立场。1965年，冈比亚宣布独立。

　　一般而言，在后殖民地时代，法语非洲与英语非洲之间的竞争给地区发展带来了困扰。

**地图 27.1**　西非的独立

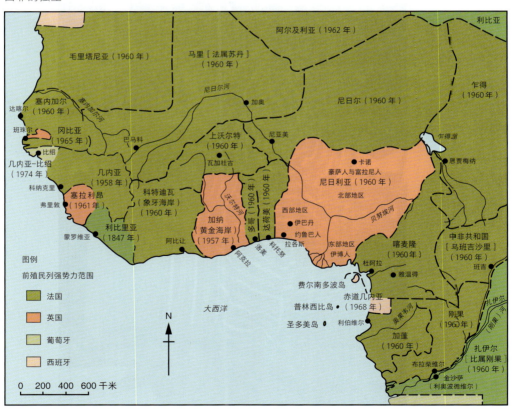

## 423    法属西非与法属赤道非洲赢得独立

　　法属西非与法属赤道非洲地区的政治独立路线略微不同。从一开始，法国人就决定掌控改革步伐，并要将法属非洲殖民地纳入"大法兰西"。非洲民族主义者在文化上已经同化，原则上接受了法国人的安排，但希望能获得与法国公民一样的平等地位。但他们很快就发现情况不像他们所想。1946 年，法国人废除了遭人唾弃的土著管理制度和强迫劳役制度。然而，法属西非和法属赤道非洲共计只能向法国国民议会派出 10 名代表，等于只在国民议会中占 2.5% 的席位。如果非洲与法国本土享有同等权利，非洲属地基于人口将会在国民议会中占 50% 的席位。

　　非洲代表组建了非洲民主联盟（Rassemblement Démocratique Africain, RDA）。领导人是科特迪瓦的费利克斯·乌弗埃-博瓦尼（Félix Houphouët-Boigny）。然而，法属非洲太大，各地区利益分化，各国政治家无法长时间维持团结。1948 年，塞内加尔民族主义者、倡导黑人性传统的诗人利奥波德·桑戈尔从非洲民主联盟中脱离，并独自成立了塞内加尔民主党（Bloc

图 27.2　1962 年 9 月 19 日，即塞拉利昂独立后的第二年，塞拉利昂总理米尔顿·马尔盖爵士（Sir Milton Margai, 1895—1964）抵达马堡大厦（Marlborough House），准备参加英联邦总理会议。他是首个获得医生资格的塞拉利昂人（1926 年），1954 年当选为首席部长，后来又担任塞拉利昂首任总理（1956—1964 年）。图片来源：*Paul Popper/Popperfoto/Getty Images*。

**图 27.3**　左：利奥波德·桑戈尔（1906—2001），诗人、作家，也是 20 世纪 30 年代黑人性文化运动的发起人之一，独立后塞内加尔共和国首任总统（1960—1980 年）；右：费利克斯·乌弗埃-博瓦尼（约 1905—1993），酋长之子，出身于科特迪瓦中部的橡胶、可可、咖啡农，科特迪瓦首任总统（1960—1993 年）。1961 年 8 月 10 日，两位领导人乘坐汽车，参加科特迪瓦阿比让举办的庆祝独立一周年的游行活动。图片来源：*AFP/Getty Images*。

Démocratique Sénégalais, BDS）。1951 年，塞内加尔民主党在法国国民议会中占了两个席位。

　　非洲民族主义者之间的主要分歧在于：与法国人谈判时提出什么方案？塞内加尔支持尼日尔、乍得、法属苏丹（马里）等穷国提出的实行联邦制的解决方案：法属西非、法属赤道非洲应各自组建一个联邦，如此一来，联邦就有足够实力与法国展开平等谈判。此外，桑戈尔希望塞内加尔能够领导经济落后的其他法属西非国家，并且将法属西非联邦首都设在法属西非殖民地总督所在地——塞内加尔首都达喀尔。乌弗埃-博瓦尼反对联邦制解决方案，因为他担心联邦将用科特迪瓦的财富（咖啡、棕榈油、可可的出口收入）补贴萨赫勒地区的穷国。

　　1954 年，阿尔及利亚爆发解放战争。法国人被迫在法属西非和法属赤道非洲推动进一步改革，要求各领地在 1956 年前实行选举、组建自治政府，但法国国民议会仍然维持非洲代表席位的既有份额。1956 年，乌弗埃-博瓦尼加入了法国内阁。但法国仍然控制着非洲军事、外交事务和经济发展规划，非洲远远没有"独立"。在乌弗埃-博瓦尼的影响下，1956 年的基本法（Loi Cadre）废止了非洲联邦计划。

上校指挥的民族解放阵线武装部队来强化民族统一。这种依赖最终导致在 1965 年一次不流血的军事政变中，布迈丁取代了本·贝拉。

## 摩洛哥与突尼斯

法国一直借助傀儡苏丹之名，"间接统治"着摩洛哥"保护地"。然而，二战后，摩洛哥苏丹穆罕默德五世（Muhammad V）支持穆斯林民族主义运动，要求独立。法国选择废黜他，并在 1953 年想要通过把他流放到马达加斯加来解决问题。但是，这个做法引起了反效果：穆罕默德五世成了民族英雄，摩洛哥人还组建了一支"解放军"来争取独立。1955 年末，阿尔及利亚解放战争给法国带来的压力越来越大。为了集中力量应对这个白人移民最多的殖民地，法国屈服了，同意让摩洛哥和突尼斯独立。在群众的热烈欢迎中，穆罕默德五世回到了摩洛哥，突尼斯民族主义运动领导人哈比卜·布尔吉巴（Habib Bourguiba）也从监狱中放了出来。1956 年 3 月，摩洛哥和突尼斯独立。

## 西撒哈拉

西班牙人一直占有矿产丰富的殖民地西撒哈拉（Río de Oro）[1]。1976 年，西班牙同意撤出，并把这块 10 万人的殖民地一分为二，北部并入摩洛哥，南部并入毛里塔尼亚。摩洛哥和毛里塔尼亚派军占领了沿海地区。20 世纪 70 年代初，沙漠本土的阿拉伯-柏柏尔人成立了波利萨里奥阵线（Polisario Front），决定抵抗外国占领。波利萨里奥阵线得到了阿尔及利亚的军事援助，展开了艰苦的游击战，反对毛里塔尼亚和摩洛哥的占领。1979 年，毛里塔尼亚撤军，但波利萨里奥阵线与摩洛哥的斗争并没有停止。摩洛哥与阿尔及利亚之间的关系由此恶化。在是否承认波利萨里奥阵线为独立的西撒哈拉的合法政府问题上，其他非洲国家领导人持不同的意见。

1979—1981 年，摩洛哥与波利萨里奥阵线战争升级。先是古巴，接着包括大多数非洲国家在内的 36 个国家承认了波利萨里奥阵线的撒哈拉阿拉伯民主共和国（Sahara Arab Democratic Republic）。然而，国际承认并没有缓解局势，摩洛哥拒绝放弃对西撒哈拉的权利声索，并拒绝撤军。同时，摩洛哥鼓励数千名摩洛哥人在西撒哈拉居住，希望联合国将来能就西撒哈拉的前途举行全民公决。

## 利比亚

自 1943 年以来，英国人一直占领着利比亚。1953 年，利比亚宣布独立。赛努西教团领导人伊德里斯（Idris）成为利比亚的国王。20 世纪 60 年代，在利比亚沙漠发现了丰富的石油储备。1969 年，穆阿迈尔·卡扎菲（Muammar al-Qadhdhafi）上校发动军事政变，推翻了伊德里斯的

---

[1] 英文为 Western Sahara。

统治。卡扎菲要发动一场激进的穆斯林革命，包括在穆斯林人口中实行财富平均分配，还要依照《古兰经》和他自己关于革命方针的"绿宝书"进行统治，让人们重新回归信仰生活。卡扎菲的革命以圣战之名，打压反穆斯林力量。他决定在利比亚国内清除"西方"（欧洲和美国）的影响，将矿产资源收归国有加以开发，同时也要把利比亚变成阿拉伯伊斯兰世界中的团结力量。北非和跨撒哈拉地区的一些政治领导人非常担心卡扎菲要建立一个利比亚人统治、数世纪前那样的穆斯林大帝国。

## 埃及、苏丹、厄立特里亚与索马里

### 埃及

1944 年，英国结束了对埃及的战时占领，埃及重获独立。法鲁克国王（King Farouk）和旧时奥斯曼帝国的地主贵族腐败、专制的政权得以重建。1952 年，埃及爆发军事政变，法鲁克国王被推翻。在 1948—1949 年的第一次阿以战争中，埃及战败，备受耻辱。埃及军官趁机行动起来，

图 27.5　革命早期的加麦尔·阿卜杜勒·纳赛尔（1918—1969）。1952 年 7 月，纳赛尔是埃及军队的陆军上校，也是推翻法鲁克国王的革命指挥委员会的领导人之一。1954 年，他成为埃及总统，并在 1956—1969 年先后 3 次毫无悬念地当选为总统。

**地图 27.3** 东北非的独立

把战败罪责都归咎于法鲁克国王。1954 年，加麦尔·阿卜杜勒·纳赛尔（Gamal 'Abd al-Nasir）[①]上校接管了军事委员会，成为埃及总统。

纳赛尔出身低微，但决心改变法鲁克政权的不公之处，这主要体现在土地分配问题上。埃及人口 2000 万，少量富有地主占有大量的可耕地，而大多数人处于无地的赤贫状态。纳赛尔没收了大量土地，再分配给农民。

1956 年，占有并运营苏伊士运河的是法国公司，纳赛尔政府从法国人手中把运河夺了回来。此举在某种程度上是精心筹划的反殖民主义运动，旨在肃清英法两国在埃及的残留力量。当然，纳赛尔也想从运河中获益，增加埃及人的福祉。他也需要筹集资金来完成扩建阿斯旺水坝的计划，以扩大尼罗河下游流域的土地灌溉面积，这可谓是雄心勃勃。英法决定夺回苏伊士运河的控制权。它们提前密谋，让以色列入侵西奈半岛。随即，英法派军占领苏伊士运河区，佯称维和，

429

---

[①] 英文常拼为 Abdel Nasser。

把埃及和以色列军队分开。但阴谋没有得逞。1956 年，在埃及人的反抗和美苏的反对下，英法军队不得不撤军，而埃及政府把在埃及的英法公司收归国有。纳赛尔赢得了"苏伊士战争"的胜利，也终结了一个多世纪以来西欧对埃及的经济控制。他统治下的埃及成为阿拉伯世界无可争议的领导者，甚至让埃及与叙利亚短期合并为"阿拉伯联合共和国"（The United Arab Republic，1958—1961 年）。

1956 年，纳赛尔对英法两国的胜利，激励了非洲大陆的民族主义者。

## 苏丹

430

1954 年，埃及放弃了对苏丹管辖权的声索。埃及对苏丹管辖权可以追溯到前殖民地时代穆罕默德·阿里（Muhammad Ali）的征服活动。接着，英国为苏丹议定了一部将在 1956 年生效的独立宪法。这一安排非常草率，苏丹内部统一问题仍然没有解决。在英国殖民统治时期，以穆斯林为主的苏丹北部地区和以非穆斯林为主的苏丹南部地区基本属于两块独立领地。苏丹独立后，北方人开始在南方发动一场伊斯兰运动，加强国家统一。但是，在非穆斯林的南方人看来，北方人与英国人的统治一样不能接受，结果导致内战爆发。内战始于 20 世纪 60 年代，只有 20 世纪 70 年代停战了几年。2011 年，苏丹最终正式分裂。

## 厄立特里亚

1941 年后，英国占领了前意属殖民地厄立特里亚。沿海平原地区的厄立特里亚穆斯林赞同完全独立。但他们的抱负因埃塞俄比亚的干预而破灭。埃塞俄比亚认为去殖民化是重新获得出海口的良机。[①] 鉴于埃及和阿拉伯半岛的阿拉伯穆斯林势力崛起，英国做出了积极回应，与基督教埃塞俄比亚建立牢固的同盟。因此，英国反对厄立特里亚完全独立，并于 1952 年将其交给了埃塞俄比亚，使其作为一个自治邦留在埃塞俄比亚联邦。1962 年，海尔·塞拉西皇帝不再承认厄立特里亚有限的政治独立，将其变为埃塞俄比亚的一个省份。厄立特里亚的穆斯林、马克思主义者的解放运动很快就演变为一场武装冲突，他们斥责埃塞俄比亚的做法是帝国主义行径。最终，厄立特里亚人花了 30 年才获得独立。

431

## 索马里

索马里是族群最单一的非洲国家。但除了苏丹和刚果地区外，索马里的分化和冲突却比其他非洲国家都严重。索马里游牧人口蓄养牛、山羊、骆驼，素来从事季节性放牧，但牧场资源非常有限，再加上殖民统治，索马里人地区一分为五。埃塞俄比亚占领了索马里人聚集的欧加登地区。法国人占领索马里北部港口吉布提。英国人不但占领了亚丁湾对面的索马里北部地区，而且

---

[①] 16 世纪，由于土耳其人的占领，埃塞俄比亚失去了马萨瓦。

还把索马里人的西南部牧场并入肯尼亚，成为肯尼亚北部边界地区（Northern Frontier District）。意大利人占领了索马里印度洋沿岸、经济生产能力最高的南部地区。第二次世界大战后，联合国把意属索马里交给意大利托管，规定在 1960 年前实现独立。

独立前后，索马里民族主义者的主要目标是建立统一的"大索马里"（Greater Somalia）。索马里国旗的五角星代表了五块需要重新统一起来的领地。1960 年，索马里共和国独立，但只包括英属索马里和意属索马里。独立后的头 10 年里，索马里政府致力于"解放"其他 3 块领地，结果与埃塞俄比亚、肯尼亚爆发了严重的边界战争。其实，索马里在历史上从来就不是单一"民族国家"。索马里人虽然有共同的文化，但地方氏族首领各自为政，这也反映在索马里的民主政治上。20 世纪 60 年代，68 个政党共 1000 名候选人争夺 123 个议会席位。索马里的政治人治色彩浓厚，不重视发展，裙带关系盛行，腐败泛滥。1969 年 10 月，西亚德·巴雷（Siad Barre）发动一场未流血政变，意欲解决上述问题。

巴雷政府实行"科学社会主义"，将外资银行、商业机构、土地收归国有。他得到了苏联、中国的经济支援，并在执政的最初几年致力于国家的团结、规划和发展。但"大索马里"梦想压倒了一切，索马里共和国数次袭击了埃塞俄比亚占领的欧加登，尤其是在 1974 年海尔·塞拉西皇帝被推翻后。1977 年，门格斯图·海尔·马里亚姆（Mengistu Haile Mariam）准将在埃塞俄比亚建立马克思主义政权。苏联改变了立场，在欧加登战争中支持战略意义更大的埃塞俄比亚。战争造成了巨大破坏，再加上出现了旱灾，索马里部队于 1978 年被逐出欧加登。在此关口，出于冷战思维，美国向"社会主义"索马里伸出援手，为巴雷政府提供了大量军事援助，换得在柏培拉建立美国军事基地的权利。同时，战争和 1974—1975 年大旱灾摧毁了索马里人的游牧经济，欧加登难民蜂拥进入索马里境内。

432

20 世纪 80 年代，巴雷的统治日渐暴虐。索马里政府发展项目偏重摩加迪沙周边的南部地区，北部地区因此出现了分裂运动。索马里政府对北部地区实行了强力镇压，几乎摧毁了哈尔格萨（Hargaise），造成数万人死亡，数十万难民逃到埃塞俄比亚。1990 年，巴雷的暴虐统治终于激起了反抗，反抗者意欲恢复传统氏族管理模式。1991 年 1 月，巴雷逃离了索马里，只留下一个混乱、四分五裂的国家。

# 第二十八章

# 赢得独立（二）

## 英属东非

### 坦桑尼亚（坦噶尼喀与桑给巴尔）

英属东非的独立进程与所论及的非洲其他地区完全不同。英属东非的独立肇始于坦噶尼喀。1951 年，少数白人定居者把数千梅鲁（Meru）农民从土地上驱逐出去。坦噶尼喀民族主义者就此次事件掀起了大规模政治活动，坦噶尼喀非洲人协会（Tanganyikan African Association）提出了抗议。随后，在朱利叶斯·尼雷尔领导下，坦噶尼喀民族主义者在 1954 年成立了坦噶尼喀非洲民族联盟（Tanganyika African National Union, TANU）。

尼雷尔相继毕业于乌干达马凯雷雷大学和苏格兰爱丁堡大学。他凭借着卓越的组织才能，很快便把坦噶尼喀非洲民族联盟发展成为一个以恩克鲁玛的人民大会党为榜样的全国性政党。尼雷尔的活动得益于农村地区对殖民地政府极度不满的情绪，后者在农业生产改善和"提高"的问题上表现无能和不作为。例如，1955 年，殖民地政府实施山坡梯田改造计划时就激起暴乱。坦噶尼喀非洲民族联盟成员的迅速增加也得益于斯瓦希里语的广泛使用。早在殖民统治之前，斯瓦希里语就已经是长途贸易中所使用的语言。殖民统治时期，传教士、官员认为学一门当地语言比较实用，因此学校和行政机构也使用斯瓦希里语。尼雷尔借助斯瓦希里语，培育了坦噶尼喀诸多族群的民族团结意识。

英国人一度意欲制定一部所谓"多种族"宪法。其实，这是一部种族主义宪法，旨在让政府保护人数极少的亚洲人和欧洲人。英国人之所以有此立场，是因为英国人意欲支持邻近的肯尼亚的更多的白人移民。但在尼雷尔的领导下，坦噶尼喀非洲民族联盟获得了很多白人移民政治家的支持。1958 年，即便在"多种族"宪政下，坦噶尼喀非洲民族联盟在议会选举中仍获得多数席位。1961 年末，坦噶尼喀获得独立，实行完全不分种族的宪政。

1963 年 12 月，英国承认桑给巴尔的独立。但这个岛国仍然由阿拉伯人统治，苏丹继续担任国家元首。桑给巴尔独立后数周，占人口大多数、长期受压迫的非洲人就发动暴力革命，推翻了苏丹政权。1964 年 4 月，坦噶尼喀和桑给巴尔合并为坦桑尼亚共和国。

## 乌干达

　　尼雷尔在坦噶尼喀的行动，激发了英属东非、中部非洲其他地区的民族主义运动。然而，与坦噶尼喀不同，乌干达人在反对殖民统治方面难以形成统一的政治立场。在殖民地时期，布干达"王国"被英国视为乌干达保护地内的独立单元。同时，英国实施"间接统治"，强调卡巴卡在干达人政治生活中的作用。卡巴卡穆特萨二世（Mutesa Ⅱ）决定在未来独立的乌干达内保留布干达的特殊地位。1961 年的乌干达独立宪法，允许布干达独立于中央政府，组建自治政府，由卡巴卡直接统治。

　　1962 年 10 月，乌干达的独立政府处于政治联盟的领导下，即乌干达人民大会党（Uganda People's Congress, UPC）与布干达保王党卡巴卡耶卡党（Kabaka Yekka）联合执政。乌干达人民大会党主要是获得了北方人的支持，领导人是米尔顿·奥博特（Milton Obote）。乌干达独立后，奥博特出任总理。1963 年，卡巴卡穆特萨二世成为不掌实权的总统。独立后，奥博特的政党获得更多支持，很快，他就不再需要自己的政治同盟布干达保王党人的支持。1966 年 4 月，奥博特颁布新宪法，使自己成为享有实权的总统。同年 5 月，乌干达政府军袭击了卡巴卡王宫，暴力结束了布干达的特殊地位。政府军摧毁并血洗了王宫，而穆特萨二世本人则成功出逃，流亡海外。这次野蛮袭击的指挥官是伊迪·阿明（Idi Amin）上校。1971 年 1 月，阿明发动军事政变，驱逐了奥博特。

**图 28.1**　朱利叶斯·尼雷尔（1922—1999），教师、政治思想家、国际政治人物。1960 年，尼雷尔当选为坦噶尼喀首席部长，并于 1961 年 12 月成为独立后的坦噶尼喀的总理。1962 年，他辞去总理，制定新宪法，并在同年当选为坦噶尼喀共和国总统。1964 年，他与桑给巴尔进行联合谈判，因此也成为坦桑尼亚共和国总统（1964—1985 年）。在尼雷尔这一代的非洲总统中，他是少数从职位上退休的总统之一。图片来源：*Fox Photos/Getty Images*。

## 肯尼亚

　　肯尼亚的独立之路走得极为艰难。中部高原的白人移民主导了内罗毕的殖民地政府。肯尼亚的独立过程也是"茅茅起义"（Mau Mau uprising）的过程。"茅茅"一词的确切起源迄今不明，有各种不同说法，但大多数观点都认为这个词与基库尤人神秘的宣誓仪式有关。无论怎样，茅茅起义也不外是反对不公的殖民统治的一场斗争。20世纪20年代，肯尼亚人组建了数个地方福利协会，这些协会在20世纪30、40年代展露出自身的政治意图。1952年，茅茅起义爆发，殖民地政府随即宣布进入"紧急状态"，抑制了全国性政党的出现。直到1956年，殖民地政府镇压了茅茅起义，肯尼亚人这才被允许参与政治，恢复"常态政治"，而殖民地政府的"紧急状态"一直延续至1959年。在殖民地政府镇压茅茅起义期间，富有感召力的工团主义者汤姆·姆博亚（Tom Mboya）保留了肯尼亚民族主义者的火种。

　　茅茅起义的主要支持者是非洲"擅自占地者"的佃农，大部分是基库尤人，也有恩布人（Embu）和梅鲁人。恩布人和梅鲁人是从内罗毕以北的肥沃高原上的白人农场被驱赶出来的。白人移民不想让非洲佃农变为独立的农户，与白人"农民"产生竞争。白人移民只想让非洲人继续留在

**地图 28.1**　东非的独立

图例
　■ 茅茅起义地区

0　200　400 千米

**图 28.2** 米尔顿·奥博特（1924—2005），乌干达人民大会党的创始人。1962 年，乌干达独立，奥博特任总理；1966 年，他废除宪法，自称乌干达共和国的总统；1971 年，伊迪·阿明发动政变，并流放了奥博特；1980 年，奥博特再次当选为总统；1985 年，奥博特再次因政变而被流放。图片来源：*Fox Photos/Getty Images*。

肥沃的"白人高原"上，让非洲人完全依赖于白人"农民"，且只给他们较低报酬。20 世纪 30 年代，大量基库尤族"擅自占地者"被驱赶出高原地区。很多基库尤人被赶到干燥、贫瘠的安置区或人口密集的"保留地"。其他基库尤人则放弃了斗争，进入内罗毕城区找工作或干些小偷小摸。

436　　　茅茅起义肇始于 20 世纪 40 年代初，早期起义形式主要是在农村进行暴力活动，包括举行罢工、纵火焚烧农场建筑和庄稼、残害牲畜。20 世纪 40 年代末，茅茅起义更具组织性，举办秘密的宣誓仪式以强化团结和效忠意识。这些行动的目的不是将殖民地政府拖入全面战争，而是为了恐吓白人移民，促使他们放弃农场并最终离开肯尼亚。起义者认为只有这样才能实现政治自由。对基库尤人来说，"政治自由"意味着结束土地的不公平分配、制定劳工法、对白人土地实行彻底的再分配。

　　1952 年，双方冲突升级。茅茅起义者对白人移民及与殖民地政权合作的非洲酋长展开了一系列攻击。10 月，殖民地总督宣布国家进入"紧急状态"，并逮捕了 100 名知名的非洲政治领导人。英国也从海外调集兵力派往肯尼亚。事实上，茅茅起义是一种草根运动，源于"白人高原"的残酷压迫。茅茅起义并不像殖民地政府认为的那样，是一场人为制造出来、由内罗毕非洲民族主义者领导的运动。不过这些民族主义者与茅茅起义的最终目标一致，甚至一些民族主义政党成员入党宣誓用的是茅茅起义的誓词。殖民地政府抓捕了一些非洲民族主义运动领导人，但这并未能终结茅茅起义。茅茅起义的自由战士被迫回到阿伯德尔森林（Aberdare），持续进行了 3 年的防御战。

　　殖民地政府残酷打击基库尤人及其支持者，在农村地区抓捕了数千茅茅起义同情者，并把他们关入集中营。茅茅起义者（及相关人员）死亡人数可能超过 1 万。殖民地政府方面，与非洲殖民地其他冲突一样，在前线伤亡的非洲人多于欧洲人——约有 1700 名非洲"忠诚分子"死亡，而欧洲人的死亡人数仅有 100。英国人在集中营中虐待囚犯的现象司空见惯。相关文字材料被隐瞒了 50 多年，直到 2005 年在一幢英国政府大楼里被揭露了出来。一些年长的肯尼亚茅茅起义幸存者依据这些文字材料，前往英国高等法院提起诉讼。

　　准确地说，茅茅起义的自由斗争于 1955 年末被镇压了。但对肯尼亚人来说，战争赢得了迎

437

图 28.3　1952 年肯尼亚内罗毕警察逮捕的茅茅起义者。图片来源：*Bert Hardy/Stringer/Getty Images*。

**图 28.4**    乔莫·肯雅塔（约 1894—1978）又称"老头子"（Mzee）。20 世纪 20 年代，肯雅塔任基库尤中央协会总书记。1929—1946 年，基库尤中央协会在欧洲活动，争取重新获得土地；1938 年，肯雅塔出版了《面对肯尼亚山》（*Facing Mount Kenya*）。1952—1961 年国家"紧急状态"期间，他被捕入狱。肯尼亚独立后先后出任总理（1963—1964 年）和总统（1964—1978 年）。图片来源：*Paul Popper/Popperfoto/Getty Images*。

**图 28.5**    汤姆·姆博亚（1930—1969），肯尼亚劳工联盟总书记（1953—1962 年），20 世纪 50 年代国家"紧急状态"时期肯尼亚民族政治家中的领袖人物，乔莫·肯雅塔政府的主要政治同盟者和部长（1963—1969 年）。1969 年，姆博亚被暗杀。图片来源：*Ira Gay Sealy/The Denver Post/Getty Images*。

来重大政治变革的可能。茅茅起义让英国政府拒绝了当地白人移民的过分要求，而正是他们的酷法才导致了这场危机。1960 年，英国接受了肯尼亚自治政府的非洲人多数统治原则。

在茅茅起义之前，乔莫·肯雅塔就已经在领导肯尼亚的民族主义运动了。肯雅塔是基库尤中央协会（Kikuyu Central Association）的前书记，在英国生活数年，新近才回到肯尼亚。1947 年，肯雅塔成为新组建的、追求政治改革和独立的肯尼亚非洲人联盟（Kenya African Union, KAU）的主席。肯雅塔是一位直言不讳反对殖民地政府的政治家。在 1952 年宣布进入"紧急状态"时，殖民地政府关押了他。伴随着 1959 年"紧急状态"结束与 1960 年英国接受多数统治的原则，肯尼亚民族主义政党得以再次组建。两个主要的政党出现了：奥金加·奥廷加（Oginga Odinga）和工团主义者汤姆·姆博亚组建的肯尼亚非洲民族联盟（Kenya African National Union, KANU）与后来成为肯尼亚总统的丹尼尔·阿拉普·莫伊（Daniel arap Moi）参与组建的肯尼亚非洲民主联盟（Kenya African Democratic Union, KADU）。1961 年，肯雅塔获释出狱，担任肯尼亚非洲民族联盟主席，并成为立法会中的非洲人领袖。1963 年 12 月，在宪政谈判之后，肯尼亚最终独立了。

## 汤姆·姆博亚被暗杀

汤姆·姆博亚（1930—1969）是一位受人爱戴的工会领导人，也是 20 世纪 50 年代肯尼亚民族主义政治的领袖人物。他是乔莫·肯雅塔的重要政治同盟者，也是乔莫·肯雅塔政府的内阁成员。姆博亚是卢奥人，肯雅塔是基库尤人。他本来有望在乔莫·肯雅塔之后成为总统。但 1969 年 7 月 5 日，姆博亚被人暗杀了。杀手是基库尤人，他在被逮捕后说："为什么你们不追随大人物？" 4 个月内，经过审判、取证，杀手被处决了。但是，肯尼亚当局并未展开司法调查、澄清"大人物"指的是何人和何意，也没有调查杀手的背景。[①] 此次暗杀恶化了肯尼亚的政治关系，破坏了卢奥人与基库尤人之间的信任，为未来埋下了隐患。

# 比属中部非洲的独立

## 背景

比属刚果的独立之路不同于非洲其他地区。二战后，比利时政府决定保住这块重要的殖民地。一直到 1956 年，比利时人才开始讨论比属刚果组建自治政府的可能性。即便此时，比利时人依旧认为比属刚果独立遥遥无期。有鉴于此，殖民地政府谨慎行事，把刚果人与席卷非洲大陆其他地方的激进政治思想隔绝开来。在殖民统治末期，刚果人的识字率比非洲其他大部分地区要高一些，但是殖民地政府只在小学教育上给予支援。除了那些受训要成为天主教神父的人，刚果人无法接受更高的教育。殖民地政府实行党禁，刚果人直到 1957 年才拥有了独立的报纸。各级立法

---

① *Time magazine*, 5 December 1969.

委员会没有非洲人代表，甚至也不咨询非洲人，非洲人只能在行政机构中从事低级职位的工作。

440    1956 年，少数受过教育的职员、教师、店主要求废除比属刚果社会、经济生活中的种族歧视。比利时人允许利奥波德维尔（Leopoldville）①、斯坦利维尔（Stanleyville）②、伊丽莎白维尔（Elizabethville）③、卢卢阿堡（Luluabourg）④等主要城镇里受过教育的精英参与当地政府的选举，认为如此便可安抚刚果人。1957 年末至 1958 年初举行的选举，开启了此地非洲人政治运动浪潮。随后，政党纷纷成立，但大多数是以单一族群为基础的地方性政党。其中，最重要的政党是约瑟夫·卡萨武布（Joseph Kasavubu）领导的刚果人文化组织，即刚果人联盟（Alliance des Bakongo, ABAKO）⑤。加丹加产铜区的主要政党是莫伊兹·冲伯（Moise Tshombe）组建的加丹加部落联盟（Confédération des associations tribales du Katanga, CONAKAT）⑥，主要源于隆达人的支持。帕特莱斯·卢蒙巴（Patrice Lumumba）付出了艰辛努力，组建了刚果民族运动（Mouvement National Congolais, MNC），并把它发展成为全国性政党，尽管刚果民族运动的主要支持者大多来自卢蒙巴家乡东方省首府基桑加尼（Kisangani）周边。

1958 年，非洲政治家热情高涨，不再单纯追求地方利益，而是提出了独立要求。他们中的大多数认为独立的时间表应是 1961—1965 年。这些政治家深受非洲其他地区所发生的事件的影响，尤其是与比属刚果一河之隔的法属刚果，那里的人已经获准成立了自治政府。1958 年 12 月，卢蒙巴参加了由新近获得独立的加纳召开的全非人民大会（All African People's Conference）。会后，他深受"独立热"鼓舞，返回了刚果。1959 年 1 月，利奥波德维尔的政治集会很快就演变为大规模而难以控制的骚乱，尤其是主要城镇里一些失业青年所引发的骚乱。骚乱人群的主要攻击目标是政府大楼、天主教会和属于欧洲人的财产。

## 历史解释问题

根据迄今尚未公之于众的新证据，过去对刚果独立前后所发生的种种事件的解释，包括本书前几版的相关解释，都需要彻底地加以修订。过去对这些事件的解释可以概括如下：

1959 年，比属刚果陷入无法无天之境。比利时政府开始担心比属刚果可能会爆发阿尔及利亚式的解放战争。1959 年 8 月，比利时承认非洲人政党为合法政党，随后就在 1960 年 1 月邀请了比属刚果殖民地主要政治领导人前往比利时参加"圆桌会议"。卢蒙巴之前被控挑起暴力活动，自 1959 年 11 月就被关押在狱。为了能让他参加此次会议，殖民地政府特地将其释放。非洲政治家们认为他们需要一个 5 年过渡期来构建自治政府。令人震惊的是，比利时同意比属刚果在 6 个

---

① 即金沙萨（Kinshasa）。
② 即基桑加尼（Kisangani）。
③ 即卢本巴希（Lubumbashi）。
④ 即卡南加（Kananga）。
⑤ 又译阿巴科党。——译者注
⑥ 又译科纳卡特党。——译者注

月内实现政治独立。刚果人政党对此完全没有做好准备。1960 年 5 月，120 个政党开始争夺议会中 137 个席位。长期以来，刚果人生活贫困，深受强制性劳动、重税、种族歧视等压迫。刚果选民对于即将到来的独立满怀期待，但是很多希望是不可能实现的。

1960 年 6 月 30 日，在独立联合政府谈判中，各个政党都在维护各自地区的利益，矛盾重重。只有卢蒙巴的刚果民族运动赞成组建单一的中央集权型政府，其他地区性政党都希望制定一部联邦宪法，来保证地方自治。宪法类型还未达成一致，卢蒙巴就发动了一场引发震动的党派联合，卢蒙巴任总理，卡萨武布担任名义上的总统。数天内，这个新独立的国家就陷入崩溃：军队反对保留比利时军官，爆发兵变；加丹加地区则宣称从刚果分裂出去，成为一个独立国家。

卢蒙巴政府瘫痪了。它既失去了主要收入来源，即加丹加铜矿的税收，又控制不了军队来贯彻法律。鉴于刚果陷于混乱，联合国向刚果派遣了一支维和部队。但在美国的压力下，联合国维和部队拒绝干预加丹加地区的分裂问题。1960 年 11 月至 1961 年 1 月之间的某个时候，卢蒙巴在加丹加地区遭到谋杀。同时，刚果军队司令约瑟夫-德西雷·蒙博托（Joseph-Désiré Mɔbutu）将军得到了美国的大力支持，成为金沙萨一连串脆弱政府背后的实际权力操控人。

441

地图 28.2　刚果（扎伊尔／刚果民主共和国）的独立

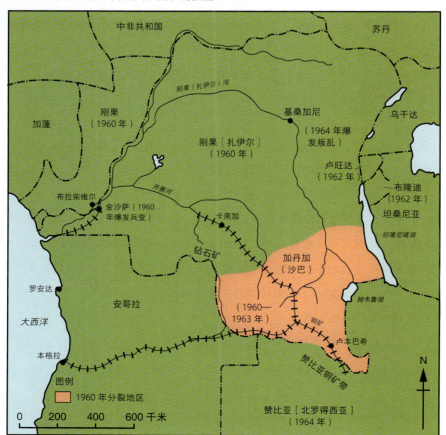

## 真正独立与新殖民主义

过去对这些事件的解释都认为，刚果人没有做好独立准备。比利时人的过错在于没有给刚果人足够长的时间组建政权，或者说比利时本应将比属刚果独立进程延迟一些。然而，近来的历史研究彻底颠覆了这种观点。这种新观点的主要代表为比利时人鲁多·德·威特（Ludo De Witte）。德·威特的研究以纽约联合国档案、比利时政府档案，以及当时比利时主要领导人回忆录为基础，展现了完全不同的历史叙事。[①]

### 历史学家挑战"帝国终结"的仁慈说

自殖民统治在大多数非洲国家结束以来，50多年已经过去了。目前，历史学家和其他学者可以查看、研究殖民国家政府的档案。德·威特由此揭开了比属刚果去殖民化背后的真相。然而，相关文献是否已经被隐藏，甚至被破坏，我们不得而知。众所周知，在殖民地独立前夕，殖民地官员受令销毁了一些文件，也把一些文件带出了殖民地。

以肯尼亚为例，大量涉及茅茅起义、殖民地应对方式等文献记录（可能高达25万份文件）被用船运回英国，并被安全封存了起来。2005年，美国学者卡罗琳·埃尔金斯（Caroline Elkins）著书揭露了这些隐藏起来的文件的存在，并透露英国人在镇压茅茅起义时广泛动用过酷刑。[②] 一群年长的肯尼亚受害者在伦敦起诉英国政府。最终，英国高等法院迫使英国政府承认这些文件的存在，并把这些文件移交到英国国家档案馆（British National Archives）供公众查阅。2013年，这桩诉讼结案。英国政府被判就使用酷刑道歉，并向幸存下来的肯尼亚受害者支付赔偿款。[③]

比利时政府突然让刚果独立的决定并非恐慌下的冲动行事，而是精心谋划的策略，比利时人意欲在刚果民族主义者提出激进的独立方案前先发制人，他们认为，如果尽早行动，他们还能在幕后控制刚果政府，有这种自信主要是因为刚果政治家非常缺乏经验。比利时人甚至还认为，卢蒙巴这样激进的民族主义者也可以拉拢过来。1960年5月刚果大选前夕，比利时政府修改了刚果宪法，允许6个地方政府实行完全自治。这种做法也是精心策划的预防措施，防止中央政府落入卢蒙巴等"对己不利"之人的手中，也可以让加丹加等富有省份独立行事乃至分裂出去。在加丹加地区，比利时移民和官员加入了冲伯的加丹加部落联盟，甚至草拟了加丹加部落联盟的宣言。冲伯成为维护比利时人利益的工具。

在1960年6月30日的刚果独立仪式上，比利时国王博杜安（Baudouin）以家长式口吻发

①  De Witte, L. (2001) *The Assassination of Lumumba*, trans. A. Wright and R. Fenby (Verso: London).

②  Elkins, C. (2005) *Britain's Gulag: The Brutal End of Empire in Kenya* (Jonathan Cape: London).

③  www.theguardian.com/news/2016/aug/18/uncovering-truth-british-empire-caroline-elkins-mau-mau, accessed 15 November 2017.

表了演讲，提及了比利时人崇高的"文明使命"，盛赞利奥波德二世为天才。博杜安告诫即将成立的刚果政府不要实行"草率的改革"，而要听取比利时行政管理人员和技术专家的建议。这预示了刚果将面临"新殖民主义"：殖民地经济剥削制度仍将保留下来，只有一小部分非洲政治精英提升为上层人物，殖民地统治制度并没有多少变化。而卢蒙巴不顾礼节，发表了激进的演讲作为回应。在演讲中，卢蒙巴痛斥比利时人统治的残暴与不正义。他宣布刚果人民最终从"通过武力强加给我们的可耻的奴隶制"中解放了出来。有人认为这次演讲决定了卢蒙巴的命运。德·威特认为，在比利时人看来，这次演讲不至于让卢蒙巴遭受劫难——政治家为了获得民心可以说很多。但是，他在数天内就用行动来履行承诺，这才让他性命不保。

　　1960 年 7 月 5 日，刚果军队发生兵变，对此，德·威特称之为"罢工"。卢蒙巴支持士兵的要求，遣散了比利时高级军官，并让非洲士兵推选的人选来担任比利时高级军官的职位。卢蒙巴任命约瑟夫-德西雷·蒙博托为总参谋长。蒙博托以前当过兵，也是一名自学成才的记者，在布鲁塞尔会议期间曾担任卢蒙巴的秘书。在加丹加地区，比利时军官不接受遣散。刚果士兵愤而发动叛乱，反对目中无人的比利时军官。1960 年 7 月 10 日，比利时政府派出伞兵部队，缴了刚果士兵的枪。1960 年 7 月 11 日，在比利时军队的保护下，莫伊兹·冲伯宣布加丹加地区独立于刚果中央政府。上加丹加矿业联合公司立即向冲伯政府提前支付了一年的赋税，帮助莫伊兹·冲伯

443

图 28.6　1961 年在刚果的联合国部队中的加纳籍士兵。图片来源：*Howard Sochurek/The LIFE Picture Collection/Getty Images*。

政府克服财政困难。随后，在冲伯政府独立的数天内，比利时增兵刚果，确保刚果主要城市的安全（7月13日，比利时部队抵达刚果首都利奥波德维尔）。比利时部队宣称前来保护比利时人的财富和平民，但实际上这是对7月5日爆发的兵变展开报复。

卢蒙巴请求联合国制止这一侵略行径。在他看来，这一行径就是又一次殖民侵略。但是，没有人同情或支持卢蒙巴。在联合国安理会中，美英支持比利时，却不信任卢蒙巴，因为他可能会实行社会主义改革。联合国秘书长达格·哈马舍尔德（Dag Hammaerskjöld）也赞同英美立场。1960年8月，联合国维和部队抵达刚果，但仅限于恢复"法律与秩序"。联合国要求比利时人撤军，并要求比利时人把控制区交给"蓝盔军"（联合国维和部队的别称），但联合国并未要求比利时人撤出加丹加地区，也没有阻止加丹加地区分裂行为。事实上，当刚果军队中效忠于卢蒙巴的派系意欲阻止加丹加地区分裂的时候，联合国部队还设置了障碍，阻止他们进入加丹加地区。

444

在美国和联合国秘书长的支持下，比利时人意欲削弱、推翻卢蒙巴的民族主义政府。为了实现这一目标，比利时人还以加丹加地区的分裂作为工具来加以利用。比利时人的目标并非让加丹加地区重新纳入刚果，而是以加丹加地区为基地，重建刚果新殖民地。比利时人和美国人计划中最大的障碍就是卢蒙巴。此时，美国、英国、比利时都赞同让民选总理卢蒙巴永久消失。美国中央情报局劝服卡萨武布总统解除了卢蒙巴的总理职务。1960年9月5日，此时已经效力于中央情报局的蒙博托解散了民选议会，并把卢蒙巴关押了起来。联合国对此袖手旁观，并未保护卢蒙巴。1960年12月，卢蒙巴被押往加丹加地区，联合国甚至也没有提供保护。1961年1月17日，在冲伯的首肯下，卢蒙巴及其两位贴身随从被行刑队枪决了，在场的还有3名比利时官员。

加丹加地区的分裂持续了两年半。期间，加丹加地区得到了上加丹加矿业联合公司和其他比利时利益集团的支持和资助。冲伯的加丹加军队也得到了白人雇佣军的支持。这些白人雇佣军主要由前比利时士兵与南非、罗得西亚的亡命徒组成。一直到1962年末，联合国才决定干预加丹加问题。1963年1月，联合国终止了冲伯的分裂行为。讽刺的是，1964—1965年，冲伯成为重新统一起来的刚果政府的总理。但他的统治很快就失去了人心，一方面是因为腐败，另一方面是因为他在基桑加尼镇压卢蒙巴支持者的大叛乱中依仗了白人雇佣军、美国和比利时的伞兵。

## 蒙博托政变与扎伊尔共和国

1965年11月，蒙博托将军最终在一次不流血的政变中夺取了权力。令人好奇的是，他为什么不在早些时候这么做呢？可能是因为刚果军队经过整编，他需要时间来巩固地位。得益于国际铜价短时间内的爆发式增长，蒙博托重建了强有力的中央政府。他建立起具有个人特色的总统制政府，逐渐清除了不被信任的政治人物。20世纪70年代初，作为一种新时代的象征，加丹加省改名为沙巴省，国名也改为扎伊尔。

## 卢旺达与布隆迪

1919 年，比利时人从德国人手中接管了卢旺达与布隆迪。与比属刚果不同，卢旺达与布隆迪成为国际联盟／联合国委托管理的卢安达–乌隆迪（Ruanda-Urundi）。比利时向托管理事会负责，需要让这两个国家组建自治政府。20 世纪 50 年代，卢安达–乌隆迪的政治活动频繁，组建了多个政党。

在前殖民地时代，"胡图人"和"图西人"只是社会与经济意义上的名称，并没有族群上的差异。胡图人指"农民"或"仆人"，而图西人最初指"畜牧业者"，但在殖民统治前夕，图西人却成为财富和地位的象征——拥有牛是一个重要原因。德国和比利时殖民者把这两个具有弹性的术语改造成界限分明的族群认同，在法律上进行区分，并记录在每个人的身份证件上。殖民者记录了图西人的远古起源神话，把神话当作历史事实，确立了图西人的种族优越地位。历经两个世代的殖民统治之后，图西人、胡图人之间不同的身份被当地人广泛接受，并植根于他们的思想当中。图西人是少数特权精英，也成为殖民地统治的合作者，但职位不高。胡图人占人口多数，处于社会下层，需要服劳役，他们也很少有机会接受教育，几乎不能进入上层社会。以族群来界定整个社会是殖民遗产。卢安达–乌隆迪政治独立后，这个殖民遗产进一步加剧了当地族群间的敌意和冲突。

445

卢旺达的政党自诞生就有族群边界意识。图西族精英意欲维持特权，要求直接独立。而格雷瓜尔·卡伊班达（Gregoire Kayibanda）等新冒头的胡图族知识分子，则要求在独立前实行多数统治。族群间的暴力冲突不断升级。比利时人支持胡图族知识分子，希望占人口多数的胡图人能掌握权力，并提名了一些胡图人，让他们取代了很多图西族酋长。胡图人开始大规模迫害图西人：不论对方是富有还是贫困，也不论对方是精英还是普通百姓，对方只要是图西人，胡图人就迫害。1959 年 11 月至 1960 年 10 月，胡图人的迫害演变为一系列的屠杀，还被称为比利时人支持的革命。数百名图西人遭到杀害，成千上万名图西人被迫流亡布隆迪、坦噶尼喀、乌干达。1961 年，少数图西族流亡者——胡图人称之为"蟑螂"（inyenzi）[1]——从邻近的乌干达发起袭击。

1961 年，卡伊班达领导的帕梅胡图党（Parti du Mouvement de l'Emancipation du Peuple Hutu, PARMEHUTU）[2]赢得了选举胜利。1962 年，卡伊班达成为独立后卢旺达的总统。然而，在他执政时期，卢旺达除了族群矛盾尖锐外，还出现了地区间竞争。卡伊班达政府接纳中部地区的胡图人，却排斥北部地区的胡图人。1973 年，朱韦纳尔·哈比亚利马纳（Juvénal Habyarimana）发动政变，推翻了卡伊班达的统治。而哈比亚利马纳本人就是出生于卢旺达北部地区的胡图人。20 世纪 90 年代，卢旺达爆发了举世瞩目的族群冲突和大屠杀。

相较而言，布隆迪国王姆瓦姆布斯塔四世（Mwambusta Ⅳ，1915—1966）的统治广受臣民

---

① Inyenzi，卢旺达语单词，意思是"蟑螂"。——译者注
② 又称胡图人解放党（Party for Hutu Emancipation），译名"帕梅胡图党"源于其缩写。——译者注

拥护。在布隆迪，胡图人与图西人不分党派，彼此合作，且都加入了最重要的政党——乌普罗纳党（Union pour le progress national, UPRONA）[①]。1958 年，路易·鲁瓦加索雷（Louis Rwagasore）王子组建了乌普罗纳党。但在 1961 年 10 月，路易·鲁瓦加索雷被暗杀了。此次事件让长期积压下来的族群矛盾爆发了。布隆迪的图西族领导人担心发生像 1959—1960 年卢旺达所发生的屠杀，便让胡图人离开了乌普罗纳党，以确保由图西人主导的政府来统治布隆迪。1962 年，正是这个图西人政府带领布隆迪实现独立。1966 年，布隆迪爆发军事政变，这进一步地强化了图西人的统治，胡图人则被排除在政权之外。同时，军事政变也导致布隆迪出现了军事统治。自独立以来，布隆迪一直在屠杀与反抗中备受煎熬。

# 岛屿国家的独立

## 留尼汪

1946 年，留尼汪成为法国的一部分，掌权派代表参加法国国民议会。法国公司牢牢控制着留尼汪的糖料种植园经济。高失业率引起留尼汪社会的普遍不满。因此，法国向留尼汪提供了财政补助，包括社会安全和失业补助。留尼汪在经济上非常依赖法国，因此也没有提出政治独立要求。

## 毛里求斯

1810 年，英国从法国手中夺取了毛里求斯。1834—1835 年，毛里求斯废除了奴隶制，非洲释放奴离开了糖料种植园。这让英国人不得不从印度输送合同劳工过来。在此后 50 年间，数万名印度人到达了毛里求斯。到 20 世纪初，印裔人口已占了毛里求斯总人口的 2/3，彻底改变了毛里求斯人口的族群结构。1936 年，毛里求斯工党（Mauritius Labour Party）成立，获得了印裔农村劳动阶层的支持。20 世纪 50 年代和 60 年代初，西沃萨古尔·拉姆古兰（Seewoosagur Ramgoolam）博士领导毛里求斯工党寻求国家独立，却遭到克里奥尔人支持的毛里求斯社会民主党（Parti Mauricien Social Démocrate, PMSD）的反对。毛里求斯社会民主党担心，如果毛里求斯独立，毛里求斯就会处于"印度人的统治"之下。他们愿意像留尼汪一样，保持与英国的联系。然而，拉姆古兰政治手腕老练，引领毛里求斯度过了困难的 10 年，当然，期间不乏族群之间的暴力行为。毛里求斯工党赢得了一系列的选举。1968 年，毛里求斯脱离英国，获得独立。

## 马达加斯加

马尔加什人从未屈服于法国人的占领。在第一次世界大战爆发前的 10 年里，法国人镇压了马尔加什人的公开抵抗。在两次世界大战之间，马尔加什人组建了很多秘密团体，迸发出马尔加

---

① 又称争取民族进步统一党，译名"乌普罗纳党"源于其缩写。——译者注

什人的民族主义激情。法国实行的同化政策只将少数顺从的马尔加什人纳入了殖民地统治体系。1940 年，殖民地政府决定支持法国维希政权。因此，英国和"自由法国"在 1942 年占领了马达加斯加。此事沉重打击了殖民地政府的统治威望，也激励了马尔加什民族主义者。1943—1944 年，战时粮食（特别是大米）短缺导致了饥荒，也进一步地推动了民族主义运动的发展。

1946 年，与其他法属非洲殖民地一样，马尔加什人在法国国民议会中获得了两个代表席位。这两名代表是约瑟夫·拉塞塔（Joseph Raseta）和约瑟夫·拉瓦昂吉（Joseph Ravoahangy），他们组建了马达加斯加民主革新运动（Mouvement Démocratique de la Rénovation Malgache, MDRM）。但是，法国人拒绝了他们在巴黎提出的立即实现独立的要求。同时，法国移民意欲镇压岛上民族主义运动浪潮。殖民地政府逮捕了马达加斯加民主革新运动的领导人，恶意对待甚至解雇了那些支持该党的工人。1947 年 3 月 29 日，马达加斯加爆发"大起义"，所有人对此都不感到意外。在起义的最初几个月里，数百名欧洲人及其马尔加什"合作者"遭到杀害，起义者控制了东部地区。1948 年，法国人无情地镇压了起义，至少造成 9 万人死亡。

武装起义失败了，但马尔加什人的民族主义精神长存。1953 年，为了阻止共产主义的传播，天主教教会正式宣布支持独立。1956 年，法国允许非洲殖民地成立自治政府，马达加斯加随即出现了新一轮政治运动。在马达加斯加的民族主义运动中，菲利贝尔·齐拉纳纳（Philibert Tsiranana）领导的新的"现代"民族主义力量，即社会民主党（Parti Social Démocrate, PSD）脱颖而出。在 1958 年的全民公投中，社会民主党成功地将马达加斯加留在了"法兰西联邦"。1960 年，与其他法属热带非洲殖民地一道，齐拉纳纳领导的马达加斯加获得了独立。

## 科摩罗

科摩罗的主要人口是说斯瓦希里语的穆斯林，只有马约特岛（Mayote）有一定数量的马尔加什基督徒。1968 年，法国人暴力镇压了当地师生的罢课。在此之前，科摩罗并没有提出独立于法国的要求。1974 年，科摩罗举行了一系列全民公投，民众支持独立。但是，法国宣称马约特岛投票决定留在法兰西联邦。1975 年 7 月，科摩罗民主联盟（Union Démocratique des Comores）的领导人艾哈迈德·阿卜杜拉（Ahmed Abdallah）宣布科摩罗独立，他本人也成为科摩罗首任总统。同年 12 月，法国承认格兰德科摩岛（Grand Comore）、昂儒昂岛（Anjouan）、莫埃利岛（Mohéli）的独立，但继续把马约特岛留在法兰西"领土共同体"内。此时，阿里·萨利赫（Ali Soilih）推翻了阿卜杜拉的统治，并驱逐了所有法国人。1978 年，臭名昭著的法国雇佣兵鲍勃·德纳尔（Bob Denard）又推翻了阿里·萨利赫的统治。后来，德纳尔邀请阿卜杜拉回国担任总统。

## 塞舌尔

塞舌尔的独立运动始于 1964 年。此时，塞舌尔有两个主要政党：詹姆斯·曼卡姆（James Mancham）领导的塞舌尔民主党（Seychelles Democratic Party, SDP），该党赞成塞舌尔继续维持与英国之间的联系；弗朗斯·阿尔贝·勒内（France Albert René）领导的塞舌尔人民统一党（Seychelles People's United Party, SPUP）。勒内是一名律师，也是一名工会领导人。他站在穷人这一边，并很快认识到只有彻底独立于英国，才有可能推行激进的社会变革。但英国人并不准备以法国为榜样，他们告诉曼卡姆，如果他不希望国家走上勒内主张的社会主义道路，他就要为独立做好准备。20世纪70年代的选举显示两党实力非常接近。勒内的激进社会方案让他得到了非洲统一组织解放委员会（Liberation Committee of the Organisation of African Unity）的经济支持；曼卡姆则得到了美国、当地地主、商业利益团体的经济支持。在冷战时期，美国和英国认识到印度洋群岛具有重要战略价值。20世纪60年代，英国将查戈斯群岛（Chagos Islands）[①]租借给美国，让美国在迪戈加西亚（Diego Garcia）修建了一个空军基地。英国还将塞舌尔群岛中的一个主要岛屿，即马埃岛（Mahé）上一块地方租借给了美国，让美国修建一处卫星侦测站，既侦测美国人自己的卫星，又监视苏联人的卫星。

　　英国人希望遏制勒内的社会主义，劝说两党在1975年组成同盟，为来年的独立做好准备。独立后，曼卡姆担任总统，勒内担任总理。但这是一个不稳定的同盟：曼卡姆认为塞舌尔未来应立足于旅游业，成为其富人朋友的离岸避税天堂；勒内则希望实行社会主义改革。1977年6月，趁着曼卡姆及其大多数部长在伦敦参加英联邦会议之际，勒内发动政变，建立了一党制的社会主义国家。尽管如此，勒内还是抱有实用主义立场，允许美国人留在岛内：每年用美国卫星侦测站的美元租金来支付石油进口。这个一党制国家没有政治自由可言。直到1992—1993年，勒内政府选择回归多党制，才终于实现了社会、经济的转型，勒内及其政党则再次赢得了选举的胜利。2004年，弗朗斯·阿尔贝·勒内退休。

---

① 位于塞舌尔群岛西面。

# 第二十九章

# 赢得独立（三）

## 英属中部非洲的联邦与独立

英属中部非洲在独立时遇到的是白人移民问题。其中，大多数白人移民居住在南罗得西亚 [①]。白人移民在南罗得西亚采用类似于南非的种族隔离立法的方式来统治占人口大多数的非洲人。约占南罗得西亚面积的 1/3 的最好的土地归白人所有，而四五百万非洲人只拥有最贫瘠的 1/3 土地。严苛的"通行证法"限制了工人在城镇里的流动，其他种族主义法律则为白人保留了报酬更丰厚的工作。自 20 世纪 20 年代起，南罗得西亚的白人移民就通过选举组建了议会制政府，用于统治殖民地。而非洲人的代表权极其有限，他们一旦组建政党，白人政府便会将其取缔。

### 联邦

20 世纪 40 年代末，南、北罗得西亚和尼亚萨兰的白人移民提出，将这 3 个地区合并为一个中部非洲联邦。这是在非洲独立运动出现前经过深思熟虑后所做出的决定：南罗得西亚的白人将可以从北罗得西亚铜矿带的巨额税收中分得一杯羹；同时，尼亚萨兰将继续为白人农场、新兴的制造业源源不断地提供廉价劳动力。一旦联邦成功组建，它的经济实力将会非常强大，像南非的白人移民一样，足以抵制非洲人要求自治的反抗活动。它将吸引英国人的投资，最终白人移民在中部非洲联邦的主导地位就会加以巩固。

南罗得西亚的非洲人并没有像他们在北罗得西亚的同胞那样受到联邦计划的直接影响。但在白人种族优势下，南罗得西亚的非洲人备尝屈辱。长远来看，非洲人深刻认识到强化白人主导地位必定会拖延非洲人获得解放的时间。另外，北罗得西亚和尼亚萨兰的非洲人同样会因联邦计划而遭受直接损失。名义上说，北罗得西亚和尼亚萨兰都是英属"保护地"，而不是白人移民的殖民地。与南罗得西亚相比，北罗得西亚的白人移民人数少得多。但保护地也普遍存在着种族歧视，尤其是在南非人主导的铜矿带的采矿城镇。只是种族歧视并没有写入法律。

非洲民族主义者，尤其是北罗得西亚、尼亚萨兰的民族主义者坚决反对联邦计划。海斯廷斯·卡穆祖·班达（Hastings Kamuzu Banda）医生和哈里·恩孔布拉（Harry Nkumbula）致信英

---

[①] 1950 年，南罗得西亚有 15 万白人移民，1960 年白人移民数量上升至 20 万。

**地图 29.1**　英属中部非洲的独立

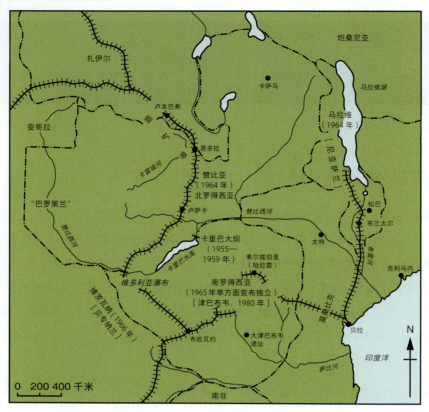

国政府，表达了他们的忧虑。班达出生于尼亚萨兰，曾在美国和英国取得从医资格。虽然在英国行医，但他密切关注尼亚萨兰的政治发展。恩孔布拉是一名北罗得西亚的教师，1949 年曾求学于伦敦大学。他们在信中写道：

> 中部非洲所有的欧洲人，以及南罗得西亚的欧洲人对非洲人毫无怜悯之心……他们视非洲人为低等人，没有权利过上有尊严、高雅的生活，只配给欧洲人伐木提水……与非洲人打交道的时候，欧洲人总带有一种征服者的姿态……就是这些欧洲人……将统治和治理这个联邦……在南罗得西亚组建的政府下，我们与当局的关系将是一种主奴关系，基本原则是……[欧洲人享有]领导权。[①]

尽管非洲人强烈反对，但在英国政府和白人移民的推动下，中部非洲联邦还是在 1953 年成立了。正如非洲民族主义者所担心的那样，种族歧视在各个领域造成了日益严重的影响。最直接

---

[①] 1949 年 5 月 1 日的信函，转引自 Rotberg, R.I. (1964) The Rise of Nationalism in Central Africa (Harvard University Press: Cambridge, MA), p. 224。

的影响是白人移民经济的繁荣，而在非洲人生活成本不断提高的情况下，他们原本就十分低廉的工资却没有提高。1956 年，中部非洲联邦的警察残酷地镇压了铜矿带矿工的罢工。中部非洲联邦提出了一个新的重大投资计划——修建赞比西河卡里巴水坝（Kariba Dam；1955 年开工，1959 年建成），为南罗得西亚和铜矿带提供水力发电。在卡里巴水坝后方，3 万多非洲人被强迁出赞比西河北岸。饶有意味的是，卡里巴水坝的发电站当时修建在南岸，完全掌握在南罗得西亚当局的手中。

## 非洲民族主义的兴起与独立要求

450

阻止中部非洲联邦计划的民族主义运动失败后，非洲民族主义者备感受挫，政治活动也陷入低潮。1956 年，中部非洲联邦制定了新的种族主义法律，旨在强化白人在政府中的主导地位，此举再次激起了非洲人的政治反抗运动。恩孔布拉、北罗得西亚非洲人国民大会（Northern Rhodesian African National Congress）①、尼亚萨兰非洲人大会（Nyasaland African Congress）②领导了这次政治反抗运动。他们在北方地区发动了一系列的抵制、罢工和游行示威活动。南罗得西亚残酷地镇压了非洲人的政治活动。部分由于受到新近独立的加纳的鼓励，中部非洲联邦的非洲政治领导人纷纷为其未来的独立国家重新命名。北罗得西亚取名为赞比亚③，尼亚萨兰取名为马拉维④，南罗得西亚取名为津巴布韦⑤。

1957—1959 年，尤其是在参加 1958 年 12 月在加纳阿克拉召开的全非人民大会之后，许多非洲政治领导人提出了更多的政治要求。中部非洲联邦政府镇压非洲人的抗议，实行党禁，抓捕非洲政党领导人。但是，取缔旧政党的速度有多快，成立新政党的速度就有多快。此时，中部非洲普遍爆发了政治抗议活动，无论抓捕多少政党领导人也无法将其遏制住。1959 年，赞比亚非洲人国民大会（Zambia African National Congress）⑥被取缔后，联合民族独立党（United National Independence Party）立即取而代之。自 20 世纪 50 年代以来，肯尼斯·卡翁达（Kenneth Kaunda）一直公开抨击中部非洲联邦和殖民统治中的种族主义政策。1960 年，卡翁达获释出狱，成为赞比亚总统。1958 年，班达重返尼亚萨兰。1959 年，尼亚萨兰爆发游行示威、罢工、暴乱，宣布进入国家紧急状态。被取缔的尼亚萨兰非洲人大会迅速改组为马拉维大会党（Malawi Congress Party），班达成为该党领导人。1957 年，在南罗得西亚，工会领袖乔舒亚·恩科莫（Joshua Nkomo）⑦领导的非洲人国民大会恢复活动。1962 年，在一系列查禁和关押后，非洲人国

---

① 成立于 1948 年。

② 成立于 1944 年。

③ 源于 Zambezia。

④ 为了纪念 17 世纪的马拉维帝国。

⑤ 津巴布韦更显示出"罗得西亚"一名令人憎恶。"罗得西亚"是为了纪念白人移民先驱者塞西尔·罗得斯而命名的。

⑥ 即原来的北罗得西亚非洲人国民大会。——译者注

⑦ 又译约书亚·恩科莫。——译者注

民大会最终以津巴布韦非洲人民联盟（Zimbabwe African People's Union, ZAPU）之名重新出现于南罗得西亚。

## 赞比亚、马拉维的独立与罗得西亚单方面宣布独立

1960年，英国政府开始重视非洲人的反抗力量。英国人意识到"变革风潮"（winds of change）会横扫整个非洲大陆，继续支持中部非洲联邦的少数白人统治终将徒劳无果。

> 1960年1月，英国首相哈罗德·麦克米兰（Harold Macmillan）访问加纳，发明了"变革风潮"这一著名短语。一个月后，麦克米兰在开普敦的南非白人议会中发表演讲，反复提及这一短语。就此，这一短语便流传开来。不用说，麦克米兰在加纳的演讲赢得满堂彩，但持有种族主义立场的南非白人却很不高兴，因为这一短语含有多数人统治必然到来的论调。

1963年末，中部非洲联邦瓦解前，英国政府与两个北方保护地的非洲政治家已展开了3年的宪政谈判。1964年，赞比亚和马拉维迅速实现了政治独立。

白人移民仍然牢牢掌控南罗得西亚的权力，坚决抵制非洲人的多数统治。恩科莫不赞同津巴布韦非洲人民联盟开展明显有必要的武装游击斗争，这让其他非洲政治家备感受挫。1963年，恩达巴宁吉·西索尔（Ndabaningi Sithole）、罗伯特·穆加贝（Robert Mugabe）等人脱离了津巴布韦非洲人民联盟，组建了津巴布韦非洲民族联盟（Zimbabwe African National Union, ZANU）。

451 但在中部非洲联邦走向瓦解的关键时期，由于目标不明确，彼此之间存在地区性竞争，两个组织都没有多大作为。1965年11月，白人新成立的罗得西亚阵线党（Rhodesia Front Party）的领导人伊恩·史密斯（Ian Smith）单方面发表独立宣言。也就是说，伊恩·史密斯非法宣布白人统治的"罗得西亚"是一个独立国家，不受英国人的殖民统治。英国政府对此表示抗议，却并未采取实际行动阻止独立。很明显，津巴布韦非洲民族联盟未来只有一条路可走，即武装斗争。

453 联合国宣布，对史密斯的非法政权实行经济制裁。但南非和葡属莫桑比克漠视联合国的禁令，与罗得西亚继续保持贸易往来。甚至英国跨国石油公司也向史密斯政权秘密输送石油。讽刺的是，联合国经济制裁的主要受害国是赞比亚，因为赞比亚的很多贸易需要途经罗得西亚。

## 津巴布韦的解放战争（1966—1980年）

1966年4月，在罗得西亚首都索尔兹伯里（Salisbury）以北的奇诺伊（Chinhoyi），津巴布韦非洲民族联盟游击队与罗得西亚安全部队首次正面交锋。游击队不堪一击，7名士兵阵亡，但很快游击队便向史密斯政权发出即将开展武装斗争的警告。20世纪60年代末，游击队发起多次行动。但流亡赞比亚的津巴布韦非洲民族联盟和津巴布韦非洲人民联盟的领导人彼此不和，意识

图 29.1　1958 年 12 月 8 日，加纳全非人民大会的开幕式。图片来源：*Phillip Harrington/Alamy Stock Photo*。

图 29.2　1959 年 3 月 13 日，国家紧急状态时期的《尼亚萨兰时报》（*The Nyasaland Times*）头版。图片来源：*National Archives of Zimbabwe*。

形态方面有分歧，内讧不止。

　　1971—1972 年，莫桑比克解放阵线（Frente de Libertaçao de Moçambique, FRELIMO）占领了莫桑比克太特的大部分地区。此后，津巴布韦非洲民族联盟游击队渗入罗得西亚东北部地区。此时，津巴布韦解放战争进入一个全新而具有决定意义的阶段。游击队获得了当地农民的支持，频频袭击白人移民农场、警局、安全部队，而安全部队越来越难以从当地人中获得有关游击队的信息。1974—1975 年，莫桑比克解放阵线在莫桑比克取得胜利，而津巴布韦非洲民族联盟游击队也因此得以沿莫桑比克东部边界进入罗得西亚。1975 年，穆加贝取得了津巴布韦民族联盟的领导权。他加强政党建设，并在解放区发起社会主义革命运动。1977 年，津巴布韦解放战争进入决战阶段。津巴布韦非洲民族联盟的政治骨干为决战打下了根基，他们已经赢得农民长达五六年的支持。在赞比亚训练营中的津巴布韦非洲人民联盟，虽然得到了大量的苏制武器，但直到决战前才在津巴布韦西半部地区发起数次有效进攻。

　　史密斯政权向津巴布韦非洲民族联盟和津巴布韦非洲人民联盟发起猛攻，袭击两个组织设在赞比亚、莫桑比克的基地和难民营。此外，罗得西亚当局资助并武装了一支由心怀不满的莫桑比克人组成的军队，又称莫桑比克全国抵抗组织（Mozambique National Resistance, MNR 或 RENAMO）。罗得西亚安全部队让后者深入莫桑比克、炸毁桥梁、切断电线、袭击村庄。罗得西亚当局意欲通过此举摧毁莫桑比克的经济，"劝服"莫桑比克解放阵线不再支持津巴布韦非洲民族联盟。但这一策略失败了。莫桑比克解放阵线支持津巴布韦非洲民族联盟的立场从未动摇。最

454

 地图 29.2　安哥拉、莫桑比克与津巴布韦的独立

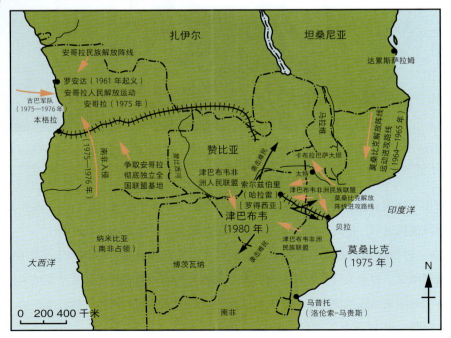

**图 29.3**　20 世纪 70 年代，津巴布韦非洲人民联盟的军队，即津巴布韦独立人民革命军（Zimbabwe Independence People's Revolutionary Army）在赞比亚训练营中的政治教育。图片来源：*National Archives of Zimbabwe*。

终，津巴布韦非洲民族联盟夺取了津巴布韦政权。在 1980 年津巴布韦独立后，南非又开始资助莫桑比克全国抵抗组织，借此确保南非人在莫桑比克政治、经济方面的主导地位。

455　　　　在 1978—1979 年最后垂死挣扎的几个月里，史密斯政权在南非的压力下试图绕开游击队，达成一个内部协议。教会人员、酋长等津巴布韦众多有影响力的非洲人都希望能结束战争，但又都担心坚持社会主义路线的津巴布韦非洲民族联盟取得彻底胜利。因此，他们准备协商津巴布韦的完全独立问题。在 1978 年签署的协议中，埃布尔·穆佐雷瓦（Abel Muzorewa）成为"津巴布韦-罗得西亚"（Zimbabwe-Rhodesia）总理。"津巴布韦-罗得西亚"名称本身就体现了某种妥协，白人移民在政治领域依旧有极大影响力，且将继续控制经济。不出意外，占据优势地位的游击队表示不接受妥协方案，将继续展开斗争。穆佐雷瓦无法结束战争，其政府军还攻打津巴布韦同胞，这让他很快便失去了民心。

1979 年末，津巴布韦非洲民族联盟和津巴布韦非洲人民联盟的游击队控制了除津巴布韦主要城市外的大部分地区。史密斯/穆佐雷瓦政权被迫承认失败。1979 年 12 月，政府与游击队在伦敦签署了停战协议，双方同意结束战争，并在 1980 年 2 月举行全国大选。津巴布韦非洲民族联盟赢得了最后的胜利。1980 年 4 月，罗伯特·穆加贝成为津巴布韦独立后的首任总理。

# 葡属非洲赢得独立

法西斯独裁统治下的葡萄牙其实是一个欧洲穷国。几内亚比绍与佛得角、安哥拉、莫桑比克等非洲殖民地是葡萄牙的重要经济支柱。葡萄牙政府决不会对独立要求让步，但葡属殖民地非洲人却决心争取独立。20 世纪 50 年代末 60 年代初，葡萄牙人暴力镇压了 3 块殖民地上的非洲人抗争。这也揭示出葡属非洲只有通过长期的游击战才能获得解放。最先展开斗争的是最小的葡属殖民地。这块殖民地包括塞内加尔正南方的葡属几内亚 ① 小块领地与离塞内加尔沿海约 600 公里处葡萄牙人占领的一群岛屿——佛得角。

## 几内亚比绍与佛得角

1956 年，佛得角人阿米尔卡·卡布拉尔（Amílcar Cabral）组建了几内亚和佛得角非洲独立党（Partido Africano da Independência da Guiné e Cabo Verde, PAIGC），发展党员，谋划独立战略。1959 年，该党领导比绍港码头工人发动了一次大罢工。殖民地警察残酷地镇压了罢工，并枪杀了 50 名工人。这次事件成为独立斗争的转折点。卡布拉尔领导该党意欲展开全面战争，建立一个社会主义国家。1963 年，战争最终爆发。在随后的 10 多年里，越来越多的几内亚比绍的农民支持解放事业。获得解放的农村地区修建了学校、卫生所、公路，并开展农业项目与贸易。所有这一切既展现了社会主义政府的功绩，也满足了民众的需要。1973 年 9 月，几内亚比绍大部分地区获得解放，几内亚和佛得角非洲独立党宣布几内亚比绍独立。1974 年 1 月，葡萄牙人派人暗杀了卡布拉尔。但几内亚比绍获得了国际社会的广泛承认。1974 年 9 月，葡萄牙最终撤军。令人叹息的是，卡布拉尔没能活着看到这一幕。

1968—1973 年，斯皮诺拉（Spinola）将军担任葡萄牙驻几内亚比绍部队的总司令。他认为葡萄牙人不可能获胜，几内亚比绍、安哥拉、莫桑比克持续的战争将耗尽葡萄牙的国库。1974

---

① 现在的几内亚比绍。

年 4 月，非洲解放战争促使斯皮诺拉等军官发动军事政变，推翻了葡萄牙独裁政权。里斯本的政变直接导致葡萄牙从非洲撤军。1975 年，安哥拉和莫桑比克借机获得了独立。

## 安哥拉

1956 年 12 月，阿戈斯蒂诺·内托（Agostino Neto）依托罗安达的城市工人阶级，组建了安哥拉人民解放运动（Movimento Popular de Libertação de Angola, MPLA），这一组织成为安哥拉的主要政治力量。1961 年初，因大多数安哥拉人民解放运动领导人被收押候审，被迫种植棉花的农民、从事强制性劳动的人爆发起义。起义很快蔓延至罗安达城市贫民，他们涌向监狱要求释放被关押的领导人。不出预料，葡萄牙警察和武装部队展开残酷的镇压，在罗安达不分青红皂白地杀了数百名非洲人。起义也蔓延至安哥拉北部地区，而这一地区处于霍尔登·罗伯托（Holden Roberto）领导的以刚果人为基础的安哥拉民族解放阵线（Frente Nacional de Libertação de Angola, FNLA）控制之下。

这次起义揭开了漫长而惨烈的解放战争的序幕。直到 1975 年安哥拉独立，安哥拉解放战争才结束。由于外国势力的干预，安哥拉解放战争逐渐变得复杂化。安哥拉人民解放运动发起了大部分游击斗争。他们接受了苏联人的军事培训和苏联武器，意欲在安哥拉实行社会主义改革。安哥拉民族解放阵线以扎伊尔为基地，直到解放战争快取得胜利的时候才加入战争。此后，在扎伊尔和美国的支持下，安哥拉民族解放阵线开始以苏联支持的安哥拉人民解放运动为斗争目标。后期加入战争的还有一支力量，即若纳斯·萨文比（Jonas Savimbi）的争取安哥拉彻底独立全国联盟（União Nacional para a Independência Total de Angola, UNITA），该党主要得到了安哥拉东南部奥文本杜人的支持。与安哥拉民族解放阵线一样，争取安哥拉彻底独立全国联盟确实与葡萄牙人展开斗争，但把更多精力放在了与安哥拉人民解放运动的斗争上。1974 年，它甚至与葡萄牙人结成反安哥拉人民解放运动的同盟。争取安哥拉彻底独立全国联盟得到了南非的大力支持和武器供应。南非想让它取代安哥拉人民解放运动，进而夺取政权。南非认为，如果安哥拉人民解放运动夺取政权，安哥拉将支持西南非洲人民组织（South West Africa People's Organisation, SWAPO），当时西南非洲人民组织正在纳米比亚展开反对南非统治的解放运动。

1975 年，葡萄牙从安哥拉撤军，安哥拉却深陷内战。安哥拉人民解放运动攻占了首都罗安达，并得到农村地区的广泛支持。1975 年前几个月极为关键，安哥拉人民解放运动从新独立的几内亚比绍获得了少量武器。与其说这是对斗争的支持，还不如说是几内亚和佛得角非洲独立党为巩固社会主义力量而发出的信号。安哥拉准备在同年 10 月宣布独立，内托的安哥拉人民解放运动有望掌权。为阻止此事发生，南非军队自纳米比亚入侵安哥拉，并向北推进至罗安达。同时，美国武装起来的安哥拉民族解放阵线则从北部展开进攻，并得到了扎伊尔军队、葡萄牙非正规军、白人雇佣兵的协助。内托勇往直前，以安哥拉人民解放运动的名义宣布安哥拉独立，并匆忙地请来一支援军——1.3 万人、全副苏式装备的古巴军团。在 1976 年头几周内，这支古巴军队

图 29.4　1974 年 9 月 10 日，几名葡萄牙士兵在圣欧拉利娅（Santa Eulalia）巡逻时与一名安哥拉男人交谈。独立后的 1975—2002 年，安哥拉陷入激烈的内战。安哥拉人民解放运动政府一直在打击安哥拉民族解放阵线与争取安哥拉彻底独立全国联盟。图片来源：*STF/AFP/Getty Images*。

与安哥拉人民解放运动部队[①] 击退了南非、安哥拉民族解放阵线及其同盟者。争取安哥拉彻底独立全国联盟也被击退，撤回莫希科省（Moxico）东南部山区的基地。

　　安哥拉正式获得统一。安哥拉人民解放运动组建了政府，安哥拉获得独立。但是，20 世纪 80 年代，南非、美国一直向萨文比的争取安哥拉彻底独立全国联盟提供经费、武器，南非军队有时也直接入侵过来。正因如此，争取安哥拉彻底独立全国联盟才得以不断制造麻烦。

## 莫桑比克

　　1962 年，流亡的莫桑比克人在坦桑尼亚首都达累斯萨拉姆统一了解放力量，组建了莫桑比克解放阵线。1960 年 6 月，葡萄牙人在莫桑比克北部地区枪杀了数百名农民，残酷镇压了莫桑比克人的反抗。爱德华多·蒙德拉内（Eduardo Mondlane）及其副手萨莫拉·马谢尔（Samora Machel）领导莫桑比克解放阵线在国内展开斗争。1964 年 9 月，莫桑比克解放阵线正式向葡萄牙人宣战。

　　随着战争的推进，蒙德拉内和莫桑比克解放阵线越来越觉得有必要在莫桑比克进行社会主义

---

① 　此时已经成为安哥拉国家军。

革命，他写道："我们不能让一个莫桑比克统治阶级取代一个外国统治阶级，我们的斗争是一场革命。"广大的农民群众是革命的基础。与几内亚和佛得角非洲独立党一样，莫桑比克解放阵线在莫桑比克的解放区建立了另一种类型的地方政府。但不幸的是，与几内亚和佛得角非洲独立党一样，莫桑比克解放阵线也失去了精神领袖，爱德华多·蒙德拉内在 1969 年 2 月被人用炸弹暗杀。马谢尔继承蒙德拉内的遗志，领导莫桑比克解放阵线走向胜利。1975 年，莫桑比克获得独立。

# 南部非洲的自由斗争

## 第二次世界大战后的南非

只要有大量白人移民，殖民者就会竭尽所能地抵制非洲人的多数统治。南非白人移民人数最多，他们抵制非洲人多数统治的立场也最为坚决。20 世纪 70 年代，南非 400 万白人统治着 2000 万黑人。[1] 然而，严格来说，南非与其他非洲殖民地不能同日而语。1961 年前，南非名义上的国家元首虽然是英国女王，[2] 但是南非联邦自 1910 年后就已经有了自治政府。但是，这个自治政府是少数白人的自治政府，只为少数白人服务。1936 年，少量有投票权的黑人被剥夺了投票权。去殖民化绝不会让南非的非洲人获得独立。南非若想实现非洲人多数统治，必须要靠南非人自身的努力才能实现，而这正是南非白人坚决抵制的。

南非是非洲大陆经济实力最强的国家，南非白人也受惠于此。南非经济的发展始于 19 世纪 70、80 年代的矿业革命。二战期间，南非制造业快速发展，进一步夯实了工业基础。由于欧洲在战时停止了商品出口，南非开始自己生产消费品。南非工业发展也受惠于英国。在战争期间，英国需要在南非港口整修战舰、运送物资。1940—1945 年，南非工业发展也为黑人提供了新的、重要的工作机会。这些黑人离开农村和土地，涌入城镇寻找工作。

一群自称"奥瑟瓦·布兰德威格"（Ossewa Brandwag）的阿非利卡军人强烈反对南非参加二战。他们同情纳粹德国，很多人也在战争中阵亡了。二战后，不少奥瑟瓦·布兰德威格军人加入阿非利卡人的国民党（National Party）。白人担心黑人"失控"，国民党借此掌控了城市和正在壮大的工业经济。此时，黑人争取自由的斗争席卷了整个非洲大陆，即便南非也无法阻挡。1948 年，国民党利用白人的担忧和露骨的种族主义宣传，在只有白人参加的大选中赢得了议会的多数席位。

## 种族隔离制国家的形成

国民党政府强化了在南非已经存在了 50 年的种族隔离制度。换言之，早在 19 世纪殖民征服时期，种族隔离制度就已经形成了。国民党政府制定了一系列法律，确立了更加清晰的种族主义

---

[1]  南非还有 200 万混血儿和亚裔，他们的种族地位介于白人与黑人之间。

[2]  1961 年 3 月 15 日，南非联邦退出了英联邦。1961 年 5 月 31 日，南非联邦改称南非共和国。——译者注

**地图 29.3**　南部非洲：独立与抵抗运动

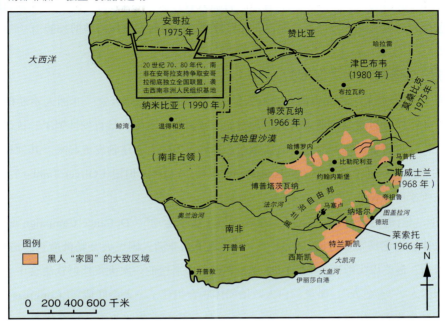

制度，以此确保南非白人主导地位的永固。种族隔离制度被称为"apartheid"，意为"分开"。这一种族隔离制度形成于 20 世纪 50 年代，最终目标是把黑人排除在白人土地[①]之外。除非直接受雇于白人，否则黑人只能居住在贫困、拥挤的"保留地"[②]。

　　1950 年的《人口登记法》（Population Registration Act）依据种族划分人口，将人口大体分为白人和"非白人"。在传统的"分而治之"的帝国统治原则下，"非白人"又细分为"有色人"（混种）、印度人[③]、"班图人"[④]。"班图人"又被进一步地细分为不同族群：祖鲁人、科萨人、茨瓦纳人、文达人、索托人等。《人口登记法》是一个精心谋划的策略，旨在破坏非洲人的团结，阻止非洲人在全国范围内形成民族主义。1950 年的《特定居住法》（Group Areas Act）[⑤]规定不同种族的人的居住范围。这两部法律是种族隔离制度的基石。此后，还有很多种族隔离法律影响了南非人社会生活的方方面面，如禁止不同种间的性行为，在公共场所、巴士、学校实行隔离等。然而，从本质上说，种族隔离制度是一种经济制度，旨在将黑人永久限制在附属地位，限制在低收入的劳动者阶层。

459

　　南非联邦禁止一切工会活动，白人雇主长期只给工人低工资。然而，无论是熟练工还是新

---

①　白人占了南非 86% 的土地。

②　后来又称"家园"（homelands）。

③　19 世纪输送到纳塔尔糖料种植园的合同劳工的后裔。

④　占人口大多数的黑人。

⑤　又译《集团地区法》。——译者注

手，白人工人的工资始终是黑人的 10 多倍。在种族隔离法中，最受憎恨的是 1953 年的《班图教育法》（Bantu Education Act）。《班图教育法》将黑人教育从传教士手中收了回来，强迫黑人进入政府学校去学习那些强调种族差异的课程，并只教给他们为白人工作所需的技能。

## 非洲人对种族隔离的抗议与抵制

严苛的新种族主义立法成为南非非洲人发起抗议和抵制的导火索。非洲人不断抵制新的通行证法、农业限制，以及农村地区的班图人当局，城镇也爆发了大量自发性罢工、抗议、示威游行。在新一代受过教育的年轻非洲人的领导下，非洲人国民大会蓬勃发展起来。其领导人包括约翰内斯堡的律师纳尔逊·曼德拉（Nelson Mandela）、奥利弗·坦博（Oliver Tambo）、工团主义者沃尔特·西苏卢（Walter Sisulu）等。

1952 年，非洲人国民大会发起了"蔑视不公正法令运动"（Defiance Campaign），公开反抗种族隔离法律，拒绝携带通行证。1953 年 1 月，数千名非洲人国民大会党员遭到逮捕，"蔑视不公正法令运动"最终以失败而告终。1955 年，在约翰内斯堡的一次大规模群众集会中，非洲人国民大会与印度人、"有色人"、激进的白人政治团体联合组建了"大会联盟"（Congress Alliance），并制定了《自由宪章》（Freedom Charter）——这是创建新南非的蓝图，旨在建立一个新的、不分种族的、具有部分社会主义特征的南非。而南非联邦政府动用严苛的新法律，镇压反抗者，称他们是受到苏联指使的"共产主义分子"。1956 年，156 名"大会联盟"成员被控犯下了"叛国罪"，但没有证据证实《自由宪章》是一份叛国文件。1961 年，所有受到起诉的人都获得释放。此时，非洲人国民大会从上至下出现分裂：有些党员认为非洲人的自由只有通过非洲人的斗争才能实现，不满于白人自由主义者、南非共产党（South African Communist Party）的白人或黑人党员对非洲人国民大会领导人，尤其是对《自由宪章》的影响。1958—1959 年，这些人脱离了非洲人国民大会，组建了泛非主义者大会（Pan Africanist Congress, PAC），罗伯特·索布奎（Robert Sobukwe）为党首。

20 世纪 30、40 年代，不少犹太人从东欧移居南非。尽管是白人，但很多犹太人极力反对实行种族隔离制的政府。由于加入不了非洲人国民大会，很多犹太人加入了南非共产党。南非共产党坚决主张普遍、不分种族的参政权。这些犹太共产党人和其他犹太人是反对种族隔离制度斗争的重要力量。

1960 年是"非洲年"，自由降临到了非洲大陆大部分地区，却没有降临到南非的迹象。非洲人国民大会和泛非主义者大会的执委决定继续举行大规模和平抗议活动。但是，他们未能预料到警察的反应。1960 年 3 月 21 日，在约翰内斯堡以南的沙佩维尔（Sharpeville），警察向手无寸铁的示威者开枪，造成 69 人死亡、180 人受伤，其中大多数人是在逃跑时背部中枪。

沙佩维尔屠杀标志着南非自由斗争新阶段的到来。南非联邦政府担心爆发革命，立即禁止了非洲人国民大会和泛非主义者大会的一切活动，逮捕了两党数千名党员。南非联邦政府受到了全

**图 29.5**　1960 年 3 月 21 日的沙佩维尔屠杀是南部非洲政治史的转折点。沙佩维尔屠杀暂时中断了南非走向政治自由的和平进程，却加速了南非邻国博茨瓦纳、莱索托、斯威士兰的去殖民化进程。图片来源：*Bettmann/Getty Images*。

世界的谴责。新独立的亚非国家呼吁联合国对南非实行经济制裁，但南非的主要贸易伙伴国英国和美国否决了这一提议。1961 年的诺贝尔和平奖授予当时遭禁的非洲人国民大会主席艾伯特·卢图利（Albert Luthuli）。但南非联邦政府公然蔑视国际社会的谴责，退出英联邦，并宣布成为共和国。

　　在私下，非洲人国民大会执委不情愿地承认有展开武装斗争的必要，建立了军事组织"民族之矛"（Umkhonto we Sizwe），并把奥利弗·坦博派到海外，筹集经费、武器，以及争取国际社会的政治支持。1963 年，"民族之矛"发起几次袭击，并获得成功。但南非当局在约翰内斯堡北部郊区的农场抓捕了"民族之矛"几名高级指挥官。这几名高级指挥官被控犯下了"叛国罪"，面临死刑或终身监禁。在 1964 年 4 月 20 日结案时，曼德拉在法庭宣读了一份声明，回顾了非洲人国民大会漫长而无果的非暴力抗争史。他用现已成为名篇的话语总结道：

　　　　在我的有生之年，我一直投身于非洲人民的斗争。我为反对白人的主导地位而斗争，也为反对黑人的主导地位而斗争。我怀抱着一个愿望，即这是一个民主、自由的社会，所有人和谐地生活在一起，有平等的机会。这个理想就是我活下去的追求，也是我希望实现的目标。如果有必要的话，我愿意为此理想献出生命。[①]

纳尔逊·曼德拉、沃尔特·西苏卢、戈万·姆贝基（Govan Mbeki）、艾哈迈德·卡斯拉达（Ahmed Kathrada）、丹尼斯·戈德堡（Dennis Goldberg）、雷蒙德·姆拉巴（Raymond Mhlaba）、伊莱亚斯·莫索阿莱迪（Elias Motsoaledi）、安德鲁·姆兰盖尼（Andrew Mlangeni）被判终身监禁。丹尼斯·戈德堡是唯一被判刑的白人，他被送回比勒陀利亚的中央监狱，其他人被送到罗本岛（Robben）。

## 继续斗争

20 世纪 60 年代初，南非政府自信地认为通过残酷镇压反抗运动可以扭转黑人革命，因此继续推行种族隔离政策。

20 世纪 70 年代初，黑人工人尤其是纳塔尔的黑人工人举行自发性罢工，再次掀起抵抗运动。早期的罢工取得了成功，进一步激发了更多的罢工。南非政府被迫重新立法，在一定条件下允许黑人组织工会。同时，黑人学生掀起了"黑人意识运动"（Black Consciousness）。与殖民地时期的法属西非"黑人性"运动一样，"黑人意识运动"旨在恢复黑人的自尊。"黑人意识运动"唤醒了黑人，让黑人决心依靠自己实现解放，不再寄希望于白人自由主义者和其他人。

长期以来，黑人学校学生对劣等教学质量甚为不满。黑人教育经费不足白人的 1/10。1976 年 6 月 16 日，约翰内斯堡的索韦托镇（Soweto）1.5 万名学生发起和平游行示威，结果遭到警察开枪镇压，由此南非全境掀起反抗运动。1976—1977 年，骚乱、罢课、警察镇压此起彼伏，共计造成 600 人死亡，成千上万人受伤、拘禁、流亡。"黑人意识运动"领导人史蒂夫·比科（Steve Biko）在拘留期间被殴打致死。"黑人意识运动"大多数成员离开南非，加入了流亡在坦桑尼亚、赞比亚的非洲人国民大会。

20 世纪 80 年代初，东开普、德兰士瓦省城镇里的黑人抵制白人商店和商业活动，拒缴房租，黑人学生发起罢课。南非政府修订宪法，允许"有色人"、亚裔人组建一个独立的低级别议会。南非政府也做出调整，让黑人组建城镇委员会。南非政府认为，城镇委员会可以控制得住黑人居民，能够收取租金。但这些城镇委员会很快被当地人视为政府帮凶，不被信任，甚至成为当地人泄愤的目标。思想激进、失业、辍学的年轻人互称"同志"，并在城镇里组建了"公民协会"。他们设立人民法庭，审理小案件，组织抵制运动，声讨警察的线人。

他们热情高涨，衷心爱戴纳尔逊·曼德拉的妻子，温妮·马迪基泽拉·曼德拉（Winnie Madikizela Mandela，1936—2018）。此时，纳尔逊·曼德拉正在狱中。1962 年，南非政府关押了他，以此消除他的影响力和公众对他的记忆。南非政府未曾预料到，曼德拉被关押近 30 年，

---

① 引文出处未标明。

他的妻子温妮却让公众没有忘记他。南非安全部队竭其所能不让温妮发声。但温妮英勇无畏，蔑视禁令、殴打、流放、虐待，不仅让曼德拉的声名长存，而且还依靠自身努力成为 20 世纪 80 年代中后期南非抵抗运动的领袖人物。她曾鼓励、亲自参与城镇里粗暴的"简易审判"，此举也遭人非议。但是，这是一场战争，没有她在 20 世纪 80 年代领导的抵抗运动，南非种族隔离制度就不会如期瓦解。温妮·马迪基泽拉·曼德拉勇敢地抵抗了 30 年，被誉为"国母"。其实，世人通常认为，正是由于她在困难岁月的斗争，才让他获得了自由，并成为英雄、偶像人物，而没有像实行种族隔离制的政府所期望的那样，使他成为一段被世人所淡忘的历史。

1985 年 7 月，南非诸多城镇陷入无政府状态，P. W. 博塔（P. W. Botha）总统宣布部分城镇进入紧急状态。在随后的安全管制时期，成千上万人遭到拘押。同时，安全部队鼓励立场保守的黑人——大多数是居住在馆舍的移民工人，他们对革命青年心存恐惧——充当治安员，破坏城镇的抵制运动，削弱激进同志的力量。从 1985 年 9 月开始，一群群治安员袭击、焚烧房屋和贫民窟，里面住的是抵制运动的支持者，而安全部队就在一边旁观。

国际媒体通过电视转播了南非城镇的冲突，尤其是安全部队实弹射击手无寸铁的示威者。南非政府吹嘘的"改革"对多数黑人而言明显毫无意义，世界舆论则难以接受南非的暴力程度。直至那时，过去未曾认真关注过邪恶种族隔离制度的西方国家，终于无法再视而不见，秉持已往的立场。1985 年 8—11 月，外国资本纷纷撤离南非，南非货币兰特贬值至 1984 年的 1/3。

大量白人商人向北前往赞比亚首都卢萨卡会见流亡的非洲人国民大会的成员。1986 年，南非政治家、学者，大多数是阿非利卡人，又访问了卢萨卡。阿非利卡人的国民党政府明显大失人心，甚至原本的支持者也纷纷倒戈，但国民党政府仍然不承认这一事实。1986 年，国民党政府延长紧急状态时期，1987 年又频发禁令，四处拘押抗议民众。然而，对南非政府来说，纳米比亚的独立是压倒骆驼的最后一根稻草。

## 纳米比亚的独立

自 1915 年南非军队打败德国殖民者以来，南非就一直占领、统治着纳米比亚。1919 年后，纳米比亚成为国际联盟的托管地。国际联盟"委托"英国对纳米比亚进行统治，但英国将委托统治权转给了南非。二战后，纳米比亚又成了联合国的托管地，但南非政府不遵守托管条款，也不准备让纳米比亚独立。南非政府将纳米比亚这块沙漠领地视为南非的第五个省（"西南非洲"）。纳米比亚有大量白人移民，因此南非政府决定种族隔离法也适用于纳米比亚土著。

1960 年，西南非洲人民组织发起游击斗争，反抗南非占领军。在安哥拉共和国独立过程中，南非竭力切断西南非洲人民组织的外部支持。同时，南非不顾联合国的决议，仍然占领纳米比亚。南非矿业公司加快速度，开采纳米比亚的丰富矿产资源，包括钻石、铜、铀和其他宝贵矿产。很显然，如此下去纳米比亚即便在未来获得独立，矿产资源也将濒临枯竭。

20 世纪 80 年代末，情势危急。多年来，南非一直在打击西南非洲人民组织、安哥拉人民解

**图 29.6** 1980 年 6 月，前线国家（Frontline States）领导人参加在卢萨卡召开的纳米比亚问题会议。从左至右：西南非洲人民组织主席萨姆·努乔马、赞比亚总统肯尼斯·卡翁达、莫桑比克总统萨莫拉·马谢尔、坦桑尼亚总统朱利叶斯·尼雷尔、津巴布韦总理罗伯特·穆加贝、安哥拉总统若泽·爱德华多·多斯桑托斯（Jose Eduardo Dos Santos）。另一个重要的前线国家领导人是博茨瓦纳总统塞雷茨·卡马，由于病重未能出席此次会议，一个月后病逝。前线国家是南非、前罗得西亚周边国家领导人组成的非正式集团。前线国家支持解放斗争。坦桑尼亚虽自身困难重重，但依旧是成员之一。图片来源：*National Archives of Zimbabwe*。

放运动政府及其在安哥拉南部丛林的古巴盟军。1987 年，南非入侵安哥拉南部地区。南非政府向白人选民表明，它正在发动一场战争，旨在确保南非的安全，而真正的敌人就是政府宣传中的外国黑人"共产主义者"。然而，古巴人训练的安哥拉空军控制了安哥拉南部的领空。1988 年 6 月，南非侵略军被切断并在奎托夸纳瓦莱（Cuito Cuanavale）陷入包围圈。南非政府被迫走向谈判桌。经美国人调停，南非政府同意结束在纳米比亚长期的不法占领，交换条件是允许南非军队从奎托夸纳瓦莱撤离出来，以及古巴军队分阶段地撤离安哥拉。协议一达成，纳米比亚便组织了自由选举。1989 年，西南非洲人民组织赢得选举。1990 年 3 月 21 日，即沙佩维尔屠杀 30 周年纪念日，萨姆·努乔马（Sam Nujoma）总统宣布纳米比亚独立。

### 南非解放后的选举

　　1989 年，P. W. 博塔总统突患中风，被迫退休。F. W. 德克勒克（F. W. de Klerk）接任总统和国民党党首职位。虽然他在前内阁中是个强硬派，但迫于现实权力斗争，他也不得不重新评估整个局势。他采取了一系列大胆的举措，废除了《人口登记法》和《特定居住法》，结束了国家紧急状态，解禁了非洲人国民大会、泛非主义者大会和其他政党，释放了大量著名的政治犯。1990 年 2 月 11 日，最著名的政治犯纳尔逊·曼德拉结束了 27 年的牢狱生涯，获得了自由。

图 29.7 1990 年 2 月 11 日，纳尔逊·曼德拉牵着妻子——"国母"温妮·马迪基泽拉·曼德拉——的手，结束了 27 年之久的牢狱生活（大部分时间被关押在臭名昭著的罗本岛），获得了自由。这是一个重要时刻，标志着南非种族隔离制度走向终结。经过 4 年艰苦的谈判后，南非于 1994 年 4 月举行"自由选举"，纳尔逊·曼德拉就任自由南非的首任总统。图片来源：*Allan Tannenbaum/The LIFE Images Collection/Getty Images*。

　　之后，南非各政党，主要是曼德拉的非洲人国民大会与德克勒克之间展开了长达 4 年的密 465 集而令人瞩目的谈判。经过反复磋商，各方为未来的宪法确立了根本原则。在南非暴力行为不断升级的背景下，谈判结束。过渡政府虚弱，各派政治力量寻求填补权力真空，数千人为此失去了生命。在德兰士瓦和开普，安全部队的一些人再次挑起居住馆舍的移民工人与城镇居民之间的宿怨，这些人仍然视非洲人国民大会是共产主义敌人。在纳塔尔，夸祖鲁（Kwa-Zulu）首席部长曼戈苏托·布特莱齐（Mangosuthu Buthelezi）① 得到了安全部队右翼势力的支持，让其因卡塔自由党（Inkatha Freedom Party）充当自卫队，来削弱非洲人国民大会在纳塔尔省祖鲁人中的影响，并阻止祖鲁人支持非洲人国民大会。同时，右倾的阿非利卡人吵嚷着要开展武装斗争，含糊地声称要建立一个独立的阿非利卡人家园。

————————

① 曼戈苏托·布特莱齐，1967 年任祖鲁大酋长，1972 任夸祖鲁黑人家园（Bantustan of Kwa-Zulu）的首席部长，1975 创立了文化组织"因卡塔"（Inkatha），后将"因卡塔"改组为全国性政党。1994 年，纳塔尔省与夸祖鲁黑人家园合并为夸祖鲁-纳塔尔省。Bantustan 的意思是"黑人家园"，Kwa-Zulu 的意思是"祖鲁人之地"，Inkatha 是"祖鲁人文化解放运动"的简称。——译者注

**图 29.8**　20 世纪非洲重大事件之一。1994 年 4 月 26—29 日，各种族的南非人在为期 4 天的第一次不分种族的大选中行使投票权。为此，他们在投票站排了很长时间的队。图片来源：*Raymond Preston/Sunday Times/Gallo Images/ Getty Images*。

　　尽管暴力从未消失，但各方政治力量最终达成了协议。1994 年 4 月，南非举行了第一次不分种族的大选，非洲人国民大会获得了 63% 的选票。1994 年 5 月 10 日，纳尔逊·曼德拉宣誓就任南非总统，并领导非洲人国民大会主导的"民族团结政府"，塔博·姆贝基（Thabo Mbeki）和 F. W. 德克勒克任副总统。

## 博茨瓦纳、莱索托与斯威士兰

　　1910 年，南非联邦成立。英国、南非历届政府都认为英属保护地贝专纳兰、巴苏陀兰、斯威士兰适时会加入联邦。贝专纳兰、巴苏陀兰只是不断发展的南非工业所需劳动力的来源地而已，至于斯威士兰，南非白人占了那里一半多的土地。在这 3 块保护地上，殖民地官员主要依靠传统酋长进行地方行政管理，包括征税。

　　20 世纪 50 年代，南非出现了政治危机。这无疑促使"高级专员辖地"（high commission territories）承担起更多的民主责任。也就是说，殖民统治受到多大程度的批评，当地酋长滥用权力就会受到同样程度的批评。种族隔离制度在不断强化，但英国殖民地当局认为贝专纳兰、巴苏陀兰、斯威士兰终会与南非结成联邦。1960 年 3 月发生沙佩维尔屠杀之后，与南非合并的想法最终被放弃了。之后，英国允许非洲政党活动，开启宪政改革，引导 3 块保护地走向独立。

贝专纳兰人有名为库特拉（kgotla）的传统制度[①]，由酋长向民众负责。因此，贝专纳兰人接受责任政府观念，也接受英国人提出的议会制政府、代议制民主。塞雷茨·卡马（Seretse Khama）的政党实力最大，因此贝专纳兰的独立进程比较顺利。卡马也是茨瓦纳人最大集团的未冕之王。1966 年，卡马成为博茨瓦纳共和国总统。

在巴苏陀兰，政党纷纷涌现。各级酋长不愿失去权力，纷纷组建自己的政党，呼吁尊重传统价值观念。在独立进程中，酋长与平民[②]之间关系非常紧张。在一场势均力敌的选举中，莱布阿·乔纳森（Leabua Jonathan）的政党获得胜利，乔纳森成为首相。1966 年，莱索托王国独立，大酋长（paramount chief）成为国王莫舒舒二世（Moshoeshoe Ⅱ）[③]。

在殖民地时期，斯威士兰国王索布扎二世（Sobhuza Ⅱ）得到英国人支持，成为斯威士兰的主导性力量。20 世纪 60 年代初，随着独立进程的到来，在其他政治力量尚未出现之前索布扎二世就组建了自己的政党。借助于地方酋长的支持，索布扎二世的政党在独立选举中大获全胜。1968 年，斯威士兰王国宣布独立，索布扎二世也成为手握实权的国家元首。

①　库特拉是贝专纳兰（今天博茨瓦纳）的传统制度，字面意思是公共集会。库特拉通常由酋长组织召开，村落或氏族协商决定事务，任何人都可以表达意见。库特拉也有传统法庭的功能，与卢旺达的卡恰恰（Gacaca）颇为类似。库特拉制度是博茨瓦纳传统民主制度。——译者注

②　主要是工团主义者，在南非的经历让他们变得激进起来。

③　英国人借助当地酋长间接统治巴苏陀兰。由于英帝国只能有一个君主，即英国君主，英国人把前殖民地时代的国王贬为酋长，但承认其地位高于其他酋长，所以冠名为大酋长（paramount chief）。

# 第十一篇

# 独立后的非洲

非洲大陆摆脱殖民统治,获得了解放。这一解放不仅是政治解放,而且也是文化和心理的解放。非洲人重新掌握了自己的命运——至少"独立"的意涵就是如此。尽管人民对美好生活怀有极大的期待,但在推进社会、经济发展时,新一代领导人总是受到掣肘。不久,殖民遗产便成为新独立非洲国家的沉重负担。从一开始,新的、人为的"民族"认同与前殖民地时代的传统身份归属就彼此冲撞。这一矛盾从未真正得到解决,反复持续出现。即便是在非洲独立 60 年后的今天,一旦遇到政治、经济危机,族群之间的不信任便会产生,甚至爆发冲突。20 世纪 60、70 年代,虚假的民主进程终止了,真正的殖民遗产——政治上的独裁统治、经济上的依赖再次浮现。由于不利的贸易条件,非洲在国际贸易体系中从未获得平等地位。

非洲在国际上污名化严重,实不该如此。这主要是由那些并不了解现实的人造成的。虽然非洲遭遇了诸多挫折——个人的与结构性的,但非洲社会、经济发展还是取得了巨大成就,21 世纪的非洲政治日趋稳定。就此而论,这些挫折压根可谓微不足道。第三十至三十二章将论述近几十年来社会发展、民主进程遇到的挑战和困境与冲突的解决方案,这些都展现出了非洲人自己的创见。在经历因巨大的结构性与个人问题导致秩序崩溃后,非洲人痛定思痛,放弃了非洲统一组织早期的不干涉其他成员国内政原则。非洲军队多次加入维和行动[①],西非领导人甚至打算在必要时动用武力,支持邻国的民主实践。渐渐地,非洲大陆找到了一条实现政治稳定的道路,还实现了经济繁荣,这些经济繁荣并不仅仅局限于腐败的精英阶层。

---

① 更多非洲维和行动信息,请浏览:www.cfr.org/backgrounder/peace-operations-africa。

# 第三十章

# 非洲人对殖民遗产的反应

独立后的数十年，非洲人及其政府必须要处理历史遗留问题。非洲持续处于欠发达状态的 468 原因，不仅应归咎于非洲领导人的错误政策、腐败无能，还与领导人掌控范围之外的环境因素有关。这期间的非洲诸多棘手问题的根源都可以追溯到殖民统治时期。尽管如此，非洲人依旧决心不断改善境况，推动社会、教育发展，特别是在独立后的第一个十年里。

## 殖民统治的政治遗产

### 专制统治

独立前夕，法国人、英国人把自身的议会民主制、不适宜的欧式繁文缛节引入非洲。此时，欧洲人似乎已经忘记他们主要通过军事征服或军事威胁建立了自己在非洲的殖民统治，并靠专制统治来维系殖民统治。殖民地政府留给非洲的真正政治遗产是外来的独裁统治。独裁统治虽有益处，但总是压制反对声音。很多争取非洲独立的领导人因揭露殖民地政府的不公和专制，遭受牢狱之苦。

### 人造国家

大多数非洲国家的边界线完全是人为划定的。欧洲政治家在划定边界线时往往临时起意，很少甚至压根就没有考虑到前殖民地时代的非洲国家和小型村落的情况。只是出于欧洲人的便利，不同语言、政治与文化传统的非洲族群就被划定在一起。而且，"间接统治"又进一步扩大了非洲人的内部差异。历经数个世纪的冲突，欧洲民族国家才确立了多党议会民主制。如今，欧洲人却突然希望非洲人能接受这些制度安排。

非洲国家边界的人为划定导致独立后的非洲国家出现了严重的"民族"团结问题。非洲政治家具有相似的反殖民主义情感，原本可以团结起来，但他们并不认为彼此属于同一个单一国家。赞比亚经常提出的政治口号是"一个赞比亚，一个民族"，与其说这是一种民族意识的表达，倒不如说这是执政党在说不同语言的族群之间"制造"民族意识的一种意愿。例如，在殖民地时期便已创建的尼日利亚，公民依然自认是约鲁巴人、伊博人、豪萨人等，而不是"尼日利亚人"。 469

在卓越的民族领袖领导的一党独大的国家，例如利奥波德·桑戈尔的塞内加尔、朱利叶斯·尼雷尔的坦桑尼亚，就没有如此严重的民族问题。但对于独立后实行多党制的大多数非洲国家来说，政党的基础是政治家所属的族群或地区，而不是引领国家未来发展的不同经济主张。

独裁统治与人造民族国家是双重殖民政治遗产，严重影响了独立后早期非洲国家的政治稳定。我们在前文中已经论述了 20 世纪 60 年代刚果地区的混乱。大多数新独立的非洲国家或多或少地受到"地区主义"的危害。在尼日利亚，"地区主义"运动的高潮发生在 1967 年，当时尼日利亚东南部的伊博人想要独立，成立了"比夫拉共和国"（Republic of Biafra）。经过两年半的惨烈内战后，尼日利亚才实现了民族和解。尼日利亚的解决方案是把具有多样性的地方诸州组建为

**地图 30.1**　2017 年的当代非洲国家

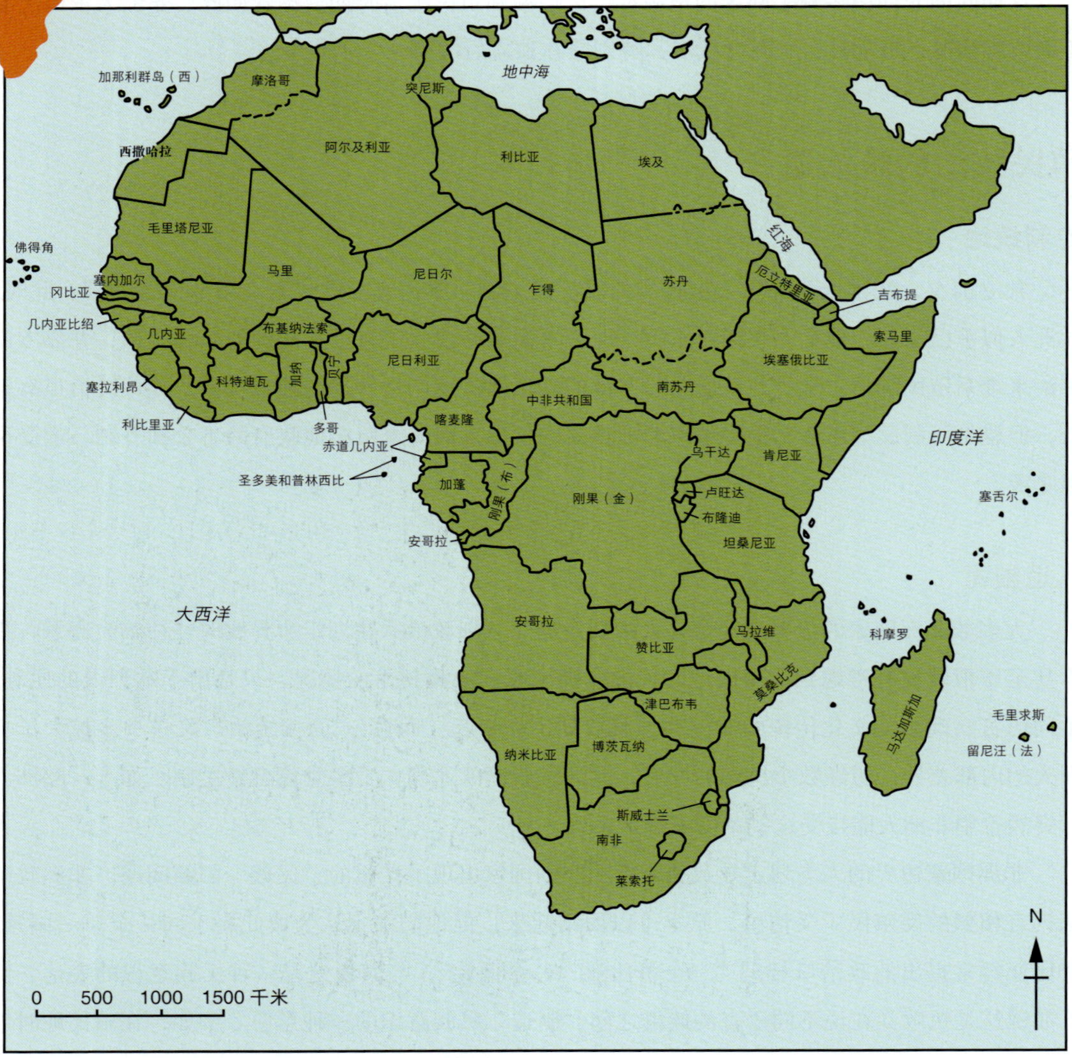

一个联邦，但是穆斯林与非穆斯林之间的互不信任与冲突，以及族群间的复杂局势日趋严重。即
便在 21 世纪，不团结依然是尼日利亚难以治愈的溃疡。不团结加上联邦长期忽视东北部地区的
政治、经济、安全局势，使得神权组织博科哈拉姆（Boko Haram）[①] 长期在尼日利亚及其周边地
区制造恐怖活动。

　　受到尼日利亚比夫拉内战的启示，其他非洲国家领导人决意维持殖民地时期的边界线。这
不仅仅是因为行政管理的便利和政治自主，而且还关乎非洲独立国家的第一代领导人的普遍意
识——以地理、人口规模来判定国家经济、政治实力，以便在国际舞台上获得尊重。

　　值得注意的是，非洲大多数国家维持了脆弱的统一。但是，地区、族群、国家利益之间的调
和依然是非洲领导人面临的重大挑战。对于少数族群来说，持续的稳定依然是一个留待实现的梦
想，选举时公开的不信任、暴力活动屡见不鲜，2007 年的肯尼亚就是一个明证。在肯尼亚，选
举后的暴力活动造成被压迫族群不信任感滋生，威胁着这个非洲人口大国的安全与运转。

## 一党制国家

　　因为多党制议会民主无法运转，大多数非洲国家的第一代领导人随即将其放弃。由于大多
数政党旨在推进和确保地区与族群的利益，非洲国家总统在特定时期会频频呼吁民族团结，以
促进社会、经济的快速发展。独立后的最初几年内，大多数非洲国家政府实行了"一党制"。在
1956—1976 年独立的非洲国家里，只有人口约 100 万的博茨瓦纳和毛里求斯自独立后没有中断
多党制议会民主。[②] 支持一党制的观点认为，议会中基于地区和族群利益的反对派只具有破坏性
而非建设性作用，并认为民主在一党制内更容易实现。

　　在坦桑尼亚、赞比亚等一党制国家，一个议会席位有数个候选人，通过选票确实可以将那些
不受欢迎的政府部长剔除出政府。但这种选举很大程度上依赖于党魁的政治德行和他对地方党员
的控制能力。一党制往往会导致国家权力的滥用。在恩克鲁玛治下的加纳、班达治下的马拉维及
大多数前法属殖民地国家，一党制给予了执政党专制的权力，成为压制批评的工具。一党制的很
多正直批评者，未经审判就被投入牢狱或被流放，并有生命之虞。地区反叛或军事政变成为推翻
无能、不受欢迎政府的唯一途径。但值得注意的是，很多一党制国家的领导人广受民众爱戴，并
没有出现军人干政。例如，桑戈尔治下的塞内加尔、乌弗埃-博瓦尼治下的科特迪瓦、肯雅塔治
下的肯尼亚、尼雷尔治下的坦桑尼亚、卡翁达治下的赞比亚。1975 年，塞内加尔实行一种修正
了的多党制。1978 年，肯雅塔去世。1985 年，尼雷尔退休。肯尼亚和坦桑尼亚和平地转向了文
职总统的领导。1990 年，乌弗埃-博瓦尼允许反对党合法活动，在一场备受争议的选举中获胜。

470

471

---

①　博科哈拉姆（Boko Haram）又有"博科圣地"的译法。由于"圣地"容易引起误解，这里从音译。博科哈拉姆是 2002 年成立的伊
斯兰原教旨主义组织。Boko Haram 的字面意思是"西方教育是罪恶的"。博科哈拉姆反对西方文化与教育，主张实行严格的伊斯兰教法，
又被称为"尼日利亚的塔利班"。近年来，博科哈拉姆一直在制造恐怖活动，受到国际社会的普遍谴责。——译者注
②　2017 年，毛里求斯人口约 120 万，博茨瓦纳人口约 230 万。

1993 年，乌弗埃-博瓦尼于任期内去世。卡翁达一直坚持实行一党制，直到 1990 年反对派走上街头要求其结束一党制统治。1991 年，卡翁达及其政党在选举中大败，失去了权力。

## 经济遗产：欠发达与依赖

欧洲殖民政府令非洲的经济危机不断加剧，这是 80 年殖民统治暴政的产物。殖民地一直向欧洲出口廉价的农业原材料和未加工的矿产，进口价格昂贵的制成品。欧洲殖民者不愿让非洲经济实现自己自足，因为这并不是占有殖民地的目的。欧洲人牺牲非洲人的利益，不但决定了非洲的商品类型，而且还决定了非洲的"贸易地位"。欧洲、北美这些所谓的"发达经济体"控制了非洲商品的出口价格。因此，发达的工业化世界一旦出现经济萧条，非洲商品的出口价格便会下跌，而在世界经济繁荣时期，非洲却要为进口商品支付更高的价格。为了每年能进口同等数量的制成品，非洲人不得不为欧美市场生产越来越多的经济作物。正是这一"不利的贸易地位"，让非洲财富源源不断地输送到欧洲和北美。

非洲愈来愈重视经济作物生产和矿产开采，却忽视了基础性粮食作物的生产。20 世纪 50 年代，非洲成为粮食的净进口地区。换句话说，非洲只能生产出一半自己所需的粮食。随着城市失业率不断上升，粮食危机进一步加深。自 20 世纪 40 年代末 50 年代初以来，为了离开日益贫困的农村，逃避强迫种植与劳役，越来越多的非洲人在绝望中迁移到城镇。

殖民统治的另一个经济遗产是非洲落后的交通系统。非洲的交通系统完全不能满足非洲大陆的内部发展需要，这也是非洲贫困的重要原因。19、20 世纪之交修建的大多数铁路都只是为了方便非洲向欧洲出口商品。到了独立前夕，这些铁路都已亟须维修。而且，这些铁路只是把矿区或经济作物产地——例如，塞内加尔、马里的花生与棉花产地，加纳的黄金矿区，尼日利亚的锡与花生产地，乌干达的棉花产地，刚果（金）、赞比亚的铜矿带——与沿海地区连接起来。非洲国家的公路数量非常少，大多数公路、铁路的修建很少考虑到国家内部发展的需要。甚至，除了内陆至沿海的交通线外，非洲实际上没有什么可以促进地区间贸易的地面交通路线。电信情况也类似。非洲内陆农村地区几乎没有电信网络。然而，从非洲打电话到欧洲，却比从某个非洲国家首都打电话到其邻国要容易得多。

非洲国家政府从前殖民地当局继承了两个特别苛刻的经济政策：人头税和农业市场委员会。人头税的征收对象是每个成年男性，无论其收入情况。而农业市场委员会以低价收购农产品，再以高价在海外卖出，差价便成了政府收入。对政府收入来说，这两个苛刻的经济政策至关重要，很多非洲国家在独立后的初期将其延续了下来。

缺乏教育是又一个使非洲贫弱的殖民遗产。独立时，热带非洲的大部分地区只有不足 10% 的人具有读写能力。

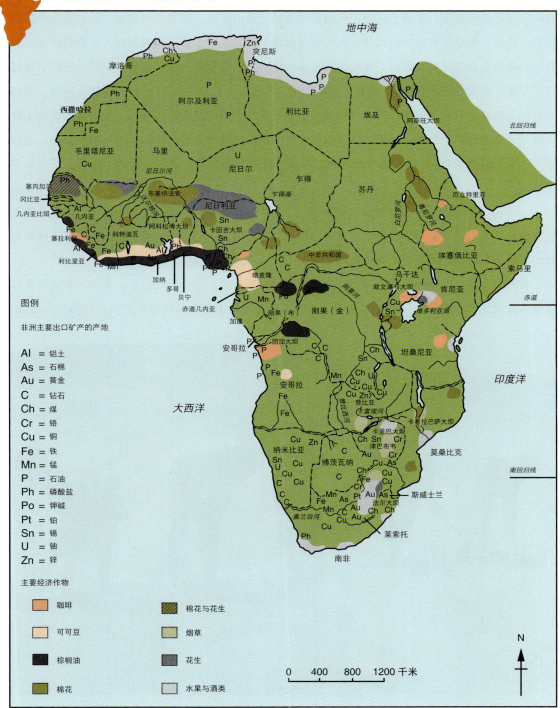

**地图 30.2**　非洲主要出口矿产与经济作物的产地

图例

非洲主要出口矿产的产地

Al = 铝土
As = 石棉
Au = 黄金
C = 钻石
Ch = 煤
Cr = 铬
Cu = 铜
Fe = 铁
Mn = 锰
P = 石油
Ph = 磷酸盐
Po = 钾碱
Pt = 铂
Sn = 锡
U = 铀
Zn = 锌

主要经济作物

咖啡
可可豆
棕榈油
棉花
棉花与花生
烟草
花生
水果与酒类

0　400　800　1200 千米

N

## 经济发展的早期动力

　　独立前后，非洲主要矿产、农产品的出口价格一度大幅上涨。这一情况掩盖了殖民统治所造成的经济危机的程度。非洲大陆新一代的领导人缺乏政治经验，随着政治独立，他们对未来充满希望。然而，希望很快就随着经济危机的显现而破灭。独立后，非洲国家领导人最初错误地以西欧和北美的工业化国家为模板，致使情况越来越糟。之所以如此，是因为非洲领导人受到欧洲经济"专家"建议的深刻影响。"专家"认为欧洲"发达"而非洲"欠发达"，若要解决问题，非洲就必须复制欧洲以城市为中心的工业化模式。非洲领导人欣然接受这一模式，他们认为快速工业化就意味着实现经济自立。如果实现工业化，非洲国家便能制造过去从欧洲进口的消费品，这将扭转"不利的贸易地位"，促进非洲发展，可以不再将非洲财富输送到"发达"世界。结果却事与愿违。

　　一方面，早期的工业化计划过于雄心勃勃，经常脱离国家实际情况。另一方面，非洲不得不从欧洲和北美引进专业知识、技术、机械、建筑材料。卫生、教育、交通设施的发展情况同样如此，这些是非洲新一代领导人对民众的承诺。

　　短短数年内，非洲国家政府欠下"发达"世界高额外债。为了偿还债务，非洲国家需要出口更多的经济作物与矿产。殖民地时期的贸易模式由此延续下来，非洲处于更加不利的贸易地位。

图 30.1　正在为庄稼除草的津巴布韦妇女。妇女是非洲农业的主要劳动力，但常常为农业"专家"和政府决策者所忽视。图片来源：*LesleyMcIntyre/Eye Ubiquitous/Hutchison*。

欧洲和美国的资本与专业技术所建立的工业只适合欧洲和美国，却不适合非洲。加纳的沃尔塔铝业公司（Volta Aluminium Company, VALCO）的历史清楚地揭示了这一点。加纳政府认为沃尔塔铝业公司可以用其工厂加工自己的铝土矿，为沃尔塔铝业公司提供价格低廉的电力。但是，控制沃尔塔铝业公司的美国公司却利用加纳工厂加工从牙买加运来的铝土矿。20世纪80年代初，加纳把沃尔塔铝业公司的电价恢复到市场价，加纳的工厂便倒闭了。

很多非洲国家政府把一些矿业公司部分或完全收归国有，但矿产出口的市场和价格仍然控制在"发达"世界之手。加纳领导人恩克鲁玛创造了"新殖民主义"（neocolonialism）一词来描述这一现象，即欧洲在经济上继续控制政治业已独立的非洲。[①]

除几内亚以外，法国仍然牢牢控制着前法属热带非洲殖民地的经济。1958年，几内亚投票对戴高乐政府说"不"。其他法语非洲国家选择仍然留在法郎区，以便吸引法国公司的投资，并将贸易优先权给予前"母国"。对法国来说，非洲是极其重要的矿产来源地，如用作核燃料的加蓬和尼日尔的铀，毛里塔尼亚的磷酸盐，刚果人民共和国[②]的碳酸钾。萨赫勒地区的棉花，加蓬、科特迪瓦热带雨林的木材，科特迪瓦、塞内加尔的热带水果和植物油，对法国来说也很重要。法国是这些国家的主要援助国和贷款国，并对这些国家的发展规划施加了相当大的影响。因此，这些国家持续向法国出口原材料。很多法语非洲国家还为法国提供重要的军事基地，法国政府在利益受到威胁时会直接加以干涉。例如，法国军队直接支持了扎伊尔、加蓬、乍得的亲法政府；法国军队在中非共和国直接推翻了臭名昭著的"皇帝"让-贝德尔·博卡萨（Jean-Bedel Bokassa）的政权。

用法国农学家勒内·迪蒙（René Dumont）的话来说，独立后的非洲在20世纪60年代中期选择了一个"错误开端"。[③]20世纪60年代获得独立的国家，尤其是西非国家政府不管适用与否，在高成本的工业和面子工程上投入巨资。加纳的阿科松博大坝（Akosombo Dam）就是一个典型的例子。这一巨大的水利工程让加纳背负了足以让国家破产的巨额外债，而这一水利工程短期内对加纳民众几乎没有实际效用。至于其失败的原因则非常复杂。其中，最重要的原因是中央政府的规划过于长远，以及欧洲"专家"提出的建议脱离实际。加纳所期望的工业革命没能开始就夭折了。尽管建设发电站让加纳背负了外债，其本身也有一些技术难题，而且该大坝的沃尔特水库在干旱时期水位会下降，但恩克鲁玛确实有远见，20世纪90年代，阿科松博大坝让加纳乡镇普遍用上了电。

种植可可豆一度让加纳经济获得巨大发展，但独立后的加纳政府却未再投资于此。20世纪70年代，加纳的可可树逐渐老去，产量丰富的时段已过。其实，加纳自独立后便没有种植过新的可可树，加纳政府没能让年轻人看到可可工业的希望。因此，20世纪70年代可可豆价格上涨时，

475

① Nkrumah, K. (1965) *Neo-colonialism: The Last Stage of Imperialism* (Nelson: Edinburgh).

② 1970—1991年称刚果人民共和国，现在为刚果共和国。

③ Dumont, R. [ (1962) 1966] *False Start in Africa* (Praeger: New York).

**图 30.2**　加纳的阿科松博大坝。1966 年 2 月，恩克鲁玛总统宣布建设大坝与发电站，旨在为加纳工业革命提供电力。这是恩克鲁玛被政变推翻前的最后一项国家工程。大坝后方的水库是当时世界上最大的人工湖。图片来源：*EunikaSopotnicka/iStock*。

加纳经济没能实现复苏，而邻国科特迪瓦则受惠颇多。

　　独立时，非洲主要人口仍然生活在农村地区，至少部分人口还是依赖于种植业。但由受过教育的城市精英所主导的政府经常蔑称农民落后、没有生产能力。然而，这些精英本身却没有将剩余的政府基金或代价昂贵的外国贷款用对地方。过去，有些农民曾让国家在一定程度上实现了经济自足，但他们未能获得经费上的支持。相反地，政府精英继承了殖民地政权严苛的农业市场委员会，使得少量生产盈余粮食的农民几乎得不到回报。赞比亚就是一例。

　　1964 年，赞比亚获得独立，用卡翁达总统后来的话说就是"含着铜汤匙"诞生了。20 世纪 50 年代至 1973 年，铜价持续上涨，独立后的赞比亚获得了巨额外汇储备。但自此以后，赞比亚便过分依赖铜矿开采业。1970 年，铜矿产业占国家外汇收入的 92%，政府总收入的 53%。赞比亚在免费教育、卫生、大量城市建筑等面子工程上投入巨大，但几乎没有考虑实现经济的多样化，也没有促进农民的粮食生产。相反，赞比亚政府保留了殖民地时期的市场委员会，沉重打击了农民的生产积极性。由于行政机构的大量出现和非技术性教育的快速发展，很多人离开了农村地区。赞比亚人口不多，早前是完全自足的农业大国，不经意间竟然成为粮食的净进口国。

　　1970 年，赞比亚政府对铜矿实行国有化。为了获得铜矿 51% 的股份，赞比亚政府向跨国矿业公司支付了一大笔外汇。卡翁达及其同僚认为国有化政策符合国家安全利益，因为从理论上说，赞比亚人民将控制国家的重要工业资源。然而，实现国有化不久，即 1973 年 9 月，皮诺切特（Pinochet）突然在智利发动政变，智利随即退出了国际铜业市场卡特尔，国际铜价骤然崩盘。同一年，石油价格飙升，早前的重要的贸易伙伴国南罗得西亚又被国际社会实行经济制裁。赞比亚经济一落千丈，负债累累。

　　大部分热带非洲国家的政府普遍存在腐败现象。占人口多数的农村人仍然相对贫困，城市失业率不断上升，但政府部长、行政职员、其他少数受过教育的精英却日渐富有。其实，在一些独立后的非洲国家，受过教育的精英根本没做出什么贡献，只不过是黑人"殖民者"取代了白人殖民者而已。

　　20世纪60年代，非洲农产品的出口价格在世界市场上急剧下滑。很多非洲新政治巨头不仅无能还中饱私囊。非洲严重依赖进口制成品，造成制成品价格不断攀高。无论需求有多么巨大，大部分非洲国家都不得不开始削减进口。非洲国家通货膨胀严重，商店货物短缺。除了政客，每个人的生活都变得越来越差。这就是那些政客在独立时所承诺的发展和繁荣吗？20世纪60年代中期，议会中的反对派遭到了压制，西非、中部非洲地区涌现出大量的军人政权便不足为奇。

## 非洲政治中的军人作用

　　20世纪60年代，除了几内亚、塞内加尔、科特迪瓦，大多数法语非洲国家过渡到军人政权。多哥和达荷美备受军事政变和反政变之苦。1965年11月至1966年初，尼日利亚和加纳的政变频繁，已经成了家常便饭。20世纪70年代初，军人政权成为一个严肃的非洲政治选择。20世纪70、80年代，军事政变成为非洲国家政权变更的最常见方式。

　　1964年1月，即前英属东非的坦噶尼喀、乌干达、肯尼亚独立后不久，这几个国家都发生了兵变，并且可能会演变为军事政变。在殖民时期，英国人招募非洲士兵，负责殖民地的内外安全防卫。虽然武装、训练非洲士兵会威胁到英国人的殖民统治，但殖民地当局采取经济奖励、政治孤立和严格纪律的混合手段确保了政权无恙。在殖民地，军人是一个体面的职业。独立后，非洲士兵希望晋升为军官，提高待遇，维持这份体面。结果却让他们大失所望，不仅军人的职业体面丧失殆尽，经济待遇还流向了文职的政治家和行政人员。此种情况再加上当时军纪松懈，一时间兵变骤增。1964年1月，兵变一起接着一起。独立后的非洲新领导人卑躬屈膝，请求前宗主国恢复秩序。至少在1971年前，兵变并没有演变为军事政变。直到1971年1月，腐败、野心勃勃，在殖民地时期便已是军官的伊迪·阿明夺取了乌干达的政权。

　　作为一个严肃的政治选择，非洲军人政权有诸多耐人寻味的特征。第一，在前殖民地国家的政治中，军人占强势地位。第二，独立后的军队最初通常是在早期殖民征服过程中组建而成。除了两次世界大战外，殖民地时期的非洲军队主要用于镇压叛乱，而非对抗敌国和保护领土。独立后，军队只是国家的装点，并没有多大影响力。塞舌尔的情况比较有趣。独立时的塞舌尔压根就没有军队。1977年，弗朗斯·阿尔贝·勒内总理和少数同僚发动政变，他们几乎都没有接受过训练，只是从坦桑尼亚搞来一些步枪，夺取了警局军械处。此次政变后，塞舌尔才设立一支军队，用来保卫政权、防备潜在的反政府力量。

一般而言，20 世纪 60 年代的军事政变主要出于反对无能腐败的文职政权，大多数政变最初得到了民众的支持。至少在军人掌权前，军队纪律严明，没有腐败。下面的几个例子足以证明这一点。

尼日利亚 1964—1965 年的选举受到操纵，最终让民众失去了对文职政权的信任。1966 年 1 月发生的第一场军事政变导致 7 月又发生了一场军事政变。第一次军事政变的原因主要是担心东南部的伊博人或北部的豪萨人坐大。北部的 2 万名伊博人被屠杀，直接导致了比夫拉共和国的独立和 1967—1970 年的内战。多个政党的文职政治家在此情况下却是争执不休，无法控制局面。1966 年 7 月，戈翁（Gowon）将军展开反政变斗争，夺取了政权，把尼日利亚从混乱中带了出来。

20 世纪 70 年代，戈翁表面上几乎实现了战后和解，但是其政府越来越无能，背离了国家的需要。1975 年 7 月，穆尔塔拉·穆罕默德（Murtala Muhammed）将军推翻了戈翁的统治。穆罕默德重塑了政府的权威，实行一系列行政改革，并设立时间表于 1979 年恢复文职政府。同时，他还处理了拉各斯港货船严重积压背后的腐败与管理效率低下的问题。1976 年 2 月，一伙心怀嫉恨的中层军官暗杀了他。穆尔塔拉·穆罕默德广受民众欢迎和尊重，他的被杀充分揭示出非洲军人政府的脆弱性。这伙中层军官策划的政变流产了，奥卢塞贡·奥巴桑乔（Olusegun Obasanjo）将军掌握了政权，继续推进穆罕默德的改革，并于 1979 年恢复了文职政府。

1979—1983 年，尼日利亚文职政府比较包容，放松了对反政府力量的压制。这一时期是尼日利亚历史上最自由的时期，但也是国家系统性腐败、官员个人贪腐，以及极少数高官挥霍国家财政收入，巨额石油收入浪费最为严重的时期。几年内，文职官员贪婪成性，击垮了原本有望繁荣发展的经济。1983 年，军队又一次干预政治。军队重新确立了公共生活中的道义与秩序，颇受民众拥护。然而，军队也日渐腐败，失去民心。直到 1998 年，其间经历了数位统治者的轮替，军队仍然掌控着尼日利亚的权力。

加纳的情况也与之类似。恩克鲁玛政权腐败、铺张浪费、容不下批评，这使得该政权在 1966 年 2 月被推翻时，民众拍手称快。过去，加纳人认为恩克鲁玛致力于成为世界政治家，却忽视了加纳经济问题的恶化。但是，"二月政变"还有一个原因，即军方的不满。其中的因素包括削减防卫预算的提议，导致军官收入缩水的通货膨胀，政府对军队日常管理的干预等。军方还担心，政府可能会派遣尚在前比属刚果参与联合国维和行动的加纳部队前往"罗得西亚"，去攻击 1965 年 11 月单方面宣布独立的伊恩·史密斯政权。

加纳军人政权把恩克鲁玛流放到几内亚，并把其政治支持者剔除出行政机构。1969 年，加纳军人政权实现"重新文职化"，这也是非洲独立以来的第一次"重新文职化"。然而，国际市场上可可豆价格急剧下滑，老练的"黄金海岸"政治家科菲·A. 布西亚（Kofi A. Busia）博士对此也束手无策，无法解决日趋严重的经济问题。1972 年，伊格内修斯·阿昌庞（Ignatius

Acheampong）上校领导军队，重掌政权。

军事政变再次上演，原因在于军方不满于削减军事预算等政策。但阿昌庞也没能扭转加纳经济整体下滑的趋势。1973—1974 年，加纳与大多数非洲国家一样，深受石油价格上涨的影响，通货膨胀加剧，部分军官却炫耀着富裕的生活。1979 年，空军上尉杰瑞·罗林斯（Jerry Rawlings）发起"清算行动"，夺取了政权。罗林斯兑现了早前军方 3 个月内恢复文职政府的承诺，但在此之前处决了 3 名贪腐的前军队领导人。新一届的文职政府依旧无法扭转加纳经济的衰落。1981 年12 月，罗林斯的政治立场已经变得激进起来，再一次夺取了政权。他宣称这是一场"人民革命"和清洗老权贵。在接下来的 10 年，罗林斯加强领导，调整经济结构，但在人权和民主自由方面付出了沉重代价。罗林斯在加纳恢复了多党制的文职政府，而他本人于 1992 年当选为文职政府的总统。

我们并不能从这些军事政变中得出军人干政会促进非洲发展的结论。军人统治者与文职统治者一样，也可能会走向腐败与专制。1979 年，非洲 3 个最腐败、最专制的政权接连倒台：中非共和国"皇帝"让-贝德尔·博卡萨政权（1966—1979 年），乌干达陆军元帅、"终身总统"伊迪·阿明政权（1971—1979 年），赤道几内亚的文职独裁者弗朗西斯科·马西亚斯·恩圭马（Francisco Marcías Nguema）[1] 政权（1968—1979 年）。让-贝德尔·博卡萨挥霍了本就少得可怜的财政收入，将其用于自己及其朋友身上，包括其臭名昭著的皇帝加冕礼及送给法国总统的钻石礼品。在乌干达、赤道几内亚，数千名真实或想象的异见派反对野蛮的独裁政权，但他们不是遭到虐待就是被杀，阿明和马西埃·恩圭马对此难辞其咎。阿明政权还摧毁了曾一度被认为是非洲最繁荣的农业经济。

# 社会主义路线

殖民地时期，非洲经济以出口为导向，经济发展不均衡。独立后，非洲国家政府努力解决由此造成的诸多问题，总体上不成功。尼雷尔的坦桑尼亚走上了一条全新的道路，意欲把非洲带入全新的发展方向。

## 《阿鲁沙宣言》

1963 年，坦噶尼喀获得独立。尼雷尔总统实行了一项本土自助政策，提倡农村地区的粮食生产实现自给自足，发挥地方能动性，筹措资金设立学校和卫生诊所。1962 年，勒内·迪蒙出版了法文版的《非洲的错误开端》（*False Start in Africa*），1966 年又出版了英文版。受此书影响，1967 年，尼雷尔发展了其中的本土思想，并最终发表了《阿鲁沙宣言》（Arusha Declaration）。

479

---

[1]　马西埃·恩圭马·比约戈·涅格·恩东（Masie Nguema Biyogo Ñegue Ndong）原名。——译者注

《阿鲁沙宣言》鼓舞了非洲大陆的激进思想家，使得达累斯萨拉姆成为非洲社会主义思想的大本营。在《阿鲁沙宣言》中，尼雷尔确立了非洲发展的基本方针，扭转了以资本主义工业化模式为基础的非洲发展方向。尼雷尔看到非洲越来越贫穷，不能自立，个人贪欲加剧了非洲社会内部的阶级分化。他决定不能继续让"精英肥得冒油"。

20 世纪 50 年代，非洲民族主义者提出"非洲社会主义"，以此反对资本主义殖民统治的剥削。但除了几内亚的塞古·杜尔外，大多数独立后非洲国家领导人只不过把社会主义原则挂在嘴上而已。尼雷尔则认为他已经在《阿鲁沙宣言》中为社会主义原则绘制了实践路线。但他对前殖民地时代非洲社会的认识太过天真、太过理想化了。他认为非洲"传统"村落本身就具有社会主义的互助合作原则。

坦桑尼亚的社会主义立足于当地实际，而非舶来的、技术要求更高的工业化。国内银行和外国资本主义公司应该"收归国有"，由国家代表人民接手过来。"领导准则"禁止政治领导人积累私人财富。政府政策聚焦于农村发展，以实现自力更生。

## 乌贾马

"村社化"政策是尼雷尔的乌贾马运动的支柱，也是乌贾马运动最终失败的原因。尼雷尔认识到，大多数坦桑尼亚人分散居住在偏远的小村庄，不适合现代化发展，这是问题的症结。如果把小村庄聚集，合并成村社，政府便能为当地人提供更好的水源、卫生、教育服务，修建更好的公路，构建农村市场。政府可以提出更好的农业建议，改善农业技术，还能更直接地管控村社，改变村社农民的观念。在尼雷尔及其助手看来，农民的观念是保守落后的。这一政策被称为"乌贾马"（ujamma），可以译为"家庭""自助"或"互相合作"。

乌贾马运动的内在矛盾之处在于：尼雷尔本人是一位城市知识分子，他认为资本主义/社会主义大规模、密集型的"现代"农业是提高农业产量的最有效形式。在收获季节或开垦新地的时候，非洲人有互助传统。尼雷尔指示每个乌贾马村社开垦大片农业用地，进行集体耕作。尼雷尔认为，生产率提高便能生产出盈余粮食，村社可以将盈余粮食出售到城镇或出口国外，村民则可以共享收益。但这却是乌贾马运动中农民最不满的地方，因为他们并不是"集体制下的农民"。真正的非洲传统农业是小农经济，农民独立耕作。农民知道在必要时应该彼此互助，这样做可以维护自身利益。他们完全清楚，与大规模农业相比，从事小规模农业、经验丰富的农民能获得更高产量。而且农民还能动用大家庭里的劳力。事实证明，他们的想法才是对的。

乌贾马运动还有一个内在矛盾之处，那便是自助。实际上，农民并不情愿离开故土，也不情愿离开世世代代劳作的土地。他们不愿为了集体土地而放弃自己的私有土地。一旦劝说不动，政府就会强迫推行"村社化"。20 世纪 70 年代中期，约有 500 万人迁入乌贾马村社。到 1977 年，坦桑尼亚有 8000 个乌贾马村社。

城市官僚机构强迫推行的村社化，令农民难以接受，生产效率低下。有时，村社里的公路、

**图 30.3**　尼雷尔总统（宣传照）在坦桑尼亚的一个乌贾马村社里劳动。总统将黏土放入木模具里，以便制作砖块。在图片背景中，黏土块曝晒于太阳下，待干化后送入烧窑。图片来源：*Keystone Pictures USA/Alamy Stock Photo*。

市场和公共福利设施还没有修建好，农民就被迁移过来。结果，农村地区的煤油、肥皂、糖等生活必需品出现严重短缺。政府和政党官员认为农民愚昧无知，不能理解和接受村社化的好处。但农民实在太清楚状况了。一些家庭离开了肥沃的土地，迁到了贫瘠的土地——农业"专家"压根就不懂好坏。到了 20 世纪 80 年代，村社化明显难以运转，农民的知识与经验终于得到了部分尊重。政府也不再严格地遵循 20 世纪 70 年代的条条框框，个体农民获准可以回去耕种自己的土地，一些农民成为富裕的小资本家，种植用于出口的经济作物。

　　20 世纪 80 年代，坦桑尼亚仍然是非洲穷国。国家外债沉重，依赖出口咖啡、棉花、剑麻等农业原材料，但出口价格却为非洲外部世界所控制。但是，与非洲其他地区不同，坦桑尼亚粮食作物的产量没有受到影响。与更富裕的邻国肯尼亚不一样，坦桑尼亚没有出现大量的无地农民和城市失业人口。坦桑尼亚为农民群众改善了福利设施：清洁的水源、免费的医疗与教育。

　　1985 年，尼雷尔主动从总统职位上退休 [①]，但仍然是执政党党首，影响力颇大。继任总统让执政党脱离了社会主义路线，结束了一党制，实现经济自由化，并确立了新宪法。在 1995 年后的多党选举中，尼雷尔的坦桑尼亚革命党（Chama Cha Mapinduzi）[②] 总能获胜。

---

①　在当时非洲政治中，这实属罕见。

②　1977 年，坦噶尼喀非洲民族联盟与非洲设拉子党合并，组建为坦桑尼亚革命党。Chama Cha Mapinduzi 是斯瓦希里语。1992 年前，坦桑尼亚革命党是坦桑尼亚唯一的合法政党。——译者注

481

## 解放斗争后的社会主义

阿尔及利亚、几内亚比绍、安哥拉、莫桑比克、津巴布韦等国家通过游击战争获得了独立。独立后，这些国家的发展遵循了本土化的社会主义原则。阿尔及利亚比较幸运，有巨大的石油财富，可以实现经济多样化。20世纪70年代，阿尔及利亚建立了一个大型钢铁厂，这是非洲工业化的重要一步。几内亚比绍政权则越来越独裁，大失民心。安哥拉经济潜力巨大，可以用矿产财富，尤其是石油财富，来扶持农村地区的经济发展。但是，在南非的支持下，叛军常常从事破坏活动，扰乱安哥拉和莫桑比克的发展。南非决意不让这两个近邻成为经济繁荣的社会主义国家。

津巴布韦的社会主义发展路途坎坷。1980年，津巴布韦获得独立。罗伯特·穆加贝的津巴布韦非洲民族联盟－爱国阵线（Zimbabwe African National Union-Patriotic Front, ZANU-PF）政府面临的主要问题是土地分配极度不公。少数白人移民占有大部分可耕地。20世纪70年代参加解放战争的大多数老兵就是为土地而战。最初，穆加贝不想改变现状。白人农场生产出津巴布韦的大部分粮食，其生产的烟草又是津巴布韦外汇收入的主要来源。他认为国际社会迟早会提供援助，到了适当的时候再赎买白人移民的土地。于是他搁置了土地分配问题，转而将政府工作重点放在了安全问题上。1982年，穆加贝将在朝鲜受训的第五旅派入恩德贝莱人的西部地区①，镇压反对党津巴布韦人民联盟（Zimbabwe African People's Union, ZAPU）。津巴布韦非洲民族联盟与津巴布韦人民联盟一直在争夺政治和地区权力。穆加贝的第五旅在南、北马塔贝兰（Matabeleland）驻扎了5年，实施了多起屠杀。1987年，乔舒亚·恩科莫（Joshua Nkomo）被迫将津巴布韦非洲人民联盟并入津巴布韦非洲民族联盟－爱国阵线。

穆加贝实行免费教育政策，并取得了成效，但结果又实非其所愿。20世纪90年末，城市失业率上升，受过教育、善于表达的城市选民对穆加贝政府施加越来越大的压力。在此背景下，穆加贝又重提土地再分配这一"未竟之事业"。穆加贝政府以低于市场的价格强行赎买白人土地，白人农民自然拒不接受。穆加贝叫他们去向英国政府索要赔偿金，因为英国人是19世纪夺取非洲人土地的"先锋"。

土地再分配问题一度陷入僵局。政府允许"退伍老兵"采取暴力手段占据白人土地。大多数白人不得不放弃了农场。"土地再分配"陷入无序状态，津巴布韦非洲民族联盟－爱国阵线的青年翼恐吓农村地区，以确保政党赢得选举。然而，农业产量急剧下降，外资撤离，汇率和通货膨胀飙升，津巴布韦经济实际上已经崩溃。穆加贝否认经济崩溃，拒绝承认其为了持续掌权而实施过政治暴力。在言辞上，他一直反对殖民统治，谴责英国政府是津巴布韦灾难的罪魁祸首，而大多数前白人农场却被强制转入了穆加贝为首的统治阶层的手中。

津巴布韦非洲民族联盟－爱国阵线的狂热分子自发实施政治暴力活动，镇压反对党和异见派。2008年议会选举与2013年总统大选前后，政治暴力活动达到顶峰，无须再实施即可确保穆加贝

---

① 南、北马塔贝兰兰省。——译者注

及其津巴布韦非洲民族联盟–爱国阵线获得压倒性胜利。津巴布韦百姓穷苦不堪，而年迈的总统每年都举办奢华的生日宴会。在总统继任问题上，执政党内部也有分歧，甚至还有分裂的可能。穆加贝目空一切，宣称只有死亡可以让他与总统职位分开。2017 年，94 岁的穆加贝被从总统宝座上赶了下来，这与其少妻格蕾丝·穆加贝（Grace Mugabe）有一定的关系。后者当时正在准备接任总统，2017 年 11 月的第一个星期，格蕾丝逾越成规，利用穆加贝罢免了她的主要对手埃默森·姆南加古瓦（Emmerson Mnangagwa）的副总统职务。姆南加古瓦曾任国防部长，拥有军方的广泛支持，却被迫流亡南非，坐观形势变化。津巴布韦几名将军控制了大局，看热闹的城市居民称之为"合乎宪法的政变"（constitutional coup）。穆加贝和格蕾丝被软禁在家。一周后，穆加贝被迫辞职，恢复了姆南加古瓦的"副总统"职务。按照宪法规定，姆南加古瓦宣誓继任津巴布韦总统。①

---

① 2018 年 7 月 30 日，津巴布韦举行总统大选。8 月 3 日，津巴布韦选举委员会宣布埃默森·姆南加古瓦当选为津巴布韦总统。2019 年 9 月 6 日，穆加贝于新加坡去世。——译者注

# 第三十一章

# 发展的挑战与困境：债务与国际援助

未来的历史学家在回顾非洲独立后的前几十年时，或许会褒扬其成就。与百年前的忽视、压迫、剥削相比，他们很可能会极力赞许非洲在卫生、教育、经济、社会、政治方面的发展程度。但在 21 世纪前几十年，非洲要面临两个严重阻碍其发展的问题：国际债务与国际援助。

## 债务

独立之初，非洲大多数国家缺乏投资资金，积贫积弱，靠征税难以筹集资本储备。由于收入水平低，非洲国家政府大举外债，并认为"发展"将足以弥补债务负担。但是，发展并非那么容易实现。占据统治地位的城市精英往往重视工业化和大型形象工程，却忽视了农村地区的发展。在独立后的前几十年里，大多数非洲人居住在农村地区。随着卫生服务的改善与婴儿和产妇的死亡率下降，非洲人口急剧增加。

20 世纪 70 年代，债务问题濒临危机的边缘。问题的根源在于不平等贸易关系的持续：非洲进口制成品的价格越来越高，非洲出口产品的价格却不断下降。1973—1974 年，石油价格翻了 3 番，进一步地恶化了非洲的债务危机。此时离 20 世纪 80 年代西非地区石油大开发尚早，尼日利亚的油田刚刚投入生产。石油价格飙升让大多数热带非洲国家的外汇储备出现了严重短缺。工业化国家瞬间陷入了经济衰退，通货膨胀率不断上升，非洲的不利贸易地位只会恶化。然而，这些国家中的一众国际银行却因为长达 10 年的高通胀和高利率而资金充盈，四下寻找放贷机会。濒临破产的非洲国家政府发现国际银行轻易就通过了它们的贷款请求。直到 2007—2008 年世界金融危机爆发，国际银行才发觉自身的鲁莽，忽视了资金的安全。

到 20 世纪 80 年代，情势变得非常危险。非洲各国政府动用微薄的外汇储备来偿还债务，牺牲了基本商品的进口。洗衣粉、糖、教材等基本商品供不应求或出现短缺，新兴企业处于瘫痪状态。非洲各国政府向国际货币基金组织寻求紧急救助贷款，用来偿还数额过大而无力支付的贷款利息。

## 结构调整计划

1981 年的《伯格报告》（Berg Report）总结了世界银行的态度，该报告将非洲的经济困境归咎于非洲国家领导人的肆意挥霍和无能。1980 年 4 月，非洲国家领导人制定了《拉各斯行动计划》（Lagos Plan of Action），在理论上提出了债务危机的替代解决方案，旨在让非洲各国实现自给自足，实行治理改革。对于《拉各斯行动计划》，非洲国家元首原则上表示欢迎，但计划本身没有设立监督实施的后续机制，最终只是停留在了非洲各国政府的口头承诺上。

由此，国际货币基金组织和世界银行有了大展拳脚的机会。国际货币基金组织和世界银行推荐的计划，以及世界银行以"国际援助"为幌子提供的投资，几乎只是让非洲出口实现最大化。在提供资金之前，国际货币基金组织和世界银行设定了一系列条件。这些普遍适用的"条件"反映了发达工业化国家的政府、银行、商业组织一以贯之的需求，而没有关切到发展中国家的实际需要。

结构调整计划（Structural Adjustment Programmes, SAPs）有 3 个前提条件。第一，削减政府支出。削减政府支出意味着大幅削减政府在健康、教育、农业专业知识、食品补贴等领域的投入。其中，减少食品补贴导致基本食品的价格翻了一番。20 世纪 80 年代中期，由于减少食品补贴，突尼斯和赞比亚的城市发生了骚乱。布尔吉巴总统和卡翁达总统不得不恢复了食品补贴政

**图 31.1**　津巴布韦维多利亚瀑布的调度场正在装载供出口的硬木。图片来源：*Jan and Fiona Teede/Art Directors & Trip*。

策。第二，实行货币贬值政策。货币贬值将提升非洲出口产品的价格，但进口的制成品、消费品的价格则会上涨，并导致非洲当地出现商品短缺和通货膨胀。第三，允许资本在国内外自由流动。这一措施可以让非洲吸引更多外资，但非洲人也将失去经济自主权，因为外国投资者可以自由撤离资本和转移利润。不出预料，外国资本主要投资于初级采掘业，例如加纳的黄金、尼日利亚的石油、刚果/扎伊尔的铜、加蓬和津巴布韦的木材。

到20世纪90年代初，大多数撒哈拉以南非洲国家实行了结构调整计划。结构调整计划旨在通过出口，实现外汇最大化，因此大部分肥沃的农业用地被用来生产出口作物，例如肯尼亚的玫瑰、尼日尔的棉花。非洲国家实施了代价高昂的新灌溉项目，以此支持出口作物的种植。农民被迫迁往之前为牧场的边缘土地上从事农耕，牧民则被迫迁往至更靠近沙漠的地区。1984年，尼日尔极度干旱。尼日尔生产了大量棉花，但粮食作物歉收，牧民更是失去了90%的牲畜。只有少数尼日尔人所获颇丰。尼日尔支付了外国银行的利息，但大多数人却饥肠辘辘。21世纪初，由于国际债务，非洲财富依旧不断地流入欧洲和北美。

> 1987年7月29日，布基纳法索总统托马斯·桑卡拉（Thomas Sankara）在亚的斯亚贝巴向非洲统一组织发表演讲：[①]
>
> 　　债务是另一种新殖民主义。殖民者已经转变为技术型援助者，更准确地说，是技术型杀手……
>
> 　　以新殖民主义形式而出现的债务是一种巧妙的策划，是对非洲的再征服，在这种情况下，与我们完全不同的经济规则制约了我们的增长和发展，使我们每个人变成了金融奴隶……变成狡诈投资者的金融奴隶，他们向非洲国家投资，而我们必须要偿还……
>
> 　　我们不能偿还债务。如果我们不还，贷方不会死……而如果我们还了，我们就会死……那些让我们背负债务的人，就像在赌场里赌博一样。赌赢了，一切没有问题。但是，他们现在赌输了，他们便要求还款。大家在谈论危机。不是这样的，主席先生。他们赌了，他们输了。这是游戏规则。生活仍在继续。[掌声]
>
> 　　3个月后，在抗击布莱斯·孔波雷（Blaise Camporé）的政变中，桑卡拉被暗杀。

## 非洲法郎区

自20世纪60年代独立以来，大多数非洲法语国家的经济发展道路只是略有不同。总的来说，这些国家过分地依赖原材料出口和外国投资。原来属于法属西非、法属中部非洲的非洲国家使用

---

① Sankara, T. (2007) *Thomas Sankara Speaks: The Burkina Faso Revolution, 1983—1987*, 2nd edn (Pathfinder: New York), pp. 375—376.

相同的货币，即非洲金融共同体（Comunauté Financière Africaine, CFA）法郎①。1947—1994 年 1 月，非洲法郎的汇率与法国法郎绑定，固定汇率为 50 非洲法郎兑换 1 法国法郎。由于有可靠的外国投资，非洲金融共同体的 14 个非洲国家的经济相对稳定。然而，这些非洲法语国家在金融和经济方面完全与法国绑定在一起，因此，一切以法国利益为优先考虑。非洲法郎区向法国出口可可、咖啡、棉花、花生、木材、石油、铀、锰。这些国家获得了法国的大量投资，但几乎全部集中于上述出口品的初级产业。由于 65% 的外汇储备是法国法郎，非洲金融共同体国家实际上只能从法国进口消费品。这真可谓"新殖民主义"的极致。这种情况也是西非地区经济一体化发展的严重障碍。20 世纪 80 年代，非洲金融共同体只有 7% 的贸易是在西非地区内部进行的。

486

　　20 世纪 90 年代初，非洲法郎严重贬值，尤其是相较于邻近的非洲英语国家。这意味着：从法国进口而来的产品价格相对便宜，但出口作物的生产者所得的非洲法郎也随之减少，进口使得这些非洲法语国家过分地依赖法国消费品，牺牲了当地产业的发展。达喀尔、阿比让（Abidjan）、雅温得（Yaoundé）等城市的精英阶层使用法国奢侈品，消耗了大量的外汇储备。与此同时，法国致力于推动欧洲经济一体化，其在非洲的利益不断减少。法国投资越来越少，非洲金融共同体国家不得不求助于国际货币基金组织。因此，致力于法非密切关系的元老、科特迪瓦总统乌弗埃-博瓦尼去世 1 个月后，即 1994 年 1 月，在国际货币基金组织的压力下，经法国银行批准，非洲法语国家政府完全不情愿地接受了让非洲法郎贬值 100% 的政策。商品进口价格在一夜之间翻了两倍，随之而来的便是几乎不可避免的政治动荡。

## 全球化

　　新世纪来临前，一个新词取代了工业化世界给非洲开出的结构调整计划这个药方。这个新词就是"全球化"。在新的互联网时代，资本和商品应在世界范围内自由流动，各国之间没有贸易壁垒。发达的工业化国家认为，相对贫穷的非洲国家将受益于全球化，因为非洲国家可以在工业化国家的市场中出售自己的商品，从而实现"贸易"脱贫。结果却事与愿违。为了进入这些富裕市场，非洲国家必须要向外国私营经济开放自身的经济和服务领域，不得不消除旨在保护其弱势新兴产业和农业的贸易壁垒，并迫使它们在"世界市场"上公开竞争。例如，毛里塔尼亚将其宝贵的大西洋渔场租给了西班牙捕鱼船队。政府虽然收取了租金，但毛里塔尼亚的当地渔民却被赶出了渔业，无法再靠捕鱼来养活家庭。类似的现象在很多非洲沿海国家不断地出现。

　　全球化是披着崭新外衣的新殖民主义，同时也是伪善的。虽然非洲农民要面对世界竞争，但欧盟国家和北美的农民却得到了很好的保护和农业补贴。欧盟国家和北美鼓励农民生产，农产品

---

①　1945 年开始启用，是非洲法属殖民地发行的以法郎为面值单位的货币，1958 年改为法国-非洲共同体（Comunauté Franco-Afrcan）法郎，1962 年改为非洲金融共同体法郎，简称非洲法郎。2019 年 12 月 21 日，科特迪瓦总统瓦塔拉与法国总统马克龙于阿比让宣布西非法郎将于 2020 年被新货币"Eco"取代。——译者注

超出其实际所需。欧盟国家和北美将农产品盈余倾销到世界市场，从而导致非洲农民破产。

21 世纪，在全球化的背景下，在赢得虚弱的非洲国家政府的合作后，世界范围内的投资者购买了大片的非洲土地，从塞内加尔到莫桑比克，范围横跨了热带非洲大陆。投资者希望获得丰厚的利润，特别热衷于投资种植业，如种植生物燃料棕榈油等作物。多年来，中国和西亚一些富裕的产油国一直在苏丹和坦桑尼亚等国购买土地，以便为自己生产粮食。"抢地"活动拿走了非洲生产者的土地，将越来越多的农民赶到城镇贫民区，而其他人则变成跨国农业公司的雇员。跨国农业公司为当地人提供了一些就业机会，但降低了非洲人在粮食上自给自足的可能——这是真正意义上的发展的起码要求。

2005 年，工业化国家同意减免债务，但前提条件是符合"善治"的标准。2007—2008 年世界金融危机爆发之后，矿产和其他商品价格大幅下跌。2015 年，中国经济增长开始放缓，非洲国家政府发现，期待的债务减免并未实现，自身也很难从中获益。

## 国际援助

国际援助已经成为关乎非洲经济发展的一个备受争议的话题。西方的政治论坛常常提出，在过去的半个世纪里，非洲获得了大量援助，但鲜有成效。潜台词是非洲人应该更有效地使用援助。西方政治家和选民会问，为什么非洲总是需要紧急援助来应对饥荒，如 2011 年、2017 年的索马里饥荒？

在这些讨论中，向非洲提供的一般国际援助往往就是指紧急援助。但两者之间实际上完全不同。紧急援助无疑在饥荒中挽救了许多生命。紧急"救灾"援助所受到的批评是，在国际应急援助基金筹集完毕之前，通常与武装冲突密切相关的危机已经造成了灾难。此外，在世界媒体宣传中，国际紧急援助金额和挨饿儿童的悲惨画面强化了非洲消极、落后、无助的形象。尽管如此，只要有灾难，非洲仍然需要救灾援助。非洲也亟须通过发展来预防灾难的出现。那么，为什么 50 多年的国际援助没有实现这一目标呢？

20 世纪 50、60 年代，非洲国家获得独立，新一代领导人要求前宗主国提供援助。非洲新独立国家需要投资基础设施建设、教育、卫生等领域，而殖民国家在其 70 年的殖民统治时期忽视了这些领域的发展。其实，前宗主国的援助也是对殖民统治剥削的补偿，是对亏欠非洲而作出的弥补。而且，援助也符合前宗主国的利益，因为援助能够确保前殖民地仍然依赖前宗主国，前宗主国借此可以继续获得非洲资源。

自非洲国家独立以来，政府对政府（双边）的援助从来没有旨在帮助非洲受援助国实现彻底的独立和自给自足。大部分援助是贷款，让非洲国家陷入长期负债的境地。20 世纪 70 年代，国际银行鲁莽地放贷于非洲。20 世纪 80 年代，国际货币基金组织和世界银行开始介入，很多非洲国家政府正沉迷于自动流入的国际援助，但是难以承受由此产生的代价。与此同时，国际援助使得非洲国家政府无须对自己的民众负责。老话说得好，"拿人手短，吃人嘴软"。主要的援助国往往决定了非洲的发展目标。

非洲国家之所以贫穷，是因为全球化背景下的国际贸易和商品市场体系没有向非洲生产者来之不易的资源提供一个合理的价格。如果贫困的非洲需要发达工业化国家的援助，那么援助也只是对非洲低价格原料所做出的补偿。即使在 21 世纪，非洲每年支付给西方银行的金额也明显多于非洲从西方获得的援助金额。实际上，国际援助根本不是对过去让非洲陷入欠发达状态而提供的补偿，只是对跨国银行的补贴而已。

因此，一些非洲经济学家认为国际社会必须结束对非洲的援助，非洲各国政府必须在没有国际援助的情况下集中精力制定发展规划。没有国际援助，非洲腐败政客的外国银行账户将失去资金来源，非洲政治家将对选民担负起更大的责任。只有非洲国家政府承担起更大的责任，才能带来长远的政治稳定。

# 非洲的国家间合作

## 泛非主义

恩克鲁玛是最致力于泛非主义运动的非洲领导人之一。1958 年 12 月，恩克鲁玛在加纳首都阿克拉主持了第一届全非人民大会。整个非洲大陆的非洲民族主义者都来参加了此次会议，宣誓实现非洲大团结，展开争取独立的斗争。此次会议大获成功。受此启发，恩克鲁玛决定进一步地倡导泛非观念。在美国受过教育的恩克鲁玛认为非洲要摆脱欧洲人统治，彻底实现经济和政治自由，唯一的办法就是建立一个全新的、强有力的"非洲合众国"（United States of Africa）。然后，通过整个大陆的合作，非洲将能够获得与其他国家一样的平等地位，在世界舞台上占据一席之地。恩克鲁玛看到了非洲统一的力量，但他的理想只是一种虚幻的景象而已。就以加纳国内而言，他本人也是通过镇压阿散蒂人的反对力量才实现了国内政治表面上的统一。以更广泛的非洲大陆而言，非洲国家及其新独立的政府有太多的现实问题需要解决，没有精力致力于政治联盟。加纳、几内亚、马里曾在 1961 年组建了一个小型联盟，但在数个月后就分崩离析了。

## 非洲统一组织

1963 年 5 月，32 个非洲独立国家的元首齐聚埃塞俄比亚首都亚的斯亚贝巴，成立了非洲统一组织（Organization of African Unity, OAU）。非洲统一组织离"合众国"相差甚远，但可谓是非洲"联合国"。非洲统一组织的成功与否取决于 3 项基本原则：第一，接受独立时的殖民地边界；第二，不干涉成员国内政；第三，支持非洲大陆实现去殖民化。

非洲统一组织是非洲的国家间合作论坛。尽管有人经常批评说非洲统一组织只是一个不起作用的"清谈馆"，但非洲国家部长和元首的定期会议确实有助于提高他们对其他国家问题的认识。

非洲统一组织的主要缺陷是没有立法授予制裁权去执行决议。20世纪70、80年代，解放委员会是非洲统一组织最活跃的机构，向南部非洲——津巴布韦、安哥拉、莫桑比克、纳米比亚、南非——流亡政治家和"自由斗士"，特别是聚集在达累斯萨拉姆、坦桑尼亚总统尼雷尔身边的贵宾提供了经济支持。总的来说，这些"自由斗士"得到的经济支持虽不足以购买武器，但对于办公、支撑流亡者的生活、在海外从事政治活动来说却绰绰有余。

在支持去殖民化方面，非洲统一组织没能解决西撒哈拉问题。西撒哈拉问题明显违反了非洲统一组织的维持殖民地边界的原则。1975年，西班牙从西撒哈拉撤军。在冷战背景下，非洲统一组织犹疑不决，未能阻止摩洛哥和毛里塔尼亚占领西撒哈拉。毛里塔尼亚和摩洛哥之间爆发了战争。1979年，毛里塔尼亚被迫撤军。摩洛哥违反联合国决议，完全占领了西撒哈拉。20世纪80年代初，非洲统一组织在西撒哈拉问题上总是出现分化：得到西方支持的非洲国家支持摩洛哥，而"社会主义""激进""革命"的非洲国家却承认萨拉威人（Sahrawi）的波利萨里奥阵线在阿尔及利亚的"流亡政府"。截至2018年，西撒哈拉问题仍未解决。摩洛哥仍占领着西撒哈拉，而流亡在外的波利萨里奥阵线活动分子则四处游说，意欲收回西撒哈拉的主权。

### 非洲联盟

随着冷战结束（1989—1990年）和苏联解体（1991年），非洲国家不再是超级大国的争夺对象，战略地位下降。对于投资非洲，国际金融机构也没有了之前的高昂兴致。非洲国家领导人不得不接受一个严峻的现实——非洲只能更多地依赖内部资源来实现发展。非洲国家需要拓展非洲内部贸易，最终实现更大范围的经济一体化。换句话说，非洲至少需要在经济领域迈向恩克鲁玛所追求的"非洲合众国"。1991年6月，在尼日利亚首都阿布贾（Abuja）举行的非洲统一组织年度会议上，非洲国家政府首脑签署了一项条约，旨在推进非洲经济共同体的建设。2002年7月，在南非召开的非洲统一组织的最后一届首脑会议上，非洲统一组织正式改组为非洲联盟（African Union, AU）。这是非洲大陆最终迈向经济和政治联盟的第一步。虽然实现这一目标还有很长的路要走，但这种意向的宣示是重要的。

## 区域组织：西非国家经济共同体、南部非洲发展共同体与东非共同体

西非、东非、南部非洲的区域组织开展了诸多行之有效的合作，大力推动一体化进程。有些人认为这是整个大陆最终实现一体化的第一步。1975年，西非国家经济共同体（Economic Community of West African States, ECOWAS）在拉各斯成立。这个由西非16个国家组建而成的区域组织具有重要意义，因为它克服了西非英语、法语国家之间的人为障碍与分裂。西非国家经济共同体非常明智，并未试图建立一个过于雄心勃勃的政治联盟，而是致力于逐步加强区域经济合作，首先是在运输和电信领域，然后是在更高层次的金融和商业领域。

**图31.2**　1982年8月，非洲统一组织的的黎波里首脑会议。1/3的非洲国家政府首脑联合抵制此次会议，他们支持摩洛哥对西撒哈拉的主权要求。大多数出席黎波里首脑会议的非洲国家领导人自视为"激进的""社会主义的""革命的"领导人，包括这张图片中与东道国总统穆阿迈尔·卡扎菲站在一起的津巴布韦总理罗伯特·穆加贝。由于的黎波里首脑会议遭到联合抵制，此次会议没有达到法定的出席人数，卡扎菲不能当选为1982—1983年的非洲统一组织的轮值主席。图片来源：*Daniel Simon/Getty Images*。

南部非洲发展共同体（Southern African Development Community, SADC）的前身是成立于1980年的南部非洲发展协调会（Southern African Development Coordination Conference, SADCC）[①]，这一年恰好津巴布韦获得独立。最初组建南部非洲发展协调会的目标是通过合作促使南部非洲其他国家减少对南非的依赖。当时的南非实行种族隔离制度，但南部非洲国家在经济、通信领域依赖于南非。1990年，南非的种族隔离制度崩溃了，南部非洲其他国家也不需要那么迫切地减少对南非的依赖。而此前，南部非洲发展协调会在通信领域已取得了一定的成就。1994年，南非正式加入了重组后的南部非洲发展共同体。南部非洲国家不希望南部非洲发展共同体完全控制在南非手中，便决定将南部非洲发展共同体秘书处总部设在博茨瓦纳的首都哈博罗内（Gaborone）。

从很多方面来说，东非共同体（East African Community, EAC）都是非洲最成功的区域一体

490

① 1994年，南部非洲发展协调会改名为南部非洲发展共同体。

化组织。与南部非洲发展共同体、西非国家经济共同体相比，东非共同体更关注经济领域。2000
年，肯尼亚、坦桑尼亚、乌干达共同组建了东非共同体。2007 年，卢旺达和布隆迪加入了东非
共同体。东非共同体的长期目标是实现经济、政治、社会、文化等领域的一体化。在乌干达总统
约韦里·穆塞韦尼（Yoweri Museveni）的积极推进下，东非经济一体化进展顺利。东非共同体
正在努力建立一个有效的共同市场，然后再建立货币联盟，最后由成员国组建一个政治联邦。然
而，截至 2018 年，组建政治联邦的可能性似乎很小。

## 中国与非洲

　　差不多在非洲联盟成立的同时，中国成为世界上经济发展速度最快的工业经济体。2005 年，
中国在非洲仍然是一个小角色。六年后，中国成为非洲大陆最大的单一贸易伙伴国和投资国。中
国在非洲的贸易、投资总额已经超过了欧洲前殖民国家和美国。十年来，随着工业的快速发展，
中国大量进口非洲矿产资源（特别是石油和贵金属）和其他原材料，其增长规模甚至超过了早期
的殖民地时期。一些非洲地区担心中国推行新殖民主义政策。但是，中国严格遵守不介入非洲当
地政治的政策，乐于与任何非洲国家政府达成协定。因此，在苏丹、津巴布韦等国，西方投资者
犹豫不决，但中国却注入了大量资金。

　　中国参与最多的项目是交通运输领域的双边投资项目，重点是道路系统，特别是铁路。在中
国资本和专业技术的支持下，非洲大陆重新掀起了修建铁路的热潮，其规模达到了 20 世纪初以
来的最高水平。中国在非洲的投资不完全只是国家投资，虽然很多大的融资协议的确是政府间的
双边协议，但中国在非洲的大部分投资来自中国的私营公司，尤其是在采矿业领域。有时，中国
人与非洲劳动力打交道的方式引起了非洲当地人的不安和抗议，如在赞比亚铜矿带地区。中国在
非洲的存在是否引起非洲人的普遍不满，这一点仍然有待观察，这可能也取决于中国是否能促进
非洲经济增长，是否能为非洲国家创造就业机会。自 2010 年下半年以来，中国经济增长开始放
缓，中国在非洲的投资规模和矿产开采规模出现了减小的趋势。

# 第三十二章

# 当代非洲

## 20 世纪 90 年代的民主进程

20 世纪 90 年代初，大多数非洲国家发生了明显的政治变革，多党民主制普遍取代了军事独裁统治和一党制。之所以发生如此变革，既有内部原因，又有外部原因。最重要的外部原因是 1989 年伴随着柏林墙的倒塌，西方资本主义与东方共产主义之间的冷战结束。对于全球权力博弈来说，非洲不再是具有战略意义的世界政治角力场。索马里的西亚德·巴雷（1969—1991 年）、扎伊尔的蒙博托·塞塞·塞科（Mobutu Sese Seko，1965—1997 年）①等腐败无能的政府或长期统治的独裁者，不能再通过宣布反对共产主义或反对资本主义而获得外部资金和武器。

迄今为止，在 20 世纪 60 年代获得独立的非洲国家中，除博茨瓦纳、毛里求斯外，没有一个国家一直实行多党议会民主制。博茨瓦纳比较特殊。除了 20 世纪 90 年代的一小段时期，博茨瓦纳执政党在选举中从未遇到较大的挑战。2019 年的大选即将来临，情况或许会出现变化。博茨瓦纳多个反对党组建了一个名为"民主变革之伞"（Umbrella for Democratic Change）的松散联盟，可能有机会在大选中击败自 1966 年就一直执政的博茨瓦纳民主党（Botswana Democratic Party）。②在 1982 年的毛里求斯大选中，多族群选民以惊人的"60 比 0 的席位比例"替换了长期执政的政府。1995 年，"60 比 0 的席位比例"再次出现，情况实现了反转。但是，大多数非洲国家的首脑一旦选举失利，就会粗暴地废止宪法，寻求冷战中的某一方的外部承认与支持。

到 20 世纪 90 年代初，非洲独立前后出生的一代人已经 40 多岁或 50 岁出头，他们受惠于 20 世纪 60 年代的非洲教育大发展，青年时期见证了一连串非洲国家政府——多党制、一党制、军事独裁——的失败。他们不再回溯殖民统治的问题，而是更多地思考非洲本身的政治经济灾难。20 世纪 80 年代，非洲经济危机进一步恶化，让这一代人更多了一种紧迫感。他们决心要为非洲问题找到解决之道，遭受政治精英滥用的非洲选民决定让非洲国家政府负起责任来。这正是非洲新一波民主化浪潮的动力之所在。1990 年 2 月，世界上最著名的政治犯曼德拉获释出狱，极大地推动了非洲的民主转向。与此同时，南非废除了党禁和主要的种族隔离立法，在非洲大陆释

---

① 即约瑟夫·德西雷·蒙博托，后改名为蒙博托·塞塞·塞科。——译者注
② 2019 年 10 月 25 日，执政党民主党在国民议会选举中获胜。——编者注

放出重要信息——如果南非都转向民主了，其他非洲国家为什么不紧随其后呢？

1990—1994 年，一个又一个非洲政府被拉到宪政谈判桌上。这一波民主化浪潮起始于贝宁人民共和国[①]。1972 年，马蒂厄·克雷库（Mathieu Kérékou）发动政变夺取了政权，开始了他的铁腕统治。1989 年，克雷库放弃了马克思主义，接受了国际货币基金组织的结构调整计划。结果，民众生活更加困苦，克雷库也渐失人心。1990 年 2 月，为了平息民众的街头抗议，克雷库同意召开一次全国会议，讨论贝宁的未来。令他震惊的是，此次大会本身占据了主动权，并自封为合法政府，修改了宪法。1991 年 3 月，贝宁人民共和国举行多党大选。克雷库在选举中失利，这让他后悔不迭。有趣的是，1996 年和 2001 年，他又两次当选为总统。

贝宁开启了民主化浪潮的先河，马里则紧随其后。1991 年 3 月 26 日，马里士兵抗命，拒绝开枪镇压马里首都手无寸铁的和平抗议群众。一名军官逮捕了总统穆萨·特拉奥雷（Moussa Traoré），召开制宪会议，修订宪法，实行多党选举。1992 年，阿尔法·奥马尔·科纳雷（Alpha Oumar Konaré）当选总统，并连任两届。此后 20 年，马里成为西非多党民主制的楷模。在扎伊尔，制宪会议代表采取与马里一样的策略，任命一个临时总理。但是，国家元首蒙博托·塞塞·塞科毫不理会日益严重的暴力活动，自己又任命了一个总理。扎伊尔很快就陷入绝境，同时有两个政府，同时发行两种货币，看不到和平解决的希望。1997 年，扎伊尔反叛组织得到了外国军队的支持，将蒙博托赶出了扎伊尔。非洲两个小国赞比亚和马拉维皆于 1964 年独立。卡翁达执政于赞比亚，海斯廷斯·卡穆祖·班达执政于马拉维，都实行一党制。但两国反对党团结一致，经过一系列的宪法修正案之后，两国分别于 1991 年和 1994 年实现了票选组阁。

1981 年，空军上尉杰瑞·罗林斯发动政变，第二次夺取了加纳的政权。1992 年，罗林斯放弃独裁统治，将加纳过渡到民主制度，令人起敬。通过投票，罗林斯继续执政。他之所以获得成功，很大原因在于加纳反对派内部分裂，力量弱小。肯尼亚的总统莫伊勉强算个民主派，他及其政党在选举中再次获胜，但选举本身受到广泛质疑，被指责远非"自由而公正"。其他很多非洲一党制国家仿效了肯尼亚的模式：在"多党"制度的名义下，现任总统动用暴力手段，使得其政党继续掌权。

尼日利亚的民主转型失败，最令人瞩目。1993 年，在经过多年准备后，尼日利亚举行了总统选举，但选举结果刚刚出来，巴班吉达（Babangida）将军就宣布选举无效，令世人大跌眼镜。随后，萨尼·阿巴查（Sani Abacha）将军取代了巴班吉达将军，但阿巴查将军明显无意恢复民主统治。直至 1998 年，阿巴查将军突然去世，其残暴的窃盗统治才终于完结。1999 年，前军人统治者奥卢塞贡·奥巴桑乔将军（1976—1979 年在任）当选为文职总统，西非巨人尼日利亚终于恢复了多党民主制。然而，尼日利亚后来的选举总是引发暴力活动，选举的公正性受人质疑，多党民主制并不稳固。无论中央政府还是州政府，腐败猖獗，行政低效。东北部地区的博科哈拉姆

---

[①]    1960 年 8 月，达荷美共和国独立；1975 年 11 月，改名为贝宁人民共和国；1990 年 3 月，改名为贝宁共和国。——译者注

"伊斯兰势力"仍在威胁这个幅员广阔、尚未统一的国家。

20 世纪 90 年代以后，北非没有紧随撒哈拉以南非洲的民主化道路。阿尔及利亚和埃及是北非两个人口大国，工业先进。部分由于结构调整计划影响，两国失业率攀高，经济压力加大，宗教势力增强。穆斯林兄弟会和神职人员宣称反对世界银行和国际货币基金组织主张的资本主义市场经济和多党民主制等"西方"制度。面对"无神论"的"全球化"，他们束手无策，但认为实行沙里亚法，可以让社会变得更加公正、团结、廉洁、道德。非洲历史的各个时期都出现过理想化的伊斯兰社会承诺，但很少实现，即使实现了，也不能持续。因此，他们被对手称为"伊斯兰原教旨主义者"。而强大且得到外部的大力支持的政府，足以挫败他们的活动。

20 世纪 90 年代在撒哈拉以南非洲重现的民主制度，不一定能满足一直呼吁政府进行变革、接受全新理念的普通选民的愿望。但这些民主制度确实重建了长期被漠视的民主原则：政府最终要对选民负责。总的来说，无论有何缺陷，新一波民主化浪潮开启了非洲人解决非洲问题的新时代。非洲政府需要塑造新的、与区域经济一体化密切相关的合法性，从而就此开辟出非洲大陆未来的新航向。然而，无论潜力有多么巨大，迈向美好未来的道路并不是一片坦途。

## 冲突及其解决

20 世纪 90 年代初的民主改革并不意味着军事政变和内战的终结。冲突爆发的主要原因是族群矛盾和地区竞争，中央政府常常偏袒某些族群、地区和城市精英，而宗教分化有时也是冲突的原因。下面的历史案例，尽管不全面，但涵盖了非洲这一时期的主要冲突，揭示出非洲人在解决危机时的努力。然而，并非所有冲突都寻找到了解决之道。

### 利比里亚和塞拉利昂

20 世纪 90 年代初，冲突最严重的地区是两个西非邻国，即利比里亚和塞拉利昂。此次危机也成为泛非立场致力于解决非洲同胞问题的开端。1989 年 12 月，利比里亚的异见派查尔斯·泰勒（Charles Taylor）从邻国几内亚进入利比里亚，意欲推翻塞缪尔·多伊（Samuel Doe）总统的军事独裁统治。多伊本是一名军士长，后自封将军，夺取了利比里亚政权。塞拉利昂的异见派支持泰勒，并希望他夺取政权后再支持他们推翻塞拉利昂约瑟夫·赛义杜·莫莫（Joseph Saidu Momoh）总统的腐败政府。

1990 年 8 月，利比里亚首都蒙罗维亚随时都会落入两支敌对的叛军手中。西非国家经济共同体派出一支维和部队①进入利比里亚，试图制止冲突。西非国家元首放弃了非洲统一组织传统的不干涉他国内政原则，一致同意采取干预措施，开创了先例。这也标志着非洲干预型冲

---

① 即西非国家经济共同体监督团。

**地图 32.1**　1990—2011 年西非的冲突地区

突解决模式的开始，后来也用于保护民主政治。最初，西非国家经济共同体监督团（ECOWAS Monitoring Group, ECOMOG）行动消极，睁只眼闭只眼，任由反叛军抓捕、虐待、处决塞缪尔·多伊。利比里亚陷入内战后，西非国家经济共同体监督团才开始积极采取军事行动，迫使查尔斯·泰勒于 1992 年走向谈判桌。但冲突远未结束。利比里亚人又经历了 5 年时战时和的"停火期"，身心疲惫，泰勒最终当选为总统。

　　与此同时，塞拉利昂也爆发了冲突。泰勒向塞拉利昂叛军组织革命联合战线（Revolutionary United Front, RUF）提供武器，换取钻石。这也是"血钻"（blood diamonds）一词的由来。经历了两次政变后，塞拉利昂一度基于选举产生的政府又出现了分裂，国内的叛乱也丝毫没有减弱。1998 年，叛军占领了弗里敦。此时，西非国家经济共同体监督团开始介入，将叛军从弗里敦赶了出去，让暂时流亡在外的民选领导人艾哈迈德·泰詹·卡巴（Ahmed Tejan Kabbah）回国继续担任总统。西非国家经济共同体监督团想把革命联合战线领导人福迪·桑科（Foday Sankoh）纳入政府，意欲以此结束冲突，但这一尝试失败了。1999 年，在一小支英国部队的协助下[①]，西非国家经济共同体监督团积极采取军事行动。随后，桑科被抓并死于监狱。1999 年，战争双方在尼日利亚首都阿布贾签署停火协议。塞拉利昂内战终于结束了。2002 年，卡巴再次当选总统。联

---

① 为塞拉利昂军队提供军事训练。

495

合国也设立了塞拉利昂特别法庭，审理战犯，其中包括利比里亚总统泰勒，因为是他怂恿了革命联合阵线发动叛乱。

其实，泰勒在利比里亚也面临反叛。2003 年，泰勒被迫流亡尼日利亚。在国际社会的压力下，尼日利亚总统奥卢塞贡·奥巴桑乔表示，尼日利亚不庇护非洲独裁者，他们应该为犯下的罪行付出代价。他批捕了泰勒，并把泰勒移交给荷兰海牙的塞拉利昂特别法庭①。2012 年，查尔斯·泰勒被裁定犯有 11 项罪行，包括恐怖活动、谋杀、强奸，被判处 50 年监禁。塞拉利昂不愿冒险在境内关押泰勒。因此，他最初被关押在荷兰，后转移至英国继续服刑。

## 卢旺达

纳尔逊·曼德拉成为南非第一位自由选举的总统，令非洲和非洲观察家兴奋不已，让他们对非洲的未来抱有了极大的希望。然而，仅仅 4 周后，希望便破灭了，非洲历史上最严重的种族大屠杀爆发了。此前，大多数人几乎没有听说过卢旺达，但如今知道了，还知道了"种族大屠杀"（genocide）一词。

1959—1960 年，卢旺达胡图人开始屠杀图西人，很多图西人逃往国外。一群流亡在外的图西人组建了卢旺达爱国阵线（Rwanda Patriotic Front, RPF）。1990—1991 年，保罗·卡加梅（Paul Kagame）领导的卢旺达爱国阵线自乌干达入侵卢旺达。到 1993 年，卢旺达爱国阵线控制了卢旺达西北部的大片地区，迫使胡图族独裁者朱韦纳尔·哈比亚利马纳前往坦桑尼亚的谈判桌。双方签署了停火协议，冲突眼看着就能结束。与此同时，胡图族联攻派民兵（Interahamwe）② 按照政治密令，准备进行"最后清算"，发动种族大屠杀，意欲屠杀卢旺达境内所有图西人和反对种族大屠杀计划的胡图族"叛徒"。屠杀对象也包括哈比亚利马纳及其大多数内阁成员，因为他们准备和谈，甚至要与卢旺达爱国阵线的图西族"蟑螂"分享权力。

1994 年 4 月 6 日，哈比亚利马纳的专机在飞往基加利（Kigali）机场时被击落，这一事件拉开了种族大屠杀的序幕。数小时内，哈比亚利马纳政府的主要政治人物就遭到杀害，针对成千上万名图西族平民和同情图西族的胡图人的大屠杀开始。屠杀人数之多、速度之快令人震惊，100 天内约有 80 万图西人被杀，很多图西人是被邻居用大砍刀杀害的。图西人逃往教堂，却没有或很少得到神职人员的保护，一些神职人员甚至与杀戮者沆瀣一气。

1993 年，美国两架直升机在摩加迪沙被击落，血染索马里。此时的美国选择袖手旁观，只是在争论卢旺达的情况是不是"种族大屠杀"。联合国在卢旺达有一支维和部队，监督政府与卢旺达爱国阵线停火。但阻止国内种族大屠杀不在联合国维和部队管辖权限范围之内，而且联合国维和部队既没有法律权限又没有军力去阻止种族大屠杀。4 月 8 日，种族大屠杀爆发后，卢旺达

---

① 2002 年，联合国和塞拉利昂政府共同设立了塞拉利昂特别法庭。由于在塞拉利昂审判查尔斯·泰勒存在政治风险，所以塞拉利昂特别法庭又在海牙国际刑事法庭内设立一个审判分庭。——译者注

② Interahamwe，卢旺达语单词，意思是"站在一起的人"。——译者注

爱国阵线重启战事。直到 7 月，卢旺达爱国阵线占领了基加利，种族大屠杀才结束。联攻派民兵
带着 200 万胡图族平民作护盾，向西逃往扎伊尔。法国人一直支持哈比亚利马纳政权，甚至训
练联攻派民兵。法国派遣一支"侵略军"过来，护送联攻派民兵西逃。国际援助机构、新闻媒体
错误地认为，逃往扎伊尔的卢旺达人是为了躲避种族大屠杀，而不是为了掩护行凶者。联攻派民
兵、胡图族军队的残兵败将逃到扎伊尔后实现了重组，持续威胁着卢旺达爱国阵线政府的安全。
自 1994 年以来，卢旺达爱国阵线政府实现了经济高速发展和族群和解，令人印象深刻，但总统

**地图 32.2**　　1990—2017 年的中部非洲与东非

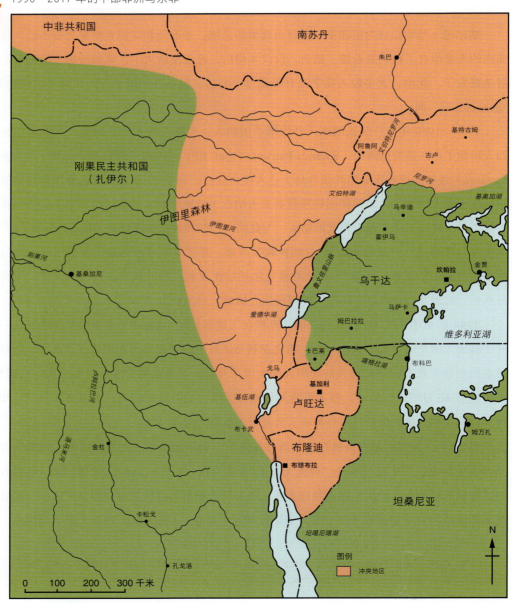

保罗·卡加梅渐渐显示出了独裁倾向，这对长远的政治稳定来说实非好事。

## 扎伊尔（刚果民主共和国）

1995 年，卢旺达爱国阵线军队入侵扎伊尔，强迫大部分胡图族平民返回卢旺达，但卢旺达爱国阵线仍然觉得受到滞留在扎伊尔的联攻派民兵残余力量的威胁。1996 年，卢旺达爱国阵线趁着扎伊尔东部地区发生叛乱之际，入侵扎伊尔，推翻了蒙博托的统治，扶植扎伊尔的异见派劳伦特·卡比拉（Laurent Kabila）为总统。卡比拉将扎伊尔改名为刚果民主共和国。不幸的是，这里毫无民主可言。很快，卢旺达时任总统巴斯德·比齐蒙古（Pasteur Bizimungu）不再信任卡比拉。1998 年，他与乌干达总统穆塞韦尼派出军队进入刚果民主共和国东部地区，支持那里的叛军。卢旺达、乌干达的军队明显是侵略军，其目的既是为了维护自身安全，又是为了抢夺地区矿产资源。冲突升级为一场地区大战，将刚果民主共和国东部地区变成一片废墟，甚至津巴布韦也派军过来抢夺矿产资源。2003 年，战争结束。战争造成 100 万刚果人失去生命，持续和平、稳定、秩序的恢复了然无望。为了抢夺矿产资源，匪帮、民兵、纪律涣散的刚果军队之间的小规模冲突一直不曾间断。

## 索马里

1991 年，西亚德·巴雷逃出索马里。索马里一度群龙无首，以氏族为基础的民兵几乎摧毁了这个民族国家。1991 年 5 月，索马里北部地区①宣布独立成为"索马里兰共和国"（Republic of Somaliland），但没有获得国际承认。索马里其他地区分裂为十多块领地，主要控制在"军阀"和纪律涣散的民兵手中。2000 年后，当地宗教领袖清除了街道的武装，实现了表面上的稳定。他们控制的地区越来越多，并组建了伊斯兰法院联盟（Islamic Courts Union, ICU）。但是，这发生在纽约世贸中心遇袭的"9·11"事件之后。

"9·11"事件后，美国总统乔治·W. 布什（George W. Bush）发动"反恐战争"，怀疑索马里包庇"伊斯兰恐怖分子"。2006 年 12 月，美国怂恿埃塞俄比亚入侵索马里，旨在组建过渡联邦政府，让索马里恢复稳定，并把伊斯兰极端主义势力驱除出索马里。然而，适得其反，此次入侵让伊斯兰法院联盟成员变得更激进，组建了"青年战士运动"（Harakat al-Shabaab al-Mujahideen），更广为人知的名字是"索马里青年党"（al-Shabaab）。埃塞俄比亚撤军后，非盟派出非盟驻索马里特派团（African Union Mission in Somalia）前来维和，支持过渡联邦政府。然而，索马里青年党并没有那么轻易被击垮。就在非盟驻索马里特派团与索马里青年党在摩加迪沙直接展开巷战前不久，索马里过渡联邦政府已经陷入危机，没有外部支持难以生存。战争一直在延续。联合国、非盟等机构多方干预，意欲建立一个可持续的索马里联邦政府。2009 年，索马

---

① 前英属索马里。

里发生旱灾,粮食短缺。成千上万名饥肠辘辘的索马里难民逃往肯尼亚,建立了世界上最大的难民营。截至 2018 年本书写作时,非洲仍然在寻求索马里冲突问题的解决之道。

## 南苏丹

2011 年,苏丹南部地区民众通过投票公决,决定与占苏丹共和国 2/3 面积的北部地区分离。

**地图 32.3** 1990—2017 年的苏丹 / 南苏丹

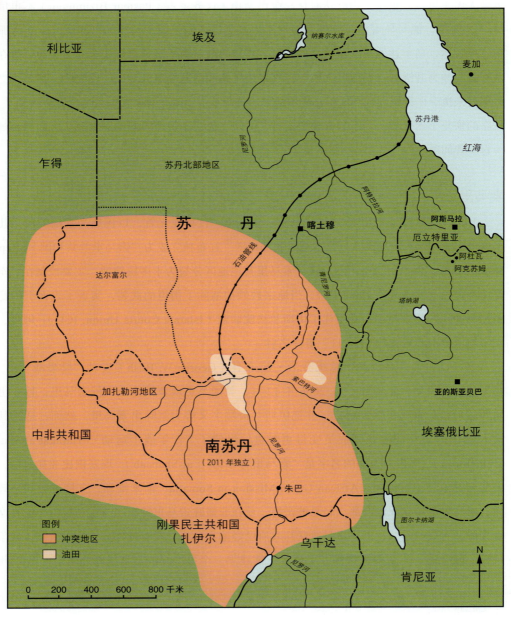

2011 年 7 月 9 日，根据早前与北方达成的协议，非洲最年轻的国家南苏丹宣告诞生。世人皆以为由此可以结束苏丹地区漫长的冲突。然而，希望转瞬就彻底破灭了。

1956 年前，苏丹南北两块领地都是英属殖民地。苏丹独立前十年，苏丹南北两块领地才合并起来，但是地区合并从一开始就不顺遂。其实，自独立至 2011 年分裂，苏丹历史就是内战史。苏丹内战通常被称为阿拉伯人／穆斯林的北方与非洲人／基督徒或传统宗教的南方之间的战争。但是，尤其是自 20 世纪 80 年代后，苏丹其实爆发了好几场盘根错节的内战。苏丹人民解放军（Sudan People's Liberation Army, SPLA）主导着南方脱离北方的独立斗争，但苏丹境内还有诸多其他反抗中央政府的反叛集团，既包括南方人，又包括北方的穆斯林。总的来说，喀土穆政府由认为自己属于阿拉伯穆斯林世界的北方人主导。

苏丹南部地区资源丰富，水源充沛，土壤肥沃，而北方地区恰恰相反。20 世纪末，传统南北行政管辖边界靠南方的地区又发现了大量石油储藏。因此，历届喀土穆政府都决心维持、加强对南部地区的控制。苏丹北方通过修建石油管线，把石油运输至北部红海地区的苏丹港（Port Sudan），控制南方的石油。苏丹政府还尝试在南方实行沙里亚法，这反而增加了苏丹人民解放军脱离北方的决心。

20 世纪 90 年代末，喀土穆政府意欲孤立苏丹人民解放军，拉拢以努尔人为主的南苏丹防卫军（South Sudan Defence Force, SSDF），因为南苏丹防卫军主导了石油产区的斗争。此举增加了丁卡人与努尔人之间的不信任和敌意，并为未来的冲突埋下了伏笔。[①] 喀土穆政府与苏丹人民解放军之间展开谈判，却排除了达尔富尔的反叛组织。2004 年，达尔富尔的叛乱活动升级。苏丹政府借助"阿拉伯"游牧部落民兵简贾威德（Janjaweed）[②] 的力量，打压达尔富尔的反叛组织。在政府空袭的支持下，简贾威德给达尔富尔西部地区带来了一场浩劫，并趁机对反对穆斯林的"非洲"牧民实行"种族清洗"。当国际社会都在关注苏丹中央政府与苏丹人民解放军之间的和平进程时，苏丹西部地区有多达 100 万人流离失所，其中有 10 万人逃往邻国乍得。

这一地区多个非洲国家政府都介入了苏丹冲突。2004 年的前几个月，在肯尼亚的协调下，喀土穆与苏丹人民解放军之间达成一项协议，确立了一个实现和平的政治框架。2005 年 7 月，苏丹人民解放军领导人约翰·加朗（John Garang）担任为期 6 年的"分权"过渡政府的副总统。[③] 在为期 6 年过渡期的最后阶段，苏丹将就南部地区独立问题举行全民公投。不久后，加朗死于直升机坠机事件，但是分权协议在此次事件的冲击下保存了下来。2011 年，南方人几乎一致投票支持与北方分离，南北双方因为边界争议发生了一些武装冲突。很多人都担心喀土穆政府会阻止南部地区的独立进程，但此事并未发生。

右栏页码：499、500

---

① 努尔人和丁卡人是有亲缘关系的族群，从事农耕—畜牧。长期以来，甚至在反对喀土穆政府的解放战争期间，这两个族群一直在尼罗河中游流域争夺领地。苏丹人民解放军以丁卡人为主，南苏丹国防军以努尔人为主。

② 字面意思是"骑马挎枪人"，Janjaweed、Janjawid 是阿拉伯语单词 جنجويد 的英译名。——译者注

③ 原文说 2005 年 1 月约翰·加朗成为苏丹副总统，表述明显有误。2005 年 1 月，苏丹人民解放军与苏丹政府达成和平协议。约翰·加朗于 2005 年 7 月就任苏丹第一副总统兼南方自治政府主席。——译者注

苏丹与南苏丹之间最主要的问题是石油开采、石油运输等经济问题。2013 年，即南苏丹独立两年后，丁卡人出身的萨尔瓦·基尔（Salva Kiir）总统与努尔人出身的里克·马夏尔（Riek Machar）之间的政治权力斗争，转变为丁卡人与努尔人之间的斗争。在政治权力斗争中，马夏尔一直调动族群力量。丁卡人与努尔人之间的斗争很快就升级为全面内战，族群之间数个世代的不信任浮出水面。

在接下来几年的内战中，南苏丹至少有 30 万人丧生，多达 300 万人流离失所。南部农业地区的斗争导致粮食出现了严重短缺，数百万人面临饥荒。2015 年，脆弱国家指数（Fragile States Index）将南苏丹列为最脆弱的国家，将索马里列为第二位。乌干达军队介入南苏丹冲突，支持部署在南苏丹的联合国维和部队与南苏丹政府军。2015 年，南苏丹政府军和反叛军在埃塞俄比亚签署和平协议，但和平协议只持续了一年。南苏丹、索马里的问题迄今没有找到解决之道。

## "阿拉伯之春"

2011 年的"阿拉伯之春"，一度让"人民权力"搅动了北非地区。"阿拉伯之春"肇始于突尼斯。突尼斯失业率颇高，但政治反对派势力弱小，力量分化，因此本·阿里（Ben Ali）得以在一系列颇有争议的选举中蝉联总统。本·阿里政府长期执政，国内政治异常沉闷，再加上 2008 年世界金融危机导致食品、燃油价格飙升，进一步加剧了突尼斯国内的紧张局势。

一个名叫穆罕默德·布瓦兹兹（Mohamed Bouazizi）的突尼斯年轻水果商贩，由于没有营业许可而遭到警察殴打。警察滥用权力揭示出突尼斯政治的高压。2010 年 12 月 17 日，陷入绝望的布瓦兹兹自焚身亡。突尼斯人自发走上街头，抗议警察野蛮执法致使布瓦兹兹死亡。民众对政府、安全部队的不满情绪迅速蔓延，突尼斯政府对此无法控制。民众举行示威游行，要求本·阿里总统下台。2011 年 1 月 14 日，在民众的抗议声中，本·阿里下台，流亡国外。

突尼斯的变革是阿拉伯世界的"柏林墙倒塌"。突尼斯人的成功激发了埃及和世界其他地区阿拉伯穆斯林的民众抗议活动。

埃及比较具有代表性。前军官出身的埃及总统穆罕默德·胡斯尼·穆巴拉克（Muhammed Hosni Mubarak），在埃及实行专制统治。理论上，埃及实行多党选举制，但穆巴拉克无法容忍大多数政治反对派，实行严格的新闻审查制度，压缩政治自由和个人自由的空间。在美国援助、世界银行和国际货币基金组织贷款的支持下，穆巴拉克政府实行了结构调整计划，取消食品补贴，削减政府开支。结果，埃及民众，甚至大量拿薪俸的行政人员和专业技术人员阶层的生活水平都大为下降，只有一小部分的企业家及其政治代理人生活富足。埃及总人口约 7000 万，其中一半以上的人口居住在城市地区，且 2/3 集中居住在开罗。大量城市失业人口迁往农村地区，结果发现农村地区比城市贫民窟还要穷苦。

埃及民众从 2011 年 1 月的突尼斯看到了争取自由的机会。开罗的塔利尔广场（Tahrir Square）很快便成为民众抗议活动的中心。埃及中央政府没有人支持穆巴拉克，安全机构也没有去镇压民众。2011 年 2 月 11 日，短短 4 周时间，穆巴拉克便被迫下台。埃及军方接管政权，并承诺修订宪法。在随后的选举中，穆斯林兄弟会获得了压倒性胜利，而穆斯林兄弟会在此之前一直反对选举。2012 年 6 月，穆斯林兄弟会的穆罕默德·穆尔西（Mohamed Morsi）就职埃及总统，但各界担心穆尔西政府将实行严格的伊斯兰教法。一年后，埃及军方夺取了政权，通过大规模审判和监禁清除了穆斯林兄弟会的势力。2014 年，根据修订后的宪法，前武装部队最高委员会主席阿卜杜勒·塞西（Abdel el-Sisi）当选为文职总统。这也意味着军方将政权归还给了穆巴拉克那种类型的政府。4 年后，塞西再次当选为埃及总统，并监禁反对派或禁止大多数反对派的活动。

穆巴拉克下台后，利比亚东部城市班加西（Benghazi）的民众开始发起抗议活动。卡扎菲对此似乎颇感意外。看到民众抗议活动显然不会减弱后，卡扎菲派出军队全力镇压。长期以来，西方国家希望利比亚发生政权更替，并劝服联合国允许北约在利比亚设立一个"禁飞区"，宣称是为了保护班加西平民。美国不想卷入又一场无法取胜的战争。法国、英国很快便把联合国的决议解释为可以攻击利比亚所有军事设施，明显旨在迫使卡扎菲下台。在北约的帮助下，利比亚民兵部队占领了的黎波里。2011 年 10 月，利比亚民兵部队最终占领了卡扎菲家乡苏尔特（Sirte），抓获并立即处死了卡扎菲。利比亚陷入分裂和无政府状态。地中海地区再次出现了奴隶贸易和人口贩运，且难以控制，这也为伊斯兰极端主义组织的活动留下了空间。与此同时，支持卡扎菲的穆斯林撤退至南方地区，加剧了撒哈拉沙漠南部边缘的紧张局势和冲突。

在"阿拉伯之春"的冲击下，只有突尼斯组建了负责任的民主政府。

## 马里

2012 年 1 月，马里 20 年来的政治稳定被打破了。图阿雷格反叛力量控制了马里北部的大部分地区，包括历史名城廷巴克图，并宣布该地区为图阿雷格人的独立国家"阿扎瓦德"（Azawad）。北非穆斯林南撤后，"伊斯兰马格里布基地组织"（al-Qaeda in the Islamic Maghreb, AQIM）和另一个伊斯兰极端组织在很短的时间内夺取了图阿雷格人的"阿扎瓦德"，并宣称将在整个马里实行沙里亚法。他们摧毁了廷巴克图的宗教神殿，并威胁摧毁廷巴克图的中世纪图书馆。一个非常勇敢的当地人掩藏了图书馆中大部分珍贵的历史手稿和书籍，并将其带出廷巴克图，拯救了历史文献。

2012 年 3 月，中级军官阿马杜·萨诺戈（Amadou Sanogo）以政府未能挫败北方反叛力量为借口，推翻了马里民选政府。然而，西非国家的元首们决意展现他们保护民选政府的决心。西非国家经济共同体国家受够了政变，对马里实施了制裁和贸易禁运。一个月内，萨诺戈接受了文职过渡政府，并在一年内举行了选举。2013 年 1 月，马里过渡政府请求法国支援，击败了反叛分子。2 月，马里过渡政府解放了廷巴克图，夺回了北部大部分地区。9 月，马里通过选举恢复了民主政府，易卜拉辛·凯塔（Ibrahim Keita）宣誓就任马里总统。

502

# 卫生与环境

　　疟疾和缺乏清洁的饮用水是热带非洲历来已久的两大健康威胁，迄今没有得到解决。一些政治稳定的非洲国家以分发蚊帐的方法降低了儿童的疟疾患病率，在提供清洁饮用水方面也取得了重大进展。20 世纪 60 年代和 70 年代初，非洲人口大增。此后，由于政府预算极其有限，很多非洲国家削减了人均医疗支出。严重的健康问题在冲突地区出现了。在叛乱和内战地区，除了蓄意杀戮、残害、强奸之外，卫生服务是第一个受到影响的领域。2013 年 12 月，几内亚爆发了埃博拉（Ebola）疫情。疫情迅速蔓延到周边地区，包括利比里亚和塞拉利昂，持续了两年时间。近年来的内战摧毁了利比里亚和塞拉利昂的基础设施（包括卫生设施），埃博拉疫情蔓延到这两个国家绝非巧合。相比之下，尼日利亚、马里、塞内加尔很快就控制了埃博拉病毒的传播。值得注意的是，国际社会最关注、援助力度最大的疾病是艾滋病。工业化国家也有艾滋病，但世界上艾滋病毒感染率最高的地区是非洲。

## 艾滋病

　　自 20 世纪 80 年代中期以来，艾滋病毒 / 艾滋病给非洲年轻人造成了严重危害。甚至在艾滋病被认识前，这种通过性传播的新型疾病就已经在中部非洲、东非的异性恋人群中广泛传播。从

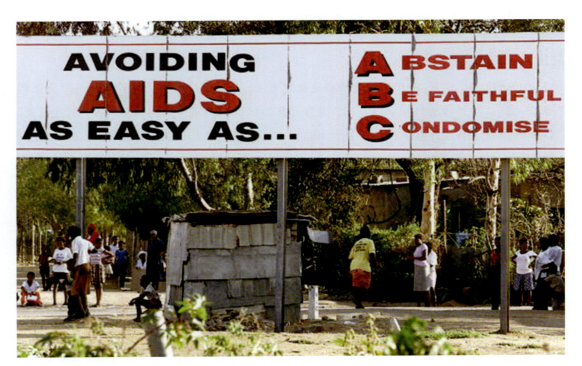

**图 32.1**　博茨瓦纳 1997 年的健康教育海报。乌干达取得一定成功之后，博茨瓦纳（拥有非洲大陆最好的卫生诊所、学校、清洁水，而且政治稳定）积极发布公共信息，开展同伴教育活动，以此对抗艾滋病毒 / 艾滋病。图片来源：*Yoav Lemmer/AFP/Getty Images*。

20世纪80年代中期到90年代中期，艾滋病最初通过移民工人和长途运输司机传播至中部非洲、东非、南部非洲大部分地区。即便艾滋病毒感染率迅速上升，很多非洲国家政府也拒绝承认艾滋病危机的严重性。这可能有两个原因：第一，谈论私人性行为在大多数非洲社会属于文化禁忌；第二，艾滋病一般又被认为专属于西方男同性恋者——非洲大部分地区的另一个文化禁忌，因而人们更不愿讨论艾滋病、检测艾滋病毒和治疗艾滋病。

艾滋病毒感染率很高的南非，很久之后才认识、承认艾滋病危机。由于没有疫苗，西方工业化国家开发了抑制艾滋病毒的药品，然而对非洲的医疗预算而言，这些药品价格过于昂贵。因此，一些非洲政府积极行动起来，重视公共卫生教育，预防艾滋病，乌干达就是一例。到20世纪90年代末，乌干达的艾滋病毒感染率开始下降。一些人认为乌干达感染了艾滋病毒的人死亡了，因此统计数据中艾滋病毒感染率下降了。但毫无疑问，公共卫生教育确实提高了人们的预防艾滋病意识，而且其他地区的艾滋病毒新感染率已经下降了。20世纪90年代中期，博茨瓦纳的艾滋病毒感染率特别高。博茨瓦纳以乌干达为榜样，积极公布公共卫生信息，开展同伴教育活动，以此对抗艾滋病。尽管如此，艾滋病毒严重危害了独立后的一代非洲人，而他们正承载着非洲未来的希望。

进入新千年之后，抑制艾滋病毒的药物（但尚不能治愈）的价格已经有所下降。很多国家也开始有能力为艾滋病毒感染者提供药物，特别是向孕妇提供药物，防止艾滋病毒传播到下一代。博茨瓦纳、纳米比亚、南非、乌干达、塞内加尔等非洲国家政治稳定，在艾滋病防治方面前途光明。然而，刚果民主共和国等国家，战争肆虐，常发生大规模强奸，基础设施又极其有限，在未来多年可能将会继续受到艾滋病的影响。

## 气候变化

自20世纪50年代以来，非洲大陆许多地区的年均降雨量略有下降。最近的科学研究表明，海水平均温度略有上升，极地冰盖在夏季的融化速度加快，为海洋注入了大量淡水。反过来，这也影响了洋流和降雨，加速了世界气候变化。对于非洲来说，气候变化导致旱灾、水灾的发生概率变大，特别是季节性降雨的萨赫勒和稀树草原地区。而乍得、苏丹、埃塞俄比亚、索马里等内战肆虐的国家，已经深受旱灾影响。

而博茨瓦纳的情况表明，旱灾不一定会导致饥荒。博茨瓦纳位于卡拉哈里沙漠边缘，与其他地方一样，常年干旱。但博茨瓦纳以畜牧业和钻石出口为基础的经济发展稳定，而且还有稳定的民主政治。博茨瓦纳能够利用其完善的基础设施和经济储备，设立行之有效的抗旱项目。因此，虽然博茨瓦纳民众遭受了旱灾，但并未发生饥荒，国家团结一致应对灾害。

然而，到21世纪的第二个十年，非洲大部分地区的旱灾发生率明显上升。印度洋海水温度略有上升，自西向东的洋流带走了东非的雨水云层，导致东非可能会出现严重的旱灾，特别是让饱受战争蹂躏的索马里陷入普遍饥荒的边缘。

**图 32.2** 德拉巴（Dlaba）地区的"青年组"在集体土地上的小米植物间锄地，现场还有音乐伴奏。图片来源：*IFAD/Horst Wagner*。

在历史中，非洲人根据当地环境，发展出新的畜牧与农耕技术来应对气候变化。但那时的非洲人口只有今天的一部分。在一个完全不同的世界，除了现代战争造成的破坏之外，今天的气候也已经发生了变化，并使得旱灾、水灾的发生概率增加。现代国家边界的限制、人口的快速增长、对更高生活水平的期望，使得人们对环境提出了更高的要求。非洲国家政府越来越意识到需要为此提出本土解决方案。至于这些本土解决方案能否应对世界气候的变化，则是另外一回事。

## 政治稳定与当代非洲

21 世纪的第二个十年，很多非洲国家的年均经济增长率是发达国家所求之不得的——超过一半的非洲国家的年均经济增长率高达 4%—7%。非洲海外散居者的侨汇对此做出了重大贡献。很多受过良好教育的公民离开了非洲，在海外谋求事业发展。一旦发生政治或经济危机，他们便离开母国。但总的来说，他们并没有忘记母国。大多数人将资金寄回母国的家庭，或投入母国新兴产业。侨汇总额巨大：例如，侨汇占塞内加尔国内生产总值的 10%。而塞内加尔国内 50% 的成年人没有全职工作。侨汇对塞内加尔人的经济福利意义重大。

非洲经济发展仍然受到世界市场的商品价格波动影响，但非洲经济增长的重要原因是政治稳定。从长远来看，政治稳定取决于善治而非独裁。

20 世纪 90 年代，非洲出现了民主复兴。尽管这次民主复兴有诸多缺陷，但奠定了非洲政治发展的基础。与独立斗争一样，加纳是非洲民主道路的引导者。2000 年，杰瑞·罗林斯结束了第二个四年任期后，他的政治对手赢得了随后的大选，当选为总统。此后，加纳修改宪法，总统任期不超过两届。这不仅有利于加纳的政治稳定，而且非常有利于整个非洲地区的政治稳定。在选举中失利的候选人不再指责选举"舞弊"，因为他们知道还有机会。越来越多的非洲国家认识到，选举提供了法律框架，尊重人权、言论自由、新闻自由（得益于社交媒体）确立了民主，带来了稳定的政府。2011 年诺贝尔和平奖得主、2017 年卸任的利比里亚总统埃伦·约翰逊·瑟利夫（Ellen Johnson Sirleaf），她在支离破碎的利比里亚展开国家重建，在实现政治和经济正常化方面取得了惊人的成就。

然而，依然有一些非洲国家总统通过修宪突破了两个任期的限制，这着实令人担忧。刚果（布）、卢旺达的总统修订宪法，突破了任期限制，而乌干达的约韦里·穆塞韦尼目前正处于执政的第四个十年。同时，穆塞韦尼的民主信誉已经受损，显示出专制倾向：压制媒体自由、不容忍和平抗议、逮捕反对派。2017 年 12 月，乌干达议会通过了一项法案，可能允许约韦里·穆塞韦尼继续执政至 2034 年。2016 年底，刚果民主共和国总统约瑟夫·卡比拉（Joseph Kabila）在任期即将结束时无限期地推迟了选举。此举之于国名而言，实在是一种讽刺。斯威士兰的国王姆斯瓦蒂三世（Mswati Ⅲ）宣称忠于非洲文化，以此为其绝对权力加以正名。2018 年 4 月 15 日，姆斯瓦蒂三世颁布王家法令，将斯威士兰改名为伊斯瓦蒂尼（eSwatini）。

2016 年 12 月，长期实行独裁统治的冈比亚总统叶海亚·贾梅（Yahya Jammeh）在选举中落败，但拒绝下台。西非国家的政治家表现出了勇气，威胁要召集西非国家经济共同体部队来强制推进冈比亚政府的民主更替。贾梅同意下台，离开冈比亚，并允许继任者阿达马·巴罗（Adama Barrow）返回冈比亚，而巴罗当时已经在冈比亚驻塞内加尔大使馆宣誓就职冈比亚总统。

真正意义上的非洲联合或许还有很长的路要走。但更重要的是，自 20 世纪 90 年代以来，非洲国家领导人已经用行动表明，他们决心在整个非洲大陆确立、维护稳定的民主政治。因为只有让非洲国家政府实现稳定，对人民负责，非洲民众的经济、社会福祉才会有希望。

# 进一步阅读建议

非洲通史、地区纵览、一般性历史主题、期刊，读者可参见网站：www.macmillanihe.com/shillington-hoa-4e。
网站中分篇目、分章节列出了更详尽的专题性和断代史著作。

## 第一篇　早期与晚期史前史（第一、二章）

Barham, L. and Mitchell, P. (2008) *The First Africans: African Archaeology from the Earliest Toolmakers to most Recent Foragers* (CUP, Cambridge)

Barich, B.E.P. (1998) *Water and Grain: The Beginnings of Domestication in the Sahara and the Nile Valley* (L'Erma di Bretschneider, Rome)

Berger, L. with Hilton-Berber, B. (2000) *In the Footsteps of Eve: The Mystery of Human Origins* (National Geographic Adventure Press, Washington DC)

Blench, R.M. and MacDonald, K.C. (eds) (2000) *The Origins and Development of African Livestock: Archaeology, Genetics, Linguistics and Ethnography* (UCL Press, London)

Ehret, C. (2002) *The Civilizations of Africa: A History to 1800* (James Currey, Oxford)

Groucutt, H.S., Grun, R., Zalmout, I. et al. (2018) 'Homo sapiens in Arabia by 85,000 years ago', *Nature Ecology & Evolution*, 2, 800–9

Hassan, F.A. (ed.) (2002) *Droughts, Food and Culture: Ecological Change and Food Security in Africa's Later Prehistory* (Kluwer Academic/Plenum, New York)

Keine, B. and Nurse, D. (eds) (2000) *African Languages: An Introduction* (CUP, Cambridge)

Kent, S. (ed.) (1998) *Gender in African Prehistory* (Altamira Press, Walnut Creek)

Lewis-Williams, D. and Dowson, T.A. (1999) *Images of Power: Understanding Southern African Rock Art* (Southern, Johannesburg)

Marshall, F. and Hildebrand, E. (2002) 'Cattle before crops: The beginnings of food production in Africa', *Journal of World Prehistory*, 16(2), 99–143

Neumann, K., Butler, A. and Kahlheber, S. (eds) (2003) *Food, Fuel and Fields: Progress in African Archaeobotany* (Heinrich-Barth Institute, Koln)

Stringer, C. (2012) *The Origin of Our Species* (Penguin, London)

Stringer, C. (2016) 'The origin and evolution of Homo sapiens', *Philosophical Transactions of the Royal Society B: Biological Sciences*, 371(1698), 1–12

### 古埃及

Dodson, A. (2001) *The Hieroglyphs of Ancient Egypt* (New Holland, London)

El Daly, O. (2007) *Egyptology: The Missing Millennium. Ancient Egypt in Medieval Arabic Writings* (Routledge, New York)

Manley, B. (1996) *The Penguin Historical Atlas of Ancient Egypt* (Penguin Books, London)

Montserrat, D. [(2000) 2005] *Akhenaten: History, Fantasy and Ancient Egypt* (Routledge, London)

Parkinson, R.B. (2010) *Poetry and Culture in Middle Kingdom Egypt: A Dark Side to Perfection* (OUP, Oxford)

Wilkinson, T. (2010) *The Rise and Fall of Ancient Egypt* (Bloomsbury, London)

## 第二篇　早期铁器时代（第三、四章）

Herbert, E.W. (1993) *Iron, Gender and Power: Rituals of Transformation in African Societies* (Indiana UP, Bloomington)

McIntosh, R.J. (2005) *Ancient Middle Niger: Urbanism and the Self-Organizing Landscape* (CUP, Cambridge)

Phillipson, D.W. (2012) *Foundations of an African Civilisation: Aksum and the Northern Horn, 1000BC-AD1300* (James Currey, Oxford)

Shaw, T., Sinclair, P., Andah, B. and Okpoko, A. (eds) (1993) T*he Archaeology of Africa: Food, Metals and Towns* (Routledge, London)

Sutton, J.E.G. (ed.) (1995) *The Growth of Farming Communities in Africa from the Equator Southwards* (British Institute in Eastern Africa, Nairobi)

Welsby, D.A. (1996) *The Kingdom of Kush: The Napatan and Meroitic Empires* (British Museum Press, London)

Wildung, D. (ed.) (1997) *Sudan: Ancient Kingdoms of the Nile* (Flamarion, New York)

## 第三篇　北非、西非的宗教与帝国（第五、六、七章）

Austen, R. (ed.) (1999) *In Search of Sundiata: The Mande Epic as History, Literature and Performance* (Indiana UP, Bloomington)

Brett, M. and Fentress, E. (1996) *The Berbers* (Blackwell, Oxford)

Cherry, D. (1998) *Frontier and Society in Roman North Africa* (Clarendon Press, Oxford)

Connah, G. (1987) *African Civilizations. Precolonial Cities and States in Tropical Africa: An Archaeological Perspective* (CUP, Cambridge)

Insoll, T. (2003) *The Archaeology of Islam in Sub-Saharan Africa* (CUP, Cambridge)

Levtzion, N. (1973) *Ancient Ghana and Mali* (Methuen, London)

Levtzion, N. and Hopkins, J.F.P. (eds) (1981) *Corpus of Early Arabic Sources for West African History* (CUP, Cambridge)

Lovejoy, P.A. (1986) *Salt of the Desert Sun* (CUP, Cambridge)

Lovejoy, P.A. (2012) *Transformations in Slavery*, 3rd edn (CUP, Cambridge)

Pearson, B.A. (1997) *Earliest Christianity in Egypt* (Institute for Antiquity and Christianity, Claremont)

Raven, S. (1993) *Rome in Africa*, 3rd edn (Routledge, New York)

Shaw, B.D. (1995) *Environment and Society in Roman North Africa* (Variorum, Aldershot)

## 第四篇　东部、中部与南部非洲的宗教、贸易与酋长制（第八、九、十章）

Campbell, G. (1996) *'Theories concerning the origins of the Malagasy'*, in M. Michel and Y. Paillard (eds) *Australes* (l'Harmattan, Paris)

Galaty, J.G. and Bonte, P. (eds) (1991) *Herders, Warriors and Traders: Pastoralism in Africa* (Westview Press, Boulder, CO)

Garlake, P. (1973) *Great Zimbabwe Described and Explained* (Thames & Hudson, London)

Hall, M. (2010) *'Farming communities of the second millennium: Internal frontiers, identity, continuity and change'*, in C. Hamilton, B.K. Mbenga and R. Ross (eds) *The Cambridge History of South Africa*, vol. 1: From Early Times to 1885 (CUP, Cambridge)

Henze, P. (1999) *Layers of Time: A History of Ethiopia* (Hurst, London)

Horton, M. and Middleton, J. (2001) *The Swahili* (Blackwell, Oxford)

Huffman, T.H. (1996) *Snakes & Crocodiles: Power and Symbolism in Ancient Zimbabwe* (Witwatersrand UP, Johannesburg)

Randrianja, S. and Ellis, S. (2009) *Madagascar: A Short History* (Hurst, London)

Schmidt, P.R. (1997) *Iron Technology in East Africa* (James Currey, Oxford)

Schoenbrun, D. (1998) *A Green Place, A Good Place: Agrarian Change, Gender and Social Identity in the Great Lakes Region to the 15th Century* (Heinemann, Portsmouth, NH)

Wilmsen, E.N. (1989) *Land Filled with Flies: A Political Economy of the Kalahari* (University of Chicago Press, Chicago)

## 第五篇　奴隶贸易时代的西非（第十一、十二章）

Barry, B. (1998) *Senegambia and the Atlantic Slave Trade: Senegambia before the Colonial Conquest* (CUP, Cambridge)

Bay, E.G. (1998) *Wives of the Leopard: Gender, Politics and Culture in the Kingdom of Dahomey* (University of Virginia Press, Charlottesville)

Djata, A. (1997) *The Bamana Empire by the Niger: Kingdom, Jihad and Colonization, 1712–1920* (Markus Wiener, Princeton)

Hawthorne, W. (2003) *Planting Rice and Harvesting Slaves: Transformations along the Guinea-Bissau Coast, 1400–1900* (Heinemann, Portsmouth, NH)

Law, R. (1991) *The Slave Coast of West Africa, 1550–1750: The Impact of the Atlantic Slave Trade on an African Society* (Clarendon Press, Oxford)

McCaskey, T. (1995) *State and Society in Pre-Colonial Asante* (CUP, Cambridge)

Roberts, R. (1987) *Warriors, Merchants and Slaves: The State and the Economy in the Middle Niger Valley, 1700–1914* (Stanford UP, Stanford)

Thornton, J. (1998) *Africa and Africans in the Making of the Atlantic World, 1400–1800* (CUP, Cambridge)

Webb, J.L.A. (1995) *Desert Frontier: Ecological and Economic Change along the Western Sahel, 1600–1850* (University of Wisconsin Press, Madison)

## 第六篇　北部、东部、中部与南部非洲国家的复兴与形成（第十三、十四、十五章）

Abu-Nasr, J.M. (1987) *A History of the Maghrib in the Islamic Period* (CUP, Cambridge)

Cornell, V.J. (1998) *Realm of the Saint: Power and Authority in Moroccan Sufism* (University of Texas Press, Austin)

Daly, M.W. (ed.) (1998) *The Cambridge History of Egypt*, vol. 2: *Modern Egypt, from 1517 to the End of the Twentieth Century* (CUP, Cambridge)

Getahun, S.A. (2006) *History of the City of Gondar* (AWP, Asmara)

Harms, R. (1981) *River of Wealth, River of Sorrow: The Central Zaire Basin in the Era of the Slave and Ivory Trade, 1500–1891* (Yale UP, New Haven, CT)

Hassen, M. (1994) *The Oromo of Ethiopia: A History 1570–1860* (Red Sea Press, Trenton, NJ)

Hilton, A. (1985) *The Kingdom of Kongo* (OUP, Oxford)

Miller, J.C. (1988) *Way of Death: Merchant Capitalism and the Angolan Slave Trade, 1730–1830* (University of Wisconsin Press, Madison)

Newitt, M. (1995) *A History of Mozambique* (Hurst, London)

Nicolle, D. (1993) *The Mamluks, 1250–1517* (Osprey, London)

Reid, R. (2002) *Political Power in Pre-Colonial Buganda* (James Currey, Oxford)

Ross, R. (2010) 'Khoesan and immigrants: The emergence of colonial society in the Cape, 1500–1800', in C. Hamilton, B.K. Mbenga and R. Ross (eds) *The Cambridge History of South Africa*, vol 1: *From Early Times to 1885* (CUP, Cambridge), pp. 168–210

Spear, T. (1997) *Mountain Farmers: Moral Economies of Land and Agricultural Development in Arusha and Meru* (James Currey, Oxford)

Strathern, P. (2008) *Napoleon in Egypt* (Vintage, London)

Walker, E.P. (2002) *Exploring an Islamic Empire: Fatimid History and its Sources* (I.B. Tauris, London)

## 第七篇　欧洲人"瓜分非洲"前的 19 世纪（第十六、十七、十八、十九、二十、二十一章）

Alie, J.D.A. (1990) *A New History of Sierra Leone* (St Martin's Press, New York)

Adekunle, J.O. (2000) 'The jihads of West Africa', in T. Falola (ed.) *Africa*, vol. 1 (Carolina Academic Press, Durham, NC), pp. 299–320

Afolayan, F. (2000) 'Sudanese kingdoms of West Africa', in T. Falola (ed.) *Africa*, vol. 1 (Carolina Academic Press, Durham, NC), pp. 161–90

Alie, J. and Shick, T. (1977) *Behold the Promised Land: A History of the Afro-American Settlers in Nineteenth-Century Liberia* (Johns Hopkins UP, Baltimore, MA)

Anstey, R. (1975) *The Atlantic Slave Trade and British Abolition, 1760–1810* (Macmillan, London)

Barry, B. (1998) *Senegambia and the Atlantic Slave Trade: Senegambia before the Colonial Conquest* (CUP, Cambridge)

Caretta, V. (2005) *Equiano, the African: Biography of a Self Made Man* (University of Georgia Press, Athens)

Dibua, J.I. (2000) 'Sudanese kingdoms of West Africa', in T. Falola (ed.) *Africa*, vol. 1 (Carolina Academic Press, Durham, NC), pp. 137–60

Equiano, O. [(1789) 2015] *Interesting Narrative of the Life of Olaudah Equiano, or Gustavus Vassa the African* (London)

Etherington, N. (2001) *The Great Treks: The Transformation of Southern Africa, 1815–1854* (Longman, Harlow)

Hamilton, C. (ed.) (1995) *The Mfecane Aftermath: Reconstructive Debates in Southern African History* (Witwatersrand UP, Johannesburg)

Hastings, A. (1995) *The Church in Africa, 1450–1950* (OUP, Oxford)

Keegan, T. (2016) *Dr Philip's Empire: One Man's Struggle for Justice in Nineteenth-Century South Africa* (Zebra Press, Cape Town)

Larson, P.M. (2000) *History and Memory in the Age of Enslavement: Becoming Merina in Highland Madagascar, 1770–1822* (James Currey, London)

Legassick, M. and Ross, R. (2010) 'From slave economy to settler capitalism: The Cape Colony and its extensions', in C. Hamilton, B.K. Mbenga and R. Ross (eds) *The Cambridge History of South Africa*, vol 1: *From Early Times to 1885* (CUP, Cambridge), pp. 253–318

Lovejoy, P. (2006) 'Autobiography and memory: Gustavus Vassa, alias Olaudah Equiano, the African', *Slavery and Abolition*, 27(3), 317–47

Randrianja, S. and Ellis, S. (2009) *Madagascar: A Short History* (Hurst, London)

Sheriff, A. (1987) *Slaves, Spices & Ivory in Zanzibar: Integration of an East African Commercial Empire into the World Economy, 1770–1873* (James Currey, Oxford)

Solow, B.L. and Engerman, S.L. (eds) (1987) *British Capitalism and Caribbean Slavery: The Legacy of Eric Williams* (CUP, Cambridge)

Vansina, J. (1990) *Paths in the Rainforests: Toward a History of Political Tradition in Equatorial Africa* (James Currey, Oxford)

Vansina, J. (2004) *Antecedents to Modern Rwanda: The Nyiginya Kingdom* (University of Wisconsin Press, Madison)

Williams, E. (1944) *Capitalism and Slavery* (University of North Carolina Press, Chapel Hill, NC)

Wright, J. (2010) 'Turbulent times: Political transformations in 1760s–1830s', in C. Hamilton, B.K. Mbenga and R. Ross (eds) T*he Cambridge History of South Africa*, vol. 1: *From Early Times to 1885* (CUP, Cambridge), pp. 211–52

## 第八篇　19 世纪末文化、政治帝国主义的冲击（第二十二、二十三章）

Ageron, C.R. (1991) *Modern Algeria. A History from 1830 to the Present* (Hurst, London)

Clark, A.F. (1999) *From Frontier to Backwater: Economy and Society in the Upper Senegal Valley, 1850–1920* (University Press of America, Lanham)

Cole, J.R.I. (1993) *Colonialism and Revolution in the Middle East: Social and Cultural Origins of Egypt's 'Urabi' Movement* (Princeton UP, Princeton)

Etherington, N., Harries P. and Mbenga, B. (2010) 'From colonial hegemonies to imperial conquest, 1840–1880', in C. Hamilton, B.K. Mbenga and R. Ross (eds) *The Cambridge History of South Africa*, vol. 1: *From Early Times to 1885* (CUP, Cambridge), pp. 319–91

Fahmy, K. (1997) *All the Pasha's Men: Mehmed Ali, His Army and the Making of Modern Egypt* (CUP, Cambridge)

Gewald, J.-B. (1999) *Herero Heroes: A Socio-Political History of the Herero of Namibia, 1890–1923* (James Currey, London)

Gray, R. (1990) *Black Christians and White Missionaries* (Yale UP, New Haven, CT)

Landau, P.S. (1995) *The Realm of the Word: Language, Gender and Christianity in a Southern African Kingdom* (James Currey, London)

Marsden, P. (2008) *The Barefoot Emperor: An Ethiopian Tragedy* (Harper Perennial, New York)

Nasson, B. (1999) *The South African War, 1899–1902* (Arnold, London)

Olusoga, D. and Erichsen, C.W. (2010) *The Kaiser's Holocaust: Germany's Forgotten Genocide and the Colonial Roots of Nazism* (Faber and Faber, London)

Pakenham, T. (1991) *The Scramble for Africa, 1876–1912* (Random House, New York)

Pennell, C.R. (2000) *Morocco since 1830: A History* (New York UP, New York)

Porter, A. (1994) *European Imperialism* (Macmillan, London)

Ross, K.R. (ed.) (1996) *Christianity in Malawi: A Source Book* (Mambo Press, Gweru)

Shik-Abdi, A. (1992) *Divine Madness: Mohammed Abdulle Hassan* (1856–1920) (Zed Books, London)

Shillington, K. (2011) *Luka Jantjie: Resistance Hero of the South African Frontier* (Aldridge Press/Palgrave Macmillan/Wits UP, New York/London/Johannesburg)

Zewde, B. (1991) *A History of Modern Ethiopia, 1855–1974* (James Currey, Oxford)

## 第九篇　殖民统治的影响与性质（1890—1945 年）（第二十四、二十五、二十六章）

Abdullahi, M.D. (2001) *Culture and Customs of Somalia* (Greenwood Press, Westport, CT)

Anderson, D.M. and Johnson, D.H. (eds) (1995) *Revealing Prophets: Prophecy in Eastern African History* (James Currey, Oxford)

Beinart, W. (2001) *Twentieth-Century South Africa*, 2nd edn (OUP, Oxford)

Buchert, L. (1994) *Education in the Development of Tanzania, 1919–1990* (James Currey, Oxford)

Chichester, D. (1996) *Savage Systems: Colonialism and Comparative Religion in Southern Africa* (University Press of Virginia, Charlottesville, VA)

Digre, B. (1990) *Imperialism's New Clothes: The Repartition of Tropical Africa, 1914–1919* (Peter Lang, New York)

Falola, T. (1999) *The History of Nigeria* (Greenwood Press, Westport, CT)

Friedrichsmeyer, S., Lennox, S. and Zantop, S. (eds) (1998) *The Imperialist Imagination: German Colonialism and its Legacy* (University of Michigan Press, Ann Arbor, MI)

Gershovich, M. (2000) *French Military Rule in Morocco: Colonialism and its Consequences* (Frank Cass, Portland, OR)

Harrison, C. (2003) *France and Islam in West Africa, 1860–1960* (CUP, Cambridge)

Hochschild, A. (1998) *King Leopold's Ghost: A Story of Greed, Terror and Heroism in Colonial Africa* (Houghton Mifflin, New York)

Jankowski, J. (2000) *Egypt: A Short History* (One World, Oxford)

Klein, M. (1998) *Slavery and Colonial Rule in French West Africa* (CUP, Cambridge)

Lewis, I. (2008) *Understanding Somalia and Somaliland* (Hurst, London)

Lunn, J.H. (1999) *Memoirs of the Maelstrom: A Senegalese Oral History of the First World War* (Heinemann, Portsmouth, NH)

Maloba, W.O. (1993) *Mau Mau and Kenya* (Indiana UP, Bloomington, IN)

Manning, P. (1998) *Francophone Sub-Saharan Africa, 1880–1995*, 2nd edn (CUP, Cambridge)

Miers, S. and Klein, M. (eds) (1999) *Slavery and Colonial Rule in Africa* (Frank Cass, London)

Moore, H.L. and Vaughan, M. (1994) *Cutting Down Trees: Gender, Nutrition and Agricultural Change in the Northern Province of Zambia, 1890–1990* (Heinemann, Portsmouth, NH)

Nelson, S. (1994) *Colonialism in the Congo Basin, 1880–1940* (Ohio University, Athens, OH)

Ochieng, W.R. (ed.) (1989) *A Modern History of Kenya, 1895–1980* (Evans, London)

Ranger, T. (1995) *Are We Not Also Men? The Samkange Family and African Politics in Zimbabwe, 1920–64* (James Currey, Oxford)

Ross, R., Mager, A.K. and Nasson, B. (2011) *The Cambridge History of South Africa*, vol. 2: *1885–1994* (CUP, Cambridge)

Thomas, M. (1998) *The French Empire at War, 1940–1945* (Manchester UP, Manchester)

Van Beusekom, M. (2002) *Negotiating Development: African Farmers and Colonial Experts at the Office du Niger* (James Currey, Oxford)

Warburg, G. (2003) *Islam, Secularism and Politics in Sudan since the Mahdiya* (Hurst, London)

Wright, J. (2012) *A History of Libya* (Hurst, London)

Zewde, B. (2001) *A History of Modern Ethiopia, 1885–1991* (James Currey, Oxford)

## 第十篇　殖民统治的终结（第二十七、二十八、二十九章）

Baker, C. (1997) *State of Emergency: Crisis in Central Africa, Nyasaland, 1959–1960* (I.B. Tauris, London)

Birmingham, D. (1995) *The Decolonisation of Africa* (Ohio UP, Athens, OH)

Birmingham, D. (1998) *Kwame Nkrumah: The Father of African Nationalism*, rev. edn (Ohio UP, Athens, OH)

Cooper, F. (1996) *Decolonization and African Society: The Labor Question in French and British Africa* (CUP, Cambridge)

De Witte, L. (2001) *The Assassination of Lumumba*, trans. A. Wright and R. Fenby (Verso, London)

Geiger, S. (1997) *TANU Women: Gender and Culture in the Making of Tanganyikan Nationalism, 1955–65* (Heinemann, Portsmouth, NH)

Heywood, L. (2000) *Contested Power in Angola, 1840s to the Present* (University of Rochester Press, Rochester, NY)

Kanza, T. (1972) *Conflict in the Congo: The Rise and Fall of Lumumba* (Penguin, London)

Legum, C. (1961) Congo Disaster (Penguin Books, Baltimore, MA)

Ogot, B.A. and Ochieng, W.R. (eds) (1995) *Decolonization and Independence in Kenya, 1940–93* (James Currey, Oxford)

Pennell, C.R. (2003) *Morocco: From Empire to Independence* (One World, Oxford)

Poggo, S.S. (2009) T*he First Sudanese Civil War: Africans, Arabs and Israelis in the Southern Sudan, 1951–1972* (Palgrave Macmillan, Basingstoke)

Rathbone, R. (2000) *Nkrumah and the Chiefs: The Politics of Chieftaincy in Ghana, 1951–1960* (James Currey, Oxford)

Sampson, A. (1999) *Mandela: The Authorised Biography* (HarperCollins, London)

Shillington, K. (2014) *Albert René: The Father of Modern Seychelles. A Biography* (University of Western Australia Publishing, Crawley, WA)

Tignor, R.L. (1998) *Capitalism and Nationalism at the End of Empire: State and Business Decolonizing Egypt, Nigeria, and Kenya, 1945–1963* (Princeton UP, Princeton, NJ)

Vaillant, J.G. (1990) *Black, French and African: A Life of Leopold Sedar Senghor* (Harvard UP, Cambridge, MA)

## 第十一篇　独立后的非洲（第三十、三十一、三十二章）

Alden, C. (2007) *China in Africa* (Zed Books, London)

Cooper, F. (2002) *Africa since 1940: The Past and Present* (CUP, Cambridge)

Coquery-Vidrovitch, C. (1997) *African Women: A Modern History*, trans. B.G. Raps (Westview Press, Boulder, CO)

Cowen, M. and Laakso, L. (eds) (2002) *Multi-Party Elections in Africa* (James Currey, Oxford)

De Waal, A. (2006) *AIDS and Power: Why There is no Political Crisis – Yet* (Zed Books, London)

Glennie, J. (2008) *The Trouble with Aid: Why Less Could Mean More for Africa* (Zed Books, London)

Mamdani, M. (1996) *Citizen and Subject: Contemporary Africa and the Legacy of Late Colonialism* (James Currey, Oxford)

Moyo, D. (2009) *Dead Aid: Why Aid is Not Working and How There is Another Way for Africa* (Alan Lane, London)

Nugent, P. (2012) *Africa since Independence: A Comparative History*, 2nd edn (Palgrave Macmillan, Basingstoke)

Toulmin, C. (2009) *Climate Change in Africa* (Zed Books, London)

### 北非

Al Aswamy, A. (2011) *On the State of Egypt: What Caused the Revolution?* (Canongate, Edinburgh)

Badran, M. (1995) *Feminists, Islam and Nation: Gender and the Making of Modern Egypt* (Princeton UP, Princeton)

Martinez, L. (1999) *The Algerian Civil War, 1990–1998* (Hurst, London)

Mojuetan, B.A. (1995) *History and Underdevelopment in Morocco: The Structural Roots of Conjuncture* (Lit Verlag, Heinburg)

Reudy, J. (ed.) (1994) *Islamism and Secularism in North Africa* (St Martin's Press, New York)

Vandewalle, D. (ed.) (2011) *Libya since 1969: Qadhafi's Revolution Revisited* (Palgrave Macmillan, Basingstoke)

### 西非

Adebajo, A. and Mustapha, A.R. (eds) (2008) *Gulliver's Troubles: Nigeria's Foreign Policy after the Cold War* (University of KwaZulu-Natal Press)

Bingen, J., Robinson, D. and Staatz, J.M. (eds) (2000) *Democracy and Development in Mali* (Michigan State UP, Lansing)

Bleck, J. and Michelitch, K. (2015) 'The 2012 crisis in Mali: Ongoing empirical state failure', *African Affairs*, 114(457), 598–623

Hirsch, J.L. (2000) *Sierra Leone: Diamonds and the Struggle for Democracy* (Lynne Rienner, Boulder, CO)

Hoffman, D. (2012) *The War Machines: Young Men and Violence in Sierra Leone and Liberia* (Duke UP, Durham, NC)

Hutchful, E. (2002) *Ghana's Adjustment Experience: The Paradox of Reform* (James Currey, Oxford)

Osaghae, E.E. (1998) *Crippled Giant: Nigeria since Independence* (Hurst, London)

Richards, P. (1998) *Fighting for the Rain Forest: War, Youth and Resources in Sierra Leone* (James Currey, Oxford)

Waugh, C.M. (2011) *Charles Taylor and Liberia: Ambition and Atrocity in Africa's Lone Star State* (Zed Books, London)

### 东非

Barkan, J. (ed.) (1994) *Beyond Capitalism vs. Socialism in Kenya and Tanzania* (Lynne Rienner, Boulder, CO)

Behrend, H. (1999) *Alice Lakwena and the Holy Spirits: War in Northern Uganda, 1986–97* (James Currey, Oxford)

Clapham, C. (2017) *The Horn of Africa: State Formation and Decay* (Hurst, London)

Cockett, R. (2010) *Sudan: Darfur and the Failure of an African State* (Yale UP, New Haven, CT)

Eide, O.M. (2000) *Revolution and Religion in Ethiopia, 1974–85* (James Currey, Oxford)

Hansen, H.B. and Twaddle, M. (eds) (1998) *Developing Uganda* (James Currey, Oxford)

Johnson, D.H. (2003) *The Root Causes of Sudan's Civil Wars* (James Currey, Oxford)

Legum, C. and Mmari, G. (eds) (1995) *Mwalimu: The Influence of Nyerere* (James Currey, London)

Lewis, I.M. (2002) *A Modern History of the Somali*, 4th edn (Ohio UP, Athens)

## 中部非洲

Daley, P.O. (2008) *Gender and Genocide in Burundi: The Search for Spaces of Peace in the Great Lakes Region* (James Currey, Oxford)

Lemarchand, R. (1995) *Burundi: Ethnic Conflict and Genocide* (CUP, Cambridge)

Prunier, G. (1995) *The Rwanda Crisis: History of Genocide, 1959–94* (Fontana, Kampala)

Reyntjens, F. (2009) *The Great African War: Congo and Regional Geopolitics, 1996–2006* (CUP, Cambridge)

Scherrer, C.P. (2002) *Genocide and Crisis in Central Africa: Conflict Roots, Mass Violence and Regional War* (Praeger, Westport, CT)

## 南部非洲

Hodges, T. (2001) *Angola: Anatomy of an Oil State*, 2nd edn (James Currey, Oxford)

Hunter, M. (2010) *Love in the Time of AIDS: Inequality, Gender and Rights in South Africa* (Indiana UP, Bloomington, IN)

Lodge, T. (2003) *Politics in South Africa: From Mandela to Mbeki* (Indiana UP, Bloomington, IN)

Robins, S.L. (ed.) (2004) *Limits to Liberation in South Africa: Citizenship and Governance after Apartheid* (Ohio UP, Athens)

Scones, I., Marongwe, N., Mavedzenge, B. et al. (2010) *Zimbabwe's Land Reform: Myths and Realities* (James Currey, Oxford)

Seekings, J. and Nattrass, N. (2005) *Class, Race and Inequality in South Africa* (Yale UP, New Haven, CT)

Tvedten, I. (1997) *Angola: Struggle for Peace and Reconstruction* (Westview Press, Boulder, CO)

# 地图列表

# 插图列表

## 第四篇　东部、中部与南部非洲的宗教、贸易与酋长制

## 第五篇　奴隶贸易时代的西非

### 第六篇　北部、东部、中部与南部非洲国家的复兴与形成

### 第七篇　欧洲人"瓜分非洲"前的 19 世纪

## 第八篇　19 世纪末文化、政治帝国主义的冲击

## 第十一篇　独立后的非洲

# 索 引

## B

## C

## F

## J

## K

## L

## N

## O

## P

## R

## S

## T

## X

## Y

## Z

# 译者后记

2018 年 8 月，凯文·希林顿出版了《非洲通史》（第四版）[①]。1968 年，凯文·希林顿毕业于著名的都伯林三一学院，学的是现代史。20 世纪 80 年代，他在博茨瓦纳大学培训历史教师，并在非洲多个大学和中学里教授非洲史。这种经历在西方非洲史学者中是不太多见的。凯文·希林顿的名字在撒哈拉以南非洲国家的中学历史教师中"无人不晓"，他本人也不是西方学院派学者，但他的这本《非洲通史》却是欧美学校的经典教材，形塑着欧美学生的非洲观。50 年来，凯文·希林顿游离于欧美高校之外，专于"叙事"，几乎不触及"理论"。尽管他在"叙事"基础上，也有一些理论观点，但没有像理查德·雷德等非洲史家那样构建"理论框架"。这源于凯文·希林顿自己的志趣或抱负："整个非洲大陆的通史，尤其是那些追溯到最原始时期的通史著作，往往在语言与思想上显得过于晦涩与复杂"，他决心写一本受众最大化的《非洲通史》。

《非洲通史》（第四版）从最早期的人类进化写起，循着非洲历史的轨迹，论述了石器时代、古代、殖民／后殖民时代非洲国家和社会的兴衰沉浮。此书包括的内容很多，但却是一部单卷本著作，而很多著名的非洲通史大都是多卷本，例如联合国教科文组织的《非洲通史》《剑桥非洲史》等都是多卷本。除了凯文·希林顿的这本《非洲通史》外，比较重要的单卷本非洲通史还有非洲史名家埃里克·吉尔伯特、乔纳森·T. 雷诺兹的《非洲史》（*Africa in World History: From Prehistory to the Present*）。这两本非洲通史的写作视角、学术旨趣恰好形成鲜明对比。前者侧重"非洲本位"，后者着眼全球史观；前者侧重叙述非洲历史细节，后者偏向梳理非洲历史线索。

坦率地说，以一己之力撰写的单卷本非洲通史若想处处流彩注定是不可能的。《非洲通史》（第四版）在前三版基础上对内容进行了重组。全书分 11 篇，共 32 章，以编年体的方式论述了非洲国家和社会波澜壮阔的历史进程。单卷本非洲通史在历史编纂上的最大难度莫过于"时空度量"，即选取哪些时代和区域来重点叙述。《非洲通史》（第四版）以时代为主轴，但独立后的非洲只给了 1 篇（共 3 章）；在区域分配上，《非洲通史》（第四版）没有割裂北非与撒哈拉以南非洲，次区域安排上相对侧重东非、南部非洲和西非。这一体系安排贵在呈现非洲历史的整体性和凸显非洲历史的厚度。而在具体论述时，凯文·希林顿重视政治、经济、文化、宗教变迁对普通非洲人生活的影响，以细节表现非洲历史的脉动。

凯文·希林顿的第四版《非洲通史》主要有 3 大特点：第一，用词平白；第二，非洲本位；

---

[①] 确切地说，《非洲通史》（第四版）实为第五版，第一版出版于 1989 年，两次修订版分别出版于 1995 年和 2005 年，第三版、第四版分别出版于 2012 年和 2018 年，凯文·希林顿的写作时间跨度达 30 年。——译者注

第三，图文并茂。我前后阅读《非洲通史》（第三版）多遍，多次校对译文，对其语言的敏感度着实增加了不少，也从《非洲通史》（第四版）的增删内容处触摸到凯文·希林顿在历史编纂学上的脉络，不禁由衷感叹：语言不是形式，而是内容，涉及非洲史，语言就是立场。这里不拟展开介绍其详细篇目章节，单从修订幅度最大的内容——19世纪时期的南部非洲和跨大西洋奴隶贸易部分——这一斑入手，希望能见到全豹。

19世纪早期南部非洲的迪法盖和姆菲卡尼运动，在非洲史学界长期争论不止。殖民时期的史学常称之为"野蛮部落战争"，并认为祖鲁王国的兴起是姆菲卡尼出现的根源，甚至今天南非的历史教材、教学依然秉持这种观点。凯文·希林顿在对比西方非洲史学家界和南非史学界观点的基础上，基于19世纪南部非洲口述传统，给出了可能更接近历史本真的答案："野蛮部落战争"是白人杜撰和夸大的神话，旨在为白人统治和南非现代种族隔离制度提供辩护；祖鲁王国王权的性质并非中央集权型，祖鲁国王恰卡的军事"革新"并不完全符合历史事实。专名"部落"（tribe），在《非洲通史》（第四版）从远古时代至20世纪初的历史论述中，凯文·希林顿只用过两次，此为一处，另一处是1904年德军司令洛塔尔·冯·特罗塔发表了针对赫雷罗人的"灭绝令"中的引文"部落民"（tribeman）。非洲本土史学界一直呼吁停止使用"tribe"，但不反对"clan"（氏族）。20世纪60、70年代，非洲国家政府曾禁止使用与部落相关的用词。受此影响，氏族也被视为早期、原始的政治组织形式，与现代性不容。但是，正如著名的索马里史研究者I. M. 刘易斯（I. M. Lewis）所言："氏族制度显然与现代生活的很多方面都相通兼容，也不是固守不变的力量。"在《非洲通史》（第四版）中，部落少见，氏族常见，仅凭这一点，就可以知道凯文·希林顿持论的谨慎和用词的准确。

历时400年之久的跨大西洋奴隶贸易，也是一个涉及不同意识形态立场的敏感问题。敏感的地方在于两点：第一，非洲王国之间战争所产生的战俘是奴隶的主要来源，但是奴隶贸易时代的非洲王国扩张和战争是不是只为获得奴隶而蓄意发动的呢？第二，跨大西洋奴隶贸易的终结，究竟应归于人道主义原因还是经济原因？这两个问题可能是非洲史研究中最具有意识形态色彩的问题，在某种程度上也是两个伪问题。一般而言，对于伪问题，研究者往往会避开，只分析史实，点到为止。但是，凯文·希林顿直面迎击："西非内陆的战争并不是只为出售俘虏而蓄意发动的。但是，沿海欧洲人给俘虏开出的高价肯定会激发战事"；"关于废除奴隶制和奴隶贸易的争论，常常被低估的一个因素就是非洲人为获得自身自由而展开的斗争。非洲史、奴隶贸易史也很少重视非洲人的斗争"。与欧洲、亚洲一样，非洲奴隶制和小规模奴隶交易由来已久。正是欧洲人在非洲、美洲开拓殖民地，让非洲本已存在的奴隶贸易规模骤然扩大。总的来说，非洲王国之间的战争并非只是为获得奴隶而发动的，但贝宁王国却是个例外。特立尼达历史学家埃里克·威廉斯首次提出跨大西洋奴隶贸易终结的"经济解释"后，非洲本土史学界甚至都没有那么重视非洲人自身的斗争。凯文·希林顿擅长从"非洲人维度"和"欧洲人维度"去分析问题，靠细节和语言提炼历史叙述的精确度。在跨大西洋奴隶贸易的论述中，"slave"与"captive"界限分明，未送到非洲沿海的称之为 captive，送到欧洲商人手里的称之为 slave。

　　这种历史精确度还体现在我相对熟悉的卢旺达古代史部分。非洲史学界一般认为，在尼津亚王国时代，卢旺达两大族群图西人和胡图人的身份是可以转换的，族群边界并没有那么清晰。圭亚那历史学家沃尔特·罗德尼，甚至以卢旺达研究见长的法国历史学家热拉尔·普吕尼耶（Gérard Prunier）都持此观点。2014—2017 年，我两次赴卢旺达访学和调研。在卢旺达口述传统和卢旺达语言学研究的基础上，我得出图西人和胡图人族群边界并非那么容易穿越的初步判断。凯文·希林顿指出：胡图人有了牛，进入图西人统治阶层也是可能的。凯文·希林顿不是卢旺达国别研究专家，但在卢旺达的论述上非常慎重，并没有给出轻率的结论。只是牛在古代卢旺达并不易得，财富确实带来了地位的变化，但族群边界依然存在。此外，最令人解惑的是卢旺达语单词"Ubuwoko"的语义演变：这个词最初只有氏族一义，19 世纪后增加种族和族群两义。在前殖民地时代的非洲，氏族是最重要的组织形式。非洲国家的氏族并非殖民者"发明"而来，传统氏族也绝不是一种落后的组织，而是基于本土环境下的群体认同类型和方式。

　　《非洲通史》（第四版）还有一处比较重要的修订，即增补了早前版本相对薄弱的环境史内容。非洲环境史学兴起于 20 世纪 70 年代。近 20 年来，非洲环境史学取得重要进展。这与非洲可持续发展、非洲史研究的深入发展密切相关。远古时代，非洲气候变化对非洲早期人类活动、迁移造成了深远影响。凯文·希林顿在科学史、考古学等领域最新研究成果基础上，加大了环境、气候变化与非洲王国／社会兴衰关联度的分析，如指出非洲古国马庞古布韦、"图茨维文化"的衰落与气候变化有关系，但这也只是一个大胆的历史假设。在殖民统治与非洲疾病史方面，凯文·希林顿倒是毫不含糊，抨击了殖民统治者的谬说，即不健康、过度拥挤的生活环境是非洲人特有的，而不是殖民地社会所造成的。加大环境史的篇幅似乎让历史论述变得"科学化"，但《非洲通史》（第四版）仍坚守非洲本位意识，将非洲社会、经济、政治等方面的变迁放在非洲本身所处的历史场景中来考虑与理解。凯文·希林顿的非洲本位意识太强，不禁令人怀疑他是否在克服"欧洲中心主义"方面有些矫枉过正了。以维多利亚湖（Lake Victoria）为例。今天乌干达境内的维多利亚湖是 1859 年英国探险家约翰·汉宁·斯皮克以英国女王来命名的。大湖地区当地人称此湖为"Nyanza"，而"Nyanza"在班图语族多种语言中就是湖的意思。在《非洲通史》（第四版）近百幅地图中，凯文·希林顿一直使用 Lake Victoria-Nyanza。马拉维湖（Lake Malawi-Nyasa）的使用情况亦大体如此。

　　研究异域史需要研究者具有史料累积功力，掌握历史编纂学方法，更需要研究者具有对研究对象区域／国家文化的"移情"能力。诸如对茨瓦纳人的年龄组军团、成人仪式等的论述足见凯文·希林顿强大的"移情"能力，没有长期非洲生活经历的人很难培育出这种能力。而他语言的精确和非洲本位意识，可能也主要来源于他在非洲多年的历史教学和生活。凯文·希林顿几乎用一辈子在写或重写这本《非洲通史》，与"欧洲中心主义"反复较量，修正欧美世界对非洲的偏见与误解。凯文·希林顿不是西方非洲史学界克服"欧洲中心主义"趋势的开创者，但他确实提供了一个更接近于历史本真、生命力持久的非洲通史文本。

此次重译得益于诸多先贤、前辈、同侪、后进。客观地说，《非洲通史》（第四版）也是一项集体成果。感谢浙江师范大学非洲研究院刘鸿武教授最初将译者引荐给东方出版中心，感谢北京大学国际关系学院李安山教授最初将本书纳入《世界历史文库》，并在翻译上给予几处指正。感谢南京大学非洲研究所张振克教授在非洲地理专名方面的指教。感谢中国前驻卢旺达大使舒展先生在部分译名上的指教。感谢北京大学国际关系学院王逸舟教授、中国社会科学院编审谭秀英女士的鼓励与督促，"爱惜羽毛"和"敬畏学术"的教诲不敢忘。此次重译，也要感谢出版界友人，他们为《非洲史》（即《非洲通史》第三版）或《非洲通史》（第四版）的出版、编辑工作付出了努力或提供了帮助。他们是复旦大学出版社王卫东先生，中信出版社于欣女士，东方出版中心赵明女士，中国社会科学出版社张林女士、刘凯琳女士，民主与建设出版社韩振宇先生、王颂先生，以及后浪出版公司郝明慧女士和王凯先生。

此次重译，还要特别感谢云南大学国际关系学院王涛博士的"怂恿"。上海师范大学非洲研究中心刘伟才博士，也给予了诸多建议。浙江师范大学非洲研究院诸位同事术业有专攻，各有偏好的非洲区域、领域研究，他们给予了诸多指正，在此一并致谢。在此，更要特别感谢后浪出版公司的王凯编辑。在我近十年与出版界打交道的编辑中，他的细致编辑与校对以及精益求精的态度令人印象深刻。多年来，我开设的研究生课程也一直以《非洲通史》（第三版）为教材，浙江师范大学非洲研究院 2012—2018 届研究生也曾多次纠错，特别是 2018 届研究生，他们也是此次译稿的第一批读者：刘远康、纪华溪、麦晓晴、詹光耀、吴嘉、王嵘婷、张嘉铭。

当然，译文中的错讹之处皆由译者本人负责。自 2012 年后，译者 7 年来不时圈画不妥的译法，反复甄别，加上注解。《非洲通史》（第四版）译完后，译者确实身心疲惫，不由感叹：非洲太大，个人渺小；非洲历史漫长，个人生命短暂。但是，译者也可以负责任地说，新译本诚意满满，无论在用词还是在专名上，译者都已经尽了最大努力。即便如此，译者仍然心怀不安，译文恐也有些力所不逮之处，尚祈方家、读者指正。

赵俊

浙江师范大学非洲研究院

2019 年 4 月 15 日